譯註

退溪全書

1

특수고전협동번역사업 1차 연도 사업 연구진

연구책임 : 송재소(宋載邵)

책임교열 : 이상하(李相夏)

연 구 원 : 이관성(李灌成), 강지희(姜志喜), 김성훈(金成勳), 김영죽(金玲竹)
남성우(南誠佑), 서사봉(徐士奉), 조창록(曺蒼錄), 오보라(吳寶羅)

연구보조원 : 장연수(張硯洙)

이 책은 2021년도 정부(교육부)의 재원으로 한국고전번역원의 지원을 받아
수행된 특수고전협동번역사업(난해서) 1차 연도 사업의 결과물임.

This work was supported by Institute for the Translation of Korean Classics - Grant funded by the Korean Government.

譯註

退溪全書

1

李滉 著

詩

內集 卷1 ~ 內集 卷2

보고사
BOGOSA

발간사

《정본 퇴계전서(定本 退溪全書)》를 한글로 번역하는 국역 사업(國譯事業) 35책 중 1차 연도분 6책이 이번에 발간됩니다.

《정본 퇴계전서》 사업은 1600년에 최초로 간행된 《퇴계선생문집(退溪先生文集)》 경자본(庚子本)을 포함하여, 그동안 세 차례 발간되어 온 것을 2015년에 국비 12억 원을 지원받아 이를 보완·재정비한 통합본 발간 사업에 착수하여 2022년에 문집 15책이 발간되었고, 전저류(專著類) 등 13책은 2025년도에 완간됩니다.

《정본 퇴계전서》 국역 사업은 한문세대에서 한글세대로 바뀐 시대적 추세를 반영하여 2021년부터 5년간 총 25억 원의 국비를 지원받아 역주 《퇴계전서》, 교감·표점 《퇴계전서》 총 35책을 발간하는 사업입니다.

퇴계학연구원(退溪學硏究院)은 《퇴계전서》의 정본 사업과 이를 한글로 번역하는 국역 사업에 더하여 《퇴계학사전(退溪學事典)》 발간 사업도 2023년부터 2027년까지 5년간 총 25억 원의 국비를 지원받는 계획으로 진행하고 있습니다.

이와 같이 퇴계학연구원의 정본·국역·사전 3대 사업이 완성되면 퇴계 선생의 학문과 사상, 정치와 경제, 생활과 언행 등을 망라한 퇴계학 연구의 기반이 갖추어지게 될 것입니다.

끝으로, 《정본 퇴계전서》 국역 사업의 연구 책임을 맡아주신 송재소 퇴계학연구원 원장님, 교열을 맡아주신 이상하 교수님, 번역을 담당해 주신 연구원 제위 및 연구보조원, 그리고 퇴계학연구원 사무국장 이하 직원분들께 깊이 감사드립니다. 또한 국비를 지원해 주신 기획재정부와 교육부, 한국고전번역원에도 깊이 감사드립니다.

2024년 7월 31일

사단법인 퇴계학연구원

이사장 김 광 림

일러두기

1. 본서는 사단법인 퇴계학연구원에서 2022년에 간행한 《定本 退溪全書》 총 15책을 대본으로 삼았다.
2. 번역문은 원의(原義)에 충실하게 하되, 이해를 돕기 위해 의역(意譯) 또는 보충역(補充譯)을 한 부분도 있다. 또한, 한국학중앙연구원(구 한국정신문화연구원)에서 간행한 《국역 퇴계시》(신호열 역주) 총 2책과 퇴계학연구원에서 간행한 《退溪全書》(이가원 외 역주) 총 29책, 영남대학교 출판부에서 간행한 《퇴계시 풀이》(이장우, 장세후 역주) 총 9책을 참고하였다.
3. 본서의 주석은 각주로 처리하였다. 각주에서는, 한국문집총간 제31집에 수록된 유도원(柳道源, 1721~1791)의 《退溪先生文集攷證》은 완역하되 필요에 따라 출전 및 원문을 보충하고 【攷證】으로 표시하였다. 계명대학교에서 간행한 퇴계학문헌전집 권22 이야순(李野淳, 1755~1830)의 《要存錄》은 필요에 따라 번역하되 【要存錄】으로 표시하였다. 【攷證】으로 미흡한 부분은 역자 주로 보충하되 【譯注】로 표시하였다. 【攷證】의 오류를 수정하거나 보충할 사항이 있는 경우 해당 내용을 적고 【校解】로 표시하였다.
4. 작품의 저작 연대는 퇴계학연구원에서 간행한 《退溪先生年表月日條錄》(정석태 편저) 총 4책을 참고하였다.
5. 주석의 표제어에서 필요한 경우 본문에 없는 한자를 병기하였다.
6. 운문은 원문을 병기하였다.
7. 맞춤법과 띄어쓰기는 한글 맞춤법과 표준어 규정을 따랐다.
8. 작품에 부여된 고유번호는 사단법인 퇴계학연구원에서 간행한 《定本 退溪全書》에 의거하였다.
9. 본서에서 사용한 부호는 다음과 같다.
   - 【 】: 각주의 유형을 구분하거나, 제목에서 작품의 창작 시기, 장소를 표기한다.
   - ( ): 번역문과 음이 같은 한자를 묶는다.
   - 〔 〕: 번역문과 뜻이 같으나 음이 다른 한자를 묶는다.
   - " ": 대화 등의 인용문을 묶는다.
   - ' ': " " 안의 재인용 또는 강조 문구를 묶는다.
   - 《 》: 책명 및 각주의 전거(典據)를 묶는다.
   - 〈 〉: 책의 편명 및 운문·산문의 제목을 묶는다.
   - - -: 본문에서 소자(小字) 원문 주(註)의 처음과 끝에 사용한다.

차례

발간사 · 4
일러두기 · 6
해제 · 24

퇴계선생문집 내집 권1

길 선생 정려를 지나다 계사년 過吉先生閭 癸巳 … 53
월영대 月影臺 … 56
촉석루 矗石樓 … 57
여주목사 이공 순·훈도 이여와 함께 신륵사에서 노닐다 을미년 與驪州牧李公純訓導李畬遊神勒寺 乙未 … 59
임풍루 칠석 臨風樓 七夕 … 61
영남루 嶺南樓 … 63
봄날의 감회 병신 感春 丙申 … 65
안동 애련당 병서 安東愛蓮堂 幷序 … 68
비 때문에 신번현에서 머무르다 雨留新蕃縣 … 70
세밑에 고향에서 온 편지를 받고 소회를 쓰다 歲季得鄕書 書懷 … 72
의주잡제. 절구 12수 신축 義州雜題十二絶 辛丑 … 75
  천험의 요새인 압록강 鴨綠天塹 … 75
  의주성의 지리상 이점 州城地利 … 76

산천의 형승 山川形勝 … 77
의순관 義順館 … 77
위화도 威化島 … 78
삼도의 밭갈이를 금하다 三島禁耕 … 79
취승정 聚勝亭 … 80
통군정 統軍亭 … 80
은을 밀매하는 것을 금하다 禁銀 … 81
압록강 도하를 금지시키다 斷渡 … 82
청심당 淸心堂 … 83
말을 검열하다 閱馬 … 83

취승정의 운자로 홍공을 전별하다 聚勝亭韻 奉別洪公 … 85

평양 연광정에서 감사 상진 공을 모시고 밤에 잔치하다 平壤練光亭 陪監司尙公 震 夜讌 … 87

이른 가을 밤에 앉아서 早秋夜坐 … 89

독서당에서 김응림의 〈추회〉에 차운하다 書堂 次金應霖秋懷 … 91

우리나라 역사를 읽고서 김응림 시의 운자를 사용하여 짓다 讀東國史 用應霖韻 … 93

저녁에 비가 개자 배 위에서 지어 김응림과 민경열에게 보이다 夕霽舟上 示應霖景說 … 95

남쪽 누각 벽 위에 육언으로 된 사운이 있으므로 차운하여 두 벗에게 보이다 南樓壁上 有六言四韻 次韻示二君 … 97

9월 7일 낮에 임진정에서 쉬다 九月七日 午憩臨津亭 … 99

옥당에서 봄눈을 보고 구공의 운자를 써서 짓다 임인년 玉堂春雪 用歐公韻 壬寅 … 102

태안에서 새벽길을 가면서 경명 형을 생각하다 泰安曉行 憶景明兄 … 105

청풍 한벽루에서 묵다 宿淸風寒碧樓 … 107

진천 동헌에서 鎭川東軒 … 109

연정에서의 작은 모임 蓮亭小集 … 110

우리 고을 이 참판 선생께서 휴가를 얻어 귀향하여 장차 이를 계기로 퇴직하여 사실 것을 나라에 청하셨다. 조정에 있는 고향 사람들이 선생의 둘째 아들의 집에서 모여 전별하였다. 이 자리에서 근체시 한 수를 바치다 吾鄕李參判先生假歸 將因以乞身 鄕人在朝者 會餞於先生仲子寓舍 奉呈近體一首 … 111

가을날 남쪽 누각에서 늦게 날이 개다 秋日 南樓晩霽 … 113

동호 가 원정에 우연히 나가 소강절의 시체를 본떠 짓다
湖上園亭偶出 效康節體 … 115

제군과 함께 압구정 뒤 산등성이에 오르다 與諸君同登狎鷗亭後岡 … 117

원주 빙허루에서 원주 교수 김질부를 생각하며 누각의 시에 차운하여 그에게 남겨주다 原州憑虛樓 有懷州教金質夫 次樓韻留贈 … 119

주천현 주천석. 강진산의 시에 차운하다 酒泉縣酒泉石 姜晉山韻 … 121

금강정 錦江亭 … 126

홍천 삼마현에서 경명 형의 〈죽령도중〉 시 운자를 사용하여 짓다 병서
洪川三馬峴 用景明兄竹嶺途中韻 幷序 … 128

청평산을 지나다가 감회가 있어서 병서 過淸平山 有感 幷序 … 130

농암 이 선생의 영지정사 시에 받들어 화답하다 병서○계묘
奉酬聾巖李先生靈芝精舍詩 幷序○癸卯 … 139

임사수의 《관서행록》 뒤에 쓰다. 2수 題林士遂關西行錄後 二首 … 142

헌함 앞의 녹총화 當軒綠叢花 … 146

배 위에서 송태수에게 보이다 舟上 示宋台叟 … 148

9일에 홀로 서당 뒤 산비탈에 올라 임사수에게 부치다. 4수
九日 獨登書堂後翠微 寄林士遂 四首 … 150

수찬 김후지가 휴가를 얻어 근친하고 이어서 외임의 보직으로 어버이 봉양하기를 청하여 허락을 얻어 떠나므로 그를 전송하다 送金厚之修撰 乞假歸覲 仍請外補養親 恩許之行 … 154

김응림·임사수가 동호에서 부쳐준 시에 차운하여 답하다. 2수 갑진년
次韻答金應霖林士遂在東湖見寄 二首 甲辰 … 161

호당 매화가 늦봄에 비로소 피었기에 소동파 시의 운자를 써서 짓다. 2수
湖堂梅花 暮春始開 用東坡韻 二首 … 164

호당에서 새벽에 일어나다. 소동파의 〈정혜원에서 달밤에 우연히 밖에 나와서〉 시의 운자를 사용하여 짓다 湖堂曉起 用東坡定惠院月夜偶出韻 … 171

칠월 보름날 압구정에서의 즉흥시. 4수 七月望日 狎鷗亭卽事 四首 … 174

저물녘에 거닐다 晩步 … 176

압구정 뒷산에 올라 김응림·임사수·정길원을 생각하다. 4수
登狎鷗亭後岡 憶應霖士遂吉元 四首 … 178

밤에 일어나 느낌을 쓰다 夜起有感 … 181

대뇌우행 大雷雨行 … 184

헌함 밖에 있는 나무를 쳐내고서 짓다 剪開檻外樹作 … 190

규암 송미수가 동지부사로 명나라 서울에 가시므로 받들어 드리다
奉贈圭庵宋眉叟以冬至副使赴京 … 193

영조사 종사관으로 의주에 가는 임사수를 보내다. 3수 을사
送林士遂以迎詔使從事赴義州 三首 乙巳 … 197

망호당에서 매화를 찾다 병오년 望湖堂尋梅 丙午 … 200

재차 앞 시의 운자를 써서 민경열에게 답하다 再用前韻 答景說 … 201

두관원 시냇가에서 형님과 동교에서 얘기를 나누며 이별하던 것을 삼가 생각하다. 2수 兜觀院溪上 奉懷家兄話別於東郊 二首 … 202

월란암에 우거하면서 소회를 쓰다. 2수 寓月瀾僧舍書懷 二首 … 204

일 때문에 도성으로 돌아가게 되었는데, 영천에 이르러 병이 나서 가던 길을 멈추고 푸실의 농가에 머물다 以事當還都 至榮川病發輟行 留草谷田舍 … 207

4월 25일에 용수사로 들어가면서 말 위에서 황경보에게 부치다 孟夏廿五日 入龍壽寺 馬上寄黃敬甫 … 209

새벽녘 계장에 당도하자 우연히 소동파의 〈신성도중〉이란 시가 기억나서 그 운자를 사용하여 짓다. 2수 晨至溪莊 偶記東坡新城途中詩 用其韻二首 … 211

농암 선생 애일당에서 이복고 선생 시의 운자를 사용하여 짓다 聾巖先生愛日堂 用李復古先生韻 … 214

임사수가 시를 부쳐왔기에 차운하다 士遂寄詩 次韻 … 216

동암에서 뜻을 말하다 東巖言志 … 219

홀로 고산을 유람하면서, 월명담에 이르러 물을 끼고 산을 따라 내려와 저녁에 퇴계에 이르렀다. 승경을 만날 때마다 곧 절구 한 수씩을 지었는데 모두 아홉 수였다 獨遊孤山 至月明潭 因竝水循山而下 晩抵退溪 每得勝境 卽賦一絶 凡九首 … 220

고산 孤山 … 220

일동 日洞 … 221

월명담 月明潭 … 221

한속담 寒粟潭 … 222

경암 景巖 … 223

미천장담 彌川長潭 … 223

백운동 白雲洞 … 224

단사벽 丹砂壁 … 224

천사촌 川沙村 … 225

뒤에 또 두 곳의 승경을 찾다 後又得二勝 … 226

갈선대 葛仙臺 … 226

고세대 高世臺 … 227

답청하여 자하산에 오르다 정미년 踏靑登霞山 丁未 … 228

청음석 병서 淸吟石 幷序 … 230

황중거의 〈방장산유록〉에 쓰다 題黃仲擧方丈山遊錄 … 232

서림원 시운에 화답하다. 2수 和西林院詩韻 二首 … 234

비가 개어 소회를 쓰다 雨晴述懷 … 236

장난삼아 칠대와 삼곡을 읊은 시 戱作七臺三曲詩 … 239

초은대 招隱臺 … 239
월란대 月瀾臺 … 240
고반대 考槃臺 … 241
응사대 凝思臺 … 242
낭영대 朗詠臺 … 243
어풍대 御風臺 … 244
능운대 淩雲臺 … 245
석담곡 石潭曲 … 246
천사곡 川沙曲 … 247
단사곡 丹砂曲 … 248

한거하면서《무이지》를 읽고〈구곡도가〉에 차운하다. 10수
閒居 讀武夷志 次九曲櫂歌韻 十首 … 249

고의 古意 … 256

옥당에서 선온이 있은 후에 독서당으로 나오면서 말 위에서 짓다
玉堂宣醞後 出書堂 馬上作 … 258

경열·경림에게 차운하다. 2수 次韻景說景霖 二首 … 259

설죽가 雪竹歌 … 261

겨울날 몹시 비가 내리다가 이윽고 큰 눈이 오기에 기뻐서 짓다
冬日甚雨 已而大雪 喜而有作 … 263

농암 이 선생께 올리다 上聾巖李先生 … 267

병중에 사서를 읽고 느낌이 있어 쓰다. 3수 病中讀史有感 三首 … 268

사기 자공전 史記子貢傳 … 268
사기 장량전 史記張良傳 … 268
진사 반악전 晉史潘岳傳 … 269

요산 남경림이 서당에 있으면서 눈 속에 송주와 율시를 부쳐 왔으므로 차운하여 바로 부치다 樂山南景霖在書堂 雪中寄松酒兼律詩 次韻卻寄 … 271

단산에 부임하며 서당의 박중초 좌통례 민경열 정 남경림 정 윤사추 전한의 전별 자리에서 시를 써 주다. 무신년 赴丹山書堂 朴仲初 左通禮 閔景說

正 南景霖 正 尹士推 典翰 餞席留贈 戊申 … 273

낙생역루에서 김응림의 증별시에 차운하다. 2수
洛生驛樓 次金應霖贈別韻 二首 … 275

정길원의 시에 차운하다 次鄭吉元韻 … 278

말 위에서 민경열의 시에 차운하다 馬上 次閔景說韻 … 279

2월 1일 군재에서 빗속에 홍퇴지가 부쳐준 시를 받아보고 차운하다
二月一日 郡齋雨中 得洪退之見寄 次韻 … 281

매포창에서 진휼하고 저물녘 돌아오며 말 위에서
買浦倉賑給 暮歸馬上 … 282

도담. 절구 2수 島潭 二絶 … 284

선암 仙巖 … 286

말 위에서 馬上 … 287

이요루에서 동파의 황루 시에 차운하다 二樂樓 次東坡黃樓詩韻 … 288

화탄 花灘 … 290

배 안에서 舟中 … 291

구담 龜潭 … 292

애일당을 중수했다는 말을 삼가 듣고 농암 선생에게 올리다
伏聞重新愛日堂 上聾巖先生 … 293

백운동 서원에서 제생에게 보이다 白雲洞書院 示諸生 … 295

주경유로부터 부쳐온 시에 답하다. 2수 答周景遊見寄 二首 … 297

석륜사에서 주경유의 〈자극궁감추시에 차운하다〉에 본받아 짓다 병서
石崙寺 效周景遊次紫極宮感秋詩韻 幷序 … 299

자개봉 紫蓋峯 … 302

국망봉. 3수 國望峯 三首 … 303

상주 목사 김계진에게 답하다 答尙牧金季珍 … 305

군재에서 소백산 유람을 그리워하며 주경유가 한창려의 형악시에 운을 사용하여 지은 시에 뒤미처 차운하다 郡齋有懷小白之遊 追次景遊用昌黎衡岳詩韻 … 306

군재에서 대를 옮기다 郡齋移竹 … 310

부석사 취원루에서 정호음이 중에게 준 시의 운으로 짓다 浮石寺聚遠樓 鄭湖陰贈僧韻 … 318

8월 15일 밤에 읊다 八月十五日夜吟 … 319

10월 10일 밤에 크게 우레가 치고 비가 내리다 十月十日夜 大雷雨 … 320

11일 새벽에 지진이 나다. 3수 十一日曉地震 三首 … 321

지방사 폭포. 2수 池方寺瀑布 二首 … 323

퇴계 초옥에서 황금계의 내방을 기뻐하다 退溪草屋 喜黃錦溪來訪 … 324

초옥을 퇴계 서쪽으로 옮기고 이름을 한서암이라 하다 移草屋於溪西 名曰寒棲庵 … 325

삼월 삼짓날 우중에 감회를 붙이다 정미년 〈답청〉 시의 운자를 쓰다 三月三日 雨中寓感 用丁未踏靑韻 … 326

농암 선생을 뵈었더니 선생이 시봉하던 아이를 시켜 소동파의 〈달밤에 살구꽃 아래에서 술을 마시다〉라는 시를 노래하게 하고 차운하여 보이므로 나 또한 화답하여 올리다 拜聾巖先生 先生侍兒歌東坡 月夜飮杏花下詩 次其韻示之 滉亦奉和呈上 … 327

이선생께서 한서암에 왕림하시다 李先生來臨寒棲 … 329

퇴계 退溪 … 330

한서암 寒棲 … 331

계거잡흥. 2수 溪居雜興 二首 … 332

한서암에서 비 온 뒤의 일을 쓰다 寒棲 雨後書事 … 334

도연명집의 〈이거〉 시에 화운하다. 2수 5월 18일
和陶集移居韻 二首 五月十八日 … 336

도연명집 〈음주〉에 화운하다. 20수 和陶集飮酒 二十首 … 338

제1수 其一 … 338
제2수 其二 … 338
제3수 其三 … 339
제4수 其四 … 340
제5수 其五 … 340
제6수 其六 … 341
제7수 其七 … 342
제8수 其八 … 342
제9수 其九 … 343
제10수 其十 … 344
제11수 其十一 … 345
제12수 其十二 … 346
제13수 其十三 … 347
제14수 其十四 … 348
제15수 其十五 … 349
제16수 其十六 … 350
제17수 其十七 … 352
제18수 其十八 … 353
제19수 其十九 … 354
제20수 其二十 … 355

6월 7일 짓다 六月七日作 … 358

우연히 송잠계의 〈정실〉 시를 읽고 차운하여 큰 아들 준과 민생 응기에게 보이다. 2수 偶讀宋潛溪靜室詩 次韻 示兒子寯閔生應祺 二首 … 359

퇴계선생문집 내집 권2

16일 비가 내리다 十六日雨 … 363

두보의 〈유인〉에 화운하다 和老杜幽人 … 365

16일 밤에 크게 바람이 불고 추웠다 十六日夜 大風寒 … 368

18일 아침 비가 개어 감흥이 일다 十八日朝晴 感興 … 370

20일 또 비가 내리고 밤에 큰 바람이 불다 二十日又雨 夜大風 … 373

한가하게 지내면서 조사경·구경서·김순거·권경수 등 여러 사람이 수창한 시에 차운하다. 14수 閒居次趙士敬具景瑞金舜擧權景受諸人唱酬韻 十四首 … 375

한숨을 쉬다 有嘆 … 388

청명절에 계상 서당에서. 2수 淸明溪上書堂 二首 … 390

봄날 한가하게 지내면서 두보의 〈절구〉 6수에 차운하다
春日閒居 次老杜六絶句 … 394

이농암 선생이 계상 서당에 왕림하시다 聾巖先生來臨溪堂 … 397

11일 밤 이농암 선생을 모시고 살구꽃 아래에서 달빛을 받으며 술을 마시다. 소동파 시의 운자를 사용하여 짓다 十一夜陪聾巖先生 月下飮酒杏花下 用東坡韻 … 398

계상 서당에서 우연히 흥취가 일다. 절구 10수 溪堂偶興 十絶 … 400

조 감사 계임이 이농암 선생에게 드린 시에 차운하다
次趙監司季任上聾巖先生韻 … 405

조계임이 밀양 영남루에서 박창세의 시에 화운한 시에 차운하다. 22운
次季任密陽嶺南樓和朴昌世詩 二十二韻 … 407

7월 13일 달이 뜬 밤 七月十三夜月 … 414

김돈서의 〈책 읽다가 생긴 감회〉 시에 차운하다
次金惇敍讀書有感韻 … 417

차운하여 신녕 현감 황중거에게 답하다 次韻答新寧宰黃仲擧 … 419

1월 2일 입춘 임자 正月二日立春 壬子 … 422

정월 보름에 이비원을 시냇가 길에서 만나 동행하며 지은 즉흥시
上元日遇李庇遠於溪路 同行卽事 … 424

정월 보름밤 계상 서당에서 달을 마주하다 上元夜溪堂對月 … 425

차운하여 이 청송 공간에게 답하다. 2수 次韻答李靑松公幹 二首 … 427

내가 임강사에서 이농암 선생을 뵈려 하였는데 그날 밤 눈이 내렸다. 선생이 아침에 승려를 보내 절구 1수를 주며 부르시기에 삼가 받들어 화답하여 먼저 드리다 滉將拜聾巖於臨江寺 其夜有雪 先生朝遣僧 以一絶速之 謹奉和 先以呈上 … 429

저물녘 돌아오는 길에 말 위에서 暮歸馬上 … 431

이대성이 계상 서당을 내방하다 李大成來訪溪堂 … 432

청음석 淸吟石 … 433

벗에게 답하다 答友人 … 434

4월 1일 계상에서 짓다 四月初一日 溪上作 … 436

황중거에게 답하다 答黃仲擧 … 437

유거하면서 이인중과 김신중에게 보이다 幽居 示李仁仲金愼仲 … 439

계상 서당 앞 방당에 보슬비 내린 뒤에 짓다 溪堂前方塘微雨後作 … 441

4월 8일 눈앞의 일에 대한 감회 四月八日 感事 … 443

차운하여 황중거가 새로 지은 죽각에 부쳐 제하다
次韻寄題黃仲擧新構竹閣 … 445

8월 15일 밤 서헌에서 달을 마주하다. 2수
八月十五夜西軒對月 二首 … 447

벗의 시에 차운하다. 2수 次韻友人 二首 … 448

임대수의 시에 차운하여 답하다. 4수 계축 次韻答林大樹 四首 癸丑 … 450

주경유의 청량산 유람록 뒤에 제하다 題周景遊遊淸凉山錄後 … 452

황중거의 시에 차운하다 병서 次韻黃仲擧 幷序 … 454

영천자의 묵죽 그림에 제하다 題靈川子墨竹 … 456

한 상사 사형에게 주다 갑인 贈韓上舍士炯 甲寅 … 457

김생 백헌에게 주다 贈金生伯獻 … 459

서 처사의《화담집》뒤에 쓰다. 3수 書徐處士花潭集後 三首 … 461

3월 3일 이대용 상사와 함께 우거하는 집 뒷산에 오르다
三月三日 與李大用上舍同登寓舍後岡 … 465

석강 십영. 조 상사 운백 준룡 을 위해 짓다
石江十詠 爲曹上舍雲伯 駿龍 作 … 466

이이성·한사형과 함께 잠두봉에 오르고 내친김에 유숙하다
與李而盛韓士炯同登蠶頭 因留宿 … 476

살구꽃. 한창려의 시에 차운한 왕매계를 본받다
杏花 效王梅溪次韓昌黎韻 … 477

길에서 우연히 송태수를 만났는데, 저녁에 돌아올 때 우리 집에 들르겠다고 약속하였다. 그가 온 뒤에 꽃 아래에서 조촐하게 술을 마시다 遇宋台叟於途 期夕回見過 旣至 小酌花下 … 480

홍도화 아래에서 김계진에게 부치다. 2수 紅桃花下寄金季珍 二首 … 482

황중거에게 답하다. 2수 答仲擧 二首 … 484

조송강이 부쳐 준 시에 차운하다. 12수 次韻趙松岡見寄 十二首 … 486

조송강의 시에 차운하다 次韻松岡 … 497

우사의 서헌에서 일찍 일어나 지은 즉흥시 寓舍西軒早起卽事 … 499

와병중에 어떤 사람이 와서 관동의 산수를 얘기하니 개연히 감정이 솟아 멀리 상상하고는 다시 앞의 시에 화운하다 病中有客談關東山水 慨然遠想 復和前韻 … 500

송태수가 눈 속에 방문하다 宋台叟雪中見訪 … 501

주 동지중추부사 경유에 대한 만사 周同知景遊挽詞 … 502

독서하러 천마산으로 가는 한사형을 보내고 아울러 남시보에게 보내다. 5수 送韓士炯往天磨山讀書 兼寄南時甫 五首 … 505

송태수가 찾아와 "꿈속에서 '그대 그리워 가슴속에 응어리지니, 깊은 한

을 요금에 부치네.'라는 구절을 지었는데, 잠에서 깬 뒤에 나머지 구절을 보태 4운을 이루었다."고 하면서 적어서 보여주기에 그 시에 차운하다 台叟來訪 云夢中得句 相思成鬱結 幽恨寄瑤琴 覺而足成四韻 書以示之 次韻 … 509

김후지가 부쳐준 시를 보고 차운하여 도로 부쳐 주다 을묘
得金厚之寄詩 次韻卻寄 乙卯 … 511

병들어 게으르다 病慵 … 512

김계진이 소장하고 있는 채거경의 묵매에 쓰다. 2수
題金季珍所藏蔡居敬墨梅 二首 … 513

동호에서 민경열 참의에게 유별하다. 2수
東湖留別閔景說參議 二首 … 515

김 좌랑 현경 이 독서당으로부터 술을 가지고 와서 밤에 대화하다
金佐郎 顯卿 自湖堂携酒來 夜話 … 517

뱃길로 가면서 조카 굉과 아들 준에게 보이다. 3수
舟行 示宏姪寯兒 三首 … 518

허홍창이 있는 강가에서 虛興倉江上 … 519

뱃길로 황강을 지나며 비 갠 날씨를 기뻐하다 黃江舟中喜晴 … 520

용수사에서 우거하고 있는데, 이농암 선생이 반도단에서 수창한 절구를 부쳐 보여주시기에 삼가 화답하여 올리다. 2수 寓龍壽寺 聾巖先生寄示蟠桃壇唱酬絶句 奉和呈上 二首 … 521

막 귀향하여 가형을 모시고 여러 사람과 함께 청음석에서 모이다
初歸陪家兄 與諸人會淸吟石 … 523

지중추부사 농암 이 선생에 대한 만사. 2수
知中樞聾巖李先生挽詞 二首 … 524

김계진에게 답하다 答季珍 … 527

송기촌 순 의 면앙정. 2수 宋企村 純 俛仰亭 二首 … 528

금문원의 동계 성성재. 2수 琴聞遠東溪惺惺齋 二首 … 531

신녕 현감 황중거의 시에 차운하다 次韻黃新寧仲擧 … 533

10월 4일에 월란암에서 노닐다. 2수 十月四日 遊月瀾庵 二首 … 535

11월에 청량산에 들어가다 十一月 入淸凉山 … 538

산을 유람하며 일을 적다. 12수 遊山書事 十二首 … 541

산에 오르다 登山 … 541
바람을 만나다 値風 … 541
달을 구경하다 翫月 … 542
객을 사절하다 謝客 … 542
농부를 위로하다 勞農 … 543
도를 강습하다 講道 … 543
벗을 그리워하다 懷人 … 544
벼슬살이가 싫증나다 倦遊 … 545
책을 편수하다 修書 … 546
편안히 앉다 宴坐 … 546
산을 내려가다 下山 … 547
집으로 돌아오다 還家 … 548

지난 을해년 봄에 송재 숙부께서 산을 유람하여 청량암에 머무실 적에 내가 여러 형제와 함께 모셨는데, 지금 오니 느꺼운 눈물을 금할 수 없어 시를 지어 조카와 손자들에게 보여주다. 2수 往在乙亥春 叔父松齋遊山寓上淸凉庵 滉與諸兄弟侍 今來不勝感涕 示諸姪孫 二首 … 549

황중거의 〈원일〉 시에 차운하다 병진 次黃仲擧元日韻 丙辰 … 551

황중거와 하도낙서를 논하다. 2수 與仲擧論圖書 二首 … 553

이이성에게 부치다 寄李而盛 … 555

입추에 계당에서 일을 적다. 3수 立秋日 溪堂書事 三首 … 556

내가 근래 두 차례 소명을 받았으니 한 번은 첨지중추부사로 부르는 것이었고 한 번은 부제학으로 부르는 것이었다. 병이 심한 까닭에 두 차례 사직상소를 올리고 이어 벼슬을 그만두기를 청하자, 유지가 내려 부제학에서 체차되었고 또 '안심하고 한가롭게 지내라'는 유지가 내렸으니 지극히 감격스러운 마음을 가눌 수 없다. 하지만 첨지중추부사의 사임을 허락하지 않으시고 벼슬을 그만두기를 청한 것도 들어주지 않으셨다. 다시 앞 시의 운자를 사용하여 짓다. 3수 滉近再蒙召命 一以僉知 一以副提 因病甚 再上辭狀 仍乞致仕 有旨遞玉堂 又有安心在閒之旨 不勝感激之至 然不許辭樞府 不報致仕之請 再用前韻 三首 … 559

김응순 수재에게 차운하다 次韻金應順秀才 … 562

김응순을 증별하다 贈別應順 … 563

남시보가 부쳐 준 시에 받들어 수창하다 奉酬南時甫見寄 … 564

추회. 11수. 왕매계가 한유의 시에 화운한 시를 읽고 감회가 있어 그 운자를 사용하여 짓다 秋懷 十一首 讀王梅溪和韓詩 有感 仍用其韻 … 566

권생 호문의 시에 차운하다 次韻權生好文 … 579

권생 응인에게 답하다. 2수 答權生應仁 二首 … 581

황중거가 10폭 그림의 화제를 요청하다 정사년
黃仲擧求題畫十幅 丁巳 … 583

누항의 단사표음 陋巷簞瓢 … 583
무우에서 바람을 쐬며 읊조리다 舞雩風詠 … 583
동강에 낚싯대를 드리우다 桐江垂釣 … 584
율리로 돌아와 밭을 갈다 栗里歸耕 … 585
염계가 연을 사랑하다 濂溪愛蓮 … 585
고산에서 매화를 읊다 孤山詠梅 … 586
낙사의 독락원 洛社獨樂 … 587
무이산의 구곡 武夷九曲 … 587
제갈공명의 초가집 孔明草廬 … 588
소강절의 작은 수레 康節兒車 … 589

태자산 반석에서 노닐다 遊太子山盤石 … 590

고산에서 노닐다 遊孤山 … 591

고산 석벽에 쓰다 書孤山石壁 … 592

서당을 새로 지을 땅을 찾다가 도산 남쪽에서 얻어 감회가 일어 짓다. 2수
尋改卜書堂地 得於陶山之南 有感而作 二首 … 593

다시 가서 도산 남쪽 동구를 살펴보고 시를 지어 남경상·금훈지·민생 응기·아들 준·손자 안도에게 보이다 再行視陶山南洞 有作 示南景祥琴壎之閔生應祺兒子寯孫兒安道 … 595

빙의 집에서 술을 마시고 돌아오면서 시냇가 달을 읊다. 2수
憑家飮歸 詠溪月 二首 … 600

상사 금협지의 청량산 시에 차운하다 琴上舍夾之淸凉山韻 … 601

가을날 대에 오르다 秋日登臺 … 603

한 해가 끝날 즈음에 금문원·금훈지·김자후가 돌아가려 하므로 시를 지어 보여주어 면려하고 또한 스스로 경계하고 안도에게도 경계하다. 3수
歲終 琴聞遠琴壎之金子厚將歸 示詩相勉 亦以自警 警安道 三首 … 604

상사 성운이 속리산 아래에 은거하고 있는데 황중거가 찾아가서 시를 지어 부쳐주기에 차운하다 무오년 成上舍運隱居俗離山下 黃仲擧就訪 有詩見寄 次韻 戊午 … 606

수재 이숙헌이 계상에 찾아오다 李秀才叔獻 見訪溪上 … 608

창랑대에서 회포를 읊다 滄浪詠懷 … 609

상사 조사경의 시에 화운하다. 5수 和趙上舍士敬 五首 … 611

이인중에게 답하다 答李仁仲 … 615

비가 몹시 내리기에 감회가 일다 甚雨有感 … 616

7월 16일에 오랜 비가 막 개어 자하봉에 올라 짓다. 2수
七月旣望 久雨新晴 登紫霞峯作 二首 … 620

9월에 서울로 떠나 25일에 비로소 험로를 벗어나서 유신에 당도하다

九月如京 卄五日始出險 抵惟新 … 622

비를 무릅쓰고 용안역에 들어가다 冒雨入用安驛 … 624

막 도성에 들어서자 송강이 송주를 보내 주고 절구 두 수로써 권하므로 차운하여 사례하다 初入城 松岡餉松酒 侑以二絶 次韻謝之 … 625

남시보에게 부치다 寄南時甫 … 627

조송강에 대한 만장 趙松岡挽章 … 629

정정이가 박화숙의 시에 화운한 시에 차운하다. 절구 2수 次韻鄭靜而所和朴和叔 二絶 … 631

월천의 상사 조사경에게 부치다 寄月川趙上舍士敬 … 633

배 안에서 남시보에게 보이다 기미년 舟中 示南時甫 己未 … 634

삼월 삼짇날 三月三日 … 635

가흥 강가에서 남시보와 이별하다 可興江上 別南時甫 … 636

새벽에 북창의 강을 출발하여 협곡에 들어가면서 남시보에게 부치다 曉發北倉江入峽 寄時甫 … 637

해제

이상하 | 전 한국고전번역원 교수

1. 퇴계와 《정본 퇴계전서(定本退溪全書)》

퇴계 이황(李滉, 1501~1570)은 이미 세계적인 학자로 알려져 있으므로 새삼 설명할 필요가 없거니와 그의 저술 《퇴계집(退溪集)》은 임진왜란 때 일본으로 건너가 일찍부터 간행되었고 일본에서는 퇴계를 주자(朱子) 이후 일인자로 칭송해왔다.

중국에서도 1945년 이전에 북경 상덕여자대학(尙德女子大學) 재단에서 퇴계의 《성학십도(聖學十圖)》를 인쇄하여 판매한 일도 있다. 유학의 본고장에서도 퇴계는 학자로서 크게 존숭받았던 것이다. 현대에 와서는 대만 국립사범대학에 퇴계학연구회가 부설되었고, 미국과 독일에도 퇴계학연구회가 생겼으며, 국제퇴계학회가 창설되어 1976년 이래로 거의 해마다 한국·일본·대만·미국·독일·홍콩 등지에서 국제학술회의가 열리고 있으니, 국내의 학자로서는 유일하게 세계적으로 인정을 받고 있다.

퇴계의 문집은 세 차례에 걸쳐 편집, 간행되었다. 첫 번째는 도산서원에서 1600년에 퇴계의 제자 조목(趙穆, 1524~1606) 등이 문집을 편성하고 목판으로 간행하였으니, 이것이 경자본(庚子本) 《퇴계선생문집(退溪先生文集)》이다. 두 번째는 1746년, 이수연(李守淵, 1693~1748)이 경자본에 빠진 자료들을 수습하여 일집(逸集)으로 편성하고 목판으로 간행하였으니, 이것이 《퇴계선생속집(退溪先生續集)》으로, 시(詩) 2권, 서(書) 5권, 서발(序跋)·잡저(雜著) 1권이다. 세 번째는 1869년 이휘보(李彙溥, 1809~1869)가 일을 주도하여 그동안 간행된 문집과 여타 자료들을 모두 모아 편성하였다. 이것이 번남본(樊南本)《퇴계선생전서(退溪先生全書)》로,《도산전서(陶山全書)》라고도 한다.《도산전서》는 도산서원의 서고인 광명실(光明室)에 보관되어 온 중초본(中草本)《퇴계선생집(退溪先生集)》에 새로 수집한 저작들을 보태어서 편성한 것이다. 이 책은 공간되지는 못하였다.

2002~2008년, 2015~2021년 두 차례에 걸쳐 교육부의 지원을 받아서 퇴계학연구원은 퇴계의 모든 저작들을 망라하여《퇴계집》의 저본이었던 초본(草本)의 원형을 복원하는 연구 사업을 진행하였다. 그 결과로 나온 것이《정본 퇴계전서》이다. 당초《퇴계집》을 간행하기 위하여 초초본(初草本)을 만들었고, 이를 다시 정리하여 편성한 것이 중초본이니, 이 중초본이《퇴계집》의 저본이 된다. 그러나 문집을 간행하는 과정에서 이 중초본에서도 상당 부분이 산삭(删削)되었다.《정본 퇴계전서》는 중초본에서 산삭된 부분들을 다시 수습, 첨보(添補)하고 각종 판본들을 교감한 것으로, 퇴계의 저작을 모두 망라한 집성본(集成本)이라 할 수 있다.

2. 기존 번역서 검토 및 주석 보완

이 책은 여러 종(種)의 번역서들이 이미 출간된 뒤에 번역한 것이므로 역자는 기존 번역서들을 검토하고 참고해 문제점을 보완해야 한다는 부담을 질 수 밖에 없다.

퇴계의 저술로 공간된 것은 《국역 퇴계집》(민족문화추진회, 1967)과 《국역 퇴계전서》(퇴계학연구원, 1989~2001)가 있고, 그밖에 시를 번역한 것으로 《국역 퇴계시》(한국정신문화연구원, 1990)와 《퇴계시 풀이》(영남대학교출판부, 2007)가 있다. 《국역 퇴계집》은 선역(選譯)한 것이고, 《국역 퇴계전서》는 전국 각지의 역자들에게 나누어 위촉하여 번역한 것이라 체제, 주석, 문체 등이 통일되지 못하였다. 또한 당시에는 한문 전고를 검색하는 기능이 발달하지 못하여 전고(典故)가 누락되거나 전거(典據)를 몰라 발생한 오역이 많다.

《퇴계집》 1권으로 범위를 한정하여 검토한 결과 전고나 전거상의 오류가 많음을 확인할 수 있었다. 그 중요한 사례들을 추려서 아래에 예시(例示)한다.[1]

① 월명담 月明潭

《국역 퇴계시》:

깊숙이 뚫린 물이 유달리 맑아	窈然潭洞秀而淸
음휴가 숨었다네 목석(木石)의 영괴(靈怪)	陰罶中藏木石靈
열흘의 장마가 이제사 개니	十日愁霖今可霽
어둔 달에 구슬 안고 돌아가 누웠다오	抱珠歸臥月冥冥

1 《퇴계선생문집고증(退溪先生文集攷證)》의 주석을 참고하여 번역한 《국역 퇴계시》(한국정신문화연구원, 1990)를 기준으로 삼고 《국역 퇴계전서》 및 《퇴계시 풀이》(영남대학교출판부, 2007)를 함께 대조하였다. 《국역 퇴계집》(민족문화추진회, 1967)은 선역(選譯)한 것이라 검토 대상에서 제외하였다.

《국역 퇴계전서》 : 음산한 그 속에는 목석 신령 간직했네.

《퇴계시 풀이》 : 음침한 짐승이 가운데 숨기고 있구나, 나무와 돌 귀신 들을.

'木石'의 木 자는 水 자가 되어야 한다. 저본에 오자가 있는데, 水 자와 木 자의 모양이 비슷하기 때문에 각 판본에 모두 木 자로 잘못 되어 있다.

《국역 퇴계시》에는 '음휴(陰畜)'에 "용(龍)을 휴(畜)라 함. 한유(韓愈)의 〈남산시(南山詩)〉에 '그 소를 엿볼 것 같으면 맑게 괴어 용을 감춘 듯〔因緣窺其湫 凝湛閟陰畜〕'이 있음.", '목석(木石)의 영괴(靈怪)'에 "박물지에 '수석(水石)의 괴는 용(龍), 망상(罔象)이오 목(木)의 괴(怪)는 망량(罔兩)이다.' 하였음."이란 주석을 달아 놓았지만, 수석(水石)을 목석(木石)으로 잘못 번역하였다. 《퇴계선생문집고증(退溪先生文集考證)》에 "木石靈 : (博物志)水石之怪曰龍罔象, 木之怪曰夔罔兩."이라 주석을 단 것을 번역하여 주석으로 달았지만, 잘못 이해한 것이다. '木石靈'의 木은 水의 오자이다. '木之怪曰夔罔兩'이라는 원전을 인용하면서 자연스럽게 딸려 들어온 구절일 뿐이다.

따라서 '음휴가 숨었다네 목석(木石)의 영괴(靈怪)'는 '음휴라 수석(水石)의 정령(精靈: 용)이 그 속에 숨었어라.'로 번역해야 한다. 이 구절은 산문이라면 '中藏陰畕水石靈(그 속에 음휴인 수석의 정령이 숨었어라.)'으로 썼을 것이다. 용(龍)을 휴(畜)라 하니, 한유(韓愈)의 〈남산시(南山詩)〉에 '깊은 물속을 들여다보면 맑게 괴어 용이 숨어 있는 듯하여라.〔因緣窺其湫 凝湛閟陰畜〕'라고 하였다. 또 아래에 '열흘 장마가 이제 개니, 침침한 달밤에 여의주 안고서 물속에 돌아가 누웠구나.'

라 한 것으로 보아 음휴(陰畧)는 용을 말한 것임이 분명하다.

② 진사 반악전 晉史 潘岳傳

《국역 퇴계시》:

돈이란 예로부터 귀신이 붙은 거라	自是錢兄絶有神
청담을 나누면서 자신을 꾀했구려	淸談須與更謀身

《국역 퇴계전서》: 돈을 불러 형님하니 돈에 신이 있단 말가. 청담으로 일을 삼아 몸 둘 곳을 꾀했도다.

《퇴계시 풀이》: 돈 형님에게는 반드시 귀신이 붙어다닌다고 한 뒤부터 청담에 꼭 참여하면서도 다시 자기 살 수단까지 꾀하였다네.

진(晉)나라 반악(潘岳)을 읊은 시로, 역시 주석을 잘못 이해하여 오역이 생긴 경우이다. 반악은 원래 문장은 뛰어났지만 인품이 경박하여 세리(勢利)를 붙좇았다는 비판을 받는 인물이다.

'自是錢兄絶有神(본래 전형은 신처럼 뛰어난 힘이 있거늘)'은 당나라 백거이(白居易)의 〈강남적거십운(江南謫居十韻)〉에 "근심스러울 제 바야흐로 주성을 알고 가난하니 비로소 전신을 알겠노라.〔憂方知酒聖 貧始覺錢神〕"라 한 구절을 인용한 것이다. 전신(錢神)은 돈을 신(神)에 비유한 것이니, '絶有神'은 돈의 힘이 신과 같이 매우 대단하다는 말이다.

이 두 구절은 반악이 본래 돈이 많은데 굳이 청담(淸談)에 참여하여 고사(高士)인 척하며 일신의 안녕을 도모했다고 기롱한 말이다.

③ 비가 개어 소회를 쓰다 雨晴述懷

《국역 퇴계시》:

벌단(伐檀)의 노래는 힘이 약해 걱정이라	伐檀之歌畏力纖
남에게 말을 마소 배를 안고 웃으리라	莫道傍人聞絶纓

《국역 퇴계전서》: 벌단의 노래 불러도 힘이 없음 두려우니 갓끈이 끊어졌다고 남에게 알리지 마오.

《퇴계시 풀이》: 《시경》의 〈박달나무 베는 노래〉도 힘이 부족할까 두려우니, 곁에 있는 사람은 말하지 말라, 갓끈 떨어지는 소리 들었다고.

《국역 퇴계전서》에서는 〈벌단(伐檀)〉에 "《시경》 위풍(魏風)의 편명이니, 아무런 공로가 없이 국록을 먹음을 풍자한 시이다."라는 주석이 붙어 있다. 그러나 이 구절을 이해하기에는 부족하다. 〈벌단〉은 벼슬아치가 공로도 없이 국록(國祿)을 먹어 군자가 벼슬길에 나가지 못하는 것을 풍자한 시이다. 그 시에 "심지 않고 거두지 않으면 어찌 벼 300전을 취할 것이며, 수렵하지 않으면 어찌 너의 뜰에 매달려 있는 담비를 보겠냐고 하니, 저 군자여, 공밥을 먹지 않도다.〔不稼不穡 胡取禾三百廛 不狩不獵 胡瞻爾庭有縣兮 彼君子兮 不素餐兮〕"라 한 대목을 주석으로 달아주어야 한다.

이 시는 정미년(명종2, 1547, 47세) 4월에 예안(禮安)에서 쓴 시이다. 퇴계는 한 해 전에 낙향하여 퇴계(시내) 가 동암(東巖)에 양진암(養眞菴)을 짓고 은거하면서 계속하여 관직에 제수되고 소명(召命)이 내렸으나 사양하고 있던 터였다. 이 구절은 '벌단의 노래를 부르기에는 내 힘이 약할까 두렵다.'라고 한 것이다. 즉 '나는 이제 사직하여 녹봉도 없으니, 벌단의 노래에 부응하여 농사를 짓기에는 힘이 약할까 두렵다.' 라 한 것으로, 여기에는 퇴계의 해학이 들어 있다. 그래서 아래 구절에서 '이 말을 곁에 사람이 듣고는 배를 잡고 웃었다는 말을 하지 말라.'라고 한 것이다.

④ 청명절에 계상서당에서 淸明溪上書堂

《국역 퇴계시》:

허물을 메꿔가며 옛 어진 이 우러르니	補過希前垂至戒
내 평생 길이 길이 자양옹(紫陽翁)을 생각하네	令人長憶紫陽翁

《퇴계시 풀이》: 허물 고치고 선현들과 같기를 바라던 지극한 경계 받으려 하니 / 사람으로 하여금 길이길이 자양의 늙은이 생각나게 하네

신해년(명종6, 1551, 51세)에 예안에서 지은 것이다. 자양옹은 주자(朱子)를 가리킨다. 이 시에서 '補過希前'은 주자의 시 〈복거(卜居)〉의 "책을 저술하여 미래의 학자 기다리고 허물을 고쳐 전현(前賢)과 같길 바란다.〔著書俟來哲 補過希前脩〕"를 인용한 것이다. 따라서 '허물을 고쳐서 전현과 같길 바란다는 지극한 훈계 남겼으니, 나로 하여금 길이 자양옹을 생각나게 하는구나.'로 번역하는 것이 맞다. 즉 퇴계 자신도 그 가르침을 남긴 주자처럼 되기를 바란다는 뜻이 담겨 있는 것이다.

⑤ 밤에 일어나 느낌이 있어 夜起有感

《국역 퇴계시》:

이웃 닭은 아니 울고 물시계도 느릿느릿	隣雞不歌更漏遲

비바람 우는 속에 마굿 말 풀을 씹네 櫪馬齕草風雨聲

《국역 퇴계전서》: 마굿간 말이 풀을 씹어 비바람 소리나네.

《퇴계시 풀이》: 마판에 매어둔 말 마름 풀 먹는 소리 비바람 소리치듯 요란하네.

주석을 잘못 이해한 경우이다. 《퇴계선생문집고증》에는 "《동파집(東坡集)》에 '臥聞齕草風雨聲'라는 구절의 주(注)에 '마굿간의 말이 풀을 씹는 소리를 잠결에 들으니 마치 먼 강에서 바람을 끌어오는 소리 같다.'라 하였다.〔(坡)臥聞齕草風雨聲註, 櫪馬齕草, 睡夢間聞之, 如遠江引風之聲.〕"라는 주석이 있다. 말이 풀을 씹는 소리가 멀리서 비바람이 몰려오는 소리 같다는 뜻이다.

⑥ 동암에서 뜻을 말하다 東巖言志

《국역 퇴계시》:

만권 서적 이 생활 의탁 있어 반가워라 萬卷生涯欣有托
농사 짓는 심사도 욕망 생겨 한탄일세 一犁心事歎猶求
행여나 시승에겐 이런 말 하지 마소 丁寧莫向詩僧道
참다운 휴식인가 병으로 휴식이지 不是眞休是病休

《국역 퇴계전서》: 시승을 대해서는 정녕히 말을 마오.

《퇴계시 풀이》: 정녕코 말하지 말게나! 시 잘하는 승려에게.

당(唐)나라 시승(詩僧) 영철(靈澈)이 위단(韋丹)에게 지어 준 시에 "서로 만나면 다 벼슬을 쉬고 떠난다지만, 산림에서는 어디 한 사람이나 보았더냐.〔相逢盡道休官去 林下何曾見一人〕"라 한 것을 주석으로 달아야 한다. 《퇴계시 풀이》에는 영철의 이 시구를 주석으로 달면서 "서로 만났을 적에 벼슬을 버리고 물러나고픈 생각 다 털어놓았으니, 수풀 아래서 무엇 때문에 당신을 또 만날 필요가 있겠소?"라고 번역하였다. 《국역 퇴계전서》에는 주석이 없다.

⑦ 월란암에 우거하면서 소회를 쓰다 寓月瀾僧舍書懷

《국역 퇴계시》 :

자맥(紫陌)이라 사원마(沙苑馬) 버려두고서　　紫陌休騎沙苑馬
청산이라 월란암 중을 찾았네　　青山來伴月瀾僧
-이때 사복 정으로 왔기 때문에 사원마를 부렸음. 時以司僕正來 故使沙苑馬.

《국역 퇴계전서》 : 번화한 저 거리에 사원 말을 타지 않고 푸른 메 이곳 와서 월란 중을 벗하리라.

《퇴계시 풀이》 : 번화한 거리에서 나라의 목장말을 쉬게 하고서, 푸른 산에 와서 벗하였네 월란암의 승려들을.

《퇴계선생문집고증》에는 "사원마 : 《일통지》에 '사원은 옹주 지역에 있으니, 일명 사부라 한다. 그 땅이 목축하기 좋기 때문에 당나라 때 이곳에 목감을 두었다.'라 하였다. 두보(杜甫)의 시에 '황제의 수레 인도하며 주제넘게 사원의 말을 탔다.'라 하였다.〔沙苑馬 (一統志)沙苑在雍州之域, 一名莎阜. 其地宜畜牧, 唐於此置牧監. (杜)奉引濫騎沙苑馬.〕" 라는 주석이 달려 있고, 이 번역에서도 이 주석을 인용하였다.

그러나 원주(原註)의 '時以司僕正來 故使沙苑馬'를 잘못 번역한 탓에 뜻을 이해할 수 없게 되고 말았다. 여기서 '使'는 '用' 자와 뜻이 같으니, '이때 사복 정으로 왔기 때문에 사원마 고사를 쓴 것이다.'로 번역해야 한다. 즉 대궐에서 사복시의 일을 잠시 쉬고 여기 와서 지금 월란암의 중과 벗하고 있다는 말이다.

《국역 퇴계전서》에는 "중국 옹주(雍州)에 있는 지명이니, 명마(名馬)가 나는 곳이다."라는 주석이 달려 있지만, 이 구절의 뜻을 이해하는 데는 도움이 되지 않는다.

⑧ 초은대 招隱臺

《국역 퇴계시》:

새벽에 일어나 개천을 넘어	晨興越淸溪
막대 짚고 구름 서린 골짝을 찾네	杖策尋雲壑
깊숙이 사는 사람 어디에 있나	幽人在何許
송계는 푸르러 무성도 하이	鬱鬱松桂碧
산중이라 즐기는 일이 무언고	山中何所樂
새 짐승도 슬퍼서 머뭇거리네	鳥獸悲躑躅
언제고 그립지만 보질 못하니	永懷不易見
서성이며 한숨만 길게 쉬노라	躊躇長太息

초은대(招隱臺)라는 이 시의 제목이 말해주듯이 이 시는 은자(隱者)가 떠나고 없는 적막한 산중의 풍경을 읊은 것이다. 따라서 밑줄 친 두 구절은《문선(文選)》〈초은사(招隱士)〉에, "계수나무 숲 우거져 산이 그윽하니, 구불텅 뻗은 줄기 가지 서로 얽혔어라.〔桂樹叢生兮山之幽 偃蹇連蜷兮枝相繚〕"라 한 구절과 공치규(孔稚珪)의 〈북산이문(北山

移文)〉에 "혜초 장막은 비었는데 밤마다 학은 울고, 산인이 떠나자 새벽 원숭이 놀란다.〔蕙帳空兮夜鶴怨 山人去兮曉猿驚〕"라는 구절을 주석으로 달고 그 의미를 설명해야 뜻이 통한다.

《국역 퇴계전서》와 《퇴계시 풀이》 모두 주석이 없다.

⑨ 밤에 일어나 느낌을 쓰다 夜起有感

《국역 퇴계시》 :

옛 사람은 가버리고 나를 아니 기다리나	古人去我不待我
육미를 즐기기는 누구나 같으다오	芻豢悅口同性情

《국역 퇴계전서》 : 고인은 날 버리어 기다리지 않았으나 성미는 다름없어 끼친 학문 입에 맞네.

《퇴계시 풀이》 : 옛 사람은 나를 버리고 떠나가 나를 기다리지 않으나, 소·양 같은 제사고기 입에 맞음은 그들과 마음이 똑같기 때문일세.

《맹자》〈고자 상(告子上)〉에 "의리가 나의 마음을 즐겁게 하는 것이 추환이 나의 입을 즐겁게 함과 같다.〔義理之悅我心, 猶芻豢之悅我口.〕"라는 대목을 주석으로 달고 적절히 설명해야 뜻이 통한다. 추환은 가장 맛있는 고기 또는 음식을 뜻한다는 뜻이 드러나야 하는 것이다. 《국역 퇴계전서》에도 주석이 없다.

《퇴계시 풀이》에는 주석에서 "풀을 먹는 소와 양, 곡식을 먹는 개와 돼지 같은 가축을 말함. 여기서는 그 고기 곧 모든 식용 육류를 가리키는 말로 쓰였음."이라 하고 《맹자》를 인용하였다.

이상에서 살펴본 바와 같이 《퇴계집》 1권으로 범위를 한정했음에도 전고와 전거상의 오류와 결함이 많다는 것을 확인할 수 있다.

《퇴계집》에는 《퇴계선생문집고증(退溪先生文集考證)》과 《요존록(要存錄)》이라고 하는 주석서가 있다. 《퇴계선생문집고증》은 대개 중국의 글에서 관련 전고와 전거를 주로 찾아 밝혀놓았고, 《요존록》은 우리나라 문집의 전거들까지 망라하여 인명, 지명, 연대 및 자구(字句)의 출처, 어의(語意) 등을 소상하게 밝혀놓았다.

이 책에서는 이러한 주석들을 적극 수용하여 아래 예시와 같은 주석 체계로 기존 번역의 결함을 보완하였다.

* 영남루 : 【攷證 卷1 嶺南樓】 밀양 객관의 동쪽에 있으니 곧 옛 영남사(嶺南寺)의 작은 누각인데, 절이 없어졌다. 지원(至元) 을사년(1365)에 김주(金湊)가 밀양부사로 부임해 고쳐서 짓고 인하여 절 이름으로 누각을 이름하였다. ○ 살펴보건대, 이 시는 고려 성원도(成元度)의 〈영남루〉 시에 차운한 것이다. 【要存錄 卷1】 천순(天順) 경진년(1460)에 부사 강숙경(姜叔卿)이 중수(重修)하였는데, 장려(壯麗)함이 비할 바가 없다. 【校解】 《고증》의 '지원(至元)'은 '지정(至正)'의 오류이다.

* 왕인(王人) : 【譯註】 왕인은 원래 주나라의 하급관직인데, 왕명을 수행하였으므로 후에는 천자의 사신을 가리키는 말로 쓰였다. 【攷證 卷1 王人】 《한서》 〈적방진전(翟方進傳)〉에 "왕인은 비록 미천하지만 서열이 제후의 위에 놓였다."고 하였다.

* 굳센 목〔强項〕 : 【譯註】 한(漢)나라의 동선(董宣)이 낙양 영(洛陽令)이

되었을 때 공주의 유모를 처형한 일로 인하여 광무제가 '강항령(强項令)'이라는 별명을 붙여주었다는 일화가 있다. 《後漢書 董宣列傳》【攷證 卷2 强項】 동선의 고사를 차용한 것이다.

《퇴계선생문집고증》은 전부 번역하여 【攷證】으로 표시하여 주석으로 달고 《요존록》은 역자가 재량하여 필요한 곳에 주석으로 달았으며, 《퇴계선생문집고증》의 오류는 【校解】로 표시하여 바로잡았다. 그래도 주석이 미비한 곳에는 역자가 주석을 보충하였다.

유도원(柳道源, 1721~1791)의 《퇴계선생문집고증》과 이야순(李野淳, 1755~1831)의 《요존록》은 퇴계학 연구의 중요한 한 성과이다. 근세 이전 우리나라 한문문집에 대한 주석서로는 이 두 책 외에 이희조(李喜朝, 1655~1724)의 《송자대전차의(宋子大全箚義)》가 있을 뿐이다. 따라서 이러한 주석서를 번역하는 것은 그 자체로도 학술적 의미가 있는 일이다.

3. 퇴계의 시세계

이 책은 퇴계학연구원이 2022년에 출간한 《정본 퇴계전서》 중 시를 번역한 것이다. 《정본 퇴계전서》에는 1, 2, 3권에 시가 실려 있는데, 총 1234제(題) 2235수로 매우 많은 분량이다.

퇴계의 시들은 대체로 저작 연대가 밝혀져 있고 연대 순서로 문집에 수록되어 있다. 그렇지만 당초에는 연작(連作)이었던 것을 문집을 편성하는 과정에서 내집(內集), 별집(別集), 외집(外集), 속집(續集),

유집(遺集)에 분산하여 수록한 경우들도 꽤 있다.

이 책에서는 내집, 별집, 외집, 속집, 유집으로 분류한 기본 문집의 체제를 따르되, 당초의 연작을 문집에 분산한 시 118제를 도로 연작으로 합편(合編)하여 원형을 회복하였다. 이것이 기존 문집의 편성과 다른 점이다.

퇴계는 주자학으로 크게 부각되었지만, 문장으로도 일찍부터 명성을 떨쳤다. 퇴계의 시는 문장의 체격(體格)을 잘 갖추고 있으며, 아울러 학자로서의 깊은 사유를 담고 있어 수준이 매우 높은 것으로 평가된다. 김인후(金麟厚, 1510~1560)는 퇴계에게 준 시에서 "이백(李白)·두보(杜甫)의 문장이요 왕희지(王羲之)·조맹부(趙孟頫)의 글씨이다.〔李杜文章王趙筆〕"이라 추켜세웠고, 허균(許筠, 1569~1618)은 《국조시산(國朝詩刪)》에서 "이학(理學)뿐만 아니라 시에서도 제공(諸公)을 압도한다."라 높이 평가하였다.

퇴계 자신도,

> 나의 시는 고담(枯淡)하여 사람들이 대개 좋아하지 않는다. 그러나 시에 힘을 쓴 것이 퍽 깊기 때문에 처음 보면 비록 냉담(冷淡)한 듯하지만 오래 보면 의미가 없지 않을 것이다.[2]

라고 하여, 자신의 시에 대해 은근히 자부심을 드러낸 바 있다. 퇴계는 초년에는 두보의 시를 좋아하였고, 만년에는 주자의 시를 좋아하였다

2 《文案集》 5권 〈閑中筆錄〉, "吾詩枯淡, 人多不喜. 然於詩用力頗深, 故初看雖似冷淡, 久看則不無意味."

고 한다. 노장(老莊)을 좋아하고 당시풍(唐詩風)의 자유분방한 시를 쓰는 석천(石川) 임억령(林億齡)과 토론하면서 "스스로 시성이 아니라면 어찌 법도를 무시할 수 있겠는가.〔自非聖於詩 法度安可輟〕"라고 충고하기도 하였다.[3]

연대 추정이 가능한 퇴계의 시는 15세부터 몰년인 70세 때까지 걸쳐 있다. 그렇지만 시작이 부쩍 많이 나타나는 것은 출사(出仕)하기 전해인 33세 때부터다. 이전에는 15세 때 지은 〈석해(石蟹)〉 1수, 18세 때 지은 〈야지(野池)〉 1수, 19세 때 지은 〈영회(詠懷)〉 1수, 24세 때 지은 〈갑신년(1524) 칠월 보름에 용산에서 달을 구경하며 연구를 짓다〔甲申孟秋十五日 龍山翫月聯句〕〉, 29세 때 지은 〈기축년 봄에 이운장과 성천사에 함께 있으면서 짓다〔己丑春 與李雲長 同在聖泉寺作〕〉 1수와 〈성천사에서 이대성에게 보이다〔聖泉寺 示李大成〕〉 1수, 30세 때 지은 〈이운장에게 부치다〔寄李雲長〕〉 2수와 〈용궁현으로 가는 도중에 학가산 승려 편에 보내어 산중의 이대성에게 부치다〔龍宮路中 附鶴駕山僧 寄山中李大成〕〉 2수, 31세 때 지은 〈지산와사(芝山蝸舍)〉 2수를 통틀어 9제 12수에 불과하다.

이와 같이 32세 이전의 작품들이 거의 남아 있지 않은 이유를 알 수 없으나 이 기간 동안 시를 짓지 않았거나 지은 작품들을 망실(亡失)했을 것 같지는 않다. 한문학의 시대에 작가들은 대개 자신의 시작들을 생전에 모아서 편집해 두었던 것을 감안하면, 퇴계 자신이 생전에 시작을 정리하여 편집하였을 가능성이 크다. 또한 《퇴계집》 1권 첫머리에 33세 때의 작품으로 성리학자인 야은(冶隱) 길재(吉再)를 추념하는

3 이 책 3권 〈임대수가 찾아와 시를 토론한 것을 기뻐하며〔喜林大樹見訪論詩〕〉 참조.

〈길 선생 정려를 지나며〔過吉先生閭〕〉를 얹은 것에서 그 까닭을 다소 짐작해 볼 수 있을 것이다.

퇴계가 《주자대전》을 처음 입수하여 읽은 것은 43세 때이지만, 주자학을 본격적으로 연구하기 시작한 것은 46세 때 벼슬을 그만두고 고향에 돌아온 뒤부터다. 이 시기를 분기점으로 나누면 전반기에는 유람, 교유(交遊), 만남과 이별 등 일상의 삶에서 나온 작품들이 많다. 1권에는 주로 이러한 작품들이 실려 있다.

후반기로 오면, 주자학을 연구하고 주자의 시를 좋아하면서 소위 학문의사(學問意思)라 할 학문적 취향과 사유를 읊은 작품들이 많이 나타나고 시적(詩的) 성취도도 높다. 호한(浩汗)한 분량에 다양한 작품들을 두루 개괄하기보다 이러한 성향의 작품들을 소개함으로써 퇴계시(退溪詩)의 본령을 드러내 보이는 편이 이 책을 읽고 이해하는 데 효과적일 것이라 생각된다.

연대를 소급하여 18세 때 지은 〈야지(野池)〉부터 먼저 보자.

이슬 젖은 풀이 곱게 물 가를 두른 곳	露草夭夭繞碧坡
작은 못물 맑고 싱싱하여 모래조차 없어라	小塘淸活淨無沙
구름 날고 새 지나는 건 원래 있는 일	雲飛鳥過元相管
때때로 제비가 물결 찰까 그게 걱정일세	只怕時時燕蹴波

이 시를 보면 맑은 연못에 구름과 새의 모습이 비치는 것을 당연한 일로 받아들이고 단지 인욕(人欲)에 의해 마음이 순간적으로 어지러워지는 것을 걱정한다는 뜻을 담고 있다. 마음이 사물과 접하는 것을 당연한 이치로 생각하고 사물과의 만남 속에서 맑고 평정한 마음을 유지

하는 주자학의 경(敬)을 비유한 것으로 보아도 좋을 것이다. 후일 퇴계는 33세 때 성균관에 있으면서 정민정(程敏政)의 《심경부주(心經附註)》를 입수하여 읽고 거경(居敬) 공부에 매우 힘썼다고 한다.

또한 19세 때 지은 〈영회(詠懷)〉에서는

홀로 산림의 내 집 만권 책 사랑하여	獨愛林廬萬卷書
이러한 심사로 10여 년 세월 보냈어라	一般心事十年餘
근래에는 리(理)의 근원을 만난 듯하니	邇來似與源頭會
내 마음 모두 가지고서 태허로 간주하노라	都把吾心看太虛

라고 하여 이때에 이미 상당히 깊은 철학적 사유가 있었음을 보여준다. 《성리대전》 첫 권과 끝 권을 읽고 지은 시인데, 《성리대전》 1권에는 〈태극도설(太極圖說)〉이 실려 있고, 70권에는 성리학자들의 시가 실려 있다.

위 두 편의 시에서 거경을 통한 함양(涵養)과 궁리(窮理)를 통한 치지(致知)라고 하는 성리학 공부의 두 축(軸)이 이미 퇴계의 삶에 일찍부터 형성되고 있었음을 알 수 있다.

그리고 15세 때 가재를 읊은 〈석해(石蟹)〉에서는 퇴계의 평생을 일관하는 안분지족(安分知足)의 삶의 자세를 잘 보여준다.

돌 지고 모래 파니 절로 집이 되고	負石穿沙自有家
앞으로 뒤로 왔다 갔다 다리가 많아라	前行却走足偏多
평생 한 줌 산속 개울에서 살아가니	生涯一掬山泉裏
강호의 물이 얼마나 되는지 묻지 않는다	不問江湖水幾何

이상 3편이 퇴계의 시 중에서 가장 이른 시기에 지은 작품들인데, 여기서 보여주는 거경과 성찰, 성리학적 사유, 그리고 안분자족의 삶이 퇴계의 생애와 시 전반을 관류(貫流)하여 나타난다.

몸이 물러나니 내 분수에 편안하지만	身退安愚分
학문이 물러나니 노년이 걱정스럽구나	學退憂暮境
계상에 비로소 살 집을 정하니	溪上始定居
시냇물 보며 날마다 성찰하는 바 있도다	臨流日有省

퇴계가 벼슬에서 49세 12월에 풍기군수(豊基郡守)를 사직하고 물러나 50세 계상(溪上)에 처음 한서암(寒棲庵)을 짓고 복거(卜居)할 때 지은 〈퇴계(退溪)〉이다. 벼슬에서 물러나 비로소 자신의 분수를 지키고 학문에 전념할 수 있다는 안도감을 느끼는 한편 이미 노년에 접어든 때라 학문에 정진할 수 있는 세월이 길지 않음을 걱정한다. 그래서 한서암 앞을 흐르는 시내 퇴계(退溪)를 보면서 학문에 정진해야겠다고 성찰하는 것이다. 《요존록》에서는 이 시기부터 배우러 오는 학자들이 많아지기 시작했다고 한다.

순임금은 친히 질그릇 구우며 안락하였고	大舜親陶樂且安
도연명은 몸소 농사지으면서도 즐거워했었지	淵明躬稼亦歡顔
성현의 심사를 내 어찌 알리오	聖賢心事吾何得
백발로 돌아와 여기에 은거한다오	白首歸來試考槃

도산잡영(陶山雜詠) 18수 중 〈도산서당(陶山書堂)〉이다. 도산서당

이 완공된 것은 퇴계 61세 때인데, 이 시는 그 한 해 전에 미리 지어놓은 것이다. 주자가 무이정사(武夷精舍)를 지을 때 미리 무이정사를 읊은 시를 지어놓았듯이 퇴계도 주자의 고사에 따라 도산서당을 준공하기 전에 이 시를 미리 지어두었던 것이다. 평생에 이루고 싶었던 은일(隱逸)한 학자로서의 삶에 대한 기대에서 오는 잔잔한 기쁨이 느껴진다.

퇴계의 시에서는 자연을 관조하고 자신을 성찰하는 모습이 보인다.

드넓게 흐르는 강물 그 이치 어떠한가	浩浩洋洋理若何
이와 같다고 일찍이 성인께서 탄식하셨지	如斯曾發聖咨嗟
다행히 도의 본체를 여기서 볼 수 있으니	幸然道體因玆見
공부에 간단히 많지 않도록 해야 하리	莫使工夫間斷多

도산잡영 중 〈관란헌(觀瀾軒)〉으로, 도산서당 농운정사(隴雲精舍)의 마루인 관란헌(觀瀾軒)을 읊은 시이다. 《논어》〈자한(子罕)〉에서 공자가 시냇가에 서서 "가는 것이 이 물과 같구나. 밤낮을 쉬지 않고 흐르누나.〔逝者如斯夫 不舍晝夜〕"라고 한 구절에서 인용하였다. 퇴계의 시에는 이와 같이 사물을 보고 리(理)를 완색(玩索)하거나 리의 세계에 유영하는 작품들이 많다.

맑은 물에 하늘 구름이 거울처럼 비치니	活水天雲鑑影光
책을 보실 때 깊은 깨달음이 방당에 있었어라	觀書深喩在方塘
내 이제 맑은 물가에서 뜻을 얻었으니	我今得意淸潭上
흡사 당시에 길게 감탄했던 것과 같아라	恰似當年感歎長

도산서원의 도산잡영 중 〈천광운영대(天光雲影臺)〉이다. 벼랑 위인 천광운영대는 낙동강을 굽어볼 수 있는 자리이다. 여기서 퇴계는,

반묘의 방당이 거울처럼 열렸는데 半畝方塘一鑑開
하늘 빛 구름 그림자가 함께 배회하네 天光雲影共徘徊
묻노니 저 물이 어이 저리 맑은가 問渠那得淸如許
근원에서 맑은 물이 흘러오기 때문일세 爲有源頭活水來

라고 한 주자의 시 〈관서유감(觀書有感)〉을 떠올리고, 낙동강 물을 굽어보면서 푸른 하늘과 흰 구름이 비친 맑은 물을 사물이 걸림 없이 왕래하는 맑은 심지(心地)에 비긴 주자의 깨달음의 세계를 공감한다. '근원에서 맑은 물이 흘러온다.'는 것은 마음의 근원인 성(性)에서 리(理)가 유출하여 맑은 마음을 이루고 있음을 비유한 것이다.

다음은 61세 때 3월에 지은 〈춘일계상(春日溪上)〉이다.

구름 걷히고 얼음 녹아 시냇물 흐르니 雪消氷泮淥生溪
담담한 봄바람이 시냇가 버들이 불어온다 淡淡和風颺柳堤
병든 몸 일으켜 와보니 그윽한 흥이 일어 病起來看幽興足
다시금 방초 어여뻐 삘기를 뽑고 싶어라 更憐芳草欲抽荑

버들 가 시내 찾아와 모래밭에 앉았으니 傍柳尋溪坐白沙
아이들이 날 풀렸다고 맘껏 뛰어 노는구나 小童新試從婆娑
뉘 알리오 얼굴 가득 불어오는 동풍 속에서 誰知滿面東風裏
천만 가지 꽃들이 수놓은 듯이 펼쳐져 나올 줄 繡出千芳與萬葩

이른 봄, 집 앞의 시냇가에 나와서 읊은 시이다. 시냇가에 나와 봄바람을 쐬며 어린아이처럼 삘기도 뽑아보고, 날씨가 풀려 아이들이 밖에 나와서 뛰노는 모습을 흐뭇한 표정으로 바라보는 것이 영락없는 촌로(村老)의 모습이다. 한편 봄바람에 천자만홍(千紫萬紅)으로 핀 꽃들을 보면서 경이로운 리(理)의 현현(顯現)에 감탄한다. 자연 속에서 리를 발견하고 리의 세계에 유영하는 은사(隱士)의 모습이다.

역시 이 무렵의 작품으로 만년의 퇴계의 원숙한 정신세계가 가장 잘 나타난 작품으로 일컬어지는 〈걸어서 계상으로부터 산을 넘어 서당에 이르러〔步自溪上踰山至書堂〕〉이다.

꽃은 바위 벼랑에 피고 봄 고요한데	花發巖崖春寂寂
새는 시냇가 나무에 울고 물은 잔잔해라	鳥鳴澗樹水潺潺
우연히 산 뒤로부터 어른 아이들 데리고	偶從山後携童冠
한가로이 산 앞에 이르러 고반을 보노라	閒到山前看考槃

61세 때인 신유년 3월 29일에 지은 작품이다. 이때 동행한 제자 이덕홍(李德弘)이 "천리(天理)가 위아래로 유행(流行)하여 각득기소(各得其所)하는 묘(妙)가 있는 듯합니다."고 하자 퇴계가 "대략 그러한 의사(意思)가 있긴 하지만 추론이 너무 지나치다." 하였다 한다. 이 시는 자연 경관이 수묵화처럼 담담히 그려져 있다. 경관을 관조하는 그 자신 또한 그 경관의 일부가 되어 있을 뿐, 자기의 의지를 그 속에 조금도 개입하지 않는다. 시 가운데 그림이 있다는 시중유화(詩中有畵)의 작품인데, 인간과 자연이 합일하고 화해(和諧)하는 성리학의 이상적인 세계가 잘 표현되어 있다.

이 무렵이 퇴계의 일생에서 가장 득의(得意)한 시절이었던 것 같다. 제자 이덕홍(李德弘, 1541~1596)의 《계산기선록(溪山記善錄)》을 보면, 이해 4월 15일에 퇴계는 조카 교(㝯), 손자 안도(安道), 제자 이덕홍을 데리고 달밤에 도산서당 아래에서 뱃놀이를 하면서 소동파(蘇東坡)의 〈적벽부(赤壁賦)〉를 읊고 시를 읊었다.[4]

달빛 어린 물 위는 희부옇고 밤기운 맑은데	水月蒼蒼夜氣淸
바람이 쪽배 불어 달빛 환한 강물 거슬러 오른다	風吹一葉泝空明
표주박에 담긴 백주는 은잔을 기울여 마시고	匏樽白酒飜銀酌
달빛 어린 물결에 노 저어 별빛을 끌고 가노라	桂棹流光掣玉橫
채석강에서 광태 부렸던 건 잘한 일 아니요	采石顚狂非得意
낙성호에서 뱃놀이한 일이 가장 생각나누나	落星占弄最關情
알지 못하겠다, 백년 뒤 통천에서	不知百歲通泉後
주자의 시 이은 사람 또 누가 있는지	更有何人續正聲

당나라 이백이 채석강(采石江)에서 뱃놀이를 하다가 술이 취해 물속의 달을 잡으려다 익사했다는 전설을 인용하였다. 주자가 낙성호(落星湖)에서 뱃놀이하면서 〈화팽려월야범주낙성호(和彭蠡月夜泛舟落星湖)〉란 시를 읊었는데 첫머리에 송나라 소상(蘇庠)의 〈청강곡(淸江曲)〉의 "長占烟波弄明月"이란 구절을 그대로 인용, "내 낀 강물 늘 차지하고 밝은 달 구경하려는, 생각을 가진 지 오래지만 누구에게 말할거

4 제목은 〈4월 기망에 탁영담에서 달빛 아래 배를 띄우고 조카 교, 손자 안도, 이덕홍에게 '명월청풍'으로 운을 나누게 하여 명(明)자 운을 얻다.〔四月旣望 濯纓泛月 令㝯安道德弘 以明月淸風分韻 得明字〕〉이다.

나.〔長占烟波弄明月 此心久矣從誰說〕" 하였다. 통천(通泉)은 중국의 지명이다. 두보의 〈관설직소보서획벽(觀薛稷少保書畫壁)〉에 "알지 못하겠다, 백년 뒤에 누가 다시 통천에 올런지.〔不知百歲後 誰復來通泉〕" 하였는데, 주자가 무이구곡(武夷九曲)에서 뱃놀이를 하고 읊은 시에 "백년 뒤에 누가 다시 통천에 올거나.〔百歲誰復來通泉〕"라는 구절이 있다. 퇴계의 이 구절을 주자의 뱃놀이를 생각하면서 주자의 시구를 인용하여, '주자가 세상을 떠난 뒤에 누가 주자의 시를 이어 시를 지은 사람이 있는가.'라고 한 것이다.

전고와 전거가 적절히 어우러진 득의한 작품으로, 전편(全篇)에서 평온한 은일의 즐거움이 느껴지며, 아울러 후세 학자로서 주자의 뒤를 잇는다는 자부심도 드러난다.

퇴계가 매화를 매우 좋아했다는 것은 잘 알려진 사실이다. 그래서 퇴계의 시 중에는 매화를 읊은 작품이 특히 많아 107수나 된다. 그중 91수는 퇴계가 손수 편집하고 행초서(行草書)로 써서 《매화시첩(梅花詩帖)》을 만들었다. 창작 시기는 임인년(중종37, 1542) 홍문관에 근무하던 42세 때부터 퇴계의 몰년(沒年)인 경오년(선조3, 1570) 2월까지이다. 70세 2월에 지은 시[5]에서도 매화에 대한 각별한 사랑을 읽을 수 있다.

5 제목은 〈내가 김언우에게 준 시에 "비록 후조당에서 매화를 감상하겠다는 약속을 저버렸으나 그나마 도산의 매화가 있어 스스로 위로할 만하다."라는 취지로 말하였다. 얼마 뒤에 김언우가 계상으로 찾아와 도산의 절우사를 두루 돌아보고는 "매화가 추위에 심하게 손상되었으니 꽃이 필지 기필하지 못하겠다."라고 하였다. 나는 그 말을 듣고 반신반의하면서 김언우 시의 운자를 사용하여 시를 지음으로써 스스로 마음을 달래고, 또 지은 시를 김언우에게 보이다.〉이다.

함께 사는 벗인 도산의 여덟아홉 그루 매화　　結社陶梅八九條
봄이 와 홀로 순백색 꽃 피우길 기다렸노라　　佇看眞白發春孤
문득 생각건대 심은 곳이 너무 높고 추워서　　飜思託地高寒甚
천향의 꽃이 몹시 손상을 입지나 않을까　　莫是天香太損無

또 특기할 만한 시로는 〈한가하게 지내면서 조사경·구경서·김순거·권경수 등 여러 사람이 수창한 시에 차운하다.〔閒居次趙士敬具景瑞金舜擧權景受諸人唱酬韻〕〉가 있다. 14수 연작인 이 시는 향리에 은거하여 의욕적으로 주자학을 연구하던 시절인 51세 때의 작품으로, 중국의 역사와 학술사를 개관한 주자의 《재거감흥(齋居感興)》 20수를 본떠서 중국과 우리나라 학술사의 중요한 대목들을 간약(簡約)히 서술, 평가한 것으로 퇴계의 학문적 지향과 문제의식을 읽을 수 있는 중요한 자료이다.

적막한 산골에 들어앉아 연구하며　　寂寞研窮向碧蘿
우리 동방의 문헌들을 읽어보았노라　　吾東文獻費吟哦
포옹의 저술은 아쉽게도 인멸되었고　　圃翁著述嗟漫滅
목로의 문장엔 허황한 주장이 많구나　　牧老文章幻說多

양촌의 도설은 참으로 탁월하니　　陽村圖說儘爲奇
천인합일의 이치를 그림으로 그렸지　　狀到天人合一時
다만 견강부회한 곳들도 많은 듯하건만　　秖恐猶多强牽綴
나의 시 수정할 참된 안목 없어 아쉬워라　　恨無眞眼訂吾詩

점필재 사문은 명성이 백세에 드높으니　佔畢師門百世名
문학을 통해 도학에 들어가 큰 학자를 얻었지　沿文泝道得鴻生
반도 성공 못하여 애석하게도 액난(厄難)을 당했으니　成功未半嗟蒙難
혼매한 이들을 아직도 채 일깨우지 못했어라　喚起群昏尙未醒

무릉은 죽계의 명승을 참으로 좋아해　武陵眞愛竹溪名
번듯한 서원을 지어 후생을 가르쳤어라　作屋渠渠訓後生
도통으로 추존한 것은 잘못이지만　道統推尊雖已過
혼매한 사람들 마음 일깨움이야 어찌 없으랴　人心昏寐豈無醒

14수 중 우리나라 학술사를 개괄한 4수로, 포은(圃隱) 정몽주(鄭夢周), 목은(牧隱) 이색(李穡), 양촌(陽村) 권근(權近), 점필재(佔畢齋) 김종직(金宗直)의 학술을 차례로 논평한 것이다. 퇴계는 이 시들에 각각 자주(自註)를 붙여서 설명하면서 미흡한 점들을 과감히 지적하거나 비판하였다. 포은에 대해서는 저술이 많이 남아 있지 않아 아쉽다고 완곡하게 표현했지만, 목은에 대해서는 불교를 좋아하였고 성리학은 잘 몰랐다고 혹평하였으며, 양촌의 《입학도설(入學圖說)》은 견강부회한 점이 있다고 비판하였다. 점필재에 대해서는 문장이 전아하고 문학을 통해 도학(道學)을 하였다고 했지만, 학문 저술이 없음을 비판하는 뜻도 그 속에 들어있다. 그렇지만 점필재의 제자인 한훤당(寒暄堂) 김굉필(金宏弼)은 홍유(鴻儒)라고 높이 추켜세웠다. 끝으로 주세붕(周世鵬)이 백운동서원을 세워 선비를 교육하도록 한 것은 잘한 일이지만 안향(安珦)을 우리나라 도통(道統)의 연원으로 추숭한 것은 옳지 못하다고 비판하였다. 주자학을 밝혀서 조선의 학술을 바로 세우겠다는 자신의 포부를 은연중 드러낸 것이다.

4. 맺음말

이상으로 기존 번역서들을 검토하고 퇴계의 시 중에서 성리학적 시들을 주로 뽑아서 소개하였다.

이 책에서는 기존 번역서들의 문제점을 보완하여《퇴계선생문집고증》은 전부 번역하여 주석으로 다는 한편《요존록》은 참고하여 필요한 곳에 주석을 달았고, 설명이 더 필요한 곳에는 역자가 재량하여 주석을 달았다.

퇴계의 시는 수량이 호한하고 내용도 다양하지만, 그중에서도 가장 분량이 많고 시적 성취도가 높은 것은 역시 거경과 성찰, 성리학적 사유, 은일의 즐거움 등을 노래한 작품들이다. 이러한 시들에서 퇴계의 깊고 고결한 정신세계를 살펴볼 수 있다.

한문학의 시대에 시는 문학의 정수이기도 했지만, 대개 일상의 여기(餘技)로 쓰여 선비의 삶에서 거의 모든 일에 시가 빠지지 않았다. 퇴계의 시들은 대개 연대 순서로 배열하여 창작 연월(年月)을 밝혀놓았고 창작 날짜까지 밝혀놓은 것들도 있어 생애의 흐름, 교유 관계의 곡절(曲折) 내지 세세한 일상사들을 알 수 있도록 되어 있다. 따라서 이 글에서 소개하지 못한 많은 작품들은 가서(家書)와 함께 퇴계의 생애의 모습을 고찰하는 데 중요한 자료가 될 수 있으며, 또한 퇴계의 학문과 사상을 연구함에 있어서도 다른 저술들을 보완하는 자료로 활용될 수 있다.

참고문헌

《정본 퇴계전서》 해제

《퇴계선생연표월일조록(退溪先生年表月日條錄)》(퇴계학연구원, 2001~2006)

《국역 퇴계시》(한국정신문화연구원, 1990)

《국역 퇴계전서》(퇴계학연구원, 1989~2001)

《퇴계시 풀이》(영남대학교 출판부, 2007)

퇴계선생문집

내집 권1

KNP0001(詩-內卷1-1)

길 선생 정려를 지나다[1] 계사년(1533, 중종28, 33세) 【2월 1일경 추정. 선산(善山)】

過吉先生閭 癸巳

아침에 길을 떠나 낙동강[2]을 지나가니 朝行過洛水
강물은 어이 그리 유유히 흐르는가 洛水何漫漫
한낮에 쉬면서 금오산[3] 바라보니 午憩望鰲山
금오산 울창하여 굽이굽이 서려 있네[4] 鰲山鬱盤盤

---

1 길……지나다 : 【攷證 卷1 過吉先生閭】 길 선생은 길재(吉再, 1353~1419)로, 자는 재보(再父), 호는 야은(冶隱)이며, 선산(善山) 해평(海平) 사람이다. 고려 말 포은(圃隱) 정몽주(鄭夢周)·목은(牧隱) 이색(李穡)의 문하에서 성리학을 연구하였으며, 병인년(1386, 우왕12)에 등과(登科)하여 태종(太宗)과 친분이 있었다. 기사년(1389, 창왕1)에 문하주서(門下注書)에 제수되었으나 경오년(1390, 공양왕2)에 관직을 버렸고, 우왕(禑王)의 부고를 듣고는 삼년상을 치렀다. 경진년(1400, 태종1)에 태종이 태상박사(太常博士)를 제수하였으나, 전(箋)을 올려 "충신은 두 임금을 섬기지 않는다.〔忠信不事二君〕"라고 하였다. 태종은 그 절개를 아름답게 여겨 그 집에 대해 요역을 면제해 주었다. 세종 조(世宗朝)에 좌사간(左司諫)을 증직하고 정려(旌閭)하였다. ○ 살펴보건대, 휘(諱)가 본집(本集) 목록에 보인다.

2 낙동강 : 【攷證 卷1 洛水】 《지지(地志)》에 "낙동강(洛東江)이다. 상주(尙州)에서 동쪽으로 36리 지점에 있으며 영남의 여러 강물과 합해져 남쪽으로 흘러서 웅천(熊川)에 이르러 바다로 들어간다. 비록 지역에 따라 이름이 다르지만 '낙동강'으로 총칭한다."라고 하였다.

3 금오산 : 【攷證 卷1 鰲山】 곧 금오산(金烏山)이며, 선산부(善山府)의 남쪽 43리 지점에 있다.

4 울창하여……있네 : 【攷證 卷1 鬱盤盤】 당(唐)나라 이백(李白)의 〈촉도난(蜀道難)〉 시에 "청니령 얼마나 구불구불하던지, 백 걸음에 아홉 번 꺾여 바위와 봉우리에 얽혀 있네.〔青泥鬱盤盤, 百步九折縈巖巒.〕"라고 하였다.

맑은 강물 두터운 땅을 뚫듯이 흐르고[5]	淸流徹厚坤
가파른 벼랑 높아 찬 하늘에 솟구쳤어라	峭壁凌高寒
그 아래 마을 있어 봉계라 이름하니	有村名鳳溪
바로 이 산과 물 사이에 있구나	乃在山水間
선생이 이곳에서 자취 숨기니	先生晦其中
조정에선 명을 내려 정문 세웠네	表閭朝命頒
군신 간 의리를 꺾을 수 없었던 것이지	大義不可撓
세속을 떠났다고 어찌 말하랴[6]	豈曰辭塵寰
천 년 전 조대의 유풍[7]이	千載釣臺風
다시금 우리 동한[8] 격동시키누나	再使激東韓

5 두터운……흐르고 : 【攷證 卷1 徹厚坤】 당(唐)나라 두보(杜甫)의 〈여름 낮에 탄식하다〔夏日歎〕〉 시에 "붉은 빛 뿜어내는 해는 두터운 땅을 뚫는데, 답답하고 찌는 듯한 더위 어디에서 열릴 것인가?〔朱光徹厚地, 鬱蒸何由開?〕"라고 하였고, 역시 두보의 〈목피령(木皮嶺)〉 시에 "우러러보니 밝은 해 가려지고, 굽어보니 두터운 땅 찢고 들어가네.〔仰干塞大明, 俯入裂厚坤.〕"라고 하였다.

6 군신……말하랴 : 【譯注】《논어》〈미자(微子)〉에 자로(子路)가 "벼슬하지 않는 것은 의를 저버리는 일이다. 장유의 예절을 폐할 수 없거늘 군신의 의를 어떻게 폐할 수 있겠는가.〔君臣之義, 如之何其廢之.〕 자기 몸을 깨끗하게 하고자 하여 대륜을 어지럽히는 짓이다."라고 하며 은자를 비판한 말이 보인다. 여기서는 길재가 속세를 피한 은자와 같은 경우가 아니라, 절의를 지키기 위해 은거하였음을 말한 것이다.

7 조대의 유풍 : 【攷證 卷1 釣臺風】 명(明)나라 이현(李賢) 등의 《대명일통지(大明一統志)》 권41 〈엄주부(嚴州府)〉에 "엄주 동려현(桐廬縣) 서쪽 부춘산(富春山)의 동쪽, 서쪽에 두 조대(釣臺)가 있는데 곧 엄광(嚴光)이 낚시하던 곳이며 이른바 동강(桐江) 칠리탄(七里灘)이 이것이다."라고 하였다. 송(宋)나라 주자(朱子 주희(朱熹))의 시에 "조대에 한 줄기 바람이 부네.〔釣臺一絲風〕"라는 구절이 있다.

8 동한 : 【攷證 卷1 東韓】 진(晉)나라 진수(陳壽)의 《삼국지》〈위지(魏志)〉에 "기자조선(箕子朝鮮)의 마지막 왕인 기준(箕準)이 위만(衛滿)의 공격을 받아 그 좌우 사람과 궁인들을 이끌고 해거(海居) 한지(韓地) 금마군(金馬郡)으로 도망쳐 들어가 스스로 한

망하는 나라를 부지하진 못했지만	扶持已無及
강상을 세움은 길이 굳고 견고하리	植立永堅完
장부는 큰 절의를 귀하게 여기건만	丈夫貴大節
평소에 알아주는 이가 드물어라	平生知者難
아아 그대 세상 사람들이여	嗟爾世上人
모쪼록 높은 벼슬 좋아하지 마오	愼勿愛高官

왕(韓王)이라 부르니, 이곳이 마한(馬韓)이다. 진한(辰韓)은 마한의 동쪽에 있는데 스스로 말하기를 '진(秦)나라에서 망명한 사람으로 역(役)을 피하여 한(韓)으로 들어왔다'고 하였다. 변한(弁韓)은 시조(始祖)를 알지 못하며, 진한에 속한다."라고 하였다. ○ 살펴보건대, 마한은 곧 지금의 익산(益山)이고, 진한은 지금의 경주(慶州)이며, 변한은 지금의 김해(金海)인 듯하다.

KNP0002(詩-內卷1-2)

월영대[9] 【계사년(1533, 중종28, 33세) 2월 15일 추정. 창원(昌原)】

月影臺

늙은 나무 기이한 바위 바닷가 땅[10]에 있는데	老樹奇巖碧海堧
고운[11]의 놀던 자취 모두 안개 속에 사라졌네	孤雲遊跡總成烟
지금 오직 높은 대에 뜬 달이	只今唯有高臺月
그 정신 남겨서 나에게 전해 주누나	留得精神向我傳

9 월영대 :【攷證 卷1 月影臺】창원부(昌原府) 회원(會原) 고현(古縣) 서쪽 해변에 있는데, 석각(石刻)이 있다.

10 바닷가 땅 :【攷證 卷1 海堧】사서(史書)에 "해연에 이르렀다.〔至于海堧〕"의 주석에 "바닷가의 노는 땅을 '연(堧)'이라고 한다."고 되어 있다.

11 고운 :【攷證 卷1 孤雲】최치원(崔致遠, 857~?)으로, 자가 고운이며, 신라 사람이다. 12세 때 배를 타고 당(唐)나라로 들어가서 스승을 찾아 힘써 배웠다. 18세 때 진사에 급제하였다. 황소(黃巢)의 반란이 일어나자 고병(高駢)의 종사관이 되었는데, 그 당시 격문(檄文)과 장첩(狀牒)이 모두 그의 손에서 나와 이름을 천하에 떨쳤다. 28세 때 조서(詔書)를 받들고 동쪽으로 돌아와 그대로 머무르며 한림학사(翰林學士), 병부시랑(兵部侍郞) 등이 되었다. 서쪽에 유학하고 동쪽으로 돌아온 그 시절 모두 난세를 만나 스스로 상심하고 불우하였으며 산수 간을 방랑하니, 지리산(智異山)·월영대(月影臺)·청량산(淸涼山) 같은 곳이 모두 그가 노닐던 곳이며, 가야산(伽倻山)에서 노년을 보냈다.【要存錄 卷1】자를 '해운(海雲)'으로 쓰기도 한다. 동쪽으로 돌아온 후 경주 남산, 강주(剛州) 빙산(氷山), 합천(陜川) 청량사(淸凉寺), 지리산 쌍계사(雙溪寺) 등이 모두 그가 유람했던 곳이다. 가족들을 이끌고 가야산 해인사(海印寺)에 은거하여 그곳에서 노년을 보냈다.

KNP0003(詩-內卷1-3)

촉석루[12] 【계사년(1533, 중종28, 33세) 4월 초순 추정. 진주(晉州)】

矗石樓

강호를 떠돈 지 몇 날이나 되었던가	落魄江湖知幾日
시 읊고 다니다 때때로 누각에 오르노라	行吟時復上高樓
하늘에 비껴 날리는 비는 일시의 변화이고	橫空飛雨一時變
눈에 드는 긴 강은 만고에 흐르는구나	入眼長江萬古流
지난 일 아득하여 둥지의 학은 늙고[13]	往事蒼茫巢鶴老
나그네 마음 정처 없는데[14] 들녘 구름 떠가네	羇懷搖蕩野雲浮
번화한 풍경은 시인의 소재에 속하지 않으니[15]	繁華不屬詩人料

12 촉석루 : 【攷證 卷1 矗石樓】 경남 진주(晉州) 촉석성(矗石城) 안에 있다. 호정(浩亭) 하륜(河崙, 1347~1416)이 기문(記文)을 지었다. 【要存錄 卷1】 호정 하륜의 누기(樓記)에 "누대가 남강(南江)을 내려다보고 있다. 강 가운데에 뾰족뾰족한 돌이 있기 때문에 그렇게 이름을 지었다."라고 하였다.

13 학은 늙고 : 【攷證 卷1 鶴老】 당(唐)나라 유장경(劉長卿)의 〈홍존 도사를 찾았으나 만나지 못하다〔尋洪尊師不遇〕〉 시에 "학은 늙어 나이 알기 어렵고, 매화는 추워서 꽃 피우지 않았네.〔鶴老難知歲, 梅寒未作花.〕"라고 하였다.

14 정처 없는데 : 【攷證 卷1 搖蕩】 《장자》 〈천지(天地)〉에 "대성인(大聖人)이 천하를 다스리면, 민심을 자유로이 풀어주어〔搖蕩民心〕 그들 스스로가 교화를 이룩하고 풍속을 고치도록 만든다."라고 하였는데, 송(宋)나라 임희일(林希逸)의 《장자구의(莊子口義)》 주석에 "요탕(搖蕩)은 전이(轉移)이다."라고 하였다. 【校解】 《고증》에는 '搖蕩恣睢之塗'를 예문으로 제시하며 그 주석으로 '搖蕩, 轉移也.'를 거론하였는데, 이는 《장자》 〈대종사(大宗師)〉의 "자네는 저 자유분방하고 변화무쌍한 도에서 어찌 노닐 수 있겠는가?〔汝將何以遊夫遙蕩恣睢轉徙之塗乎?〕"에서 나온 내용이며, 그와 관련된 《고증》의 주석 설명은 확인되지 않는다.

15 번화한……않으니 : 【譯注】 명(明)나라 사사원(謝士元)의 〈청원을 지나다〔過淸源〕〉

한번 웃고 말없이 푸른 강물을 굽어보노라　　　　　一笑無言俯碧洲

시에 "번화한 풍경은 시인의 눈에 들어오지 않으니, 홀로 푸른 비단 잠옷 입고서 날마다 편히 자노라.〔繁華不入詩人眼, 獨擁青綾日晏眠.〕"라고 하였다.

KNP0004(詩-內卷1-4)

여주목사 이공 순[16]·훈도 이여[17]와 함께 신륵사[18]에서 노닐다[19] 을미년(1535, 중종30, 35세) 【6월 하순 추정. 여주】

與驪州牧李公純訓導李畬遊神勒寺 乙未

도성의 풍진[20]은 꿈결에 아득하니	京洛風塵一夢悠
공들 따라 다만 고요 속 유람을 해 보네	從公聊作靜中遊
강산은 새벽 되니 눈앞의 그림 되고	江山曉作雙眸畫
누각이 맑게 개니 유월인데 가을 같아라	樓閣晴生六月秋

16 이공 순 : 【攷證 卷1 李公純】 자가 희문(希文)이다. 《정본 퇴계전서》 권14 SNW094 〈조사에게 보이는 회답〔回示詔使書〕〉에 보인다. 【要存錄 卷1】 이 편지에 "이순이 스스로 이르기를 그 학설에 능통하다 하며 책을 지어 주석을 달고 풀이까지 하였는데, 또한 그것이 과연 오류가 있는지 없는지는 모르겠다."라고 하였다.

17 이여 : 【攷證 卷1 李畬】 1503~1544. 자는 유추(有秋)이고, 호는 송애(松厓)이며, 본관은 한산(韓山)으로 목은(牧隱)의 후손이다. 관직은 교리(校理)를 지냈고, 학문에 잠심했는데 《주역》에 더욱 정밀하였다. 인조(仁祖) 때 동궁(東宮)에 재직하면서 강학을 권하여 공을 많이 세웠다.

18 신륵사 : 【攷證 卷1 神勒寺】 곧 지금의 보은사(報恩寺)이다. 여강(驪江) 동쪽 기슭 봉미산(鳳尾山)에 있다. 예종(睿宗) 때에 영릉(英陵)을 절 서쪽 10리 되는 곳에다 옮기고 마침내 절을 다시 짓고는 지금의 이름을 내렸다. 【要存錄 卷1】 옛 이름이 '신륵사'인데, 벽부도(甓浮圖)가 있기 때문에 속칭 '벽사(甓寺)'라고도 한다.

19 여주목사……노닐다 : 【攷證 卷1 與驪州牧云云】 여주는 경기좌도(京畿左道)에 속하며 또 다른 군명(郡名)은 여흥(驪興)이다. ○ 《퇴계선생연보》 권1에 "을미년(1535, 중종30)에 호송관(護送官)에 차임되어 왜노(倭奴)를 동래(東萊)까지 호송하였다. 이때 여주를 지나갔다."라고 하였다.

20 도성의 풍진 : 【攷證 卷1 京洛風塵】 남조(南朝) 진(晉)나라 육기(陸機)의 〈친구인 고언선을 위하여 부인에게 지어주다〔爲顧彦先贈婦〕〉 시에 "서울 낙양에 먼지바람 많이 일고, 흰 옷은 검게 물들었네.〔京洛多風塵, 素衣化爲緇.〕"라고 하였다.

수에 대해 물으니 진리를 탐구할[21] 수 있고	問數可能探理窟
신선을 이야기하니 시류를 떠나고[22] 싶구나	談仙直欲謝時流
돌아올 때 가벼운 배 조용히 띄워 놓으니	歸來穩放輕舟下
그나마 백구와 친할 수 있어 절로 기뻐라[23]	自喜猶能近白鷗

-이공이 일찍이 《황극내편(皇極內篇)》[24]을 주석하여 이십 여 년 공력을 쌓은 끝에 비로소 완성하였다. 이날 《황극내편》과 《참동계(參同契)》[25]의 수련법을 논하였다.-

21 진리를 탐구할 : 【譯注】 이 구절은 이순(李純)과 《황극내편(皇極內篇)》을 토론한 일을 두고 읊은 것이다. 【攷證 卷1 探理窟】 살펴보건대, 장횡거(張橫渠)의 저서에 《경학이굴(經學理窟)》이 있고, 소강절(邵康節)의 〈가을 느낌〔秋懷〕〉 시에 "옷 벗어 부상에 걸어두고, 손 뻗어 달 속의 굴을 찾는다.〔脫衣掛扶桑, 引手探月窟.〕"라고 하였다.

22 시류를 떠나고 : 【譯注】 이 구절은 《참동계(參同契)》를 두고 읊은 것이다. 【攷證 卷1 謝時流】 한(漢)나라 유향(劉向)의 《열선전(列仙傳)》〈왕자교(王子喬)〉에 다음과 같은 내용이 있다. "왕자교가 백량(栢良)에게 '우리집에다 7월 7일에 구지산(緱氏山) 꼭대기에서 나를 기다리라고 전해주게.'라고 하였다. 그때가 되자 과연 흰 학을 타고 산 정상에 머물렀는데, 바라볼 수는 있어도 다다를 수는 없었다. 손을 들어 당시 사람들에게 작별을 하고 여러 날 만에 떠났다.〔擧手謝時人, 數日而去.〕"라고 하였다.

23 그나마……기뻐라 : 【譯注】 은거할 수 있는 처지는 아니지만 그래도 배를 타고 백구를 벗으로 삼을 수 있어 기쁘다는 뜻이다. 송(宋)나라 황정견(黃庭堅)의 〈쾌각에 오르다〔登快閣〕〉 시에 "만 리 돌아가는 배에서 젓대 부니, 이 마음 백구와 맹세하였네.〔萬里歸船弄長笛, 此心吾與白鷗盟.〕"라고 하였다.

24 《황극내편》 : 【譯注】 이순은 관상감의 혼의혼상감수관(渾儀渾象監修官)으로 있을 때 천체관측기계를 제작한 적이 있으며, 《홍범황극내편보해(洪範皇極內篇補解)》를 지었다. 【攷證 卷1 皇極內篇】 송나라 때의 학자 구봉(九峯) 채침(蔡沈)이 지은 《홍범황극내편(洪範皇極內篇)》을 말한다.

25 《참동계》 : 【攷證 卷1 參同契】 한나라 위백양(魏伯陽)이 지은 《주역참동계(周易參同契)》를 말한다. '참(參)'은 '섞여 있다〔雜〕'는 것이고, '동(同)'은 '통한다〔通〕'이며 '계(契)'는 '맞다〔合〕'의 뜻이니, 《주역》과 이치가 통하고 뜻이 맞음을 이른다.

KNP0005(詩-內卷1-5)

임풍루[26] 칠석 【을미년(1535, 중종30, 35세) 7월 7일. 성주(星州)】

臨風樓 七夕

좋은 유람은 본래 하늘도 아낀다는데 勝事由來天所慳
임풍루에 올라 잠시 한가로이 노닌다 臨風樓上且偸閒
나무가 낮 더위 가려주어 바람이 난간에 일고 樹遮午熱風生檻
하늘에 가을구름 흩어지니 해가 산을 비추누나 雲破秋陰日映山
노학이 물 많이 마시니 주갈증이 난 듯하고[27] 老鶴飮多如酒渴
한선[28]이 괴로이 우니 시 짓느라 반백이 된[29] 듯하여라 寒蟬吟苦欲詩斑

26 임풍루 : 【攷證 卷1 臨風樓】 경북 성주(星州)의 객관(客館) 북쪽에 있다. 정인지(鄭麟趾)의 기문이 있다. ○ 살펴보건대, 이 시는 진천(晉川) 강혼(姜渾)의 시 〈성주 임풍루(星州臨風樓)〉 시 중 제2수에 차운한 것이다. 【要存錄 卷1】 고려 때 목사 이중(李重)이 건립하였고, 정인지가 이름을 지었다.

27 노학이……듯하고 : 【攷證 卷1 老鶴飮多如酒渴】 제(齊)나라 임금이 순우곤(淳于髡)에게 학을 초(楚)나라에 바치게 했다. 곤이 물가를 지나다가 학이 목말라 하는 것을 차마 견디지 못하고 내보내어 물을 마시게 했는데〔過于水上, 不忍鶴渴, 出而飮之〕, 학이 물을 다 마시고 날아가 버렸다. 《古今事文類聚 後集 卷42 羽蟲部》 송(宋)나라 왕원지(王元之)의 시에 "한 번 술 마신 뒤 갈증 오자 바다를 마시려 하네.〔一回酒渴思呑海〕"라고 하였다. 《吳郡志 卷25 人物》

28 한선 : 【攷證 卷1 寒蟬】 《비아(埤雅)》 권11 〈석충(釋蟲) 한조(寒蜩)〉에 "곧 지금의 아선(啞蟬)이다. 아선은 처음에는 울지 못하다가 차가운 이슬과 서늘한 바람을 맞게 되면 비로소 운다.〔卽今啞蟬. 啞蟬初瘖, 及得寒露冷風乃鳴.〕"라고 하였다.

29 시……된 : 【攷證 卷1 詩斑】 당(唐)나라 승려가 지은 시에 "머리칼은 시상에 지쳐 반백이 되었네.〔鬢爲作詩斑〕"라고 하였다. 《山堂肆考 卷127 詩斑》 【要存錄 卷1】 송(宋)나라 소식(蘇軾)의 〈도잠의 유별시에 차운하다〔次韻陶潛留別〕〉 시에 "이미 선심을 기뻐

만 그루 대나무가 못 가에 우거져 있으니　　萬竿脩竹臨池岸
속진이 가득한 성 안과는 절로 다르구나　　塵土城中自不關

하여 이별의 말 없었지만, 오히려 머리 깎는 것 싫어함은 시반이 있어서라네.〔已喜禪心無別語, 尙嫌剃髮有詩斑.〕"라고 하였다. 시인이 시를 읊느라 너무 괴로워서 머리가 반백이 되었으므로 '시반'이라 한 것이다.

KNP0006(詩-內卷1-6)

영남루[30] 【을미년(1535, 중종30, 35세) 7월 9일경 추정. 밀양(密陽)】

嶺南樓

누각은 높이 서서 영해의 하늘 굽어보는데	樓觀危臨嶺海天
좋은 계절 국화 앞에 나그네 왔네	客來佳節菊花前
상강 언덕에 구름 걷히니 푸른 단풍 숲 밖이요[31]	雲收湘岸青楓外
형양 땅에 물 빠지니 흰 기러기[32] 곁이라	水落衡陽白鴈邊
비단 휘장[33]은 광한전[34]의 달을 에워싸고[35]	錦帳圍將廣寒月

30 영남루 : 【攷證 卷1 嶺南樓】 밀양 객관의 동쪽에 있으니 곧 옛 영남사(嶺南寺)의 작은 누각인데, 절이 없어졌다. 지원(至元) 을사년(1365, 공민왕14)에 김주(金湊)가 밀양 부사(密陽府使)로 부임해 고쳐서 짓고 인하여 절 이름으로 누각을 이름하였다. ○ 살펴보건대, 이 시는 고려 성원도(成元度)의 〈영남루〉 시에 차운한 것이다. 【要存錄 卷1】 천순(天順) 경진년(1460, 세조6)에 부사 강숙경(姜叔卿)이 중수(重修)하였는데, 장려(壯麗)함이 비할 바가 없다. 【校解】 《고증》의 '지원(至元)'은 '지정(至正)'의 오류이다.

31 상강……밖이요 : 【攷證 卷1 湘岸青楓外】 당(唐)나라 이백(李白)의 〈조남에서 여러 관리들이 강남으로 가는 것을 유별하다〔留別曹南羣官之江南〕〉 시에 "요임금의 딸 아황과 여영은 동정호에 막혀 있고, 푸른 단풍은 소수와 상수에 가득하네.〔帝子隔洞庭, 青楓滿瀟湘.〕"라고 하였다. 당(唐)나라 두보(杜甫)의 〈달밤에 배가 역을 마주하고 절에 가까이 가다〔舟月對驛近寺〕〉 시에 "금빛 나는 절은 푸른 단풍 숲 바깥에 있고, 붉은 누각은 맑은 강변에 있다.〔金刹青楓外, 朱樓白水邊.〕"라고 하였다. 【校解】 《고증》에는 이백의 시 가운데 '瀟'가 '浦'로 되어 있는데 《이태백문집(李太白文集)》에 의거하여 수정하였다.

32 형양……기러기 : 【攷證 卷1 衡陽白雁】 당(唐)나라 왕발(王勃)의 〈등왕각서(滕王閣序)〉에 "기러기 떼가 추위에 놀라니 울음소리가 형양의 포구에까지 들린다.〔雁陣驚寒, 聲斷衡陽之浦.〕"라고 하였다. 송(宋)나라 심괄(沈括)의 《몽계필담(夢溪筆談)》에 "북쪽 지역에는 흰 기러기가 있는데, 기러기와 비슷하나 작으며 가을이 깊어지면 날아온다."라고 하였다.

옥피리[36] 소리가 태청[37]의 안개 속으로 들려오네　　玉簫吹入太淸烟
평소에 참으로 시인의 흥취가 있으나　　平生儘有騷人興
오히려 화려한 연회 술동이 앞으로 나아가노라　　猶向尊前踏綺筵

33 비단 휘장 : 【攷證 卷1 錦帳】 당(唐)나라 두보의 시 〈판관이신 설씨네 열두 째 어르신께서 보내주신 시에 받들어 답하다〔奉酬薛十二丈判官見贈〕〉 시에 "누가 비단 휘장 속에 앉아 있는 것 자랑하는가, 생선과 고기 정말 물리도록 먹었네.〔誰肯坐錦帳, 苦厭食魚腥.〕"라고 하였는데, 그 주석에 "《한서》 〈백관지(百官志)〉에 '낭관에게 비단 휘장을 주었다.〔郎官給錦帳〕' 하였다."라고 하였다. 《九家集注杜詩 卷13》

34 광한전 : 【攷證 卷1 廣寒】 당 명황(唐明皇)이 신 천사(申天師)와 8월 15일 밤에 월궁(月宮)에서 노닐다가 방패(榜牌)를 보았는데, '광한청허지부(廣寒淸虛之府)'라고 되어 있었다. 그런데 비취색 차가운 빛을 쏘고 있어 추워서 더 머물 수가 없었다. 송(宋)나라 소식(蘇軾)의 〈정월 초하룻날 눈 속에서 회수를 지나다 객을 보려고 돌아오며 짓다〔正月一日雪中過淮謁客回作〕〉 시 중 제1수에 "예전부터 달을 고치던 솜씨, 광한궁에 모여 있네.〔從來脩月手, 合在廣寒宮.〕"라고 하였다.

35 에워싸고 : 【攷證 卷1 圍將】 신라 최치원(崔致遠)의 〈격황소서(檄黃巢書)〉에 "높은 기와 큰 깃발이 초 땅 요새의 바람을 에워싸고 펄럭이네.〔高旌大旆, 圍將楚塞之風.〕"라고 하였다.

36 옥피리 : 【攷證 卷1 玉簫】 진(秦)나라 때 소사(簫史)와 농옥(弄玉)은 생황을 잘 불었으며 〈봉명곡(鳳鳴曲)〉을 지었다.

37 태청 : 【攷證 卷1 太淸】 송(宋)나라 임희일(林希逸)의 《장자구의(莊子口義)》 주석에 "태허(太虛)와 같다."라고 하였다. 한(漢)나라 유안(劉安)의 《회남자(淮南子)》 〈도응훈(道應訓)〉에 "태청이 무궁에게 '그대는 도를 아는가?'라고 물었다.〔太淸問於無窮曰, 子知道乎?〕"라는 구절에 대해, 한나라 고유(高誘)의 주석에 "태청은 원기(元氣) 가운데 맑은 것이다."라고 하였다. 【要存錄 卷1】 당(唐)나라 이백의 〈고풍(古風)〉 시 중 제2수에 "두꺼비 맑은 하늘 얇게 하더니, 이곳 옥 같은 누대의 달 이지러뜨렸네.〔蟾蜍薄太淸, 蝕此瑤臺月.〕"라고 하였다. 태청은 하늘이다.

KNP0007(詩-內卷1-7)

봄날의 감회[38] 병신(1536, 중종31, 36세) 【3월 추정. 서울】

感春 丙申

맑은 새벽 아무런 일이 없어서 淸晨無一事
옷 걸치고 서쪽 툇마루에 앉아 있자니 披衣坐西軒
아이 종이 깨끗이 뜨락을 쓸었지만 家僮掃庭戶
적막한 속에 도로 문을 닫았네 寂寥還掩門
가는 풀은 그윽한 섬돌에 나고 細草生幽砌
좋은 나무들이 꽃동산에 여기저기 있구나 佳樹散芳園
살구꽃은 비 오기 전이라 드물더니 杏花雨前稀
복사꽃은 밤사이에 활짝 피었네 桃花夜來繁
붉은 앵두꽃은 향기로운 눈처럼 날리고[39] 紅櫻香雪飄
하얀 오얏꽃은 은빛 바다[40]처럼 출렁이누나 縞李銀海飜
고운 새는 자기 재주 자랑하는 듯[41] 好鳥如自矜

38 봄날의 감회 : 【要存錄 卷1】 병신년(1536, 중종31) 서울에 머물 때에 선생이 본래부터 벼슬할 마음이 적었음을 술회한 것이니, 대개 고향으로 돌아가고자 한 흥취는 이미 계묘년(1543, 중종38) 이전에 있었음을 말하고 있다.

39 향기로운 눈처럼 날리고 : 【攷證 卷1 香雪飄】 송(宋)나라 소식의 〈달밤에 객과 더불어 살구꽃 아래에서 마시다〔月夜與客飮杏花下〕〉 시에 "꽃 사이에 술상 차리니 맑은 향기 나는데, 어찌하여 긴 가지 끌어다 향기로운 눈 떨어지게 하는가.〔花間置酒淸香發, 爭挽長條落香雪.〕"라고 하였다.

40 은빛 바다 : 【攷證 卷1 銀海】 송나라 소식의 〈눈 온 후에 북대의 벽에 쓰다〔雪後書北臺壁〕〉 시 중 제1수에 "얼음이 옥루에 얼어 추위에 좁쌀 같은 소름 돋고, 빛은 은해를 흔들어 현란하게 눈에 어른거리네.〔凍合玉樓寒起粟, 光搖銀海眩生花.〕"라고 하였다. ○ 《고증》 권5의 '남교비설(南郊飛雪)' 주석을 참조.

따뜻한 아침볕에 꾀꼴꾀꼴[42] 노래하네[43] 間關哢朝暄
세월은 빨리 흘러 머물지 않고 時光忽不留
그윽한 회포는 서글퍼 말하기 어려워라 幽懷悵難言
삼 년째 서울에서 봄을 맞으니[44] 三年京洛春
수레에 매인 망아지처럼 답답하구나[45] 局促駒在轅

41 자기……듯 : 【攷證 卷1 自矜】 송(宋)나라 소식의 〈자유가 뜰 안 초목을 기록한 것에 화답하다〔和子由記園中草木〕〉 시 중 제2수에 "봄볕이 한 번 퍼지니, 곱고 추한 것 제각기 자랑하네.〔春陽一以敷, 姸醜各自矜.〕"라고 하였다.

42 꾀꼴꾀꼴 : 【攷證 卷1 間關】 《운회(韻會)》에 "간관(間關)은 높고 험하며 구불구불한 모양"이라고 하였다. 《御定康熙字典 卷31》 당(唐)나라 백거이(白居易)의 〈비파행(琵琶行)〉에 "꾀꼴꾀꼴 꾀꼬리 소리 꽃 아래서 매끄럽고, 깊숙이 흐르는 샘물 소리 얼음 밑이라 듣기 어렵네.〔間關鶯語花底滑, 幽咽泉流氷下難.〕"라고 하였다.

43 노래하네 : 【攷證 卷1 哢】 '농'은 새가 우는 것이다. 남조 제(齊)나라 좌사(左思)의 〈촉도부(蜀都賦)〉에 "그 가운데 기러기가 무리 짓고 고니가 짝하여……구름 속을 날고 물에서 자며, 맑은 시내에서 구우구우 노래하였다.〔其中則有鴻儔鵠立……雲飛水宿, 哢吭清渠.〕"라고 하였다. 【校解】 《고증》에는 〈촉도부〉가 〈오도부(吳都賦)〉로 되어 있는데, 통행본 《문선주(文選註)》에 의거하여 수정하였다.

44 삼……맞으니 : 【攷證 卷1 三年京洛春】 《퇴계선생연보》 권1에 "갑오년(1534, 중종29) 3월에 선생이 과거에 급제하여 4월에 권지승문원부정자(權知承文院副正字)에 선임되었으며, 이어 예문관 검열(藝文館檢閱)에 제수되었다. 을미년(1535, 중종30) 6월에는 호송관(護送官)에 임명되고, 병신년(1536, 중종31) 3월에는 선무랑(宣務郎)에 제수되었다."라고 하였다.

45 수레에……답답하구나 : 【攷證 卷1 局促駒在轅】 한(漢)나라 사마천(司馬遷)의 《사기》 〈위기무안후열전(魏其武安侯列傳)〉에 "임금이 내사(內史)인 정당시(鄭當時)에게 성을 내며 '그대는 평소 위기후와 무안후의 장단점을 곧잘 말하더니, 오늘의 의론에서는 수레 끌채 아래 매인 망아지처럼 움츠리고 있구나.〔今日廷論, 局趣效轅下駒.〕' 하였다."라고 하였는데, 한(漢)나라 응소(應劭)의 주석에 "국취(局趣)는 섬소(纖小)의 모습"이라고 하였다. 《史記正義 卷107》 【校解】 《고증》에는 '趣'가 '促'으로 되어 있고 주석에 '局促, 纖少之貌'라고 되어 있다고 하였으나 통행본 《사기정의》에 의거하여 수정하였다.

어영부영 보낸 세월 끝내 무슨 이익 있으랴　悠悠竟何益
밤낮으로 나라 은혜에 부끄럽기만 하다　日夕愧國恩
우리 집은 맑은 낙동강 옆에 있어　我家淸洛上
희희낙락 즐겁고 한가로운 마을이라　熙熙樂閒村
이웃 마을은 봄이 되어 농사를 짓고　鄰里事東作
닭과 개만 울 밑을 지키고 있네　雞犬護籬垣
도서가 쌓여 있는 궤석은 고요하고　圖書靜几席
연하는 산천에 어리어 비출 테지　烟霞映川原
시내에는 고기와 새 노닐고　溪中魚與鳥
솔 아랜 원숭이 학 울음을 우네[46]　松下鶴與猿
즐거워라 산중에 살던 사람이여　樂哉山中人
어서 돌아가 술이나 마시련다　言歸謀酒尊

46 솔……우네 :【譯注】고향으로 돌아가 은거하고 싶은 마음이 있지만, 그렇게 하지 못하는 아쉬움을 표현한 것이다. 남조 시대 제(齊)나라 공치규(孔稚珪)의 〈북산이문(北山移文)〉에 "혜초 장막은 비었는데 밤마다 학은 울고, 산인이 떠나자 새벽 원숭이 놀란다.〔蕙帳空兮夜鶴怨, 山人去兮曉猿驚〕"라고 하였다.

KNP0008(詩-內卷1-8)

안동 애련당[47] 병서 【병신년(1536, 중종31, 36세) 8월 초순 추정. 안동】

安東愛蓮堂 幷序

애련당은 옛날에는 정자로서 연못 가운데 있었다. 숙부이신 송재(松齋)[48] 부군(府君)께서 이 고을에 원으로 오셨을 때 일찍이 시를 지으셨는데, 그 시는 다음과 같다. "거문고 소리 시원하게 빗소리에 섞였는데, 이파리 시들고 뿌리 없는 연이건만 맑은 기상 머금었네. 서녘 담 밑 대숲 사이에 접시꽃 옮겨 놓으니, 붉고 푸름 분명하여 제각기 드러나네.〔琴韻泠泠雜雨聲, 敗荷無藕尙含淸. 移葵間竹西牆下, 紅綠分明各自旌.〕" 그 뒤 농암(聾巖)[49] 이 선생(李先生)께서 이어 이 고을의 원이 되자, 정자를 당(堂)으로 고쳐 짓고 송재의 시는 벽에 그대로 걸어두었다. 대나무는 북쪽 담장으로 옮겨 심었으나, 접시꽃은 없어지고 말았다.

대는 바람이 가늘어서 웃어도 소리 없고[50] 竹因風細笑無聲

47 안동 애련당: 【攷證 卷1 安東愛蓮堂】 안동은 경상좌도에 속한다. 또 다른 군명으로는 고창(古昌)·영가(永嘉)·화산(花山) 등이 있다. ○ 애련당은 객관 동쪽에 있다.

48 송재 : 【攷證 卷1 松齋】《정본 퇴계전서》 권15 〈숙부 호조참판 부군 묘갈지〔叔父戶曹參判府君墓碣識〕〉에 보인다. 【校解】 이우(李堣, 1469~1517)의 호로, 본관은 진보(眞寶), 자는 명중(明仲), 호는 송재이다.

49 농암 : 【攷證 卷1 聾巖】《정본 퇴계전서》 권15 〈숭정대부 행 지중추부사 농암 이선생 행장〔崇政大夫行知中樞府事聾巖李先生行狀〕〉에 보인다. 【校解】 이현보(李賢輔, 1467~1555)의 호로, 본관은 영천(永川), 자는 비중(棐仲), 호는 농암·설빈(雪鬢), 시호는 효절(孝節)이다.

연잎은 가을 서늘하여 기운 다시 맑아졌네　　荷爲秋凉韻更淸
서녘담 대 사이의 붉은 접시꽃은 보이지 않고　　不見西牆紅間綠
주옥같은 시구만 속절없이 남아[51] 주렴[52]을 비추누나　空餘珠玉映簾旌

50 대는……없고 :【攷證 卷1 竹因風細笑無聲】 원(元)나라 웅충(熊忠)의 《고금운회거요(古今韻會擧要)》 권22에 "소(笑)는 '죽(竹)'의 뜻과 '요(夭)'의 뜻이 합해진 것이다. 그 의미는 대나무가 바람을 맞으면 몸이 구부러져 사람이 웃는 것과 같다는 것이다."라고 하였다.

51 주옥같은……남아 :【攷證 卷1 空餘珠玉】 '주옥같은 시구'는 송재의 시를 이른다. 당(唐)나라 두보의 〈중서사인 가증(賈曾)과 기거사인 자지(子至)가 새벽에 대명궁에 조회하러 들어감에 받들어 화답하다〔奉和賈至舍人早朝大明宮〕〉 시에 "조회 끝나니 향기로운 안개 소매 한가득 따르고, 시 이루어지니 주옥이 붓 가는 데 있네.〔朝罷香烟携滿袖, 詩成珠玉在揮毫.〕"라고 하였다. 당(唐)나라 이백의 〈첩박명(妾薄命)〉 시에 "하늘에 떨어진 침방울이라도, 바람 따라 구슬로 변하였네.〔咳唾落九天, 隨風生珠玉.〕"라고 하였다.

52 주렴 :【攷證 卷1 簾旌】 송나라 주자(朱子 주희(朱熹))의 〈어머니 생신날 아침에 송수를 기원하다〔壽母生朝〕〉 시에 "대나무 잣나무 가지 얽히니 정원이 맑은데, 서풍은 푸른 주렴을 흔들지 않네.〔竹栢交柯庭院淸, 西風不動翠簾旌.〕"라고 하였다.

KNP0009(詩-內卷1-9)

비 때문에 신번현[53]에서 머무르다 【병신년(1536, 중종31, 36세) 8월 18일. 의령(宜寧)】

雨留新蕃縣

한가위 달 이지러지려는 것 이미 보았는데	已見中秋月欲虧
남쪽 고을 가는 나그네는 아직도 더디구나	南州行客尙逶遲
붉은 구름 속 대궐[54]은 삼천리나 멀리 있고	紅雲北闕三千里
백발의 어머니 생각은 하루에도 열두 때라[55]	白髮高堂十二時
취하여 친구와 이별하니 바람이 소매를 끌고	醉別故人風挽袖
시름겨워 홀로 여관에서 읊조리니 비가 시를 재촉하네[56]	愁吟孤館雨催詩

53 신번현 : 【攷證 卷1 新蕃】 의령(宜寧)의 속현(屬縣)이다.

54 붉은……대궐 : 【攷證 卷1 紅雲北闕】 《익성전(翼聖傳)》에 "옥황상제가 거처하신 곳에는 붉은 구름이 에워싸고 있다.〔玉帝所居, 紅雲擁之.〕"라고 하였다. 《古今事文類聚前集 卷2》 송(宋)나라 소식(蘇軾)의 〈정월 대보름날 시신들이 모여 마시는 누대에서 세 수를 지어 같은 반열에 있는 관원들에게 바치다〔上元侍飮樓上三首呈同列〕〉 시에 "모시는 신하들 고니처럼 통명전에 서 있는데, 한 떨기 붉은 구름 옥황을 받드네.〔侍臣鵠立通明殿, 一朶紅雲捧玉皇.〕"라고 하였다. 【要存錄 卷1】 한(漢)나라 사마천(司馬遷)의 《사기》 〈고제기(高帝紀)〉에 "미앙궁(未央宮)을 짓고 동궐과 북궐을 세웠다."고 하였는데, 남조 송(宋)나라 배인(裴駰)의 주석에 "동쪽에는 창룡궐(蒼龍闕)이 있고, 북쪽에 현무궐(玄武闕)이 있으니 이른바 북궐이다."라고 하였다. 《史記集解 卷8》

55 백발의……때라 : 【攷證 卷1 白髮高堂十二時】 선생의 모부인인 박씨가 집에 계셨다. 송나라 황정견(黃庭堅)의 〈어버이를 생각하며 여주에서 짓다〔思親汝州作〕〉 시에 "오경에 집으로 가는 꿈 삼백 리요, 하루에도 어버이 생각 열두 때라네.〔五更歸夢三百里, 一日思親十二時.〕"라고 하였다.

56 비가 시를 재촉하네 : 【攷證 卷1 雨催詩】 당(唐)나라 두보(杜甫)의 〈여러 귀공자들

부질없이 지친 종을 굶주리고 목마르게 하고 있으니[57] 徒令倦僕知飢渴

손꼽아 돌아갈 길 이틀을 하루 잡아 기약하노라 屈指歸程倂日期

을 모시고 장팔구에서 기생들을 데리고서 더위를 식히는데 저녁 무렵에 비를 만나다〔陪諸貴公子丈八溝携妓納凉晩際遇雨〕〉 시에 "조각구름 머리 위에 검게 드리우니, 응당 비가 시를 재촉하는 것이리라.〔片雲頭上黑, 應是雨催詩.〕"라고 하였다.

57 부질없이……있으니 : 【要存錄 卷1】 당나라 한유(韓愈)의 〈비서랑인 장적(張籍)이 사공이신 배도(裵度)에게서 말을 얻은 것을 축하하다〔賀張十八秘書得裵司空馬〕〉 시에 "길이길이 노복들이 배고프고 목마른 것 알게 하여, 모름지기 어질고 훌륭한 마음으로 대하게 하기를.〔長令奴僕知飢渴, 須著賢良待性情.〕"이라고 하였다.

KNP0010(詩-內卷1-10)

세밑에 고향에서 온 편지를 받고 소회를 쓰다[58] 【병신년(1536, 중종31, 36세) 12월 추정. 서울】

歲季得鄕書 書懷

고향 편지 십여 장을 받아보니　鄕書十數紙
글자마다 친구의 필적일세　字字親舊筆
새벽에 일어나자 문득 눈에 가득하여　晨興忽滿眼
내리 다 읽고서 다시 일일이 보노라　讀盡更一一
평안하다는 소식 어찌 아니 기쁘랴만　豈不喜平安
기쁨이 많으니 마음 더욱 울적해지네　喜多情轉鬱
생각해보니 어머니[59]께 하직하고 떠나던 날　憶我辭北堂
서릿바람 국화 피는 계절이었지　霜風菊花節
서쪽으로 서울 와서 무엇을 하는가　西來何所爲
잠자코 벼슬[60]에 얽매여 있구나　悶默縶袍笏

58 세밑에……쓰다 : 【攷證 卷1 歲季得鄕書書懷】《퇴계선생연보》 권1에 "병신년(1536, 중종31) 9월에 호조 좌랑에 임명되었다."라고 하였다.

59 어머니 : 【攷證 卷1 北堂】 당(唐)나라 한유(韓愈)의 〈아들에게 보이다〔示兒〕〉 시에 "주부는 북당을 다스리는데, 음식과 의복 가깝고 먼 이에게 보내네.〔主婦治北堂, 膳服適戚疎.〕"라고 하였고, 송(宋)나라 손부(孫傅)의 주석에 어머니를 북당이라 칭한다고 하였다. 《五百家注昌黎文集 卷7》

60 벼슬 : 【攷證 卷1 袍笏】 송나라 홍매(洪邁)의 《용재수필(容齋隨筆)》 권12에 "당나라의 제도에는 조회할 때 입는 관복으로 청색, 녹색, 붉은색, 자주색의 사시포(四時袍)가 있었고, 국조(國朝)에는 녹색, 붉은색, 자주색의 삼등포(三等袍)가 있다."라고 하였다. 《예기》 〈옥조(玉藻)〉에 "장차 조정에 가려고 할 적에는 관리가 상아홀을 올린다.〔史進象笏〕"라고 하였다.

공무를 늦지 않게 처리할 줄만 알 뿐	但知趁公務
병든 몸 근심할 겨를도 없네	不暇憂病骨
달리는 세월 덧없어 멈추지 않아	馳光忽不淹
올해도 섣달그믐이 다가왔도다	逼此歲除日
나그네 잠자리에서 걱정과 그리움 많아	客枕多憂思
꿈속에서 매번 고향으로 날아가네	魂夢輒飛越
내 자신 돌아보면 참으로 부끄러우니	撫躬良自愧
나라에 보답한 일 또한 아무것도 없구나	報國亦云缺
어찌하여 어리석은 몸을 진작 거두어	胡不早收愚
내 시골집으로 돌아가 편안하지 못했던고[61]	歸安在蓬蓽
힘써 밭 갈아 관청에 세금을 내고	力耕給公上
맛있는 음식으로 어버이를 봉양해야지	甘旨奉怡悅
이것이 실로 분수에 맞는 건데	玆誠分所宜
오랫동안 스스로 결단하지 못하였네	久矣不自決
명리의 늪에서 뻔뻔스럽게 낯을 들고 있자니	强顔名利藪
억눌려서 부질없이 자신을 잃고 있구나	掩抑徒自失
그래도 주광[62]은 될 수 있지만	猶能得酒狂
진결을 배울[63] 방도는 없어라	無計學眞訣

61 내……못했던고 :【攷證 卷1 歸安在蓬蓽】 당나라 두보(杜甫)의 〈북정(北征)〉 시에 "돌아보니 부끄럽게도 나만 은총 입어, 초라한 집으로 돌아가도록 허락받았네.〔顧慙恩私被, 詔許歸蓬蓽.〕"라고 하였다.

62 주광 :【攷證 卷1 酒狂】 한(漢)나라 갑관요(蓋寬饒)가 "나에게는 술을 많이 따르지 마시오, 나는 바로 술 미치광이오.〔我乃酒狂〕"라고 하였다. 《漢書 卷77 蓋寬饒傳》 당나라 허작(許碏)의 〈취음(醉吟)〉 시에 "뭇 신선들 손뼉 치며 경박한 것 싫어하여, 인간세상으로 귀양 와 술 미치광이 되었네.〔群仙拍手嫌輕薄, 謫向人間作酒狂.〕"라고 하였다.

해진 옷을 자주 저당 잡히려 하니[64]	敝衣屢欲典
독 안의 양식이 다 떨어져 가네[65]	甁粟行告竭
벼슬길에서 마음은 쉽게 식어가고	宦情易成歇
고향으로 가고 싶은 마음은 막을 수 없구나	鄕心不可遏
이렇게 멀리까지 음식을 보내준 마음에 감사하노니	感此遠餉意
값지고 중함은 물건에 있지 않다오	珍重不在物
아이들이 어찌 이 뜻을 알겠는가	兒童豈知此
환호하며 배와 밤을 달라고 하네[66]	呼叫索梨栗
침상 앞에 붓과 벼루 있으니	床前有筆硯
길게 읊어 애오라지 혼자 술회하노라	長吟聊自述

63 진결을 배울 :【攷證 卷1 學眞訣】 사마승정(司馬承禎)이 이백(李白)에게 "선풍도골(仙風道骨)이니 신선을 배울 수 있겠다."라고 하며 무릇 방외의 도록(圖錄)과 단결(丹訣)을 주지 않음이 없었다.《唐詩品彙 卷4》 ○ 당나라 한유의 〈화산녀(華山女)〉 시에 "마침내 자리에 올라 신선이 되는 비결을 펴고, 문 보며 사람들이 빗장 여는 것을 허락하지 않네.〔遂來陞座演眞訣, 觀門不許人開扃.〕"라고 하였다. 【校解】《고증》에는 '遂'가 '逐'으로 되어 있는데 통행본《한창려집(韓昌黎集)》에 의거하여 수정하였다.

64 해진……하니 :【攷證 卷1 敝衣屢欲典】 '전(典)'은 저당 잡히는 것이다. 당나라 두보의 〈곡강(曲江)〉 시 중 제2수에 "조회 마치고 돌아올 때면 날마다 봄옷을 저당 잡혀, 매일같이 곡강 가에서 진탕 취해 돌아오네.〔朝回日日典春衣, 每日江頭盡醉歸.〕"라고 하였다.

65 독……가네 :【攷證 卷1 甁粟行告竭】 진(晉)나라 도연명(陶淵明)의《도연명집(陶淵明集)》 권5 〈귀거래혜사(歸去來兮辭)〉 병서(幷序)에 "항아리에는 저축해 놓은 곡식이 없다.〔甁無儲粟〕"라고 하였다.

66 배와……하네 :【攷證 卷1 索梨栗】 진나라 도연명의 〈책자(責子)〉 시에 "아들 통이는 아홉 살이 다 되어가는데도, 다만 배와 밤만 찾는다네.〔通子垂九齡, 但覓梨與栗.〕"라고 하였다.

KNP0011(詩-內卷1-11~22)

의주[67]잡제. 절구 12수 신축(1541, 중종36, 41세) 【5~6월 추정. 의주】

義州雜題十二絶 辛丑

(詩-內卷1-11)

천험의 요새인 압록강[68] 鴨綠天塹

해 저무는 변방 성에 홀로 난간에 기대서니　日暮邊城獨倚闌
한 가락 강적 소리 수루에서 들려오네[69]　一聲羌笛戍樓間
그대에게 부탁하여 중원 경계 알고자 하니　憑君欲識中原界
장강의 서쪽 산을 웃으며 가리키네　笑指長江西岸山

67 의주 : 【攷證 卷1 義州】 평안서도에 속한다. 고려 때는 용만현(龍灣縣)이었고, 또 다른 군명으로는 보주(保州)·송산(松山) 등이 있다. ○ 《퇴계선생연보》 권1에 "신축년 5월, 자문점마관(咨文點馬官)으로 의주에 갔다."라고 하였다.

68 천험의 요새인 압록강 : 【攷證 卷1 鴨綠天塹】 압록강은 의주 서북쪽에 있는데, 마자(馬訾)·청하(淸河)·용만(龍灣)이라고도 한다. 그 근원이 백두산에서 나오는데 물빛이 오리의 머리처럼 파랗다고 하여 그렇게 이름하였다고 한다. ○ 《위사(魏史)》에 "문제(文帝)가 남쪽으로 정벌을 나갔는데 파도가 용솟음치는 것을 보고 탄식하며 '장강은 천연의 요새라〔長江天塹〕, 하늘이 그것으로 남북의 한계를 지었다.' 하였다."라고 하였다.

69 강적……들려오네 : 【文集攷證 卷1 羌笛戍樓間】 살펴보건대, 강(羌)족은 서융(西戎)으로 양을 치는 사람들이다. ○ 한(漢)나라 응소(應劭)의 《풍속통(風俗通)》에 "적(笛)은 본래 강족에게서 나왔다. 또 강적(羗笛)이 있는데, 적(笛)과는 같지 않다. 고적(古笛)보다 길고 구멍이 세 개 있다."라고 하였다. 당(唐)나라 고적(高適)의 〈변방에서 피리 부는 소리를 듣다〔塞上聽吹笛〕〉 시에 "눈 개인 오랑캐 땅 말 먹이고 돌아오니, 달은 밝고 수루에서 피리소리 들려오네.〔雪淨胡天牧馬還, 月明羌笛戍樓間.〕"라고 하였다. 【要存錄 卷1】 한나라 허신(許愼)의 《설문해자(說文解字)》에 "적(笛)은 구멍이 일곱 개인 피리이고, 강적(羌笛)은 구멍이 세 개이다."라고 하였다.

〔詩-內卷1-12〕

의주성[70]의 지리상 이점 州城地利

성가퀴[71] 높고 높아 지세도 웅장한데　雉堞峩峩地勢雄
요동으로 경계 나눠 산융[72]을 눌렀도다　分疆遼左壓山戎
나라의 관문이니[73] 하늘이 만들어 놓은 듯　國門鎖鑰如天設
오래도록 평안함을 저녁 봉화가 알리네[74]　長得平安報夕烽

70 의주성 : 【攷證 卷1 州城】《고려사》〈지(志)〉 권36에 "태조 때 천조(天朝)에서 압록강 동쪽 끝으로 경계를 정하고, 석성(石城)을 쌓아 경계로 삼았다. 덕종(德宗) 2년에 평장사(平章事) 유소(柳韶)가 서북쪽에 관방(關防) 장성을 쌓았는데, 압록강에서 시작하여 동으로 위원(威遠), 맹주(孟州), 동주(銅州) 등 14개의 성을 거쳐 길이가 천여 리까지 이어졌다. 돌로 성을 만들었는데 높이와 두께가 각각 25척이었다."라고 하였다.

71 성가퀴 : 【攷證 卷1 雉堞】《춘추좌전주소(春秋左傳註疏)》 은공(隱公) 원년조에 "길이와 높이가 각각 한 길 되는 것을 도(堵)라 하며, 5도를 치(雉)라 한다. 1치는 길이가 세 길이고 높이가 한 길이다."라고 하였다. 한(漢)나라 허신의 《설문해자》에 "첩(堞)은 본래 첩(壜)인데, 성벽 위에 쌓은 낮은 담〔女垣〕이다. 지금 살펴보니 첩(堞)으로 되어 있다."라고 하였다.

72 산융 : 【攷證 卷1 山戎】 명(明)나라 이현(李賢) 등의 《대명일통지(大明一統志)》에 "올량합(兀良哈)인데, 본래 춘추 시대 때 산융 땅에 있었다."라고 하였다. ○ 동사(東史)를 살펴보니, 동여진(東女眞)은 본래 말갈족의 유민인데 서북도까지 세력을 뻗어 산택(山澤)에 흩어져 살았다.

73 나라의 관문이니 : 【攷證 卷1 國門鎖鑰】《송사전문(宋史全文)》 권6 〈진종 2(眞宗二)〉에 다음과 같은 내용이 있다. "구준(寇準)이 대명부(大名府)에 주둔하고 있을 때 북쪽에서 사자가 와서 말하기를 '상공께서는 명망이 중하신데 어찌하여 중서성에 계시지 않습니까?' 하니, 구준이 말하기를 '황상께서는, 조정에는 제가 할 만한 일이 없지만 북쪽관문을 굳게 잠그는 일〔北門鎖鑰〕에는 제가 아니면 안 된다고 하셨습니다.'라고 하였다."

74 평안함을……알리네 : 【攷證 卷1 平安報夕烽】 한(漢)나라 반고(班固)의 《한서》〈흉노전(匈奴傳)〉 주석에 "변성(邊城)에서 오랑캐를 방비하는 데 횃불 한 개를 올릴 때가 있고, 네 개를 올릴 때가 있다. 매일 초야(初夜)에 횃불 하나를 올리니, 그것을 평안화(平

(詩-內卷1-13)

산천의 형승 山川形勝

구룡연[75]의 구름 기운 새벽 되니 서늘한데[76]	龍淵雲氣曉凄凄
송골산은 하늘에 닿아 밝은 해도 나지막하네	鶻峀摩空白日低
산성 문 닫히기를 앉아서 기다리자니	坐待山城門欲閉
호각 소리[77]가 큰 강 서쪽에서 들려오누나	角聲吹度大江西

(詩-內卷1-14)

의순관[78] 義順館

압록강 가에 의순관이 구름 위로 솟아 있으니	華館凌雲鴨水濱
우리 동방에서는 왕인[79]을 위해 예우가 극진했네	吾東盡禮爲王人

安火)라고 한다."라고 하였다. 당나라 두보(杜甫)의 〈저녁 봉화〔夕烽〕〉 시에 "저녁 봉화가 가깝지 않은 곳에서 오니, 매일같이 평안함을 알리네.〔夕烽來不近, 每日報平安.〕"라고 하였다.

75 구룡연 : 【攷證 卷1 龍淵】 용연은 곧 구룡연(九龍淵)인데, 의주 북쪽 8리 지점에 있다. 용연 남쪽에 토성의 터가 있다.

76 새벽 되니 서늘한데 : 【攷證 卷1 曉凄凄】 《국조시산(國朝詩刪)》을 살펴보니, '효(曉)'가 '만(晚)'으로 되어 있다. 아래 "문이 닫히려고 한다.〔門欲閉〕"에 근거하면 '만(晚)'으로 쓰는 것이 옳을 듯하다.

77 호각 소리 : 【攷證 卷1 角聲】 《통례의찬(通禮義纂)》에 "황제(黃帝)가 치우(蚩尤)와 싸우는데, 황제는 피리를 불어 용이 우는 소리를 내게 해서〔吹角作龍鳴〕 그를 막았다. 군영 안에다 그것을 만들어 저녁과 새벽을 알리게 하였다."라고 하였다.

78 의순관 : 【攷證 卷1 義順館】 옛 이름은 망화루(望華樓)인데 중국 조정의 사신을 맞이하는 곳이다. 세조 때 누대를 철거하고 관(館)을 설치하였다.

79 왕인 : 【譯註】 왕인은 원래 주(周)나라의 하급관직인데, 왕명을 수행하였으므로 후에는 천자의 사신을 가리키는 말로 쓰였다. 【攷證 卷1 王人】 한(漢)나라 반고(班固)의 《한서》 〈적방진전(翟方進傳)〉에 "왕인은 비록 미천하지만 서열이 제후의 위에 놓였다."

봉조[80]를 맞이할 때는 환호성이 넘치고　　來迎鳳詔歡聲溢
용장[81]을 보낼 때는 이별의 한 새롭구나　　去送龍章別恨新

(詩-內卷1-15)

위화도[82] 威化島

고려 말엽 주제넘은 꾀는 감히 천명 거역하니[83]　　麗季狂謀敢逆天

고 하였다.

80 봉조 : 【攷證 卷1 鳳詔】 남조 송(宋)나라 육홰(陸翽)의 《업중기(鄴中記)》에 "석계룡(石季龍)이 황후와 함께 누대에서 조서를 꾸몄는데, 오색 종이로 만들어 봉황의 입에다 매달았다. 봉황에게 조서를 물리자 시종들이 수백 길이나 되는 붉은 끈을 풀었는데 활차가 회전하면서 봉황이 날아 내려가 이에 봉조라 했다.〔侍人放數百丈緋繩, 轆轤回轉鳳凰飛下, 謂之鳳詔.〕 봉황은 나무로 만들었으며 오색 옻칠에 그림을 그렸고, 다리는 모두 금으로 만들었다."라고 하였다. 송(宋)나라 소식(蘇軾)의 〈앞서 지은 시의 각운자를 써서 다시 대부 곽한영(霍漢英)에게 화답한다〔用前韻再和霍大夫〕〉 시에 "봉황 같은 조서 가서 보고, 오히려 건두주로 내려가네.〔行看鳳尾詔, 却下虔頭州.〕"라고 하였는데, 송나라 왕십붕(王十朋)의 주석에 "진(晉)나라 원제(元帝)가 등극함에 모든 제후들이 상소문을 올리니, 이를 비평하여 '훌륭하다!〔諾〕'라고 하였다. 그런데 초서는 '낙(諾)' 자의 꼬리가 봉황의 형태와 같아 봉미조라 하게 되었다.〔草書諾字之尾如鳳形, 故謂之鳳尾詔.〕"라고 하였다. 《東坡詩集註 卷14》

81 용장 : 【譯註】 용을 수놓은 깃발을 말하며 왕을 상징하였다. 사신이 나갈 때 왕을 대신하여 용장을 지니고 다녔으므로 곧 사신을 비유하는 말로 쓰이게 되었다. 【攷證 卷1 龍章】 《주례(周禮)》 〈춘관(春官) 사상(司常)〉에 "후·백은 용장을 세운다.〔侯伯建龍章〕"라고 하였다.

82 위화도 : 【攷證 卷1 威化島】 검동도(黔同島) 아래에 있는데 둘레가 40리이다. 두 섬의 사이에 압록강의 지류가 막고 있다. 굴포(掘浦)라고 칭한다.

83 고려……거역하니 : 【攷證 卷1 麗季逆天】 《고려사》 〈신우열전(辛禑列傳)〉 14년조에, 최영(崔瑩)이 우왕(禑王)에게 요동을 공격할 것을 권하니 태조(이성계)를 우군도통사(右軍都統使)로 삼았다. 태조가 범할 수 없는 네 가지 사안을 아뢰었으나, 우왕과 최영이 듣지 않았다고 하였다.

용이 나는 큰 기회 오히려 밭과 못에 있었어라[84] 飛龍景會尙田淵
신의 권유로 깃발 돌린[85] 후로는 自從神勸回旌後
해동의 화락한 봄기운 만만년 이어지누나 東海春融萬萬年

(詩-內卷1-16)

삼도의 밭갈이를 금하다[86] 三島禁耕

강물이 옥토 나누니 그 형세 드넓은데 江分沃土勢漫漫
상국의 변방 백성 이 사이에 섞여 사네 上國邊民雜此間

84 용이……있었어라 : 【譯注】 용이 난다는 것은 왕위에 오르는 것을 말하며, 밭과 못은 용이 승천할 때까지 몸을 숨기고 있는 곳으로 이성계가 큰 뜻을 품고 잠복하고 있던 때를 가리킨다. 【要存錄 卷1】《주역》〈건괘(乾卦) 구이(九二)〉 효사(爻辭)에 "나타난 용이 밭에 있다.〔見龍在田〕"라고 하였고, 〈건괘 구사(九四)〉 효사에 "혹 뛰어오르거나 연못에 있다.〔或躍在淵〕"라고 하였다.

85 신의……돌린 : 【攷證 卷1 神勸回旌】 무진년(1388, 우왕 14) 좌우군이 압록강을 건너 위화도에 주둔하였다. 태조가 여러 장수들에게 타이르기를, "만일 상국(上國)을 범한다면 천자에게 죄를 짓는 것이니, 종사(宗社)와 백성에게 화가 즉시 미칠 것이다. 내가 장차 왕을 뵙고 친히 아뢰겠다." 하고, 마침내 회군을 명하였다. 그때 장맛비가 내렸으나 물이 불어나지 않았는데, 군사들이 이미 건너고 나서는 큰물에 섬이 잠기니 사람들이 모두 신기하게 여겼다. 【校解】《고증》에는 '경진(庚辰)'으로 되어 있는데, 이는 '무진(戊辰)'의 오류이다.

86 삼도의 밭갈이를 금하다 : 【攷證 卷1 三島禁耕】 명(明)나라 세종(世宗) 가정(嘉靖) 신묘년(1531, 중종26)에 요동의 백성들이 위화도 등의 섬에서 거주하며 파종하였다. 요동 사람 동례(董禮)·박웅(朴雄) 등 500여 명이 다시 왔고 그 후에 또 와서 경작하고 파종하였는데, 그때마다 요동 도사(遼東都司)에게 자문을 보내어 금해주기를 청하고 허락을 받았다. ○ 살펴보건대, 삼도(三島)는 위화도, 오적도(於赤道), 검동도(黔同島)이다. 땅이 모두 기름지고 넉넉하여 백성들이 많이 땅을 일구어 농사를 지었는데, 명(明)나라 영종(英宗) 천순(天順) 신사년(1461, 세조 7)에 건주위(建州衛) 야인들에게 붙잡혀 갔으므로 이후부터 관에서 경작과 개간을 금하였다고 한다.

이미 황제의 은혜 입어 강계가 구별되니　　已被皇恩疆界別
평상시에 어려움 대비하는[87] 경계 없을 수 있으랴　　可無平日戒圖難

(詩-內卷1-17)

취승정[88] 聚勝亭

의주성 안에서 풍류를 어찌 다할 수 있으랴　　城中那得盡風流
먼 물과 긴 산의 모습 제각각인 것을　　水遠山長各自由
묻노니 동쪽 정자 승경이 모인 곳에서　　試問東亭收勝處
한 동이 술로 친구를 붙잡아 둘 수 있겠는가　　一尊堪勸故人留

(詩-內卷1-18)

통군정[89] 統軍亭

통군정 위에서 흐르는 강물 바라보니　　統軍亭上望江流
하늘 끝에서 아스라이 바다 섬으로 들어가네　　天際微茫入海洲
이 물을 푸른 술로 변하게 한다 해도[90]　　正使變成春酒綠

87 어려움 대비하는 : 【攷證 卷1 圖難】《노자도덕경》 제63장에 "어려운 일을 도모하는 것은 그것이 쉬울 때 해야 하고, 큰일을 처리하는 것은 그것이 작을 때 해야 한다.〔圖難於其易, 爲大於其細.〕"고 하였다.

88 취승정 : 【攷證 卷1 聚勝亭】 의주 객관 동쪽에 있다. 명(明)나라 효종(孝宗) 홍치(弘治) 갑인년(1494, 성종25)에 의주 목사(義州牧使) 구겸(具謙)이 세웠고, 허백정(虛白亭) 홍귀달(洪貴達)이 기문을 지었다. 【要存錄 卷1】 노공필(盧公弼)이 정자의 이름을 지었다.

89 통군정 : 【攷證 卷1 統軍亭】 의주 객관의 북쪽에 있다. 임사홍(任士洪)이 기문을 지었다.

90 푸른……해도 : 【攷證 卷1 變成春酒綠】 당나라 이백(李白)의 〈양양가(襄陽歌)〉에 "아득히 한수의 물을 보니 오리 머리처럼 푸르러, 마치 포도주 막 빚어놓은 것 같네.

고금의 이별 시름 다 녹이긴 어려우리　古今難盡別離愁

(詩-內卷1-19)

은을 밀매하는 것을 금하다[91] 禁銀

한번 남쪽사람이 개미처럼 제방을 무너뜨린[92] 뒤부터　一自南人蟻壞防
중국에선 우리를 행상 같다고 비웃누나[93]　中朝嗤我等行商
어찌하면 우리 임금의 수치 통쾌하게 씻어낼까　何能痛洗吾君恥
금법의 논의가 예전에 조정을 흔들었지　議法前時動廟堂

이 강물이 변하여 봄 술이 된다면, 쌓인 누룩으로 곧 조구대를 쌓으리.〔遙看漢水鴨頭綠, 恰似葡萄初醱醅. 此江若變作春酒, 壘麴便築糟邱臺.〕"라고 하였다.

91 은을……금하다 : 【攷證 卷1 禁銀】《경국대전(經國大典)》〈예전(禮典)〉에 "북경에 갈 때는 은과 철을 가지고 상국으로 가는 자, 중국에서 은과 철을 가지고 와서 강을 끼고 있는 중국인과 무역하는 자는 의주목판(義州牧判)이 항상 이를 엄금한다. 공적으로 무역하는 품목인 베는 서장관이 서압(署押)하여 바리 수를 정한 뒤에 북경에 도착하면 수량을 계산하여 환급해 준다. 이로써 은으로 바꾸는 폐단을 막는다."라고 하였다.

92 개미처럼 제방을 무너뜨린 : 【攷證 卷1 蟻壞防】《한비자》〈유로(喩老)〉에 "천 길이나 되는 둑도 개미구멍으로 무너지며〔千丈之堤, 以螻蟻之穴潰〕, 백 척의 집도 굴뚝 사이에서 새어 나오는 연기 때문에 다 타버린다."라고 하였다.

93 중국에선……비웃누나 : 【攷證 卷1 中朝嗤我云云】 우리나라 사람들이 금·은 등의 물건을 숨기고 요동으로 들어가서 행례(行禮)를 핑계 대면서 변방의 장교들을 유혹하고, 또 여진 사람들을 유혹하여 몰래 압록강을 건너니, 명(明)나라 황제가 손수 조서(詔書)를 내려 그것을 책망하였다. 이때 정도전(鄭道傳)을 시켜 표(表)를 올려 변명하게 하였으나, 황제는 표의 언사 때문에 더 화가 나서 요동에 명하여 조선의 사신을 받지 말도록 하였다.《歷代要覽 洪武 27年條》

〈詩-內卷1-20〉

압록강 도하를 금지시키다 斷渡

근래 조정의 의론이 은에 관한 법을 완화시키고자 하였다.

옥을 품은[94] 욕심쟁이 제 몸을 가르려[95] 하니	懷璧貪夫欲剖身
부질없이 나루를 오가는 배들만 끊어놨네	謾將舟檝斷通津
좀스러운 간인들 온갖 꾀로 허술한 법망[96] 속이니	微姦百計欺疏網
국시[97]는 오히려 쥐 같은 인간들[98]에게 너그럽구나	國是猶寬鼠輩人

94 옥을 품은 : 【攷證 卷1 懷璧】《춘추좌씨전(春秋左氏傳)》 환공(桓公) 10년조에 "평범한 지아비는 죄가 없고, 옥을 품은 것이 죄이다.〔懷璧其罪〕"라고 하였다. 【校解】《고증》에는 '其罪'가 '是罪'로 되어 있는데, 통행본 《춘추좌씨전》에 의거하여 수정하였다.

95 제 몸을 가르려 : 【攷證 卷1 剖身】 태종(太宗)이 시신들에게 "내가 듣기에 서역의 오랑캐 장사치들은 아름다운 보석을 얻으면 배를 가르고서 그것을 저장한다고 하였다.〔剖身以藏之〕"라고 하였다. 《資治通鑑 卷192 唐紀》

96 허술한 법망 : 【攷證 卷1 疏網】《노자도덕경》 제73장에 "하늘의 그물은 넓고 넓어, 성글지만 빠뜨리는 것이 없다.〔天網恢恢, 疏而不失.〕"라고 하였다. 한(漢)나라 반고(班固)의 《한서》〈유협전서(游俠傳序)〉에 "한나라가 흥성해지자 금지하였던 법망이 허술해졌지만〔禁網疏闊〕, 바로잡아 고친 적이 없었다."라고 하였다.

97 국시 : 【攷證 卷1 國是】 춘추 시대 초(楚)나라 손숙오(孫叔敖)가 장왕(莊王)에게 "하(夏)나라 걸(桀)과 상(商)나라 수(受)는 국시를 정하지 않은 채〔不定國是〕 취사에 합당한 것을 옳다 하고 취사에 합당하지 않은 것을 그르다고 하였으니, 나라에 옳은 것이 있음을 대중이 싫어하기 때문입니다."라고 하였다. 《新序 雜事》【校解】《고증》에는 '國是'가 '國'으로 되어 있는데, 통행본 《신서》에 의거하여 수정하였다.

98 쥐 같은 인간들 : 【攷證 卷1 鼠輩】 진(晉)나라 진수(陳壽)의 《삼국지》〈위서(魏書) 화타전(華佗傳)〉에 "위 태조(魏太祖)가 화타(華佗)를 죽이며 '천하에 이런 쥐 같은 무리는 없어져야 할 것이다.〔天下當無此鼠輩乎〕' 하였다."라고 하였다. 당(唐)나라 한유(韓愈)의 〈노동에게 부치다〔寄盧仝〕〉 시에 "당장 도적 잡는 관청의 포졸을 불러다, 쥐새끼들을 모조리 잡아들여 저자거리에서 죽여야 하리.〔立召賊曹呼伍佰, 盡取鼠輩尸諸市.〕"라고 하였다.

(詩-內卷1-21)

청심당 淸心堂

빈 난간 성긴 창 이 당이 사랑스러워 虛檻疎櫺愛此堂
병든 길손 편히 누워 고달픈 속진을 씻어내네 病夫安臥洗塵忙
취흥 돋우는 원님을 어이 감당할고 那堪主帥挑人醉
냉담한 손님 비웃는 기생에 아랑곳하지 않노라[99] 不分紅糚笑客涼

(詩-內卷1-22)

말을 검열하다[100] 閱馬

좋은 말[101] 가려 뽑아 황제의 마구간[102]에 들이나니 揀閱龍孫入帝閑

99 냉담한……않노라 : 【攷證 卷1 不分紅糚笑客涼】 살펴보건대, '불분(不分)'은 '분(忿)'과 같으니, 매우 화가 났다는 뜻이다. 당(唐)나라 두보(杜甫)의 시 주석에 '질(疾)' 자와 '투(妬)' 자로 '불분'의 뜻을 해석한다고 하였다. 또 살펴보니, 한(漢)나라 이부인(李夫人)이 병석에서 일어났는데, 남쪽 정원에 복숭아꽃이 활짝 피어 있었다. 부인이 좋아하지 않으며 "비단 같은 복숭아꽃에 화가 나니〔不分桃花如錦〕, 나의 병든 눈을 괴롭게 한다."라고 하였다. 당나라 두보의 〈입조하는 시어사 노륙을 전송하다〔送路六侍御入朝〕〉 시에 "비단보다 더 붉은 복숭아꽃이 밉고, 솜보다 더 하얀 버들개지 밉구나.〔不分桃花紅勝錦, 生憎柳絮白於綿.〕"라고 하였다. 【校解】 두보의 시 가운데 '불분'에 대해 원(元)나라 우집(虞集)은 《두율우주(杜律虞註)》에서 '시샘하다〔妬〕'의 뜻으로 해석했고, 청(淸)나라 구조오(仇兆鰲)의 《두시상주(杜詩詳註)》에서는 "독음은 '문'이고, 어떤 본에는 '분(忿)'으로 되어 있다."라고 하였다. 여기서는 '불분(不忿)'의 의미로 보았다. 【要存錄 卷1】 《퇴계선생언행록》에 "관서는 본래 번화하고 화려한 곳으로 칭해져서, 선비 중에 그 함정에 떨어지는 자가 전후로 줄을 이었다. 선생이 자문점마관(咨文點馬官)이 되어 의주에 한 달 동안 머물렀는데 여색을 절대 가까이하지 않았다. 평양을 지나는데 평양 감사가 이름난 기생을 꾸며서 선생을 전송했지만 끝까지 한 번도 돌아보지 않았다."라고 하였다.

100 말을 검열하다 : 【攷證 卷1 閱馬】 살펴보건대, '열(閱)'은 점열(點閱)이니, 속칭 이른바 점고(點考)이다. 당(唐)나라 두보의 〈천육표기가(天育驃騎歌)〉 시에 "옛날 태복 벼슬 하던 장경순은, 기르는 것 감독하고 망아지 다스려 청준한 말 검열하였네.〔伊昔太僕

강가에 말들 나란히 나옴에 아롱진 비단 구름 같아라[103] 江頭齊出錦雲斑
임금님 문서[104] 완성하여 명나라 사신에게 넘겨주니 玉書寫就傳朝使
변방 달이 다정하게 내 돌아갈 길 비추누나 邊月多情照我還

張景順, 監牧攻駒閱淸峻.]"라고 하였다.

101 좋은 말 : 【攷證 卷1 龍孫】 청해(青海)의 주변에서는 훌륭한 말이 많이 나는데, '용손(龍孫)'이라고 이름하였다. 당나라 이상은(李商隱)의 〈화청궁에 있는 황제의 마구간 문을 지나다[過華淸內廐門]〉 시에 "이로부터 태평시대에는 순행하지 않았는데, 지금까지도 청해에는 용손이 있다네.[自是明時不巡幸, 至今青海有龍孫.]"라고 하였다.

102 황제의 마구간 : 【攷證 卷1 帝閑】《주례(周禮)》〈하관(夏官) 교인(校人)〉에 "천자에게는 12개의 마구간이 있다.[天子有十二閑]"라고 하였고 주석에 "한(閑)은 지(止)이니, 말을 가로막는 것이다."라고 하였다. 송(宋)나라 소식(蘇軾)의 〈전목보의 시에 차운하다[次韻錢穆父]〉 시에 "곧바로 술상 차려 같은 객사의 손님 불렀더니, 내려주신 비룡 같은 말 천자의 마구간에서 나오는 것을 보네.[便須置酒呼同舍, 看賜飛龍出帝閑.]"라고 하였다.

103 아롱진……같아라 : 【攷證 卷1 錦雲斑】《구당서》〈왕모중전(王毛仲傳)〉에 "현종이 동쪽에 있는 봉토로 행차함에, 수행하여 기르는 말 수만 필로 따르게 하여 색깔별로 한 대열을 이루게 하니, 바라보면 마치 구름무늬의 비단 같았다.[望如雲錦]"라고 하였다.

104 임금님 문서 : 【攷證 卷1 玉書】 살펴보건대, 이는 자주문(咨奏文)을 가리킨다.

KNP0012(詩-內卷1-23)

취승정의 운자로 홍공을 전별하다 【신축년(1541, 중종36, 41세) 5~6월 추정. 의주(義州)】

聚勝亭韻 奉別洪公

춘경(春卿)[105]이 성절[106]사(聖節使)로 북경에 갔다.

정자에 기대앉았노라니 서산은 저물려 하는데[107]	徙倚西山欲揜曛
평평히 바라보니 까마귀 등에 남은 빛 번쩍이네[108]	平看鴉背閃餘紛
빈 처마는 호가 소리에 싸인 달[109]을 밤에 들이고	虛簷夜納胡笳月

105 춘경 : 【攷證 卷1 春卿】 홍춘경(洪春卿, 1497~1548)으로, 본관은 남양(南陽), 자는 명중(明仲), 호는 석벽(石壁)이다. 【校解】 홍춘경은 1536년 문과중시에 장원하여 사성·보덕·집의를 거쳐 예조 참의에 올랐다. 1541년 성절사(聖節使)로 명(明)나라에 다녀왔다.

106 성절 : 【攷證 卷1 聖節】 명(明)나라 세종 황제(世宗皇帝)의 천추절(千秋節)이다.

107 정자에……하는데 : 【攷證 卷1 徙倚西山欲揜曛】 송(宋)나라 진여의(陳與義)의 〈등악양루(登岳陽樓)〉 시 중 제1수에 "올라와 굽어보니 오나라 촉나라 땅을 가로로 나누는데, 호수와 산 사이를 배회하니 해가 막 지려 하네.〔登臨吳蜀橫分地, 徙倚湖山欲暮時.〕"라고 하였다.

108 까마귀……번쩍이네 : 【攷證 卷1 鴉背閃餘紛】 당(唐)나라 온정균(溫庭筠)의 〈봄날 들판을 가다〔春日野行〕〉 시에 "나비 날개는 아침인데도 분가루 다 사라지고, 까마귀 등에는 저녁에 햇빛이 많네.〔蝶翎朝粉盡, 鴉背夕陽多.〕"라고 하였다. 당나라 두보(杜甫)의 〈억석행(憶昔行)〉 시에 "해 지니 첫 노을 남은 섬광 비치더니, 갑자기 동서로 가지 못할 곳이 없네.〔落日初霞閃餘映, 倏忽東西無不可.〕"라고 하였다.

109 호가……달 : 【攷證 卷1 胡笳月】 살펴보건대, 호인(胡人)들이 갈댓잎을 말아서 부는 것을 '호가'라고 하는데 필률(觱栗)과 비슷하나 구멍이 없다. 삼국 시대 위(魏)나라 두지(杜摯, ?~?)의 〈가부서(笳賦序)〉에 "이백양이 서쪽 융(戎) 땅에 들어갔을 때 만든 것이다."라고 하였다. 송(宋)나라 방현령(房玄齡) 등의 《진서(晉書)》 〈유곤열전(劉琨列傳)〉에 "유월석(劉越石 유곤)이 오랑캐의 기병들에게 포위를 당하고서 누대에 올라 저녁

푸른 기와는 바다 수자리 위 구름에[110] 맑게 이어졌구나 碧瓦晴連海戍雲

점점 가까워지는 이별의 아쉬움 물처럼 멀어져 漸近別懷如水遠

한량없는 시흥을 그대와 함께 나누노라 無邊詩興與公分

다만 날마다 이런 높은 자리에 참여한다면 但令日日參高座

더위 식히는 얼음물도 필요 없으리[111] 淸暑冰漿不要勳

달이 비추는 가운데 호가를 연주하니, 적들이 모두 눈물을 흘렸다."라고 하였다.

110 바다……구름에 : 【攷證 卷1 海戍雲】 당나라 이백(李白)의 〈자류마(紫騮馬)〉 시에 "흰 눈 내린 관산은 멀고, 누런 구름 내려온 바다의 수자리 희미하다.〔白雪關山遠, 黃雲海戍迷.〕"라고 하였다.

111 더위……없으리 : 【攷證 卷1 淸暑氷漿不要勳】 남조 송(宋)나라 포조(鮑照, 413~466)의 〈백두음을 대신하다〔代白頭吟〕〉 시에 "곧기는 붉은 현 줄 같고, 맑기는 옥항아리 속 얼음 같구나.〔直如朱絲繩, 淸如玉壺氷.〕"라고 하였다. 송나라 소식(蘇軾)의 〈백학봉의 새 거처가 완성되려 하니, 밤에 서쪽 이웃에 사는 적 수재에게 들르다〔白鶴峰新居欲成夜過西隣翟秀才〕〉 시에 "평강에 백 자나 되는 우물 파기를 기다리니, 더위 식힐 옥 항아리 얼음 같은 물을 나누고자 함일세.〔待鑿平江百尺井, 要分淸暑玉壺氷.〕"라고 하였다. 【校解】 《고증》에는 '玉'이 '一'로 되어 있는데, 통행본 《포명원집(鮑明遠集)》에 의거하여 수정하였다.

KNP0013(詩-內卷1-24)

평양 연광정[112]에서 감사 상진 공[113]을 모시고 밤에 잔치하다 【신축년(중종36, 1541, 41세) 6월 10일경 추정. 평양】

平壤練光亭 陪監司尙公 震 夜讌

아스라한 성 머리에 날개를 편 듯한 기와지붕	縹緲城頭翼瓦齊
올라보니 유독 먼 산이 낮게 느껴지누나	登臨唯覺遠山低
옅은 구름과 석양빛[114]이 첫 연회 자리 환영하고	殘雲返照迎初席
옥적과 요금의 소리 새벽닭을 전송하네	玉笛瑤琴送早雞
난간 밖의 긴 강[115]은 흰 명주를 펼쳐 놓은 듯[116]	檻外長江橫似練

112 평양 연광정 : 【攷證 卷1 平壤練光亭】 평양은 평안서도에 속한다. 본래 단군조선·기자조선·고구려의 옛 도읍이었으며, 또 다른 군명으로는 기성(箕城)·낙랑(樂浪)·장안(長安)·서경(西京)·호경(鎬京)·유경(柳京) 등이 있다. ○ 연광정은 대동문(大同門) 오른쪽 덕암(德巖) 위에 있는데, 평양 감사였던 허굉(許硡)이 세웠으며 중국 사신인 당고(唐皐)가 기문을 지었다.

113 상진 공 : 【攷證 卷1 尙公震】 1493~1564. 본관은 목천(木川), 자는 기부(起夫), 호는 송현(松峴)이다. 명종조(明宗朝)에 영의정을 지냈으며 시호는 성안(成安)이다. 재상의 위업으로는 황희(黃喜)·허조(許稠)에 버금간다.

114 석양빛 : 【攷證 卷1 返照】 당(唐)나라 두보(杜甫)의 〈반조(反照)〉 시에 "석양빛은 강에 들어 바위벽에 번득이고, 저녁 구름 숲을 에워싸 산촌이 보이지 않네.〔返照入江翻石壁, 歸雲擁樹失山村.〕"라고 하였다.

115 긴 강 : 【攷證 卷1 長江】 대동강(大同江)을 가리킨다.

116 흰……듯 : 【攷證 卷1 橫似練】 남조 제(齊)나라 사조(謝脁)의 〈해 질 무렵 삼산에 올랐다가 돌아올 때 서울을 바라보다〔晩登三山還望京邑〕〉 시에 "남은 노을 흩어져 비단이 되고, 맑은 강은 고요하여 흰 비단 같구나.〔餘霞散成綺, 澄江靜如練.〕"라고 하였다. 【校解】《고증》에는 '靜'이 '淨'으로 되어 있는데, 통행본 《사선성집(謝宣城集)》에 의거하여 수정하였다.

공중의 밝은 달은 사다리로 닿을 듯 가깝구나[117] 空中明月近堪梯
당공이 이 뜻[118]을 참으로 먼저 알아 唐公此意眞先得
마침 정자 이름을 연광 두 글자로 지었구려 恰把亭名二字題

-정자의 이름은 당고(唐皐) 공이 명명한 것이며, 또한 편액을 썼다.-

117 밝은……가깝구나 : 【攷證 卷1 明月近堪梯】 당나라 장독(張讀)의 《선실지(宣室志)》에 "당나라 태화(太和) 연간의 사람인 주생(周生)은 도술을 가지고 있어 구름을 사다리 삼아 올라가서 달을 가져올 수 있었다.〔能梯雲取月〕"라고 하였다.

118 당공이 이 뜻 : 【攷證 卷1 唐公此意】 당공은 자가 수지(守之), 호가 신암(新庵)이며, 신안(新安) 사람이다. 관직이 시강학사(侍講學士)에 이르렀다. 정덕(正德) 16년 신사년(1521, 중종16)에 한림원 수찬(翰林院修撰)으로서 명(明)나라 세종황제의 등극을 알리는 조서를 가지고 와서 반포하였다. ○ 명(明)나라 이현(李賢) 등의 《대명일통지(大明一統志)》 권67 〈성도부(成都府)〉에 "무주성(茂州城) 안의 연광정은 두보의 시 '시내의 무지개 하얀 비단의 빛을 마시네〔川虹飮練光〕.'의 구절에서 취하여 이름을 삼았으며, 당공 역시 이 뜻을 취하였다."라고 하였다.

KNP0014(詩-內卷1-25)

이른 가을 밤에 앉아서 【신축년(1541, 중종36, 41세) 7월 추정. 서울】

早秋夜坐

세 든 집이 서쪽 성과 가까우니	僦屋近西城
빈 뜰에 수목이 우거졌어라	空庭翳樹木
뭇 매미들은 좋은 그늘을 얻어	群蟬得佳蔭
밤낮으로 재촉하듯 울어대누나	日夕如相促
잠깐 사이 황혼[119]으로 접어들어	須臾入黃昏
창가에는 타는 듯한 무더위[120] 사라졌네	窗戶失炎溽
새 달이 바다에서 솟아 나와	新月出海來
밝고도 밝게 담 모퉁이 쪽에 떠 있구나	皎皎臨牆曲
벌레소리가 사방 벽에서 들리고	蟲鳴在四壁
풀 이슬은 목욕한 듯 번득인다	草露纚似沐
시절을 느껴 문득 탄식이 일어나니	感時忽興嘆

119 황혼 : 【攷證 卷1 黃昏】 한(漢)나라 유안(劉安)의 《회남자(淮南子)》 〈천문훈(天文訓)〉에 "태양이 양곡(暘谷)의 위로 떠올라 함지(咸池)에서 목욕을 하고 부상(扶桑)에서 떨쳐 일어나는 것을 신명(晨明)이라 하며……태양이 우연으로 들어가는 것을 황혼이라 한다.〔日入虞淵, 是爲黃昏.〕"라고 하였다.

120 타는 듯한 무더위 : 【攷證 卷1 炎溽】 삼국 시대 위(魏)나라 완적(阮籍)의 〈영회(詠懷)〉 시 17수 중 제9수 "무더위 오직 이 여름뿐이니, 삼십 일 곧 옮겨가려 하네.〔炎暑惟玆夏, 三旬將欲移.〕"에 대하여 《문선(文選)》에서 이선(李善)이 단 주석은 다음과 같다. "남방은 불이며 여름을 주관하는 것은 불의 성질이니, 불꽃이 위에 있으므로 여름을 불별 더위라고 한다.〔炎上, 故謂夏爲炎暑.〕" 한나라 허신(許愼)의 《설문해자》에 "욕(溽)은 습한 더위(濕暑)이다."라고 하였다.

가는 한 해 물 흐르듯 빠르구나	徂年水流速
예전에 배운 것은 시일이 지난 지 오래이고	舊學苦已晩
새로운 지식에는 참으로 부끄러울 뿐일세	新知良可恧
묵은 병에 내 마음을 곧잘 저버리고	沈痾喜負心
잘못된 생각은 세상에 맞기 어렵구나	謬算難諧俗
소인은 어리석은 견해 바칠 것을 생각하고	小人思獻愚
군자는 만족함 아는 것[121]을 귀히 여긴다	君子貴知足
하염없는 상념에 잠 못 이루니	悠悠不成寐
책을 비추는 촛불만이 환히 빛나네	耿耿照書燭

121 만족함 아는 것 : 【攷證 卷1 知足】《노자도덕경》 제44장에 "만족함을 아는 사람은 욕을 당하지 않고〔知足不辱〕, 멈춰야 할 곳을 아는 사람은 위태롭지 않아 오래도록 길이 보전할 수 있다."라고 하였다. 【校解】《고증》에는 '지족불태(知足不殆)'라고 되어 있는데, 통행본 《노자도덕경》에 의거하여 수정하였다.

KNP0015(詩-內卷1-26)

독서당[122]에서 김응림[123]의 〈추회〉에 차운하다 【신축년(1541, 중종36, 41세) 7~8월 추정. 서울】

書堂 次金應霖秋懷

오동잎에 가을 들어[124] 한 해가 지나가니 秋入梧桐撼一年
고향산천을 저버린 묵은 빚이 문득 생각나네 飜思宿債負山川
병중에도 술을 성인이라 불렀던 것[125] 오히려 기억하니 病中猶憶聖呼酒

122 독서당 : 【攷證 卷1 書堂】 한강의 북쪽 언덕에 있다. 옛 용산사(龍山寺)를 성종조에 고쳐 짓고 독서당으로 만들었는데, 문학 하는 선비들을 극선(極選)하여 충원하고 순번을 돌아가며 독서하게 하였다. 뒤에 두모포(豆毛浦) 남쪽 언덕에다 옮겨 지었다. 중종 을해년(1515)에 동호(東湖) 송암(松庵)의 서쪽 기슭에 다시 터를 잡아서 호당(湖堂)이라고 하였다. ○《퇴계선생연보》 권1에 "신축년(1541, 중종36) 3월에 사가독서(賜暇讀書) 하였다."라고 되어 있다.

123 김응림 : 【攷證 卷1 金應霖】 김주(金澍, 1512~1563)로, 본관은 안동(安東), 자는 응림, 호는 우암(寓庵)이다. 관직은 예조 참판을 지냈다.

124 오동잎에 가을 들어 : 【攷證 卷1 秋入梧桐】 한(漢)나라 유안(劉安)의 《회남자》 〈설산훈(說山訓)〉에 "작은 것으로 큰 것을 알 수 있는데, 나뭇잎 하나가 떨어지는 것을 보면 해가 저물어 감을 알 수 있고〔見一葉落, 而知歲之將暮〕 병 속의 얼음을 보면 천하의 추위를 알 수 있다."라고 하였다. 【校解】《고증》에는 "오동나무에서 잎 하나가 떨어지면 천하에 가을이 왔음을 안다.〔梧桐一葉落, 則天下知秋.〕"라고 하였으나 통행본 《회남자》에 의거하여 수정하였다.

125 술을……것 : 【攷證 卷1 聖呼酒】 진(晉)나라 진수(陳壽)의 《삼국지》 〈위서(魏書) 서막전(徐邈傳)〉에 "평일에 취객은 술 중에 맑은 것을 성인이라 하고〔醉客謂酒淸者爲聖人〕, 탁한 것을 현인이라 말합니다."라고 하였다. 당(唐)나라 이백(李白)의 〈홀로 술을 마시다〔獨酌〕〉 시에 "이미 청주를 성인에 비유한다는 말 들었고, 다시 탁주는 현인과 같다 하였네.〔已聞淸比聖, 復道濁如賢.〕"라고 하였다.

가난타 해서 돈을 형으로 섬기는 것[126] 어찌 달게 여기랴 貧裏寧甘兄事錢
자기 띤 신선은 함곡관 밖으로 나갔고[127] 紫氣仙人函谷外
황관 쓴 도사는 감호 가에 머물렀어라[128] 黃冠道士鑑湖邊
평소에 금마문 선비[129] 틈에 잘못 끼어들었으니 平生謬厠金閨彥
자기 집 한 치 단전[130]을 기르는 이만 못하네 不及渠家養寸田

---

126 돈을……것 : 【攷證 卷1 兄事錢】 진(晉)나라 노포(魯褒)의 〈전신론(錢神論)〉에 “돈을 형님처럼 가까이 받든다.〔親之如兄〕”라고 하였다.

127 자기……나갔고 : 【攷證 卷1 紫氣仙人函谷外】 노자(老子)가 주(周)나라에서 주하사(柱下史)로 있을 때, 주나라가 쇠퇴하여 가는 것을 보고 푸른 소를 타고 함곡관을 나갔는데 보랏빛 기운이 그 위에 떠 있었다.〔乘靑牛出函谷關, 有紫氣浮上.〕 함곡관 영(令)인 윤희(尹喜)가 그 기운을 보고 노자인 줄을 알았다. 《列仙傳 卷上 關令尹》

128 황관……머물렀어라 : 【攷證 卷1 黃冠道士鑑湖邊】 《예기》 〈교특생(郊特牲)〉에 “농부는 누런 관을 쓴다.〔野夫黃冠〕”라고 하였다. 송(宋)나라 소식(蘇軾)의 〈이 도사에게 주다〔贈李道士〕〉 시에 “예로부터 대대로 누런 관 쓰게 하였으니, 베버선에 짚신 신고 운수에서 장난쳤다네.〔故敎世世作黃冠, 布襪靑鞋弄雲水.〕”라고 하였는데, 그 주석에 “황관은 도사들이 쓰는 관이다.”라고 하였다. 《신당서(新唐書)》 〈하지장전(賀知章傳)〉에 “하지장이 당나라 천보(天寶) 연간에 집현 학사로 있었는데, 도사가 되어 고향으로 돌아갈 것을 청하자, 조서를 내려 감호와 섬천의 땅 일대를 하사하였다.〔請爲道士還鄕, 詔賜鑑湖剡川一曲.〕”라고 하였다.

129 금마문 선비 : 【攷證 卷1 金閨彥】 금규는 곧 금마문(金馬門)이다. 남조 제(齊)나라 사조(謝眺)의 〈처음으로 상서성에 나가다〔始出尙書省〕〉 시에 “이미 금마문 명부에 통하였으며, 다시 귀한 연회에서 술을 따라 받았네.〔旣通金閨籍, 復酌瓊筵醴.〕”라고 하였다. 남조 양(梁)나라 강엄(江淹)의 〈별부(別賦)〉에서 “금마문의 여러 선비요, 난대의 여러 영웅들이라네.〔金閨之諸彥, 蘭臺之群英.〕”라고 하였다.

130 한 치 단전 : 【攷證 卷1 寸田】 《황정내경경(黃庭內景經)》 〈경실(瓊室)〉에 “한 치 남짓한 밭, 한 자 남짓한 집으로도 생명을 다스릴 수 있다.〔寸田尺宅可治生〕”라고 하였는데, 당나라 양구자(梁丘子)의 주석에 “양미간을 상단전(上丹田)이라 하고, 심장을 강궁전(絳宮田)이라고 하며, 배꼽 아래 세 치를 하단전(下丹田)이라고 한다.”라고 하였다.

KNP0016(詩-內卷1-27)

우리나라 역사를 읽고서 김응림[131] 시의 운자를 사용하여 짓다 【신축년(1541, 중종36, 41세) 7~8월 추정. 서울】

讀東國史 用應霖韻

만촉[132]으로 영토 다툰 것 계책이 좋지 못하니	蠻觸乾坤計未良
누가 맹수이고 누가 순한 양일런가[133]	孰爲猛獸孰群羊
어지럽게 강토를 다툰 것 비록 한나라부터지만[134]	爭疆爛沸雖從漢
신령하게 나라를 연 것 실로 당요부터였네[135]	開國神明實自唐
단지 이름만 있을 뿐 떨어졌다 다시 합쳤으니	但有名存離復合

---

131 김응림 : 【譯注】 김주(金澍, 1512~1563)로, 본관은 안동(安東), 자는 응림(應霖), 호는 우암(寓庵)·만와(萬窩), 시호는 문단(文端)·문정(文靖)이다.

132 만촉 : 【攷證 卷1 蠻觸】《장자》〈칙양(則陽)〉에 "달팽이의 오른쪽 뿔에 있는 나라를 만씨라 하고 달팽이의 왼쪽 뿔에 있는 나라를 촉씨라 하니〔有國於蝸牛之右角者曰蠻氏, 國於蝸牛之左角者曰觸氏〕, 땅을 다투어 싸우다가 넘어져 죽은 시체가 수만이나 되었다." 라고 하였다.

133 누가 순한 양일런가 : 【攷證 卷1 孰爲猛獸孰羣羊】《전국책》〈초책(楚策)〉에 "또한 합종을 행하는 자들은 양떼를 쫓아내고 사나운 호랑이를 공격하는 것과 다를 것이 없습니다.〔無以異於驅群羊而攻猛虎也〕"라고 하였다.

134 어지럽게……한나라부터지만 : 【攷證 卷1 爭疆雖從漢】 살펴보건대, 한(漢)나라 혜제(惠帝) 때에 연(燕)나라 사람 위만(衛滿)이 망명하여 무리를 모아서 동쪽으로 패수(浿水)를 건넌 후, 기준(箕準)을 쫓아내고 왕검성(王儉城)을 점령하였다. 이때부터 삼국이 서로 대립하여 전쟁이 그치지 않았다.

135 신령하게……당요부터였네 : 【攷證 卷1 開國實自唐】 살펴보건대, 우리나라는 처음에 군장(君長)이 없었는데 신인(神人)이 태백산 단목(檀木) 아래로 내려와 이름을 단군이라 하고, 당요(唐堯) 25년 무진년에 즉위하였다.

형체 따라 멸하지 않고 악취와 향기가 함께 남았네[136] 不隨形滅臭兼香

가을바람 밝은 해에 서창 아래 앉아서 秋風白日書窗下

홀로 남겨진 사책을 대하고 오래도록 슬퍼하노라 獨對遺編永憤傷

136 악취와……남았네 : 【攷證 卷1 臭兼香】《공자가어(孔子家語)》〈육본(六本)〉에 "좋은 사람과 거처하는 것은 영지와 난초가 있는 방에 들어가는 것과 같아 오래되면 그 향기를 맡을 수 없으니〔如入芝蘭之室, 久而不聞其香〕, 곧 그것에 동화된 것이다. 좋지 못한 사람과 거처하는 것은 건어포와 어물전에 들어가는 것과 같아서 오래되면 그 악취를 맡을 수 없으니〔如入鮑魚之肆, 久而不聞其臭〕, 또한 그것에 동화되었기 때문이다."라고 하였다. 《춘추좌씨전》 희공(僖公) 4년조에 "향기 나는 풀 한 포기와 악취 나는 풀 한 포기를 한데 놓아두면, 10년이 지나도 악취만 난다.〔一薰一蕕, 十年尙猶有臭.〕"라고 하였다. 【校解】《고증》에는 "(晉史)薰蕕一香一臭, 十年不變."으로 되어 있는데, 출전과 원문이 오류이므로 수정하였다.

KNP0017(詩-內卷1-28)

저녁에 비가 개자 배 위에서 지어 김응림[137]과 민경열[138]에게 보이다 【신축년(1541, 중종36, 41세) 7~8월 추정. 서울】

夕霽舟上 示應霖景說

진종일 책들만 끼고 앉아 있는 것 견딜 수 없으니　不堪盡日群書擁
오랜 비 걷힌 높은 가을 하늘 저버리기 어려워라　難負高秋積雨晴
저녁 빛은 점차 산색을 맞이하여 어둑하고　暮色漸迎山色暝
노을빛은 때로 물빛에 거꾸로 비쳐 밝아라　霞光時倒水光明
시름은 바다 위 먼 뗏목[139]에 이어지고　愁連海上孤查遠

---

137 김응림 : 【譯注】 김주(金澍, 1512~1563)로, 본관은 안동(安東), 자는 응림(應林), 호는 우암(寓庵)·만와(萬窩), 시호는 문단(文端)·문정(文靖)이다.

138 민경열 : 【攷證 卷1 景說】 민기(閔箕, 1504~1568)로 본관은 여흥(驪興), 자는 경열, 호는 관물당(觀物堂), 시호는 문경(文景)이다. 명(明)나라 효종 홍치(弘治) 갑자년(연산군10)에 태어났다. 기묘제현(己卯諸賢)이 화를 당한 이후로 사람들이 모두 학문으로 추숭하였으나 기꺼이 좇아 섬기려고 하진 않았다. 공이 개연히 발분하여 마침내 사서(四書)를 들고 산방(山房)에 가서 살면서 이회(理會)하는 데 침잠하였다. 일찍이 모재(慕齋)에게 나아가 질정하였는데, 모재가 매우 감탄하며 기이하게 여겨 "세유(世儒)들이 미칠 바가 아니다."라고 하였다. 퇴계 선생과 교분이 두터워서 전후로 주고받은 시와 편지가 매우 많다. 퇴계 선생은 그의 차분한 자질과 깊은 학문을 칭찬하였다.

139 바다……뗏목 : 【攷證 卷1 海上孤查】 남조 진(晉)나라 왕가(王嘉)의 《습유기(拾遺記)》 〈당요(唐堯)〉에 "요임금 때 큰 뗏목이 서해로 떠서 왔는데, 그 뗏목 위에 달빛 같기도 하고 별빛 같기도 한 빛이 있었다. 뗏목이 사해에 떠서 12년 만에 하늘을 한 바퀴 도니, 그 이름을 '관월사(貫月查)' 또는 '괘성사(掛星查)'라고 하였으며 신선이 그 위에 깃들어 산다."라고 하였다. 진나라 장화(張華)의 《박물지(博物志)》에 "옛 이야기에 은하수는 바다와 물결이 통하였다 하는데, 바닷가에 사는 어떤 사람이 해마다 8월만 되면 뗏목을 띄워 왕래하였다."라고 하였다. 당(唐)나라 두보(杜甫)의 〈늦가을에 소씨 형제 중 다섯째 영의 강가 누각에서 평사 최십이와 위소부의 조카를 위해 밤에 잔치하다

흥은 강동으로 나는 외기러기[140]를 감싸누나	興遶江東一鴈橫
잠시 영주[141]를 나와 안개 속에 조각배 타고 노니	暫出瀛洲弄烟艇
밭 갈고 낚시하려 했던 처음의 맹세[142]와 어떠한가	何如耕釣赴初盟

〔季秋蘇五弟纓江樓夜宴崔十二評事韋小府姪〕〉 시 중 제2수에 "맑은 빛은 잔 속의 술에서 움직이다가, 높이 바다 위 뗏목을 따르네.〔清動杯中物, 高隨海上查.〕"라고 하였는데, 송(宋)나라 왕수(王洙)의 주석에 "장건(張騫)의 뗏목으로 그것을 해석해야 한다."라고 하였다.《補註杜詩 卷32》 송나라 소식(蘇軾)의 〈자유의 '목산봉에 물을 끌어들이다'에 화답하다〔和子由木山引水〕〉 시 중 제1수에 "촉강에 오래도록 푸른 물결 보이지 않더니, 강 위의 마른 뗏목 멀리까지 가져갈 수 있겠네.〔蜀江久不見滄浪, 江上枯槎遠可將.〕"라고 하였다.【校解】《고증》에는 '江上孤槎遠'이라고 되어 있는데 통행본《동파시집(東坡詩集)》에 의거하여 수정하였다.

140 강동으로 나는 외기러기 :【攷證 卷1 江東一雁】 당(唐)나라 이백(李白)의 〈장 사인이 강동으로 가는 것을 전송하다〔送張舍人之江東〕〉 시에 "장한이 강동으로 떠나니, 바로 가을바람 불 때라네.〔張翰江東去, 正値秋風時.〕"라고 하였고, 또 "맑은 하늘에 외기러기 멀리 날고, 드넓은 바다에 외로운 돛배 더디 가누나.〔天淸一雁遠, 海闊孤帆遲.〕"라고 하였다.

141 영주 :【攷證 卷1 瀛洲】 바다 안에 있는 신산(神山)의 이름이다. ○《신당서》〈저량전(褚亮傳)〉에 "십팔학사(十八學士)를 일러 '영주에 올랐다〔登瀛洲〕'고 하였다."라고 하였다. 살펴보건대, 당시에 호당(湖堂)을 영주라고 칭한 것이다.

142 밭……맹세 :【攷證 卷1 耕釣初盟】 당나라 한유(韓愈)의 〈최립지에게 답한 편지(答崔立之書)〉에 "넓은 들에서 밭 갈고, 적막한 물가에서 낚시질한다.〔耕於寬閑之野, 釣於寂寞之濱.〕"라고 하였다. 송나라 황정견(黃庭堅)의 〈쾌각에 오르다〔登快閣〕〉 시에 "만리 돌아가는 배에서 긴 피리 부니, 이 마음으로 나도 백구와 맹세하였지.〔萬里歸船弄長笛, 此心吾與白鷗盟.〕"라고 하였다.

KNP0018(詩-內卷1-29)

남쪽 누각[143] 벽 위에 육언으로 된 사운이 있으므로 차운하여 두 벗[144]에게 보이다 【신축년(1541, 중종36, 41세) 7~8월 추정. 서울】

南樓壁上 有六言四韻 次韻示二君

고의라 때때로 금을 어루만지니	古意時時撫琴
그윽한 시름 날마다 마음에 걸리누나	幽愁日日關心
계곡 아래 바람 이니 해 저물려 하는데	澗底風生欲暮
하늘가 노을 흩어져 구름이 엷어라[145]	天邊霞散輕陰
조박[146]이 거친 것 아님을 알아야 할지니	須知糟粕非粗

143 남쪽 누각 : 【攷證 卷1 南樓】 호당(湖堂) 안에 있는 작은 누각이다. 《퇴계선생연보》 권1에 "선생이 남루 좌편에 소당(小堂)을 세우고 이름을 문회(文會)라고 하였다."고 하였다.

144 두 벗 : 【攷證 卷1 二君】 응림(應霖) 김주(金澍)와 경열(景說) 민기(閔箕)이다. 【校解】 김주(1512~1563)는, 본관은 안동(安東), 자는 응림, 호는 우암(寓庵)·만와(萬窩), 시호는 문단(文端)·문정(文靖)이다. 민기(1504~1568)는, 본관은 여흥(驪興), 자는 경열, 호는 관물당(觀物堂), 시호는 문경(文景)이다.

145 하늘가……엷어라 : 【攷證 卷1 天邊霞散輕陰】 송(宋)나라 정호(程顥)의 〈진공의 이원에서 수계사를 행하는 자리에서 짓다〔陳公廙園修禊事席上賦〕〉 시에 "해가 저문다고 근심할 것 없으니, 하늘가에 아직도 그늘이 엷구나.〔未須愁日暮, 天際是輕陰.〕"라고 하였다.

146 조박 : 【譯注】 서적 또는 옛 사람이 남긴 글을 말한다. 【攷證 卷1 糟粕】 춘추 시대 제(齊)나라 환공(桓公)이 당상에서 책을 읽고 있었는데 당하에서 수레바퀴를 깎고 있던 윤편(輪扁)이 몽치와 끌을 놓고 올라와서 환공에게 "임금님께서 읽고 계신 것이 무슨 말인지요?" 하고 묻자 환공이 "성인의 말씀이다."라고 하였다. 그러자 "임금님께서 읽고 계신 것은 옛 사람들의 찌꺼기일 뿐입니다.〔古人之糟粕已夫〕"라고 하였다. 《莊子 天道》 명(明)나라 진헌장(陳獻章)의 〈내한 장정상의 편지에 답하고 아울러 시를 지어 제학 호희인에게 바치다〔答張廷祥內翰書括而成詩呈胡希仁提學〕〉 시에 "옛사람 찌꺼기 버렸

연원에 닿게 되면 다시 또 깊어지리	及到淵源又深
그대와 학문 익히는 것이 하도 좋아서	與子方欣麗澤
늙음과 병이 찾아드는 것을 모두 잊노라	都忘衰病侵尋

으니, 찌꺼기는 참을 전한 것이 아니라네.〔古人棄糟粕, 糟粕非眞傳.〕"라고 하였다.

KNP0019(詩-內卷1-30)

9월 7일 낮에 임진정[147]에서 쉬다 【신축년(1541, 중종36, 41세) 9월 7일, 장단(長湍)】

九月七日 午憩臨津亭

재상어사(災傷御史)[148]로 갔을 때

임진강 나루 위에 가을 하늘 짙푸른데	臨津渡上秋空碧
맑은 강에 비낀 해는 석벽에 비치누나	斜日淸江映石壁
밀물 썰물 오고 간 것[149] 예 이제 몇 번인가	潮來潮去幾今古
두세 봉우리 너머 큰 바다 서쪽으로 이어져 있네	大海西連數峯隔
놀러 다니기 좋아하는 교동은 궁궐을 싫어했고[150]	盤遊狡童厭法宮

147 임진정 : 【攷證 권1 臨津亭】 임진강 나루는 장단부(長湍府)에 있고, 남쪽의 정자는 남쪽 언덕 파주 땅에 있다.

148 재상어사 : 【攷證 권1 災傷御史】 살펴보건대 이는 신축년(1541, 중종36)에 경기도 재상어사가 되었을 때이다. 선생이 의주(義州)에서 돌아왔을 때 이어서 이 명을 받았다. 비록 《퇴계선생연보》에는 보이지 않지만, 《별집》의 여러 시들을 상고해 보면 알 수 있다.

149 밀물……것 : 【攷證 권1 潮來潮去】 진(晉)나라 갈홍(葛洪)의 《포박자(抱朴子)》에 "달의 정기가 물을 생기게 하니, 이 때문에 달이 차면 조수가 커진다.〔月之精生水, 是以月盛則潮大.〕"라고 하였다. 《山堂肆考 卷3》 ○ 《임안지(臨安志)》에 "저녁의 조수가 밀려오는 시기는 달이 모두 자(子) 방위에 왔을 때이고, 낮의 조수가 밀려오는 시기는 달이 모두 오(午) 방위에 왔을 때이다."라고 하였다. ○ 송(宋)나라 여정(余靖)의 《해조도설(海潮圖說)》에 "달이 묘(卯)·유(酉) 방위에 해당되면 물이 동서로 불어나고, 달이 자·오 방위에 오면 조수가 남북으로 평평해진다."라고 하였다.

150 놀러……싫어했고 : 【攷證 권1 盤遊狡童厭法宮】 《고려사》 〈세가(世家)〉 권19에 "의종(毅宗)의 성품이 놀기를 좋아하여 날마다 사원(寺院)에 행차하고 해마다 궁관(宮觀)을 창설해서 즐거움에 빠져 정사를 태만히 하고 소홀히 하였다. 24년에 왕이 보현원(普賢院)에 행차했을 때 무신 정중부(鄭仲夫) 등이 난을 일으켜 한뢰(韓賴) 등을 죽이고, 인하여 왕은 거제도(巨濟島)로 추방하고 태자는 진도(珍島)로 귀양보냈다."라고 하였다.

경박한 문신들은 어리석어 허물을 쌓았어라[151]	輕薄詞臣昧釁積
하늘을 울리는 풍악소리 어룡을 근심케 하고	轟天簫鼓愁魚龍
안개 속을 지나는 광대들에 비녀와 신발[152] 어지러웠지	軼霧優倡鬧鈿潟
어찌 알았으랴 눈앞에서 발호[153]하던 힘센 자들	豈知眼中强跋扈
떠돌던 혼 이미 뜬 연기처럼 사라질 줄을	遊魂已似浮烟釋
추암의 밝은 거울[154] 후세에 전할 만하니	皺巖明鏡足垂後

151 경박한……쌓았어라 : 【攷證 卷1 輕薄詞臣昧釁積】《고려사》〈세가〉 권19, 〈열전〉 권41에 "사신(詞臣) 임종식(林宗植)·한뢰 등이 날마다 임금을 좌우에서 모시며 음풍농월(吟風弄月)하니, 부박(浮薄)하고 경조(輕躁)하였다. 무사(武士)들을 멸시하여 심지어는 장원(壯元) 김돈중(金敦中)이 정중부의 수염을 촛불로 태우고, 기거주(起居注) 한뢰가 이응소(李膺紹)의 뺨을 때리기까지 하였다. 이렇게 원수 되는 잘못을 쌓아서〔積成仇釁〕 마침내 보현원에서 일망타진을 당하는 재액을 불러들인 것이다."라고 하였다.

152 비녀와 신발 : 【攷證 卷1 鈿舃】《신당서》〈양귀비열전(楊貴妃列傳)〉에 "명황(明皇)이 여산 화청궁으로 행차할 때 양귀비의 오빠인 양기(楊錡)와 사촌오빠인 양국충(楊國忠) 및 세 언니들이 모두 뒤따라가는데, 따로 한 대열을 이루었다가 다섯 집이 한 대열로 합쳐지면 온갖 꽃이 흐드러지게 피는 것 같았으며, 버려진 비녀와 떨어진 신발들이 길에 낭자하였다.〔遺鈿墮舃, 狼藉于道.〕"라고 하였다. ○ 살펴보건대, '전(鈿)'은 금으로 화려하게 꾸민 것이며, '석(舃)'은 나막신 아래 나무를 댄 것으로, 진흙길을 편하게 다니기 위한 것이다.

153 발호 : 【攷證 卷1 跋扈】 남조 송(宋)나라 범엽(范曄)의 《후한서》〈양기열전(梁冀列傳)〉에 "양기를 발호장군(跋扈將軍)이라 불렀다."라고 하였는데, 당(唐)나라 안사고(顔師古)의 주석은 다음과 같다. "호(扈)는 통발〔竹籬〕인데, 물가에 사는 사람들이 냇물이 줄었을 때 미리 통발을 쳐두고서 고기가 그 안으로 들어오기를 기다리는 것이다. 그러나 물이 빠지고 나면 작은 고기만 그 안에 남아 있을 뿐 큰 고기는 통발을 뛰어넘어 밖으로 빠져나간다〔大者跳跋籬扈而出〕. 그러므로 '발호'라고 한다."

154 추암의 밝은 거울 : 【攷證 卷1 皺巖明鏡】 살펴보건대, 《신증동국여지승람(新增東國輿地勝覽)》 권12 〈경기(京畿) 장단도호부(長湍都護府)〉에 " 추암은 송경(松京) 도성의 동북쪽 2~3리 되는 곳에 있는데, 바위가 시냇가에 서 있어 병풍 같고, 모두 가로결이 있기 때문에 추암이라 이름하였다. 아래에 큰 바위가 많아서 앉아서 술 마실 만하다. 고려 최당(崔讜 최영(崔瑩))이 항상 소를 타고 와서 여러 노인들과 여기서 놀았다."라고

여산의 화의 근원[155]이 예부터 잘못 전해왔네	驪山禍胎謬傳昔
단풍 숲 서리 맞은 잎은 성성이의 피처럼 붉고[156]	楓林霜葉爛猩紅
모래톱의 갈대꽃은 흰 눈처럼 자욱하구나	沙岸蘆花衮雪白
뱃사공은 다투어 급히 건너는 것만 알고	舟人只知爭渡急
갈매기와 해오리는 무심히 높은 격조만을 일삼네	鷗鷺無情事高格
곡산[157]은 은밀하게 저녁 구름 속에 가렸으니	鵠山隱翳暮雲頭
난간에 기댄 나그네 마음 몹시 슬퍼라	憑闌客子偏傷激

하였다. '명경(明鏡)'은 '전감(前鑑)'과 같은 말이다. 【校解】《고증》에서는 '추암'에 대해 "또한 고려의 왕이 노닐었던 곳이다.〔亦麗王遊衍之所〕"라고 하였는데, 《신증동국여지승람》의 내용에 의거하여 수정하였다.

155 여산의 화의 근원 : 【攷證 卷1 驪山禍胎】 여산은 옹주(雍州) 신풍(新豐) 남쪽에 있다. 한(漢)나라 추양(鄒陽)이 양 효왕(梁孝王)에게 옥중에서 올린 편지에 "화가 생기는 데는 근원이 있습니다.〔禍生有胎〕"라고 하였다. 《漢書 枚乘傳》 경종(敬宗)이 여산에 행차하려 하자 습유(拾遺)인 장권여(張權輿)가 "옛날에 주(周)나라 유왕(幽王)이 여산에 행차하였다가 견융(犬戎)에게 피살되었고, 진시황(秦始皇)을 여산에 장사지내자 나라가 망하였으며, 현종(玄宗)이 여산에 별궁을 세움에 안녹산(安祿山)이 난을 일으켰고, 선제(先帝)께서는 여산에 행차하시어 수명을 오래 누리지 못하셨습니다."라고 간언하였다. 황제가 말하기를 "여산이 이렇게 흉하단 말이냐. 이것이 이른바 화의 근원이로다.〔此所謂禍胎也〕"라고 하였다. 《資治通鑑 卷243 唐紀》 송나라 소식(蘇軾)의 〈여산절구(驪山絶句)〉 시 중 제2수에 "상황은 앞 수레의 경계 생각지 않고, 도리어 여산이 화의 근원인 것 원망하였네.〔上皇不念前車戒, 却怨驪山是禍胎.〕"라고 하였다. 【校解】《고증》에는 소식의 시 가운데 '怨'이 '恐'으로 되어 있는데, 통행본 《동파전집(東坡全集)》에 의거하여 수정하였다.

156 성성이의 피처럼 붉고 : 【攷證 卷1 猩紅】 당(唐)나라 배염(裴炎)의 〈성성명서(猩猩銘序)〉에 "서역의 오랑캐들은 그 피를 취하여 털 담요를 물들이는데, 색이 선명하고 어둡지 않다."라고 하였다.

157 곡산 : 【攷證 卷1 鵠山】 개성부 북쪽에 있다. 처음 이름은 부소(扶蘇)였는데, 신라의 강충(康忠)이 고을 사람들과 함께 산 여기저기에 소나무를 심었기 때문에 송악(松岳)이라 칭하게 되었다.

KNP0020(詩-內卷1-31)

옥당[158]에서 봄눈을 보고 구공의 운자[159]를 써서 짓다 임인년(1542, 중종37, 42세)【2월 14일. 서울】

玉堂春雪 用歐公韻 壬寅

2월 14일 대궐에서 숙직을 할 때 지어서 민숙도(閔叔道)[160]에게 보이다.

좋은 계절 봄이 반이나 지나가는데	令節春將半
오늘 아침 눈 내릴 조짐이 왔네	今朝雪候臻
음양의 기운 다투다가 저물녘에야 합해지고	氣爭方晚合
구름 쌓이더니 문득 끝이 보이지 않누나	雲積忽窮垠
눈에 들어오는 건 어지러이 날리는 구슬 꽃이요	入眼瓊花亂
허공에 번득이는 옥빛 바다 새로워라	飜空玉海新
창밖에서 들리는 사락사락 소리가 어여쁘고[161]	聽窗憐屑窣

158 옥당 : 【攷證 卷1 玉堂】 한(漢)나라 반고(班固)의 《한서》 〈양웅전 하(揚雄傳下)〉에 "금마문을 지나 옥당에 오른다.〔歷金門上玉堂〕"라고 하였다. 송(宋)나라 소식(蘇軾)의 〈나부산에서 노닐며 시 한 수를 지어 지나가는 아이에게 보이다〔游羅浮山一首示兒子過〕〉 시에 "옥당서와 금마문에서 오랫동안 떠돌던 신세라, 한 치의 밭과 한 자의 집 지금은 누가 돌보고 있는지.〔玉堂金馬久流落, 寸田尺宅今誰耕.〕"라고 하였는데, 그 주석에 "한림원의 공청(公廳)을 옥당이라고 한다. 송(宋)나라 태종이 비백서(飛白書)로 '옥당지서(玉堂之署)'라는 네 글자를 써서 하사하였다."라고 하였다. ○ 살펴보건대, 우리나라에서는 홍문관을 옥당이라고 한다.

159 구공의 운자 : 【攷證 卷1 歐公韻】 송나라 구양수(歐陽脩)의 〈동짓날 눈을 읊다〔至日詠雪〕〉라는 시가 있다.

160 민숙도 : 【攷證 卷1 閔叔道】 민기문(閔起文, 1511~1574)으로, 본관은 여흥(驪興), 자는 숙도, 호는 역암(櫟庵)이다. 관직은 황해도 관찰사(黃海道觀察使)를 지냈다.

161 창밖에서……어여쁘고 : 【攷證 卷1 聽窓憐屑窣】 당(唐)나라 한유(韓愈)의 〈눈이 내리는 것을 기뻐하여 배 상서에게 드리다〔喜雪獻裴尙書〕〉 시에 "날씨가 매서우니 마땅

땅을 보니 살포시 가지런하게 쌓인 것[162] 사랑스럽네 看地愛輕勻
오금에는 호출하는 방울 소리 드물고[163] 鼇禁稀鳴索
천가에는 수레바퀴 소리도 끊어졌어라 天街絶響輪
마른 대나무는 한 줄기를 버티고 있고 苦篁樘一節
높은 잣나무는 천균을 얹고 있네 高柏抗千鈞
상서로운 징조라 임금님께 달려가 하례할 것이요 爲瑞將騰賀
풍년을 맞으리니[164] 장차 찡그린 얼굴도 펴지리라 迎豐且解顰

히 술 사와야 하고, 눈 뿌리는 것 급하니 창문 소리만 들어도 알겠네.〔氣嚴當酒換, 灑急聽窓知.〕"라고 하였다. 《운회(韻會)》에 "설솔(屑窣)은 '실솔(悉窣)'로도 쓰는데, 눈 내리는 소리이다."라고 하였다. 【校解】《고증》에는 '灑急'이 '急灑'로 되어 있는데, 통행본 《한창려집(韓昌黎集)》에 의거하여 수정하였다.

162 살포시……것 : 【攷證 卷1 輕勻】 송나라 소식의 〈사시사(四時詞)〉 중 제4수에 "일어나 손 불어가며 까마귀 한 쌍 그리는데, 취기가 뺨에 살포시 퍼지고 눈이 노을처럼 붉구나.〔起來呵手畫雙鴉, 醉臉輕勻襯眼霞.〕"라고 하였다.

163 오금에는……드물고 : 【攷證 卷1 鼇禁稀鳴索】 《열자(列子)》 〈탕문(湯問)〉에 "발해의 동쪽에는 대여산(岱輿山), 원교산(員嶠山), 방호산(方壺山), 영주산(瀛洲山), 봉래산(蓬萊山) 등이 있는데, 다섯 산의 뿌리가 서로 이어져 있지 않아 항상 물결을 따라 아래위로 흔들리니 천제가 명하여 거대한 자라에게 그것을 떠받치도록 하였다.〔帝命巨鼇戴之〕"라고 하였다. ○ 살펴보건대 학사원(學士院)을 오금(鼇禁)이라 칭한다. ○ 당나라 때 한림원(翰林院)에서는 방울을 달아놓고 밤에 숙직서는 일에 대비하였다. 긴급하게 처리해야 할 문서들이 있으면 모두 그 줄을 당겨서 전하여 부르는 것을 대신하였다.〔皆引其索, 以代傳呼.〕 송나라 소식의 〈9월 15일 이영각에서 《논어》를 강독하는데……〔九月十五日邇英講論語……〕〉 시에 "옥당은 낮에 닫힌 채로 문서들만 고요하고, 방울에 매달린 끈 흔들리지 않는데 종소리 오래도록 새어나오네.〔玉堂晝掩文書靜, 鈴索不搖鐘漏永.〕"라고 하였다.

164 상서로운……맞으리니 : 【攷證 卷1 爲瑞將騰賀迎豐】 당나라 측천무후(則天武后) 장수(長壽) 2년(693) 정월에 눈이 내리자 시신(侍臣)들에게 "정월에 눈이 내리면 이는 풍년이 들 상서로운 조짐이다."라고 하니, 뭇 신하들이 마침내 입궐하여 하례하였다. 남조 송(宋)나라 사혜련(謝惠連)의 〈설부(雪賦)〉에 "한 자의 눈이 쌓이면 풍년이 들

소복소복 가만히 보니 저녁까지 내리고 　霏微看到暮
아득히 날리는 것이 새벽까지 이어질 듯하다 　浩蕩想連晨
병든 몸이라 두꺼운 갖옷 입고 싶은데 　病憶重裘襲
궁 안에서 빚은 술 내려주시니 은혜에 부끄럽네 　恩慙內醞陳
옥 같은 성은 온통 몇 겹으로 쌓이고[165] 　瑤城渾合沓
은으로 만든 집은 빽빽하게 둘레둘레 서 있구나[166] 　銀屋鬱盤囷
이곳은 절로 신선세계[167]와 같으니 　地自同仙府
이 시를 속인들에게 말하기는 어렵도다 　詩難語俗人
나직이 읊조리며 난간에 기대노라니 　沈吟倚闌處
마치 장춘궁[168]에 들어와 있는 듯하네 　疑是入長春

상서로운 조짐을 나타낸 것이고, 한 길이 넘으면 음덕을 해침이 있음을 드러낸 것이다.〔盈尺則呈瑞於豐年, 袤丈則表沴於陰德.〕"라고 하였다.

165 몇 겹으로 쌓이고 :【攷證 卷1 合沓】'답(沓)'은 중첩〔重〕된 것이다. 남조 제(齊)나라 사조(謝朓)의 〈경정산에서 노닐다〔遊敬亭山〕〉 시에 "이 산은 백 리에 이어져 있는데, 몇 겹으로 합쳐져 구름과 나란하구나.〔玆山亘百里, 合沓與雲齊.〕"라고 하였다.【校解】《고증》에는 사조의 시가 두보(杜甫)의 시로 되어 있고 '齊'가 '升'으로 되어 있는데, 통행본《사선성집(謝宣城集)》에 의거하여 수정하였다.

166 둘레둘레 서 있구나 :【攷證 卷1 盤囷】당나라 두목(杜牧)의 〈아방궁부(阿房宮賦)〉에 "겹겹이 쌓이고 둘레둘레 서 있는 것이 벌집 같고 소용돌이 같은데, 우뚝하니 솟은 것이 몇 천만 채인지 모르겠네.〔盤盤焉囷囷焉, 蜂房水渦, 矗不知其幾千萬落.〕"라고 하였다.

167 신선세계 :【攷證 卷1 仙府】당나라 노조린(盧照隣)의 〈두 그루 무궁화나무를 읊었는데 최 소감과 함께 지었다〔雙槿樹賦同崔少監作〕〉 시에 "땅은 도서의 곳집이요, 사람은 신선의 영령이다.〔地則圖書之府, 人則神仙之靈.〕"라고 하였다.

168 장춘궁 :【攷證 卷1 長春】《태평환우기(太平寰宇記)》〈관서도(關西道)〉에 "장춘궁은 강량원 위에 있는데〔長春宮在强梁原上〕, 북주(北周) 무제(武帝) 보정(保定) 원년(561)에 우문호(宇文護)가 지은 것이다. 처음의 이름은 진성(晉城)이었다."라고 하였다. 이곳에서는 꽃과 나무가 늘 봄과 같았다.

KNP0021(詩-內卷1-32)

태안[169]에서 새벽길을 가면서 경명 형[170]을 생각하다 【임인년(1542, 중종37, 42세) 3월 23일 추정. 태안】

泰安曉行 憶景明兄

이때 형은 진휼경차관(賑恤敬差官)이 되어 영남에 있었고, 나는 구황적간어사(救荒摘奸御史)로 호서에 갔다.

군성에서 호각 불어 밤에 문을 열게 하니	郡城吹角夜開門
오직 나랏일 위하여 급하게 역마 타고 달리네	祗爲王途急馹奔
덜 깬 꿈 안장에서 이어지며 몸은 흔들흔들[171]	殘夢續鞍身兀兀
떠도는 빛 바다에 이어져 달만 환하여라[172]	游光連海月痕痕

169 태안 : 【攷證 卷1 泰安】 충청우도에 속한다. 또 다른 군명으로는 소주(蘇州)·순성(蓴城) 등이 있다.

170 경명 형 : 【攷證 卷1 景明兄】 곧 선생의 넷째 형님인 온계(溫溪) 선생이다. 《정본 퇴계전서》 권15의 〈가선대부 예조참판 겸 동지춘추관사 오위도총부 부총관 이 공 묘갈명(嘉善大夫禮曹參判兼同知春秋館事五衛都摠府副摠管李公墓碣銘)〉에 보인다.

171 덜……흔들흔들 : 【攷證 卷1 殘夢續鞍身兀兀】 송(宋)나라 소식(蘇軾)의 〈신축년 11월 19일 이미 자유와 정주의 서문 밖에서 이별하고……〔辛丑十一月十九日旣與子由別於鄭州西門之外……〕〉 시에 "술도 안 마셨는데 어찌 얼얼하게 취했는가, 이 마음 벌써 떠나려는 안장을 뒤쫓고 있네.〔不飮胡爲醉兀兀, 此心已逐歸鞍發.〕"라고 하였다. 또 〈태백산 아래를 새벽에 가면서 횡거진에 이르러 숭수원의 벽에 쓰다〔太白山下早行至橫渠津書崇壽院壁〕〉 시에 "말 위에서 덜 깬 꿈이 이어지니, 아침 해 떠오른 줄도 몰랐네.〔馬上續殘夢, 不知朝日昇.〕"라고 하였다. 또 〈섣달 그믐밤에 큰 눈이 내려 유주에서 머물다가……〔除夜大雪留維州……〕〉 시에 "동풍이 숙취 속에 불어오는데, 야윈 말은 꿈결에 얼얼하네.〔東風吹宿酒, 瘦馬兀殘夢.〕"라고 하였다.

172 달만 환하여라 : 【攷證 卷1 月痕痕】 송나라 담지유(譚知柔)의 〈저녁에 취하여 중얼거리며 읊다〔晩醉口占〕〉 시에 "바람 앞에 한이 있는 매화가 천 점이요, 모래 위에는 사람 없고 달만 한 흔적이라.〔風前有恨梅千點, 沙上無人月一痕.〕"라고 하였다.

인기척에 놀란 짝 잃은 학은 외딴 섬으로 가고　　驚人別鶴投孤嶼
단비 내릴 때 맞추어 농부는 먼 마을에서 나오네　　趁雨耕夫出遠村
호서와 영남은 서로 천 리나 떨어졌으니　　湖嶺相望隔千里
모르겠네, 어느 곳에서 가는 수레 재촉하시는지　　不知何處戒征轅

KNP0022(詩-內卷1-33)

청풍 한벽루[173]에서 묵다 【임인년(1542, 중종37, 42세) 3월 28일 추정. 청풍】
宿淸風寒碧樓

지나온 반평생 북산 신령에게 너무나 부끄러우니[174] 半生堪愧北山靈
한 베개에 깃든 한단의 꿈[175] 오래도록 깨지 못하네 一枕邯鄲久未醒
어스름 저녁 나그네길 역마를 재촉하여 薄暮客程催馹騎
맑은 밤 신선 집에서 구름 병풍[176] 대했노라 淸宵仙館對雲屛

173 청풍 한벽루 : 【攷證 卷1 淸風寒碧樓】 청풍은 충청좌도에 속하며 또 다른 군명은 사열(沙熱)이다. ○ 한벽루는 객관의 동쪽에 있는데, 호정(浩亭) 하륜(河崙)의 기문이 있다.

174 북산……부끄러우니 : 【攷證 卷1 堪愧北山靈】 주옹(周顒)이 북산에 은거하다가 나중에 해염령(海鹽令)이 되어 북산에 돌아와 은거하려 하자, 남조 시대 제(齊)나라 공치규(孔稚圭)가 북산의 산신령을 가탁하여 〈북산이문(北山移文)〉을 써서 그를 기롱하였다. 송(宋)나라 소식(蘇軾)의 〈백부께서 선친이 과거에 낙방하고 촉으로 돌아가는 것을 전송한 시에 이르기를……(伯父送先人下第歸蜀詩云……)〉 시에 "문득 서주의 문으로 들어가려니, 북산의 산신령에 오래도록 부끄럽네.〔却入西州門, 永愧北山靈.〕"라고 하였다.

175 한……꿈 : 【攷證 卷1 一枕邯鄲】 당(唐)나라 현종(玄宗) 개원(開元) 연간에 여옹(呂翁)이 한단(邯鄲)을 지나가게 되었는데, 노생(盧生)이라는 자와 같이 객주집에 묵게 되었다. 주인은 막 누런 기장밥을 짓고 있었는데, 노생이 세상에 태어나서 당한 곤액을 자세히 말하는 것이었다. 여옹이 행낭 속에 있던 베개를 가져다가 그에게 주며 "이것을 베고 있으면 마땅히 소원대로 영화를 누리게 될 것이오."라고 하였다. 이후 노생이 기억하는 것은 몸이 베개의 구멍 안으로 들어갔고, 얼마 안 있어 과거에 급제했으며 장상(將相)의 지위에서 50년 동안 출입한 것뿐이었으니, 영화의 성대함이 이와 비길 것이 없었다. 그러다 문득 하품을 하며 기지개를 켜고 잠에서 깼는데, 여옹이 곁에 있었고 누런 기장밥은 아직 익지 않았다.

176 구름 병풍 : 【攷證 卷1 雲屛】 송나라 구양수(歐陽脩)의 〈심준에게 주다〔贈沈遵〕〉 시에 "때때로 취해 쓰러져 시내 바위 베고 자니, 푸른 산 흰 구름이 잠자리 병풍 되네.

좋은 곳에 다시 오니 학을 탄 듯한데[177]	重遊勝地如乘鶴
아름다운 시에 화답하려니 점을 찍는 반디 같구나[178]	欲和佳篇類點螢
두견새[179] 우는 소리 무엇을 하소연하나	杜宇聲聲何所訴
눈 같은 배꽃 그늘이 빈 뜰을 덮고 있네	梨花如雪暗空庭

〔有時醉倒枕溪石, 靑山白雲爲枕屛.〕"라고 하였고, 송나라 주자(朱子 주희(朱熹))의 〈축효우가 만든 침병의 작은 그림에 '서리를 맞은 무성한 나무들'이라 이름 붙여주고, 인하여 이 시를 그 위에 써주다〔祝孝友作枕屛小景以霜餘茂樹名之因題此詩〕〉 시에 "몇 겹이나 되는 구름 병풍 좋으니, 일생토록 가을 꿈 많아라.〔幾疊雲屛好, 一生秋夢多.〕"라고 하였다.

177 좋은……듯한데 : 【攷證 卷1 重遊勝地如乘鶴】 한(漢)나라 유향(劉向)의 〈열선전(列仙傳)〉에 "왕자교는 학을 타고서 생황을 불며 봉황 소리 내는 것을 좋아하였다〔王子喬好乘鶴吹笙作鳳鳴〕. 그 집안사람들에게 '7월 7일에 구지산(緱氏山)에서 나를 기다리라.'고 하였는데, 그날이 되자 과연 학을 타고 와서 산 정상에 머물렀다."라고 하였다. 또 송나라 왕존등(王存等)의 《원풍구역지(元豐九域志)》에 "악주(鄂州)에 황학산(黃鶴山)이 있는데, 비문위(費文褘)가 신선이 되어 떠난 후 학을 타고 이곳으로 왔다.〔駕鶴來此〕"라고 하였다.

178 아름다운……같구나 : 【攷證 卷1 欲和佳篇類點螢】 당나라 두보(杜甫)의 〈반딧불〔螢火〕〉 시에 "책에 가까이 다가가 밝혀주기에는 부족하고, 때때로 나그네 옷에 점이나 찍을 뿐이네.〔未足臨書卷, 猶能點客衣.〕"라고 하였다. 살펴보건대, 이 시구의 뜻은 아름다운 시편에 화답하고 싶어도 잘 지을 수 없기 때문에, 마치 반딧불이 남의 옷에 점을 남겨 더럽히는 것과 같다는 말이다.

179 두견새 : 【攷證 卷1 杜宇】 송나라 악사(樂史)의 《태평환우기(太平寰宇記)》에 다음과 같은 기록이 있다. "촉(蜀)나라 왕 두우(杜宇)는 호를 망제(望帝)라고 하였다. 훗날 별령(鱉令)에게 선위(禪位)하고 마침내 도망하여 가서 두견새로 변하였다. 그러므로 촉나라 사람들이 두견새 우는 소리를 들으면 '이는 우리의 망제이다.'라고 하였다."

KNP0023(詩-內卷1-34)

진천[180] 동헌에서 【임인년(1542, 중종37, 42세) 3월 30일 추정. 진천】

鎭川東軒

얕은 재주로 어찌 옛사람의 강직한 도 따르랴	菲才直道詎追前
나약한 성품은 예전부터 패현[181]이 알맞다네	懦性從來合佩弦
때맞추어 내린 비에 백성들 고통 없어지려 하고	民病欲蘇時雨後
나그네 시름 속에 봄빛도 다 지나가누나	春光都盡客愁邊
동헌 앞의 비취빛 나무 푸른 장막으로 에워싼 듯	當軒翠樹圍青幄
눈에 비친 붉은 꽃은 자줏빛 안개 덮인 듯	照眼紅花羃紫烟
흉년의 구제는 모두 어진 원님에게 달렸으니	荒政儘由賢守宰
삼년 묵은 쑥[182]도 다 버리지 말아주오	莫令幷棄艾三年

180 진천 : 【攷證 卷1 鎭川】 충청좌도에 속하며, 또 다른 군명으로는 흑양(黑壤)·황양(黃壤)·진주(鎭州)·상산(常山) 등이 있다.

181 패현 : 【攷證 卷1 佩弦】 《한비자》 〈관행(觀行)〉에 "서문표(西門豹)는 성미가 급하여 부드러운 가죽을 차고 다니면서 자기를 누그러뜨렸고, 동안우(董安于)는 성격이 느렸기 때문에 활시위를 차고 다니면서 스스로를 긴장시켰다.〔佩弦以自急〕"라고 하였다. 【校解】 《고증》에는 이 내용의 출전을 《후한서》 《범단전(范丹傳)》으로 밝히고 있으나 오류인 듯하다.

182 삼년 묵은 쑥 : 【譯注】 《맹자》 〈이루 상(離婁上)〉에 "지금 천하에 왕노릇 하고자 하는 자는 7년이나 묵은 병에 3년 말린 쑥을 구하는 것과 같으니〔猶七年之病, 求三年之艾也〕, 진실로 미리 저축해 두지 않으면 종신토록 얻지 못할 것이다."라고 하였다. 여기서는 인의(仁義)를 쑥을 말리듯 미리 저축해 두어야 한다는 뜻으로 쓰였다.

KNP0024(詩-內卷1-35)

연정[183]에서의 작은 모임 【임인년(1542, 중종37, 42세) 3월 30일 추정. 진천】

蓮亭小集

맑은 못 빈 난간에 서늘한 기운 감도는데	淸池虛檻逗微凉
높은 나무에 바람 일어 석양을 보내누나	高樹風生送夕陽
붉은 촛불 밝히니 요뇨를 재촉할 필요 없어[184]	紅燭不須催騕褭
화려한 정자에 달빛이 가득하기를 기다려 보세	待看新月滿華堂

183 연정 : 【攷證 卷1 蓮亭】 진천현(鎭川縣) 남쪽에 있다.

184 붉은……없어 : 【攷證 卷1 紅燭不須催騕褭】 송(宋)나라 소식(蘇軾)의 〈밤에 술을 마시다가 필추관의 시에 차운하다〔夜飮次韻畢推官〕〉 시에 "붉은 촛불 뜰에 비치니 요뇨를 울게 하고, 누런 닭 새벽을 재촉하며 영롱하게 우누나.〔紅燭照庭嘶騕褭, 黃雞催曉唱玲瓏.〕"라고 하였는데, 송나라 시원지(施元之)의 《한서음의(漢書音義)》에서 주석하기를 "요뇨는 신마(神馬)이니, 붉은 주둥이에 몸 빛깔은 검다."라고 하였다. 《施註蘇詩 卷13》

KNP0025(詩-內卷1-36)

우리 고을 이 참판[185] 선생께서 휴가를 얻어 귀향하여 장차 이를 계기로 퇴직하여 사실 것을 나라에 청하셨다. 조정에 있는 고향 사람들이 선생의 둘째 아들의 집에서 모여 전별하였다. 이 자리에서 근체시[186] 한 수를 바치다 【임인년(1542, 중종37, 42세) 7월 16일 추정. 서울】

吾鄕李參判先生假歸 將因以乞身 鄕人在朝者 會餞於先生仲子寓舍 奉呈近體一首

이때에 김자유(金子裕)[187] 씨 및 가형이 승지로 있었고 선생의 둘째 아들 이가허(李架虛)[188]는 참봉이었고, 이공간(李公幹)[189]은 경기도사였으며 나는 사인이었고 남백인(南伯仁)[190]은 성균학정이었다. 또 안대보(安大寶)[191]는 형조랑인데 풍기(豐基)[192] 고을 사람으로서 함께 참여하게 되었다.

---

185 이 참판 : 【攷證 卷1 李參判】 곧 농암(聾巖) 선생이다. 【校解】 이때 농암 이현보(李賢輔, 1467~1555)는 76세의 나이로 호조 참판을 사직하고 고향으로 돌아갔다.

186 근체시 : 【攷證 卷1 近體】 살펴보건대, 율시는 심전기(沈佺期)와 송지문(宋之問)으로부터 시작되었다. 그러므로 '근체'라고 이른다.

187 김자유 : 【攷證 卷1 金子裕】 김연(金緣, 1487~1544)으로, 본관은 광주(光州), 자는 자유, 호는 운암(雲巖)이다. 관직은 감사(監司)를 지냈다. 퇴계 선생이 그의 묘갈명을 지었다.

188 이가허 : 【攷證 卷1 架虛】 이희량(李希樑, 1501~1565)으로, 호는 호암(虎巖)이다.

189 이공간 : 【攷證 卷1 公幹】 이중량(李仲樑, 1504~1582)으로, 본관은 영천(永川), 자는 공간, 호는 하연(賀淵)이다. 농암의 셋째 아들로 명(明)나라 효종 홍치(弘治) 갑자년(1504, 연산군10)에 태어났다. 갑오년(1534, 중종29)에 급제하였고 관직은 감사(監司)를 지냈다.

190 남백인 : 【攷證 卷1 南伯仁】 남숭(南崧, ?~?)으로 관직은 현감에 이르렀다. 농암의 조카사위로 영해(寧海) 출신인데 예안(禮安)에 와서 우거하고 있었다.

191 안대보 : 【攷證 卷1 安大寶】 안공신(安公信, ?~?)이다. 【校解】 풍기(豐基) 사람인데 농암이 일찍이 풍기에 우거한 적이 있었기 때문에 그 인연으로 전별연에 참석하였다.

192 풍기 : 【攷證 卷1 豐基】 경상좌도에 속하며, 또 다른 군명은 기천(基川)이다.

물러나는 것은 임금님 은혜 잊어서가 아니요　引退非緣忘主恩
높은 연세가 전원 좋아하는[193] 본성에 절로 부합해서라　高年自合愛丘園
한 고을이 모여서 전별하니 고관대작[194] 가득하고　一鄕會餞簪纓簇
이품을 사직하고 돌아가시니 연세와 덕이 높도다　二品辭歸齒德尊
하늘도 이 밤을 즐기라는 듯 오랜 비를 거두고　天爲宵歡收積雨
달도 이별의 한 때문에 향기로운 술잔 비추네　月因離恨照芳罇
풍편에 띄워 시승에게 말하노니　憑風寄與詩僧道
숲 아래서 지금쯤은 함께 이야기를 나눌 만한지[195]　林下如今可共論

193 전원 좋아하는 : 【攷證 卷1 愛丘園】 진(晉)나라 도연명(陶淵明)의 〈귀원전거(歸園田去)〉 시에 "어릴 때부터 속세의 정취와 맞는 것이 없었고, 천성이 본래 언덕과 산을 좋아하였네.〔少無適俗韻, 性本愛丘山.〕"라고 하였다. 【校解】《고증》에는 '山'이 '園'으로 되어 있는데, 통행본 《도정절집(陶靖節集)》에 의거하여 수정하였다.

194 고관대작 : 【攷證 卷1 簪纓】 '잠영'은 비녀와 끈이다. 해석에 이르기를 "인끈의 등속인데 작은 것은 면류관의 끈〔冕纓〕으로 삼았다."라고 하였다.

195 띄워……만한지 : 【攷證 卷1 寄與…共論】 살펴보건대, 시승(詩僧)은 동림사(東林寺)의 영철(靈澈) 상인을 가리킨다. 월주(越州) 사람이다. 당(唐)나라 위단(韋丹)이 강서 태수(江西太守)였을 때 영철과 망형지교(忘形之交)를 맺었는데, 일찍이 고향에 돌아가고 싶은 심정을 시로 지어 영철에게 부쳤다. 그 시는 다음과 같다. "나랏일 분분하여 한가한 날이 없고, 뜬 인생 하염없이 흘러가니 그저 구름 같을 뿐이라. 이미 장평자(張平子 장형(張衡))처럼 돌아가 쉴 계획 세웠으니, 오로봉 바위 앞에서 반드시 함께 들으리라.〔王事紛紛無暇日, 浮生冉冉只如雲. 已爲平子歸休計, 五老峯前必共聞.〕" 영철의 답시는 다음과 같다. "나이 늙어 마음 한가로워지니 세속의 염려 없고, 삼베옷 입고 풀 위에 앉으니 또한 몸을 들일 만하네. 만나는 이마다 벼슬 그만두고 떠난다고 다들 말하지만, 숲속 어디에서 한 사람이라도 보았던가.〔年老心閒無俗慮。麻衣草坐亦容身. 相逢盡道休官去, 林下何曾見一人?〕" 【校解】《고증》에는 '必共聞'이 '可共君'이라고 되어 있는데, 《강서통지(江西通志)》에 의거하여 수정하였다. 또 《고증》에는 '無俗慮'가 '無外事'로, '容身'이 '安身'으로 되어 있는데, 《강서통지》에 의거하여 수정하였다.

KNP0026(詩-內卷1-37)

가을날 남쪽 누각에서 늦게 날이 개다 【임인년(1542, 중종37, 42세) 7~8월 추정. 서울】

秋日 南樓晩霽

쏴아쏴아 내리던 비가 저물녘에 개니	蕭蕭晩雨霽
콸콸 흘러 작은 시내 소리 울리네	決決小溪響
호수 구름 엷게 깔려 걷히지 않았는데	湖雲薄未歸
햇빛은 희묽어도 오히려 밝구나	天日淡猶朗
작은 누각은 지세가 높은 곳에 있어	小樓地勢高
외로이 앉은 자리 궤석이 시원하다	孤座几席爽
시를 읊으려니 앞이 탁 트인 것 흐뭇하지만	騷情喜曠蕩
병든 눈은 아득한 들판을 보니 겁이 나네[196]	病眼怯莽蒼
낙엽은 숲 오솔길에 가득하고	落葉滿林蹊
서늘한 바람이 서재의 휘장을 흔드누나	凉風撼書幌
만물은 저마다 뿌리로 돌아가고[197]	萬物各歸根

196 아득한……나네 : 【譯注】 탁 트인 자연 경관을 보고 시를 지어야 하는데, 눈이 나빠져 멀리까지 보이지 않을까봐 겁이 난다는 뜻이다. 【攷證 卷1 莽蒼】《장자》〈소요유(逍遙遊)〉에 "아득히 보이는 곳에 가는 사람은〔適莽蒼者〕 세 끼니만 먹고 돌아와도 배가 여전히 부르다."라고 하였는데, 송(宋)나라 임희일(林希逸)의 《장자구의(莊子口義)》 주석에 "망창(莽蒼)은 한 번 바라다 보이는 땅이 아득하여 그 끝까지는 보이지 않는 것이다.〔一望之地, 莽蒼然不見.〕"라고 하였다.

197 만물은……돌아가고 : 【攷證 卷1 萬物各歸根】《노자도덕경》 제16장에 "대저 만물은 풀처럼 쑥쑥 자라지만, 제각기 다시 그 뿌리로 돌아간다.〔夫物芸芸, 各復歸其根.〕"라고 하였다.

용과 뱀도 칩거하려고 생각하네　　龍蛇思蟄養

태고 때는 백성들 몹시도 순박하더니[198]　　邃古民大朴

말세에는 세상의 그물 촘촘하구나　　末路世密網

숲속에 깃든 새는 또 무슨 생각인지　　幽鳥亦何意

내려와 쪼아 먹고는 다시 날아 올라가네　　下啄還飛上

198 몹시도 순박하더니 :【攷證 卷1 大朴】원(元)나라 웅충(熊忠)의 《고금운회거요(古今韻會擧要)》 권25에 "박(朴)은 목소(木素)이다."라고 하였다. 남조 진(晉)나라 혜강(嵇康)의 〈자연과 호학의 어려움을 논함. 1수〔難自然好學論一首〕〉 시에 "옛날 태고의 세상에서는 큰 질박함이 이지러지지 않아〔洪荒之世, 大朴未虧〕, 임금은 위에서 꾸미지 않았고 백성들은 아래에서 다투지 않으니 만물이 순리대로 되어 각기 자득하지 않음이 없었다."라고 하였다. 금(金)나라 원덕명(元德明)의 〈도원행(桃源行)〉 시에 "겨울 갖옷과 여름 갈옷은 큰 소박함 지니고 있으니, 작은 나라 적은 백성들이 모두 풍속을 즐거워하네.〔冬裘夏葛存大朴, 小國寡民皆樂俗.〕"라고 하였다.

KNP0027(詩-內卷1-38)

동호 가 원정에 우연히 나가 소강절[199]의 시체를 본떠 짓다

【임인년(1542, 중종37, 42세) 7~8월 추정. 서울】

湖上園亭偶出 效康節體

한강[200] 가에 이름난 원림 어찌 한이 있으랴	何限名園漢水頭
한가할 때 오면 놀 만하지 않은 곳이 없구나	閒來無處不堪遊
흰 살 생선은 옥을 썬 듯[201] 집집마다 흥겹고	白魚切玉家家興
노란 국화 금을 흩어놓은 듯[202] 정원마다 가을일세	黃菊排金院院秋

199 소강절(邵康節) : 【譯注】 송(宋)나라 소옹(邵雍, 1011~1077)으로, 자는 요부(堯夫), 시호는 강절이며, 범양(范陽) 출신이다.

200 한강 : 【攷證 卷1 漢水】 서울의 남쪽에 있으며, 그 근원은 강릉(江陵)의 오대산(五臺山)에서 나온다.

201 흰 살……듯 : 【譯注】 '백어(白魚)'는 우리말로 '뱅어'라고도 한다. 【攷證 卷1 白魚切玉】 《태평어람(太平御覽)》 권937에 수록된 당(唐)나라 두보(杜寶)의 《대업습유록(大業拾遺錄)》에 "오군(吳郡)에서 송강(松江)의 농어를 회로 말린 것을 바쳤는데, 농어의 육질이 눈처럼 희고〔鱸魚肉白如雪〕 비린내가 나지 않아 이른바 금제옥회(金虀玉膾)라 한다."라고 하였다. 당나라 두보(杜甫)의 〈협애(峽隘)〉 시에 "백어는 옥을 자른 듯하고, 붉은 귤은 값을 논하지 않네.〔白魚如切玉, 朱橘不論錢.〕"라고 하였다.

202 노란……듯 : 【攷證 卷1 黃菊排金】 《국보(菊譜)》에 "황국(黃菊)에는 대금(大金)·소금(小金)·승금(勝金)·첩금(疊金) 등의 종류가 있다."라고 하였다. 당나라 두보의 〈9일에 잠삼에게 부치다〔九日寄岑參〕〉 시에 "반짝반짝 황금빛 국화는, 무슨 이유로 옷소매에 가득한가.〔采采黃金花, 何由滿衣袖?〕"라고 하였다. 당나라 한유(韓愈)의 〈동후 십일에게 불꽃을 읊어 보내다〔同侯十一詠燈花〕〉 시에 "주머니 안에는 황금 같은 좁쌀 펼쳐져 있고, 비녀 끝에는 옥 같은 벌레 꿰어져 있네.〔囊裏排金粟, 釵頭綴玉蟲.〕"라고 하였다. 【校解】 《고증》에는 두보의 시 가운데 '采采'가 '粲粲'으로 되어 있는데, 통행본 《두시상주(杜詩詳註)》에 의거하여 수정하였다. 한유의 시는 제목이 간혹 〈영등화동후십일(詠燈花同侯十一)〉로 되어 있기도 하고, 시 가운데 '囊'이 간혹 '黃'으로 되어 있기도 하다.

술 마시며 툭 트인 높은 정자에서 굽어보길 즐기고　酌酒喜臨高榭豁
시 쓸 때는 그윽한 굽은 난간으로 향하길 좋아한다　題詩愛向曲闌幽
기생 데리고 술 취하는 일[203] 쉽게 싫증나는 줄 알겠으니　更知易厭紅裙醉
호탕한 물결에서 노니는 갈매기[204]나 배워야지　要學沙鷗浩蕩游

203 기생……일 :【攷證 卷1 紅裙醉】당나라 한유의 〈취하여 장 비서에게 주다〔醉贈張祕書〕〉 시에 "문자 지으며 술 마실 줄 모르고, 그저 붉은 치마 입은 기생들에게 취할 줄만 아네.〔不解文字飮, 惟能醉紅裙.〕"라고 하였다.

204 호탕한……갈매기 :【攷證 卷1 沙鷗浩蕩】당나라 두보의 시 〈위 좌승 어른께 22운을 지어 드리다〔奉贈韋左丞丈二十二韻〕〉 시에 "백구가 드넓은 물결 위에 있으니, 만 리 밖에서 그 누가 길들일 수 있겠습니까.〔白鷗波浩蕩, 萬里誰能馴?〕"라고 하였다. 송나라 왕안석(王安石)의 〈배에다 쓰다(題舫子)〉 시에 "누런 송아지와 풀밭을 나누어 잠자고, 백구와 함께 모래사장을 점령해 앉았네.〔眠分黃犢草, 坐占白鷗沙.〕"라고 하였다.【校解】《고증》에서 왕안석의 시를 두보의 시라고 한 것은 오류이다.

KNP0028(詩-內卷1-39)

제군과 함께 압구정[205] 뒤 산등성이에 오르다 【임인년(1542, 중종37, 42세) 7~8월 추정. 서울】

與諸君同登狎鷗亭後岡

강가에 깎아지른 언덕 기세가 날 듯한데	斷阜瀕江勢欲騫
그대들과 올라보니 심신이 확 트이네	與君登眺暢形魂
성첩을 두른 뜬구름은 신악[206]과 가지런하고	浮雲遶堞齊神嶽
지는 해 하늘에 나직하여 해문[207]에 가깝구나	落日低空近海門
만세의 경영하는 일 남가일몽[208]과 같으니	萬世經營槐穴夢

205 압구정 : 【攷證 卷1 狎鷗亭】 한명회(韓明澮, 1415~1487)가 두모포(豆毛浦) 남쪽 언덕에 지은 정자이다. 그가 명(明)나라에 사신으로 갔을 때 한림학사였던 예겸(倪謙)에게 이름을 청하니, 예겸이 '압구'로 이름을 지어주고 기문을 써 주었으며 정자의 이름이 마침내 중국 조정에 알려졌다.

206 신악 : 【要存錄 卷1】 삼각산이다. 이는 서울의 진산(鎭山)이며, 제왕의 도읍을 신주(神州)라 부르기 때문에 삼각산을 '신악'이라 이른 것이다.

207 해문 : 【要存錄 卷1】 중국 절강성(浙江省)의 골짜기에 산이 있는데 남쪽에 있는 것을 '감(龕)'이라 하고, 북쪽에 있는 것을 '자(赭)'라고 한다. 두 산이 서로 마주보고 있어 그것을 '해문(海門)'이라고 한다. 여기서는 한강이 바다로 들어가는 입구를 가리킨다.

208 남가일몽 : 【攷證 卷1 槐穴夢】 순우분(淳于棼)이 홰나무 아래에서 술을 마시고 취해서 자는데, 꿈에 두 사자가 와서 "괴안국에서 당신을 초청했습니다." 하고는 오래된 홰나무를 가리켰다. 그 구멍 안으로 들어가니 '대괴안국'이라는 곳이었다. 왕이 그에게 "남가군(南柯郡)이 잘 다스려지지 않으니, 그대를 태수로 삼겠다."라고 하였다. 잠에서 깨어 홰나무 아래를 살펴보니 탑상(榻床) 하나가 들어갈 만한 구멍에 큰 개미가 있으니 그것이 곧 국왕이요, 그 한 구멍이 곧장 남쪽 가지로 오르게 되어 있으니 이곳이 곧 남가군(南柯郡)이었다. 《太平廣記 권475》

일시에 감개 일어 국화 앞에서 술잔을 든다 一時感慨菊花罇
백사장의 물새들 어찌 인간세상 일에 관계하랴 沙禽豈管人間事
드넓은 물속에서 풍류를 즐기며 아무런 말이 없구나 浩蕩風流無語言

KNP0029(詩-內卷1-40)

원주 빙허루에서 원주 교수 김질부[209]를 생각하며 누각의 시에 차운하여 그에게 남겨주다 【임인년(1542, 중종37, 42세) 8월 22일 추정. 원주】

原州憑虛樓 有懷州敎金質夫 次樓韻留贈

재상어사(災傷御史)로 갔을 때[210]

이곳에서 못 만나고 또 이렇게 가야 하니	此地乖逢又此行
하물며 이별과 만남 평소에 늘 있는 일임에랴	紛紛離合況平生
머리에는 이별한 지 오래라서 눈이 더하려 하고	頭因別久欲添雪
시름은 가을 깊어져 가기에 다시 성을 쌓는구나[211]	愁爲秋深更築城
새가 날아가듯 지나간 영웅호걸들 위대한 업적 많고[212]	鳥過豪英多偉蹟

209 김질부 : 【攷證 卷1 金質夫】 김사문(金士文, 1502~1549)으로, 본관은 선성(宣城), 자는 질부이다. 이때 원주 교수(原州敎授)로 있었다.

210 재상어사로 갔을 때 : 【攷證 卷1 災傷御史】 《퇴계선생연보》 권1에 "임인년 8월 재상어사에 차임되어 강원도에 갔다."라고 하였다.

211 시름은……쌓는구나 : 【攷證 卷1 愁爲秋深更築城】 남북조 시대 주(周)나라 유신(庾信)의 〈수성부(愁城賦)〉에 "근심의 성을 공격해도 끝내 깨지지 않고, 근심의 성을 소탕해도 끝내 흩어지질 않네.〔攻許愁城終不破, 蕩許愁城終不開.〕"라고 하였다.

212 새가……많고 : 【攷證 卷1 鳥過豪英多偉蹟】 송(宋)나라 소식(蘇軾)의 〈천선 장관에게 화답하여 부치다〔和寄天選長官〕〉 시에 "흐르는 세월 어찌 족히 믿을 수 있으랴, 백년의 세월도 지나가는 새와 같다네.〔流光安足恃, 百歲同過鳥.〕"라고 하였다. ○ 살펴보건대, 원주 흥법사(興法寺)에는 고려 태조(太祖)의 어제비(御製碑)가 있는데, 최광윤(崔光胤)에게 명하여 당 태종(唐太宗)의 글씨를 집구하여 모각하게 하였다. 이제현(李齊賢)은, 그 글은 마치 검은 홀을 들고 붉은 신발을 신고 조정에서 공손히 읍을 하고 있는 듯하며, 그 글자는 마치 난새와 봉황이 떠돌며 기운이 형상 밖의 것을 삼키는 듯하여

용이 서린 듯한 형세[213]는 웅장한 이름에 알맞구려　龍蟠形勢稱雄名
그대 그리며 앉아서 흉금을 나눴던 즐거움 헤아려보니
思君坐數同襟樂
다만 산 속에서 나란히 설경[214]할 뿐이었네　秖在山中耦舌耕

천하의 보물이라고 하였다. 또 법천사(法泉寺)의 탑(榻)에는 권람(權擥)·한명회(韓明澮)·서거정(徐居正)이 제영한 시가 있는데, '위대한 업적'이란 혹 이것들을 가리켜 말한 것인가.

213 용이……형세 : 【攷證 卷1 龍蟠形勢】 한(漢)나라 유흠(劉歆)의 《서경잡기(西京雜記)》 권6에 다음과 같은 기록이 있다. "노 공왕(魯恭王)이 문목(文木) 하나를 얻었는데, 그것을 베어서 기물을 만든 후 그것을 즐겨 감상했다. 중산왕(中山王)이 부(賦)를 짓기를 '이미 깎고 또 새기어 그 문장을 보니, 어떤 것은 용이 서리고 호랑이가 걸터앉은 듯하고〔或如龍蟠虎踞〕 또 난새가 모여들고 봉황이 나는 듯하기도 하네.'라고 하였다." 【校解】 《고증》에는 '龍蟠虎踞'가 '虎踞龍蟠'이라고 되어 있는데, 통행본 《서경잡기》에 의거하여 수정하였다.

214 설경 : 【攷證 卷1 舌耕】 진(晉)나라 왕가(王嘉)의 《습유기(拾遺記)》에 "가규(賈逵)는 그 문도들이 배우러 올 때에 천리를 멀다 하지 않았으며, 가져다 바친 곡식이 창고에 가득하였다. 혹자는 말하기를 가규는 힘으로 농사를 하는 것이 아니라고 하니, 이른바 혀농사〔所謂舌耕〕이다."라고 하였다.

KNP0030(詩-內卷1-41)

주천현 주천석.[215] 강진산[216]의 시에 차운하다[217] 【임인년(1542, 중종37, 42세) 8월 23일 추정. 주천】

酒泉縣酒泉石 姜晉山韻

신령스러운 술주자[218] 벼락에 갈라져 하늘로 올라갔으니 神槽雷劈已上天

지금까지 술 주로 그 샘을 이름하네 至今以酒名其泉

---

215 주천석 : 【攷證 卷1 酒泉石】 현의 남쪽 길가에 돌이 있는데, 모양이 반파된 돌주자 같다. 세상에 전해지기를, '돌주자가 옛날에는 서천(西川) 가에 있었는데 거기에 가서 마시는 자에게는 부족함이 없었다. 읍의 아전이 술을 마시려고 그곳까지 왕래하는 것을 꺼려서 현 안으로 옮겨 두고자 하였다. 그래서 여러 사람들이 그것을 함께 옮기는데, 갑자기 크게 우레가 쳐서 돌이 부서져 세 조각이 되었다. 하나는 못에 빠졌고, 하나는 그 소재를 알 수 없으며, 하나는 이 돌이다.'라고 한다.

216 강진산 : 【攷證 卷1 姜晉山】 강희맹(姜希孟, 1424~1483)으로, 자는 경순(景醇), 호는 운송(雲松)이다. 진산군(晉山君)에 봉해졌다. ○ 살펴보건대 '진산(晉山)'의 산은 마땅히 '천(川)'이 되어야 할 듯하다. 《별집》의 '삼가쌍명헌(三嘉雙明軒)'의 시를 이른바 '진산(晉山)의 시'라고 했는데, 《시산(詩刪)》에서 그것을 상고해 보니 이에 진천군(晉川君) 강혼(姜渾)의 작품이라 하였다. 이 또한 아마도 그런 듯하다.

217 주천현……차운하다 : 【攷證 卷1 酒泉縣云云】 주천은 원주(原州)의 속현(屬縣)이다. 일명 학성(鶴城) 이라고도 하는데, 주의 동쪽에 있다. 한(漢)나라 반고(班固)의 《한서》에 "주천군(酒泉郡)의 성 아래에 샘이 있는데, 맛이 술과 같다. 인하여 '주천'이라고 명명하였다."라고 하였다. 살펴보건대, 이 현의 이름도 혹 이와 같은 것이다. 【校解】 《고증》에는 출전이 〈한서〉로 되어 있는데, '주천군' 명칭의 유래는 《원화군현지(元和郡縣志)》 권40, 《감숙통지(甘肅通志)》 권6에 기재되어 있다.

218 신령스러운 술주자 : 【攷證 卷1 神槽】 살펴보건대, 조(槽)는 술을 눌러 짜내는 기구이다. 당(唐)나라 이하(李賀)의 〈장진주(將進酒)〉 시에 "유리 술잔에 호박빛 술 진한데, 작은 술주자에서 떨어지는 술 방울이 붉은 진주 같구나.〔瑠璃鍾, 琥珀濃, 小槽酒滴眞珠紅.〕"라고 하였다.

사람들 말하기를 이 지방 풍속 황당하고 괴이하며　人言土俗信荒怪
호사가들이 뒤를 이으니 참된 이야기 아니리라　繼之好事非眞傳
나는 의심하니 조물주는 본래 헤아리기 어려운 법　我疑造物本難測
그 처음에는 그럴 만한 이유 있었는지 어찌 알랴　厥初安知有由然
당시에는 신선주를 빚는 법이 세상의 방법과는 달라　當時仙釀非世法
술주자에서 날마다 쏟아진[219] 신령한 술이 땅에 넘쳤으리　糟牀日注靈波堧
만정봉 무지개다리[220]에 신선이 강림하니　幔亭虹橋降眞侶
바다는 술동이 산은 접시 되어 돈을 논할 것 없었네[221]　瀛尊嶽豆無論錢

219 술주자에서 날마다 쏟아진 :【攷證 卷1 糟牀日注】 당나라 두보(杜甫)의 〈강촌(羌村)〉 시 중 제2수에 "벼와 기장 거두어들인 것 알았으니, 술주자에서 술이 쏟아질 것을 벌써 알겠구나.〔賴知禾黍收, 已覺糟牀注.〕"라고 하였는데, 송(宋)나라 노은(魯訔)의 주석에 "조상(糟牀)은 술을 짜는 틀〔酒醡〕이다."라고 하였다. 《補註杜詩 卷3》

220 만정봉 무지개다리 :【攷證 卷1 幔亭虹橋】 '만정'은 봉우리 이름인데, 무이산 천주봉(天柱峯) 북쪽에 있다. 진시황(秦始皇) 2년 8월에 무이군(武夷君)이 술을 두고서 마을 사람들을 이곳에 모아놓고는 장막을 둘러친 정자〔幔亭〕, 채색한 집, 보석 휘장 등을 세우고 붉은 구름, 자줏빛 노을이 수놓인 깔개를 깔아놓았다. 이 때문에 그것으로 이름을 삼은 것이다. 또 《무이구지(武夷舊志)》에는 "진시황 2년에 위자건(魏子騫)이 13 선인(仙人)의 주인이 되어 봉우리 꼭대기에 승진관(昇眞觀)을 짓고 또 무지개다리를 설치하여 잔치하였다."라고 하였다.

221 바다는……없었네 :【攷證 卷1 瀛尊嶽豆無論錢】 당나라 한유(韓愈)의 〈황보식이 육혼산의 '불' 시의 운을 차운한 시에 화답하다〔和皇甫湜陸渾山火用其韻〕〉 시에 "깊고 넓은 큰 골짜기 자못 검은 동이 같은데, 다섯 산으로 제기 삼고 바다 넷을 술독으로 삼네.〔谽呀鉅壑頗黎盆, 豆登五山瀛四罇.〕"라고 하였는데, 송나라 손여청(孫汝聽)의 주석에 "오악(五嶽)을 제기로 삼고, 사해(四海)를 술동이로 삼는 것을 이른다. 등(登)은 제기이다."라고 하였다. 《五百家注昌黎文集 卷4》 당나라 두보의 〈협애(峽隘)〉 시에 "백어는 옥을 끊어 놓은 듯하고, 붉은 귤은 값을 논할 것 없네.〔白魚如切玉, 朱橘不論錢.〕"라

좋은 술[222] 물처럼 흘러 즐겁고도 기쁘니　　瓊漿如流樂且湛
옥황상제 앞 관부일랑 팽개친 지 오래였지[223]　　官府久廢玉皇前
천상에서 귀양 온 것[224] 생각 한 번 잘못한 탓이니　　上界有謫一念差
상제가 노하여서 육정에게 잡아오도록[225] 명을 내렸네　　赫然下命六丁遷

고 하였다. 【校解】《고증》에는 한유의 시 가운데 '豆登五山瀛四罇'이 '豆登五岳瀛四尊'으로 되어 있는데, 통행본 《오백가주창려문집》에 의거하여 수정하였다.

222 좋은 술 : 【攷證 卷1 瓊漿】《당시기사(唐詩紀事)》 권48에 실린 번씨(樊氏) 부인이 배항(裵航)에게 화답한 시에 "한 번 좋은 술 마시면 온갖 느낌 일어나고, 신선약초 다 두드리면 운영을 만나리라.〔一飮瓊漿百感生, 玄霜搗盡見雲英.〕"라고 하였다. 나머지는 아래 〈호당의 매화〔湖堂梅花〕〉 시 '옥저약(玉杵藥)'에 자세하다.

223 옥황상제……오래였지 : 【攷證 卷1 官府久廢玉皇前】 당나라 한유의 〈급사중 벼슬을 지낸 노운부 사형이 '곡강의 연꽃'이라는 시를 보내주신 것을 보고 받들어 화답하여 부쳐드리고……〔奉酬盧給事雲夫四兄曲江荷花行見寄……〕〉 시에 "상계 진인은 관부에 충원되어 있으니, 어찌 일 없는 신선이 난새 봉황을 채찍질하고 매질하여 종일토록 따르게 하는 것만 같겠는가.〔上界眞人足官府, 豈如散仙鞭笞鸞鳳終日相追陪?〕"라고 하였는데, 송나라 손여청(孫汝聽)의 주석에 "상계 진인은 오히려 관부의 일이 있어서, 지상의 일 없는 신선이 종일토록 즐김만 못하다는 것이다."라고 하였다. 《五百家注昌黎文集 卷7》 송나라 이방(李昉)의 《태평광기(太平廣記)》에 "동왕공(東王公)은 청양(靑陽)의 원기이며 만신(萬神) 중에서 가장 먼저 생겼다. 옥황(玉皇)이라 부른다."라고 하였다.

224 천상에서……것 : 【攷證 卷1 上界有謫】 당나라 두보의 〈이씨네 종형제 중 열두 번째인 백에게 20운을 부치다〔寄李十二白二十韻〕〉 시에 "옛날에 광객이 있어, 그대를 귀양 온 신선이라 불렀네.〔昔年有狂客, 號爾謫仙人.〕"라고 하였는데, 송나라 왕수(王洙)의 주석에 "하지장(賀知章)이 이백에게 '당신은 천상에서 귀양 온 신선이다.〔天上謫仙人〕'라고 하였다."고 했다. 《補註杜詩 卷20》 송나라 황정견(黃庭堅)의 〈과거 보러 가는 사람을 전송하다〔送人赴擧〕〉 시에 "만일 옛날의 황정견을 묻는다면, 인간 세상에 유배되어 이제 8년 되었다 하리.〔若問舊時黃庭堅, 謫在人間今八年.〕"라고 하였다. 【校解】《고증》에는 두보의 시 가운데 '號'가 '呼'로 되어 있는데, 통행본 《보주두시》에 의거하여 수정하였다. 또 《고증》에는 황정견의 시 가운데 '在'가 '下'로 되어 있는데, 통행본 《서청시화(西淸詩話)》에 의거하여 수정하였다.

구구한 것 도리어 용의 탐하는 바 되어서는[226] 區區反爲龍所貪
한 조각이 잘못하여 금모래 못에 떨어졌어라 一片誤落金沙淵
다시 이 한 조각 남긴 것 어찌 뜻이 없겠는가 復留一片豈無意
관도 곁에서 뭇 술꾼들을 하늘이 경계한 것일세 天戒衆飮官途邊
세상 사람들 신선의 자취인 것 깨닫지 못하고 世人不曉靈眞跡
목마르면 그저 군침[227]을 흘릴 줄만 아네 渴喉但覺流饞涎

---

225 육정에게 잡아오도록 : 【攷證 卷1 六丁遷】 도서(道書)에 "양(陽)은 육갑(六甲)을 관장하고 음(陰)은 육정(六丁)을 관장한다. 육정은 육갑 가운데 정(丁)에 해당하는 귀신이다."라고 하였다. 당나라 한유의 〈조장적(調張籍)〉 시에 "선관이 육정에게 명하여, 천둥 번개 몰고 가서 가져오게 하였네.〔仙官勅六丁, 雷電下取將.〕"라고 하였는데, 보주(補註)에 "상원(上元) 연간에 태주(台州)의 도사 왕원지(王遠知)가 《주역》에 능하여 사람의 사생(死生)과 화복(禍福)에 관해 잘 알았기 때문에 《역총(易總)》 15권을 지었다. 하루는 뇌우와 운무 속에서 한 노인이 나타나 질타하며 '천기를 누설한 책이 어디에 있느냐? 상제께서 내게 명하여 육정을 거느리고 천둥과 번개를 몰고 가서 가져 오라고 하셨다.〔上帝命吾攝六丁雷霧追取〕'라고 하였다. 원지가 두려워서 땅에 쓰러졌는데, 그 곁에는 푸른 옷을 입은 여섯 사람이 이미 그 책을 들고 서 있었다."라고 하였다. 《五百家注昌黎文集 卷5》 【校解】 《고증》에는 한유의 시 가운데 '電'이 '雨'로 되어 있는데, 통행본 《오백가주창려문집》에 의거하여 수정하였다.

226 도리어……되어서는 : 【攷證 卷1 反爲龍所貪】 한나라 광무제(光武帝) 건무(建武) 연간에 장사(長沙)의 구회(區回)라는 사람이 대낮에 문득 한 사람을 보게 되었다. 그는 스스로 삼려대부(三閭大夫 굴원(屈原))라고 하면서 "그대가 일찍이 나에게 제사 지내준 것을 들었으니 매우 좋은 일이다. 그러나 그대가 보내준 것은 모두 교룡이 훔쳐갔다.〔幷爲蛟龍所竊〕"라고 하였다. 《太平御覽 卷851》 송나라 소식(蘇軾)의 《봉상팔관【병서】(鳳翔八觀【幷序】)》 8수 중 제5수 〈동호(東湖)〉 시에 "동쪽으로 흘러가 겹겹의 언덕에 부딪치다가, 모두 호수의 탐하는 바 되었네.〔東去觸重阜, 盡爲湖所貪〕"라고 하였다. 【校解】 《고증》에는 '盡'이 '反'으로 되어 있는데, 《동파전집(東坡全集)》에 의거하여 수정하였다.

227 군침 : 【攷證 卷1 饞涎】 당나라 맹교(孟郊)의 〈투시(偸詩)〉 시에 "굶주린 개는 마른 뼈다귀 물고서, 배고파 나오는 침을 스스로 먹는다네.〔餓犬齰枯骨, 自喫饞飢涎.〕"라고 하였다.

아전 한 사람 탓에 신이 노했다고들 하면서	謂神之怒坐一吏
부질없이 떠들고 과장하는 것 지금 몇 년째인가	謾說相誇今幾年
기이한 일 징험하고 따질 사람 그 누구인가	徵奇詰異竟誰是
나는 저 고래 탄 신선[228]에게 가서 묻고 싶구나	我欲就問騎鯨仙

228 고래 탄 신선 :【攷證 卷1 騎鯨仙】송나라 마존(馬存)의 〈연사정(燕思亭)〉 시에 "이백이 고래를 타고 하늘로 날아 올라가니, 강남 풍월에 한가롭게 지낸 지 오래구나.〔李白騎鯨飛上天, 江南風月閒多年.〕"라고 하였다.

KNP0031(詩-內卷1-42)

금강정[229] 【임인년(1542, 중종37, 42세) 8월 24일 추정. 영월(寧越)】

錦江亭

산을 가를 듯한 두견새 울음 어찌 다하는 해 있으랴[230]

鵑啼山裂豈窮年

229 금강정 : 【攷證 卷1 錦江亭】 영월(寧越) 금장강(錦障江)의 언덕 절벽 위에 있다. 명(明)나라 선종(宣宗) 선덕(宣德) 무신년(1428, 세종10) 군수 김준항(金浚恒)이 세운 것이다. 【校解】《신증동국여지승람(新增東國輿地勝覽)》 '영월군' 조에는 정자를 세운 이가 '김준항'이 아닌 '김복항(金復恒)'으로 되어 있고, 〈영월제영(寧越題詠)〉이라는 기록에는 군수 이자삼(李子三)이 금강의 아름다운 경치에 반하여 사재를 들여 정자를 짓고 금강정이라 명명한 것으로 되어 있다.

230 두견새……있으랴 : 【攷證 卷1 鵑啼山裂豈窮年】 당(唐)나라 두보(杜甫)의 〈현도단노래 원 일인에게 부치다〔玄都壇歌寄元逸人〕〉 시에 "자규가 밤에 우니 산 대나무 갈라지고, 왕모가 낮에 내려오니 구름 깃발이 펄럭이네.〔子規夜啼山竹裂, 王母晝下雲旗翻.〕"라고 하였는데, 송(宋)나라 소상(蘇庠)의 주석은 다음과 같다. "두의(竇誼)가 촉에 살 때 달밤에 자규새가 정원 대나무에서 울었다. 두의가 '마땅히 산 대나무가 갈라졌으리니〔當山竹裂〕, 내가 돌아갈 수 있겠다.'라고 하였다."《補註杜詩 卷1》 ○ 단종대왕(端宗大王)이 영월에 있을 때 관풍루(觀風樓)·매죽루(梅竹樓)에 올라 두견새 소리를 듣고 다음과 같이 시를 읊었다. "두견새 울고 산 달이 뜨니, 그리운 생각에 누각 머리에 기대네. 네가 우는 것 괴로우니 나도 듣는 것이 괴로워, 네가 울지 않는다면 내 시름도 없을 텐데. 이 세상 수고하고 괴로워하는 사람들에게 말하노니, 두견새 울고 산 달 비치는 춘삼월의 누각에는 오르지 마시길.〔蜀魄啼山月浮, 相思憶倚樓頭. 爾啼苦我聞苦, 無爾啼無我愁. 寄語世上勞苦人, 愼莫登春三月子規啼山月樓.〕" 또 다음과 같이 시를 읊었다. "한번 원통한 새 되어 궁궐을 나온 후로는, 외로운 몸 홀로된 그림자 푸른 산 속에 있네. 밤마다 잠을 청해도 잠은 오지 않고, 해마다 곤궁한 한은 그 한스러움 끝나지 않누나. 소리 끊어진 새벽 봉우리엔 남아 있는 달이 창백하고, 핏빛 흐르는 봄 계곡에는 떨어진 꽃잎 붉어라. 하늘은 귀가 먹어 오히려 슬픈 하소연 듣지 못하는데, 어찌하여 시름겨운 이 사람은 귀가 유독 밝은 건가.〔一自冤禽出帝宮, 孤身隻影碧山中. 假眠夜夜眠無假, 窮恨年年恨不窮. 聲斷曉岑殘月白, 血流春谷落花紅. 天聾尙未聞哀訴, 胡乃愁人耳獨聰?〕"

촉 땅에도 물 이름 같은 것[231] 우연이 아니로세 蜀水名同非偶然
명멸하는 새벽 처마는 바다 해를 맞이하고 明滅曉簷迎海旭
쓸쓸한 저녁 기와는 가을 연기 깨끗이 쓸어놓았네 飄蕭晩瓦掃秋烟
푸른 못에 단풍 비치니 고기가 비단에서 헤엄치는 듯 碧潭楓動魚游錦
푸른 절벽에 구름 이니 학이 담요 위를 밟는 듯하구나[232] 靑壁雲生鶴踏氈
다시금 도인과 약속하여 철적을 가져와[233] 更約道人攜鐵笛
이곳에서 불어 잠자는 늙은 용을 깨워보리라[234] 爲來吹破老龍眠

---

231 촉……것 : 【攷證 卷1 蜀水名同】 촉 땅에도 금수(錦水)가 있다.

232 학이……듯하구나 : 【攷證 卷1 鶴踏氈】 송나라 소식(蘇軾)의 〈신년(新年)〉 시 중 제1수에 "작은 저자거리에 사람들 모두 돌아갔고, 외로운 배는 학이 밟아 뒤집히네.〔小市人歸盡, 孤舟鶴踏飜.〕"라고 하였다. 《강록(江錄)》에 "전(氈)은 구름을 가리켜 말한 것이다."라고 하였다. ○ 살펴보건대, 전(氈)은 털이다. 당나라 두보의 〈절구만흥(絶句漫興)〉 시 중 제7수에 "오솔길에 떨어진 버들개지는 하얀 담요 편 듯하고, 시내에 돋아난 연잎은 푸른 돈을 포갠 듯하네.〔糝徑楊花鋪白氈, 點谿荷葉疊靑錢.〕"라고 하였다.

233 도인과……가져와 : 【攷證 卷1 道人携鐵笛】 송나라 주자(朱子 주희(朱熹))의 〈무이정사잡영(武夷精舍雜詠)〉 12수 중 제9수 〈철적정(鐵笛亭)〉 시에 "누가 철적을 크게 부는가, 뿜어져 나오는 소리에 양 언덕이 열리네. 천 년 동안 그 여운 남아 있으니, 아직도 생학이 올 듯하네.〔何人轟鐵笛, 噴薄兩崖開. 千載留餘響, 猶疑笙鶴來.〕"라고 하였다. 이 시에 대한 주자의 원주에 "은자인 유겸도(劉兼道)가 무이산 탈수정(奪秀亭)에서 노닐면서 철적을 잘 불었는데, 구름을 뚫고 바위를 찢을 듯한 소리가 있었다. 정자는 지금 없어진 지 오래이다. 하루는 도사 몇 사람과 그 옛 터를 찾았는데 때마침 피리 소리가 숲 밖으로 울려 퍼졌다. 인하여 다시 정자를 짓고, '철적정'이라고 명명하였다."라고 하였다.

234 불어……깨워보리라 : 【攷證 卷1 吹破老龍眠】 송나라 소식의 〈경산에서 노닐다〔遊徑山〕〉 시에 "날 듯한 누각 솟아오른 전각은 산을 눌러 깨뜨릴 듯하고, 아침 종소리 저녁의 북소리 잠자는 용을 놀라게 하네.〔飛樓涌殿壓山破, 朝鍾暮鼓驚龍眠.〕"라고 하였다. 명(明)나라 왕양명(王陽明)의 〈금산사에서 노닐다〔遊金山寺〕〉 시에 "묘고대 위의 달빛에 취해 기대섰노라니, 어디선가 들리는 옥피리 소리 잠든 용을 깨울 듯하네.〔醉倚妙高臺上月, 玉簫吹徹洞龍眠.〕"라고 하였다.

KNP0032(詩-內卷1-43)

홍천 삼마현[235]에서 경명[236] 형의 〈죽령도중〉 시 운자를 사용하여 짓다 병서 【임인년(1542, 중종37, 42세) 8월 28일 추정. 홍천】

洪川三馬峴 用景明兄竹嶺途中韻 幷序

예전에 가형을 따라 서울에서 고향으로 돌아오는데, 죽령[237]에 이르니 때마침 가을 경치가 무르익었다. 형님이 말 위에서 절구 한 수를 읊으셨는데 "단풍 숲 푸른 절벽 채색 병풍 펼쳐 놓은 듯, 그 가운데 푸른 시내가 석대를 안고 흐르네. 바삐 가는 길 가까이에 잘못 있어 불행함을 아노니, 푸른 이끼 밟고 놀 겨를이 전혀 없구나.〔楓林翠壁彩屛開, 中有淸溪抱石臺. 誤近忙途知不幸, 了無遊跡到蒼苔.〕"라고 하였다. 나는 지금 붉은 단풍과 푸른 시냇물을 만나면 그때마다 이 시를 외우니, 애오라지 이에 화답하여 회포를 달랜다. 형님은 지금 승정원에 계시다.

시냇물과 단풍 숲이 서로 어우러져 펼쳐지니　　澗水楓林相映開
채색 병풍이라 했던 아름다운 구절에 은대[238]를 기억하네　　彩屛麗句憶銀臺

---

235 홍천 삼마현 : 【攷證 卷1 洪川三馬峴】 홍천은 강원도 영서에 속하며, 또 다른 군명은 화산(花山)이다. ○ 삼마현은 횡성(橫城)에 있는데 삼마치(三馬峙)라고도 한다.

236 경명 : 【譯注】 이해(李瀣, 1496~1550)로, 본관은 진보(眞寶), 자는 경명(景明), 호는 온계(溫溪), 시호는 정민(貞愍)이다.

237 죽령 : 【攷證 卷1 竹嶺】 풍기군(豐基郡) 서쪽 20리 지점에 있다. 《삼국사기》에 의하면, 신라 아달라왕(阿達羅王) 5년에 죽죽(竹竹)을 시켜 이 재에 길을 냈기 때문에 '죽령'이라고 명명하였다.

내가 지금 그야말로 바쁜 길 가는 나그네 되었으니 我今正作忙途客
아름다운 곳에서 어떻게 돌이끼를 밟아보랴 佳處何緣步石苔

238 은대 : 【攷證 卷1 銀臺】 송(宋)나라 송수(宋綬)의 《송회요(宋會要)》에 "은대는 천하의 주문(奏文)과 장계(狀啓)를 거두는 일을 맡아서 관장한다."라고 하였다. ○ 살펴보건대, 우리나라에서는 승정원을 은대라고 이른다.

KNP0033(詩-內卷1-44)

청평산[239]을 지나다가 감회가 있어서 병서 【임인년(1542, 중종37, 42세) 8월 30일 추정. 춘천(春川)】

過淸平山 有感 幷序

춘천[240]의 청평산은 곧 옛날의 경운산(慶雲山)이다. 앞서 고려 시대에 이자현(李資玄)[241]이 벼슬을 버리고 돌아와서 이 산에 은거하였다. 이 산에 보현원(普賢院)이 있었는데, 이자현이 그곳에 가서 거처하면서 문수사(文殊寺)라고 불렀다. 경운산을 청평산으로 고쳐 부르게 된 것도 이자현으로 말미암아 그렇게 된 것이다. 이자현은 벌열(閥閱)[242]의 집안에서 생장하여 풍류와 문아(文雅)가 당시에 으뜸이

239 청평산 : 【攷證 卷1 淸平山】 춘천부(春川府) 동쪽 40리 지점에 있다.

240 춘천 : 【攷證 卷1 春川】 강원도 영서에 속한다. 또 다른 군명으로는 삭주(朔州)·춘주(春州)·안양(安陽)·수춘(壽春)·봉산(鳳山) 등이 있다.

241 이자현 : 【攷證 卷1 李資玄】 1061~1125. 본관은 인주(仁州), 자는 진정(眞精), 호는 희이자(希夷子)이다. 용모가 훤칠하였으며 성품은 염담(恬淡)하고 총민(聰敏)하였다. 과거에 급제하여 대악서승(大樂署丞)이 되었으나 관직을 버리고 청평산으로 들어가 나물밥을 먹고 베옷을 입고 생활하면서 소요(逍遙)하며 스스로 즐겼다. 예종(睿宗)이 여러 번 조서를 내려 그를 불렀으나 자현은 표(表)를 올려 사양하였다. 왕은 그를 불러들일 수 없음을 알고 특별히 남경(南京)에 행차하여 그 아우인 자덕(資德)을 보내어 행재소에 오도록 타일렀다. 자현이 오자 왕은 "도덕이 높은 노인의 그 풍모를 사모한 지 오래되었소."라고 하며, 전각 위로 올라와 절할 것을 명하였다. 삼각산 청량사(淸涼寺)에 머물기를 명하고는 다시 만났을 때 양성(養性)의 요체를 물었다. 자현은 "욕심을 적게 하는 것보다 더 좋은 것은 없습니다."라고 대답하고, 마침내 《심요(心要)》 한 편을 지어서 바쳤다. 얼마 안 있어 산으로 돌아갈 것을 굳이 청하였다. 그러자 도구와 의복을 하사하여 그 떠나는 길을 돌봐주었다. 인종(仁宗) 3년(1125)에 졸하였다.

242 벌열 : 【攷證 卷1 閥閱】 한(漢)나라 사마천(司馬遷)의 《사기》 〈고조공신후연표제

었으며, 또한 일찍이 벼슬길에 나아가[243] 현요직(顯要職)에 올랐다. 그가 부귀를 구하고 높은 벼슬을 취하는 것은 땅에 떨어진 지푸라기를 줍는 것보다 더 쉬운 일이었다.[244] 그런데도 능히 영화를 사양하고 지위를 피하여 고상하게 속세를 멀리 떠나니, 매미가 탁하고 더러운 가운데서 허물을 벗고[245] 기러기가 만물의 위에서 아득히 나는 것과 같았다.[246] 그가 이 산에 머문 것은 대개 37년이나 되는 오랜 세월에

육(高祖功臣侯年表第六)〉에 "그 등급을 밝힌 것을 벌이라 하였으며, 공로가 날로 쌓인 것을 열이라 하였다.〔明其等曰伐, 積日曰閱.〕"라고 하였다. ○ 살펴보건대, 자현은 중서령(中書令)을 지낸 자연(子淵)의 손자요, 태위(太尉) 자겸(資謙)의 아우였으며, 예종비(睿宗妃)인 순덕왕후(順德王后)의 숙부였다. 【校解】《고증》에 "明其等曰伐, 積日曰閱."이 "名其等曰閥, 積功曰閱."로 되어 있는데, 통행본 《사기》에 의거하여 수정하였다.

243 벼슬길에 나아가 : 【攷證 卷1 筮仕】《춘추좌씨전》 민공(閔公) 원년조에 "처음에 필만이 진나라에 벼슬을 하러 감에, 점을 쳐보니 둔괘에서 비괘로 가는 괘가 나왔다.〔初, 畢萬筮仕于晉, 遇屯之比.〕"라고 하였는데, 그 주석에 "처음 벼슬하는 것을 서사라고 한다.〔初仕曰筮仕〕"라고 하였다.

244 높은……일이었다 : 【攷證 卷1 取青紫如拾芥】 한나라 관제에 인끈의 경우, 구경(九卿)은 청색, 공후(公侯)는 자색이었다. 한(漢)나라 반고(班固)의 《한서》 〈하후승전(夏侯勝傳)〉에 "선비들의 병은 경학을 밝히지 않는 것이다. 경학을 진실로 밝힐 수만 있다면 청색과 자색의 인끈을 차는 것은 몸을 구부려 땅에 있는 지푸라기를 줍는 것과 같을 뿐이다.〔其取青紫如俛拾地芥耳〕"라고 하였다.

245 매미가……벗고 : 【攷證 卷1 蟬蛻於濁穢】 한나라 유안(劉安)의 《회남자》 〈설림훈(說林訓)〉에 "매미는 마시기만 하고 먹지는 않지만, 30일 만에 허물을 벗는다.〔蟬飮而不食, 三十日而蛻.〕"라고 하였다. 한나라 사마천(司馬遷)의 《사기》 〈굴원가생열전(屈原賈生列傳)〉에는 "스스로 소원해져서 더러운 진흙 구덩이 속에서 더러운 것을 씻고, 탁하고 더러운 것에서 매미가 허물을 벗듯 벗어나〔蟬蛻於濁穢〕, 속세의 밖에서 떠돌며 노닐었다."라고 하였다. 또 《구당서》 〈은일열전(隱逸列傳) 유도합(劉道合)〉에 "도사 유도합이 돌아와 죽었는데 오직 빈 껍질만 있었고, 등 위는 갈라져서 마치 매미가 허물을 벗은 것처럼 되어 있었다.〔有似蟬蛻〕"라고 하였다.

246 기러기가……같았다 : 【攷證 卷1 鴻冥】 한나라 양웅(揚雄)의 《법언(法言)》 〈문명

이르렀는데, 비록 조정에서 겸손한 말과 후한 예로 불렀어도 그 절개를 굽히기에는 부족했고 천사(千駟)의 말과 만종(萬鍾)의 녹도 그 마음을 움직이기에는 부족했으니, 가슴 속에 혼자 즐기는 무언가가 있지 않았다면 어찌 이 같은 일이 가능했겠는가. 나는《동국통감(東國通鑑)》[247]을 읽으면서 일찍이 사관들이 이자현을 논한 말을 괴이하게 여겼었다. 그들은 그를 몹시 폄하하고 깎아내렸으며 심지어는 탐욕스럽고 야비하며 인색하다고까지 하였으니, 아! 어찌 그리도 심하였단 말인가. 예로부터 고상한 사람이나 숨어사는 선비로 이자현에 비길 만한 자가 어찌 적었겠는가? 그러나 그들은 대부분 먼 시골 초야나 초택에서 나왔기 때문에 그들이 나무·돌과 함께 살고 사슴·멧돼지와 함께 놀면서 말린 밥을 먹고 푸성귀를 씹는 것이 본래부터 오랜 습관이 된 것이어서 그 마음이 편하였으니, 그들이 한 번 속세를 떠나가서 아주 돌아오지 않는 것도 진실로 어려운 일은 아니었을 것이다. 그러나 명성과 이익의 터전에서 신을 벗어 던지듯이[248] 하고 화려한 생활에서 몸을 빼내어 원망도 없이 후회도 없이 시종을 변하지 않는

(問明)〉에 "치세에는 드러낼 것이요, 난세에는 숨을 것이다. 큰 기러기가 아득히 하늘 높이 난다면〔鴻飛冥冥〕 주살을 가진 자가 어떻게 그것을 잡겠는가?"라고 하였다.

247 동국통감 :【攷證 卷1 東國通鑑】중종 16년(1458) 달성군(達城君) 서거정(徐居正)에게 명하여 광원군(廣原君) 이극돈(李克墩) 등이 편찬하여 바쳤다. 이극돈이 서문을 썼다.

248 신을 벗어 던지듯이 :【攷證 卷1 脫屣】한나라 사마천(司馬遷)의《사기》〈위세가(魏世家)〉에 "부귀에 대해 신을 벗어 던지듯이 하였다.〔富貴如脫屣〕"라고 하였다.【校解】《사기》에서는 "富貴如脫屣"라는 구절이 확인되지 않고, 송(宋)나라 왕응린(王應麟)의《통감답문(通鑑答問)》권2〈진소양왕(秦昭襄王) 범저채택(范雎蔡澤)〉에 "棄富貴如脫屣"라는 내용이 보인다.

것이 자현 같은 이에 이르러서는 대개 절대 없는 가운데서 겨우 보는 존재라 하겠으니 이 역시 높일 만하지 않겠는가? 어떤 이는 말하기를 "자현이 떠나간 것은 그 자취가 고상하다는 이름을 얻기 위해서였다." 하는데, 이 때문에 그를 폄하할 만하다고 여긴다면 나는 또 그 말을 이해할 수 없다. 대저 침류수석(枕流漱石)[249]하다가 암혈(巖穴)에서 말라죽은 그 이름과 청색·자색의 관복을 걸치고 살다가[250] 이정(彝鼎)에 이름이 새겨지고[251] 현가(絃歌)로 만들어져 찬미되는 그 이름을 비교한다면 어느 것이 낫다 하겠는가? 세속의 소견으로 말하면 이 두 가지를 똑같이 명성이 알려지는 것이라 하겠지만, 은둔의 괴로움과 부귀의 즐거움은 너무도 거리가 먼 것이다. 이자현은 부귀에 대해서는 아주 결연히 그것을 떠나와서 마치 자기 몸을 더럽힐 것같이 여겼고, 은둔에 있어서는 거침없이 나아가서 이로써 한 생애를 마치면서도 돌아보지 않았다. 이와 같은데도 "이름을 위하여 그렇게

249 침류수석 : 【攷證 卷1 枕流漱石】 진(晉)나라 손초(孫楚)가 왕제(王濟)에게 "마땅히 돌을 베개 삼고 시냇물로 양치질해야 한다.〔枕石漱流〕"라고 해야 하는데, "돌로 양치질하고 시냇물을 베개 삼는다.〔漱石枕流〕"라고 잘못 말하였다. 왕제가 "시냇물은 벨 수 있는 것이 아니고, 돌은 양치질할 수 있는 것이 아닐세."라고 하자, 손초는 "침류는 그 귀를 씻고 싶다는 말이고, 수석은 그 이빨을 숫돌에 간다는 뜻일세."라고 하였다.

250 청색·자색의……살다가 : 【攷證 卷1 紆青拖紫】 한나라 양웅의 〈해조(解嘲)〉에 "파란색 도장끈을 두르고 자줏빛 도장끈을 차며〔紆青拖紫〕, 붉은 색으로 수레바퀴를 칠하였다."라고 하였다. 살펴보건대, '우(紆)'는 두르는〔縈〕 것이고, '타(拖)'는 끄는〔曳〕 것이다.

251 이정에 이름이 새겨지고 : 【攷證 卷1 銘彝鼎】 살펴보건대, '이(彝)'는 술동이〔酒尊〕이다. 《예기》 〈제통(祭統)〉에 "정(鼎)에는 명(銘)이 있는데 선조의 덕선(德善)과 공렬(功烈)을 논하여 기리며, 제기에 술을 따라서 그 선조를 제사지내는 것이다."라고 하였다. 당(唐)나라 공영달(孔穎達)의 소(疏)에 "이(彝)에도 역시 명(銘)이 있는데 유독 정(鼎)만을 말한 것은 중한 것을 들어 그것을 포함시킨 것이다."라고 하였다.

한 것이다."라고 칭한다면 이 어찌 인정에 가까운 논의라 하겠는가? 탐욕스럽고 야비하며 인색하다는 것도 어찌 정당한 논의라 하겠는가? 나는 이 때문에 그가 가슴 속에 반드시 스스로 즐기는 것이 있었고 세속에서 말한 것과는 다르다는 것을 아니, 또한 내가 자현을 사모하는 까닭인 것이다. 사관들은 이자현이 전장(田莊)을 두어 한 지방의 농부들을 괴롭혔다고 말하였는데, 대저 은거하는 자들이라 해서 어찌 모두 위로는 마른 흙만을 먹고 아래로는 구정물만 마시는 저 지렁이와 같을 수 있겠는가? 약을 팔거나 점쟁이 노릇 같은 것[252]을 하지 않으려면, 밭을 갈아 그 노력으로 먹고 살아야 하는 것이다. 그렇다면 이자현이 밭을 소유하여 그 노력으로 먹고 산 것이 또 뭐가 그리 흠이 된단 말인가. 그런데도 꼭 이것을 가지고 비방해야겠는가? 이것은 아마도 당시에 사대부로서 영화를 탐하고 이익을 좋아하여 세상길에서 허덕이던 자들이, 스스로 볼 때 이자현은 자기들과의 거리가 황곡과 흙 속에 기어 다니는 벌레의 거리[253]일 뿐만이 아니었으

252 약을……것 : 【攷證 卷1 賣藥賣卜】 송나라 진여의(陳與義)의 〈밤에 지어 벗에게 부치다〔夜賦寄友〕〉 시에 "한강백처럼 약초를 캐어 팔았고, 관유안처럼 경전 담론 잘했지.〔賣藥韓康伯, 談經管幼安.〕"라고 했는데 그 주석에 "후한의 한강(韓康)은 자가 백휴(伯休)이다. 명산에서 약초를 캐다가 장안의 저자에 내다 팔았는데, 한 입으로 두 값을 말하지 않았다."라고 하였다. ○ 한나라의 엄군평(嚴君平)은 이름이 준(遵)이었다. 성도에서 점을 쳐주며 먹고 살았는데〔賣卜成都〕 하루에 백 전만 벌면 가게의 문을 닫고 주렴을 내렸다.

253 황곡과……거리 : 【攷證 卷1 黃鵠之與壤蟲】 노오(盧敖)가 북해에서 노닐다가 몽곡산(蒙穀山)의 꼭대기에 이르렀다. 그곳에서 한 선비를 보았는데, 거북 껍데기를 말아서 조개를 먹고 있었다. 노오가 "선생은 나와 더불어 친구가 될 수 있겠소."라고 하자 그 선비가 탄식하며 말하였다. "나는 남쪽으로는 망랑(罔罠)의 들판에서 노닐고, 북쪽으로는 침묵(沈默)의 마을에서 쉬며, 서쪽으로는 명명(冥冥)의 마을 끝까지 이르고, 동쪽으

므로, 그 마음에 또한 불평하는 바가 있었을 것이다. 그래서 가만히 그가 하는 일을 엿보다가, 그것을 집어내어 "은자는 세상에서 구하는 것이 없어야 하는데, 또한 전장을 두어 농사를 짓는단 말인가?"라고 하며 서로 근거 없는[254] 비방을 만들어낸 자도 반드시 없지 않을 것이니, 이른바 "농민을 괴롭혔다"는 말도 이 무리들의 무고(誣告)가 아닌 줄을 어찌 알겠는가? 옛날 충명일(种明逸)도 만년에 이르러[255] 역시 전장을 두었다는 비방이 있었다. 그러나 옛일을 논하는 선비들은 "성대한 이름에 부합하기 어렵다"고 말하는 데 지나지 않았거나, 또는 "청의(淸議)가 애석히 여겼다"고 하였을 뿐이니, 지금의 사관들처럼 각박하게 심히 해치는 의론이 어디에 있었던가? 전조의 사관은 빠뜨리지 않고 모조리 그것을 전하였고, 후대의 사관들은 경솔하게 믿고

로는 홍몽(鴻濛)의 빛을 꿰뚫는다오. 그리고 한만(汗漫)과 더불어 구해(九垓)의 위에서 노닌다오." 그리고는 팔을 들고 몸을 솟구쳐 구름 속으로 들어갔다. 노오가 우러러보며 "내 선생에 비하면 황곡과 땅에 기어 다니는 벌레와 같구려.〔猶黃鵠之與壤蟲〕"라고 하였다.《淮南子 道應訓》【校解】《고증》에는 '盧敖'가 '盧遨'로 되어 있는데, 통행본《회남자》에 의거하여 수정하였다.

254 근거 없는 :【攷證 卷1 不根】한(漢)나라 반고(班固)의《한서》〈엄조전(嚴助傳)〉에 "사마상여(司馬相如)는 항상 병을 핑계대고 일을 피하였다. 동방삭(東方朔)과 매고(枚皐)는 근거가 없는 의론을 지니고 있어〔朔皐不根持論〕 임금은 자못 광대로 그들을 키웠다."라고 하였다.【校解】《고증》에는 "朔皐不根持論"이 "相如不根持論"으로 되어 있는데, 통행본《한서》에 의거하여 수정하였다.

255 충명일도 만년에 이르러 :【攷證 卷1 种明逸晩節】살펴보건대, 명일의 이름은 방(放)이며, 낙양 사람이다. 종남산(終南山)에서 은거하며 강습을 업으로 삼았다. 송 태종(宋太宗)이 그를 불러 좌사간(左司諫)을 제수하였는데, 얼마 안 있어 산으로 돌아가기를 청하였다. 죽어서는 공부상서(工部尙書)에 추증되었다. ○ 원(元)나라 탈탈(脫脫) 등의《송사(宋史)》〈충방전(种放傳)〉에 "명일은 만년에〔明逸晩節〕 사치스럽게 장식하는 것이 과도하였으며, 경영한 재산이 풍호(豐鎬)에 가득하였다. 문인과 친척들 또한 그의 세력을 믿고 방자하게 굴었다."라고 하였다.

서 함부로 그것을 논했으니, 사람들이 비난하기를 좋아하고 남의 아름다움을 이루어 주기를 즐겨하지 않음이 이와 같단 말인가! 내가 이자현이 조정의 부름에 나아가기를 사양한 글을 보니, 그 글에 "새를 기르는 방법으로 새를 기르면 거의 종고(鐘鼓)의 근심을 면할 것이요,[256] 물고기를 보고서 물고기를 알아야 강해(江海)의 즐거움을 이루게 해 줄 수 있습니다.[257]"라는 글귀가 있었다. 아! 그 사람의 흉금이야말로 세속의 시끄럽게 떠드는 자들이 어찌 그 만 분의 일이나마 엿볼 수 있었겠는가? 내가 재상어사(災傷御史)의 사명을 받들고 올 적에 청평산 밑을 지나다가 역리에게 물어서 이 산 속에 청평사란 절이 있다는 것을 알았으니, 아마도 곧 옛날의 이른바 보현원일 것이라 생각했다. 그러나 빡빡한 일정[258]에 쫓겨 미처 산문을 두들기어 깊숙이 묻힌 자취를 찾지 못하고, 애오라지 이 글을 써서 일찍이 역사

256 새를……것이요 : 【攷證 卷1 以鳥…之憂】《장자》〈지락(至樂)〉에 "바다 새인 원거(鶢鶋)가 노(魯)나라 교외에 와서 머물렀는데, 노나라 임금이 모셔다가 종묘에서 술을 대접하고 대소(大韶)의 음악을 연주해 주고 태뢰(太牢)를 갖추어 올려드렸다. 새는 그만 눈이 아찔해지고 매우 슬퍼하여 3일 만에 죽어버렸다. 이는 자기가 보양하는 방법으로 새를 기른 것이요, 새를 보양하는 방법으로 새를 기른 것이 아니다.〔此以己養養鳥也, 非以鳥養養鳥也.〕"라고 하였다.

257 물고기를……있습니다 : 【攷證 卷1 觀魚…之樂】 장자와 혜자(惠子)가 호수(濠水)의 다리 위를 걷고 있었다. 장자가 말하였다. "피라미가 나와서 유유히 헤엄치고 있으니, 이는 물고기의 즐거움이다.〔鯈魚出遊從容, 是魚樂也.〕" 그러자 혜자가 "그대는 물고기가 아닌데 어찌 물고기의 즐거움을 아는가?"라고 하니, 장자가 "그대는 내가 아닌데 어찌 내가 물고기의 즐거움을 모를 것을 아는가?"라고 하였다. 《莊子 秋水》

258 빡빡한 일정 : 【攷證 卷1 嚴程】 당(唐)나라 두보(杜甫)의 〈시어사인 장손구가 무위판관으로 부임하는 것을 전송하다〔送長孫九侍御赴武威判官〕〉 시에 "천자께서 양주를 근심하시니, 빡빡한 일정에 일찍 도착해야 하리.〔天子憂凉州, 嚴程到須早.〕"라고 하였는데, 주석에 "엄(嚴)은 급한〔急〕 것이다."라고 하였다.

서를 읽다가 가슴 속에 있었던 느낌을 위와 같이 드러내고 아울러 시로써 잇는 바이다.

산골짜기 좁고 강물은 휘감아 돌며[259] 잔도는 기울었는데 峽束江盤棧道傾
구름 밖으로 나온 맑은 시내를 홀연히 만났네 忽逢雲外出溪清
지금까지도 사람들은 여산사[260]를 말하지만 至今人說廬山社
이곳에서 그대는 곡구에서처럼 밭을 갈았지[261] 是處君爲谷口耕
허공에 가득한 흰 달은 평소의 포부 남겨 놓은 듯 白月滿空餘素抱
자취 없는 맑은 산안개인 양 덧없는 영화를 버렸어라 晴嵐無跡遺浮榮

259 산골짜기……돌며 : 【攷證 卷1 峽束江盤】 송나라 이복(李復)의 〈용문기(龍門記)〉에 "큰 강이 산골짜기에 서려서 묶여 있다.〔大河盤束於山峽〕"라고 하였다. 당나라 한유(韓愈)의 〈정녀협(貞女峽)〉 시에 "강은 서리고 골짜기는 좁아 봄 물결 세차니, 우레와 바람 전투 소리에 어룡이 도망친다.〔江盤峽束春湍豪, 雷風戰鬪魚龍逃.〕"라고 하였다. 【校解】 이복의 용문에 관한 기록은 《휼수집(潏水集)》 권6 〈풍익행기(馮翊行記)〉에 실려 있다.

260 여산사 : 【攷證 卷1 廬山社】 명(明)나라 이현(李賢) 등의 《대명일통지(大明一統志)》 권52 〈남강부(南康府)〉에 "여산은 남강부(南康府)에 있는데, 옛 이름은 남장(南障)이다. 주(周)나라 때 어떤 사람이 태어났는데 신령하였고, 이 산에다 초막을 지었으므로 여산이라 칭하였다."라고 하였다. ○ 살펴보건대, 진나라 의희(義熙) 10년(414)에 혜원(彗遠) 법사가 승려 도안(道安)을 따라 남쪽으로 유람하였는데, 여산의 청정함을 보고 18현(賢)과 함께 정토사(淨土寺)를 세우고 백련사(白蓮社)라고 불렀다. 이자현이 이 산에 들어와 문수원(文殊院)을 수리하고 살았으므로 사자(使者)가 멀리까지 와서 공적(公的)으로 그를 섬겼다.

261 곡구에서처럼 밭을 갈았지 : 【攷證 卷1 谷口耕】 한나라의 정자진(鄭子眞)이 곡구에서 밭을 갈았다.

동한의 은일전을 그 누가 쓰리오　東韓隱逸誰修傳

작은 티 있다 해서 백형을 물리치지 말지어다[262]　莫指微疵屛白珩

262 작은……말지어다 :【攷證 卷1 莫指微疵屛白珩】전국 시대 초(楚)나라의 대부(大夫) 왕손어(王孫圉)가 진(晉)나라에 사신으로 갔을 때, 조간자(趙簡子)가 "초나라의 백형이 아직도 있습니까?"라고 물으니, 왕손어가 "그렇습니다."라고 하였다. 조간자가 "백형의 국보된 값어치는 얼마나 됩니까?"라고 물으니, 왕손어는 "우리는 일찍이 이것을 국보로 삼은 적이 없습니다. 우리 초나라에서 보배로 삼는 것은 관석보(觀射父) 등 임금을 도와 정사를 하는 어진 이들입니다."라고 하였다.《國語 楚語 下》한나라 사마천(司馬遷)의《사기》〈구책열전(龜策列傳)〉에 "일진(日辰)도 완전치 못하여 외롭고 비었으며, 황금에도 흠이 있고 백옥에도 티가 있다.〔黃金有疵, 白玉有瑕.〕"라고 하였다.

KNP0034(詩-內卷1-45~46)

농암 이 선생[263]의 영지정사[264] 시에 받들어 화답하다 병서○

계묘(1543, 중종38, 43세) 【1~2월 추정. 서울】

奉酬聾巖李先生靈芝精舍詩 幷序○癸卯

우리 고향 영지산(靈芝山)에 불사(佛舍)가 있어 내가 일찍이 왕래하여 글을 읽었는데, 산 뒤에 또한 조그마한 집을 지어 두었다.[265] 벼슬살이 하면서 그곳으로 돌아갈 생각을 하였으나 뜻을 이루지 못해, 그 일을 계기로 스스로 '영지산인(靈芝山人)'이라고 호를 지었다. 선생이 고향으로 돌아오자 이 암자를 사랑하여 거기에 가서 다시 새롭게 꾸미시고 이름을 '영지정사'로 지으시고는 때때로 지팡이를 짚고 신발을 끌면서 그 안에서 소요하셨다. 시를 지어 나에게 보내며 또 하시는 말씀이 "그대가 예전에 이 산기슭에 터를 마련하고 산인이라 자칭했었는데 지금 내가 먼저 차지해 버렸으니 이야말로 손님을 불러다가 주인을 만든 격이 아니겠는가? 조만간 마땅히 송사를 해서

263 농암 이 선생 : 【譯注】 이현보(李賢輔, 1467~1555)로, 본관은 영천(永川), 자는 비중(棐仲), 호는 농암(聾巖)·설빈(雪鬢), 시호는 효절(孝節)이다.

264 영지정사 : 【攷證 卷1 靈芝精舍】 영지산(靈芝山)은 예안현 북쪽에 있다. ○ 살펴보건대, 한(漢)나라 명제(明帝)가 정사를 세우고 섭마등(攝摩騰)을 거처하게 했는데 정사라는 이름은 여기에서 비롯된 것이다. 【要存錄 卷1】《영지산지지(靈芝山地志)》에 "예안현 북쪽 5리 지점에 있다. 정사는 선가(禪家) 도량(道場)의 이름이다. 불도를 배우는데 정진하기 때문에 그렇게 이름한 것인데, 훗날 유가(儒家)에서도 그 도를 배우는 학사를 그렇게 명명하였다."라고 하였다.

265 산……두었다 : 【攷證 卷1 山後小築】《퇴계선생연보》 권1에 온계(溫溪)의 남쪽, 지산(芝山)의 북쪽에 작은 집을 지었다고 하였다. 살펴보건대, 《퇴계선생문집외집》에서 칭한 '지산와사(芝山蝸舍)'가 이것인 듯하다.

누가 주인인지 분명히 가려야 할 것일세."라고 하셨다. 나는 선생의 높은 의리에 감격하였고, 외람되게도 주신 시와 편지를 받아 웃음과 해학의 자료로 삼게 되었으니 지극한 기쁨과 다행스러움이 더할 나위가 없다. 삼가 보내주신 시에 차운하여 올리며 황공하여 두 번 절을 드린다.

(詩-內卷1-45)

산 북쪽 달팽이집[266]은 거짓된 모습[267]이요 山北蝸廬是假容
오래도록 말고삐와 쇠사슬[268]에 묶여 병마저 생겼다오 久韁繮鎖病仍攻
아름다운 칭호를 참된 은자[269]에게 넘겨드리려 하니 願將美號輸眞隱
산 남쪽의 제일봉 그것만이 아닙니다[270] 不獨山南第一峯

266 달팽이집 : 【攷證 卷1 蝸廬】 삼국 시대 위(魏)나라 초선(焦先)이 초가집을 짓고 달팽이집〔蝸牛廬〕라고 불렀다.

267 거짓된 모습 : 【攷證 卷1 假容】 남조 시대 제(齊)나라 공치규(孔稚珪)의 〈북산이문(北山移文)〉에 "비록 강호에서 거짓 은자의 모습을 하고 있으나, 마음은 벼슬을 즐기는 데 얽매어 있다.〔雖假容於江皐, 乃纓情於好爵.〕"라고 하였다.

268 말고삐와 쇠사슬 : 【攷證 卷1 繮鎖】 '강(繮)'은 '강(韁)'과 같으니 말고삐이다. 벼슬아치가 숙직하는 것을 '쇄(鎖)'라고 한다. 송(宋)나라 구양수(歐陽修)의 〈사이정에서 광록대부 사 시승이 저양으로 돌아가는 것을 전송하다〔思二亭送光祿謝寺丞歸滁陽〕〉 시에 "지난날 영양으로 귀양 왔으니, 그 누가 말고삐와 쇠사슬 벗게 해주려나.〔前時永陽謫, 誰與脫繮鎖.〕"라고 하였다.

269 참된 은자 : 【攷證 卷1 眞隱】 당(唐)나라 제기(齊己)의 〈구름을 보다〔看雲〕〉 시에 "깊은 곳에 누우니 참된 은일자요, 산꼭대기에서 다니니 바로 신선일세.〔深處臥來眞隱逸, 上頭行去是神仙.〕"라고 하였다. 송나라 소식(蘇軾)의 〈도잠의 유별시에 차운하다〔次韻道潛留別〕〉 시에 "여산에 참된 은자가 많다기에, 짐짓 고인에게 나아가 묵은 인연 끊어버리려네.〔爲聞廬岳多眞隱, 故就高人斷宿攣.〕"라고 하였다.

(詩-內卷1-46)

정사[271]가 흰 구름 덮인 산에 높이 섰으니　　精廬高架白雲巓
단약의 부엌에는 갈치천이 소요하네[272]　　藥竈逍遙葛稚川
높은 누대를 두망이라 이름하지 마오　　莫把高臺名杜妄
풍문 들은 속객이 스스로 채찍 돌리리라[273]　　聞風俗駕自回鞭
-작은 대가 있으니 이름이 두망이다.-

270 산……아닙니다 : 【攷證 卷1 不獨山南第一峯】 살펴보건대, 《농암집(聾巖集)》에 선생의 소서(小敍)가 실려 있는데, 다음과 같은 내용이 있다. "상공(相公)께서 정사를 지어 들어가신 후로 산의 구름과 안개, 꽃과 풀, 물 한 줄기, 돌 하나까지도 모두 다 깨끗하게 즐기시는 물건이 되었습니다.……"

271 정사 : 【攷證 卷1 精廬】 〈유림전(儒林傳)〉 주석에 "강독하는 집"이라고 하였다.

272 단약의……소요하네 : 【攷證 卷1 藥竈逍遙葛穉川】 치천(穉川)은 진(晉)나라 갈홍(葛洪)의 자이다. 신선도양(神仙導養)의 술법을 좋아했는데, 교지(交趾)에서 단사(丹砂)가 나온다는 말을 듣고 구루현(句漏縣)의 현령 벼슬을 자청하여 가서, 나부산(羅浮山)에서 단약을 구웠다. 나중에 허매(許邁)가 갈홍이 솥을 걸어 놓았던 곳에 정사(精舍)를 세우고 선관(仙館)을 찾았다고 한다.

273 두망이라……돌리리라 : 【攷證 卷1 杜妄…俗駕回】 남조 시대 제나라 공치규의 〈북산이문〉에 "가벼운 안개를 거두고 흐르는 여울물을 감추어서, 주옹의 수레 끌채를 골짝 어귀에서 차단시키고, 망녕된 말고삐를 교외 끝에서 막아야 한다.〔杜妄轡於郊端〕"라고 하였다. 또 "청컨대 속사의 수레를 돌릴지어다〔請回俗士駕〕. 그대를 위해 도망간 객을 사절하노라."라는 구절이 나온다.

KNP0035(詩-內卷1-47~48)

임사수의 《관서행록》 뒤에 쓰다. 2수[274] 【계묘년(1543, 중종38, 43세) 2~8월 추정. 서울】

題林士遂關西行錄後 二首

(詩-內卷1-47)

패합[275]하는 기이한 꾀를 지닌 한나라 장자방은	捭闔奇謀漢子房
당시에 일찍이 황석공의 비법[276]을 받았었네	當年曾受石公方
용정[277]의 소굴까지 소탕하진 못했지만	未黐巢窟龍庭界
우선은 동해바다[278] 국경의 든든한 장수 되었구려	先作干城鰈海疆

274 임사수의……2수 : 【攷證 卷1 題林士遂關西錄】 임사수는 임형수(林亨秀, 1514~1547)로, 본관은 평택(平澤), 자는 사수, 호는 금호(錦湖)이다. 젊어서 과거에 급제하였으며, 문장에 능하고 활을 잘 쏘았다. 풍채가 아름다웠고 기상이 호걸스러웠으며 일을 처리하는 것이 여유 있고 품이 넓었다. 일찌감치 장천(將薦)으로 들어갔는데, 당시에 국기(國器)로 일컬어졌다. 윤원형(尹元衡)의 뜻에 거슬려 정미사화(丁未士禍) 때 사사(賜死)되었다.

275 패합 : 【譯注】 언변의 구사가 자유자재하거나 계책을 펼치는 것이 변화무쌍함을 말한다. 【攷證 卷1 捭闔】 패(捭)는 파(擺)와 같다. 파합(擺闔)은 열고 닫는 것〔闢闔〕과 같다. 일설에는 음을 벽(辟)이라고 한다.

276 황석공의 비법 : 【攷證 卷1 石公方】 황석공(黃石公)이 준 태공병법(太公兵法)이다.

277 용정 : 【攷證 卷1 龍庭】 한나라 거기장군(車騎將軍) 두헌(竇憲)이 흉노를 크게 격파한 다음에 돌에다 공적을 세워 기념하면서 문사인 반고(班固)로 하여금 〈봉연연산명(封燕然山銘)〉을 짓게 했는데, 그 글에 "묵특의 부락을 점령하고 지나가서, 노상 땅의 용정을 불태웠도다.〔躡冒頓之區落, 焚老上之龍庭.〕"라고 하였다. 당(唐)나라 이선(李善)의 주석에 "흉노는 정월에 여러 족장들이 선우정사(單于庭祠)에서 작은 모임을 갖는다. 5월에 용성(蘢城)에서 큰 모임을 갖고 그들의 선조, 천지, 귀신에게 제사지낸다. '蘢'의 독음은 용(龍)이다."라고 하였다. 《文選註 卷56》

278 동해바다 : 【攷證 卷1 鰈海】 접(鰈)은 가자미〔比目魚〕인데 동해에서 나온다. 그러

절해고도에서 병마가 공격하니 하늘의 불란[279]이요　絶域病攻天拂亂
거친 성터에 우레 다투니 귀신도 놀랄 일이구나　荒城雷鬪鬼驚忙
백 편의 시 호방하게 읊조리니 구름 위로 솟는[280] 기운　豪吟百首凌雲氣
좋은 시구 지음에 철석간장이 무슨 문제 되리오[281]　妙句何妨鐵石腸

므로 동해를 '접해(鰈海)'라고 한다.

279 하늘의 불란 : 【譯注】 하늘이 임형수를 좀 더 큰 인물로 만들려는 의도에서 일부러 곤궁에 빠지도록 했다는 뜻이다. 《맹자》 〈고자 하(告子下)〉에, 하늘이 어떤 사람에게 큰 사명을 내리려 할 때에는, 반드시 그가 하는 일마다 잘못되고 뒤틀리게 하는데〔行拂亂其所爲〕, 이는 마음을 분발시키고 성격을 강인하게 함으로써 그의 부족한 능력을 키워주려는 것이라는 말이 나온다.

280 호방하게……솟는 : 【攷證 卷1 豪吟凌雲】 살펴보건대, 임사수가 관서에 나가서 지은 시에 "고개 숙인 꽃은 술에 취한 옥녀의 얼굴이고, 끊어진 산은 바닷물 마시는 푸른 뱀의 허리로다.〔花底玉女酣觴面, 山斷蒼蛇飮海腰.〕" 같은 구절이 있는데, 퇴계 선생이 일찍이 그것을 애송하였으니, 이러한 데서 호방한 기운이 구름을 뚫고 솟아오르는 것을 볼 수 있다. '능운(凌雲)'은 아래 '능운대(凌雲臺)' 조의 주석에 보인다.

281 좋은……되리오 : 【攷證 卷1 妙句何妨鐵石腸】 당(唐)나라 피일휴(皮日休)의 〈매화부서(梅花賦序)〉에 "광평공(廣平公) 송경(宋璟)이 재상이 되었는데 자질이 꼿꼿하고 굳세며 태도와 모습이 강의(剛毅)하여, 그가 쇠로 된 마음과 돌로 된 창자를 가지고 있지 않은지 의심스러우니〔疑其鐵心石腸〕, 부드럽고 아름다운 말을 표현할 줄 모를 것 같다. 그러나 그가 지은 〈매화부〉를 보니, 기상이 맑고 새로우며 표현이 풍부하고 아름다워 남북조(南北朝) 시대 서릉(徐陵)·유신(庾信)의 문체를 체득한 것 같아, 그 사람됨과는 자못 다르다."라고 하였다. 송(宋)나라 소식(蘇軾)의 〈장질부가 고맙게도 최휘의 초상화를 부쳐오다〔章質夫寄惠崔徽眞〕〉 시에 "그대 위해 붓을 잡고 매화를 노래하니, 광평의 철석같은 마음이 문제될 것 없네.〔爲君援筆賦梅花, 未害廣平心似鐵.〕"라고 하였다. 【校解】 《고증》에는 소식의 시 가운데 '害'가 '解'로 되어 있는데, 통행본 《동파전집》에 의거하여 수정하였다.

(詩-內卷1-48)

날뛰는 오랑캐[282] 요동[283]의 변방에서 달을 쏘니[284]	狂胡射月遼東塞
장사는 낙랑[285]의 옛터에서 병사를 모으는구나	壯士搜兵樂浪墟
지휘하는 위령은 범과 표범을 내몰 듯한데[286]	指顧威靈驅虎豹
풍류 넘치는 담소 나누며 시서를 말하네[287]	風流談笑發詩書

282 날뛰는 오랑캐 :【攷證 卷1 狂胡】살펴보건대, 명(明)나라 세종 가정(嘉靖) 14년(1535)에 오랑캐 추장 길낭엄답(吉囊奄答) 등이 유림새(榆林塞)에 들어가고 경자년(1540)에 또 유림에 들어가서 청평보(淸平保)를 파괴하였다. 신축년(1541)에는 관문으로 들어와서 사람과 가축을 죽이고 약탈하였고, 임인년(1542)에는 상당(上黨) 지방을 노략질하였다. '광호(狂胡)'는 대개 이러한 일을 가리킨 것이다.

283 요동 :【攷證 卷1 遼東】한사군(漢四郡) 진번(眞番)의 땅이다. 동쪽으로는 압록강까지 오백 리이고, 서쪽으로는 산해관(山海關)까지 천리이다.

284 달을 쏘니 :【攷證 卷1 射月】《춘추좌씨전》 성공(成公) 16년조에 "언릉(鄢陵)의 싸움에서 진(晉)나라 대부인 여기가 꿈에 달을 쏘았다〔呂錡夢射月〕. 점을 쳐보니 '희성(姬姓)은 해요, 이성(異姓)은 달이다. 반드시 초(楚)나라 왕을 쏘는 징조일 것이다.' 하였는데, 전쟁이 일어나자 초나라 공왕(共王)을 쏘아서 눈을 맞혔다."라고 하였다. 《민중십자시(閩中十子詩)》 권10 〈이종군이 영녕위로 돌아가는 것을 전송하다〔送李從軍歸永寧衛〕〉 시에 "화살을 끼워 바다의 달을 쏘고, 창을 잡고 장기 낀 구름 속으로 들어가네.〔挾矢射海月, 操戈入瘴雲.〕"라고 하였다. 【校解】《고증》에는 위의 시가 당나라 두보(杜甫)의 시로 기재되어 있지만 확인할 수 없고, 《사고전서》에는 《민중십자시》에 실려 있다.

285 낙랑 :【攷證 卷1 樂浪】지금의 평양이다. 한사군 중의 하나이다.

286 범과……듯한데 :【攷證 卷1 驅虎豹】남조 송(宋)나라 범엽(范曄)의 《후한서》 〈광무제본기(光武帝本紀)〉에 "곤양(昆陽)의 싸움에서 왕망(王莽)이……또 여러 맹수들, 곧 범과 표범, 코뿔소와 코끼리 따위를 내몰아서 위무를 더하였다.〔又驅諸猛獸虎豹犀象之屬以助威〕"라고 하였다.

287 담소……말하네 :【攷證 卷1 談笑發詩書】《문선(文選)》에 실린 좌사(左思)의 〈영사시〉 시 중 제3수에 "나는 노중련을 사모하니, 담소 중에도 진나라 군대를 물리쳤네.〔吾慕魯仲連, 談笑却秦軍.〕"라고 하였다. 춘추 시대 진(晉)나라가 송(宋)나라를 구원하러 가는데 원수(元帥)를 누구로 할지 의논하였다. 조최(趙衰)가 "각곡(郤縠)이 괜찮습니다. 신이 자주 그가 말하는 것을 들었는데, 예악(禮樂)을 좋아하며 시서(詩書)의 내용을 실천하는

바다를 항해하다 병이 들자 용왕의 약[288]을 얻었고　海航病得龍王藥
강 누각에서 시 읊으며 제자의 거처[289]를 바라보네　江閣吟窺帝子居
침 뱉어 얻은 공명은 제비턱[290]에게 돌리고　唾手功名歸燕頷
태평성대에 이 몸은 나무꾼 어부로 늙어가련다　太平容我老樵漁

-이때 국가에서는 조정의 명령으로 군사를 내어 오랑캐 토벌을 돕도록 하였는데,[291] 임사수가 원수의 종사관으로서 관서에 가서 병력을 점검하면서, 신도[292]에 들어가서 말을 몰다가 병에 걸려 거의 죽을 뻔했는데 겨우 소생하였다. 돌아오는 길에 황주[293]에 도착하여 큰 뇌우를 만나자 시를 지어 그 장관을 지극히 노래하였다.-

---

데도 돈독하다 합니다."라고 하였다. 《春秋左氏傳 僖公 27年條》【校解】《고증》에는 좌사의 시 가운데 '秦'이 '三'으로 되어 있는데, 통행본 《문선》에 의거하여 수정하였다.

288 용왕의 약 : 【攷證 卷1 龍王藥】《태평기재(太平記載)》에 "어떤 사람이 뗏목을 타고 먼 곳의 바닷가에 이르렀는데 때마침 병이 났다. 꿈에 한 거인을 만났는데, 그가 '나는 용왕이다. 그대는 바닷바람을 잘못 쐬어서 병이 났다. 어느 섬에 가면 돌이 있는데 그 무늬가 골수와 같을 것이다. 그것을 먹으면 병을 낫게 할 수 있다.'라고 하였다. 그 사람이 과연 그것을 먹었더니 곧 병이 나았다."라고 하였다.

289 제자의 거처 : 【攷證 卷1 帝子居】 당나라 왕발(王勃)의 〈등왕각서(滕王閣序)〉에 "제자가 놀던 긴 모래섬에 임하여〔臨帝子之長洲〕"라고 하였다. ○ 살펴보건대, 고주몽(高朱蒙)은 자칭 천제의 아들이라고 하였다. 황주(黃州)가 바로 옛날 주몽의 땅이기 때문에 이렇게 읊은 것이다. 【校解】〈등왕각서〉에 나오는 '제자(帝子)'는 당 고조(唐高祖)의 아들인 원영(元嬰)인데, 여기서는 고구려의 주몽(朱蒙)을 빗대어 지칭한 것이다.

290 제비턱 : 【攷證 卷1 燕頷】 관상쟁이가 말하길 "제비의 턱, 범의 목을 타고 났으니〔生燕頷虎頸〕 날아다니면서 고기를 먹게 될 팔자라, 만 리 밖으로 나가 제후에 봉해질 상이오."라고 하였다. 《後漢書 班超列傳》

291 조정의……하였는데 : 【攷證 卷1 朝命出兵云云】 김재구(金載久)의 《조야회통(朝野會通)》에 "명나라에서 군대를 청하니 이기(李芑)가 대원수(大元帥)가 되었고, 이언간(李彦艮)이 부원수, 임형수가 종사관이 되었다."라고 하였다.

292 신도 : 【攷證 卷1 薪島】 의주(義州)에 있다.

293 황주 : 【攷證 卷1 黃州】 황해좌도(黃海左道)에 속해 있다. 또 다른 군명으로는 취성(取城)·용흥(龍興)·성성(聖城) 등이 있다.

KNP0036(詩-內卷1-49)

헌함 앞의 녹총화 【계묘년(1543, 중종38, 43세) 가을 추정. 서울】

當軒綠叢花

사계화[294]

문 앞에 서 있는 늙은 홰나무에	門前老槐樹
해 저무니 주린 솔개 날아와 앉았네	日暮飢鳶蹲
붉은 잎이 푸른 숲 사이에 섞여 있는데	赤葉間翠林
시원한 바람이 서쪽 동산에 일렁인다	凉風動西園
지는 해는 성 머리에서 빛을 거두고	返照斂城頭
가을벌레는 풀뿌리에서 슬피 울어라	悲蟲號草根
깊숙한 골목에 왕래하는 사람 없으니	深巷斷人來
고요 속에 홀로 문 닫고 앉아 있노라	寥寥獨閉門
헌함 앞에 핀 녹총화는	當軒綠叢花
꽃 위에 붉은 노을 흔적 어려 있구나	色映丹霞痕
적막하게 저물녘 피어 있는 그 마음	寂寞向晚意
처량하게 꽃다운 넋이 맺혀 있도다	凄凉結芳魂
기인[295]은 외로운 지조를 가다듬고	畸人厲孤操

294 사계화 : 【攷證 卷1 四季】 곧 녹총화이다. 사계절 동안 꽃이 피기 때문에 또 '사계화'라고도 한다.

295 기인 : 【攷證 卷1 畸人】 자공(子貢)이 "기인을 감히 묻습니다."라고 하자 공자가 "기인은 사람들과는 잘 어울리지 못하나, 하늘의 뜻에는 부합하는 사람이다."라고 하였다. 《莊子 大宗師》 송(宋)나라 임희일(林希逸)의 《장자구의(莊子口義)》 주석에 "기(畸)라는 것은 홀로〔獨〕이니, 다른 사람과 짝을 잘 이루지 못함〔不偶於人〕을 말한다."라고 하였다.

정녀는 옛 낭군의 은혜에 절개를 지키는 법일세　靜女守舊恩
묵묵히 보고 있자니 소회가 있는 듯한데　脈脈如有懷
아득하여 끝끝내 말하지 않누나[296]　迢迢竟不言
세월은 하염없이 흘러 서리의 계절 다가오니　荏苒迫霜露
그윽하고 곧은 절개 하늘과 땅을 믿을 뿐이네[297]　幽貞信乾坤
이에 감흥 일으킨 당 위의 나그네는　感此堂上客
한 해 저물어 갈 제 생각 더욱 돈독해진다[298]　歲晏思彌敦

---

296 끝끝내 말하지 않누나 : 【攷證 卷1 竟不言】 한(漢)나라 사마천(司馬遷)의 《사기》 〈이장군열전(李將軍列傳)〉에 "복사꽃 오얏꽃이 아무 말도 하지 않으나, 그 밑에 저절로 길이 난다.〔桃李不言, 下自成蹊.〕"라고 하였다. 송나라 소식(蘇軾)의 〈옥반우(玉盤盂)〉 시 중 제2수에 "꽃은 말할 수 없으나 그 뜻은 알 수 있으니, 그대에게 통음하게 함을 더욱 의심할 것 없네.〔花不能言意可知, 令君痛飮更無疑.〕"라고 하였다.

297 그윽하고……뿐이네 : 【攷證 卷1 幽貞信乾坤】 당(唐)나라 두보(杜甫)의 〈벼를 다 베고서 감회를 읊다〔刈稻了詠懷〕〉 시에 "소식을 물을 집이 없으니, 나그네 되어 하늘과 땅을 믿을 뿐일세.〔無家問消息, 作客信乾坤.〕"라고 하였다. ○ 살펴보건대, 이 구절은 서리가 내리는 계절에 온갖 초목이 다 시들었으나, 그윽하고 곧은 절개를 지닌 녹총화만은 하늘과 땅을 믿고 가을에도 피어난 것을 말한다.

298 한……돈독해진다 : 【攷證 卷1 歲晏思彌敦】 송나라 주자(朱子 주희(朱熹))의 〈재거감흥시(齋居感興詩)〉 시 중 제11수에 "부지런히 행하고 마땅히 쉬지 말아야 하니, 공경히 지킴에 생각 더욱 돈독해지네.〔勤行當不息, 敬守思彌敦.〕"라고 하였다.

KNP0037(詩-內卷1-50)

배 위에서 송태수[299]에게 보이다 【계묘년(1543, 중종38, 43세) 가을 추정. 서울】

舟上 示宋台叟

목란 배[300] 함께 타고 물 거슬러 올라가니 泝洄同上木蘭船
아득한 지난 일 몇 해 전이었던가 往事茫茫知幾年
저녁 새들은 구름 낀 강가 숲에 다투어 깃들고 暮雀競栖雲渚樹
남은 노을은 옥 같은 호수 하늘에 그림자 비치누나[301] 殘霞倒影玉湖天

299 송태수 : 【攷證 卷1 舟上示宋台叟】 송기수(宋麒壽, 1507~1581)로, 본관은 은진(恩津), 자는 태수, 호는 추파(楸坡)이다. 정묘생이다. 갑오년(1534, 중종29)에 문과에 급제하여 벼슬이 이조판서에 이르렀다. 규암(圭庵) 송인수(宋麟壽)의 종제(從弟)이다.

300 목란 배 : 【攷證 卷1 木蘭船】 명(明)나라 조학전(曹學佺)의 《촉중광기(蜀中廣記)》에 "양웅(揚雄)의 〈촉도부(蜀都賦)〉에 '목란을 심는다〔樹以木蘭〕'라고 하였고, 좌사(左思)의 〈촉도부〉에 '목란과 계수나무〔木蘭梫桂〕'라고 하였다. 생각건대, 목란은 큰 나무이다. 잎은 오래 사는 것인 듯하고, 겨울과 여름에 꽃이 핀다."라고 하였다. 살펴보건대, 강주(江州)에 목란주(木蘭洲)가 있어서 노반(魯班)은 항상 목란을 사용하여 목란 배와 목란 노를 만들었다.〔造蘭舟蘭枻〕 당(唐)나라 이백(李白)의 〈강상음(江上吟)〉 시에 "목란 노를 걸친 사당나무 배에, 옥퉁소와 황금피리 양쪽에 앉혀 놓았네.〔木蘭之枻沙棠舟, 玉簫金管坐兩頭.〕"라고 하였다.

301 그림자 비치누나 : 【攷證 卷1 倒影】 《능양자명경(陵陽子明經)》에 "도영기는 땅과의 거리가 사천 리인데, 그 그림자가 모두 거꾸로 아래에 있다.〔倒影氣去地四千里, 其影皆倒在下也.〕"라고 하였다. 남조 양(梁)나라 심약(沈約)의 〈심도사의 금정관에서 노닐다〔遊沈道士金庭館〕〉 시에 "일거에 거꾸로 된 그림자를 능가하고, 일이 없어 화산과 숭산에 간다네.〔一擧凌倒影, 無事適華嵩.〕"라고 하였다. 【校解】 《고증》에는 《능양자명경(陵陽子明經)》이 《두자명경(竇子明經)》으로 되어 있는데, 《옥지당담회(玉芝堂談薈)》에 의거하여 수정하였다.

중유는 절로 천승을 가볍게 볼 만하지만　　仲由自可輕千乘
정위는 어찌 한 푼의 가치나 있다 하리오[302]　　程尉何曾直一錢
허허 웃고 돌아오는데 풍랑도 잠잠하니　　笑罷歸來風浪帖
교룡도 응당 웅장한 시에 두려우리라[303]　　蛟龍應亦讋雄篇

302 정위는……하리오 : 【攷證 卷1 程尉何曾直一錢】 관부(灌夫)가 관현(灌賢)에게 욕하며 “평소에 정불식을 한 푼 값어치도 없는 놈이라고 욕하더니〔平生毁程不識不直一錢〕, 오늘은 어른이 술잔을 권하는데 계집애들 같이 서로 어울려서 귀에 대고 소곤거리는구나.”라고 하였다. 《漢書 灌夫傳》 삼국 시대 위(魏)나라 맹강(孟康)의 주석에 “그때 정불식이 서궁위위(西宮衛尉)였다.”라고 하였다. 《漢書 考證》

303 두려우리라 : 【攷證 卷1 讋】 독음은 ‘질(質)’과 ‘섭(攝)’의 반절이다. 한(漢)나라 허신(許愼)의 《설문해자(說文解字)》에 “접은 넋을 잃고 중얼거리는 것이다.〔失氣言也〕”라고 하였다. 《古今韻會擧要 卷30》

KNP0038(詩-內卷1-51~54)

9일에 홀로 서당 뒤 산비탈[304]에 올라 임사수[305]에게 부치다. 4수 【계묘년(1543, 중종38, 43세) 9월 9일. 서울】

九日 獨登書堂後翠微 寄林士遂 四首

(詩-內卷1-51)

들국화에 오히려 그대가 몹시 그리워 野菊猶多思
술동이 앞에 작은 가지 꺾어 놓았다오 尊前小摘枝
술상이 참으로 우연히 마련된 것이니 杯盤眞偶設
노래와 피리가 어찌 따라왔으랴 歌管豈曾隨
멀리 바라보니 수심에 찬 창자가 끊길 듯하고 望遠愁腸斷
높이 올라오니[306] 병든 다리 위태로워라 登高病脚危
거나하게 한바탕 취하였으니 陶然成一醉
짧은 춤 누굴 위해 출 것인가 短舞爲誰垂

304 산비탈 : 【攷證 卷1 翠微】《이아(爾雅)》에 "산이 정상까지 미치지 못한 것을 '취미'라 한다.〔山未及上曰翠微〕"라고 하였다. 일설에는 '산허리'라고도 한다. 당(唐)나라 두보(杜甫)의 〈정씨의 동쪽 정자에 다시 제하다〔重題鄭氏東亭〕〉 시에 "화려한 정자는 산비탈로 들어가고, 가을날 맑은 햇살이 어지러이 비치네.〔華亭入翠微, 秋日亂淸暉.〕"라고 하였다.

305 임사수 : 【譯注】 임형수(林亨秀, 1514~1547)로, 본관은 평택(平澤), 자는 사수(士遂), 호는 금호(錦湖)이다.

306 높이 올라오니 : 【攷證 卷1 登高】 살펴보건대, 비장방(費長房)이 환경(桓景)에게 "자네 집에서 9월 9일에 마땅히 액운이 있을 것이네. 집안사람들로 하여금 모두 높은 곳에 올라가서 국화주를 마시게 하면 화를 없앨 수 있을 걸세."라고 하였다. 환경이 그 말대로 하고는 집으로 돌아오니, 닭·개·소·양들이 한꺼번에 급사한 것이었다. 이것이 9월 9일에 등고가 시작된 이유이다.《續齊諧記》

(詩-內卷1-52)

임금님이 동관[307]을 여시니	聖主開東觀
세상을 상서롭게 할 문장 기대해서일세	將期瑞世文
저력이 쓸모없이[308] 끼어 있는 것 부끄러우나	愧添樗櫟散
봉리가 분분한 것[309]을 보니 기쁘도다	欣覩鳳螭紛
즐거운 일은 맑은 때에 얻어지니	樂事淸時得
그윽한 향기가 잠시 앉았는데도 풍겨오누나	幽香小坐聞
내 고향은 천 봉우리 저 밖에 있으니	故鄕千岫外
취한 눈으로 돌아가는 구름을 보내노라	醉眼送歸雲

307 동관 : 【攷證 卷1 東觀】 남조 송(宋)나라 범엽(范曄)의 《후한서》 〈화상제기(和殤帝紀)〉 영원(永元) 13년(101)조에 "황제가 동관에 행차하시어〔帝幸東觀〕 도서관을 둘러보시고 각종 서적을 살펴보신 뒤, 학술과 기예가 뛰어난 선비들을 널리 선발하여 그 관원으로 충원하셨다."라고 하였다. 당(唐)나라 두보의 〈진씨 댁 둘째인 보궐에게 주다〔贈陳二補闕〕〉 시에 "바친 글 받아보고 동관을 열게 하시고는, 임금께서 사마상여에 대해 물어 보셨다네.〔獻納開東觀, 君王問長卿.〕"라고 하였다. 【校解】 《고증》에 "비서감을 동관이라 하고, 또 봉관이라고도 한다.〔秘書監曰東觀, 亦曰蓬觀.〕"라고 하였는데, 비서감은 환제(桓帝) 연희(延熹) 2년(159)에 설치되었으므로 비록 동관과 그 기능은 같지만 명칭으로 보면 훨씬 후대의 것이다.

308 저력이 쓸모없이 : 【攷證 卷1 樗櫟散】 《장자》 〈소요유(逍遙遊)〉에 "내게 큰 나무가 있는데, 사람들은 그것을 가죽나무〔樗〕라고 합니다. 큰 줄기는 울퉁불퉁하여 먹줄을 칠 수가 없고, 작은 가지는 이리저리 꼬여서 자를 댈 수가 없소. 길에 서 있지만 목수가 거들떠보지도 않는다오."라고 하였다. 또 〈인간세(人間世)〉에 "상수리나무〔櫟〕는 사당의 나무인데 쓸모없는 나무이다〔散木也〕. 그것으로 배를 만들면 가라앉고, 널을 짜면 곧 썩어서 아무 소용이 없다."라고 하였다.

309 봉리가 분분한 것 : 【攷證 卷1 鳳螭紛】 당나라 한유(韓愈)의 〈구루산(岣嶁山)〉 시에 "올챙이가 몸을 말고 염교 잎이 거꾸로 펼쳐진 듯하며, 난새가 날고 봉황이 깃들며 호랑이와 이무기를 잡아당기는 듯하네.〔科斗拳身薤倒披, 鸞飄鳳泊拏虎螭.〕"라고 하였다. ○ 살펴보건대, 이것은 제공들의 글이 성대하게 빛나는 것을 말한 것이다.

(詩-內卷1-53)

그대 그리는 마음 어찌 잠시인들 쉬겠는가 思君那得暫時寬
취해서 노란 국화 잡고 누구와 함께 즐기리오 醉把黃花誰共歡
새 달은 사람에게 아양 떨듯 다시 손으로 들어오는데 新月媚人還入手
긴 바람은 객을 속여 또 갓에 불어오네[310] 長風欺客且吹冠
천 겹의 푸른 산[311]은 아득하게 늘어서 있고 千重眉黛依依列
한 줄기 흰 물[312]은 맑고도 차갑구나 一道冰紈湛湛寒
경물도 인연 따라 옛 자취 되기 쉬우니 景物隨緣易陳跡
어서 바삐 그려내어 그대에게 보이리라 急須摹取與君看

(詩-內卷1-54)

예와 지금 망망하게 흘러가는 물 같은데 今古茫茫似逝川

---

310 긴……불어오네 : 【攷證 卷1 長風欺客且吹冠】 살펴보건대, 맹가(孟嘉)가 환온(桓溫)의 참군(參軍)이 되었다. 9월 9일에 환온이 용산(龍山)에서 연회를 베풀었는데 막료들이 다 모였다. 바람이 불어와서 맹가의 모자를 떨어지게 하였으나, 맹가는 그것을 알아차리지 못하였다. 환온은 좌우 사람들에게 아무 말도 하지 말도록 하고 손성(孫盛)으로 하여금 글을 지어 맹가를 조롱하게 하였다. 《晉書 孟嘉列傳》 【校解】 맹가의 고사에서 유래하여 '모자에 바람이 불어온다'는 말은 중양절에 등고하는 것을 의미한다.

311 푸른 산 : 【攷證 卷1 眉黛】 《의감(醫鑑)》에 "눈썹먹〔黛〕은 쪽〔藍〕으로 만드는 것인데, 속명은 청화(靑花)이다. 그것을 사용하여 눈썹을 그린다. ○ 살펴보건대, 조합덕(趙合德)이 옅은 눈썹〔薄眉〕을 하였으므로 원산대(遠山黛)라고 불렀고, 탁문군(卓文君)은 눈썹먹으로 그리지 않았으므로 바라보면 먼 산과 같았다.

312 한……물 : 【攷證 卷1 一道氷紈】 당나라 황보식(皇甫湜)의 〈유업(諭業)〉 시에 "장강에 가을이라 물이 차니, 천리가 한 길로 보이네.〔長江秋注, 千里一道.〕"라고 하였다. 한(漢)나라 반고(班固)의 《한서》 〈지리지(地理志)〉에 "제(齊)나라 땅에서는 세밀한 흰 비단〔氷紈〕, 비단 자수 등의 깨끗하고 아름다운 물건을 짜서 만드는데, 이것으로 천하에 의대(衣帶)를 두르고 옷을 입히고 신발을 신긴다고 한다."라고 하였다.

높은 데 올라 보는 아름다운 경치는 예전 그대로구나 登臨佳景故依然

한 자리에서도 몰라보니 어찌 귀하다 않으리오[313] 同牀不識寧非貴

온 세상 헐뜯어도 또한 전해지는 이름 있네 擧世相疵亦有傳

술자리에서 말의 함정[314]이 어찌 용납되랴 語穽豈容罇俎裏

국화 앞에서는 수심의 성[315]도 붙기 어려워라 愁城難著菊花前

돌아가는 갈까마귀 지는 해[316]는 모두 그림 같은데 歸鴉落日都成畫

동호에 비친 거울 같은 하늘을 누워서 보노라 臥看東湖玉鏡天

---

313 한……않으리오 :【攷證 卷1 同牀不識寧非貴】송(宋)나라 사마광(司馬光)의《자치통감》권51〈효순황제(孝順皇帝) 상〉에 "이고(李固)는 자가 자견(子堅)으로 합(郃)의 아들인데, 젊어서부터 학문을 좋아하였다. 아버지 합이 사도(司徒)가 되었으나 이고는 성명을 바꾸고, 지팡이를 짚고 노새를 몰면서 책 상자를 지고 스승을 좇았다. 매번 태학에 이르러서는 관사에 들어가서 아침저녁 문안을 드렸는데, 동창생들에게 자기가 합의 아들이라는 것을 모르게 하였다."라고 하였다.《노자도덕경》제70장에 "나를 아는 자가 드물면 내가 귀하다."라고 하였다.

314 말의 함정 :【譯注】글을 지을 때는 난삽한 곳을 피하는데, 남과 교제할 때에는 말실수를 하여 남의 마음을 거스르곤 한다는 뜻이다.【攷證 卷1 語穽】당나라 한유의〈추회시(秋懷詩)〉시 중 제10수에 "난삽한 구절에서 말의 함정을 피했더니, 아득한 중에서 마음의 병기에 부딪친다.〔詰屈避語穽, 冥茫觸心兵.〕"라고 하였다.

315 수심의 성 :【譯注】'수성(愁城)'은 아주 풀기 어려운 고통스러운 시름을 성벽에 비유한 것으로, 남북조 시대 주(周)나라 유신(庾信)의〈수부(愁賦)〉에 "허다한 수성은 공략해도 끝내 부서지지 않고, 허다한 수문은 흔들어도 끝내 열리지를 않네.〔攻許愁城終不破, 蕩許愁門終不開.〕"라고 하였다.

316 돌아가는……해 :【攷證 卷1 歸鴉落日】송나라 진여의(陳與義)의〈시월(十月)〉시에 "돌아가는 갈까마귀 지는 해에 천기가 무르익고, 늙은 기러기 긴 구름 속에서 가는 길 험난하네.〔歸鴉落日天機熟, 老雁長雲行路難.〕"라고 하였다.

KNP0039(詩-內卷1-55)

수찬 김후지[317]가 휴가를 얻어 근친하고 이어서 외임의 보직으로 어버이 봉양하기를 청하여 허락을 얻어 떠나므로 그를 전송하다 【계묘년(1543, 중종38, 43세) 8월 추정. 서울】

送金厚之修撰 乞假歸覲 仍請外補養親 恩許之行

그대는 보지 못했는가 君不見

곤어가 붕새 되어 구름 같은 날개 편 것을 鯤魚化作垂天翼

구만 리 바람을 타고 끝내 어디로 가려는가 九萬摶風竟奚適

그 아래는 자잘하게 메추라기 떼가 모여들어 下有區區斥鷃輩

느릅나무에 부딪치고 땅에 떨어져도[318] 모두 참된 즐거움이라 搶楡控地皆眞樂

317 김후지 : 【攷證 卷1 金厚之】 김인후(金麟厚, 1510~1560)로, 본관은 울산(蔚山), 자는 후지, 호는 하서(河西)이다. 학문은 고명함에 투철하였고, 가슴속은 맑고 담박하였다. 중종(中宗) 조에 과거에 급제하였고, 인종(仁宗) 초에 항상 경연에 참여하였다. 임금의 총애가 지극히 융성하였으며 호당(湖堂)에서 사가독서(賜暇讀書)를 하였다. 을사년(1545, 명종즉위년) 이후 병으로 사직하고 전리(田里)로 돌아가 다시는 출사하지 않았다. 이조 판서(吏曹判書)에 추증되었으며, 시호는 문정(文正)이다.

318 곤어가……떨어져도 : 【攷證 卷1 鯤魚…控地】 북쪽 바다에 물고기가 있으니 이름을 곤(鯤)이라 하였다. 변하여 새가 되었는데 이름을 붕(鵬)이라고 하였다. 그 날개가 하늘에 드리워진 구름 같았는데〔其翼若垂天之雲〕 회오리바람을 타고 올라가는 것이 9만 리였다〔摶扶搖而上者九萬里〕. 메추라기가 비웃으며 "저것은 장차 어디로 가는가? 나는 있는 힘을 다하여 나는데도 느릅나무와 박달나무에 부딪칠 뿐이며, 때로는 거기까지 가지도 못하고 땅에 곤두박질칠 뿐이다.〔搶楡枋, 時則不至而控於地而已.〕"라고 하였다. 《莊子 逍遙遊》 원(元)나라 웅충(熊忠)의 《고금운회거요(古今韻會擧要)》 권8에 "창(搶)은 부딪치고〔突〕 막는〔拒〕 것이다."라고 하였고, 권17에 "공(控)은 강제로 멈추는〔勒止〕 것이다."라고 하였다.

또 보지 못했는가	又不見
위왕의 박[319]씨가 닷섬들이 열매 된 것을	魏瓠種成實五石
너무 커서 걱정인 그 박이 되기를 원치 않노라	不願爲瓢憂濩落
하물며 동이를 만들어 강호에 띄운다니	何況作尊浮江湖
장자가 이치를 통달하지 못한 것 도리어 우습구나	却笑莊生未甚達
내 옛날 그대와 함께 반궁에서 유학할 적에[320]	我昔與子遊泮宮
한 마디 말에 도가 맞아 기꺼이 서로 사귀었지	一言道合欣相得
그대는 빈 배[321]처럼 처세할 줄을 알았고	君知處世如虛舟
나는 저력같이 쓸모없는 재주임을 알았네	我信散材同樗櫟
부귀는 나에게 뜬 구름[322] 같은 것이니	富貴於我等浮雲
우연히 얻은 거지 내가 구한 것은 아니라오	偶然得之非吾求
풍운의 감격[323]은 우연히 한 때의 일이라	風雲感激偶一時

319 위왕의 박 : 【攷證 卷1 魏瓠】 혜자(惠子)가 장자(莊子)에게 말하였다. "위나라 왕이 나에게 큰 박의 씨를 주었는데, 내가 그것을 심어 키웠더니 열매 하나가 닷섬들이나 되었다.〔魏王貽我大瓠之種, 我樹之成而實五石.〕 그것을 쪼개서 표주박을 만들려 하니 너무나 커서 담을 수 있는 것이 없었다. 나는 그것이 아무 쓸모가 없다고 여겨 깨버렸다." 그러자 장자가 "그대는 정말 큰 것을 사용할 줄 모른다. 그대는 어찌 큰 동이로 만들어서 강과 호수에 띄울 생각을 하지 않는가?"라고 하였다. 《莊子 逍遙遊》

320 그대와……적에 : 【攷證 卷1 與子遊泮宮】 계사년(1533, 중종28)에 반궁에서 유학하였는데〔遊泮宮〕, 선비들의 습속이 부박하여 선생의 행동거지에 법도가 있는 것을 보고 사람들이 많이들 그것을 비웃었다. 함께 상종한 자는 오직 김하서(金河西) 한 사람뿐이었다. 《退溪先生年譜 卷1》

321 빈 배 : 【攷證 卷1 虛舟】 《장자》 〈산목(山木)〉에 "배로 강을 건너는데 그 한쪽에 빈 배가 있어 자기 배에 와서 부딪쳤다면〔有虛船來觸舟〕, 비록 성급한 사람이라 하더라도 화내지 않을 것입니다."라고 하였다.

322 뜬 구름 : 【攷證 卷1 浮雲】 《강록(江錄)》에 "'부운'은 마땅히 '운부(雲浮)'가 되어야 한다."라고 하였다.

옥당과 금마문[324]에 드나들며 당시의 명사들과 어울렸었지 　玉堂金馬接跡追時流

분수에 넘치도록 은혜와 영화 겹겹이 쌓였으나 　恩榮合沓謬所當

어수선한 세월은 흐르는 강물 같았어라 　歲月紛綸閱江浪

미처 보지 못한 책[325]을 호당[326]에서 함께 읽었으니 　道山同讀未見書

내 나이 이미 쇠하였으나 그대는 한창 장년이었지 　我齒已衰君方壯

깊은 이치가 담긴 글들[327]을 읽었으니 　抽玄關發奧藏

---

323 풍운의 감격 : 【譯注】 임금의 지우(知遇)를 받았음을 말한다. 《주역》 〈건괘(乾卦) 문언(文言)〉에 "구름은 용을 따르고 바람은 범을 좇는다.〔雲從龍, 風從虎.〕"라는 말이 있는데, 여기에서 유래한 '풍운제회(風雲際會)'는 임금과 신하가 의기투합하는 것을 뜻한다.

324 금마문 : 【攷證 卷1 金馬】 무제(武帝) 때 말의 관상을 잘 보는 동문경(東門京)이란 자가 동마법(銅馬法)을 만들어 올리자, 황제가 조서를 내려 동마를 노반문(魯班門) 밖에 세우니 '노반문'이라는 이름을 고쳐 '금마문(金馬門)'이라고 하였다. 《後漢書 馬援列傳》

325 미처……책 : 【攷證 卷1 未見書】 남조 송(宋)나라 범엽(范曄)의 《후한서》 〈문원열전(文苑列傳) 황향전(黃香傳)〉에 "한(漢)나라 장제(章帝)가 황향을 동관(東觀)으로 나아오게 하여 일찍이 보지 못했던 책을 읽게 하였다.〔讀所未嘗見書〕"라고 하였다.

326 호당 : 【攷證 卷1 道山】 남조 송(宋)나라 범엽(范曄)의 《후한서》 〈두융열전(竇融列傳)〉에 "이때에 학자들이 동관(東觀)을 도가의 봉래산〔道家蓬萊山〕이라 불렀다."라고 하였는데, 당(唐)나라 이현(李賢)의 주석에 "봉래산은 바다 속에 있는 신산(神山)으로 선부(仙府)인데, 유경(幽經)과 비록(秘錄)이 모두 그곳에 있다."라고 하였다. 송(宋)나라 장식(張栻)의 〈이 비감에게 답하다(答李秘監)〉 편지에 "제가 들으니 임명장을 받고 다시 도산의 장이 되셨다는데……〔竊聞除書復長道山……〕"라고 하였다. ○ 살펴보건대, '도산'은 곧 호당이다.

327 깊은……글들 : 【攷證 卷1 玄關奧藏】 《문선(文選)》 권59 왕좌(王屮)의 〈두타사비문(頭陀寺碑文)〉에 "이때에 현관이 깊숙하게 잠겨 있었으나〔於是玄關幽鍵〕, 감응하여 드디어 통하게 되었다."라고 하였는데, 당나라 이선(李善)의 주석에 "현관이 깊숙하게 잠겨 있다는 것은 불법(佛法)이 감추어져 있음을 비유한다."라고 하였다. 송나라 황정견(黃庭堅)의 〈고자면의 시에 차운하다〔次韻高子勉〕〉 시 중 제1수에 "중현으로 들어가는

세상 다스릴 묘책에다 나라 빛낼 문장이었네　經世謨猷兮賁國文章
왕명으로 궁중의 술 내리시니 먼지 속에 말이 날고[328]　旨賜宮醞塵飛鞚
진귀한 음식 궁궐 주방에서 나눠주어 곳간에 쌓였네　珍分御廚廩繼倉
옛사람도 이미 감당할 수 없다 했는데　昔人已云不敢當
하물며 내가 어찌 얼굴 부끄럽지 않으랴　矧余焉能不愧顔
가을바람 소슬하게 한강에 불어오니　秋風蕭蕭吹漢水
나는 밤마다 백석과 청운 사이를 꿈꾸네　我夢夜夜白石靑雲間
청운 백석[329]까지 나는 아직도 길이 막혀 있는데　靑雲白石我尙阻
해산의 천릿길을 그대 먼저 떠나가누나　海山千里君先去
그대는 반포하는 까마귀[330] 되고 싶다 하며　君言欲作反哺烏

문 자물쇠로 잠겼으니, 옥 열쇠로 열어주길 기다려야 하네.〔重玄鎖關鑰, 要待玉匙開.〕"라고 하였다. 당나라 이화(李華)의 〈저작랑벽기(著作郎壁記)〉에 "봉래산에 올라 장실의 깊숙한 곳을 돌아다닌다.〔登陟蓬萊之峯, 循環藏室之奧.〕"라고 하였다.

328 먼지……날고 : 【譯注】 궁중의 음식을 자주 보내줌을 뜻한다. 【攷證 卷1 塵飛鞚】 삼국 시대 위(魏)나라 장읍(張揖)의 《비창(埤蒼)》에 "공(鞚)은 말굴레〔馬勒〕이다."라고 하였다. 《문선》 권31 포조(鮑照)의 〈의고(擬古)〉 시 3수 중 제1수에 "짐승은 살찌는데 봄풀은 짧아지고, 나는 듯한 말은 평평한 들판을 넘어다니네.〔獸肥春草短, 飛鞚越平陸.〕"라고 하였다. 당나라 두보(杜甫)의 〈여인행(麗人行)〉에 "환관의 날 듯이 달리는 말들 먼지조차 일지 않고, 수라간에서는 팔진미를 끊임없이 보내온다.〔黃門飛鞚不動塵, 御廚絡繹送八珍.〕"라고 하였다.

329 청운 백석 : 【譯注】 현인이 숨어 사는 곳의 산수가 빼어난 것을 비유한 말이다. 송나라 구양수(歐陽脩)가 자신과 동년(同年) 진사(進士)인 유환(劉渙)이 여산(廬山)에 숨어사는 것을 찬탄하며 지은 〈여산고(廬山高)〉 시에 "스스로 푸른 구름과 흰 돌에 깊은 취미가 있지 않다면, 비범하기만 한 그의 뜻이 과연 어디에서 내려왔겠는가.〔自非靑雲白石有深趣, 其意矶硉何由降?〕"라고 하였다.

330 반포하는 까마귀 : 【攷證 卷1 反哺烏】 삼국 시대 위(魏)나라 장읍(張揖)의 《광아

게만 있고 감찰관 없는[331] 수령 자리[332] 얻었구려　乞得專城有蟹無監處
인생의 지극한 즐거움 그대가 지녔으니　人生至樂君有之
양친 구존하신[333] 당 앞에서 색동옷 입고 춤을 추리[334]　具慶堂前舞綵衣
이 밖의 온갖 일은 말해서 무엇하랴　此外萬事何足道
우연히 온 높은 벼슬[335]도 작은 티끌 같아라　儻來軒冕如塵微

《광아(廣雅)》에 "순흑색으로 먹이를 되물어다 주는 것을 까마귀라고 한다.〔純黑而反哺者, 謂之烏.〕"라고 하였다.

331 게만……없는 :【攷證 卷1 有蟹無監處】 송나라 구양수의 〈귀전록(歸田錄)〉에 다음과 같은 기록이 있다. "송나라 초기에 여러 주군에 통판을 두었는데 항상 지주(知州)와 권력을 다투어 매양 말하기를 '나는 주군을 감시하는 사람이다.'라고 하였다. 항주인(杭州人)으로 게를 매우 좋아하던 전곤(錢昆)이란 자는 항상 외군(外郡)의 보임(補任)을 요구하며 '단지 게는 있고 통판은 없는 곳을 얻으면 괜찮겠다.〔但得有螃蟹無通判處, 則可矣.〕'라고 하였다."

332 수령 자리 :【攷證 卷1 專城】 당나라 백거이(白居易)의 〈당주의 최 사또께서 양친을 모시고 부임하게 되어 전송하다〔送唐州崔使君侍親赴任〕〉 시에 "연이어 사또의 부절 지니고 두루 고을을 맡았으나, 유독 최 사또의 가장 경사스럽고 영광스러운 일을 축하드리네.〔連持使節歷專城, 獨賀崔侯最慶榮.〕"라고 하였다. 【校解】《고증》에는 '侯'가 '君'으로 되어 있는데, 통행본 《백씨장경집(白氏長慶集)》에 의거하여 수정하였다.

333 양친 구존하신 :【攷證 卷1 具慶】 송나라 주자(朱子 주희(朱熹))의 《소학집주(小學集註)》에 다음과 같은 내용이 있다. "《이정전서(二程全書)》 〈유서(遺書)〉에 '구경은 양친이 모두 생존해 계신 것을 이른다.〔具慶, 謂二親俱存也.〕'라고 하였다."

334 색동옷……추리 :【攷證 卷1 舞綵衣】 당나라 이백(李白)의 〈역양의 저 사마에게 드림 이때 이분이 어린애 춤을 추었다〔贈歷陽褚司馬時此公爲稚子舞〕〉 시에 "먼저 어린애 같이 춤을 추고, 다시 노래자의 옷을 입었다네.〔先同稚子舞, 更著老萊衣.〕"라고 하였다. ○ 노래자(老萊子)는 효성스럽게 양친을 봉양하였는데, 나이 70에도 오색찬란한 옷을 입고서 어린아이의 놀이를 하였다.

335 우연히……벼슬 :【攷證 卷1 儻來軒冕】《장자》 〈선성(繕性)〉에 "지금 이른바 뜻을 얻는다고 하는 것은 벼슬을 얻는 것을 말한다. 벼슬이 몸에 붙어 있다 함은 자연스러운

능운각에 그려진 화상[336]도 부럽지 않고 不羨圖凌雲
정휘[337]를 세우고 부임하는 것도 필요치 않소 不須擁旌麾
자진은 바위 아래서 밭 갈아도 이름 벌써 떨쳤고[338] 子眞巖耕名已振
원헌은 초라한 집에 살았어도 도는 넉넉하였네[339] 原憲蓬居道非吝
왕식은 본래 안 오려 했던[340] 사람임을 알아야 할지니 須知王式本不來

본래의 성명이 아니고 밖에서 사물이 우연히 찾아들어 잠시 머물고 있는 것뿐이다.〔軒冕在身, 非性命也, 物之儻來寄也.〕"라고 하였는데, 송나라 임희일(林希逸)의 《장자구의(莊子口義)》 주석에 "우연히 왔으므로 당래(儻來)라 한 것이다."라고 하였다.

336 능운각에 그려진 화상 : 【攷證 卷1 圖淩雲】 당나라의 승려 관휴(貫休)의 〈전류에게 주다〔投錢鏐〕〉 시에 "훗날 능연각에 이름 오르리니, 어찌 당시의 만호후를 부러워하리오.〔他年名上淩烟閣, 豈羨當時萬戶侯.〕"라고 하였다. 【校解】 《고증》에는 '烟'이 '雲'으로 되어 있는데, 통행본 《어정전당시록(御定全唐詩錄)》에 의거하여 수정하였다.

337 정휘 : 【譯注】 지방 절도사로 부임하는 것을 말한다. 남조 송(宋)나라 안연지(顔延之)의 〈오군영(五君詠)〉 시에 완함(阮咸)에 대하여 "자주 승진되어도 내관직에는 못 들고, 한 정휘 쥐고 수령으로 나가는구나.〔屢薦不入官, 一麾乃出守.〕"라고 하였다.

338 자진은……떨쳤고 : 【攷證 卷1 子眞名已振】 한나라 양웅(揚雄)의 《양자법언(揚子法言)》 권5 〈문신(問神)〉에 "곡구의 정자진은 그 뜻을 굽히지 않고 바위 아래에서 농사짓고 살았는데, 그 명성이 서울에 자자하였다.〔谷口鄭子眞, 不屈其志而耕乎巖石之下, 名震于京師.〕"라고 하였다.

339 원헌은……넉넉하였네 : 【攷證 卷1 原憲蓬居道非吝】 원헌은 노(魯)나라에 살았는데, 집은 사방 한 칸이고 지붕을 잡초로 이었으며, 쑥대로 엮어 만든 문은 온전치 않았다〔蓬戶不完〕. 자공(子貢)이 훌륭한 말이 끄는 수레를 타고 왔는데, 수레가 너무 커서 골목에 들어갈 수가 없었다. 자공은 걸어가서 원헌을 만나보고 말했다. "선생은 어찌 병이 드셨습니까?" 그러자 원헌이 "재물이 없는 것을 가난이라 하고, 배우고도 실천하지 못하는 것을 병들었다고 하네. 지금 나는 가난하긴 하지만 병든 것은 아니라네."라고 하였다. 《莊子 讓王》

340 왕식은……했던 : 【攷證 卷1 王式本不來】 한나라 왕식이 소명을 받아 박사가 되었다. 박사 강공(江公)이 왕식을 시기하여 노래를 연주하는 사람들에게 "〈망아지〔驪駒〕〉 노래를 연주해 주게."라고 하였다. 그러자 왕식이 "나는 본래 오려 하지 않았는데〔我本不欲來〕, 여러 사람들이 나를 억지로 오게 하고는 보잘것없는 녀석에게 욕을 당하게 만드는

병만용은 끝내 나아가기 어려웠음[341]을 괴히 여기지 마오　莫怪邴曼終難進
돌아가는 그대 보내며 내 머리를 긁노니　送君歸搔我首
그대 위해 〈박박주〉[342]를 노래하리라　爲君歌薄薄酒
생각나면 편지 한 장 부치는 것 아까워 마시오　相思莫惜寄玉音
천금 빗자루[343] 같은 나의 시 애오라지 드립니다　我詩聊贈千金帚

구나."라고 하고는 마침내 돌아갔다. 《漢書 王式傳》 송나라 소식(蘇軾)의 〈해남 사람들은 한식을 지내지 않고 삼짇날에 성묘하러 간다……〔海南人不作寒食而以上巳上冢……〕〉 시에 "관녕은 늘그막에 끝내 돌아갔고, 왕식은 당년에 본래 오려 하지 않았다네.〔管寧投老終歸去, 王式當年本不來.〕"라고 하였다.

341 병만용은……어려웠음 : 【攷證 卷1 邴曼終難進】 낭야(琅琊) 사람 병만용(邴曼容)은 뜻을 기르고 스스로를 수양하여, 관리가 되어서도 6백 섬 이상의 높은 관직은 받으려 하지 않았으며, 문득 스스로 그만두고 떠났다. 《漢書 王貢兩龔鮑傳》

342 박박주 : 【攷證 卷1 薄薄酒】 송나라 소식의 시에 〈박박주〉가 있다.

343 천금 빗자루 : 【攷證 卷1 千金帚】 《문선》 권52 〈전론논문(典論論文) 위문제(魏文帝)〉에 "집에 낡은 빗자루가 있으면, 그것을 천금처럼 여긴다.〔家有弊帚, 享之千金.〕"라고 하였다. 《강록》에 "문사들의 일상적인 태도로, 글이 비록 아름답지 않더라도 스스로 진귀하게 여김을 말한 것이다."라고 하였다.

KNP0040(詩-內卷1-56~57)

김응림[344]·임사수[345]가 동호에서 부쳐준 시에 차운하여 답하다. 2수 갑진년(1544, 중종39, 44세) 【2월 17일 추정. 예안(禮安)】

次韻答金應霖林士遂在東湖見寄 二首 甲辰

내가 계묘년(1543, 중종38) 겨울에 고향으로 내려왔다가 병이 들어 조정에 돌아가지 못하였다. 봄에 두 사람이 시를 부쳐왔다.

(詩-內卷1-56)

눈 다 녹고 꽃 피도록 병들어 산촌에 누웠으니	雪盡花開病臥村
세상 관심 다 없어지고 시혼[346]만 남았다오	消磨未盡只詩魂
영고가 돌고 도는 것 회전하는 두 바퀴[347] 같으니	榮枯輾轉回雙轂
화복[348]은 아득하고 구혼[349]은 멀리 막혔어라	倚伏冥茫隔九閽

344 김응림 : 【譯注】 김주(金澍, 1512~1563)로, 본관은 안동(安東), 자는 응림(應霖)이며, 호는 우암(寓菴)·만와(萬窩), 시호는 문단(文端)·문정(文靖)이다.

345 임사수 : 【譯注】 임형수(林亨秀, 1514~1547)로, 본관은 평택(平澤), 자는 사수(士遂), 호는 금호(錦湖)이다.

346 시혼 : 【攷證 卷1 詩魂】 송(宋)나라 주자(朱子 주희(朱熹))의 〈여러 사람들과 함께 소동파 시의 운을 써서 매화 시를 같이 짓다……〔與諸人用東坡韻共賦梅花……〕〉 시에 "나부산 아래 황모촌, 소선은 신선되어 떠나갔으나 시혼은 남아 있네.〔羅浮山下黃茅村, 蘇仙仙去餘詩魂.〕"라고 하였다.

347 회전하는 두 바퀴 : 【攷證 卷1 回雙轂】 당(唐)나라 가도(賈島)의 〈고의(古意)〉 시에 "덜컹덜컹 또 덜컹덜컹, 백년의 세월이 두 개의 구르는 바퀴 같구나.〔碌碌復碌碌, 百年雙轉轂.〕"라고 하였다. 【校解】《고증》에는 '轉轂'이 '轂轉'으로 되어 있는데, 통행본 《장강집(長江集)》에 의거하여 수정하였다.

348 화복 : 【攷證 卷1 倚伏】《노자도덕경》 제58장에 "화에는 복이 기대어 있고, 복에는 화가 숨어 있다.〔禍兮福所倚, 福兮禍所伏.〕"라고 하였다.

349 구혼 : 【攷證 卷1 九閽】 당나라 이선(李善)의 《문선주(文選註)》에 "천자의 궁문은

지출로 양생하니 얼굴 더욱 청고하고[350]　　芝朮養生顔益古
연하가 뼈에 스미니 말이 번다하지 않네[351]　　烟霞入骨語無煩
산중에서 사는 맛을 그대들도 아는가　　山中氣味君知否
한 구절도 세상 일 논한 것이 도무지 없구나　　世事都無一句論

(詩-內卷1-57)

김군이 순의 음악 연주하니 봉이 와 춤을 추고[352]　　金君韶奏鳳來儀
임자는 아울러 백보 밖까지 떨치는 위엄[353] 가졌어라　　林子兼將百步威

아홉 겹으로 되어 있고, 아홉 사람이 문을 지키니 그것을 일러 '구혼'이라 한다.〔天門九重, 九人守閽, 謂之九閽.〕"라고 하였다. 【校解】《고증》의 《문선주》 내용은 확인할 수 없다.

350 지출로……청고하고 : 【攷證 卷1 芝朮養生顔益古】 당나라 소악(蘇鶚)의 《두양잡편(杜陽雜編)》 중권에 "원화(元和) 연간에 내급사인 장유칙(張惟則)이 해상에서 신선을 만났는데 '봉황 영지와 용 백출에서 무한한 생명을 받을 것이다.〔鳳芝龍朮, 受命無彊.〕' 라고 하였다. 장유칙이 서울에 도착하여 그간의 일들을 자세히 아뢰었다. 이 달에 궁전 앞에서 잠을 자는데 연리수(連理樹)에서 영지 두 그루가 나니, 완연히 용과 봉황 같았다." 라고 하였다. 진(晉)나라 갈홍(葛洪)의 《포박자(抱朴子)》 〈선약(僊藥)〉에 "남양(南陽) 문씨(文氏)가 말하기를, 그의 선조들이 한(漢)나라 말기에 큰 난리를 만나서 산 속으로 도망을 갔다고 한다. 굶주리고 지쳐서 거의 죽게 되었는데, 어떤 사람이 가르쳐주어 백출을 먹으니〔有一人教之食朮〕 마침내 다시는 배가 고파지지 않았다. 수십 년 만에 고향으로 돌아왔는데, 안색은 더욱 젊어지고〔顔色更少〕 기력은 예전보다 나아졌다."라고 하였다.

351 연하가……않네 : 【譯注】 산수 속에 침잠하여 살고 있으므로 자연히 말수가 적어진다는 뜻이다. 삼국 시대 위(魏)나라 관로(管輅)가 "《주역》에 정통한 사람은 《주역》을 말하지 않는다."라고 하니, 하안(何晏)이 "핵심적인 말은 번다하지 않다〔要言不煩〕고 할 만하다."라고 찬미하였다. 《資治通鑑 卷75 魏紀》

352 순의……추고 : 【譯注】 소(韶)는 순임금의 음악을 말한다. 《서경》 〈익직(益稷)〉에 "소소 음악을 아홉 번 연주하니, 봉황이 듣고 날아와 춤을 추었다.〔簫韶九成, 鳳凰來儀.〕" 라고 하였다. 【攷證 卷1 韶奏鳳儀】 살펴보건대, 김주가 시를 잘 지음을 말한 것이다.

353 백보……위엄 : 【攷證 卷1 百步威】 당(唐)나라 한유(韓愈)의 〈맹호행(猛虎行)〉에

고향의 봄바람이 병든 사람 머물게 하는데	故國春風留病客
마음 통하는 벗[354]의 편지가 사립문에 왔네	神交書札到柴扉
산집을 반만 완성하니 꾀가 본래 서툴러서요	半成山屋謀曾拙
호당의 매화 완전히 지니 일이 너무 어긋났구나	全落湖梅事太違
나의 재주 없음을 그대들이 제일 잘 아니	知我不材君最甚
혹 회계태수로 가게 해 줄 수는[355] 없겠는가	可無容得會稽歸

-이때 김응림이 전랑(銓郎)[356]으로 있었으므로 외직에 보임해 주기를 부탁하였다.-

"대낮에 골짜기에서 잠을 자니, 눈매에 백보 밖까지 떨치는 위엄이 있네.〔正晝當谷眠, 眼有百步威.〕"라고 하였다.

354 마음 통하는 벗 : 【攷證 卷1 神交】 송(宋)나라 방현령(房玄齡) 등의 《진서(晉書)》 〈혜강열전(嵇康列傳)〉에 "마음이 서로 맞는 사람은 진류의 완적과 하내의 산도뿐이었다.〔所與神交者, 惟陳留阮籍河內山濤.〕"라고 하였다.

355 혹……수는 : 【攷證 卷1 容得會稽歸】 송나라 소식(蘇軾)의 〈다시 화답하다〔再和〕〉 시에 "천자 받드는 청관의 반열은 내가 늙어갈 곳 아니니, 회계에서 어느 날에나 방회의 자리 구할 수 있으랴.〔供奉淸班非老處, 會稽何日乞方回.〕"라고 하였는데, 송나라 왕십붕(王十朋)의 주석에 "진나라 치음(郗愔)은 자가 방회(方回)인데, 서주(徐州)와 연주(兗州)의 자사(刺史)가 되었다. 아들 치초(郗超)가 그를 위해 글을 지어, 늙고 병들었으니 한지(閒地)로 가서 자양(自養)하게 할 것을 아뢰었다. 환온(桓溫)이 크게 기뻐하며 다시 그를 회계태수로 삼았다."라고 하였다. 《東坡詩集註 卷7》 【校解】 《고증》에는 소식의 시 가운데 '乞'이 '闕'로 되어 있는데, 통행본 《동파전집(東坡全集)》에 의거하여 수정하였다.

356 전랑 : 【攷證 卷1 銓郎】 살펴보건대, 전(銓)은 저울〔衡〕이며 헤아리는〔量〕 것이다. 지금의 이조랑(吏曹郎)을 '전랑'이라고 한다.

KNP0041(詩-內卷1-58~59)

호당 매화가 늦봄에 비로소 피었기에 소동파 시의 운자[357]를 써서 짓다. 2수 【갑진년(1544, 중종39, 44세) 3월 19일. 서울】

湖堂梅花 暮春始開 用東坡韻 二首

봄에 부소(赴召)한 뒤임.

(詩-內卷1-58)

내가 옛날 남쪽으로 매화 핀 마을을 방문했을 때　我昔南遊訪梅村
그 풍광 속에 날마다 시혼을 녹였었지　風烟日日銷吟魂
하늘가에서 홀로 마주하며 국색[358]에 탄복했고　天涯獨對歎國艶
역로에서 꺾어 보내고는[359] 뿌연 길 먼지에 슬퍼했노라　驛路折寄悲塵昏

357 소동파 시의 운자 : 【攷證 卷1 東坡韻】 동파(東坡 소식(蘇軾))가 혜주(惠州)에 있을 때 송풍정(松風亭) 아래 매화가 피어 그것을 노래한 첩운시 3수가 있다.

358 국색 : 【攷證 卷1 國艶】 송(宋)나라 소식의 〈앞의 운을 다시 쓰다〔再用前韻〕〉 시에 "천향과 국색을 기꺼이 돌아보니, 나의 술이 익고 시는 맑고 온화해짐을 알겠네.〔天香國艶肯相顧, 知我酒熟詩淸溫.〕"라고 하였는데, 그 주석에 "국염(國艶)은 국색(國色)이다."라고 하였다. 【校解】 송나라 왕십붕(王十朋)은 이 구절에 대한 주석으로 당(唐)나라 중서 사인(中書舍人) 이정봉(李正封)이 모란에 대해 읊은 "천향은 밤이슬에 옷을 흠뻑 적시고, 국색은 아침술에 빰이 발그레하네.〔天香夜染衣, 國色朝酣酒.〕"라는 구절을 제시하였다. 《東坡詩集註 卷25》

359 역로에서 꺾어 보내고는 : 【攷證 卷1 驛路折寄】 《형주기(荊州記)》에 다음과 같은 기록이 있다. "육개(陸凱)는 범엽(范曄)과 사이가 좋았는데, 강남에서 매화 한 가지를 부치면서 시를 지어 보냈다. 그 시에 '매화 가지를 꺾다가 역의 심부름꾼 만나니, 고개 머리에 사는 이에게 부쳐 보내노라. 강남에는 특별한 것이 없어, 애오라지 한 가지의 봄을 보낼 뿐이네.〔折梅逢驛使, 寄與隴頭人. 江南無所有, 聊贈一枝春.〕'라고 하였다." 《太平御覽 卷970》

근래 서울에 와서는 너무나도 그리워서	邇來京輦苦相憶
맑은 꿈 밤마다 옛 동산으로 날아갔네	淸夢夜夜飛丘園
이곳이 서호[360]일 줄 어찌 알았으랴	那知此境是西湖
우연히 서로 만나보니 한 번 웃음 따뜻하구나	邂逅相看一笑溫
꽃다운 마음[361] 적막하게 늦봄 마지막에 피더니[362]	芳心寂寞殿殘春
옥 같은 모습으로 아름답게 아침 해를 맞는구려	玉貌婥約迎初暾
학을 짝한 고상한 선비[363] 산에서 나오지 않고	伴鶴高人不出山
수레 사양한 곧은 여인[364] 항상 문을 닫고 있네	辭輦貞姬常掩門

360 서호 : 【攷證 卷1 西湖】 송나라 임포(林逋)가 서호의 고산(孤山)에 살았는데, 그가 읊은 매화시가 인구에 회자된다.

361 꽃다운 마음 : 【攷證 卷1 芳心】 송나라 소식의 〈자유가 원림 안의 초목을 기록한 것에 화답하다〔和子由記園中草木〕〉 시 중 제4수에 "원추리가 비록 보잘것없는 꽃이긴 하나, 홀로 우뚝하니 절로 빼어날 수 있네. 꼿꼿하게 서 있는 어지러운 잎 가운데, 하나하나 꽃다운 마음이 끼워져 있네.〔萱草雖微花, 孤秀自能拔. 亭亭亂葉中, 一一芳心揷.〕"라고 하였다. 【校解】《고증》에는 '一一揷芳心'으로 되어 있는데, 통행본《동파전집(東坡全集)》에 의거하여 수정하였다.

362 늦봄 마지막에 피더니 : 【攷證 卷1 殿殘春】 살펴보건대, 맨 뒤에 있는 것을 '전(殿)'이라고 한다. 송나라 주자(朱子 주희(朱熹))의 〈앞마을〔前村〕〉 시에 "참으로 눈서리와 함께 저녁 풍경을 즐기고, 복숭아꽃 버들꽃 늦봄 마지막에 피도록 그냥 내버려 두네.〔眞與雪霜娛晩景, 任從桃柳殿殘春.〕"라고 하였다. 【校解】《고증》에는 '眞'이 '直'으로 되어 있는데, 통행본《회암집(晦庵集)》에 의거하여 수정하였다.

363 학을……선비 : 【攷證 卷1 伴鶴高人】 임포는 두 마리의 학을 기르며, 항상 작은 배를 띄우고 서호의 여러 절에 가서 노닐었다. 손님이 오게 되면, 동자가 손님을 맞이하여 앉게 하고 새장을 열어 학을 풀어 보냈는데, 한참이 지나면 임포가 반드시 작은 배를 노 저어 돌아오는 것이었다.《夢溪筆談 卷10 人事2》

364 수레……여인 : 【攷證 卷1 辭輦貞姬】 한 성제(漢成帝)가 황궁의 뒤뜰에서 놀면서 후궁인 반첩여(班婕妤)와 함께 수레를 타고자 하였다. 그러자 반첩여가 사양하면서 "옛날 그림을 보니, 어질고 성스러운 임금은 모두 그 곁에 현명한 신하가 있었으나, 삼대(三代) 말엽에 어리석은 임금들은 그 곁에 마침내 폐첩(嬖妾)을 두었습니다. 지금 저와

하늘이 일부러 늦게 피어 복사 살구 누르게 하니[365] 天教晩發壓桃杏
오묘한 뜻을 시인도 말로 다 못하누나[366] 妙處不盡騷人言
아름다운 매화 읊으매 철석간장인들 무슨 상관이랴[367]
媚嫵何妨鐵石腸
병든 몸으로 술병 들고 찾아옴을 사양하지 말라 莫辭病裏携罌罇

〔詩-內卷1-59〕

막고야 산 신선[368]이 섣달 눈 내린 마을에서 藐姑山人臘雪村

수레를 같이 타고자 하신다면, 그들과 비슷한 것이 아니겠습니까?"라고 하였다.《漢書 外戚傳》

365 하늘이……하니 : 【攷證 卷1 天教壓桃杏】 송나라 소식의 〈양공제가 지은 매화시에 다시 화답하다 절구 10수〔再和楊公濟梅花十絶〕〉 시 중 제2수에 "하늘이 복숭아꽃 오얏꽃을 미천한 것으로 만들었기에, 일부러 찬 매화를 보내 제일 먼저 피게 하였네.〔天教桃李作輿臺, 故遣寒梅第一開.〕"라고 하였다.

366 오묘한……못하누나 : 【攷證 卷1 妙處不盡騷人言】 송나라 소식의 원운시 〈11월 26일 송풍정 아래 매화가 활짝 피다〔十一月二十六日松風亭下梅花盛開〕〉 시에 "술이 깨고 꿈에서 깨어 일어나 나무를 맴도니, 오묘한 뜻 남아 있으나 끝내 말이 없네.〔酒醒夢覺起繞樹, 妙意有在終無言.〕"라고 하였다. 【校解】《고증》에는 '妙意有在終無言'이 '妙處有在不盡言'으로 되어 있는데, 통행본 《동파전집》에 의거하여 수정하였다.

367 아름다운……상관이랴 : 【譯注】 당나라 피일휴(皮日休)의 〈매화부서(梅花賦序)〉에 "광평공(廣平公) 송경(宋璟)이 재상이 되었는데 자질이 꼿꼿하고 굳세며 태도와 모습이 강의(剛毅)하여, 그가 쇠로 된 마음과 돌로 된 창자를 가지고 있지 않은지 의심하면서〔疑其鐵心石腸〕, 부드럽고 아름다운 말은 표현할 줄 모를 것 같았다. 그러나 그가 지은 〈매화부〉를 보니, 기상이 맑고 새로우며 표현이 풍부하고 아름다워 남북조(南北朝) 시대 서릉(徐陵)·유신(庾信)의 문체를 체득한 듯하니, 그 사람됨과는 사뭇 다르다." 라고 하였다.

368 막고야 산 신선 : 【攷證 卷1 藐姑山人】《장자》〈소요유(逍遙遊)〉에 "막고야 산에 신인(神人)이 살고 있지.〔藐姑射之山, 有神人居焉.〕 피부는 얼음과 눈처럼 희고, 몸은 처녀같이 부드러우며, 곡식을 먹지 않고 바람과 이슬을 마시며, 구름을 타고 비룡을

형체를 단련하여[369] 찬 매화의 혼[370]이 되었다오　　鍊形化作寒梅魂
바람 맞고 눈에 씻겨 본 모습을 드러내니[371]　　風吹雪洗見本眞
천연의 옥빛 자태는 혼탁한 세상을 초월했어라　　玉色天然超世昏
고상한 정조는 이소의 여러 꽃들에 들어가지 않고[372]　　高情不入衆芳騷

몰아 사해(四海) 밖에서 노닌다네."라고 하였다. 송나라 주자(朱子 주희(朱熹))의 〈매화〔梅〕〉 시에 "고야산 신선의 얼음과 눈 같은 모습에, 속진의 마음은 이미 채색 구름과 함께 사라져버렸네.〔姑射仙人氷雪容, 塵心已共彩雲空.〕"라고 하였다.

369 형체를 단련하여 : 【攷證 卷1 鍊形】 당나라 단성식(段成式)의 《유양잡조(酉陽雜俎)》에 다음과 같은 내용이 있다. "어떤 사람이 땅을 파다가 돌함을 얻었는데, 그 안에 사람이 누워 있는 것을 보았다. 그의 모습이 보통 사람과 같았는데, 잠시 후에 툭툭 털고 일어나서 어디론가 가 버렸다. 방사(放士)가 이르기를, 이는 태음의 기운이 형체를 단련하여 사람이 된 것이라고 하였다.〔此太陰鍊形人也〕" 송나라 소식의 〈부용성(芙蓉城)〉 시에 "삼세를 왕래하며 부질없이 모습을 단련하고, 끝내 앉아서는 《황정경》을 잘못 읽었네.〔往來三世空鍊形, 竟坐誤讀黃庭經.〕"라고 하였다. 【校解】 《고증》에는 소식의 시 가운데 '世'가 '歲'로 되어 있는데, 통행본 《동파전집》에 의거하여 수정하였다.

370 매화의 혼 : 【攷證 卷1 梅魂】 송나라 소식의 〈원풍(元豐) 6년 정월 20일 다시 동문을 나와, 앞의 시의 운자를 사용하여 짓다〔六年正月二十日復出東門仍用前韻〕〉 시에 "오랫동안 동풍과 더불어 오늘을 기약하였더니, 그윽한 향기 앞세워 옥매의 혼이 돌아왔구나.〔長與東風約今日, 暗香先返玉梅魂.〕"라고 하였다.

371 눈에……드러내니 : 【攷證 卷1 雪洗見本眞】 송나라 소식의 〈양공제가 지은 매화시에 다시 화답하다 절구 10수〔再和楊公濟梅花十絶〕〉 시 중 제7수에 "화장한 분가루 다 씻어내고 나니 눈 같은 살결 드러나, 참된 모습이 다투어 가지에서 생겨나려 하네.〔洗盡鉛華見雪肌, 要將眞色鬪生枝.〕"라고 하였다.

372 이소의……않고 : 【攷證 卷1 不入衆芳騷】 송나라 증기(曾幾)의 〈해당(海棠)〉 시에 "소릉은 너를 잊어버리고 온통 한가한 일만 읊었으며, 다시 〈이소〉가 있었지만 매화는 잊어버렸네.〔少陵忘汝渾閒事, 更有離騷忘却梅.〕"라고 하였다. 송나라 양만리(楊萬里)의 〈조호화매시서(洮湖和梅詩序)〉에 "초(楚)나라의 시인인 굴원(屈原)은 온갖 아름다운 향초를 마시고 먹으며, 허리에 꽃의 향기를 차고 꽃과 수초를 먹으며, 천하의 향기로운 풀이며 아름다운 나무는 다 꿰어서, 사지에서는 향기가 나고 그 언어와 문장은 금옥 같아, 멀게는 강리(江蘺)와 두약(杜若)까지 다 취하였지만, 가까이에 있는 매화는 버려

천년 뒤에 고산의 동산[373]에서 한 번 웃었지 千載一笑孤山園
세상사람 몰라보니 심제량(沈諸梁) 같다고 탄식하나[374] 世人不識嘆類沈
나는 지금 온백설자(溫伯雪子) 만난 듯 홀로 기뻐한다[375] 今我獨得欣逢溫
정신 맑고 뼈가 차서 사람이 저절로 도를 깨달으니 神淸骨凜物自悟
지극한 도[376]는 노을과 햇빛을 먹지[377] 않아도 된다네 至道不假餐霞暾

두었다.……"라고 하였다. 【校解】《고증》에는 〈해당〉 시가 증창산(曾蒼山)의 시로 되어 있는데, 통행본 《전방비조집(全芳備祖集)》에 의거하여 수정하였다. 또한 '汝'가 '却'으로 되어 있는데, 역시 통행본 《전방비조집》에 의거하여 수정하였다.

373 고산의 동산 : 【攷證 卷1 孤山園】 곧 임포가 살았던 서호의 동산이다.

374 심제량 같다고 탄식하나 : 【譯注】 세상 사람들이 매화를 알지 못하는 것이 심제량(沈諸梁)이 공자(孔子)를 알지 못한 것과 같음을 탄식한 말이다. 【攷證 卷1 歎類沈】 살펴보건대, '심'은 곧 섭현(葉縣)의 현령인 심제량이다. 자세한 것은 《정본 퇴계전서》 권5 〈노이재에게 답하다(答盧伊齋)〉 편지의 주석에 보인다.

375 온백설자……기뻐한다 : 【攷證 卷1 欣逢溫】 《장자》 〈전자방(田子方)〉에 다음과 같은 내용이 있다. "온백설자(溫伯雪子)가 제(齊)나라에 갔다가 돌아오는 길에 노(魯)나라에서 다시 묵었다.……공자가 이 온백설자를 만났으나 아무 말도 하지 않았다. 자로(子路)가 '선생님께서는 오랫동안 온백설자를 만나고 싶어 하셨는데, 정작 만나서는 한 마디도 하지 않으셨으니 어째서입니까?'라고 물었다. 공자는 '그와 같은 분은 얼핏 보기만 하고도 도를 갖추고 있음을 알 수 있으니, 더 무슨 말을 할 필요가 없는 것이다.'라고 대답하였다." 여기서는 대개 온백설자와의 만남을 빌려 매화를 얻은 것을 비유한 것이다.

376 지극한 도 : 【攷證 卷1 至道】 황제(黃帝)는 발치로부터 무릎걸음으로 나아가 공손히 두 번 절하고 물었다. "선생께서는 지극한 도에 이르셨다고 들었습니다. 어떻게 몸을 다스리면 장수할 수 있는지 알고 싶습니다." 광성자(廣成子)는 벌떡 일어나더니 "좋도다, 그 질문이여! 이리 오시오. 내가 지극한 도를 그대에게 말해 주겠소. 지극한 도의 핵심은 깊고 어두우며〔至道之精, 窈窈冥冥〕, 지극한 도의 극치는 어둡고 고요하오."라고 하였다. 《莊子 在宥》

377 노을과 햇빛을 먹지 : 【攷證 卷1 餐霞暾】 진(秦)나라 여불위(呂不韋)의 《여씨춘추

어젯밤 꿈에 흰 옷 입은 신선을 만나[378]	昨夜夢見縞衣仙
하얀 봉새 함께 타고 천문으로 날아갔지[379]	同跨白鳳飛天門
월궁에서 옥절구로 찧은 약[380]을 받으려 하니	蟾宮要授玉杵藥

(呂氏春秋)》에 "심윤서(沈尹筮)는 노을을 먹으며 기를 단련하였다.〔飧霞鍊氣〕"라고 하였다. 또 자양진인(紫陽眞人) 주의산(周義山)은 항상 새벽녘 해가 떠오르기 시작할 때, 동쪽으로 해를 향해 기침하며 기를 복용하니〔東嗽日服氣〕 아침마다 이와 같이 하였다. 《선경(仙經)》에 "구하진비(九霞眞妃)는 노을을 먹고 햇빛을 복용하는 법을 지니고 있었다.〔有飧霞服日之法〕"라고 하였다. 【校解】《고증》에는 심윤서, 주의산 고사의 출전이 《여씨춘추》로 되어 있는데, 확인할 수 없다. 다만 주의산의 고사는 《太平御覽 卷669 服餌上》에 실려 있다. 《선경》의 내용은 확인할 수 없다.

378 꿈에……만나 : 【攷證 卷1 夢見縞衣仙】 당나라 유종원(柳宗元)의 《용성록(龍城錄)》에 "조사웅(趙師雄)이 나부산(羅浮山)에 갔는데 해가 졌다. 그때 송림(松林)의 주점 옆에서 한 미인을 보았는데, 옅게 화장을 하고 흰 옷을 입고 있었다.〔於松林酒肆傍, 見一美人淡粧素服.〕 밖으로 나와 그를 이끌어 함께 이야기하는데, 꽃향기가 그에게 스며들었다. 이윽고 그녀와 함께 술집의 문을 두드리고는, 함께 술을 마시고 취하여 잠들었다. 일어나보니 그는 큰 매화나무 아래에 있었다."라고 하였다. 《方輿勝覽 卷36 惠州》 송(宋)나라 소식의 원운시 〈11월 26일 송풍정 아래 매화가 활짝 피다〔十一月二十六日松風亭下梅花盛開〕〉 시에 "해남의 신선 구름 예쁘게 섬돌에 떨어질 때, 달 아래 흰 옷 입은 이 와서 문을 두드리네.〔海南仙雲嬌墮砌, 月下縞衣來叩門.〕"라고 하였다.

379 하얀……날아갔지 : 【攷證 卷1 同跨白鳳飛天門】 연화암(蓮花庵)의 비구니인 묘정(妙靜)의 시에 "꿈에 나르는 난새를 타고 푸른 허공에 올랐었네.〔夢跨飛鸞上碧虛〕"라고 하였는데, 그 주석에 "진(秦)나라 농옥(弄玉)과 소사(簫史)는 봉대(鳳臺)를 짓고 부부로 살았는데, 어느 날 난새와 봉새를 타고 가버렸다.〔一日乘鸞鳳而去〕"라고 하였다.

380 옥절구로 찧은 약 : 【攷證 卷1 玉杵藥】 배항(裴航)이 남교(藍橋)를 지나다가 목이 말랐다. 한 노파가 있기에 그에게 읍을 하고 마실 것을 구하였다. 노파는 운영(雲英)을 시켜 음료를 그에게 건네주며 마시게 하였다. 배항이 운영을 아내로 삼고자 하니 노파가 말하였다. "어제 어떤 신선이 영약(靈藥) 한 숟갈을 주었는데, 다만 모름지기 옥으로 된 절구와 공이가 있어야만 그것을 빻을 수 있다.〔昨有神仙與靈藥一刀圭, 但須玉杵臼搗之.〕 만약 이 아가씨를 아내로 맞이하기로 기약한다면, 옥으로 된 절구와 공이를 가져오라. 그러면 마땅히 그녀를 주겠다." 후에 배항이 옥으로 된 절구와 공이를 얻어왔고, 그녀와 결혼하여 신선이 돼서 떠나갔다. 《太平廣記 卷50 神仙》

직녀[381]가 앞에서 인도하고 항아[382]가 얘기했네	織女前導姮娥言
깨어나니 기이한 향기가 품과 소매에 가득해	覺來異香滿懷袖
달 아래 가지 잡고 한 병 술을 기울이노라	月下攀條傾一罇

381 직녀 : 【攷證 卷1 織女】 당나라 두보(杜甫)의 〈견우와 직녀〔牽牛織女〕〉 시에 "견우는 은하수 서쪽에서 나왔고, 직녀는 그 동쪽에 살았네.〔牽牛出河西, 織女處其東.〕"라고 하였는데, 송나라 소상(蘇庠)의 주석에 "은하수 동쪽에 아주 작은 별이 저수(氐宿) 아래에 있는데, 그것을 '직녀'라고 이른다."라고 하였다. 《補注杜詩 卷12》

382 항아 : 【攷證 卷1 姮娥】 《후천문(後天文)》에 "예(羿)가 서왕모(西王母)에게서 불사약을 얻었는데, 예의 아내인 항아가 그것을 훔쳐 달 속으로 도망쳤다. 장차 가려고 할 때 유황(有黃)에게 점을 쳤는데 길하다고 하여, 마침내 달에 몸을 의탁하게 되었고 이 사람이 두꺼비〔蟾蜍〕가 되었다."라고 하였다.

KNP0042(詩-內卷1-60)

호당에서 새벽에 일어나다. 소동파의 〈정혜원[383]에서 달밤에 우연히 밖에 나와서〉 시의 운자를 사용하여 짓다 【갑진년(1544, 중종39, 44세) 3월 20일. 서울】

湖堂曉起 用東坡定惠院月夜偶出韻

강마을에서 닭이 울고 처마에 달 걸리니	雞鳴水村月掛簷
한 베개에 고향 가는 꿈꾸다 새벽녘에 놀라 깼네	一枕歸夢驚殘夜
봉관[384] 속 창문은 고요하기만 한데	窗櫳闃寂蓬觀裏
꽃나무 아래에는 새벽빛이 영롱하구나	曙色蔥瓏花樹下
뜰 매화 반쯤 지니 향기 다시 풍겨 오고	庭梅半落香更吹
돌 시내 새로 트여 물소리 더욱 쏟아진다	石澗新疏響轉瀉
선경이란 정히 어떠한 것인지 알고자 한다면	欲知仙境定何如
요대[385]에 관한 말 들으니 이곳이 그에 버금가네	聞說瑤臺此其亞

383 정혜원 : 【攷證 卷1 定惠院】 황주(黃州)에 있다. 동파(東坡 소식(蘇軾))가 황주에 가서 우거하던 곳이다.

384 봉관(蓬觀) : 【譯注】 한(漢)나라 때 궁중의 저술을 관장하고 서적을 보관하던 곳인데, 여기서는 호당(湖堂)을 지칭한다.

385 요대 : 【攷證 卷1 瑤臺】 일사(逸史)에 다음과 같은 내용이 있다. "허전(許瀍)이 갑자기 죽었다가 3일 만에 깨어나서 시를 지었는데 '새벽에 요대에 들어가니 이슬 기운 맑은데, 좌중에는 오직 허비경만 있을 뿐이었네.〔曉入瑤臺露氣淸, 坐中惟有許飛瓊.〕'라고 하였다. 다시 잠들었다가 깜짝 놀라 일어나서는 '어젯밤 꿈에 요대에 갔었는데 300여 명의 선녀가 있었고, 그중 한 사람이, 자신이 허비경이라고 하였다.'라고 하였다." 《太平廣記 卷70 女仙》 송(宋)나라 소식의 〈봉의랑인 양공제의 매화 시에 차운하다〔次韻楊公濟奉議梅花〕〉 시 중 제2수에 "달빛 아래 서로 만나니 이곳이 요대요, 풀밭에 앉아 맑은 술동이 밤마다 펼쳐 놓네.〔相逢月下是瑤臺, 藉草淸樽連夜開.〕"라고 하였다. 【校解】《고

태관이 좋은 음식 늘 대어주고[386]	綺饌常繼太官供
어점에서 빌려온 난촉[387]을 때때로 밝히누나	蘭燭時容漁店借
병들어 술친구들은 이미 전부 소원해졌는데	病來酒伴已全疎
늙어가도 시정은 여전히 시들지 않노라	老去詩情渾未謝
푸른 봄은 봉성[388]의 먼지 속에 저물어 가는데	靑春欲暮鳳城塵
흰 구름 보며 부질없이 지산의 집을 생각한다	白雲空憶芝山舍
해묵은 늙은 소나무에 원망하는 학[389]이 깃들고	年多老松棲怨鶴

증》에는 허전의 시 가운데 '有'가 '見'으로 되어 있는데, 통행본《태평광기》에 의거하여 수정하였다. '澶'은 출전에 따라 '瀍' 또는 '渾'으로 되어 있기도 하다. 또한《고증》에는 소식의 시 가운데 '相逢月下'가 '月下相逢'으로 되어 있는데, 통행본《동파전집(東坡全集)》에 의거하여 수정하였다.

386 태관이……대어주고 : 【攷證 卷1 綺饌常繼太官供】 당(唐)나라 두보(杜甫)의 〈백중승을 모시고서 장사들에게 베푼 연회를 보다〔陪柏中丞觀宴將士〕〉 시 중 제1수에 "사사로움 없이 맛난 음식을 똑같이 나누고, 오래 앉았다가 금 인장에게 다가가네.〔無私齊綺饌, 久坐密金章.〕"라고 하였다. 청(淸)나라 서송(徐松)의《송회요집고(宋會要輯稿)》〈예(禮) 45〉에 "송나라 태종 순화(淳化) 2년(991) 12월에 상준주(上尊酒)를 하사하니, 태관이 음식을 진설하였다.〔太官設盛饌〕"라고 하였다. ○ 살펴보건대 '태관'은 지금의 봉상시(奉常寺)이다. 【校解】《고증》에는 '순화 3년'으로 되어 있는데,《송회요집고》에 의거하여 '순화 2년'으로 수정하였다.

387 난촉 : 【攷證 卷1 蘭燭】 전국 시대 초(楚)나라 송옥(宋玉)의 〈초혼(招魂)〉에 "난초의 기름으로 촛불을 밝히고, 아름다운 용모의 여악사들이 준비되었네.〔蘭膏明燭, 華容備些.〕"라고 하였다.

388 봉성 : 【攷證 卷1 鳳城】 당나라 두보(杜甫)의 〈밤〔夜〕〉 시에 "처마 아래 걸으며 지팡이 짚고서 두우성을 쳐다보니, 은하수는 멀리서 응하여 봉성에 닿아 있네.〔步檐倚杖看斗牛, 銀漢遙應接鳳城.〕"라고 하였는데, 송나라 조자력(趙子櫟)의 주석에 "봉성은 장안성(長安城)이다."라고 하였다.《補註杜詩 卷31》 옛날에 진(秦)나라의 여인이 퉁소를 불었는데 봉황이 그 집 지붕에 모였다고 해서 이렇게 이름하였다.

389 원망하는 학 : 【攷證 卷1 怨鶴】 남조 시대 제(齊)나라 공치규(孔稚圭)의 〈북산이문(北山移文)〉에 "혜초 장막 텅 비어 밤의 학이 원망하고, 산인이 떠나가니 새벽 원숭이가

비에 황폐해진 먼 밭에는 차가운 감자 버려졌으리	雨荒幽圃抛寒蔗
영욕은 구름처럼 본래 없는 것이요	榮辱如雲本來無
부귀는 사람을 핍박하니[390] 참으로 두려운 것이라	富貴逼人眞堪怕
아침 내내 온갖 소리로 재잘대는[391] 숲속의 새들	朝來百囀林下鳥
마치 시승[392]과 더불어 조롱하고 꾸짖는 듯하구나	似與詩僧助嘲罵

놀라더라.〔蕙帳空兮夜鶴怨, 山人去兮曉猿驚.〕"라고 하였다.

390 부귀는 사람을 핍박하니 : 【攷證 卷1 富貴逼人】 북주(北周) 황제가 양소(楊素)에게 명하여 조서를 짓게 하면 쓰는 즉시 완성이 되었는데, 말과 뜻이 모두 아름다웠다. 황제가 가상히 여겨 양소를 돌아보며 "스스로 힘쓰는 것이 좋겠으니, 부귀하지 못할 것을 걱정하지는 말라."라고 하였다. 양소가 대답하기를 "저는 다만 부귀가 와서 저를 핍박할까 걱정합니다〔臣但恐富貴來逼身〕. 저는 부귀를 도모할 마음은 없습니다."라고 하였다. 《隋書 楊素列傳》

391 온갖 소리로 재잘대는 : 【攷證 卷1 百囀】 당나라 가지(賈至)의 〈이른 아침 대명궁에서 두 성의 관료 친구들에게 드리다〔早朝大明宮呈兩省僚友〕〉 시에 "천 개의 연약한 버들가지는 대궐문에 드리웠고, 온갖 소리로 재잘대는 꾀꼬리는 건장궁 주위를 맴도네.〔千條弱柳垂靑瑣, 百囀流鶯繞建章.〕"라고 하였다.

392 시승 : 【攷證 卷1 詩僧】 곧 영철(靈澈)이다. 【校解】 당나라 위단(韋丹)이 강서태수(江西太守)였을 때 동림사(東林寺)의 영철 상인(上人)과 망형지교(忘形之交)를 맺었는데, 일찍이 고향에 돌아가고 싶은 심정을 시로 지어 영철에게 부쳤다. 그 시는 다음과 같다. "나랏일 분분하여 한가한 날이 없고, 뜬 인생 하염없이 흘러가니 그저 구름 같을 뿐이라. 이미 장평자(張平子 장형(張衡))처럼 돌아가 쉴 계획 세웠으니, 오로봉 바위 앞에서 반드시 함께 들으리라.〔王事紛紛無暇日, 浮生冉冉只如雲. 已爲平子歸休計, 五老峯前必共聞.〕" 영철의 답시는 다음과 같다. "나이 늙어 마음 한가로워지니 세속의 염려 없고, 삼베옷 입고 풀 위에 앉으니 또한 몸을 들일 만하네. 만나는 이마다 벼슬 그만두고 떠난다고 다들 말하지만, 숲속 어디에서 한 사람이라도 보았던가.〔年老心閒無俗慮, 麻衣草坐亦容身. 相逢盡道休官去, 林下何曾見一人?〕"

KNP0043(詩-內卷1-61~64)

칠월 보름날 압구정에서의 즉흥시. 4수 【갑진년(1544, 중종39, 44세) 7월 15일. 서울】

七月望日 狎鷗亭卽事 四首

이때 독서당(讀書堂)에 변고가 있었으므로, 임금님께 아뢰고 이곳으로 잠깐 장소를 옮겼었다.

(詩-內卷1-61)

달리는 구름 뭉게뭉게 처마 기둥을 지나가고 奔雲陣陣度簷楹
긴 강에 비 지나가니 강 반쪽이 환하구나 雨過長江一半明
안석에 기댄 채 다투어 건너는 나그네들 웃으며 보니 隱几笑看爭渡客
한강의 누대 아래 설산[393]이 기우누나 漢江樓下雪山傾

(詩-內卷1-62)

돌아가는 배 끙끙대며 앞 여울을 오르는데[394] 歸舟搰搰上前灘
문득 바람에 돛을 거니 만리 길이 한가롭네 忽掛風帆萬里閒

393 설산 : 【譯注】 흰 물결이 크게 이는 것을 형용한 것이다. 【攷證 卷1 雪山】 〈서역전(西域傳)〉에 "천산에는 겨울이나 여름이나 늘 눈이 있다.〔天山冬夏常有雪〕"라고 하였다. 《存硏樓文集 卷8 雜著》 당(唐)나라 두보(杜甫)의 〈좌복야이신 정국공 엄무 공께 드리다〔贈左僕射鄭國公嚴公武〕〉 시에 "공이 오시자 설산이 중해졌고, 공이 가시자 설산이 가벼워졌네.〔公來雪山重, 公去雪山輕.〕"라고 하였다.

394 돌아가는……오르는데 : 【攷證 卷1 歸舟搰搰云云】 '골(搰)'의 독음은 '골(骨)'이다. 《장자》 〈천지(天地)〉에 "끙끙대며 힘을 쓰는 것이 심히 많은데〔搰搰然用力甚多〕, 그 효과는 아주 적었다."라고 하였다. ○ 《강록(江錄)》에 다음과 같은 내용이 있다. "이 시는 학문에 나아가는 공부를 비유하였다. 송(宋)나라 주자(朱子 주희(朱熹))의 〈관서유감(觀書有感)〉 시 중 제2수에 '이제까지는 옮겨가느라 쓸데없이 힘을 썼는데, 오늘은 강 가운데를 저절로 다니는구나.〔向來枉費推移力, 此日中流自在行.〕'라고 하였다."

모두들 종전에는 배를 끄느라 힘쓰다가　總把向來牽挽力
일시에 물결[395] 속에서 달콤하게 잠드누나　一時酣寢浪花間

(詩-內卷1-63)

강 가운데 바람 일고 빗발이 어둑하니[396]　江中風起雨冥冥
풀잎 위의 청개구리 그쳤다 다시 우네　葉上靑蛙止復鳴
쌍쌍의 고깃배는 저편 언덕에 대어놓고　兩兩漁舟依別岸
느지막이 낚싯대 챙겨 사립문으로 들어가누나　晩來收釣入柴荊

(詩-內卷1-64)

멀리 뵈던 기이한 변화 홀연 자취도 없어지고　望中奇變忽無蹤
서쪽 구름에 해가 비쳐 저녁 경치 말갛구나　日照西雲淡夕容
사면의 산들은 검푸른 빛 드러내지 않고　未露四圍靑黛色
오직 보이는 건 천 이랑의 은빛 물결뿐일세[397]　唯看千頃白銀鎔

---

395 물결 : 【攷證 卷1 浪花】 당나라 두보의 〈도솔사를 바라보다〔望兜率寺〕〉 시에 "뭉게뭉게 구름의 모습 육중하고, 번쩍번쩍 물거품이 뒤집히누나.〔霏霏雲氣重, 閃閃浪花飜.〕"라고 하였다.

396 강……어둑하니 : 【攷證 卷1 江中風起雨冥冥】 당나라 두보의 〈즉사(卽事)〉 시에 "하늘가 산 속의 외로운 초당에서 보니, 강 속에 풍랑 일고 빗발이 어둑하네.〔天畔羣山孤草亭, 江中風浪雨冥冥.〕"라고 하였다.

397 천……물결뿐일세 : 【攷證 卷1 千頃白銀鎔】 당나라 유우석(劉禹錫)의 〈동정추월행(洞庭秋月行)〉 시에 "동정호의 가을 달이 호수 한가운데서 생겨나니, 층층의 파도 만 이랑은 금을 녹여 놓은 듯하네.〔洞庭秋月生湖心, 層波萬頃如鎔金.〕"라고 하였다. 송나라 소식(蘇軾)의 〈중추월(中秋月)〉 시 중 제2수에 "백 이랑 호수에 은 녹여 놓은 듯 환하고, 천 길의 궁궐에 거울 걸어 놓은 듯 환하네.〔鎔銀百頃湖, 挂鏡千尋闕.〕"라고 하였다. 【校解】 《고증》에는 유우석의 시 가운데 '金'이 '銀'으로 되어 있는데, 통행본 《어정전당시(御定全唐詩)》에 의거하여 수정하였다.

KNP0044(詩-內卷1-65)

저물녘에 거닐다 【갑진년(1544, 중종39, 44세) 7월 23일. 서울】

晩步

명양 정(明陽正)[398] 이현손(李賢孫)이 일찍이 이 시를 남겼는데, 우연히 읽고 좋아서 그 운자를 사용하여 지었다.

건망증이 몹시 심해 이리저리 책을 뽑아 놓고[399]	苦忘亂抽書
산만하게 흩어진 것을 또 다시 정리한다	散漫還復整
해[400]는 문득 서쪽으로 기울어지고	曜靈忽西頹
강물 빛에 숲 그림자 일렁이누나	江光搖林影
지팡이 짚고 뜨락으로 내려가서	扶筇下中庭
고개 들고 구름 낀 산등성이 바라본다	矯首望雲嶺
모락모락 밥 짓는 연기가 일고	漠漠炊烟生
으스스 들판은 썰렁하구나	蕭蕭原野冷
농가에 가을걷이 가까워지니	田家近秋穫
절구와 우물에 기쁜 기색이 퍼지네	喜色動臼井

398 명양 정 : 【攷證 卷1 明陽正】《해동명신록(海東名臣錄)》에는 '명양'이 '명양(鳴陽)'으로 되어 있다. 자는 세창(世昌)으로 신요(神堯 이성계(李成桂))의 후손이다. 법도에 따라 몸가짐을 단속하여 독실하게 행하는 것이 김굉필(金宏弼)에 버금갔지만, 30세가 못 되어 죽었다.

399 이리저리……놓고 : 【攷證 卷1 亂抽】 당(唐)나라 한유(韓愈)의 〈장중승전 후서(張中丞傳後敍)〉에 "이리저리 다른 책들을 뽑아서 외우는가 시험해 보았는데〔亂抽他帙以試〕, 외우지 못하는 것이 없었다."라고 하였다.

400 해 : 【攷證 卷1 曜靈】《초사(楚辭)》〈천문(天問)〉에 "동방의 별이 밝기 전에, 해는 어디에 숨어 있는 것인가?〔角宿未旦, 曜靈安藏?〕"라고 하였는데, 한(漢)나라 왕일(王逸)의 《초사장구(楚辭章句)》 주석에 "'요령'은 해〔日〕이다."라고 하였다.

갈까마귀 돌아가니 천기에 익숙한 듯　　鴉還天機熟
해오라기 서 있으니 고고한 풍치 멀리서도 보이누나[401]　　鷺立風標逈
내 인생은 홀로 무엇을 하는가　　我生獨何爲
숙원이 오래도록 풀리질 않네　　宿願久相梗
아무에게도 이 소회 말할 수 없어　　無人語此懷
고요한 밤에 요금만 탈 뿐이로다　　瑤琴彈夜靜

401 해오라기……보이누나 : 【攷證 卷1 鷺立風標逈】 송(宋)나라 구양수(歐陽脩)의 〈해오라기〔鷺鷥〕〉 시에 "풍격이 고고하니 속진 밖의 존재요, 성정이 한가하니 물가에 있는 몸일세.〔風格孤高塵外物, 性情閒澹水邊身.〕"라고 하였다.

KNP0045(詩-內卷1-66~69)

압구정 뒷산에 올라 김응림[402]·임사수[403]·정길원[404]을 생각하다. 4수 【갑진년(1544, 중종39, 44세) 7월 23일 추정. 서울】

登狎鷗亭後岡 憶應霖士遂吉元 四首

(詩-內卷1-66)

멀고 가까운 봉우리들 저 창공에 꽂혀 있는데　遠近峯巒揷彼蒼
긴 강은 띠처럼 가로지르고 저녁 하늘 길구나　水光橫帶暮天長
지난 해 일들을 함께 이야기할 사람 없어　無人共說年前事
날마다 푸른 산에 올라 외로이 읊는다오　日日孤吟上翠岡

-지나간 해[405]에 세 사람과 함께 여기에 올랐었다.-

(詩-內卷1-67)

지난 해에 등잔불에 함께 책상을 짝하였는데　去年燈火伴書牀

---

402 김응림 : 【譯注】 김주(金澍, 1512~1563)로, 본관은 안동(安東), 자는 응림, 호는 우암(寓菴)·만와(萬窩), 시호는 문단(文端)·문정(文靖)이다.

403 임사수 : 【譯注】 임형수(林亨秀, 1514~1547)로, 본관은 평택(平澤), 자는 사수, 호는 금호(錦湖)이다.

404 정길원 : 【攷證 卷1 吉元】 정유길(鄭惟吉, 1515~1588)로, 본관은 동래(東萊), 자는 길원, 호는 임당(林塘)이며 정광필(鄭光弼)의 손자이다.

405 지나간 해 : 【譯注】《정본 퇴계전서》 권3에 〈독서당에서 임금님이 내리신 복숭아와 은잔을 받고서 임사수·정길원·김응림과 더불어 동호에 배를 띄우고 놀며, 임금님의 은총을 특별히 받은 것을 자랑하였다. 사수가 시를 지었기에 나도 그 시에 차운하여 제공에게 보이다〔讀書堂內賜仙桃銀杯與林士遂鄭吉元金應霖泛舟東湖以侈寵錫士遂有詩次韻示諸公〕〉 시가 있는데, 이는 1542년 9월에 지은 것이다. 따라서 '지나간 해〔去年〕'는 임인년(1542, 중종37)을 가리킨다.

글 읽으려다 그대 생각에 도로 책을 접어 두노라　欲讀思君却置傍
미륵의 모습에다 강해 같은 도량[406]　彌勒形模江海量
성안이 지척[407]인데 소식은 막혀 있구나　城中咫尺阻音光

위는 김응림을 생각하며 읊은 것이다.

-이때 김주(金澍)가 복(服)을 입는 중이라 성 안에 있었다.-

(詩-內卷1-68)

만 리의 험한 길을 쉴 새 없이 달리다가　萬里星奔蜀道難
중도에 종기 나서[408] 말도 타질 못하셨구려　柳生中道不能鞍
편지 써서 부치려 해도 산과 강에 막혔으니　裁書欲寄關河阻
어떡하면 날개 돋쳐 구름처럼 날아갈 수 있을까[409]　安得如雲生羽翰

406 미륵의……도량 : 【攷證 卷1 彌勒形模江海量】 송(宋)나라 황정견(黃庭堅)의 〈병석에서 일어나 형강정에서 지은 즉흥시〔病起荊江亭卽事〕〉 시 중 제9수에 "모습은 미륵보살 포대화상 같고, 문장은 만고에 흐르는 강하 같구나.〔形模彌勒一布袋, 文字江河萬古流.〕"라고 하였는데, 송나라 임연(任淵)의 주석에 "장문잠(張文潛 장뢰(張耒))은 평소에도 뚱뚱했는데, 만년에는 더욱 심했다."라고 하였다. 《山谷內集詩注 卷14》 ○ 살펴보건대, 미륵은 석불(石佛)이다. 【校解】 《고증》에는 시의 제목이 〈장문잠의 시에 희롱하여 화답하다〔戲和張文潛詩〕〉로 되어 있는데, 이는 《고금사문유취(古今事文類聚)》 후집 권18 〈초모부(肖貌部) 부시조비(賦詩嘲肥)〉의 '山谷戲和文潛謝穆父松扇末云……'에서 가져온 것이다.

407 지척 : 【攷證 卷1 咫尺】 여덟 치〔寸〕를 '지'라 하고, 열 치를 '척'이라 한다.

408 중도에 종기 나서 : 【攷證 卷1 柳生中道】 《장자》 〈지락(至樂)〉에 "지리숙(支離叔)과 골개숙(滑介叔)이 명백(冥伯)의 언덕, 곤륜(崑崙)의 높은 곳 등 황제(黃帝)가 쉬었던 곳을 구경했다. 그러다 갑자기 골개숙의 왼쪽 팔꿈치에 혹이 생겨났다.〔俄而柳生其左肘〕"라고 하였는데, 송나라 임희일(林希逸)의 《장자구의(莊子口義)》 주석에 "유(柳)는 종기〔瘍〕이다. 지금 사람들은 생절(生癤)이라고 한다."라고 하였다. 당(唐)나라 왕유(王維)의 〈노장행(老將行)〉에 "옛날에는 날아다니는 화살에 온전한 눈이 없었고, 오늘에는 왼쪽 팔꿈치에 혹이 생겼구나.〔昔時飛箭無全目, 今日垂楊生左肘.〕"라고 하였다.

위는 임사수를 생각하며 읊은 것이다.

-임형수(林亨秀)가 관북으로 사신을 가다가 중도에 병이 나서 누웠다.-

(詩-內卷1-69)

부친을 뵈러 서해[410]로 가는 길은 멀기만 한데 趨庭西海路漫漫
중추가절 달 밝을 때 서로 만나기로 약속했지 約在中秋月正團
동호의 쌍 옥잔[411]을 깨끗이 씻어놓고 爲洗東湖雙玉盞
세찬 여울물 쏟는 듯한 그대의 호방한 시구를 보리라 看君豪句瀉驚湍

위는 정길원을 생각하며 읊은 것이다.

-이때 정유길(鄭惟吉)이 해주(海州)[412]로 근친을 갔다.-

409 어떡하면……있을까 : 【攷證 卷1 安得如雲生羽翰】 당나라 한유(韓愈)의 〈홀홀(忽忽)〉 시에 "어떡하면 구름처럼 길고 큰 날개를 내 몸에 돋치게 하여, 바람 타고 떨치면서 천지사방을 벗어날 수 있을까.〔安得長翮大翼如雲生我身, 乘風振奮出六合?〕"라고 하였다. 【校解】《고증》에는 '安得長翮大翼如雲生我身'이 '安得如雲生我翼'으로 되어 있는데, 통행본 《오백가주창려문집(五百家注昌黎文集)》에 의거하여 수정하였다.

410 서해 : 【攷證 卷1 西海】 해서(海西)인데, 혹 서해라고 칭하기도 한다.

411 동호의 쌍 옥잔 : 【攷證 卷1 東湖雙玉盞】 살펴보건대, 독서당(讀書堂)에 수정배(水精盃)가 있었는데, 바로 선온(宣醞)을 내리실 때 하사하신 것이다. 관관(館官)이 도금을 하여 받침대를 만들고 거기에 다음과 같은 말을 새겨 넣었다. "맑으니 더럽혀지지 않고, 비었으니 받아들일 수 있네. 이 물건 감사하게 받아서, 저버리지 말기를 생각하라.〔淸不涅, 虛能受. 德其物, 思勿負.〕"

412 해주 : 【攷證 卷1 海州】 황해우도에 속한다. 또 다른 군명으로는 지성(池城)·장지(長池)·대령(大寧)·서해(西海)·수양(首陽)·고죽(孤竹) 등이 있다. 《신당서》 〈배구열전(裴矩列傳)〉에 "고려는 본래 고죽국(孤竹國)이다."라고 하였다. 이첨(李詹)은 지금의 해주라고 하였다.

KNP0046(詩-內卷1-70)

밤에 일어나 느낌을 쓰다 【갑진년(1544, 중종39, 44세) 7월 23일 추정. 서울】
夜起有感

이지러진 달 허공에 걸려 창은 밤에도 밝은데	缺月懸空窗夜明
벽 사이의 귀뚜라미는 베틀 소리 내며 우네[413]	壁間絡緯響機鳴
처량하고 절절한 울음 서로 재촉하듯 하니	凄凄切切如相促
게으른 아낙네뿐 아니라 장사까지도 놀라누나[414]	不惟懶婦壯士驚
이웃의 닭 울지 않고[415] 밤[416]이 길기만 한데	鄰雞不歌更漏遲

413 귀뚜라미는……우네 : 【攷證 卷1 絡緯響機鳴】 살펴보건대, 낙위는 곧 실솔(蟋蟀)이니, 지금의 촉직(促織)이다. 진(晉)나라 최표(崔豹)의 《고금주(古今註)》〈어충(魚蟲)〉에 "사계(莎雞)는 일명 촉직이라 하고, 일명 낙위라고도 하며, 일명 실솔이라고도 한다."고 하였다. 송(宋)나라 소식(蘇軾)의 〈돈기·손면과 더불어 배를 타고서 운자를 찾다가 '미' 자를 얻어 짓다〔與頓起孫勉泛舟探韻得未字〕〉 시에 "창 앞에는 오동잎 쌓이고, 침상 아래에선 귀뚜라미가 우네.〔窓前堆梧桐, 牀下鳴絡緯.〕"라고 하였다. 【校解】 《고증》에는 "(古今注)一名梭機"라고 되어 있는데, 통행본 《고금주》에 의거하여 수정하였다. 또 《고증》에는 소식의 시 가운데 '牀'이 '窓'으로 되어 있는데, 통행본 《동파전집(東坡全集)》에 의거하여 수정하였다.

414 게으른……놀라누나 : 【攷證 卷1 懶婦驚】 송나라 채변(蔡卞)의 《모시명물해(毛詩名物解)》 권12 〈석충(釋蟲)〉에 "촉직의 울음소리가 게으른 아낙네를 놀라게 한다.〔促織鳴, 懶婦驚.〕"라고 하였다.

415 이웃의……않고 : 【攷證 卷1 隣雞不歌】 송나라 황정견(黃庭堅)의 〈차운하여 고자면에게 답하다〔次韻答高子勉〕〉 시 중 제4수에 "마구간의 말은 말라서 나오기 어렵고, 이웃의 닭은 얼어서 울지 못하네.〔櫪馬羸難出, 隣雞凍不歌.〕"라고 하였다.

416 밤 : 【攷證 卷1 更漏】 한(漢)나라 허신(許愼)의 《설문해자(說文解字)》에 "경(更)은 경(經)이니, 물시계가 동분에 물을 받아서 주야의 시간을 나눈다.〔漏以銅盆受水, 分時晝夜.〕"라고 하였다. 남조 송(宋)나라 범엽(范曄)의 《후한서》 〈장형열전(張衡列傳)〉에 "장형이 혼천의(渾天儀)를 만들어 물시계의 물로써 실내에서 혼천의를 돌리자

마구간의 말 풀을 씹으니 비바람 소리 나는 듯[417]	櫪馬齕草風雨聲
옷 걸치고 아이 불러도 잠에 취해 대답 없고	攬衣呼童睡不應
침상 머리엔 어두운 불꽃이 등잔에 드리웠어라[418]	牀頭暗蘂垂短檠
등 심지 돋우어 나를 비추고 서책 읽으니	挑燈照我簡編讀
은하수 기울 때까지 입가에 물결 이누나[419]	口角瀾飜銀河傾
옛 사람은 가버리고 나를 기다리지 않으나	古人去我不待我
고기 맛을 다 좋아하듯[420] 성정은 같아라	芻豢悅口同性情

천문과 서로 조응하였다."라고 하였다. 당(唐)나라 두보(杜甫)의 〈중서사인 가지의 '조조대명궁' 시에 받들어 화답하다〔奉和賈至舍人早朝大明宮〕〉 시에 "오경의 물시계 소리 새벽을 재촉하고, 구중궁궐의 봄빛은 복숭아꽃에 취하였네.〔五夜漏聲催曉箭, 九重春色醉仙桃.〕"라고 하였다.

417 마구간의……듯 : 【攷證 卷1 櫪馬齕草風雨聲】 송나라 소식(蘇軾)의 〈황노직의 '시원에 있는 말 그림을 보고서 짓다' 시에 차운하다〔次韻黃魯直畫馬試院中作〕〉 시에 "젊은 시절 말에 안장 얹고 걸핏하면 멀리 나갔는데, 누워서 말이 풀을 씹는 소리 들으니 비바람 소리 같았네.〔少年鞍馬動遠行, 臥聞齕草風雨聲.〕"라고 하였는데, 그 주석에 "마구간의 말이 풀을 씹는데, 잠결에 그것을 들으니 마치 먼 강에 바람이 이는 소리 같았다."라고 하였다.

418 어두운……드리웠어라 : 【攷證 卷1 暗蕊垂短檠】 송나라 소식의 〈12월 27일 밤에 앉아 있다가 새벽이 되어 자유에게 부치다〔十二月十七日夜坐達曉寄子由〕〉 시에 "등잔 심지 돋우지 않으니 어두운 불꽃 드리웠는데, 화로의 재를 뒤적이니 아직도 훈기가 남아 있네.〔燈燼不挑垂暗蕊, 爐灰重撥尙餘薰.〕"라고 하였다. 【校解】 《고증》에는 '燈燼不挑'가 '挑燼寒燈'으로 되어 있는데, 통행본 《동파전집》에 의거하여 수정하였다.

419 입가에 물결 이누나 : 【攷證 卷1 口角瀾飜】 송나라 소식의 〈자유가 공상보와 창화한 시를 보고 문득 그 운자에 차운하다……〔見子由與孔常父唱和詩輒次其韻……〕〉 시에 "서책을 외우니 입에서 물결이 일어나는데, 뻐꾸기 소리 두견새 소리와 섞여 있네.〔誦書口瀾飜, 布穀雜杜宇.〕"라고 하였다. 《어록(語錄)》에 "말이 계속해서 거침없이 나와서 마치 물결이 일렁이는 것과 같다.〔如波瀾飜動也〕"라고 하였다. 【校解】 《고증》에 소식의 시를 한유(韓愈)의 시라고 한 것은 오류이다. 또한 '誦'이 '讀'으로 되어 있는데, 통행본 《동파전집》에 의거하여 수정하였다.

어떡하면 평생에 금석 같은 벗[421]을 만나	安得平生金石友
중현의 잠긴 문을 옥 열쇠로 열어볼까[422]	重玄玉匙開鍵扃
십년간의 나라 은혜 산보다도 무거운데	十年國恩重於山
일생에 병이 많아 끝내 이룬 것이 없구나	一生多病終無成
지난해에는 흰 머리가 검은 머리에 섞이더니	去年霜髮映黑絲
금년에는 야윈 뼈가 그대로 튀어나왔네[423]	今年瘦骨仍崢嶸
창문 열고 달을 보니 달은 아직 기울지 않았는데	拓窗看月月未斜
흰 비단 같은 한 줄기 맑은 강물 잔잔하여라	白練一道澄江平

---

420 고기……좋아하듯 : 【譯注】 '추환(芻豢)'은 소·양·개·돼지 같은 가축을 말하는데 그 고기, 즉 식용이 가능한 육류를 지칭한다. 《맹자》 〈고자 상(告子上)〉에 "의리가 우리의 마음을 즐겁게 하는 것은 마치 고기 요리가 우리의 입을 즐겁게 하는 것과 같다.〔理義之悅我心, 猶芻豢之悅我口.〕"라고 하였다.

421 금석 같은 벗 : 【攷證 卷1 金石友】 당나라 맹교(孟郊)의 〈심교(審交)〉 시에 "오직 금석 같은 굳은 사귐이라야, 현달함을 논할 수 있으리.〔唯當金石交, 可以賢達論.〕"라고 하였다. 【校解】 《고증》에는 '唯'가 '惟'로 되어 있고 '以'가 '與'로 되어 있는데, 통행본 《맹동야시집(孟東野詩集)》에 의거하여 수정하였다.

422 중현의……열어볼까 : 【攷證 卷1 重玄玉匙開鍵扃】 《노자도덕경》 제1장에 "현묘하고 또 현묘하니, 온갖 오묘함의 문이로다.〔玄而又玄, 衆妙之門.〕"라고 하였다. 송나라 황정견의 〈차운하여 고자면에게 답하다〔次韻答高子勉〕〉 시 중 제1수에 "중현이 자물쇠로 굳게 잠겨 있으니, 옥 열쇠로 열기를 기다려야 하네.〔重玄鎖關鑰, 要待玉匙開.〕"라고 하였다. 【校解】 《고증》에는 '待'가 '得'으로 되어 있는데, 통행본 《산곡집(山谷集)》에 의거하여 수정하였다.

423 야윈……튀어나왔네 : 【攷證 卷1 瘦骨崢嶸】 송나라 소식의 〈조카인 안절이 멀리서 찾아와 밤에 함께 앉아서〔姪安節遠來夜坐〕〉 시 중 제2수에 "마음은 쇠하고 얼굴은 변하여 몸시도 야위었으나, 서로 만나보니 오직 예전의 목소리만은 알아보겠네.〔心衰面改瘦崢嶸, 相見惟應識舊聲.〕"라고 하였는데, 주석에 "'쟁영'은 험준한 모양이다."라고 하였다. 【校解】 《고증》에는 '面'이 '貌'로 되어 있는데, 통행본 《동파전집》에 의거하여 수정하였다. 또 《고증》에서 소식의 시를 구양수(歐陽脩)의 시라고 한 것은 오류이다.

KNP0047(詩-內卷1-71)

대뢰우행[424] 【갑진년(1544, 중종39, 44세) 7월 24일. 서울】

大雷雨行

이상은 모두 압구정(狎鷗亭)에서 지은 것이다.

강가 정자에서 새벽에 일어나 달빛 창문 열어 보니	江亭曉起推月戶
원근이 흐릿하고 숲과 언덕 고요해라	遠近蒼茫靜林塢
갑자기 강과 바다 기색이 처참하여	忽然江海色悽慘
포거운[425] 일어나니 처음엔 실올 같았지	礮車雲起初如縷
바라보니 붉은 번개 금빛 뱀을 끌어오고[426]	望中紫電掣金蛇
괴상한 기운 세차게[427] 서로 삼키고 토하누나	怪氣颯沓相呑吐

424 대뢰우행 : 【攷證 卷1 大雷雨行】《고금사문유취(古今事文類聚)》 별집 권10 〈가행지체(歌行之體)〉에 "율시는 성률에 구애되고, 고시는 어구에 구애를 받는다. 이 때문에 단어를 마음대로 사용할 수가 없다. '행(行)'이라는 문체는 그 단어를 마음대로 사용할 뿐이다. 멈추거나 막히는 바가 없음이, 마치 구름이 흘러가고 물이 흘러가면서 마음대로 꺾이고 크게 쏟아지는 것 같으니, 성률이나 어구에 구애받지 않는다."라고 하였다.

425 포거운 : 【攷證 卷1 礮車雲】'포'는 원(元)나라 웅충(熊忠)의 《고금운회거요(古今韻會擧要)》 권22에 "포(砲)는 본래 '포(礮)'로 쓴다."라고 하였다. 당(唐)나라 이조(李肇)의 《국사보(國史補)》에 "폭풍의 징후로 포거운이 있다."라고 하였다. 《天中記 卷2》 송(宋)나라 소식(蘇軾)의 〈6월 7일 금릉에 정박하였다가 바람에 막혔는데 종산 천공의 편지를 받고 시를 부쳐 사례하다〔六月七日泊金陵阻風得鍾山泉公書寄詩爲謝〕〉 시에 "오늘 강가에 하늘빛이 나빠지더니, 포거운이 일어나고 바람이 일려 하네.〔今日江頭天色惡, 礮車雲起風欲作.〕"라고 하였다.

426 붉은……끌어오고 : 【攷證 卷1 紫電掣金蛇】 송나라 소식의 〈망해루의 저녁 풍경 절구 5수〔望海樓晚景五絶〕〉 시 중 제2수에 "비 지나가고 물결 평온해지니 강해가 푸른데, 번갯불이 때때로 자금색 뱀을 끌어오네.〔雨過潮平江海碧, 電光時掣紫金蛇.〕"라고 하였다.

427 세차게 : 【攷證 卷1 颯沓】 당나라 두보(杜甫)의 〈상추를 심다〔種萵苣〕〉 시에 "빗

서쪽에서 불어온 검은 바람 산악을 뒤흔들고　西來黑風撼山岳
용은 호수의 물결을 말아 반공에서 춤을 추네　龍捲湖波半空舞
태음의 기운 출렁이니[428] 귀신의 못된 짓이요　太陰崩騰鬼神惡
은하수 꺾여 쏟아지니 천부를 기울인 듯하여라　銀河屈注傾天府
고래 떼는 파도 타며 앞 진에서 내달리고　鯨鯢駕浪馳前陣
호표는 서슬 다투며 뒷북을 두들기니　虎豹爭鋒嚴後鼓
성을 뚫고 한밤중에 천 마리 소 풀어놓은 듯[429]　穿城半夜縱千牛
나무 깎아 황혼녘에 만 화살을 쏘아대듯[430]　斫樹黃昏飛萬弩

소리가 바람을 앞세우더니, 흩날리는 빗줄기가 모두 서쪽으로 쓰러지네. 산중의 샘물 창강으로 떨어지는데, 천둥소리 아직도 귓가에 남아 있구나. 온종일 비바람 세차게 휘감더니, 이틀 지나서야 비 그쳐 맑게 개었네.〔雨聲先已風, 散足盡西靡. 山泉落滄江, 霹靂猶在耳. 終朝紆颯沓, 信宿罷蕭灑.〕"라고 하였다. 【校解】《고증》에서 제시한 두보 시의 구절 '雨聲先已風颯沓'은 '삽답'의 용례를 보이기 위해 두보의 시에서 구절을 조합한 듯하다.

428 태음의 기운 출렁이니 : 【攷證 卷1 太陰崩騰】 당나라 두목(杜牧)의 〈대우행(大雨行)〉에 "귀신이 채찍질하며 수레 몰아 음제를 태우고, 왕래하며 물을 뿜어 대니 어찌 그리도 미쳐 날뛰는가. 사방에서 출렁이는 모습은 옥경의 호위대 같고, 만 리에 종횡으로 내달리는 모습은 우림군의 창 같구나.〔神鞭鬼馭載陰帝, 來往噴灑何顚狂? 四面崩騰玉京仗, 萬里縱橫羽林槍.〕"라고 하였다. 【校解】《고증》에는 '馭'가 '御'로 되어 있는데, 《어정전당시(御定全唐詩)》에 의거하여 수정하였다.

429 성을……듯 : 【譯注】 전국 시대 제(齊)나라의 전단(田單)이 연군(燕軍)이 해이해진 틈을 타서 천여 마리의 소를 징발하여 뿔에는 병장기를 묶고 꼬리에는 기름을 부은 섶을 매단 다음 성(城)에 수십 개의 구멍을 뚫고서 소의 꼬리에 불을 붙이자 소가 노하여 그 구멍으로 나아가 연군의 진중(陣中)으로 달려가니 연군이 크게 놀라 대패(大敗)하였다. 이로 인하여 제나라는 일거에 연군을 소탕하고 잃었던 70여 성(城)을 수복(收復)하였다 한다. 《史記 田單列傳》

430 나무……쏘아대듯 : 【譯注】 전국 시대 제나라의 군사(軍師) 손빈(孫臏)이 조(趙)나라를 구원하기 위해 위(魏)나라로 쳐들어가면서 마릉(馬陵)에 이르러 나무를 깎아 하얀 면이 드러나게 한 다음 그 나무에 "방연(龐涓)이 이 나무 밑에서 죽을 것이다."라

아향이 힘을 모아 요란한 수레 밟아대니[431]	阿香贔屭踏狂車
하늘과 땅 쪼갤 듯이 신부[432]가 웅장하여라	劃破乾坤壯神斧
저 기세 부딪히면 천주도 꺾일[433] 듯하니	頗疑勢觸天柱折
구운 돌로도 구구하게 때울 수 없을까 걱정일세[434]	鍊石區區憂莫補

는 글을 써 놓고 좌우에 궁노수(弓弩手)를 매복시켜 두었다. 제나라가 위나라로 쳐들어 왔다는 소식을 들은 위나라 장군 방연은 조나라 공격을 포기하고 급히 위나라로 달려와 저물녘에 마릉에 당도하여 나무에 글이 쓰여 있는 것을 보고 불을 비추어 읽으려 하는데 채 읽기도 전에 매복한 궁노수들의 기습을 받아 패사(敗死)하였다.《史記 孫子吳起列傳》

431 아향이……밟아대니 :【攷證 卷1 阿香贔屓踏狂車】진(晉)나라 도연명(陶淵明)의《수신후기(搜神後記)》권5에 다음과 같은 내용이 있다. "진나라 목제(穆帝) 영화(永和) 연간에 의흥(義興) 출신의 주(周)씨 성을 가진 사람이 서울을 나섰는데 마을에 다다르기 전에 해가 저물었다. 길가에 새로 지은 작은 초가집이 있었는데, 마침 어떤 여자가 문밖으로 나오자, 주씨는 그 여자에게 하룻밤 자고 갈 수 있도록 부탁하였다. 초저녁이 되었을 때 밖에서 한 어린아이가 아향을 부르며 '관청에서 너를 불러 뇌거(雷車)를 밀라고 하신다〔官喚汝推雷車〕.'라고 말하는 소리를 들었다. 여자는 곧 인사를 하고서 그 집을 나갔고, 밤이 되자 갑자기 우레가 치면서 비가 쏟아졌다. 아침에 주씨가 어제 묵었던 곳을 살펴보니 바로 하나의 무덤이었다." ○ '贔屓'는 독음이 비희(比喜)이니, 장대하게 힘을 쓰는 모양이다. 진나라 좌사(左思)의 〈오도부(吳都賦)〉에 "큰 자라가 힘을 모아서, 머리에 삼신산을 이고 있네.〔巨鼇贔屓, 首冠靈山.〕"라고 하였다.《文選 卷5》당나라 한유(韓愈)의 〈동방삭의 '잡사'를 읽다〔讀東方朔雜事〕〉 시에 "몰래 우레와 번개의 방에 들어가니, 덜컹덜컹 요란한 수레 흔들리네.〔偸入雷電室, 輷輘掉狂車.〕"라고 하였다.【校解】《고증》에는 한유의 시 가운데 '輷'이 '鍧'으로 되어 있는데, 통행본《오백가주창려문집(五百家注昌黎文集)》에 의거하여 수정하였다.

432 신부 :【攷證 卷1 神斧】송나라 심괄(沈括)의《몽계필담(夢溪筆談)》권20 〈신기(神奇)〉에 "세상사람 중에서 뇌부(雷斧)니 뇌설(雷楔)을 얻었다고 하는 자들이 '그것은 뇌신(雷神)이 떨어뜨린 것인데, 천둥 번개가 친 곳 아래에 많다.'라고 하였다. 보통 뇌부는 대부분 구리나 쇠로 만든 것이다."라고 하였다.

433 저……꺾일 :【攷證 卷1 勢觸天柱折】《열자》〈탕문(湯問)〉에 "공공씨(共工氏)가 전욱(顓頊)과 다툴 때 황제인 전욱이 화가 나서 부주산을 들이받자〔觸不周之山〕, 하늘을 받치는 기둥이 부러지고〔折天柱〕 땅을 매다는 끈이 끊어졌다."라고 하였다.

또 두려운 건 용문산이 뚫리지 않았다면[435]	又恐龍門未疏鑿
홍수가 콸콸 흘러 이 땅이 다 떠내려갔으리니	洪流湯湯漂下土
농부는 가래 던지고 밭도랑을 잃을 것이요	農夫投鍤失畎澮
장사치는 돛 휘날려 서계의 포구 분간 못하리라	賈客飄帆迷漵浦
편안한 집의 서생이야 또 무엇을 하겠는가	堂上書生亦何爲
옷깃을 여미고 배회하니 하늘이 노하시네	斂衽低徊上天怒
두목은 호탕하게 읊으며[436] 장관이라 생각했고	杜牧豪吟憶壯觀
하후현은 경서 담론하며 오히려 기둥에 기댔다오[437]	夏侯談經猶倚柱
잠깐 사이[438] 한눈에 씻은 듯 다 없어지고	斯須一眼盡如掃

434 구운……걱정일세 : 【攷證 卷1 鍊石憂莫補】《열자》〈탕문〉에 "그러므로 옛날 여와씨(女媧氏)는 오색의 돌을 구워서 하늘의 구멍난 곳을 막았다.〔煉五色石以補其闕〕"라고 하였다.

435 용문산이 뚫리지 않았다면 : 【攷證 卷1 龍門云云】 원나라 황진성(黃鎭成)의 《상서통고(尙書通考)》 권7에 "용문산은 '풍익(馮翊) 하양현(夏陽縣)에 있는데, 지금의 하중부(河中府) 용문현이다.' 하였다."라고 하였다. 명(明)나라 호광(胡廣) 등이 편찬한 《서경(書經)》〈우공(禹貢)〉에 다음과 같은 내용이 있다. "이복(李復)이 '우임금이 용문산을 뚫었는데〔禹鑿龍門〕 석벽이 우뚝하게 서 있어 황하가 산골짜기 사이 수천 리 사이에 묶여 있다가, 여기에 이르러서는 산이 열리고 언덕이 탁 트이므로 시원하게 내달려 흘러가니, 노기를 띠고 내뿜는 바람은 그 소리가 만 개의 우레가 한꺼번에 치는 것 같았다.'라고 하였다."

436 두목은 호탕하게 읊으며 : 【攷證 卷1 杜牧豪吟】 두목은 자가 목지(牧之)이고, 경조(京兆) 사람이며, 소두(小杜)라고 불렸다. 시정(詩情)이 호매(豪邁)하였다.

437 하후현은……기댔다오 : 【攷證 卷1 夏侯談經猶倚柱】 살펴보건대, 삼국 시대 위(魏)나라 하후현(夏侯玄)이 기둥에 기대어 책을 읽고 있었는데 폭우가 내리고 벼락이 쳐서 기대고 있던 기둥이 부서졌으나, 하후현의 안색이 변하지 않았다. 【校解】《세설신어(世說新語)》〈아량(雅量)〉에 "하후현이 기둥에 기대어 글씨를 쓰고 있었다."라고 하였다.

438 잠깐 사이 : 【攷證 卷1 斯須】《예기(禮記)》〈제의(祭義)〉에 "예악(禮樂)은 잠시라

만 리의 맑은 햇빛이 가을 하늘[439] 비추누나	萬里晴光曬秋宇
태허는 깊고 깊어 본래 아무것도 없었는데	太虛幽幽本無物
누가 무위에 거하면서 천지를 주관하는가	孰居無事爲之主
한 번 닫고 한 번 열며 마음껏 변화를 부리니[440]	一闔一闢恣披拂
조화 일으키는 신공을 누가 감히 업신여기랴	變化神功誰敢侮
하늘의 호령[441]은 헛되이 나오지 않나니	天公號令不虛出
꺾고 흔드는 것은 모두 따뜻한 인이로세	摧殘震動皆仁煦
지금까지 본 것들 모두가 허깨비[442] 같을 뿐이니	向來所見付幻境

도 몸을 떠나서는 안 된다.〔禮樂不可斯須去身.〕"라고 했는데, 송나라 방각(方慤)의 주석에 "'사수'는 한 번 헤어지고 한 번 만나는 즈음이다.〔斯須則一離一合之頃也〕"라고 하였다.《禮記集說 卷99》

439 가을 하늘 : 【攷證 卷1 秋宇】 송나라 구양수(歐陽脩)의 〈명선부(鳴蟬賦)〉에 "엄숙하게 사당에 절하며 공경하게 섬김이여, 드높은 하늘을 우러러보네.〔肅祠庭以祇事兮, 瞻玉宇之崢嶸.〕"라고 하였다. 【校解】《고증》에는 구양수의 부(賦)에 '玉宇廓其崢嶸'이라는 구절이 있다고 제시되어 있는데 찾을 수 없다. 다만《하서집(河西集)》 권1〈칠석부(七夕賦)〉에 "秋風颯以夕起, 玉宇廓其崢嶸."이라는 구절이 보인다.

440 한……부리니 : 【攷證 卷1 孰居無事云云】《장자》〈천운(天運)〉에 "누가 이 천지일월의 운행을 주관하는가〔孰主張是〕? 누가 무위의 일에 머물면서 이 천지일월을 밀어서 움직이는가〔孰居無事推而行是〕? 누가 무위의 일에 머물면서 이 바람을 부채질하는 것인가〔孰居無事而披拂是〕?"라고 하였다.

441 하늘의 호령 : 【攷證 卷1 天公號令】 송나라 소식의 〈공의보가 지은 '오랫동안 가물다가 이윽고 비가 심하게 내리다' 시에 차운하다〔次韻孔毅甫久旱已而甚雨〕〉 시 중 제3수에 "하늘의 호령은 다시 나오지 않으니, 열흘의 오랜 장맛비가 모든 걸 집어삼켜 하나로 만드네.〔天公號令不再出, 十日愁霖併爲一.〕"라고 하였다.

442 허깨비 : 【攷證 卷1 幻境】《열자》〈주목왕(周穆王)〉에 "노성자(老成子)는 윤문(尹文) 선생에게 환술을 배우기도 했다. 노성자는 돌아가 석 달 동안 깊이 생각한 끝에 사철을 뒤바꾸어 놓을 수 있고, 겨울에 우레를 일으키고 여름에 얼음을 만들었다."라고 하였다. 범서(梵書)에 몽환(夢幻)·허환(虛幻)의 경계가 있다. 【校解】'몽환'은《금강반야바라밀경(金剛般若波羅密經)》에, "일체유위의 법칙은 꿈과 같고 허깨비와 같고 물거

강가에서 바람 맞으며 한바탕 웃노라　　一笑臨風大江滸

품과 같고 그림자와 같으며, 이슬과 같고 또한 번개와도 같나니, 응당 이와 같이 관찰해야 한다.〔一切有爲法, 如夢幻泡影, 如露, 亦如電, 應作如是觀.〕"라고 한 데서 온 말로, 전하여 아주 짧은 시간을 말한다.

KNP0048(詩-內卷1-72)

헌함 밖에 있는 나무를 쳐내고서 짓다 【갑진년(1544, 중종39, 44세) 8월 초순 추정. 서울】

剪開檻外樹作

남쪽 누각 내 맘에 들지 않으니	南樓意不愜
헌함 앞에 나무가 너무 우거졌기[443] 때문이라	檻前樹蓊蓊
피리와 퉁소 같은 바람소리 어찌 듣겠는가[444]	那聞竽籟響
다만 땅강아지 개미들의 구멍만 보일 뿐이지	秖見螻蟻孔
발끈 이는 짜증에 용서하기 어렵더니	勃然難恕宥
허리에 도끼 찬[445] 종들[446] 용감하게 나섰네	腰斧奚奴勇
쩡쩡 나무치는 소리 멀리서 들려오고	丁丁落遠揚
훌연히 답답하던 시야가 트였어라	豁豁去蔽壅
시내와 언덕이 홀연히 모습 드러내	川原忽紛披

443 너무 우거졌기 : 【攷證 卷1 蓊蓊】 '옹옹'은 무성한 모양이다.

444 피리와……듣겠는가 : 【攷證 卷1 那聞竽籟響】 당(唐)나라 두보(杜甫)의 〈녹나무가 비바람에 뽑힌 것에 대한 탄식〔枏樹爲風雨所拔歎〕〉 시에 "들판의 나그네는 자주 머물며 눈과 서리 두려워하고, 길가는 사람은 지나가지 않고 피리와 퉁소 같은 바람소리를 듣네.〔野客頻留懼雪霜, 行人不過聽竽籟.〕"라고 하였다.

445 허리에 도끼 찬 : 【攷證 卷1 腰斧】 당나라 유우석(劉禹錫)의 〈만자가(蠻子歌)〉에 "허리에 도끼 차고 높은 산 오르는데, 길 없는 곳을 마음대로 다니누나.〔腰斧上高山, 意行無舊路.〕"라고 하였다.

446 종들 : 【攷證 卷1 奚奴】 해(奚)는 동호(東胡)의 일족으로 북조 시대 북위(北魏) 때에는 고막해(庫莫奚)라고 불렸다. 돌궐(突厥)과 풍속이 같으며 물과 풀을 좇아서 목축을 하였는데, 그 사람들이 수레를 잘 몰았기 때문에 그들을 일러 '해노'라고 하였다. 《新唐書 北狄列傳》

가만히 앉아[447] 발꿈치 옮길 것 없구나 宴坐不移踵

먼 산이 나의 발 안에 들어오니[448] 遠山入簾鉤

시름겨운 쪽진 머리 번희가 움켜잡은 듯하여라[449] 愁髻樊姬擁

평평한 호수는 흰 비단을 다린 듯[450] 平湖熨冰紈

---

447 가만히 앉아 : 【攷證 卷1 宴坐】《유마경(維摩經)》〈제자품(弟子品)〉에 "삼계에 몸과 마음을 드러내지 않는 것이 연좌이며, 멸진정(滅盡定)에서 일어남이 없이 모든 위의를 나타내는 것이 연좌이다."라고 하였다. 당(唐)나라 이백(李白)의 〈여산 동림사에서 밤의 회포를 쓰다〔廬山東林寺夜懷〕〉 시에 "앉아서 참선하며 고요하게 움직이지 않으니, 대천세계가 터럭에라도 들어가겠네.〔宴坐寂不動, 大千入毫髮〕"라고 하였다. 【校解】 불교에서는 앉아서 참선하는 것을 지칭하나, 여기서는 한가롭게 조용히 앉아 있는 것을 말한다.

448 먼……들어오니 : 【攷證 卷1 遠山入簾鉤】 송(宋)나라 소식(蘇軾)의 〈동년인 선석(單錫)이 덕흥 유씨의 취원루에 대한 시를 요청하다〔單同年求德興俞氏聚遠樓詩〕〉 시 중 제2수에 "한없는 청산은 흩어져 거두어들일 수 없는데, 구름은 내달리고 물결은 말려서 염구에 들어오네.〔無限青山散不收, 雲奔浪卷入簾鉤.〕"라고 하였다.

449 시름겨운……듯하여라 : 【攷證 卷1 愁髻樊姬擁】 송나라 황정견(黃庭堅)의 〈영자여가 나의 '악양루' 시에 뒤미처 화답하였는데, 내가 다시 차운하다〔甯子與追和予岳陽樓詩復次韻〕〉 시 중 제1수에 "지난해 막 비 개었을 때 홀로 난간에 기대었더니, 산은 마치 번희가 쪽진 머리를 움켜쥔 듯하였네.〔去年新霽獨憑欄, 山似樊姬擁髻鬟.〕"라고 하였는데, 송나라 임연(任淵)의 주석에 "영현(伶玄)이 번통덕(樊通德)이라는 첩을 돈을 주고 샀는데, 재색(才色)이 있었으며 조비연(趙飛燕) 자매에 관한 이야기를 잘하였다. 영현이 '이 미인들도 다 죽어서 재가 되었다. 한창 때에는 정신을 다 쏟고 힘을 다하여 좋아하는 것을 한없이 탐내어 쫓아 달렸을 뿐, 어찌 끝내 거친 밭과 들풀 사이로 돌아가 묻힐 것을 알았겠는가?'라고 했더니, 그녀는 촛불 그림자를 돌아보면서 손으로 쪽진 머리를 감싸 쥐고〔以手擁髻〕 처연하게 눈물을 흘렸다."라고 하였다. 《山谷內集詩注 卷19》【校解】 황정견의 시 제목 가운데 '甯子與'는 《산곡내집시주(山谷內集詩注)》를 따른 것이고, 《산곡집(山谷集)》에는 '甯子興'으로 되어 있다. '영현'은 '영원(伶元)'이라고도 한다.

450 평평한……듯 : 【攷證 卷1 平湖熨】 '위(熨)'는 인두〔火斗〕인데 독음이 위(尉)이며, 또 다른 독음은 울(蔚)이다. 불을 담아가지고 명주를 펴는 것이다. 당나라 두보의 〈백사행(白絲行)〉에 "미인이 세심하게 다림질하여 평평하게 펴니, 재봉할 때의 바느질 자국이 다 사라졌네.〔美人細意熨帖平, 裁縫滅盡針線跡.〕"라고 하였다.

궤석에도 하늘빛이 어른거리네　几席天光動
흡사 신선 되는 법을 배운 듯하니　恍如學變化
누대와 전각이 구름 사이로 솟았어라　臺殿雲間聳
예전에는 담장과 얼굴이 맞닿을 듯했는데　向來墻面界
이제는 삼라만상의 경치 눈앞에 펼쳐지네　萬象爭獻捧
날아가는 기러기 하늘가에 가물거리고　飛鴻渺天末
세상일은 눈에놀이[451]와 비등하여라　世事等蠛蠓
사람의 마음은 삿된 생각을 물리쳐야 하고　人心辟邪蠱
나라의 정사는 미종[452]을 없애야 하나니　國政去微尰
숲을 제거한 내 공과 이런 일 비교한다면　較我開林功
그 경중의 구분이 없을 수 있겠는가　無分輕與重

451 눈에놀이 : 【攷證 卷1 蠛蠓】《이아(爾雅)》에 "'멸몽'은 작은 벌레로, 초파리와 비슷하며 어지러이 날기를 좋아한다."라고 하였다. 《열자》〈탕문(湯問)〉에 "비가 오면 생겨나고, 볕을 보면 죽는다."라고 하였다. 한(漢)나라 양웅(揚雄)의 〈감천부(甘泉賦)〉에 "미세한 먼지들이 떠다니며 하늘을 어루만진다.〔浮蠛蠓而撇天〕"라고 하였는데, 이에 대한 당(唐)나라 이선(李善)의 주석에 "멸몽은 떠다니는 기운〔遊氣〕이다."라고 하였다. 《文選註 卷7》 한나라 장형(張衡)의 〈사현부(思玄賦)〉에 "푸른 하늘을 건너 먼 곳에 오름이여, 눈에놀이처럼 부유하며 위로 올라가네.〔涉靑霄而升遐兮, 浮蠛蠓而上征.〕"라고 하였다.

452 미종 : 【攷證 卷1 微尰】《시경》〈소아(小雅) 교언(巧言)〉에 "이미 정강이가 병들고 또 수종다리가 되었으니, 너희들의 용맹은 그 무엇인가.〔旣微且尰, 爾勇伊何?〕"라고 하였는데, 송나라 주자(朱子 주희(朱熹))의 주석에 "정강이가 병든 것을 '미'라 하고, 발에 종기가 난 것을 '종'이라 한다."라고 하였다.

KNP0049(詩-內卷1-73)

규암 송미수[453]가 동지부사로 명나라 서울에 가시므로 받들어 드리다 【갑진년(1544, 중종39, 44세) 9월 5일 추정. 서울】

奉贈圭庵宋眉叟以冬至副使赴京

광평[454] 선생은 간장이 철석 같은 분	廣平先生鐵作腸
호남에 올해에도 팥배나무 남기셨는데[455]	湖南今歲留甘棠
돌아와 명을 받고 명나라로 하례 가시니	歸來受命賀天朝
성사는 멀리멀리 은하수[456]를 올라가누나	星槎迢迢上銀漢

453 송미수 : 【攷證 卷1 宋眉叟】 송인수(宋麟壽, 1499~1547)로, 본관은 은진(恩津), 자는 미수, 호는 규암(圭庵)이며, 명(明)나라 효종(孝宗) 홍치(弘治) 기미년(헌종2)에 태어났다. 효성과 우애가 깊고 성품이 청고(淸高)하였으며, 흉금이 탁 트이고 도리가 명백하였다. 관직은 대사헌(大司憲)에 이르렀는데, 을사사화 때 사사(賜死)되었다. 시호는 문충(文忠)이다.

454 광평 : 【譯注】 '광평'은 광평군공(廣平郡公)에 봉해진 당(唐)나라 때의 현상(賢相) 송경(宋璟)이다. 당(唐)나라 피일휴(皮日休)의 〈도화부(桃花賦)〉 병서(幷序)에 "나는 일찍이 재상 송광평의 곧고 굳은 자질과 강직하고 굳센 모습을 사모한 나머지, 그의 철석같은 심장으로는〔鐵腸與石心〕 어여쁘고 애교 넘치는 말을 토해 낼 줄 모르리라고 여겼다. 그런데 그의 글 가운데 〈매화부〉를 보니, 말이 통창하고 화려하여 남북조(南北朝) 시대 서릉(徐陵)·유신(庾信)의 문체를 꼭 닮아 그 사람됨과는 아주 달라 보였다."라고 하였다. 【攷證 卷1 廣平】 살펴보건대, 규암이 송씨이기 때문에 송광평의 일을 구사한 것이다.

455 올해에도 팥배나무 남기셨는데 : 【譯注】 관찰사의 어진 정사를 이른다. 주(周)나라 소공(召公)이 관할지를 순행할 때 팥배나무가 있으면 그 밑에 앉아서 옥사를 판결하고 정사를 펼쳤다. 《詩經 召南 甘棠》《史記 燕召公世家》【攷證 卷1 今歲留甘棠】 살펴보건대, 송규암은 계묘년(1543, 중종38)에서 갑진년(1544, 중종39) 사이에 전라도 관찰사를 지냈다.

456 은하수 : 【攷證 卷1 銀漢】 곧 천하(天河)이다.

해동의 정영이요 군자의 자품이라　海東精英人雅資
공무의 수고로움 원망 않고 사방으로 달리시네[457]　不怨賢勞馳四方
호음[458]의 필력은 구정을 들 만하니[459]　湖陰筆力扛九鼎
중국에서도 감동하여[460] 문장을 전한다오　中華感動傳文章
세 분의 이번 사신 길은 아마도 하늘의 뜻이리니　參卿使事豈天意
밤하늘 차지한 규벽이 광채를 드날리네[461]　夜占奎璧騰光芒
바다에 들어가 손으로 용의 여의주 찾아내고[462]　入海手探驪龍珠

457 정영이요……달리시네 : 【攷證 卷1 精英…四方】 진(晉)나라 곽박(郭璞)의 〈강부(江賦)〉에 "금의 정수 옥의 영화가 그 속에 가득하고, 아름다운 구슬 기이한 돌이 그 표면에서 빛을 발하네.〔金精玉英瑱其裏, 瑤珠怪石琗其表.〕"라고 하였다. 또 한(漢)나라 반고(班固)의 〈서도부(西都賦)〉에 "크게 우아하고 넓게 통달한 분들이, 여기에서 무리를 짓는도다.〔大雅宏達, 於茲爲羣.〕"라고 하였다. 《文選 卷12·卷1》 【校解】 《고증》에는 반고의 부 가운데 '羣'이 '盛'으로 되어 있는데, 통행본 《문선》에 의거하여 수정하였다.

458 호음 : 【攷證 卷1 湖陰】 정사룡(鄭士龍, 1491~1507)의 호이다. 이때 동지사(冬至使)의 상사(上使)가 되었다. 【校解】 정사룡은 본관이 동래(東萊), 자가 운경(雲卿), 호가 호음이다.

459 구정을 들 만하니 : 【攷證 卷1 扛九鼎】 항우는 힘이 큰 솥을 들어 올릴 수 있었다.〔力能扛鼎〕《史記 項羽本紀》

460 중국에서도 감동하여 : 【攷證 卷1 中華感動】 아마도 정사룡은 일찍이 문장으로 중원(中原)에 알려진 듯하다.

461 규벽이 광채를 드날리네 : 【攷證 卷1 奎璧光芒】 '벽(璧)'은 '벽(壁)'이 되어야 할 듯하다. 《효경원신계(孝經援神契)》에 "규성의 별자리는 문장을 관장한다.〔奎主文章〕"라고 하였다. 송(宋)나라 방현령(房玄齡) 등의 《진서(晉書)》 〈천문지 상(天文志上)〉에 "벽수(壁宿)의 두 별은 문장을 주관하는 별로서 천하의 도서를 소장한 곳을 상징한다."라고 하였다. 당(唐)나라 유우석(劉禹錫)의 〈작고한 당나라 상서성 예부원외랑 유종원의 문집 서문〔唐故尙書禮部員外郎柳君集紀〕〉에 "찬란하기는 수많은 별들이 하늘에 매달려 있으면서 빛은 차갑고 색은 선명한 것과 같았다."라고 하였다.

462 손으로……찾아내고 : 【譯注】 훌륭한 시구를 얻은 것을 비유한다. 【攷證 卷1 手探驪龍珠】 하상옹(河上翁)은 가난하여 쑥으로 발을 엮어 먹고살았는데, 아들이 못에 빠졌다

하늘에 올라가 귀는 균천의 음악 들으리라[463] 登天耳閱鈞音張
어찌 장쾌한 유람으로 의기만 드높일 뿐이랴 豈但壯遊增氣義
즐거워라 수창이여 궁상처럼 어울리리 樂哉酬唱如宮商
풍운이 이는 곳곳마다 해타가 떨어지리니[464] 風雲隨處落咳唾
야광주 던진다고 누가 다시 칼을 만질까[465] 誰復按劍投夜光

가 천금의 여의주를 얻었다. 하상옹이 아들에게 "어서 돌을 가져다 깨버려라. 천금의 여의주는 분명 구중 못 속의 검은 용의 턱 아래 있었을 테니, 네가 얻을 수 있었던 것은 틀림없이 용이 자고 있었기 때문이다.〔夫千金之珠, 必在九重之淵而驪龍頷下, 子能得珠者, 必遭其睡也.〕 용이 깨어 있었더라면 너는 반드시 가루가 되었을 것이다."라고 하였다.《莊子 列禦寇》 송(宋)나라 계민부(計敏夫)의《당시기사(唐詩紀事)》 권39〈유우석(劉禹錫)〉에 다음과 같은 내용이 있다. "원진(元稹)·유우석·위초객(韋楚客) 등이 백거이(白居易)의 집에 함께 모여서 남조의 흥망성쇠에 대해서 논하다가, 각자〈금릉회고시(金陵懷古詩)〉를 지었다. 유우석이〈서새산에서 옛일을 회고하다〔西塞山懷古〕〉시를 지어 '왕준의 누선이 익주로부터 내려오니, 금릉의 왕기 암담하게 거두어졌네.〔王濬樓船下益州, 金陵王氣黯然收.〕'라고 하자, 백거이가 '네 사람이 검은 용을 더듬었는데 그대가 먼저 여의주를 얻었다.〔四人探驪龍, 子先獲珠.〕 남은 것은 모두 비늘이나 껍데기일 뿐이니 어디에 쓰겠는가.'라고 말하고는 이에 시 짓기를 그만두었다."

463 귀는……들으리라 : 【攷證 卷1 耳閱鈞音張】 진(秦)나라 목공(穆公)이 꿈에 천제가 계신 곳에 이르러 균천광악을 구경하였다〔觀鈞天廣樂〕.《史記 趙世家》

464 풍운이……떨어지리니 : 【譯注】 변화무쌍하고 주옥같은 문장을 지을 것이라는 말이다. 【攷證 卷1 風雲隨處落孩唾】《수서(隋書)》〈이악열전(李諤列傳)〉에 "연이어진 서책들은 달밤의 이슬을 넘어서는 것이 없고, 책상에 쌓이고 상자에 가득한 것은 오직 바람과 구름의 형태뿐이었다.〔連篇累牘, 不出月露之形, 積案盈箱, 唯是風雲之狀.〕"라고 하였다. 송(宋)나라 방현령(房玄齡) 등의《진서》〈하후담열전(夏侯湛列傳)〉에 "뱉는 침은 주옥이 되고, 휘두르는 소매에서는 바람과 구름이 이네.〔咳唾成珠玉, 揮袂出風雲.〕"라고 하였다. 당나라 이백(李白)의〈첩박명(妾薄命)〉시에 "그대의 침방울이 높은 하늘에서 떨어지니, 바람을 따라 주옥이 생겨나누나.〔咳唾落九天, 隨風生珠玉.〕"라고 하였다.

465 야광주……만질까 : 【譯注】 중국인들이 송인수의 문장을 보고 야광주를 보듯 탐낼 것이라는 뜻이다. 【攷證 卷1 按劍投夜光】 한(漢)나라 추양의〈옥중상서(獄中上書)〉에 "신이 듣건대, 명월주와 야광벽을 도로에서 몰래 사람들에게 던져 놓는다면, 누구든지

나는 초파리처럼 먼지 낀 항아리만 지키고 있으니[466] 我似醯雞守塵甕
대방가 앞에서는 큰 바다를 본 듯 감탄한다오[467] 大方之家嗟望洋
봉래산 해와 달이 가을철로 접어드니 蓬山日月轉秋序
부질없이 이별의 한스러움에 흰머리만 더해지네 坐覺別恨添鬢霜
높은 풍도 표일한 자취는 따라잡을 수 없으니 高風逸軌不可攀
서쪽으로 만 리 길게 뻗은 산과 강을 바라보노라 西望萬里關河長
과분하게도 시 한 편 써 달라는 부탁을 받았으니 謬蒙索贈一篇詩
어느 날에나 다시 군자의 당에 오를 수 있을거나 幾日重躋君子堂

칼을 어루만지며 노려보지 않는 자가 없을 것입니다.〔明月之珠, 夜光之璧, 以暗投人於道, 衆莫不按劍相眄者.〕 왜냐하면 아무 이유 없이 그것이 자기 앞에 던져졌기 때문입니다."라고 하였다. 《史記 鄒陽列傳》

466 초파리처럼……있으니 : 【攷證 卷1 醯雞塵甕】 송(宋)나라 임희일(林希逸)의 《장자구의(莊子口義)》 〈전자방(田子方)〉에 "'혜계'는 식초 항아리 속의 초파리이다〔醋甕中之蠛蠓也〕. 그것은 항아리 속에 갇혀 있을 뿐이니, 어찌 항아리 밖의 큰 세상을 알겠는가."라고 하였다.

467 대방가……감탄한다오 : 【攷證 卷1 大方之家嗟望洋】 하백(河伯)은 비로소 얼굴을 돌려 바다를 보며 북해의 신인 약을 향해〔望洋向若〕 탄식하면서 "이제 당신의 그 무궁한 모습을 내 눈으로 보았습니다. 만일 내가 당신의 문 앞에 이르지 않았더라면 위태로웠을 겁니다. 나는 오랫동안 큰 도를 얻은 사람의 웃음거리가 되었을 테니까요.〔吾長見笑於大方之家〕"라고 하였다. 《莊子 秋水》

KNP0050(詩-內卷1-74~76)

영조사[468] 종사관으로 의주에 가는 임사수[469]를 보내다. 3수 을사(1545, 인종1, 45세) 【3월 추정. 서울】

送林士遂以迎詔使從事赴義州 三首 乙巳

(詩-內卷1-74)

시로[470]가 조사의 행차 맞으려 서쪽으로 가니	詩老西迎詔使行
한때의 종사관들 모두가 영웅호걸이라	一時從事盡豪英
나는 장수 가[471]에서 홀로 크신 성은 입었으니	漳濱獨荷天恩重
밤낮으로 부질없이 감개의 정만 많아지누나	日夕空多感慨情

-나도 이 일행에 뽑혔으나 병으로 인해 면제받았다.-

468 조사 : 【攷證 卷1 詔使】 명(明)나라 세종(世宗) 가정(嘉靖) 갑진년(1544, 중종39)에 중종(中宗)이 승하하니, 을사년(1545, 인종1)에 명나라 황제가 태감(太監) 곽방(郭王+放)과 행인(行人) 장승헌(張承憲)을 보내어 제사와 시호 및 부의(賻儀)를 내렸다. 또 태감 장봉(張奉)과 오유(吳猷)를 보내어 고명(誥命)을 하사한 뒤에 칙서(勅書)를 내리고 채폐(彩幣)를 하사하였다.

469 임사수 : 【譯注】 임형수(林亨秀, 1514~1547)로 본관은 평택(平澤), 자는 사수(士遂), 호는 금호(錦湖)이다.

470 시로 : 【譯注】 시를 잘 짓는 사람을 말한다. 【攷證 卷1 詩老】 송(宋)나라 구양공(歐陽公 구양수(歐陽脩))이 매성유(梅聖兪 매요신(梅堯臣))를 시로(詩老)라고 하였다. ○ 이때 낙봉(駱峯) 신광한(申光漢)이 영조사 원접사(迎詔使遠接使)가 되었다.

471 장수 가 : 【譯注】 삼국 시대 위(魏)나라 유정(劉楨)은 문재(文才)가 뛰어나 왕찬(王粲)·공융(孔融) 등과 함께 건안칠자(建安七子)로 일컬어졌으나 병을 자주 앓았다. 그가 장수(漳水) 가에서 요양하며 조비에게 보낸 〈오관중랑장에게 주다〔贈五官中郎將〕〉 시에 "내가 고질병에 심하게 걸려, 맑은 장수 가에 누워 있소.〔余嬰沈痼疾, 竄身淸漳濱.〕"라고 하였다. 《文選 卷23》 【攷證 卷1 漳濱】 《정본 퇴계전서》 권2 〈동지 중추부사 권응창(權應昌)에 대한 만사〔挽權同知〕〉 아래 자주(自註)에 보인다.

(詩-內卷1-75)

시단에서 우뚝하신 두 분의 노신[472] 仡仡騷壇兩老臣
채찍을 주었던 요조[473] 같은 이 없을 수 있겠는가 繞朝贈策可無人
알겠어라 귀신처럼 솜씨 능란한 곳에 料知擒縱如神處
한번 웃고 앞서 달리면 만마가 뒤를 따르리 一笑先衝萬馬塵

(詩-內卷1-76)

숲속의 비 부르는 비둘기[474] 따위는 쳐주지 않나니 不數林間喚雨鳩
해동의 두 마리 새는 천년 만에 일어난다오[475] 海東雙鳥起千秋

---

472 두 분의 노신 : 【攷證 卷1 兩老臣】 호음(湖陰) 정사룡(鄭士龍)과 낙봉 신광한을 가리킨다. 이 일은 《정본 퇴계전서》 권2의 〈임사수가 영조사 종사관이 되어 의주로 가게 되었기에 시를 지어달라고 하다〔林士遂赴義州迎使從事索詩〕〉 시에 보인다.

473 채찍을 주었던 요조 : 【譯注】 먼 길을 떠나는 이에게 격려의 말을 전해주는 사람을 뜻한다. 【攷證 卷1 繞朝贈策】 《춘추좌씨전(春秋左氏傳)》 문공(文公) 13년조에 "진(晉)나라 대부 사회(士會)가 진(秦)나라에 망명했을 때 진(晉)나라 사람들이 모의하여 그를 다시 돌아오도록 하였다. 사회가 진(秦)나라를 떠날 때, 진(秦)나라 대부인 요조(繞朝)가 채찍을 주었다."라고 하였다. 당(唐)나라 이백(李白)의 〈우림군의 도장군을 송별하다〔送羽林陶將軍〕〉 시에 "문인은 담력이 없다 말하지 마오, 길 떠남에 요조의 채찍 주려 하노라.〔莫道詞人無膽氣, 臨行將贈繞朝鞭.〕"라고 하였다.

474 비 부르는 비둘기 : 【攷證 卷1 喚雨鳩】 송나라 황정견(黃庭堅)의 〈외삼촌 공택 이상(李常)이 차를 나누어 주신 것에 감사하다〔謝公擇舅分賜茶〕〉 시 중 제2수에 "문서는 책상에 가득하고 오직 잠만 오니, 꿈에서 우는 비둘기가 비를 불러 왔네.〔文書滿案惟生睡, 夢裏鳴鳩喚雨來.〕"라고 하였다.

475 두……일어난다오 : 【攷證 卷1 雙鳥起千秋】 당나라 한유(韓愈)의 〈쌍조시(雙鳥詩)〉 시에 "두 마리의 새가 바다 밖에서 와, 날고 또 날아서 중주에 이르렀네. 한 새는 성시에 내려와 살고, 한 새는 깊은 바위에 둥지 틀었어라. 서로 짝지어 울지 못한 지가, 지금까지 삼천년이나 되었구나.〔雙鳥海外來, 飛飛到中州. 一鳥落城市, 一鳥集巖幽. 不得相伴鳴, 爾來三千秋.〕"라고 하였는데, 그 주석에 "두 마리는 새는 이백과 두보(杜甫),

달 도끼 휘두르는 귀신같은 솜씨[476]를 다투어 보리니 爭看月斧揮神匠

피 나는 손가락[477] 따위는 한 자리 차지하기 어려우리라 血指應難據一頭

또는 한유 자신과 맹교(孟郊)를 말한다."라고 하였다. 송나라 소식(蘇軾)의 〈단원자가 보여준 이태백의 초상화에 쓰다〔書丹元子所示李太白眞〕〉 시에 "두 마리 새로 변하여 울면서 서로 화답하니, 한 번 울고 한 번 그침에 삼천년이 지났도다.〔化爲兩鳥鳴相酬, 一鳴一止三千秋.〕"라고 하였다. 【校解】《고증》에는 소식의 시 가운데 '兩'이 '雙'으로 되어 있는데, 통행본 《동파전집(東坡全集)》에 의거하여 수정하였다.

476 달……솜씨 : 【譯注】 시문을 잘 쓰는 재주를 말한다. 【攷證 卷1 月斧揮神匠】 당나라 단성식(段成式)의 《유양잡조(酉陽雜俎)》 권1 〈천지(天咫)〉에 "정인본(鄭仁本)의 사촌 아우가 숭산(嵩山)에서 놀다가 한 사람이 짐보따리를 베고 누워 있는 것을 보았다. 그를 불러, 자신이 우연히 이곳으로 들어와 길을 잃었으니 관도(官道)로 가는 길을 아느냐고 물었다. 그 사람은 '그대는 달이 칠보(七寶)가 합쳐져서 이루어진 것을 아는가? 달의 형세는 환(丸)과 같은데, 달의 그림자는 날마다 그 볼록한 부분을 녹이니 늘 8만 2천 호가 있어 그것을 보수한다네. 나도 그중의 하나이지.'라고 하였다. 그리고는 짐보따리를 열었는데 도끼와 끌 같은 것이 몇 개 들어 있었고, 밥그릇 두 개 분량의 옥 부스러기가 나왔다."라고 하였다. 송나라 소식의 〈왕문옥에 대한 만사(王文玉挽詞)〉에 "재주와 명성 누가 가난한 정광문(鄭廣文)과 같을까, 달 도끼와 구름 도끼로 간과 폐를 쪼아낸다.〔才名誰似廣文寒, 月斧雲斤琢肝肺.〕"라고 하였다. 송나라 소식의 〈백수산 불적암(白水山佛迹巖)〉 시에 "바야흐로 그것이 합하려 할 때에, 하늘에 있는 목수가 월부를 휘두르네.〔方其欲合時, 天匠麾月斧.〕"라고 하였다. 【校解】《고증》에는 소식의 시 가운데 '麾'가 '揮'로 되어 있는데, 통행본 《동파전집》에 의거하여 수정하였다.

477 피 나는 손가락 : 【譯注】 퇴계 자신의 솜씨가 보잘것없음을 비유한 말이다. 【攷證 卷1 血指】 당나라 한유의 〈자후 유종원(柳宗元)에 대한 제문〔祭柳子厚文〕〉에 "도끼질에 서툰 사람은, 손가락에서 피가 나고 얼굴에서 땀이 난다.〔不善爲斲, 血指汗顏.〕"라고 하였다.

KNP0051(詩-內卷1-77)

망호당[478]에서 매화를 찾다 병오년(1546, 명종1, 46세) 【2월, 서울】

望湖堂尋梅 丙午

중춘(仲春)에 장차 영남(嶺南)으로 돌아가려 하였다.

망호당 아래 있는 한 그루 매화	望湖堂下一株梅
몇 번이나 봄을 찾아 말을 달려 왔던가	幾度尋春走馬來
천릿길 돌아가는 길에 너를 저버리기 어려워	千里歸程難汝負
문 두드리고 다시 옥산퇴[479]가 되노라	敲門更作玉山頹

478 망호당 : 【攷證 卷1 望湖堂】 호당(湖堂)에 있다.

479 옥산퇴 : 【譯注】 술에 취해 쓰러지는 모습을 형용한 말이다. 【攷證 卷1 玉山頹】 《세설신어(世說新語)》 〈용지(容止)〉에 "혜숙야(嵇叔夜 혜강(嵇康))는 술에 취하면 마치 옥산이 곧 무너지려 하는 것 같았다.〔傀俄若玉山之將頹〕"라고 하였다.

KNP0052(詩-內卷1-78)

재차 앞 시의 운자를 써서 민경열[480]에게 답하다 【병오년(1546, 명종1, 46세) 2월. 서울】

再用前韻 答景說

듣자니 강가에 이미 매화 피었는데[481]	聞道湖邊已放梅
은안장의 호객들[482]은 찾아오지 않는다네	銀鞍豪客不曾來
남행할 초췌한 사람이 홀로 매화 어여뻐 하노니	獨憐憔悴南行子
그대와 한바탕 취해 해 저물도록 있었으면	一醉同君抵日頹

480 민경열 : 【譯注】 민기(閔箕, 1504~1568)로, 본관은 여흥(驪興), 자는 경열(景說), 호는 관물당(觀物堂), 시호는 문경(文景)이다.

481 매화 피었는데 : 【攷證 卷1 放梅】 당(唐)나라 두보(杜甫)의 〈소지(小至)〉 시에 "벼랑의 모습은 섣달 기다려 장차 버들개지 피려 하고, 산의 뜻은 추위를 무릅쓰고 매화 봉오리 터뜨리려 하네.〔岸容待臘將舒柳, 山意衝寒欲放梅.〕"라고 하였다.

482 은안장의 호객들 : 【攷證 卷1 銀鞍豪客】 송(宋)나라 육유(陸游)의 〈방화루에서 매화를 감상하다〔芳華樓賞梅〕〉 시에 "백 통의 술 널려 있고 옥 술잔이 날아다니니, 만인을 비켜 세우고 은안장 위에 탄 높은 사람이 지나가네. 그 호기가 청수한 사람을 누를 뿐만이 아니니, 애오라지 시인의 추위와 배고픔을 씻어주누나.〔百榼淋漓玉斝飛, 萬人辟易銀鞍過. 不惟豪橫壓淸臞, 聊爲詩人洗寒餓.〕"라고 하였다.

KNP0053(詩-內卷1-79~80)

두관원 시냇가에서 형님과 동교에서 얘기를 나누며 이별하던 것을 삼가 생각하다. 2수 【병오년(1546, 명종1, 46세) 3월 3일경 추정. 충주(忠州)】

兜觀院溪上 奉懷家兄話別於東郊 二首

(詩-內卷1-79)

서글퍼라 길 잃었다가[483] 이제야 바른 길로 돌아왔는데
悁悵迷塗始可追

중도에서 답청[484]하느라 오히려 걸음이 더디어라　踏青中路尙逶遲

응당 이제 가면 그리워하는 꿈이　秖應此去相思夢

늘 가랑비 내리던 동교에 있으리라　長在東郊細雨時

---

483 서글퍼라 길 잃었다가 : 【攷證 卷1 悁悵迷塗】 진(晉)나라 도연명(陶淵明)의 〈귀거래혜사(歸去來兮辭)〉에 "이미 스스로 마음이 육신의 부림 받게 하였으니, 어찌 실의에 빠져 슬퍼만 하리오. 이미 지나간 날은 따질 수 없음을 깨닫고, 앞으로 올 것은 바른 길을 따를 수 있음을 알았노라. 실로 길을 잃었으나 아직 멀리 가지 않았으니, 지금이 옳고 어제는 잘못되었음을 깨달았네.〔旣自以心爲形役, 奚惆悵而獨悲? 悟已往之不諫, 知來者之可追. 實迷塗其未遠, 覺今是而昨非.〕"라고 하였다. 【校解】《고증》에는 '惆'가 '悁'로, '實'이 '寔'으로 되어 있는데, 통행본《도연명집(陶淵明集)》에 의거하여 수정하였다.

484 답청 : 【攷證 卷1 踏青】 촉(蜀) 땅 사람들은 정월에 남녀가 놀이를 즐기는데 이것을 '답청'이라고 한다. 《노공가범(盧公家範)》〈궤식의(饋飾儀)〉에 "삼월 삼짓날에, 답청일에 신을 신발을 보낸다.〔三月三日, 上踏青鞋履.〕"라고 하였다. 《古今事文類聚 前集 卷8 上踏青鞋》

(詩-內卷1-80)

가랑비 내리는 동교에서 술 한 두루미 마시니 細雨東郊酒一罇
세상만사 말할 것도 없어 비탄하노라 悲歎萬事不堪論
어느 때에나 형님의 운암석실에서 何時石室雲巖裏
맑은 밤 헌함에 비친 달빛을 함께 마주할거나 共對淸宵月滿軒

-형님의 집은 목멱산(木覓山)[485] 기슭에 있는데, 작은 서재에 '운암석실(雲巖石室)'이라 편액을 걸었다.-

485 목멱산 : 【攷證 卷1 木覓山】 곧 도성의 남산인데, 일명 인경산(引慶山)이라고도 한다.

KNP0054(詩-內卷1-81~82)

월란암[486]에 우거하면서 소회를 쓰다. 2수 【병오년(1546, 명종1, 46세) 3월. 예안(禮安)】

寓月瀾僧舍書懷 二首

(詩-內卷1-81)

십오 년 전 여기에서 글을 읽었으니	十五年前此讀書
홍진[487] 속에 분주히 다니다가 끝내 어떠한가	紅塵奔走竟何如
다만 이제 병든 몸에 단결[488]만 모르는데	只今病骨迷丹訣
예전처럼 여울 소리는 푸른 하늘에 오르누나	依舊灘聲上碧虛
거사는 집을 잊은 채[489] 늙은 벗이 되었고	居士忘家爲老伴

486 월란암 : 【攷證 卷1 月瀾僧舍】 동취병(東翠屛) 아래에 있다.

487 홍진 : 【攷證 卷1 紅塵】 송(宋)나라 소식(蘇軾)의 〈'장영숙과 전목보가 경령궁으로 어가를 따르다' 시에 차운하다〔次韻蔣穎叔錢穆父從駕景靈宮〕〉 시 중 제1수에 "옷깃까지 드리워진 반백의 머리칼은 부끄럽지 않으나, 수레에 이어지는 연분홍 먼지가 되레 그립구나.〔半白不羞垂領髮, 軟紅猶戀屬車塵.〕"라고 하였는데, 그 자주(自註)에 "선배들의 우스갯소리에 '서호의 바람과 달이 동화궁의 연분홍 먼지보다 못하다.〔西湖風月, 不如東華軟紅香土.〕'라는 것이 있다."라고 하였다.

488 단결 : 【攷證 卷1 丹訣】 진(晉)나라 갈홍(葛洪)의 《신선전(神仙傳)》 권5 〈음장생(陰長生)〉에 다음과 같은 내용이 있다. "후한 시대 음장생은 마명생(馬鳴生)이 세상을 초탈하는 도를 터득했다는 것을 듣고는 그를 찾아가고, 그들은 함께 청성산(青城山)으로 들어갔다. 마명생은 《태청신단경(太淸神丹經)》을 그에게 주고 곧 떠나갔다. 장생은 돌아와 단약을 완성하고 9편의 책을 짓고는 대낮에 승천하였다." 또 《신선전》 권2 〈위백양(魏伯陽)〉에 다음과 같은 내용이 있다. "위백양이 제자 세 사람과 산에 들어가 신선이 되는 단약을 만들었다. 단약이 완성되자 그것을 먹고 신선이 되어 떠났다. 위백양은 《참동계(參同契)》를 지어 단약을 만드는 뜻을 논하였다." 【校解】 《고증》에서는 《태청신단경》을 《태청금계신단(太淸金溪神丹)》이라고 하였다.

호승[490]은 언약 맺어 그윽한 집을 지었도다[491]	胡僧結約刱幽廬
임금님 은혜에 매번 누가 됨을 견딜 수 없어서이지	不堪每累君恩重
높은 명성 위하여 낚시질 택한 건 아니라오	非爲高名向釣漁

489 거사는……채 : 【攷證 卷1 居士忘家】 송나라 소식의 〈왕공의 '홀로 잠들다' 시에 차운하다〔次韻王鞏獨眠〕〉 시에 "거사의 몸과 마음은 마른 나무 같은데, 여관에서 홀로 잠드니 몸에 좁쌀 같은 소름이 돋네.〔居士身心如槁木, 旅館孤眠體生粟.〕"라고 하였다. 또 소식의 〈절에서 노닐면서 하루에 진한 차 일곱 잔을 마시고 희롱삼아 근 스님의 벽에 쓰다〔遊諸佛舍一日飮釅茶七琖戲書勤師壁〕〉 시에 "병들었다는 유마힐(維摩詰)은 원래 병이 없었고, 집에 있는 사영운(謝靈運)은 이미 집을 잊었네.〔示病維摩元不病, 在家靈運已忘家.〕"라고 하였다. ○ 살펴보건대, 《정본 퇴계전서》 권2에 〈월란암 아래 대가 있는데 '고반'이라고 한다. 대 아래에서 샘을 하나 얻었는데 '몽천'이라고 하였다. 그 위에 거사가 거처하던 흙집의 옛 터가 있다.〔月瀾庵下有臺曰考槃臺下得泉曰蒙泉其上有居士土室舊基〕〉라는 시가 있는데, '거사'는 아마도 이 시 제목에 나오는 거사를 가리키는 듯하다. 【校解】 《고증》에는 소식의 앞의 시 가운데 '槁'가 '枯'로 되어 있는데, 통행본 《동파전집(東坡全集)》에 의거하여 수정하였다.

490 호승 : 【攷證 卷1 胡僧】 당(唐)나라 잠삼(岑參)의 〈태백호승가(太白胡僧歌)〉의 병서(幷序)에 "태백산의 중봉 꼭대기에 호승이 있었는데〔太白中峯絶頂有胡僧〕, 나이가 몇 백 살이나 되었는지 알 수 없다. 눈썹의 길이가 몇 치나 되고, 몸에는 비단옷을 지어 입지 않고 풀과 나뭇잎으로 옷을 삼았으며, 항상 《능가경(楞伽經)》을 지니고 있었다."라고 하였다.

491 언약……지었도다 : 【譯注】 진나라 혜원법사(慧遠法師)가 혜영(慧永)·유유민(劉遺民)·뇌차종(雷次宗) 등 18명과 여산(廬山)의 동림사(東林寺)에서 백련사(白蓮社)라는 정토 신앙 단체를 결성했는데, 사영운(謝靈運)·도연명(陶淵明)·육수정(陸修靖) 등이 참여하였다. 【攷證 卷1 結約刱幽廬】 여산 백련사의 일을 가리킨다. 【要存錄 卷1】 《정본 퇴계전서》에 권2 〈월란암 아래 대가 있는데 '고반'이라고 한다……〔月瀾庵下有臺曰考槃臺……〕〉 시에 "띠집을 짓자고 한 약속 다행히도 어기지 않았으니, 잘못을 깨달았던 거백옥을 사모한다.〔結茅幸不違, 知非慕伯玉.〕"라는 구절이 있으니, 대개 승려·도사들과 그곳에다 띳집을 함께 짓자는 약속을 했을 것이다.

〈詩-內卷1-82〉

번화한 서울거리에서 사원마[492] 타는 것 그만두고　紫陌休騎沙苑馬
청산에 와 월란암 승려들을 벗하노라　青山來伴月瀾僧
고요한 중에 안심법[493]을 알았으니　靜中自得安心法
세상에서 다시 팔 부러질[494] 필요 없으리라　不用人間更折肱

-이때에 사복 정(司僕正)으로 왔기 때문에 '사원마'라는 말을 썼다.-

492 사원마 : 【攷證 卷1 沙苑馬】 명(明)나라 이현(李賢) 등의 《대명일통지(大明一統志)》에 "'사원'은 옹주(雍州) 지역에 있으며, '사부(莎阜)'라고도 한다. 그 땅이 목축을 하기에 적합하므로 당나라 때 이곳에 목감(牧監)을 설치하였다."라고 하였다. 당나라 두보(杜甫)의 〈엄공께서 야정에 부쳐 제한 시에 받들어 화답하다〔奉酬嚴公寄題野亭之作〕〉 시에 "어가를 인도하느라 외람되이 사원마를 탔었는데, 깊숙한 곳에 깃들어서 참으로 금강의 물고기를 낚네.〔奉引濫騎沙苑馬, 幽棲眞釣錦江魚.〕"라고 하였다.

493 안심법 : 【攷證 卷1 安心法】 중국 선종(禪宗)의 제2조인 혜가(慧可)가 초조(初祖)인 달마대사(達磨大師)에게 "내 마음이 편안하지 못하니 스승께서 내 마음을 편안하게 해 주셨으면 합니다.〔我心未安, 請師安心.〕"라고 하자, 달마가 "그 마음을 가지고 와라. 너에게 편안함을 주겠다."라고 하였다. 혜가가 한참 뒤에 "그 마음을 찾아보았으나 찾을 수가 없었습니다."라고 하니, 달마가 "내가 너에게 이미 안심의 경지를 주었다.〔與汝安心竟〕"라고 하였다. 《景德傳燈錄 卷3》

494 팔 부러질 : 【攷證 卷1 折肱】 춘추 시대 제(齊)나라 고강(高彊)이 "팔이 세 번은 부러져야 좋은 의사가 됨을 알 수 있다.〔三折肱, 知爲良醫.〕"라고 하였다. 《春秋左氏傳 定公 13年條》

일 때문에 도성으로 돌아가게 되었는데, 영천[495]에 이르러 병이 나서 가던 길을 멈추고 푸실[496]의 농가에 머물다 【병오년(1546, 명종1, 46세) 4월 10일~24일 추정. 영주(榮州)】

以事當還都 至榮川病發輟行 留草谷田舍

젊을 때는 띠에 써서[497] 정완[498]을 가슴에 새겼는데	少日書紳服訂頑
이제까지 학문에 어두우니 얼굴 부끄러울 뿐	至今懵學但慙顔
미친 듯이 달리다가 천 겹의 험지 다행히 벗어나	狂奔幸脫千重險
고요히 물러나서 한가로운 생활 겨우 누린다오	靜退纔嘗一味閒
갇힌 새는 때로 수목에 의지하고	羈鳥有時依樹木
들 중도 가는 곳마다 운산에 몸 붙이네	野僧隨處著雲山

495 영천 : 【攷證 卷1 榮川】 경상좌도에 속한다. 또 다른 군명으로는 영주(榮州)·구성(龜城) 등이 있다.

496 푸실 : 【攷證 卷1 草谷】 부인 허씨의 고향이다. 【校解】 퇴계의 첫째 부인이었던 정경부인(貞敬夫人) 허씨(許氏)는 영주 초곡, 곧 지금의 조암동(槽巖洞) 사일 마을에 살던 진사 허찬(許瓚)의 맏딸이다.

497 띠에 써서 : 【譯注】 중요한 말을 잊지 않도록 허리에 맨 띠에 적어 두는 것으로, 공자가 말에 있어서는 충신(忠信), 행함에 있어서는 독경(篤敬)이 중요함을 말하자 자장(子張)이 이를 띠에 적었던 데서 유래한다. 《論語 衛靈公》

498 정완 : 【譯注】 송(宋)나라 장재(張載)의 〈서명(西銘)〉을 가리킨다. 장재가 자신의 학당(學堂) 양쪽 창문에 명(銘)을 써서 걸었는데 동쪽의 것을 〈폄우(砭愚)〉라 하고 서쪽의 것을 〈정완〉이라 했다. 정이천(程伊川)이 "이런 이름은 사람들의 논쟁의 실마리가 될 수 있으니 차라리 그냥 〈동명(東銘)〉·〈서명〉이라 하는 것이 어떻겠는가?"라고 하니 장재가 이에 따라 명칭을 고쳤다. 〈서명〉의 주제는 하늘을 아버지로 여기고 땅을 어머니로 여겨 사람들을 모두 나의 동포와 같이 여겨야 한다는 것이다. 【攷證 卷1 訂頑】 《정본 퇴계전서》 권4 〈서명고증강의(西銘考證講義)〉에 보인다.

뒷동산 꽃봉오리들 오히려 다투어 피는데　　後園花蕚猶爭笑
어찌 꼭 병이 들어야만 비로소 돌아가랴　　何必區區病始還

KNP0056(詩-內卷1-84)

4월 25일에 용수사[499]로 들어가면서 말 위에서 황경보[500]에게 부치다 【병오년(1546, 명종1, 46세) 4월 25일. 예안(禮安)】

孟夏卄五日 入龍壽寺 馬上寄黃敬甫

마음먹고 산에 들어와 옛 놀던 곳 찾으니	作意入山尋舊遊
청운과 백석[501] 사이에서 다만 시름을 흩어버린다	青雲白石聊散愁
하늘이 나를 위해 묵은 안개 걷어주니	天公爲我捲宿霧
첩첩한 산의 푸른빛이 말머리에 떨어지네	亂山滴翠當馬頭
절기는 단오 가까워 연화풍[502]이 부니	節近端陽楝花風

499 용수사 : 【攷證 卷1 龍壽寺】 예안현(禮安縣) 용두산(龍頭山) 남쪽에 있다. 고려시대 최선(崔詵)이 기문을 지었다.

500 황경보 : 【攷證 卷1 黃敬甫】 황효공(黃孝恭, 1496~1553)으로, 본관은 창원(昌原), 자는 경보, 호는 구암(龜巖)이며, 영천(榮川)에서 살았다. 1521년(중종16) 과거에 급제하여 벼슬이 사간원 사간(司諫院司諫)에 이르렀다.

501 청운과 백석 : 【譯注】 현인이 숨어 사는 곳의 산수가 빼어난 것을 비유한 말이다. 송(宋)나라 구양수(歐陽脩)가 자신과 동년(同年) 진사(進士)인 유환(劉渙)이 여산(廬山)에 숨어 사는 것을 찬탄하며 지은 〈여산고(廬山高)〉 시에 "스스로 푸른 구름과 흰 돌에 깊은 취미가 있지 않다면, 비범하기만 한 그의 뜻이 과연 어디에서 내려왔겠는가.〔自非青雲白石有深趣, 其意矶硉何由降?〕"라고 하였다.

502 연화풍 : 【譯注】 곡우(穀雨) 절기의 마지막 화신풍(花信風)으로, 멀구슬나무의 꽃이 피는 늦은 봄에 부는 바람이다. 【攷證 卷1 楝花風】 《세시기(歲時記)》에 "매화로 시작하고 연화로 끝맺으니, 모두 24번의 '꽃소식을 알리는 바람'이 있다."라고 하였다. 《御定佩文韻府 卷71》 ○ 살펴보건대, '楝'의 독음은 '련(練)'이다. 송나라 나원(羅願)의 《이아익(爾雅翼)》 권9 〈석목(釋木)〉에 "멀구슬나무〔楝木〕는 높이가 한 길 남짓이며, 잎은 홰나무처럼 빽빽하지만 끝이 뾰족하다. 3~4월에 홍자색(紅紫色)의 꽃이 피며, 열매는 작은 방울 같다. 속칭 고련자(苦楝子)라고 한다."라고 하였다.

집집마다 기쁨 넘쳐 보리 추수철[503]을 맞는구나	家家喜氣迎麥秋
어찌 구태여 오거서[504]를 읽어야만 하리오	何須苦讀五車書
이번에 가면 칼을 팔아 꼭 소를 사리라[505]	此去賣劒當買牛

503 보리 추수철 : 【譯注】 음력 4월을 이른다. 【攷證 卷1 麥秋】《예기》〈월령(月令)〉에 "보리를 수확할 시기가 이른다.〔麥秋至〕"라고 하였는데 한(漢)나라 채옹(蔡邕)의 《월령장구(月令章句)》에 "모든 곡식은 각각 그 처음 난 때를 봄으로 삼고, 익는 때를 가을로 삼는다. 그러므로 보리는 맹하를 가을로 삼는다.〔故麥以孟夏爲秋〕"라고 하였다.

504 오거서 : 【攷證 卷1 吾車書】《장자》〈천하(天下)〉에 "혜시(惠施)는 학술이 다방면에 걸쳐 있으며, 그 책이 다섯 수레나 된다.〔其書五車〕"라고 하였다.

505 칼을……사리라 : 【譯注】 한(漢)나라 선제(宣帝) 때에 공수(龔遂)가 발해 태수(渤海太守)로 부임했는데, 그곳 백성 중에 도검(刀劍)을 휴대하고 다니는 자들이 많으므로, 그들에게 검을 팔아 소를 사도록 하고〔賣劍買牛〕, 도를 팔아 송아지를 사도록 하고는〔賣刀買犢〕, "어찌하여 소를 휴대하고 송아지를 차고 다니느냐.〔何爲帶牛佩犢?〕"라고 말하며 농사를 적극 권장하니 그곳 백성들의 생활이 부유해지고 송사(訟事)가 멈추었다. 《漢書 龔遂傳》【攷證 卷1 賣劍買牛】 공수의 고사를 구사한 것이다.

KNP0057(詩-內卷1-85~86)

새벽녘 계장에 당도하자 우연히 소동파의 〈신성[506]도중〉이란 시가 기억나서 그 운자를 사용하여 짓다. 2수 【병오년(1546, 명종1, 46세) 5월. 예안(禮安)】

晨至溪莊 偶記東坡新城途中詩 用其韻 二首

(詩-內卷1-85)

무더위에 임금님 뵈러 가려다가 병이 나서 못 가고	觸熱朝天病未行
계장으로 돌아오니 닭 울음 울 무렵일세	溪莊回轡趁雞聲
운산은 그야말로 철권의 맹서[507]와 같건만	雲山正似盟藏券
신세는 온통 전쟁에서 후퇴하는 징[508]과 같구나	身世渾如戰退鉦
비 지나간 골짜기 입구에 숲 기운이 상쾌하고	雨過洞門林氣爽
바람 이는 바위 구멍에 시냇물 소리 맑아라	風生石竇澗音淸
산옹이 웃으면서 계옹의 일 물으니[509]	山翁笑問溪翁事

506 신성 :【攷證 卷1 新城】 송(宋)나라 소식(蘇軾)의 〈신성도중(新城道中) 2수〉 시에 대한 왕십붕(王十朋)의 주석에 "항주(杭州)의 서남쪽 133리 지점에 있다."라고 하였다. 《東坡詩集註 卷1》

507 철권의 맹서 :【譯注】 자신이 원래는 벼슬을 그만두고 자연으로 돌아와 은거하기로 운산에 맹세했다는 말이다.【攷證 卷1 盟藏券】 한(漢)나라 순열(荀悅)의 《전한기(前漢紀)》 권4 〈고조(高祖) 4〉에 "한 고조는 또 공신들과 부절을 쪼개어 서사(誓詞)를 지어서 단사(丹沙)로 쓰고 철제(鐵製)로 권을 매어서 종묘에 보관하였다."라고 하였다.

508 전쟁에서 후퇴하는 징 :【攷證 卷1 戰退鉦】 '징'은 동발〔鐃〕이다. 군법(軍法)에, 북을 치면 전진하고 징을 치면 후퇴한다〔鼓進金退〕. ○ 송나라 소식의 원운시 〈신성도중(新城道中)〉 중 제2수에 "쓸모없는 재목은 숲을 뒤지는 도끼가 보일까 두려워하고, 수척한 말은 깃발 거두라는 징소리 듣기를 생각하네.〔散材畏見搜林斧, 瘦馬思聞卷旆鉦.〕"라고 하였다.

다만 밭갈이로 설경을 대신한다 하노라 只要躬耕代舌耕

(詩-內卷1-86)

아침에 시냇가를 따라 걸어가서 朝從溪上傍溪行
겨우 계장에 이르니 빗소리 들려오네 纔到溪莊聞雨聲
이사에서 장차 고기 나눠주는 일 자랑할 터이니 里社行誇宰分肉
시단에서는 징 울린 장수라고 비웃음을 받았었지[510] 詞壇曾笑將鳴鉦
드넓은 남녘들에는 보리물결[511] 두루 퍼지고 寬閒南野麥浪徧

---

509 산옹이……물으니 :【譯注】 계옹은 시냇가에 사는 노인을 말하고, 산옹(山翁)은 산에 사는 노인을 말한다. 송나라 소식의 〈오잠령 조 동년의 야옹정에 쓰다〔於潛令刁同年野翁亭〕〉 시에 "산옹은 산을 나가지 않고, 계옹은 늘 계곡에만 있으니, 야옹이 시내와 산 사이를 왕래하면서, 위로는 미록을 벗하고 아래로는 갈매기를 벗하는 것만 못하네.〔山翁不出山, 溪翁長在溪, 不如野翁來往溪山間, 上友麋鹿下鳧鷖.〕"라고 하였다.

510 이사에서……받았었지 :【攷證 卷1 里社…鳴鉦】 살펴보건대, 상구(上句)는 진평(陳平)의 고사를 사용한 것이다. 《강록(江錄)》에 "마을 모임에서 서로 왕래하는 즐거움이 호당에서 기예를 다투었던 때보다 낫다는 것이다.〔里社過從之樂, 勝於湖堂戰藝之時也.〕"라고 하였다. 당(唐)나라 두목(杜牧)의 〈눈이 개이자 대로 서편에 조하가 사는 곳을 방문하다. 3운〔雪晴訪趙嘏街西所居三韻〕〉 시에 "당대 뛰어난 시인 가운데, 누가 이백 두보의 자리에 오르겠는가.〔命代風騷將, 誰登李杜壇?〕"라고 하였다.【校解】 한나라 진평(陳平)이 마을 제사를 끝내고 고기를 균등하게 나누어 주자 마을의 부로(父老)들이 칭찬을 하였는데, 이 말을 듣고는 진평이 "내가 천하의 재상이 되면 지금 고기를 나누어 준 것처럼 공평한 정치를 할 것이다."라고 다짐했다. 《史記 卷56 陳丞相世家》 《고증》에는 두목의 시 가운데 '命'이 '今'으로 되어 있는데, 통행본 《어정전당시(御定全唐詩)》에 의거하여 수정하였다.

511 보리물결 :【攷證 卷1 麥浪】 당나라 유종원(柳宗元)의 〈꾀꼬리 소리를 듣다〔聞黃鸝〕〉 시에 "천리 끝까지 보아도 산과 강은 없고, 보리 이삭이 하늘에 닿아 푸른 물결처럼 흔들흔들.〔極目千里無山河, 麥芒天際搖青波.〕"이라고 하였다.【校解】 《고증》에는 '際'가 '漲'으로 되어 있는데, 통행본 《유하동집(柳河東集)》에 의거하여 수정하였다.

푸른 빛 빽빽한 서쪽 숲에는 새소리 맑아라　　翠密西林禽語淸

임금님 크신 은혜 나를 버리지 않았음을 아노니　　聖主洪恩知不棄

다만 병 많은 몸이라[512] 돌아가 농사짓는 것이 제격일세　　只緣多病合歸耕

512 임금님……몸이라 : 【攷證 卷1 聖主…多病】 당나라 맹호연(孟浩然)의 〈세모에 남산으로 돌아가다〔歲暮歸南山〕〉 시에 "재주가 없으니 밝은 임금이 버리시고, 병이 많으니 벗들이 멀리하네.〔不才明主棄, 多病故人疎.〕"라고 하였다.

KNP0058(詩-內卷1-87)

농암 선생 애일당[513]에서 이복고[514] 선생 시의 운자를 사용하여 짓다 【병오년(명종1, 1546년, 46세) 5~6월 추정. 예안(禮安)】

聾巖先生愛日堂 用李復古先生韻

기이한 바위 좋은 경치는 이미 차지했지만	奇巖已得專佳境
지극한 도는 응당 속인을 깨우치기 어려우리	至道應難喩俗人
암혈의 집은 조용하고 깊어 《주역》을 읽을 만하고	广屋靜深堪讀易
벼랑 위는 넓고 밝아 참됨을 기를 수 있네[515]	崖臺寥朗可延眞
창 앞의 푸른 물은 차갑게 거울을 연 듯[516]	窗前綠水寒開鏡
바위 위의 푸른 솔은 늙어 비늘이 주름진 듯[517]	石上蒼松老蹙鱗

513 애일당 : 【攷證 卷1 愛日堂】 분강(汾江)의 동쪽에 있는데, 곧 이현보 선생이 양친을 모시고 봉양하던 집이다.

514 이복고 : 【攷證 卷1 李復古】 곧 회재(晦齋) 이언적(李彦迪, 1491~1553) 선생의 자이다. 당시에 경상감사로서 애일당으로 농암을 방문하였는데, 선생이 그와 더불어 시를 수창(酬唱)하였다. 이회재에 대한 일은 《정본 퇴계전서》 권15 〈회재이선생행장(晦齋李先生行狀)〉에 보인다.

515 넓고……있네 : 【攷證 卷1 寥朗可延眞】 '요(寥)'는 넓다〔廓〕는 뜻이고, '랑(朗)'은 밝은〔明〕 것이다. '연진(延眞)'은 '참됨을 기르다〔養眞〕'라는 말과 같다.

516 푸른 물은……듯 : 【攷證 卷1 綠水開鏡】 송(宋)나라 소식(蘇軾)의 시에 "푸른 물은 고요하고 차가운 거울 같아라.〔綠水澹寒鏡〕"라고 하였다.

517 푸른 솔은……듯 : 【攷證 卷1 蒼松老蹙鱗】 송나라 소식의 〈진각원의 꽃이 지는데 꽃이 필 때는 가볼 겨를이 없다가 4월 18일에 유경문과 함께 가서 비파나무를 감상하다〔眞覺院有洛花花時不暇往四月十八日與劉景文同往賞枇杷〕〉 시에 "세한에 그대는 기억할지니, 눈 덮인 소나무 푸른 줄기를 보라.〔歲寒君記取, 松雪看蒼鱗.〕"라고 하였다. 당(唐)나라 왕유(王維)의 〈봄날 배적과 함께 신창리를 지나다가 여 일인을 찾아갔으나 만나지 못하다〔春日與裵迪過新昌里訪呂逸人不遇〕〉 시에 "문 닫고 책 지으니 세월 많이

다행히도 나의 계장과 가까운 거리라서 幸我溪莊容地近

삼경[518]을 왕래하며 자주 모시고 노니노라 陪遊三徑往來頻

흘렀고, 심어놓은 소나무는 모두 늙어 용 비늘이 되었네.〔閉戶著書多歲月, 種松皆老作龍鱗.〕"라고 하였다. 【校解】《고증》에는 왕유의 시 가운데 '老作'이 '作老'로 되어 있는데, 통행본 《왕우승집전주(王右丞集箋注)》에 의거하여 수정하였다.

518 삼경 : 【譯注】 은자의 정원을 뜻한다. 【攷證 卷1 三徑】 살펴보건대, '삼경'은 장후(蔣詡)의 고사에 근거를 둔 말이다. 진(晉)나라 도연명(陶淵明)의 〈귀거래혜사(歸去來兮辭)〉에 "세 오솔길은 묵었으나, 소나무와 국화는 아직 남아 있네.〔三徑就荒, 松菊猶存.〕"라고 하였다. 【校解】 서한(西漢) 말기에 왕망(王莽)이 집권하자 연주 자사(兗州刺史)로 있던 장후는 벼슬을 사직하고 고향으로 돌아가 은거하면서 집안에 세 갈래 오솔길을 만들어 놓고 출입을 하지 않았으며, 오직 구중(求仲)과 양중(羊仲) 두 친구하고만 교유하였다. 《三輔決錄 逃名》

KNP0059(詩-內卷1-88)

임사수[519]가 시를 부쳐왔기에 차운하다 【병오년(1546, 명종1, 46세) 5~6월 추정. 예안(禮安)】

士遂寄詩 次韻

친구가 멀리 남해에 있으니[520] 故人在南溟
한 자 되는 비단 편지를 잉어에게[521] 전해왔네 尺素傳鯉魚
명월주[522]까지 넣고 봉하여 緘封明月珠
나에게 줄 뿐 바라는 게 없네 贈我無所需
병든 학처럼 여윈 나를 위로하니 慰我如病鶴
한 마디 말에 깊은 정이 담겼어라 一言意太足
나는 지금 아무 쓸모없는 몸으로 我今百無用
잔속에 비친 뱀의 미혹[523]에 걸려 있다오 纒此杯蛇惑

---

519 임사수 : 【譯注】 임형수(林亨秀, 1514~1547)로, 본관은 평택(平澤), 자는 사수(士遂), 호는 금호(錦湖)이다.

520 친구가……있으니 : 【攷證 卷1 故人在南溟】 이때 임사수가 제주 목사(濟州牧使)로 있었다.

521 한……잉어에게 : 【攷證 卷1 尺素鯉魚】 양(梁)나라 소통(蕭統)의 《문선(文選)》 권27 〈장성의 굴에서 말에게 물을 먹이며 노래하다〔飮馬長城窟行〕〉 시에 "아이 불러서 잉어 삶으라 하니, 뱃속에 한 자나 되는 흰 비단 편지가 들어 있었네.〔呼童烹鯉魚, 中有尺素書.〕"라고 하였다.

522 명월주 : 【攷證 卷1 明月珠】 상대방의 시를 말한다. 당(唐)나라 한유(韓愈)의 〈조자와 이별하다〔別趙子〕〉 시에 "바다 남쪽에서 한가로이 지내며, 명월주를 가지고 희롱하였네.〔婆娑海水南, 簸弄明月珠.〕"라고 하였다.

523 잔속에……미혹 : 【攷證 卷1 杯蛇惑】 악광(樂廣)이 일찍이 손님과 술을 마시는데, 손님이 술잔 속에 뱀이 있는 것을 보고는 술을 마시고 나서 병이 들었다. 이때 하남(河南)

임금님 은혜는 하늘처럼 지극한데	聖恩極天涵
신하의 몸은 부들[524]처럼 시들었으니	臣質垂蒲彫
선성의 들판에서 농사지으며	爲農宣城野
낮이나 밤이나 신음만 하네	呻吟晝連宵
어떡하면 홀연히 변화하여	安得忽變化
큰 날개로 바람 타고 높이 날아서[525]	培風負大翼
십주[526]를 찾아가서 그대를 만나	見君十洲中
신선들이 의식 갖춰 인도해 주면[527]	群仙導儀飾

군청의 벽에 각궁(角弓)이 걸려 있었는데, 옻으로 뱀을 그려 놓은 것이었다. 악광이 다시 술상을 차리고서 손님에게 "지난번 술잔 속에서 보았던 것이 또 있는가?"라고 물으니 "처음에 보았던 것처럼 보입니다."라고 대답했다. 악광이 그 까닭을 일러주자 손님의 오랜 병이 곧 나았다.《晉書 樂廣列傳》

524 부들 : 【攷證 卷1 蒲彫】 송(宋)나라 유의경(劉義慶)의《세설신어(世說新語)》〈언어(言語)〉에 다음과 같은 내용이 있다. "진(晉)나라 고열지(顧悅之)는 간문제(簡文帝)와 동갑이었는데, 머리가 일찍 하얗게 세었다. 간문제가 '경(卿)은 어째서 머리가 먼저 하얘졌소?' 하고 물으니, 대답하기를 '포류와 같은 체질은 가을을 바라보기만 해도 시들어 떨어집니다.〔蒲柳之姿, 望秋而落.〕'라고 하였다."

525 큰……날아서 : 【攷證 卷1 培風負大翼】《장자》〈소요유(逍遙遊)〉에 "붕(鵬)이 남쪽 바다로 날아갈 때는……바람이 쌓인 것이 두텁지 않으면 붕새의 큰 날개를 띄울 만한 힘이 없다.〔風之積也不厚, 則其負大翼也無力.〕 그러므로 9만 리는 올라가야 바람이 날개 밑에 있을 것이다. 그런 뒤에 이제 바람을 두텁게 해서〔而後乃今培風〕 등으로 푸른 하늘을 진 채로 막힌 것이 없어진 뒤에야 장차 남쪽으로 날아가려고 시도해 볼 것이다."라고 하였는데, 송나라 임희일(林希逸)의《장자구의(莊子口義)》 주석에 "배(培)는 두터움〔厚〕이다."라고 하였다. ○ 살펴보건대, 임사수가 당시에 남쪽 바다에 있었으므로 이렇게 말한 것이다.

526 십주 : 【攷證 卷1 十洲】 살펴보건대, 서왕모(西王母)가 말한 큰 바다 가운데 있는 열 개의 섬인데, 곧 영주(瀛洲)·현주(玄洲)·장주(長洲)·염주(炎洲)·유주(流洲)·원주(元洲)·생주(生洲)·조주(祖洲)·봉린주(鳳麟洲)·취굴주(聚窟洲)이다.

527 의식……주면 : 【攷證 卷1 導儀飾】 살펴보건대, 신선의 집에는 깃털로 만든 양산〔羽

낭풍원[528]에서 반도[529]를 따고 閬苑摘蟠桃

부상[530]에서는 일출을 보며 扶桑看出日

지극한 도를 가진 적송자 왕자교[531]에 읍하고 至道揖松喬

그런 다음 두보 이백[532]과 어울려 놀거나 餘事追甫白

蓋〕, 무지개 깃발〔霓旌〕, 구름 수레〔雲軿〕, 바람 수레〔風馭〕 등이 있는데, 이러한 것은 그들의 의장용 장식물이다.

528 낭풍원 : 【攷證 卷1 閬苑】 진나라 갈홍(葛洪)의 《신선전(神仙傳)》에 "곤륜산(崑崙山) 현포(玄圃)의 낭풍원(閬風苑)에는 옥루(玉樓) 12채와 9층으로 된 현실(玄室)이 있으며, 왼쪽에는 요지(瑤池), 오른쪽에는 취수(翠水)가 있고, 약수(弱水)가 아홉 겹으로 주위를 빙 두르고 있어서 만 길의 큰 파도가 치니, 회오리바람수레(飇車)와 날개바퀴〔羽輪〕가 아니면 그곳에 갈 수가 없다."라고 하였다. 《類說 卷3》

529 반도 : 【攷證 卷1 蟠桃】 《산해경(山海經)》에 "동해(東海)에 산이 있는데 이름이 도삭(度索)이고, 그 위에 큰 복숭아나무가 있는데 그것이 구불구불 서려 있는 것이 삼천 리이다. 이름하여 '반도'라 한다.〔上有大桃, 屈蟠三千里, 名曰蟠桃.〕"라고 하였다. 《山堂肆考 卷204》 ○ 살펴보건대, 서왕모(西王母)가 심은 복숭아나무는 삼천년에 한 번 꽃을 피우고, 삼천년에 한 번 열매를 맺는다. 【校解】 《고증》에는 《산해경》에 실려 있는 '반도'에 대한 기록이 〈오도부(吳都賦)〉 주석에 나와 있다고 되어 있는데, 확인할 수 없다. '도삭산'은 '度朔山'으로 쓰기도 한다.

530 부상 : 【攷證 卷1 扶桑】 살펴보건대, '부상'은 푸른 바다 가운데 있는데 높이가 수천 길이며, 두 개의 줄기가 같은 뿌리에서 나와 더욱 서로 의지하고 있는 바, 해가 나오는 곳이다.

531 적송자 왕자교 : 【攷證 卷1 松喬】 적송자(赤松子)와 왕자교(王子喬)이다. 【校解】 왕자교는 주 영왕(周靈王)의 태자 진(晉)인데, 도사 부구공(浮丘公)에게 신선술을 배워 신선이 되었고, 적송자는 진(晉)나라 때 금화산(金華山) 석실(石室) 속에서 도를 깨달아 신선이 되어 500년을 살았다. 《列仙傳》 《神仙傳》

532 두보 이백 : 【攷證 卷1 甫白】 두보(杜甫)와 이백(李白)이다.

KNP0060(詩-內卷1-89)

동암에서 뜻을 말하다 【병오년(1546, 명종1, 46세) 5~6월 추정. 예안(禮安)】

東巖言志

동편 큰 기슭에 새로 터를 잡으니[533]	新卜東偏巨麓頭
종횡으로 늘어선 바위들 모두가 그윽하네	縱橫巖石總成幽
안개와 구름 아득히 피어나 산 사이에서 늙었고	烟雲杳靄山間老
시냇물은 돌고 돌아 들녘으로 흘러가누나	溪澗彎環野際流
만권 책 속에 의탁하니 이 생애[534] 기쁘지만	萬卷生涯欣有托
한 보습[535]의 비를 여전히 구하니 이 심사 슬프도다	一犂心事歎猶求
정녕코 시승에게는 말하지 말지니	丁寧莫向詩僧道
참으로 벼슬 그만둔 게[536] 아니라 병들어 쉬는 거라오	不是眞休是病休

533 동편……잡으니 : 【攷證 卷1 新卜東偏云云】《퇴계선생연보》 권1에 "병오년(1546, 명종1) 11월에 퇴계(退溪)의 동쪽 바위 위에 양진암(養眞庵)을 지었다. 이보다 앞서 온계(溫溪)의 남쪽 지산(芝山)의 북쪽에 작은 집을 지었으나, 인가가 조밀하여 자못 고즈넉하지 못했다. 이해에 비로소 퇴계의 아래에서 임시로 우거하였다."라고 하였다.

534 생애 : 【攷證 卷1 生涯】《장자》〈양생주(養生主)〉에 "내 생은 끝이 있어도 지혜는 끝이 없다.〔吾生也有涯, 而知也無涯.〕"라고 하였다.

535 한 보습 : 【攷證 卷1 一犂】 송(宋)나라 범성대(范成大)의 〈치일재에서 지은 즉흥시(致一齋述事)〉 시에 "한 보습의 봄비가 흡족한 것 외에는, 눈앞에 마음 끌 만한 일이 없구나.〔除却一犂春雨足, 眼前無物可關心.〕"라고 하였다.

536 참으로……게 : 【譯注】 진정으로 자연 속에 물러나 쉬는 참된 은거, 또는 은자라는 뜻이다. 【攷證 卷1 眞休】 송나라 소식(蘇軾)의 〈자유가 왕진경이 그린 산수화에 시를 한 수 쓰니 진경이 화답하였는데, 그 시에 차운하다〔次韻子由書王晉卿畫山水一首而晉卿和〕〉 시 중 제2수에 "눈앞의 이 경계는 망상일 뿐이니, 몇 사람이나 숲속에서 참으로 쉬고 있는가.〔此境眼前聊妄想, 幾人林下是眞休?〕"라고 하였다.

KNP0061(詩-內卷1-90~98)

홀로 고산[537]을 유람하면서, 월명담에 이르러 물을 끼고[538] 산을 따라 내려와 저녁에 퇴계[539]에 이르렀다. 승경을 만날 때마다 곧 절구 한 수씩을 지었는데 모두 아홉 수였다

【병오년(1546, 명종1, 46세) 가을 추정. 예안(禮安)】

獨遊孤山 至月明潭 因竝水循山而下 晩抵退溪 每得勝境 卽賦一絶 凡九首

(詩-內卷1-90)

고산 孤山

어느 해에 신령한 도끼가 견고한 바위를 깨뜨렸나[540] 何年神斧破堅頑

---

537 고산 : 【攷證 卷1 孤山】 단사(丹砂)의 북쪽 10리 지점에 있다. 성성재(惺惺齋) 금난수(琴蘭秀)가 은거하던 곳이다. 세속에서 전하기를, 낙동강이 산을 둘러 흘렀는데 어느 날 갑자기 크게 천둥이 울리고 벼락이 쳐서 그 산의 푸른 벼랑을 둘로 쪼개었고, 강물이 그 사이로 흘러 나가기 때문에 그렇게 부른다고 한다.

538 물을 끼고 : 【攷證 卷1 竝水】 '병(竝)'의 독음은 '방(放)'이다. 원(元)나라 웅충(熊忠)의 《고금운회거요(古今韻會擧要)》 권13에 '방(傍)'은 혹 '병(竝)'으로 쓰기도 한다. 한(漢)나라 사마천(司馬遷)의 《사기》 〈진시황본기(秦始皇本紀)〉에 "유중에서 황하를 끼고 동쪽으로〔自楡中竝河以東〕 음산(陰山)에 귀속시키고 34현(縣)으로 삼았다."라고 하였다. 한나라 반고(班固)의 《한서》 〈교사지(郊祀志)〉에 "여덟 귀신〔八神〕이 있는데……여섯째는 월주(月主)라 하며 내산(萊山)에서 제사지낸다. 모두 제(齊)나라 북쪽에 있으며 발해를 끼고 있다.〔皆在齊北, 竝渤海.〕"라고 하였다.

539 퇴계 : 【攷證 卷1 退溪】 온계(溫溪)의 하류 5리 지점에 있다. 《퇴계선생연보》 권1에 "시내의 속명은 토계(兎溪)인데, 선생께서 '토'를 '퇴'로 고치고 인하여 자호로 삼으셨다."라고 하였다.

540 신령한……깨뜨렸나 : 【攷證 卷1 神斧破堅頑】 송(宋)나라 주자(朱子 주희(朱熹))의 〈임자년 3월 27일에 우레 소리를 듣고 감회가 있어 쓰다〔壬子三月二十七日聞迅雷有感〕〉 시에 "누가 신령한 도끼 가지고서 완악한 음기를 깨뜨리는가, 땅 갈라지고 산이 열리니 귀신이 숲에서 사라지네.〔誰將神斧破頑陰? 地裂山開鬼失林.〕"라고 하였다.

천 길 높은 벼랑이 백옥 물굽이에 걸터앉았네	壁立千尋跨玉灣
은거하는 사람 찾아와 주인 되지 않았다면	不有幽人來作主
외떨어져 있는 고산을 누가 다시 오르겠는가	孤山孤絶更誰攀

(詩-內卷1-91)

일동 日洞

일동은 월명담(月明潭) 위에 있는데, 그 명칭이 이 못과 바로 대칭이 된다. 민간에서는 나을읍(那乙邑)이라고 잘못 부르며 옛날 읍이 있던 곳이라고 하는데, 틀린 것이다. 그래서 이렇게 고친다. 금씨(琴氏)와 손씨(孫氏) 두 사람[541]이 그 안에서 밭농사를 짓는다.

일동이라는 아름다운 이름 월담과 짝이 되고	日洞佳名配月潭
관사가 있었다 하나 잘못된 촌사람 말임을 알겠도다	官居知是謬村談
이 안에는 정말로 좋은 밭과 땅이 있다 하니	箇中儘有良田地
금씨 손씨에게 물어서 집 한 채 두고 싶구나	欲問琴孫置一庵

(詩-內卷1-92)

월명담 月明潭

도우단(禱雨壇)이 있다.

깊숙한 못은 빼어나고도 맑은데	窈然潭洞秀而淸
음휴[542]라 수석의 정령[543]이 그 속에 숨었어라	陰畜中藏木石靈

541 금씨(琴氏)와……사람 : 【攷證 卷1 琴孫兩生】 살펴보건대, 금씨의 이름은 헌(憲)이고 자는 헌지(憲之)이니, 성재(惺齋) 금난수의 아버지이다. 손씨(孫氏)는 누구인지 모르겠다.

542 음수 : 【譯注】 용을 말한다. 【攷證 卷1 陰畜】 살펴보건대 '축(畜)'의 독음은 '호(好)'와 '유(宥)'의 반절로 거성(去聲)이다. 《예기》 〈예운(禮運)〉에 "성인이 용을 가축처럼 기르기 때문에 어류(魚類)가 사람들에게 길들여져서 놀라지 않는다.〔龍以爲畜, 故魚鮪

열흘의 긴 장마가 이제 개일 듯하니 十日愁霖今可霽
구슬 안고 깊고 깊은 월명담으로 들어가 누웠구나[544] 抱珠歸臥月冥冥

(詩-內卷1-93)

한속담 寒粟潭

야윈 말 벌벌 떨며[545] 푸른 산을 넘어가는데 瘦馬凌兢越翠岑
깊은 골짜기 굽어보니 기운이 스산하네[546] 俯窺幽壑氣蕭森
맑은 유람 걸음마다 모두가 선경이니 清遊步步皆仙賞
기괴한 돌 긴 소나무 시냇가에 가득하구나 怪石長松滿碧潯

不諗.〕"라고 하였다. 당(唐)나라 한유(韓愈)의 〈남산시(南山詩)〉에 "내친김에 그 늪을 엿보니, 맑게 어린 물에 음침한 짐승이 숨은 듯하네.〔因緣窺其湫, 凝湛閟陰獸.〕"라고 하였다.

543 수석의 정령 : 【攷證 卷1 木石靈】 진(晉)나라 장화(張華)의 《박물지(博物志)》에 "물과 돌에 있는 기괴한 정령을 '용, 망상'이라 하고, 나무에 있는 기괴한 정령을 '기, 망량'이라고 한다.〔水石之怪曰龍罔象, 木之怪曰夔罔兩.〕"라고 하였다. 《古今事文類聚前集 卷48 鬼》 【校解】 원문의 '木石靈'은 '水石靈'이 되어야 한다.

544 구슬……누웠구나 : 【攷證 卷1 抱珠歸臥】 《강록(江錄)》에 "구슬은 곧 여룡(驪龍)의 구슬이다. 이때 장마가 너무 심했으므로, 용이 구슬을 안고 돌아가 칩거하기를 바란 것이다."라고 하였다.

545 야윈……떨며 : 【攷證 卷1 瘦馬凌兢】 한(漢)나라 양웅(揚雄)의 〈감천부(甘泉賦)〉에 "연란산으로 올라가 천문으로 날아오름에, 창합문 앞으로 달려가 서늘하고 두려운 데로 들어가네.〔登椽欒而狃天門兮, 馳閶闔而入凌兢.〕"라고 하였는데, 당나라 안사고(顏師古)의 주석에 "서늘하고도 두려움이 감도는 것을 말한다.〔言寒涼戰栗也〕"라고 하였다. 《漢書 揚雄傳上》

546 기운이 스산하네 : 【攷證 卷1 氣蕭森】 당나라 두보(杜甫)의 〈추흥(秋興)〉 시 중 제1수에 "옥 같은 이슬은 단풍나무 숲을 시들게 하니, 무산과 무협에 감도는 기운 스산하네.〔玉露凋傷楓樹林, 巫山巫峽氣蕭森.〕"라고 하였다.

(詩-內卷1-94)

경암 景巖

부딪치는 물살 천년이라 어찌 다함이 있으랴만	激水千年詎有窮
중류에 우뚝 서서 그 기세 씩씩함을 다투누나	中流屹屹勢爭雄
인생의 발자취란 물 위에 떠다니는 인형[547] 같으니	人生蹤跡如浮梗
꿋꿋하게 서 있는 모습 누가 이처럼 할 수 있으리오	立脚誰能似此中

(詩-內卷1-95)

미천장담 彌川長潭

어린 시절 여기서 낚시하던 일[548] 늘 생각했는데	長憶童時釣此間
삼십년의 풍월을 티끌세상[549] 속에서 저버렸구나	卅年風月負塵寰
내 돌아오니 계산의 옛 모습 알아보겠는데	我來識得溪山面
계산은 내 늙은 얼굴 알아볼 수 있을는지	未必溪山識老顔

547 물……인형 : 【攷證 卷1 浮梗】《전국책(戰國策)》 권10 〈제책(齊策) 3〉에 다음과 같은 내용이 있다. "어떤 흙 인형〔土偶人〕이 복숭아나무 인형에게 '지금 그대는 동쪽 나라의 복숭아나무 인형이다.〔今子東國之桃梗也〕 그대를 깎아서 사람을 만들어 놓았는데, 비가 내려 치수의 물이 이른다면 그대를 떠내려가게 할 것이다.〔淄水至, 流子而去.〕라고 하였다." 세상에서 나그네를 '부경'이라고 하는 것은 여기에서 비롯되었다.

548 어린……일 : 【攷證 卷1 童時釣】 당나라 한유(韓愈)의 〈소윤 양거원을 보내며 지은 서〔送楊巨源少尹序〕〉에 "아무 강 아무 언덕은 내가 아이였을 때 낚시하며 놀던 곳이다.〔吾童子時所釣遊也〕"라고 하였다.

549 티끌세상 : 【攷證 卷1 塵寰】 당나라 한유의 〈탄곡추 사당에 쓰다〔題炭谷湫祠堂〕〉 시에 "만물이 사는 곳은 모두 밝은 해 있으니, 깊고 어두운 곳은 귀신들이 사는 곳일세.〔萬生都陽明, 幽暗鬼所寰.〕"라고 하였는데, 송나라 손보(孫甫)의 주석에 "환(寰) 역시 산다는〔居〕 뜻이다."라고 하였다. 《五百家注昌黎文集 卷5》 당나라 백거이(白居易)의 〈장한가(長恨歌)〉에 "고개 돌려 사람들 사는 곳을 내려다보니, 장안은 보이지 않고 티끌 안개만 보였네.〔回頭下望人寰處, 不見長安見塵霧.〕"라고 하였다.

(詩-內卷1-96)

백운동 白雲洞

예전에는 '배호지〔船乎知〕'라고 불렀는데, 이는 시골 사투리의 잘못된 것이다.

청산녹수는 이미 속진을 벗어났는데　青山綠水已超氛
그 가운데 희디 흰 구름을 다시 두었어라　更著中間白白雲
사투리 씻어내고 본래 모습 돌려주니　爲洗鄕音還本色
땅의 신령도 응당 내가 자기를 알아준다고 허여하리라　地靈應許我知君

(詩-內卷1-97)

단사벽 丹砂壁

아래는 용이 사는 연못이요 위에는 범의 굴이라　下有龍淵上虎巖
단사를 천 길이나 감추고[550] 옥으로 함을 만들었네[551]　藏砂千仞玉爲函

---

550 단사를……감추고 : 【攷證 卷1 藏砂千仞】 임원현(臨沅縣)에 요씨(廖氏)가 사는 집이 있었는데, 대대로 장수를 누렸다. 훗날 다른 사람이 그 고택에 살면서 다시 대대로 장수를 누렸다. 그 까닭을 알 수 없었는데, 그 우물물이 붉은 것이 의심스러워 우물의 좌우를 파니 옛날 사람들이 묻어놓은 단사 수십 섬이 나왔다〔得古人埋丹砂數十斛〕. 《抱朴子 僊藥》【校解】《고증》에는 '臨沅'이 '臨汜'로 되어 있는데, 통행본 《포박자》에 의거하여 수정하였다.

551 옥으로 함을 만들었네 : 【攷證 卷1 玉爲函】 진나라 갈홍(葛洪)의 《포박자》〈지진(地眞)〉에 "아홉 번 제련한 단약〔九轉丹〕, 금액을 만드는 경전〔金液經〕, 한 가지를 지키는 비결〔守一訣〕이 모두 곤륜산(崑崙山)의 오성(五城) 안에 있는데, 옥으로 된 함에 보관해 두었다.〔藏以玉函〕"라고 하였다. 갈홍의 《신선전(神仙傳)》〈위숙경(衛叔卿)〉에 "위숙경이 신선이 되었다. 그 아들 도세(度世)가 산속에서 위숙경을 만났는데, 숙경은 그에게 '내게 신선이 되는 비방이 있으니, 내가 살던 곳의 기둥 아래에 있다.'고 하였다. 도세가 그곳을 파서 옥으로 된 함을 얻었는데, 비선의 향으로 봉해져 있었다.〔掘得玉函, 封以飛仙之香.〕 그 안에는 곧 다섯 가지 빛깔의 운모(雲母)가 있었는데, 도세가 그것을

응당 이 곳에는 장수하는 사람 많으리니　故應此境人多壽
병든 내가 굳이 푸른 꼭대기에서 약초를 캐야[552] 하랴　病我何須斸翠巉

(詩-內卷1-98)

천사촌 川沙村

깊고 먼 천사촌은 이장[553]이 사는 곳　幽敻川沙李丈居
평평한 들에는 벼가 익고 숲 언덕은 보기 좋네　平田禾熟好林墟
이웃이 된 나 또한 서쪽 골짜기 차지하여[554]　卜鄰我亦專西壑
초가집 안에다 만권 서적 두었도다　茅屋中藏萬卷書

복용하자 역시 신선이 되었다."라고 하였다. 송나라 소식(蘇軾)의 〈자유의 '청문노용주단' 시에 차운하다〔次韻子由淸汶老龍珠丹〕〉 시에 "하느님이 어리석은 용 막을 줄을 몰라서, 옥함 속의 소중한 방책이 용궁에서 나왔네.〔天公不解防癡龍, 玉函寶方出龍宮.〕"라고 하였다. 【校解】《고증》에는 《신선전》의 내용 가운데 '香'이 '印'으로 되어 있는데, 통행본 《신선전》에 의거하여 수정하였다.

552 푸른……캐야 : 【攷證 卷1 斸翠巉】 당(唐)나라 허혼(許渾)의 〈왕 거사(王居士)〉 시에 "빗속에서 흰 물을 갈고, 구름 밖에서 푸른 산을 쪼갠다.〔雨中耕白水, 雲外斸靑山.〕"라고 하였다. ○ 살펴보건대, 시의 뜻은 단사가 절벽 아래 천 길의 옥함 속에 있기 때문에 이곳에서는 자연히 장수하는 이가 많을 것이므로, 지금 내가 굳이 청산을 쪼개서 그것을 구할 필요는 없다는 것이다.

553 이장 : 【攷證 卷1 李丈】 이현우(李賢佑, 1470~1560)로 농암(聾巖) 이현보(李賢輔)의 아우이며 간재(艮齋) 이덕홍(李德弘)의 조부이다.

554 이웃이……차지하여 : 【攷證 卷1 卜隣我亦專西壑】 《퇴계선생연보》 권1에 "하명동(霞明洞) 자하봉(紫霞峯) 아래에 땅을 얻었다."라고 하였다. 살펴보건대, 천사촌에서 보면 서쪽이 된다. 《춘추좌씨전》 소공(昭公) 3년조에 "집 자리를 가릴 것이 아니라, 오직 가까이 사는 이웃을 가려야 할 것이다.〔非宅是卜, 唯鄰是卜.〕"라고 하였다. 송나라 왕안석(王安石)의 〈우연히 쓰다〔偶書〕〉 시에 "나 또한 만년에는 한 골짜기 차지하고서, 매번 거마를 만날 때면 문득 놀라고 의심하였네.〔我亦暮年專一壑, 每逢車馬便驚猜.〕"라고 하였다.

KNP0062(詩-內卷1-99~100)

뒤에 또 두 곳의 승경을 찾다 【병오년(1546, 명종1, 46세) 가을 추정. 예안(禮安)】

後又得二勝

(詩-內卷1-99)

갈선대[555] 葛仙臺

단사벽(丹砂壁) 남쪽에 왕모성산(王母城山)이 있고 산이 서쪽으로 향하여 북쪽으로 안은 곳에 두 대(臺)가 있으니, 그 하나는 이름이 갈선(葛仙)이요 그 하나는 이름이 고세(高世)라고 한다.

단사라 남쪽 벼랑의 갈선대는	丹砂南壁葛仙臺
구름 산이 백 겹으로 에워싸고 한 줄기 물 돌아드네	百匝雲山一水迴
만일 그 신선을 오늘 볼 수만 있다면	若使仙翁今可見
섶과 물 시중들며[556] 신령의 은덕 입고[557] 싶구나	願供薪水乞靈來

555 갈선대 : 【攷證 卷1 葛仙臺】 살펴보건대, 삼국 시대 오(吳)나라 갈현(葛玄)이 연산현(鉛山縣)의 산에서 수련했기 때문에 그 산을 '갈선산'이라고 불렀다.

556 섶과 물 시중들며 : 【攷證 卷1 願供薪水】 송(宋)나라 소식(蘇軾)의 〈교동을 보내며 하군에게 부치다〔送喬仝寄賀君〕〉 시 중 제5수에 "듣건대 동몽에 거처가 있다 하니, 섶과 물 시중들며 단약 굽는 것을 보고 싶구나.〔聞道東蒙有居處, 願供薪水看燒丹.〕"라고 하였다.

557 신령의 은덕 입고 : 【攷證 卷1 乞靈】 살펴보건대, '걸(乞)'의 독음은 '기(氣)'이다. 《춘추좌씨전》 애공(哀公) 24년조에 다음과 같은 내용이 있다. "제(齊)나라 사신이 와서 군사를 청하며 '우리나라 임금께서는 주공(周公)에게서 복을 구하고자 하시고, 장씨에게 위령(威靈)을 입기를 원하십니다〔願乞靈於臧氏〕.'라고 하였다." 【校解】 '걸(乞)'의 독음이 '기'일 경우 '입는다〔被〕'는 뜻이다.

(詩-內卷1-100)

고세대 高世臺

'고세'는 〈자지가(紫芝歌)〉[558]에 나오는 말이다. 위학산(魏鶴山)[559]의 시에 "자운(子雲)도 글을 안다 일컫는 자이지만, 오히려 상산(商山)을 가지고 영예를 낚은 것이라.〔子雲亦號知書者, 猶把商山作采榮.〕"[560]라고 하였다.

푸른 산 붉은 벼랑 옥을 깎아 만든 듯 碧嶂丹崖削玉成
시냇물은 굽이굽이 산을 안고 맑게 흐르네 溪流曲曲抱山淸
대 이름을 어리석은 이에게는 말해주지 말라 臺名莫向癡人說
상산을 영예 낚은 것인 줄 알까 두려우니 怕認商山作采榮

558 자지가 : 【攷證 卷1 紫芝歌】 진(秦)나라 말기 상산사호(商山四皓)의 〈채지가(採芝歌)〉에 "높고도 높은 산에, 깊은 골짜기 구불구불하구나. 빛나고 빛나는 붉은 지초는, 굶주림을 달랠 수 있다네. 요순의 시대는 멀어졌으니, 나는 장차 어디로 돌아갈까.〔莫莫高山, 深谷逶迤. 曄曄紫芝, 可以療飢. 唐虞世遠, 吾將何歸?〕"라고 하였다. 【校解】《고증》에는 '逶'가 '邐'로 되어 있는데, 통행본 《고사전(高士傳)》에 의거하여 수정하였다.

559 위학산 : 【攷證 卷1 魏鶴山】 송나라 위요옹(魏了翁)이 백학산(白鶴山) 아래 집을 짓고 살았으므로 이름을 '위학산'이라 하였다.

560 자운도……것이라 : 【攷證 卷1 子雲…采榮】 '자운'은 양웅(揚雄)의 자인데, 양웅은 성도(成都) 사람이다. 그가 지은 〈해조부(解嘲賦)〉에 "인상여는 장대에서 공을 거두었고, 상산사호는 남산에서 영예 낚았네.〔藺生收功於章臺, 四皓采榮於南山.〕"라고 하였는데, 당(唐)나라 이선(李善)의 주석에 "'채영'은 영예로운 명성을 취한 것이다.〔采榮, 采取榮名也.〕"라고 하였다. 《文選註 卷45》 【校解】《고증》에는 '南'이 '商'으로 되어 있는데, 통행본 《양자운집(揚子雲集)》에 의거하여 수정하였다.

KNP0063(詩-內卷1-101)

답청하여 자하산[561]에 오르다 정미년(1547, 명종2, 47세) 【3월 3일. 예안(禮安)】

踏靑登霞山 丁未

오솔길에 파릇파릇 무성한[562] 풀 밟으며　踏靑幽徑草茸茸
자하산에 올라와서 푸른 봉에 앉았노라　來上霞山坐碧峯
온갖 나무들 꽃 피려 하는데 봄은 막막하고　萬樹欲花春漠漠
온 산이 저물려 하니 푸른빛이 겹겹이로다　一山將暮翠重重
예 놀던 서울 땅은 온통 꿈만 같으니　舊遊京國渾如夢
새로 와 사는 전원에서 그저 농사나 지어야지　新卜田園只自農
곡수하는 좋은 날[563] 국상(國喪)[564]을 당함에　曲水佳辰當遏密

561 자하산 : 【攷證 卷1 霞山】 곧 자하봉(紫霞峯)이다. 【要存錄 卷1】 선생의 수록(手錄)에 "건지산(搴芝山)의 기슭은 퇴계(退溪)에 와서 그치는데, 그 동쪽에서 끊어졌다가 또 우뚝 일어났다가 두 번 봉우리를 이룬 뒤에 외로운 산처럼 끊어진 곳이 있으니, '자하산'이라 한다."라고 하였다.

562 무성한 : 【攷證 卷1 茸茸】 원(元)나라 웅충(熊忠)의 《고금운회거요(古今韻會擧要)》 권1에 "'용(茸)'의 독음은 '여(如)'와 '용(容)'의 반절이니, 풀이 무성하게 났다는 뜻이다."라고 하였다. 송(宋)나라 소식(蘇軾)의 〈원수채(元脩菜)〉 시에 "저 아름다운 그대 집의 나물이여, 넓은 밭에 푸르게 무성하구나.〔彼美君家菜, 鋪田綠茸茸.〕"라고 하였다.

563 곡수하는 좋은 날 : 【攷證 卷1 曲水佳辰】 곡수는 하남(河南) 낙천현(洛川縣)에 있다. 송(宋)나라 방현령(房玄齡) 등의 《진서(晉書)》〈속석열전(束晳列傳)〉에 다음과 같은 내용이 있다. "무제(武帝)가 '3월 3일에 유상곡수(流觴曲水)하는 것은 그 뜻이 무엇인가?'라고 물으니, 상서랑 속석이 '옛날 주공(周公)께서 낙읍(洛邑)을 이루시고, 흐르는 물을 따라 술을 띄우셨습니다. 그러므로 일시(逸詩)에 "깃 술잔 물결을 따르네.〔羽觴隨波〕"라 한 것입니다.'라고 하였다." 《文選補遺 蘭亭詩序注》

시 쓰고 고개 돌리니 눈물이 가슴을 적시누나 題詩回首涕霑胸

564 국상(國喪) : 【攷證 卷1 遏密】 살펴보건대, 을사년(1545, 인종1) 7월에 인종(仁宗)께서 승하하셨는데 이때까지도 아직 상(喪)이 끝나지 않았기 때문에 이렇게 말한 것이다.

KNP0064(詩-內卷1-102~103)

청음석 병서 【정미년(1547, 명종2, 47세) 3월 추정. 예안(禮安)】

清吟石 并序

온계(溫溪)[565]의 하류에 반석(盤石)이 시냇가에 있다. 신미년(1511, 중종6)에 숙부 송재(松齋) 부군(府君)께서 강원 감사(江原監司)로 재직 중에 근친을 하러 오셨다가 이 반석 위에 나가 노니셨다. 나도 어린아이로서 곁에서 모시고 있었는데, 어떤 붉은 옷을 입은 관리가 와서 인사를 드리니 바로 창락[566]역(昌樂驛) 승(丞)이었다. 숙부께서 시를 지으셨는데 "계산의 좋은 경치 알고자 하여, 송문을 혼자서 돌고 도노라. 맑게 읊조리려다 도리어 기분을 망쳤으니, 누가 독우[567]를 보내왔는가?〔欲得溪山妙, 松門獨自回. 清吟還敗意, 誰遣督郵來?〕" 라고 하였다. 지금 여러 형님, 조카들과 여기에 모여 예전 일을 추억하며 한참동안 감회에 젖어 탄식하다가 인하여 이 바위를 '청음석'이라 이름하고, 그 운자를 써서 절구 두 수를 짓는다.

(詩-內卷1-102)

총각 시절 모시고 놀던 땅인데　　　總角陪游地

565 온계 : 【攷證 卷1 溫溪】 퇴계(退溪)의 상류에 있으며, 선생의 조부인 판서공(判書公 이계양(李繼陽))이 처음 터를 잡고 사신 곳이다. 지금은 선생의 태실(胎室)이 있다.

566 창락 : 【攷證 卷1 昌樂】 순흥부(順興府) 서쪽 죽령(竹嶺)의 아래에 있다.

567 독우 : 【攷證 卷1 督郵】 우(郵)는 잘못〔過〕이다. 이 관원은 스스로 문서를 작성하지 않고, 상관이 내려 보낸 관리의 잘못된 문서를 감독하는 일을 맡는다. 《文選註 卷18 長笛賦》 ○ 살펴보건대, 우리나라에서는 찰방을 '승(丞)'이라 하니, '독우'를 이른다.

시 읊던 넋은 떠나가서 돌아오지 않네　　吟魂去不回
오직 시냇물 소리 울리는 바위만 남아 있으니　　唯餘溪響石
다시 온 나를 위로해 주려는 듯하구나　　似欲慰重來

(詩-內卷1-103)

비스듬히[568] 누워 있는 큰 바위 있으니　　坡陀巨石在
아름다운 시내 하나 감돌고 흐르네　　窈窕一溪回
다시금 산꽃 필 때를 기다리고자 하니　　更待山花發
내가 오늘 조금 일찍 왔나 싶구나　　吾今較早來

568 비스듬히 : 【攷證 卷1 坡陀】 '파(坡)'는 '피(陂)'가 되어야 할 듯하다. '피타(陂陀)'는 길게 퍼져 있는 모습, 또는 평평하지 않은 모습이다. 송(宋)나라 소식(蘇軾)의 〈내가 소장한 구지석은 희대의 보물이다……〔僕所臧仇池石希代之寶也……〕〉 시에 "그리 크지 않게 퍼져 있지만, 또렷하게 구릉과 봉우리의 모습 족히 갖추고 있네.〔坡陀尺寸間, 宛轉陵巒足.〕"라고 하였다.

KNP0065(詩-內卷1-104)

황중거[569]의 〈방장산[570]유록〉에 쓰다 【정미년(1547, 명종2, 47세) 3월 추정. 예안(禮安)】

題黃仲擧方丈山遊錄

방장이라 신선 산은 인간세상 아니라서	方丈仙山非世間
진시황과 한무제가 부질없이 사모했네[571]	秦皇徒慕漢空憐
단약 먹어 신선으로 변화하지 않는다면	不緣變化因丹藥
어떻게 날아올라 붉은 안개[572]를 넘나들 수 있으랴	那得飛昇出紫烟

569 황중거 : 【譯注】 황준량(黃俊良, 1517~1563)으로, 본관은 평해(平海), 자는 중거(仲擧), 호는 금계(錦溪)이다. 【攷證 卷1 黃仲擧】《정본 퇴계전서》 권15 〈성주 목사 황공에 대한 행장〔星州牧使黃公行狀〕〉에 보인다.

570 방장산 : 【攷證 卷1 方丈山】 곧 지리산으로 전라도 남원부(南原府) 동쪽 60리 지점에 있다. 산세가 높고 크며 수 백리에 걸쳐 웅장하게 자리 잡고 있다. 백두산의 맥(脈)이 흘러와 여기까지 이르므로 또 두류산(頭頭流)이라고도 한다. 당(唐)나라 두보(杜甫)의 〈태상 장균 경께 받들어 드리다. 20운〔奉贈太常張卿均二十韻〕〉 시에 "방장산은 삼한 밖에 있고, 곤륜산은 만국의 서쪽에 있네.〔方丈三韓外, 崑崙萬國西.〕"라고 하였다.

571 진시황과……사모했네 : 【攷證 卷1 秦皇徒慕漢空憐】 진 시황(秦始皇)이 방사(方士)를 보내어 바다에 가서 삼신산(三神山)의 불사약을 구해오게 하였는데, 그곳에 이르기 전에 번번이 바람을 만나 모두 흩어지게 되었다.《史記 秦始皇本紀》 한 무제(漢武帝)는 해상(海上)을 순유(巡遊)하며 삼신산을 바라보았다.《漢書 武帝紀》

572 붉은 안개 : 【攷證 卷1 紫烟】 진(晉)나라 곽박(郭璞)의 〈유선시(遊仙詩)〉 시 중 제3수에 "적송자는 상유에 임하여, 큰 기러기 타고서 붉은 안개 위로 오르네.〔赤松臨上游, 駕鴻乘紫烟.〕"라고 하였다. 당(唐)나라 이백(李白)의 〈원단구가(元丹丘歌)〉에 "원단구는 신선을 좋아하여, 아침에는 영천의 맑은 물 마시고, 저녁에는 숭산 봉우리의 붉은 안개 속으로 돌아와, 서른여섯 봉우리는 늘 돌아다니누나.〔元丹丘愛神仙, 朝飮穎川之淸流, 暮還嵩岑之紫烟, 三十六峰長周旋.〕"라고 하였다. 【校解】《고증》에는 이백의 시 가운데 '穎'이 '潁'으로, '川'이 '州'로, '流'가 '泉'으로 되어 있는데, 통행본《이태백문집

감개하여 청학동[573]에서 서성대고 感慨躊躇青鶴洞
소요하며 대붕의 하늘에서 노닐었으리 逍遙游戲大鵬天
반평생 주머니 속 옥가루를 시험해보지 못했으나[574] 半生未試囊中法
그래도 다행히 거편에 의탁하여 정신으로 유람했다오[575] 猶幸神遊託巨編

(李太白文集)》에 의거하여 수정하였다.

573 청학동 : 【攷證 卷1 青鶴洞】 지리산 안에 있다. 고려 시대 이인로(李仁老)의 《파한집(破閑集)》에 "지리산에 청학동이 있는데, 길이 매우 좁아 사람이 겨우 지나다닐 수 있다. 가다가 몇 리쯤 지나면 이에 탁 트여 환한 곳이 나오는데, 사방이 모두 좋은 밭과 기름진 땅이라서 파종하여 심기에 알맞다. 오직 푸른 학만이 그 안에서 서식하기 때문에 그로써 명명했으니, 대개 옛날 세상을 피해 은둔한 자가 살던 곳이다."라고 하였다.

574 주머니……못했으나 : 【攷證 卷1 未試囊中法】 당나라 두보(杜甫)의 〈거의행(去矣行)〉에 "주머니 속의 옥을 먹는 법을 시험해 보지 못했으니, 내일 아침에는 남전산에나 들어가볼까.〔未試囊中飡玉法, 明朝且入藍田山.〕"라고 하였는데, 송(宋)나라 왕수(王洙)의 주석에 "후위(後魏)의 이예(李預)가 매양 옛사람들의 옥을 먹는 법을 부러워하여, 이에 남전을 탐방(探訪)하여 옥으로 된 환벽(環璧) 백여 개를 채굴하여 얻었고, 그것을 가루로 만들어 날마다 복용하였다."라고 하였다. 《補註杜詩 卷2》

575 정신으로 유람했다오 : 【譯注】 퇴계 자신이 직접 지리산을 유람하진 못했지만, 황준량이 보내준 글을 읽고 마음으로 지리산을 유람했다는 뜻이다. 【攷證 卷1 神遊】 "주 목왕(周穆王)이 화인(化人)을 석 달 동안 섬겼다. 화인이 왕에게 함께 유람할 것을 요청하여 청도궁(淸都宮)과 자미궁(紫微宮)에 이르러 균천(鈞天)에서 광악(廣樂)을 들었다. 왕이 잠에서 깨어나 보니 앉아 있는 곳이 조금 전의 그곳과 같았다. 목왕은 정신을 잃었다가 회복된 후 다시 화인에게 물었는데, 화인이 "저와 왕께서는 정신적인 유람을 했던 것입니다. 형체야 어찌 움직였겠습니까.〔吾與王神遊也, 形奚動哉?〕"라고 하였다. 《列子 周穆王》

KNP0066(詩-內卷1-105~106)

서림원[576] 시운에 화답하다. 2수 【정미년(1547, 명종3, 47세) 3월 예안(禮安)】

和西林院詩韻 二首

3월에 월란암에 잠시 머무르다.

(詩-內卷1-105)

흡사 봄 산과 오랜 약속이 깊은 듯이　　似與春山宿契深
금년도 짚신[577] 신고 또 올라 왔네　　今年芒屩又登臨
옛 절에 다시 왔다는 감회만 들 뿐[578]　　空懷古寺重來感
숲 속의 만고심을 어찌 알리오[579]　　詎識林中萬古心

---

576 서림원 : 【攷證 卷1 和西林院詩韻】 여산(驪山)에 있는 서림사(西林寺)를 말한다. 《명일통지(明一統志)》에 "서림사는 여산에 있어 동림사와 마주 보고 있다."라고 하였다. 주자 연보를 보면 경진년(1160) 겨울, 이통(李侗) 선생을 뵙고 물러 나와 서림원의 유가(惟可) 스님의 집에서 묵었는데, 이때 〈서림원 유가 스님의 달관헌의 벽에 적다〔題西林園可師達觀軒〕〉라는 시를 지었다. 또 임오년(1162) 봄에 선생을 건안(建安)에서 뵙고 모시고 돌아와 서림원에 묵으면서 앞의 시와 같은 운자로 시를 지었는데 이 〈재제(再題)〉 시가 〈서림원 시운에 화답하다 2수(和西林院詩韻 二首)〉 중 제1수의 원운시이다.

577 짚신 : 【攷證 卷1 芒屩】 송(宋)나라 주자의 〈봄날 우연히 짓다(春日偶作)〉 시에 "서쪽 동산 봄빛이 깊어졌다 하기에, 서둘러 짚신 신고 올라가 보았네.〔聞道西園春色深, 急穿芒屩去登臨.〕"라고 하였다.

578 옛……뿐 : 【譯注】 이 구절은 본 시의 원운시 〈재제〉 첫 번째 구절 "옛 절에 다시 오니 감개가 깊구나.〔古寺重來感慨深〕"를 인용한 것이다.

579 숲……알리오 : 【攷證 卷1 詎識林中萬古心】 원운시 〈재제〉의 "종전에 오묘하게 알았다고 생각한 것 지금은 한으로 남았나니, 만고의 광활한 하늘의 한 조각 심월이라.〔向來妙處今遺恨, 萬古長空一片心.〕"에 근본 하였으나 주자의 〈무이도가(武夷櫂歌)〉 시에도 "숲 사이에 나그네 있으나 아무도 알지 못하고, 어기어차 뱃노래 소리 가운데 만고심을 느끼네.〔林間有客無人識, 欸乃聲中萬古心.〕"라고 하였다.

(詩-內卷1-106)

스승 따라 도 배우고 사찰에 묵으며	從師學道寓禪林
벽에 써 놓은 시 감개가 깊으셨지	壁上題詩感慨深
적막한 바다 동쪽 천년이 지난 뒤	寂寞海東千載後
외로운 이불 비추는 산 위의 달[580]이 어여뻐라	自憐山月映孤衾

580 외로운……달 : 【攷證 卷1 山月映孤衾】 송(宋)나라 주자의 〈서림원 유가 스님에게 보이다〔示西林可師〕〉 시에 "먼지 낀 감실에서 홀로 자는데 잠은 오지 않고, 오경에 나온 산중 달빛 찬 이불을 비추네.〔獨宿塵龕無夢寐, 五更山月照寒衾.〕"라고 하였다.

KNP0067(詩-內卷1-107)

비가 개어 소회를 쓰다 【정미년(1547, 명종2, 47세) 4월 예안(禮安)】

雨晴述懷

초여름 기운이 왕성하게 일어나니[581]	孟夏恢台一氣亨
산림의 온갖 사물 앞 다투어 형체를 이루네[582]	山林百物爭流形
용공[583]이 때맞춰 단비를 내려주니	龍公及時霈嘉澤
하늘이 작심하고 병든 백성 살려 주누나	上天作意蘇疲氓
장정은 소 몰고 사방 들판으로 나가고	丁壯驅牛出四野
아낙네는 광주리를 들고 오솔길을 가누나	婦姑執筐遵微行
지저귀는 저 새들은 알아서 화답하고	嚶嚶禽鳥自相和
부지런한[584] 사람들 저마다 일 있는데	矻矻人生各有營

581 초여름……일어나니 : 【攷證 卷1 孟夏恢台】 전국 시대 초(楚)나라 굴원(屈原)의 《초사(楚辭)》〈구변(九辯)〉에 "크나큰 여름 기운의 거둠이여, 이에 깊숙이 감추어 두네.〔收恢台之孟夏兮, 然欿傺而沉藏.〕"라고 하였다. 송(宋)나라 주자의 주석에 "회(恢)는 크다는 뜻이고 태(台)는 태(胎)와 같으니, 여름 기운이 강하여 만물을 기른다는 말이다."라고 하였다.

582 산림의……이루네 : 【譯注】 초여름의 기운이 성하여 만물이 자라나는 모습을 형용한 것이다. 《주역(周易)·건괘(乾卦)·단전(彖傳)》에 "구름이 떠다니고 비가 내려 만물이 형체를 이룬다.〔雲行雨施, 品物流形.〕"라고 하였다.

583 용공 : 【譯注】 비와 눈을 관장하는 신을 말한다. 【攷證 卷1 龍公】 당(唐)나라 조경(趙耕)의 〈장용공비(張龍公碑)〉에 다음과 같은 내용이 있다. 장공(張公)의 이름은 노사(路斯)인데 외출했다가 들어올 때마다 항상 몸이 차갑고 또 젖어 있으므로 부인이 그 까닭을 물으니, 장공이 "나는 용이다."라고 하였다. 《類說 卷7 張龍公》 송나라 소식(蘇軾)의 〈취성당의 눈〔聚星堂雪〕〉 시에 "창 앞의 그윽한 소리가 마른 나무를 울리니, 장용공이 솜씨를 부려 첫눈 내리게 함이네.〔窓前暗響鳴枯木, 龍公試手行初雪.〕"라고 하였다.

584 부지런한 : 【攷證 卷1 矻矻】 당나라 한유(韓愈)의 〈진학해(進學解)〉에 "부지런히

나만 홀로 옛 절에 와서 머무노니	我獨來居古僧舍
집집마다 쟁기 잡건만[585] 나는 밭 갈지 않는다오	家操耒耜非躬耕
소림사 달마도 따르고 싶지 않고[586]	不願少林從達摩
공동산 광성자[587]도 배우기를 원치 않네	不願崆峒師廣成
하늘이 한 조각 어둠 밝히는 거울[588]을 열어 놓았으니	天開一片燭幽鑑
정황돈[589]의 해설을 단 진서산의 심경[590]이라	篁墩旨訣西山經

노력하여 한 해를 마쳤다.〔恒矻而窮年〕"라고 하였다. 【校解】《당대가한문공문초(唐大家韓文公文抄)》 권10 〈진학해〉에는 '恒兀兀以窮年'이라 되어 있다.

585 집집마다 쟁기 잡건만 : 【譯注】 "나는 밭 갈지 않는다오.〔非躬耕〕"와 연결하여 자신은 농부가 아니므로 농사를 짓지는 않는다는 뜻이다. 【攷證 卷1 家操耒耜】 당나라 두보(杜甫)의 〈대우(大雨)〉 시에 "사방 이웃에서는 쟁기와 보습 갖고 나오니, 무엇 하러 굳이 우리 집에서 잡고 나서랴.〔四隣耒耜出, 何必吾家操?〕"라고 하였다.

586 소림사……않고 : 【攷證 卷1 不願少林從達摩】 '달마(達摩)'는 천축국(天竺國) 사람으로 배를 타고 중국으로 들어가 남조(南朝) 양(梁)나라 무제(武帝)를 알현했다. 이후 숭산(嵩山) 소림사(少林寺)에 올라가 9년간 면벽 수행을 하다가 단좌(端坐)한 상태로 세상을 떠났다.

587 광성자 : 【譯注】 고대 신선 이름이다. 【攷證 卷1 不願崆峒師廣成】 《장자(莊子)》 〈재유(在宥)〉에 다음과 같은 내용이 있다. 황제(黃帝)가 즉위하여 천자가 된 지 19년 만에 명령이 천하에 잘 시행되었는데, 광성자(廣成子)가 이 산 위에 있다는 말을 듣고 찾아가 만나보고 "나는 그대가 지극한 도를 통달했다는 말을 들었으니, 지극한 도의 정수를 묻습니다."라고 하였다.

588 한……거울 : 【攷證 卷1 燭幽鑑】 명(明)나라 정민정(程敏政)의 《심경부주(心經附註)》서문에 "참으로 이른바 '냇물을 막는 지주산(砥柱山)이요, 남쪽을 가리키는 수레요, 어둠을 밝히는 거울'이란 것이다.〔誠所謂障川之柱, 指南之車, 燭幽之鑑.〕"라고 하였다.

589 정황돈 : 【攷證 卷1 篁墩】 명나라 정민정(程敏政, 1446~1499)으로 본관은 휴령(休寧), 자는 극근(克勤), 호는 황돈(篁墩)이다. 헌종(憲宗) 성화(成化) 2년(1466) 진사시에 급제하고 관직이 예부 우시랑(禮部右侍郎) 겸 시독학사(侍讀學士)에 이르렀다. 육구연(陸九淵)의 학파로 진덕수의 《심경(心經)》에 주석을 달아 《심경부주》를 저

온 시내의 풍월은 사람이 보기를 기다리고 一川風月要人看
만고의 청산은 여전히 푸르도다[591] 萬古青山依舊青
벌단[592]의 노래는 힘이 약해 걱정이라 伐檀之歌畏力纖
남에겐 말을 마소, 갓끈 떨어져라 웃을 테니[593] 莫道傍人聞絶纓

술했다.

590 진서산의 심경 : 【攷證 卷1 西山經】 송나라 진덕수(眞德秀, 1178~1235)로, 초자는 경원(景元), 자는 (景希), 호는 서산(西山), 시호는 문충(文忠)이다. 저서로 《대학연의(大學衍義)》·《사서집편(四書集編)》·《서산문집(西山文集)》 등이 있다.

591 온……푸르도다 : 【攷證 卷1 一川風月…依舊青】 《주자대전(朱子大全)》 권2 〈호적계 어른과 유공보에게 부치다〔寄籍溪胡丈及劉共父〕〉 시에 "은자를 빈 골짜기에 남겨두니, 온 내의 풍월 사람이 보기를 기다리고자 하네.〔留取幽人臥空谷, 一川風月要人看.〕"라고 하였다.

592 벌단(伐檀) : 【譯注】 《시경(詩經)》 〈위풍(魏風)〉의 편명으로, 벼슬아치가 공로도 없이 국녹(國祿)을 먹어 군자가 벼슬길에 나가지 못하는 것을 풍자한 시이다. 그 시에 "심지 않고 거두지 않으면 어찌 벼 300전을 취할 것이며, 수렵하지 않으면 어찌 너의 뜰에 매달려 있는 담비를 보겠냐고 하니, 저 군자여, 공밥을 먹지 않도다.〔不稼不穡, 胡取禾三百廛, 不狩不獵, 胡瞻爾庭有縣兮, 彼君子兮, 不素餐兮.〕"라고 하였다.

593 갓끈……테니 : 【攷證 卷1 絶纓】 갓끈이 끊어지도록 크게 웃는 것을 말한다. 《사기(史記)》 〈골계열전(滑稽列傳)〉에 "순우곤(淳于髡)이 고개를 쳐들고 껄껄 웃어 갓끈이 끊어졌다.〔冠纓索絶〕"라고 하였다.

KNP0068(詩-內卷1-108~117)

장난삼아 칠대와 삼곡을 읊은 시 【정미년(1547, 명종2, 47세) 4월 추정. 예안(禮安)】

戲作七臺三曲詩

월란암이 산에 가깝고 강물이 바로 앞에 흐르는데 대(臺)같이 생긴 절벽이 모두 일곱이요, 물이 산을 감돌아 굽이를 이룬 것이 모두 셋이다.

(詩-內卷1-108)

초은대[594] 招隱臺

새벽에 일어나 맑은 시내 건너　　晨興越淸溪
지팡이 짚고서[595] 구름 서린 골짝을 찾네　　杖策尋雲壑
은자는 지금 어디에 있나　　幽人在何許
울창한 송계만 푸르구나　　鬱鬱松桂碧
산중에서 즐길 것이 무엇인가　　山中何所樂

594 초은대 : 【譯注】 '숨어 사는 선비를 초청한다〔招隱士〕'에서 누대의 이름을 취한 것이다. 《문선(文選)》 〈초은사(招隱士)〉에 "계수나무 숲 우거져 산이 그윽하니, 구불텅 뻗은 줄기 가지 서로 얽혔어라.〔桂樹叢生兮山之幽, 偃蹇連蜷兮枝相繚.〕"라고 하였고 남조(南朝) 제(齊)나라 공치규(孔稚珪)의 〈북산이문(北山移文)〉에 "혜초 장막은 비었는데 밤마다 학은 울고, 산인이 떠나자 새벽 원숭이 놀란다.〔蕙帳空兮夜鶴怨, 山人去兮曉猿驚.〕"라고 하였다. 【攷證 卷1 招隱臺】 한(漢)나라 회남왕(淮南王) 유안(劉安), 진(晉)나라 좌사(左思)와 육기(陸機), 송나라 주희(朱熹) 또한 '초은'과 관련한 시작품을 지은 바 있다.

595 지팡이 짚고서 : 【攷證 卷1 杖策】 진(晉)나라 좌태충(左太冲 좌사(左思))의 〈초은시(招隱詩)〉 2수 중 제1수에 "지팡이를 짚고 은사를 부르노니 황량한 길이 고금에 가로 놓였어라.〔杖策招隱士, 荒途橫古今.〕"라고 하였다. 【校解】 《고증》에는 '招'가 '追'로 되어 있으나, 통행본 《문선》에 의거 하여 수정하였다.

새와 짐승만 서성이며 슬퍼하누나　　鳥獸悲躑躅
늘 생각하지만 보지 못하니　　永懷不易見
배회하며 긴 한숨만 쉬노라　　躊躇長太息

(詩-內卷109)

월란대 月瀾臺

높은 산에는 모서리도 있고 편편한 곳도 있어라[596]　　高山有紀堂
경치 좋은 곳은 모두 강물을 굽어 본다　　勝處皆臨水
오래된 암자 본래 고요하니　　古庵自寂寞
은자가 깃들어 살기에 좋아라　　可矣幽棲子
넓은 하늘에 구름 문득 걷히고　　長空雲乍捲
푸른 강물에는 바람이 일려 한다　　碧潭風欲起
원하노니 달 구경하던 이를 좇아서　　願從弄月人
이 관란의 뜻에 계합하고자 하네[597]　　契此觀瀾旨

596 모서리도……있어라 : 【攷證 卷1 紀堂】《시경》〈진풍(秦風) 종남(終南)〉의 송(宋)나라 주희(朱熹)의 주석에 "기(紀)는 산의 모서리〔山之廉角〕를 가리키고, 당(堂)은 산의 넓고 편편한 곳〔山之寬平處〕을 가리킨다."라고 하였다.

597 달……하네 : 【譯注】 제목인 월란대의 의미를 살린 것이다. 주자처럼 여기에 머물러 달을 구경하면서 밑에 흐르는 강물을 보며 관란(觀瀾)의 뜻을 알고자 한다는 말이다. 《맹자》〈진심 상(盡心上)〉에 "물을 관찰할 때는 방법이 있으니, 반드시 그 여울을 보아야 한다.〔觀水有術, 必觀其瀾.〕"라고 하였다. 【攷證 卷1 弄月人】 송나라 주자의 〈서료(西寮)〉 시에 "진중하고 무심한 사람이여, 쓸쓸한 집에서 밝은 달을 즐기네.〔珍重無心人, 寒棲弄明月.〕"라고 하였다.

(詩-內卷1-110)

고반대[598] 考槃臺

높은 대가 벼랑 위에서 굽어보니	層臺俯絶壑
아래에는 샘이 있어 옥구슬 소리 나네[599]	下有泉鳴玉
서쪽으로 다가가면 활짝 트여 훤하고	西臨豁而曠
동쪽으로 돌아서면 깊고도 고요하다	東轉奧且閴
울창한 숲 베어 내 좋은 곳 얻어내니	剪蔚得佳境
장차 여기에 띳집을 지을 만하구나[600]	茅茨行可卜
은거하여 뜻 구하며[601] 다시 무엇 하리오	隱求復何爲

598 고반대 : 【譯注】 대(臺)의 명칭은 《시경》 〈위풍(衛風) 고반(考槃)〉에서 취한 것으로 '고반'은 은거하는 곳을 지칭한다. "고반이 시냇가에 있으니 훌륭한 분이 태연히 거처하네. 홀로 잠을 자고 깨어 길이 잊지 않으려 맹세하네.〔考槃在澗, 碩人之寬. 獨寐寤言, 永矢弗諼.〕"라고 하였다. 【攷證 卷1 考槃臺】 《시경》 〈위풍 고반〉의 주자의 주석에 "고(考)는 이루다〔成〕의 뜻이고 반(槃)은 서성이다〔盤桓〕의 뜻이다."라고 하였다.

599 아래에는……나네 : 【譯注】 《정본 퇴계전서》 권2에 〈월란암 아래에 대가 있으니 이름을 '고반'이라고 한다. 대 아래 샘이 있음을 알게 되었는데 '몽천'이라 한다. 그 위에 거사가 살던 흙집의 옛터가 있다〔月瀾庵下有臺曰考槃 臺下得泉曰蒙泉 其上有居士土室舊基〕〉라는 시가 있다. 여기서 '아래에는 샘이 있어 옥구슬 소리를 낸다〔下有泉鳴玉〕'라고 한 것은 '몽천'을 지칭하는 듯하다. 【攷證 卷1 泉鳴玉】 〈명옥대(鳴玉臺)〉 시의 자주(自註)에 보인다. 【校解】 《정본 퇴계전서》 권3 〈명옥대〉 시의 자주에 "대의 예전 이름은 '낙수(落水)'였는데, 이제 진나라 육사형(陸士衡)의 〈초은시(招隱詩)〉의 '폭포가 떨어져 맑은 옥 소리 울리네〔飛泉漱鳴玉〕.'라는 구절에서 취하여 이름을 고쳤다."라고 하였다.

600 띳집을 지을 만하구나 : 【攷證 卷1 茅茨行可卜】 당(唐)나라 두보(杜甫)의 〈녹나무가 비바람에 뽑혀 탄식하다〔枏木爲風雨所拔歎〕〉 시에 "띠 풀 베고 거처를 정한 것은 모두 이 때문인데, 오월에도 늦매미 소리 듣는 것 같구나.〔誅茅卜居總爲此, 五月髣髴聞寒聲.〕"라고 하였다.

601 은거하여 뜻 구하며 : 【譯注】 《논어》 〈계씨(季氏)〉에 "은거하여 자신의 뜻한 바를 구하고〔隱居以求其志〕, 의리를 실천하며 도를 천하에 달성시킨다."라고 하였다.

한가로이 노닐며 남에겐 알리지 않으리[602] 優游歌弗告

(詩-內卷1-111)

응사대 凝思臺

바지를 걷고[603] 찬 시냇물 건너 褰裳度寒磵
칡넝쿨 붙들고 높은 비탈 올라가네 捫葛陟高崖
늙은 소나무는 바위 끝에 서리었는데 老松盤巖顚
온갖 천둥번개에도 힘으로 버티네[604] 百霆猶力排
해묵은 관목[605]을 베어 없애니 刊除舊叢灌
앞 경치 그윽하고도 아름답다 面勢幽且佳
무심히 하루 종일 앉아 있으니 窅然坐終日
나의 마음 알 사람 아무도 없으리 無人知我懷

602 남에겐 알리지 않으리 : 【譯注】 은거하여 자족하며 지낸다는 뜻이다. 《시경》 〈위풍(衛風) 고반(考槃)〉에 "홀로 자고 깨었다가 다시 잠들고서, 알리지 않기로 길이 맹세하네.〔獨寐寤宿, 永矢不告.〕"라고 하였다.

603 바지를 걷고 : 【攷證 卷1 褰裳】 남조(南朝) 송(宋)나라 유의경(劉義慶)의 《세설신어(世說新語)》에 "사안(謝安)은 태성(台城)에 올라 유연히 세속을 초월한 뜻을 품었고, 순선(荀羨)은 북고산(北固山)에 올라 바다를 바라보며 구름을 타 넘고자 하는 뜻을 품었다. 진시황(秦始皇)이나 한무제(漢武帝) 같은 군주도 그곳에 오르면 반드시 바지를 걷고 발을 물에 적시면서 가고자 했을 것이다."라 하였다.

604 힘으로 버티네 : 【攷證 卷1 力排】 당(唐)나라 두보(杜甫)의 〈녹나무가 비바람에 뽑혀 탄식하다〔枏木爲風雨所拔歎〕〉 시에 "줄기는 뇌우를 버티려 안간힘을 쓰지만, 뿌리는 샘에 끊어지니 어찌 하늘 뜻이랴.〔幹排雷雨猶力爭, 根斷泉源豈天意.〕"라고 하였다.

605 관목 : 【攷證 卷1 叢灌】 《시경》 〈주남(周南) 갈담(葛覃)〉의 주자의 주석에 "관(灌)은 총목(叢木)이다."라고 하였다.

(詩-內卷1-112)

낭영대[606] 朗詠臺

더위잡고 올라 높은 돌길에 서니	躋攀出風磴
온 산천이 한 눈에 다 들어오누나	一眼盡山川
이렇게 높은 곳이 있지 않다면	不有妙高處
운수 펼쳐진 하늘을 어찌 알리오	焉知雲水天
천지사이에서 내려보고 쳐다보니	俯仰宇宙間
높고 넓다 노래하던[607] 현인이 생각나네	峩洋思古賢
묻노니, 쇠를 던지는 쟁그랑 소리[608]가	借問擲金聲
기수의 비파 소리[609]와 비교하여 어떠한가	何如沂上絃

606 낭영대 : 【譯注】 송나라 주희(朱熹)의 〈술에 취해 축융봉을 내려오며〔醉下祝融峯〕〉 시에 "탁주 석 잔에 호기가 발하여, 낭랑히 시 읊으며 축융봉을 내려오네.〔濁酒三杯豪氣發, 朗吟飛下祝融峯.〕"라고 하였고, 진(晉)나라 손작(孫綽)이 지은 〈천태산에서 노닐며 짓다〔遊天台山賦〕〉에 "호젓한 바위 위에 앉아 명상에 잠기고, 긴 냇가에 임하여 낭랑하게 읊조리네.〔凝思幽巖, 朗詠長川.〕"라고 하였다. 대의 이름은 여기에서 착안한 듯하다.

607 높고 넓다 노래하던 : 【攷證 卷1 峨洋】 백아(伯牙)가 산을 생각하며 거문고를 타면 그의 벗 종자기(鍾子期)가 "좋구나. 높고 높은 것이 태산 같도다.〔善哉. 峩峩兮若泰山.〕" 라고 하였고 물을 생각하며 거문고를 타면 "좋구나. 넓게 넘실대는 것이 강하 같도다.〔善哉. 洋洋兮若江河.〕"라고 하였다. 《列子 湯問》

608 쇠를……소리 : 【譯注】 뛰어난 문장을 비유하는 말이다. 【攷證 卷1 擲金聲】 진(晉)나라의 손작(孫綽)이 〈유천태산부(遊天台山賦)〉를 지은 뒤에 친구인 범영기(范榮期)에게 보여 주며 말했다. "그대는 시험 삼아 이 부(賦)를 땅에 던져 보게, 분명 금석 소리가 날 것일세.〔卿試擲地, 當作金石聲.〕"라고 하였다. 《晉書 孫綽列傳》

609 기수의 비파 소리 : 【譯注】 공자가 자로(子路)·증점(曾點)·염유(冉有)·공서화(公西華) 등의 제자에게 각각 자기의 뜻을 말해 보라 하여, 다른 제자들이 말을 마친 후 다시 증점에게 묻기를 "점아 너의 생각은 어떠하냐?〔點爾何如?〕"라고 하자, 그가 슬(瑟)을 천천히 타고 있다가 쟁그랑 소리와 함께 내려놓고 대답했다. "늦은 봄에 봄옷이 이루어

〈詩-內卷1-113〉

어풍대[610] 御風臺

지인[611]은 변화가 신묘하니	至人神變化
유와 무 사이를 들고 난다네[612]	出入有無間
가볍게 신마를 타고서	泠然馭神馬
열흘 하고 닷새 만에 돌아오누나[613]	旬有五乃還
안타깝다, 백번 쯤 도를 들었다는 이[614]	嗟哉聞百人
여름벌레는 추위를 알지 못하는 격이지[615]	夏蟲不知寒

지거든 관자(冠者) 5, 6인, 동자(童子) 6, 7인과 함께 기수(沂水)에서 목욕하고 무우(舞雩)에서 바람을 쐬고 읊조리며 돌아오겠습니다."《論語 先進》

610 어풍대 :【譯注】 대의 이름은 《장자(莊子)》〈소요유(逍遙遊)〉에 "열어구가 바람을 타고 가서〔列禦寇御風而行〕 가볍고 기분 좋게 다니다가 보름이 지난 후 돌아왔다."라는 구절에서 유래하였다.

611 지인 :【攷證 卷1 至人】 정(貞)함에서 벗어나지 않는 이를 일러 '지인(至人)'이라 한다.〔不離於貞, 謂之至人.〕《장자》〈소요유(逍遙遊)〉에 "지인은 자기가 없고, 신인은 공이 없고, 성인은 명예가 없다.〔至人無己, 神人無功, 聖人無名.〕"라고 하였다.

612 유와……난다네 :【攷證 卷1 出入有無間】《회남자(淮南子)》〈원도훈(原道訓)〉에 "천하의 지극히 견고함을 내달으며, 무유(無有)에서 나오고 무위(無爲)로 들어간다.〔馳騁天下之至堅, 出於無有, 入於無爲.〕"라고 하였고, 진(晉)나라 손작(孫綽)의 〈천태산에서 노닐며 짓다〔遊天台山賦〕〉에서 "신묘한 변화처를 빠르게 내달리다가, 갑작스레 유에서 나와 무로 들어간다.〔騁神變之揮霍, 忽出有而入無.〕"라고 하였다.

613 가볍게……돌아오누나 :【攷證 卷1 泠然…乃還】《장자(莊子)》〈소요유(逍遙遊)〉에 "열어구는 바람을 몰고 다니는데, 보름이 지난 후에 돌아온다."라고 하였다.

614 백번……이 :【攷證 卷1 聞百人】 식견이 좁으면서 스스로 많이 안다고 자부하는 사람을 뜻한다.《장자》〈추수(秋水)〉에 "하백(河伯)이 탄식하며 '속담에 도를 깨달은 것이 백번이어서〔聞道百〕 자기 만한 사람이 없다.'고 하니 바로 나를 두고 한 말 같구나."라고 하였다.

615 여름벌레는……격이지 :【譯注】 식견이나 지혜가 편협함을 이른다.【攷證 卷1 夏蟲

그대 이 대에 올라 보게나　請君登此臺
새벽노을로 지은 밥도 필요 없다오[616]　不用朝霞餐

(詩-內卷1-114)

능운대[617] 凌雲臺

아래는 맑고 맑은 물이 있고　下有淸淸水
위에는 희고 흰 구름이 있네　上有白白雲
깎아지른 봉우리를 대라 부르니　斷峯呼作臺
올라보면 만상이 펼쳐져 있구나　登臨萬象分
흉금을 씻어[618] 호기가 생기니　盪胸生浩氣
초연히 티끌세상 벗어난 듯　超然離垢氛
어찌 유천자[619] 만이　豈但劉天子

不知寒】《장자》〈추수〉에 "우물 안 개구리가 바다를 말할 수 없는 것은 빈 것에 매여 있기 때문이고, 여름벌레가 얼음을 말할 수 없는 것은 시절에 집착하기 때문이며〔夏蟲不可以語於冰者, 篤於時也〕, 고루한 선비가 도를 말할 수 없는 것은 가르침에 속박되어 있기 때문이다."라고 하였다.

616 새벽노을로……없다오 : 【譯注】이 대에 오르면 저절로 신선이 된 느낌이 든다는 말이다. 전국 시대 초(楚)나라 굴원(屈原)의 《초사(楚辭)》〈원유(遠遊)〉에 "육기를 먹고 찬 이슬을 마심이여, 정양으로 양치질하고 새벽노을을 머금는다.〔飡六氣而飮沆瀣兮, 漱正陽而含朝霞.〕"라고 하였다.

617 능운대 : 【譯注】대의 이름은 《사기(史記)》〈사마상여열전(司馬相如列傳)〉의 "표표히 구름을 뚫고 날아가는 기운을 느끼다.〔飄飄有凌雲之意〕"라는 구절에서 유래하였다.

618 흉금을 씻어 : 【攷證 卷1 蕩凶】당(唐)나라 두보(杜甫)의 〈태산을 바라보다〔望岳〕〉 시에 "층층 구름에 흉금을 씻어내고 눈 크게 떠 돌아가는 새 바라본다.〔盪胸生層雲, 決眥入歸鳥.〕"라고 하였다.

619 유천자 : 【文集攷證 卷1 劉天子】한(漢)나라 무제(武帝)를 말한다.

뛰어난 문장 감상하며 표표타 하리[620] 飄飄賞奇文

(詩-內卷1-115)

석담곡[621] 石潭曲

내달리듯 돌 여울로 흘러 내려서 奔流下石灘
온 못에 차고 푸른 물이 맑기도 하다 一泓湛寒碧
철쭉[622]은 아름다운 절벽에 흐드러지고 躑躅爛錦崖
이끼는 낚시터 바위에 아롱졌구나 莓苔斑釣石
갈매기는 나와 같이 한가롭고[623] 白鷗似我閒
피라미는 제 낙을 알고 있겠지[624] 鯈魚知爾樂
어느 때나 작은 배를 마련하여 何時辦小艇

620 표표타 하리 : 【攷證 卷1 飄飄賞奇文】 한나라 무제가 신선을 좋아하는 것을 보고 〈대인부(大人賦)〉를 바치니 무제가 크게 기뻐하며 "표표히 구름을 뚫고 날아가는 기운을 느끼고〔飄飄然有凌雲之意〕, 천지간을 마음껏 돌아다니는 것 같은 생각이 든다."라고 하였다. 《史記 司馬相如列傳》

621 석담곡 : 【要存錄 卷1】 "자하산 동남쪽에 있는데 지금 월란(月瀾)이라고 부르는 곳에서 조금 돌아 내려가면, 곧 그 못이다."라고 하였다.

622 철쭉 : 【攷證 卷1 躑躅】 높이는 3, 4척이며 꽃은 작은 석류와 닮았다. 양척촉(羊躑躅)이라고도 하는데, 양들이 이 꽃을 먹으면 죽기 때문에, 보면 머뭇거리다가〔躑躅〕 흩어진다는 설에서 유래한 명칭이다. 《要存錄 卷1》

623 갈매기는……한가롭고 : 【攷證 卷1 白鷗似我閒】 송(宋)나라 황정견(黃庭堅)의 〈연아(演雅)〉 시에 "강남 들판의 물은 하늘보다 푸른데, 그 가운데 갈매기는 한가하기가 나와 같네.〔江南野水碧於天, 中有白鷗閒似我.〕"라고 하였다.

624 피라미는……있겠지 : 【譯注】 장자(莊子)가 혜자(惠子)와 함께 호량(濠梁)에서 거닐면서 물고기가 자유로이 노니는 것을 보고 대화를 나누었다. 장자가 "피라미〔鯈魚〕가 조용히 나와서 노니, 이는 물고기의 낙(樂)이다."라고 하자, 혜자가 "그대는 물고기가 아닌데 물고기의 낙을 어찌 알겠는가."라고 하였다. 《莊子 秋水》

긴 노래로 밝은 달을 즐길 것인가 長歌弄明月

(詩-內卷1-116)

천사곡 川沙曲

냇물은 흘러 산을 돌아 나오니 川流轉山來
옥무지개[625] 비스듬히 마을을 안았네 玉虹抱村斜
언덕 위는 푸른 이랑 무성도 하고 岸上藹綠疇
숲가엔 하얀 모래 깔려 있도다 林邊鋪白沙
돌다리는 낚시 놀이 할 만하고 石梁堪釣遊
빈 골짝은 지나가기에 좋구나 墟谷可經過
서쪽으로 자하오[626]를 바라보니 西望紫霞塢
또한 은자의 집[627]이 있어라 亦有幽人家

625 옥무지개 : 【攷證 卷1 玉虹】 송나라 소식(蘇軾)의 〈울고대(鬱孤臺)〉 시에 "산은 푸른 물결처럼 솟아오르고, 물은 옥무지개 되어 흘러내리네.〔山爲翠浪湧, 水作玉虹流.〕"라고 하였다.

626 자하오 : 【譯注】 하명동(霞明洞) 자하봉(紫霞峰) 아래를 말한다. 《퇴계선생연보(退溪先生年譜)》 권1에 "경술년(1550, 명종5) 2월에 퇴계가 서쪽에 자리를 잡고 살았고, 이보다 앞서 하명동 자하봉 아래에 땅을 얻어 집을 짓다가 끝내 짓지 못했다. 다시 죽동(竹洞)으로 옮겼으나, 골이 좁고 시냇물이 흐르지 않아 마침내 계상(溪上)으로 정하였으니, 무려 3번이나 옮겨 살 곳을 정하였다."라고 하였다.

627 은자의 집 : 【要存錄 卷1】 《정본 퇴계전서》 권1 〈천사촌(川沙村)〉 시에 "깊고 먼 천사촌은 이장이 사는 곳, 평평한 들에는 벼가 익고 숲 언덕은 보기 좋네. 이웃이 된 나 또한 서쪽 골짜기 차지하여, 초가집 안에다 만권 서적 두었도다.〔幽夐川沙李丈居, 平田禾熟好林墟. 卜隣我亦專西壑, 茅屋中藏萬卷書.〕"라고 하였다.

(詩-內卷1-117)

단사곡 丹砂曲

푸른 벼랑엔 구름이 일려 하니 青壁欲生雲
맑은 물은 그림 속에 들어가는 듯 綠水如入畫
사람들은 주진촌[628]에 살고 人居朱陳村
꽃은 도원[629]의 땅에 피었다 花發桃源界
어찌 알리오 만곡의 단사라 安知萬斛砂
하늘이 숨긴 것을 골짜기 안에 간직하고 있을 줄 中藏天秘戒
안타깝다! 나는 신선의 비결에 어둡기에 嗟我昧眞訣
슬피 바라보며 한탄만 일으키노라 悵望聊興喟

628 주진촌 : 【攷證 卷1 朱陳村】 서주(徐州) 고풍현(古豐縣)에 위치해 있는데 이 마을에는 주씨(朱氏)와 진씨(陳氏) 두 성씨만 있으며 이들은 대대로 서로 혼인했다고 전한다.

629 도원 : 【攷證 卷1 桃源】 동진(東晉) 태원(太元) 연간에 무릉(武陵)의 어부 황도진(黃道眞)이 내를 따라가다 갑자기 도화림(桃花林)을 만나게 되었는데, 숲이 다 하는 곳에 산 하나가 있어 작은 입구를 따라 들어갔다. 땅은 평평하고 넓었으며 집들은 반듯했다. 그곳 사람들이 어부를 보고 크게 놀라며 묻지도 않았는데 스스로 "선대에 진(秦)나라의 난리를 피해 들어왔다."라고 하고는 지금이 어느 시대인지 물었으니 한나라와 진(晉)나라가 존재했던 것조차 몰랐다. 어부가 그곳을 떠난 뒤 태수를 찾아가 그 일을 말하니 태수가 즉시 사람을 보내 어부를 따라가게 하였는데, 결국 헤매다가 그곳에 이르는 길을 찾지 못하였다. 《陶靖節集 桃花源記》

KNP0069(詩-內卷1-118~127)

한거하면서 《무이지》를 읽고 〈구곡도가〉에 차운하다.[630] 10수 【정미년(1547, 명종2, 47세) 4월 예안(禮安)】

閒居 讀武夷志 次九曲櫂歌韻 十首

(詩-內卷1-118)

선산의 신령함을 자랑하려는 게 아니라	不是仙山詫異靈
창주의 놀던 자취[631] 맑은 기운 그리워서라	滄洲遊跡想餘淸
지난 밤 꿈에 감격할 수 있었으니	故能感激前宵夢
하나의 노를 저으며 구곡가를 화답하노라	一櫂賡歌九曲聲

(詩-內卷1-119)

일곡을 따라 어선을 찾아가니	我從一曲覓漁船

630 한거하면서……차운하다 : 【攷證 卷1 閒讀武夷志云云】 무이산(武夷山)은 숭안(崇安) 남쪽 30리 되는 곳에 있는데 동으로는 대계(大溪)에 이르고 남으로는 석고도(石鼓渡)에 이르며 서로는 장계(將溪)에 이르고 북으로는 황용계(黃龍溪)에 이르러 주위가 120리이며 그 봉우리 가운데 큰 것이 36개이다. ○ 도서(道書)에 전하기를 "일찍이 신이 내려와 스스로 무이군(武夷君)이라 칭하였다."라고 하였으며, 《열선전(列仙傳)》에 "전갱(籛鏗)의 두 아들 중 장남은 무(武)이며 차남은 이(夷)이니, 이로써 이름하였다."라고 하였는데 두 설이 같지 않다. 주자의 〈무이도서(武夷圖序)〉에 "무이(武夷)의 명칭은 한(漢)나라 때부터 전해오는데, 마른 생선으로 제사지낸다 하니 과연 어떤 신인지 알지 못하겠다."라고 하였다. 《大明一統志 卷76》 ○ 살펴보건대, 구(舊)《무이산지(武夷山志)》는 송(宋)나라 유기(劉夔)가 찬한 것이요, 신(新)《무이지(武夷志)》는 명나라 양항숙(楊恒叔) 및 그의 아우 양건숙(楊乾叔)이 중수(重修)하였다.

631 창주의 놀던 자취 : 【攷證 卷1 滄州】 고정(考亭)의 시냇가 가운데 있는 곳이다. 옛 이름은 용설주(龍舌洲)였으나 주자가 고정서원을 지은 뒤 창주정사(滄州精舍)라 바꾸어 부르고 스스로 '창주병수(滄州病叟)'라 칭하였다.

천주봉[632]은 여전히 흐르는 내 굽어 본다　天柱依然瞰逝川
한번 진유[633]가 읊고 간 뒤로　一自眞儒吟賞後
동정[634]에는 풍연을 관장할 이 다시 없구나　同亭無復管風烟

(詩-內卷1-120)

이곡이라 선녀가 푸른 봉우리[635]로 화했으니　二曲仙娥化碧峯
하늘이 낳은 절세미인 단정한 용모로다　天姸絶世靚脩容
경성[636]의 미인으로 천거되길 다시 넘보지 않을 터이니　不應更覬傾城薦
창합[637]은 만겹으로 구름이 깊도다　閶闔雲深一萬重

---

632 천주봉 : 【攷證 卷1 天主】 송나라 주자의 〈무이칠영(武夷七詠)〉 시에 "우뚝 하늘로 솟은 기둥 하나, 하늘을 지탱하고 있네.〔屹然天一柱, 雄鎭斡維東.〕"라고 하였다. ○ 살펴보건대, 무이산(武夷山)에는 2개의 천주봉이 있으니, 여기서 말하는 것은 제1곡에 위치한 것이다. 높이는 5천여 길이며 봉의 남쪽은 사다리를 타고 오를 수 있다. 위왕(魏王) 자건(子騫)이 이곳에서 도를 얻었다고 한다.

633 진유 : 【譯注】 송나라 주희(朱熹)를 말한다.

634 동정 : 【攷證 卷1 同亭】 충우관(沖佑觀) 곁에 있다. 처음에 마을 사람이 만정(幔亭)의 잔치에 선진(仙眞)이 함께 모인 곳이 곧 이 산기슭이라 하여 사당을 세운 뒤 위진군(魏眞君)을 제사 지내고 '동정'이라 편액 하였다. '동정'은 '동연만정(同宴幔亭)'의 뜻을 취한 것이다.

635 푸른 봉우리 : 【譯注】 옥녀봉(玉女峰)을 말한다.

636 경성 : 【攷證 卷1 傾城】 《한서(漢書)》 〈효무이부인전(孝武李夫人傳)〉에 "한번 돌아보면 도성이 기울어지고, 두 번 돌아보면 나라가 기울어진다네.〔一顧傾人城, 再顧傾人國.〕"라고 하였다.

637 창합 : 【攷證 卷1 閶闔】 《문선(文選)》 반악(潘岳)의 〈과부부(寡婦賦)〉 이주한(李周翰)의 주석에 "창합(閶闔)은 천문(天門)이다."라고 하였다. 당(唐)나라 한유(韓愈)의 〈착착(齪齪)〉 시에 "구름 헤치고 창합에 부르짖어, 뱃속을 열어서 낭간을 바치련다.〔排雲

(詩-內卷1-121)

삼곡이라 벼랑에 큰 배가 꽂혔는데[638] 三曲懸崖插巨船
그 옛날 공중에서 날아온 일[639] 틀림없이 괴상해라 空飛須此怪當年
내를 건널 때 필경 어떻게 쓸 것인가 濟川畢竟如何用
만겁[640] 세월 공연히 번거롭게 귀신이 보호해 아꼈구나
萬劫空煩鬼護憐

叫閶闔, 披腹呈琅玕.]"라고 하였다. 송나라 소식(蘇軾)의 〈상청사(上清詞)〉에 "그대 떠나감이여! 천문이 열리네. 창합을 두드림이여! 옥대에서 조회를 드리누나.〔君之去兮天門開, 款閶闔兮朝玉臺.〕"라고 하였다.

638 벼랑에……꽂혔는데 : 【攷證 卷1 懸崖插巨船】 송나라 주자의 〈무이도서(武夷圖序)〉에 "마른 나무가 돌 틈에 박혀 있어 배 따위를 받쳐 주고 있으니, 아마도 전 시대에 길이 막혀 통하지 않고 시내가 막혀 트이지 않았을 시절 만속(蠻俗)의 거처인 듯하다."라고 하였다.

639 공중에서 날아온 일 : 【攷證 卷1 空飛】 송나라 소식(蘇軾)의 〈위 소주의 시에 화운하여 등 도사에게 부치다〔和韋蘇州詩寄鄧道士〕〉 시에 "그저 암자 속의 사람을 희롱하노니, 공중을 날아다녀 본래 자취 없다오.〔聊戲庵中人, 空飛本無迹.〕"라고 하였다. 소식의 〈합포의 유 상인이 영외에서 시로써 명성이 있었는데, 남악을 방문하려 함에 벽 위에 다음과 같은 시를 남겼다. '한가롭게 외로운 구름을 벗하고서 자유자재로 난다.' 내가 그 정사를 지나다가 장난삼아 그 시에 화운하였다.〔合浦愈上人 以詩名嶺外 將訪道南岳 留詩壁上云 伴孤云自在飛 坡居士過其精舍 和其韻〕〉 시에 "외로운 구름이 산봉우리에서 나올 때 어찌 짝을 구하리오, 석장은 허공에 솟아 절로 날려 하는구나.〔孤雲出岫豈求伴, 錫杖淩空自要飛.〕"라고 하였다. 그 주석에 다음과 같은 내용이 있다. 《전등록(傳燈錄)》에 "등은봉(鄧隱峯)이 허공으로 석장을 던지더니 몸소 그것을 타고 날아갔다."라고 하였다. 《東坡詩集註 卷11》

640 만겁 : 【攷證 卷1 萬劫】 당나라 이백(李白)의 〈단가행(短歌行)〉에 " 푸른 하늘 넓고도 아득한데, 만겁 세월이 길기도 하다.〔蒼穹浩茫茫, 萬劫太極長.〕"라고 하였다. 그 주에 이르길 "겁(劫)은 세(世)이다. 유가에서는 세(世)라 하고, 도가에서는 진(塵)이라 하며, 불가(佛家)에서는 겁(劫)이라 한다."라고 하였다.

(詩-內卷1-122)

사곡이라 선기암[641] 밤에는 고요한데	四曲仙機靜夜巖
금계가 깃을 치며 새벽을 알려 준다[642]	金雞唱曉羽毛毿
이 가운데 또 다시 풍류가 있으니	此間更有風流在
양 갖옷 걸쳐 입고 달 뜬 못에 낚시하네[643]	披得羊裘釣月潭

-주자께서 무이(武夷)에 계시면서 유정춘(劉靜春)[644]이 양 갖옷을 부쳐온 시[645]에 답하기를 "광노[646]는 오늘 밤 어느 곳에 있는가. 달은 차고 바람 쓸쓸해도 돌아가려 하지 않네."라 하였다.-

641 선기암 : 【要存錄 卷1】 "선기(仙機)는 바위 이름이다."라고 하였다.

642 금계가……준다 : 【攷證 卷1 金雞唱曉】 살펴보건대, 사곡에 금계동(金雞洞)이 있다. 명(明)나라 황중소(黃仲昭 황잠(黃潛))의 〈무이산기(武夷山記)〉에 "옛날에 선계(仙雞)가 그곳에 서식하며 울었기 때문에 이러한 이름이 붙여졌다고 한다."라고 하였다. 당나라 한유(韓愈)의 〈도원도(桃園圖)〉 시에 "한밤중에 금계가 꼬끼오하고 울더니, 해가 날듯이 솟아 나그네 마음 놀랐네.〔夜半金鷄啁哳鳴, 火輪飛出客心驚.〕"라고 하였다.

643 양……낚시하네 : 【攷證 卷1 披得羊裘釣月潭】 한나라 광무제(光武帝)가 젊을 때 엄광(嚴光)과 함께 배웠고, 황제가 된 후 그의 어짊을 생각하고 그를 찾아 수소문했는데, 얼마 후 제(齊)나라 땅에 "어느 남자가 양 갖옷을 입고 못가에서 낚시한다.〔有一男子, 披羊裘釣澤中.〕"라고 아뢰는 이가 있었다. 《後漢書 嚴光列傳》

644 유정춘 : 【攷證 卷1 劉靜春】 송나라 유청지(劉淸之, 1139~1189)로, 본관은 임강(臨江), 자는 자증(子澄), 호는(靜春)이다. 진사에 급제하여 주자를 뵙고 개연히 의리지학(義理之學)에 뜻을 두었다.

645 양 ……시 : 【譯注】 송나라 주희(朱熹)의 〈유자징이 멀리서 양 갖옷을 보내오고 또 '회인보의'라는 말이 있어 장난삼아 절구 두 수를 지어 사례로 천 리에 보내 한번 웃는다〔劉子澄遠寄羊裘 且有懷仁輔義之語 戲成兩絶 爲謝以發千里一笑〕〉 시 2수 중 제2수이다. 《朱子大全 卷9》

646 광노 : 【攷證 卷1 狂奴】 한나라 엄광(嚴光)의 소자(小字)이다. 후패(侯霸)가 봉서(封書)를 아뢰니 제(帝)가 크게 웃으며 "광노(狂奴)의 옛 버릇이 남아 있구나."라고 하였다. 《後漢書 嚴光列傳》

(詩-內卷1-123)

오곡이라 그 당시 산속 깊이 들어왔으니　當年五曲入山深
대은[647]이 도리어 숲속에 숨어야 했었지　大隱還須隱藪林
요금을 손에 잡고 달밤에 타려는데　擬把瑤琴彈夜月
산 앞의 삼태기 멘 이 내맘을 알아주려나[648]　山前荷簣肯知心

(詩-內卷1-124)

육곡이라 벽옥 같은 물굽이를 둘렀는데　六曲回環碧玉灣
신령 자취 어디 가고 구름만 자욱할 뿐　靈蹤何許但雲關
지는 꽃 흐르는 물 깊은 곳에 와보니　落花流水來深處
비로소 깨닫네, 선가의 세월이 한가함을　始覺仙家日月閒

647 대은 : 【攷證 卷1 大隱】 진(晉)나라 왕강거(王康琚)의 〈반초은시(反招隱詩)〉에 "소은은 산림 속에 숨고, 대은은 저자에 숨는다.〔小隱隱陵藪, 大隱隱朝市.〕"라고 하였다. ○ 살펴보건대, 대은병(大隱屛)은 오곡(五曲)에 있는데 바로 무이서원(武夷書院)이 있는 곳이다. 【要存錄 卷1】 〈극재록(克齋錄)〉에 다음과 같은 내용이 있다. 진나라 왕강거의 시에 '대은은 저자에 숨는다.'라 하였는데, 여기서는 그와 반대로 "주자는 대은으로서 도리어 산림으로 돌아와 숨었다."라고 하였으니, 이는 스스로 좋아했기 때문이다. 주자가 거문고를 탄 것은 공자가 경쇠를 두드린 것과 같으니, 저 산 앞에 지나가는 자가 어찌 능히 그 마음을 알겠는가? 그러나 공자는 세상을 근심하는 마음을 가지고 도를 행하였으나 주자는 스스로 그런 마음이 없어진 지 벌써 오래되었다고 하였으니 성인은 때에 따라 산다는 뜻이다.

648 요금을……알아주려나 : 【譯注】 마음속에 세욕(世慾)이 조금이라도 남아 하궤장인(荷簣丈人)이 눈치챌까 두렵다는 의미이다. 【攷證 卷1 擬把瑤琴…肯知心】 주자의 〈이빈로의 옥간 시를 읽고 우연히 짓다〔讀李賓老玉澗詩偶成〕〉 시에 "요금을 홀로 안고 옥계를 찾아가니, 맑은 밤 달 밝은 때라. 지금 이미 무심한지 오래건만, 산 앞의 삼태기 멘 이 알아볼까 두렵네.〔獨抱瑤琴過玉溪, 朗然淸夜月明時. 祇今已是無心久, 却怕山前荷蕢知.〕"라고 하였다. 《朱子大全 卷7》

(詩-內卷1-125)

칠곡이라 상앗대 밀어 여울 하나 또 지나니	七曲撑篙又一灘
천호[649]의 좋은 풍경 가장 볼만 하구나	天壺奇勝最堪看
그 언제나 유하주[650] 가져오라 하여서	何當喚取流霞酌
취한 채 비선과 함께 학의 등 시원하게 타볼까[651]	醉挾飛仙鶴背寒

(詩-內卷1-126)

팔곡이라 구름 병풍 물을 둘러 펼쳐지니	八曲雲屛護水開
가볍게 노 한번 저어 물결 따라 돈다네	飄然一棹任旋洄
누암[652]에선 하늘의 뜻 알 수 있으니	樓巖可識天公意

649 천호 : 【攷證 卷1 天壺】 바위 이름이다. 천호암은 칠곡(七曲)의 고루암(鼓樓巖) 곁에 있다. 봉우리가 둥글게 합쳐지는 곳 가운데 도원(道院)이 있으며 석천(石泉)이 매우 깨끗하고 맑다. 명나라 남인(藍仁)의 〈천호에서의 옛 노닒을 추억하다〔追懷天壺舊遊〕〉 시에 "천호는 인간 세상 같지 않으니 세차게 출렁이는 푸른 물결 온통 차갑구나.〔天壺不似在人寰, 湧翠飛流面面寒.〕"라고 하였다.

650 유하주 : 【譯注】 신선의 술로서, 마시면 배가 고프지 않다고 한다. 【攷證 卷1 流霞】 당나라 두보(杜甫)의 〈저녁에 관정에 앉아 안십소부에게 장난삼아 주다〔官亭夕坐戲簡顔十少府〕〉 시에 "늙은이는 지주를 기다리며, 조금씩 유하주를 따라 마시네.〔老翁須地主, 細細酌流霞.〕"라고 하였는데, 두수가(杜修可)의 주석에 다음의 내용이 있다. 《포박자(抱朴子)》에 "항만경(項曼卿)이 말하기를, 천상에 오르자 선인이 유하주 한 잔을 주기에 마셨더니 배가 고프지 않았다."라고 하였다. 《補註杜詩 卷34》

651 학의……타볼까 : 【攷證 卷1 鶴背寒】 송나라 소식(蘇軾)의 〈원공이 천궁과 산초를 보내와 고마워하며 차운하다〔次韻袁公濟謝芎椒〕〉 시에 "부러워라, 그대 맑고 야위어 참된 선골이, 학의 등을 타고 훨훨 날기까지 하는구려.〔羨君淸瘦眞仙骨, 更助飄飄鶴背軀.〕"라고 하였다.

652 누암 : 【攷證 卷1 樓巖】 고루암(鼓樓巖)을 말한다. 고자봉(鼓子峯) 앞에 있으며 그 모습이 북처럼 생겼다.

사람들을 고무시켜 마침내 오게 해야지　　鼓得遊人究竟來

(詩-內卷1-127)

구곡이라 산이 열려 넓기만 한데　　九曲山開只曠然
사람 사는 마을은 긴 내를 굽어 본다　　人烟墟落俯長川
그대여, 이곳에서 노닒이 끝났다고 하지 마소　　勸君莫道斯遊極
묘한 곳은 아직도 별천지가 더 있으니　　妙處猶須別一天

KNP0070(詩-內卷1-128)

고의 【정미년(1547, 명종2, 47세) 9월 하순 추정. 서울】

古意

가을에 부름을 받고 부임한[653] 뒤에

부드럽고 매끄러운 형산의 옥[654]	溫溫荊山玉
맑은 기운은 정영을 내포했구나	淑氣含精英
밤마다 무지개가 바위를 관통하니[655]	夜夜虹貫巖
산 귀신[656]이 절로 놀라 달아나누나	山鬼自遁驚
옥을 안고 우는 사람 누구의 아들인가	抱哭何氏子
세 번 바침에 형벌도 피하지 않았네[657]	三獻不避刑

653 부름을 받고 부임한 : 【攷證 卷1 赴召】《퇴계선생연보(退溪先生年譜)》 권1에 의하면 정미년(1547, 명종2) 8월에 홍문관(弘文館) 응교(應敎)로 제수되어 부름을 받고 조정으로 돌아갔다.

654 형산의 옥 : 【攷證 卷1 荊山玉】《한비자(韓非子)》 〈화씨(和氏)〉에 "초(楚)나라 사람 화씨가 형산(荊山)에서 옥을 얻었다."라고 하였다.

655 밤마다……관통하니 : 【攷證 卷1 虹貫巖】《예기》 〈빙의(聘義)〉에 "옥기(玉氣)가 흰 무지개와 같다."라고 하였다. 《강록(江錄)》에 "무지개가 바위를 뚫으니 보옥의 기운 같다."라고 하였다. 송(宋)나라 황정견(黃庭堅)의 〈장난삼아 미원장에게 주다〔戲贈米元章〕〉 시에 "창강에 밤새도록 무지개가 달을 꿰니, 진실로 미가의 서화 실은 배이리라.〔滄江盡夜虹貫月, 定是米家書畫船.〕"라고 하였다.

656 산 귀신 : 【攷證 卷1 山鬼】 전국 시대 초(楚)나라 굴원(屈原)의 《이소(離騷)》 〈산귀(山鬼)〉의 주자의 주석에 "이매(魑魅) 따위를 말한다."라고 하였다. 《楚辭集注 離騷》

657 옥을……않았네 : 【攷證 卷1 抱哭三獻不避刑】《고금사문유취(古今事文類聚)》에 "변화(卞和)가 박옥을 얻어 여왕(厲王)에게 올렸는데 왕이 속였다고 여겨 그의 발 한 쪽을 잘랐다. 문왕(文王)이 즉위하자 변화는 옥을 끌어안고 형산(荊山) 아래에서 곡을 했다. 왕이 그것을 다듬어 과연 옥을 얻게 되었고 변화를 양릉후(陽陵侯)에 봉해 주었다."

다듬어져 천자국의 보기가 되었으니[658] 斲爲萬乘器
연성의 높은 값[659]을 자랑하누나 雄誇價連城
여기서는 국보로 팔리지만 在此衒國寶
저기서는 천성(天成)이 망가졌도다[660] 在彼虧天成
그대는 벽사의 구슬[661]을 보게나 君看甓社珠
광채는 달빛을 빼앗는다네 光彩奪月明
유무 사이를 들고 나니 出入有無間
세상의 재주꾼인들 어찌 손 대랴 世巧焉得嬰

라 하였다.

658 다듬어져……되었으니 : 【攷證 卷1 斲爲萬乘器】 살펴보건대, 삼대(三代) 이전에는 옥새가 없었으나 진(秦)나라 때 화씨(和氏) 벽(璧)을 얻어서 옥새를 만들자 이사(李斯)가 전서(篆書)로 "하늘에서 명을 받았으니 수를 누리고 길이 창성하리라."라고 썼는데, 이것이 나라를 전하는 옥새가 되었다. 한(漢)나라 추양(鄒陽)의 〈옥중에서 자신을 변명한 편지를 올리다〔獄中上書自明〕〉에서 "구부러진 나무가 울퉁불퉁하게 기괴한 채로 있다가 만승(萬乘)의 보기(寶器)가 되었다."라고 하였다.

659 연성의 높은 값 : 【攷證 卷1 價連城】 《사기》 〈염파인상여열전(廉頗藺相如列傳)〉에 "진(秦)나라 소왕(昭王)이 화씨 벽을 얻고자 하여 15개 성(城)으로 바꾸기를 원했다."라고 하였다. 《문선(文選)》 유신(庾信)의 〈애강남부(哀江南賦)〉에 "형산(荊山)의 화씨 벽을 갖고 기둥을 노려보니, 연이은 성을 받아야 하지만 속았다네.〔荊璧睨柱, 授連城而見欺.〕"라고 하였다. 위(魏)나라 문제(文帝)의 〈송옥결서(送玉玦書)〉에 "값이 만금을 넘어서고 귀중하기는 연이은 성과 같다."라고 하였다.

660 망가졌도다 : 【要存錄 卷1】 옥을 안고 울면서 세 번이나 바쳤다고 하였으니, 그 사람에게 있어서는 국보라 자랑할 만한 것이 된다. 다듬어서 귀한 기물로 만들었으니 그 옥에 있어서는 천성(天性)을 망가뜨린 것이 된다.

661 벽사의 구슬 : 【攷證 卷1 甓社珠】 송나라 심괄(沈括)의 《몽계필담(夢溪筆談)》에 "가우(嘉祐) 연간에 양주(楊州)에서 주먹만 한 큰 구슬 하나가 발견되어 피택(陂澤) 속에서 나왔다가 굴러서 벽사호(甓社湖)로 들어갔는데 10여 리 사이에 해가 처음 비치는 것 같아서 숲의 나무가 모두 그림자가 있었다."라고 하였다.

KNP0071(詩-內卷1-129)

옥당에서 선온이 있은 후에 독서당으로 나오면서 말 위에서 짓다 【정미년(1547, 명종2, 47세) 9월 하순 추정. 서울】

玉堂宣醞後 出書堂 馬上作

경열·응림·자용[662]·경림[663]이 독서당에서 기다리고 있었다.

성을 나와 고개 늘여 바다 속 산 바라보니	出城延望海中山
산과 내 일색이라 옥계처럼 차갑구나	一色山川玉界寒
이곳의 신선들은 한 가지 생각만 가득하니	箇裏群仙多一念
술잔 들고 저녁 내내 나 돌아오길 기다리누나	淸尊終夕待吾還

662 자용 : 【攷證 卷1 子用】 윤현(尹鉉, 1514~1578)으로 본관은 파평(坡平), 자는 자용(子用), 호는 국간(菊磵)이다. 벼슬은 판서, 시호는 충간(忠簡)이다.

663 경림 : 【攷證 卷1 景霖】 남응룡(南應龍, 1514~1555)으로 본관은 의령(宜寧)이며 자는 경림(景霖), 호는 요산(樂山)이다. 참판 세건(世建)의 아들로서 벼슬은 참의이다.

KNP0072(詩-內卷1-130~131)

경열·경림에게 차운하다. 2수 【정미년(1547, 명종2, 47세) 9월 하순 추정. 서울】

次韻景說景霖 二首

(詩-內卷1-130)

쓸모없는 이 몸에 병이 많으니	朽拙身多病
번화한 도성에는 쉽사리 싫증이 나누나	繁華意易闌
어찌 알았으리오 임금이 서한을 내려	那知宣札下
다시 도산[664]으로 들어오게 될 줄을	復入道山間
거칠고 성긴 학문은 스스로 부끄럽고	自愧荒疎學
추하고 수척한 얼굴에 사람들 놀란다	人驚醜瘦顔
격려해 준 그대에게 감사하지만	感君加策勵
보배를 얻고 돌려줄 줄 모르는구려[665]	獲寶不知還

664 도산 : 【譯注】 도가봉래산(道家蓬萊山)의 줄임말이다. 도가의 비조인 노자(老子)가 주나라 도서관장을 지낸 바 있었고, 동해 가운데 있는 봉래산에 신비한 책이 많이 소장되어 있다는 전설에서 유래한 말이다. 《後漢書 竇融列傳》

665 보배를……모르는구려 : 【攷證 卷1 獲寶不知還】 살펴보건대, 이 시의 뜻은 "두 사람의 격려하는 뜻을 얻었음이 꼭 보물을 얻은 것과 같으나 보답할 도리가 없다."는 것이다. 【要存錄 卷1】 퇴계 선생의 〈제만죽산방집첩발(題萬竹山房集帖跋)〉을 보면 "내가 한양성 서쪽에 살고 있을 때 벗 남경림과 서로 왕래하면서 이 서첩이 그 집에 있는 것을 처음 보았다. 그래서 빌리게 되었는데 그 기쁨이란 벽옥을 손에 쥔 것과 다를 바가 없었다."라고 하였다. 아마도 이 일을 말하는 것일지도 모르겠다.

(詩-內卷1-131)

서로 만남에 새 시가 좋으니	相見新詩好
그리던 묵은 한이 사라지누나	相思舊恨闌
삼여[666]에 봉관[667] 속에서	三餘蓬觀裏
푸른 창 사이에서 만권서를 읽는다	萬卷碧窗間
병이 심해 남은 힘이 없건만	病劇無遺力
군주의 은혜 깊어 얼굴 들 수 없구나	恩深只厚顏
견마의 충성 바치기 참으로 어려우니[668]	誠難效犬馬
일부러 돌아간다 말한 것이 아니라오	非是故言還

666 삼여 : 【攷證 卷1 三餘】《삼국지》〈위서(魏書) 왕숙전(王肅傳)〉 주에 다음의 내용이 있다. 《위략(魏略)》에 "어떤 이가 동우(董遇)에게 삼여(三餘)의 뜻을 물으니 우(遇)가 이르기를 '겨울은 한해의 나머지이며 밤은 낮의 나머지이며, 음우(陰雨)는 시(時)의 나머지이다.'라 하였다"라고 하였다.

667 봉관 : 【譯注】 도서관을 말한다. 봉래산에 많은 책이 소장되어 있다고 하여, 조정의 문인들이 모이는 도서관을 봉관(蓬觀)이라 하였다.

668 견마의……어려우니 : 【攷證 卷1 誠難效犬馬】《한서》〈급암전(汲黯傳)〉에 "항상 군주에 대한 견마의 충심이 있다."라고 하였다.

KNP0073(詩-內卷1-132)

설죽가 【정미년(1547, 명종2, 47세) 11~12월 추정. 서울】

雪竹歌

한양[669] 성 가운데 사흘 동안 눈이 내려	漢陽城中三日雪
골목을 오가는 이 갑자기 끊어졌네	門巷來人遽隔絶
병져 누웠노라니 눈이 쌓였는지 물을 마음이 없는데	病臥無心問幾尺
이불과 요는 쇠처럼 차갑게만 느껴지누나[670]	唯覺衾裯冷如鐵
그윽한 집 푸른 대는 내 가장 아끼니	幽軒綠竹我所愛
밤마다 바람에 울려 옥이 부딪치는 소리 같다[671]	夜夜風鳴如戛玉
아이들 놀라서 알리며 날 잡아 이끌기에	兒童驚報導我出
지팡이 짚고 와 보고서 한참을 감탄했네	擕杖來看久嘆息
줄기마다 파묻혀 끄트머린 아예 없고	梢梢埋沒太無端

669 한양 : 【攷證 卷1 漢陽】 본래 고구려 북한산군(北漢山郡)을 말한다. 태조(太祖) 3년 이곳에 도읍하여 한성부(漢城府)라 하였다.

670 이불과……느껴지누나 : 【攷證 卷1 惟覺衾裯云云】 당(唐)나라 두보(杜甫)의 〈모옥이 가을바람에 무너져서 짓다〔茅屋爲秋風所破歌〕〉 시에 "베 이불은 여러 해 되어 쇠처럼 차가운데, 아이는 잠버릇 험해 발로 찢어 버렸네.〔布衾多年冷似鐵, 嬌兒惡臥踏裏裂.〕"라고 하였다. 송(宋)나라 소식(蘇軾)의 〈눈 온 뒤에 북대의 벽에 쓰다〔雪後書北臺壁二〕〉 시 2수 중 제1수에 "그저 이불에 물을 뿌린 줄만 알았지, 정원에 이미 소금이 쌓인 줄은 몰랐구나.〔但覺衾裯如潑水, 不知庭院已堆鹽.〕"라고 하였다.

671 밤마다……같다 : 【攷證 卷1 夜夜風鳴如戛玉】 당나라 오융(吳融)의 〈변수 가에서 구경하다〔汴上觀〕〉 시에 "천 리에 맑은 바람 부니 옥 울리는 소리 들리고, 몇몇 사람 동쪽으로 내려가니 세찬 물결 떠올리겠지.〔千里風淸聞戛玉, 幾人東下憶奔雷.〕"라고 하였다. 송나라 소식(蘇軾)의 시에 "옥소리 차게 나니 위천의 가을이라.〔玉聲寒戛渭川秋〕"라고 하였다. 【校解】《고증》에 '風淸聞'이 '好風淸'으로 되어 있는데, 통행본《全唐詩》 권687에 의거하여 수정하였다. 소식의 시는 통행본《東坡全集》에 보이지 않는다.

가지마다 짓눌려 모두 꺾이려 하누나　枝枝壓重皆欲折
가장 사랑스러워라, 그 가운데 한두 그루 대나무가　最憐中有一兩竿
눈 속에서도 오히려 천길 높이로 솟아 있는 것이　高拔千尋猶抗節
속이 빈 줄기가 얼어 터져도 걱정하지 않노니[672]　不愁虛心受凍破
늙은 뿌리에서 땅을 가르며 나오는[673] 죽순을 어이 할 수 없어라
無奈老根迸地裂
높이 솟은 태양은 머리 위에 떠 있으니　杲杲太陽頭上臨
봉황이 끝내 먹지 못할 리야 있겠는가[674]　不應彩鳳終無食

672 속이……않노니 : 【攷證 卷1 虛心受云云】 당나라 유암부(劉巖夫)의 〈식죽기(植竹記)〉에 "속은 비어 있어도 곧다.〔虛心而直〕"라고 하였다. 당나라 백거이(白居易)의 〈양죽기(養竹記)〉에 "대나무 속은 비어 있다. 군자가 그 속을 본다면 응당 마음을 비우고 받아들임을 생각할 것이다."라 하였다.

673 땅을 가르며 나오는 : 【攷證 卷1 迸地裂】 당나라 한유(韓愈)의 〈신죽(新竹)〉 시에 "드문드문 나와서 교묘히 숲에 도움이 되고, 함께 솟아나 땅을 다투는가 싶구나.〔稀生巧補林, 併出疑爭地.〕"라고 하였고, 송나라 소식(蘇軾)의 〈대야장로를 찾아가 도화차 종자를 얻어 동파에 심다〔問大冶長老乞桃花茶栽東坡〕〉 시에 "봄이 오자 언 땅이 갈라지니 보랏빛 죽순이 빽빽하여 이미 날카롭네.〔春來凍地裂, 紫筍森已銳.〕"라고 하였다.

674 봉황이……있겠는가 : 【攷證 卷1 彩鳳終無食】 한(漢)나라 한영(韓嬰)의 《한시외전(韓詩外傳)》 권9 〈대아(大雅) 권아(卷阿)〉에 "황제(黃帝) 때 봉황이 오동나무에 깃들어 살며 대나무 열매를 먹었다."라고 하였다. 살펴보건대, 봉황은 나무 열매가 아니면 먹지 않기 때문에 그렇게 말한 것이다.

KNP0074(詩-內卷1-133)

겨울날 몹시 비가 내리다가 이윽고 큰 눈이 오기에 기뻐서 짓다 【정미년(1547, 명종2, 47세) 11~12월 추정. 서울】

冬日甚雨 已而大雪 喜而有作

북풍이 노하여 일자 온갖 나무 울부짖고	北風怒起萬木號
검은 구름 사방에서 모여 파도가 번드치듯	黲雲四合如飜濤
산은 찌고 주춧돌 축축해[675]기운이 침울하니	山蒸礎潤氣鬱沈
빗소리 밤낮으로 요란하게 들려오네	雨聲晝夜聞嘈嘈
겨울 되어 아무렴 석연[676]도 숨을 만한데	當冬汔可石燕蟄
오늘은 상양[677]의 춤이 보여 괴이 하도다	此日怪見商羊跳
온갖 내가 아득하게 넘칠까 싶더니만	直恐渺漫百川溢
이미 도랑마다 세차게 가로질러 흐르누나	已覺橫流千瀆豪
건양[678]이 발설되자 용은 들에서 싸우고[679]	愆陽發洩龍戰野

675 주춧돌 축축해 : 【攷證 卷1 礎潤】《회남자(淮南子)》〈설림훈(說林訓)〉에 "비가 오려면 주춧돌이 먼저 축축해진다."라고 하였다.

676 석연 : 【攷證 卷1 石燕】《상주기(湘州記)》에 "영릉산(零陵山)에 제비처럼 생긴 돌〔石燕〕이 있어 비를 만나면 나는데 마치 살아 있는 제비와 같다. 비가 그치면 도로 돌이 된다."라고 하였다.

677 상양 : 【攷證 卷1 商羊】 춘추 시대 제(齊)나라에 다리가 하나인 새가 있었는데 궁전 앞에 멈춰서 날아 앉아 날개를 펴고 춤을 추었다. 공자가 이르길 "이 새의 이름은 상양(商羊)이다. 옛날에 아이들이 그 다리 하나를 부러뜨리고는 노래하길 '하늘에서 큰비가 오면 상양이 춤을 춘다.'"라고 하였다. 《孔子家語 辯政》

678 건양 : 【譯注】 양기(陽氣)가 많다는 뜻이다. 【攷證 卷1 愆陽】《춘추좌씨전(春秋左氏傳)》 소공(召公) 4년 조(條)에 "겨울에 건양이 없었다."라고 하였다. 당나라 장구령(張九齡)의 〈성상께서 촉룡재 제사에 지으신 시에 삼가 화답하다〔奉和聖制燭龍齋祭〕〉 시에

명욱[680]은 움츠려 도망가 숨은 듯	冥頊斂縮如藏逃
근래에는 추위 더위 참으로 고르지 않은데	爾來寒燠苦不常
흉년과 전염병으로 백성들은 울부짖네	饑荒疫癘民嗷嗷
이 부유는 대책 없이 그저 걱정만 많고	腐儒無策謾多憂
성상은 노심초사 정기가 해를 꿰네[681]	聖上焦思精貫高
새벽부터 바람이 갑작스레 변하여	曉來風色忽已變
등륙[682]이 맹렬하게 음기[683]를 돋우누나	滕六贔屭陰機挑

"유월에 더위 다 가는데, 사방은 너무도 덥구나.〔六月徂暑, 四郊愆陽.〕"라고 하였다.

679 용은 들에서 싸우고 : 【譯注】 음효와 양효가 서로 다투는 것을 말한다. 《주역》〈곤괘(坤卦) 상육(上六) 효사(爻辭)〉에 "용이 들에서 싸우니 그 피가 검고 누렇다."라고 하였는데, 정이(程頤)의 전(傳)에 "음은 양을 따르는 것이지만 성대함이 지극하면 대항해서 싸운다. 음효가 이미 극에 달했으니, 다시 나아가기를 멈추지 않는다면 반드시 전쟁을 하므로, 들에서 전쟁을 한다.〔戰于野〕"라고 하였다. 【攷證 卷1 龍戰野】 송(宋)나라 소동파(蘇東坡 소식(蘇軾))가 "토룡이 들판에서 싸운다.〔土龍戰于野〕"라고 하였다. 【校解】 소식이 한 말은 출전이 미상이다.

680 명욱 : 【譯注】 현명(玄冥)과 전욱(顓頊)을 병칭한 것이다. 【攷證 卷1 冥頊】 《예기》〈월령(月令)〉에 "계동(季冬)에는 그 제(帝)가 전욱이요, 그 신(神)이 현명이다."라고 하였다.

681 해를 꿰네 : 【譯注】 《삼국지(三國志)》〈위서(魏書) 무제기(武帝紀)〉에 "군주께서 대절(大節)을 잡으니 정기는 밝은 해를 꿰었고〔精貫白日〕 위엄과 노여움을 떨치니 신책(神策)을 운용하셨습니다."라고 하였다.

682 등륙 : 【攷證 卷1 滕六】 《유괴록(幽怪錄)》에 "진주(晉州) 소자사(蕭刺史)가 납일(臘日)을 기하여 장차 사냥을 나가려는데 이에 앞서 나무꾼이 깊은 산속에서 늙은 사슴이 애원하며 도사에게 청하자 도사가 말하기를 '등륙(滕六)으로 하여금 눈을 내리게 하고 손이(巽二)로 하여금 바람을 일으키게 하면 소자사가 사냥을 못 할 것이다.'라고 하는 것을 보았다. 나무꾼이 돌아오니 과연 그렇게 되었다."라고 하였다.

683 음기 : 【攷證 卷1 陰機】 눈을 말한다. 당(唐)나라 한유(韓愈)의 〈신묘년에 내린 눈〔辛卯年雪〕〉 시에 "온 땅에 펑펑 내려 높이 쌓이고, 떠들썩하게 음기(陰機)를 발동하네.〔翕翕陵厚載, 譁譁弄陰機.〕"라고 하였다.

처음에는 소금을 흩뿌린 듯[684] 싸락눈 모이더니	初看霰集如撒鹽
잠깐사이 거위털[685] 날리듯 눈앞이 어지럽다	頃刻眩眼吹鵝毛
웅덩이 떨어져 바로 녹는다 싫어 말라	莫嫌潢汚旋消融
차츰차츰 높낮은 곳 다 덮히고 말테니	漸見高低渾蓋韜
드넓은 천지는 끝이 없고	乾坤浩蕩無際涯
온갖 경계들이 다 모여 한 덩어리 되었네	萬境合沓同周遭
풍년의 상서라고 옛 사람이 말했으니	豐年作瑞古所云
천 척 땅속에 숨은 황충[686]이 어찌 탐욕을 부리랴	千尺藏蝗那肆饕
하늘의 백성 하늘이 구제함 이치인즉 그러해도	天民天恤理則然
상서로움 맞이하려면 더욱 노력해야지	導迎佳祥宜更勞
어찌 근본 바로 하여 갖은 재앙 막을 뿐인가	豈惟端本弭衆災
붓을 적셔 〈중화〉와 〈낙직〉[687] 시를 지음직 하여라	中和樂職堪濡毫

684 소금을 흩뿌린 듯 : 【攷證 卷1 撒鹽】 진(晉)나라 사안(謝安)이 "흰 눈이 무엇과 같은가?"라고 하자, 사안의 조카 사랑(謝朗)은 "공중에 소금을 뿌리는 것과 비슷합니다."라고 하였고, 사안의 조카딸 사도온(謝道韞)이 "버들개지가 바람 따라 나부끼는 것 같습니다."라고 하였다. 《世說新語 言語》

685 거위털 : 【譯注】 '아모(鵝毛)'는 거위털인데 큰 눈송이를 비유하는 말로 쓰인다. 【攷證 卷1 鵝毛】 당나라 백거이(白居易)의 〈영공께서 눈 내리는 가운데 보내온 시에 화답하여……〔酬令公雪中見贈 ……〕〉 시에 "눈은 거위털처럼 어지러이 날리고 사람은 거위털옷 입고 서서 서성이누나.〔雪似鵝毛飛散亂, 人披鶴氅立裴回.〕"라고 하였다.

686 천……황충 : 【攷證 卷1 千尺藏蝗】 송나라 소식(蘇軾)의 〈눈 온 뒤 북대의 벽에 쓰다〔雪後書北臺壁〕〉 시 2수 중 제2수에 "남은 황충이 땅속으로 천 길은 들어가고, 묵은 보리는 몇 집이나 구름처럼 연이었네.〔遺蝗入地應千尺, 宿麥連雲有幾家.〕"라고 하였다. 조기(趙夔)의 주석에 "늙은 농부의 말 중에 '황충이 새끼를 낳아 남겨두고서 땅속으로 들어가는데 큰 눈을 맞으면 땅속으로 들어가는 것이 더욱 깊다.'라는 것이 있다."라고 하였다. 【校解】《고증》에는 '遺'가 '幽'로 되어 있으나, 통행본 《東坡詩集註》에 의거하여 수정하였다.

떠도는 백성들이여, 저마다 본업에 돌아가라　　流民流民各歸業
이제부터 성상의 은택이 그대들을 보살펴 주리라　　從今聖澤完爾曹

687 중화와 낙직 :【攷證 卷1 中和樂職】한나라 선제(宣帝) 때에 익주 자사(益州刺史) 왕양(王襄)이 풍화를 선양하고자 하여 왕포(王褒)를 시켜 〈중화(中和)〉와 〈낙직(樂職)〉 시를 지어 노래하게 하였다.《漢書 王褒傳》

KNP0075(詩-內卷1-134)

농암 이 선생께 올리다[688] 【정미년(1547, 명종2, 47세) 9월 하순 추정. 서울】

上聾巖李先生

깊은 가을 높은 대에서 새 곡을 읊으며	高臺新曲賞深秋
손으로 국화를 꺾어 백구를 마주 하시리	手折黃花對白鷗
덕을 앙모하여 지금도 맑은 밤 꿈속에	仰德至今淸夜夢
달 밝을 제 때때로 계시는 물가에 간다오	月明時復到中洲

688 농암……올리다 : 【譯注】《퇴계선생연보보유(退溪先生年譜補遺)》에 다음의 내용이 있다. 1547년 9월 송인수(宋麟壽)와 이약빙(李若氷)이 조정으로부터 죽음을 받았고 이언적(李彦迪) 및 제현(諸賢) 20여 인이 먼 곳으로 귀양을 가서 선생은 불안에 처했던 시기였기에 용퇴하려 하였으나 하지 못했다. 농암 선생(聾巖先生 이현보(李賢輔))이 국화와 갈매기 사이에서 절개를 지키고 있었음을 회상하고, 흠모하며 우러러 감탄하였지만, 그처럼 하지 못했음을 한스러워하여 시에 이러한 뜻이 있게 되었다고 하였다.

KNP0076(詩-內卷1-135~137)

병중에 사서를 읽고 느낌이 있어 쓰다. 3수 【정미년(1547, 명종2, 47세) 11~12월 추정. 서울】

病中讀史有感 三首

(詩-內卷1-135)

사기 자공[689]전 史記子貢傳

일관[690]의 은미한 뜻 성인과 계합하는데　　一貫微音契聖神
어찌 종횡의 일[691]로 처신 가볍게 하리오　　縱橫那肯自輕身
천사를 끝내 믿기 어려움[692] 본래 알았지만　　固知遷史終難信
그 누가 청천 위해 한 점 티끌 씻어줄꼬　　誰爲靑天洗點塵

(詩-內卷1-136)

사기 장량[693]전 史記張良傳

하늘이 신이한 이에게 기탁하여 기모를 주었으니　　天授奇謀託異神

689 자공 : 【譯注】 공자의 제자이며 성은 단목(端木), 이름은 사(賜)이다.

690 일관 : 【譯注】 일이관지(一以貫之)를 뜻한다. 《논어》〈위령공(衛靈公)〉에서 "공자께서 말씀하셨다. '사(賜)야, 너는 내가 많이 배우고 그것을 기억하는 자라고 여기느냐?' 자공(子貢)이 대답하였다. '그렇습니다. 아닙니까?' 공자께서 말씀하셨다. '아니다. 나는 하나의 이치로 꿰뚫고 있다.〔予一以貫之〕'"라고 하였다.

691 종횡의 일 : 【譯注】 자공이 오(吳)나라에 유세하여 노(魯)나라를 구하고 제(齊)나라를 침략하여 월(越)나라를 치라고 한 일을 말한다. 《史記 仲尼弟子列傳》

692 천사를……어려움 : 【譯注】 천사(遷史)는 한(漢)나라 사마천(司馬遷)의 《사기》를 말한다. 《사기》〈중니제자열전(仲尼弟子列傳)〉에서 "자공이 한 번 나서자 노나라를 존속시키고 제나라를 혼란에 빠뜨렸다.〔子貢一出, 存魯亂齊.〕"라고 하였는데 이 내용을 믿을 수 없다는 것이다.

진황은 놀라 자빠지고[694] 항우는 몸이 잘렸네[695]　　秦皇驚倒項分身
욕심이 없어 능히 속세를 벗어난 줄 알겠으니[696]　　可知無欲能超世
한 그물에 잡힌 한신과 팽월 같지 않았네　　不似韓彭一網塵

(詩-內卷1-137)

진사 반악[697]전 晉史潘岳傳

본래 돈은 매우 신통한 힘이 있거늘　　自是錢兄絶有神
청담을 하여 다시금 굳이 일신을 도모하였지[698]　　淸談須與更謀身
반랑은 안타깝게 재치가 많으나　　潘郞可惜多才思
백벽 속엔 한 섬 먼지가 끼었구나[699]　　白璧中藏一斛塵

---

693 장량 : 【譯注】 자는 자방(子房)으로 한나라 유방(劉邦)을 도와 천하를 통일하고, 유후(留侯)에 봉해졌다.

694 진황은 놀라 자빠지고 : 【譯注】 장량이 한나라를 멸망시킨 진(秦)나라에 보복하기 위해 창해 역사(滄海力士)를 얻어 박랑사(博浪沙)에서 진시황을 철퇴로 저격했다. 그러나 부거(副車)에 맞아 실패로 돌아갔다. 《史記 留侯世家》

695 항우는 몸이 잘렸네 : 【譯注】 항우(項羽)가 패하여 스스로 목숨을 끊자 왕예(王翳)·양희(楊喜)·여마동(呂馬童)·여승(呂勝)·양무(楊武)가 항우의 시신을 잘라 머리와 사지를 하나씩 차지했던 일을 말한다. 《史記 項羽本紀》

696 벗어난 줄 알겠으니 : 【譯注】 장량(張良)이 천하가 통일된 후 고조(高祖)에게 아뢰길 "인간사를 버리고 적송자(赤松子)를 좇아 놀기를 원합니다.〔願棄人間事, 欲從赤松子遊.〕"라고 하였다. 《史記 留后世家》

697 반악 : 【攷證 卷1 潘郞】 진(晉)나라 반악(潘岳)으로 자는 안인(安仁)이며 어린 시절 기동(奇童)이라는 칭송을 받았다. 문세(文勢)가 찬란하여 마치 비단을 펼친 듯하였다.

698 돈은……도모하였지 : 【譯注】 반악은 세리(勢利)를 좇은 나머지 석숭(石崇) 등과 함께 권신(權臣)인 가밀(賈謐)을 아첨하여 섬겼는데, 가밀이 외출할 때마다 석숭과 함께 수레가 일으키는 먼지를 바라보며 절을 했다〔望塵而拜〕고 한다. 《晉書 潘岳列傳》

699 백벽……끼었구나 : 【攷證 卷1 白璧中藏一斛塵】 송(宋)나라 소식(蘇軾)의 〈반곡에게 드리다〔贈潘谷〕〉 시에 "반랑은 새벽에 하양의 봄 밟고 가니, 명주와 백벽 같은 모습 성안 사람 놀랐네. 어찌 알리오. 말굽 아래 망배를 드릴 때는 그 가슴에 한 섬의 진흙 먼지 들었음을.〔潘郎曉踏河陽春, 明珠白璧驚市人. 那知望拜馬蹄下, 胸中一斛泥與塵?〕"라고 하였다. 그 주석에 "하양 령(河陽令) 반악은 용모와 거동이 아름다웠다. 하후담(夏侯湛)과 함께 고삐를 나란히 하고 자리를 붙여 앉으면 도성 사람들은 그들을 일러 나란히 놓인 벽옥이라 하였다. 본성이 세리에 밝아 석숭과 더불어 가밀(賈謐)에게 아부하여 매양 그가 나들이할 때에는 말굽 아래 먼지를 바라보고도 절했다."라고 하였다. 《東坡詩集註 卷9》

KNP0077(詩-內卷1-138)

요산 남경림[700]이 서당에 있으면서 눈 속에 송주와 율시를 부쳐 왔으므로 차운하여 바로 부치다 【정미년(1547, 명종2, 47세) 12월 추정. 서울】

樂山南景霖在書堂 雪中寄松酒兼律詩 次韻卻寄

글은 풍설 머금고 글씨는 꿈틀대는 용이라	詞含風雪字騰龍
늙은 시인의 송주[701] 자랑임을 알겠도다	知是騷翁詫釀松
백타[702]가 천일법[703]을 전하지 않았다면	白墮不傳千日法

700 남경림 : 【譯注】 남응룡(南應龍, 1514~1555)으로, 본관은 의령(宜寧), 자는 경림(景霖), 호는 이요당(二樂堂)이다. 성균관 사성, 공조 참의 등을 지냈다.

701 송주 : 【攷證 卷1 釀松】 당(唐)나라 황보구(皇甫口)의 《원화기(原化記)》에 다음과 같은 내용이 있다. 당나라 대력(大曆) 연간, 종릉(鍾陵) 사람 최희진(崔希鎭)은 그림 그리는 일에 뛰어났다. 겨울날 한 노인이 문 아래에서 눈을 피하고 있었는데, 맞이하여 들이고 음식을 갖추어 내었다. 노인이 품속에서 알약을 한 개 꺼내 술 속에 넣으니 술맛이 갑자기 감미로워졌다. 그가 떠난 후, 그가 그린 그림 한 장이 또 책상 위에 있었다. 결국, 그가 눈 위에 남긴 발자국을 밟아가며 쫓아가니 노주(盧州)에까지 이르게 되었다. 배 안에 두세 사람이 보였는데 말하기를 "이 그림은 갈홍(葛洪) 셋째 아들이 그린 바이며, 이 약은 바로 천년 묵은 소나무의 진액〔松醪〕입니다."라고 하였다.

702 백타 : 【攷證 卷1 白墮】 살펴보건대, "진(晉)나라 하동(河東) 사람인 유백타(劉白墮)는 술을 잘 빚었는데, 그가 빚은 술은 마시면 취해서 깰 수 없었다."라고 하였다. 《洛陽伽藍記 法雲寺》

703 천일법 : 【攷證 卷1 千日法】 명(明)나라 유중달(劉仲達)의 《유씨홍서(劉氏鴻書)》에 다음과 같은 내용이 있다. 중산(中山) 사람 적희(狄希)는 천일주(千日酒)를 잘 만들었다. 유현석(劉玄石)이 가서 한 잔 얻어 마셨는데, 집에 이르자 취하였다. 그의 집에서는 그가 죽은 줄 알고 장사지냈다. 3년이 지나자 적희가 "천일주를 마시고 잠들었으니 이제 깨어날 때가 되었다."라고 하고 집안사람들에게 무덤을 파헤쳐 관을 열게 했다. 현석은 그제야 눈을 뜨고 입을 열더니 소리를 내어 "해가 얼마나 올라왔는가?"라고 하였다.

오정[704]의 술 어찌 충분히 익을 수 있었으랴　烏程安得十分濃
도홍경이 솔바람 듣던 정원 한가롭게 열고서　閒開陶隱聽風院
장량이 벽곡 했던 가슴을 웃으며 적시노라[705]　笑灌留侯辟穀胸
구름을 타고 곧장 이곳을 떠나고 싶지만　直欲騎雲從此去
도산이나 은궐[706]에서 혹시 받아줄거나　道山銀闕儻相容

704 오정 : 【攷證 卷1 烏程】 호주(湖州)의 속현이다. 진(秦)나라 때 오씨(吳氏)와 정씨(程氏)가 여기에 살며 술을 잘 빚었는데, 이를 따라서 술 이름을 지은 것이다. 한나라 추양(鄒陽)의 〈주부(酒賦)〉에 "오정의 약하주(若下酒)"라고 하였다.

705 도홍경이……적시노라 : 【攷證 卷1 聽風辟穀】《강록(江錄)》에 "도홍경(陶弘景)의 정원은 모두 소나무로 가득했는데 소나무를 스치는 바람 소리를 들으면 일어나서 춤을 추었다. 장량(張良)이 적송자(赤松子)를 따라 벽곡(辟穀)하였으므로 송주(松酒)의 일과 연결시킨 것이다.

706 은궐 : 【譯注】 도가(道家)에서 천상에 있다는 백옥경(白玉京)을 가리키는 말로, 신선 또는 천제(天帝)가 사는 곳이다. 【攷證 卷1 銀闕】 당나라 노조린(盧照隣)의 〈우설곡(雨雪曲)〉 시에 "높은 대궐은 은으로 만든 궐이요, 장성은 옥으로 만든 성이라네.〔高闕銀爲闕, 長城玉作城.〕"라고 하였다. 송나라 소식(蘇軾)의 〈개선수옥정(開先漱玉亭)〉 시에 "넓고도 넓구나, 흰 은궐이요, 깊고도 깊어라 수정궁이여.〔蕩蕩白銀闕, 沈沈水精宮.〕"라고 하였다. 그 주석에 "바닷속 삼신산(三神山)이 있는데, 흰 은으로 궁궐을 만들었다."라고 하였다.《東坡詩集註 卷4》

KNP0078(詩-內卷1-139)

단산에 부임하며[707] 서당의 박중초[708] 좌통례 민경열[709] 정 남경림[710] 정 윤사추[711] 전한의 전별 자리에서 시를 써 주다. 무신년(1548, 명종3)【48세 1월 10일경 추정. 서울】

赴丹山書堂 朴仲初 左通禮 閔景說 正 南景霖 正 尹士推 典翰 餞席留贈 戊申

십 년을 병이 깊어 소찬[712]이 부끄러운데　　十載沈痾愧素餐
크나큰 은혜에 외려 군부[713]를 달게 되었네　　洪恩猶得郡符懸

707 단산에 부임하며: 【攷證 卷1 赴丹山云云】《퇴계선생연보(退溪先生年譜)》 권1에 의하면, 무신년(1548, 명종3) 정월에 외직을 구하여 단양 군수(丹陽郡守)에 제수되었다.

708 박중초 : 【攷證 卷1 朴仲初】 박충원(朴忠元, 1507~1581)으로 본관은 밀양(密陽), 자는 중초(仲初), 호는 낙촌(駱村), 시호는 문정(文貞)이다. 공효공(恭孝公)의 현손(玄孫)으로 관직은 이상(貳相)을 지냈으며 밀원군(密原君)에 봉해졌다.

709 민경열 : 【譯注】 민기(閔箕, 1504~1568)로, 본관은 여흥(驪興), 자는 경열(景說), 호는 관물재(觀物齋)·호학재(好學齋), 시호는 문경(文景)이다.

710 남경림 : 【譯注】 남응룡(南應龍, 1514~1555)으로, 본관은 의령(宜寧), 자는 경림(景霖), 호는 이요당(二樂堂)이다.

711 윤사추 : 【攷證 卷1 尹士推】 윤인서(尹仁恕, ?~?)로, 본관은 파평(坡平), 자는 사추(士推), 호는 타괴(打乖)이다. 참판(參判)을 지냈다.

712 소찬 : 【譯注】 시위소찬(尸位素餐)을 이르는 말이다. 공을 이루지 못한 채 국록을 받음을 비유한다.

713 군부 : 【攷證 卷1 郡符】《사기》〈효문제본기(孝文帝本紀)〉에 "한나라 문제(文帝) 초에 동호부(銅虎符)와 죽사부(竹使符)를 주었다."라고 하였다. 《사기집해(史記集解)》에 "죽사부는 모두 대나무 화살 5개의 무늬를 넣어 만드는데, 길이가 5촌이며 전자(篆字)가 새겨져 있다."라고 하였다. 당(唐)나라 안사고(顔師古)의 주석에 "군의 수령에게 주어 부절을 삼는데, 각기 그 반을 나누어 오른쪽은 경사(京師)에 남겨 놓고 왼쪽 것은 군수(郡守)에게 준다."라고 하였다. 《경국대전(經國大典)》〈병전(兵典)〉에 "부(符)는 모양이

청송[714]이며 백학은 비록 분수에 없으나　　青松白鶴雖無分
벽수와 단산은 참으로 인연 있구나　　碧水丹山信有緣
대궐을 그리워하여 촛불 나눠주던[715] 밤 못 잊고　　北闕戀懷分燭夜
동호를 떠나올 제 매화를 구경하던 날 생각한다　　東湖離思賞梅天
지치고 아픈 백성 달래느라 마음과 힘 피로하니　　撫摩凋瘵疲心力
영각[716]에선 도리어 고향 생각나리라　　鈴閣飜應憶故田

-사문의 한 늙은이[717]가 청송 부사(青松府使)가 되어 자호를 청송백학(青松白鶴)이라 하였다. 나는 일찍이 청송 부사를 청했으나 얻지 못하고 단산 부사가 되었다.-

---

둥근데, 한 면에는 발병(發兵)이라 쓰고 한 면에는 모도(某道)의 관찰사 혹은 절도사라고 쓰며 여러 진영의 칭호를 써서 반을 나눈다."라고 하였다.

714 청송 :【攷證 卷1 青松】경상좌도(慶尚左道)에 속한다. 군명(郡名)으로 청부(青鳧)라고도 한다.

715 촛불 나눠주던 :【攷證 卷1 分燭】살펴보건대,《송사(宋史)》〈소식전(蘇軾傳)〉에 "소식이 일찍이 궁중에서 숙직을 함에 황제가 편전으로 불려가 묻는 말에 대답하게 되었다. 황제는 앉으라고 명한 후 차를 내리고 어전의 금련촉(金蓮燭)을 집어내어 한림원으로 돌아가는 길에 전송하게 하였다."라고 하였다.

716 영각 :【攷證 卷1 鈴閣】《진서(晉書)》〈양호열전(羊祜列傳)〉에 "양호(羊祜)가 양양을 지킬 때 방울을 설치한 누각 아래에는 호위하는 자가 십수 인을 넘게 하지 않았다."라고 하였다. 그 주석에 "도독(都督)의 대문에는 방울 걸이를 만들어 놓고 불의의 사태를 경계하여 예방하였다."라고 하였다.

717 사문의 한 늙은이 :【攷證 卷1 一斯文】배익신(裵益臣)을 말한다.《별집(別集)》에 있다.

KNP0079(詩-內卷1-140~141)

낙생역[718]루에서 김응림[719]의 증별시에 차운하다. 2수 【무신년(1548, 명종3, 48세) 1월 추정. 광주(廣州)】

洛生驛樓 次金應霖贈別韻 二首

(詩-內卷1-140)

역루[720]에 홀로 앉아 새 소리를 듣노라니	郵亭孤坐聽禽啼
만물이 봄을 맞아 시냇가에 생동한다	物色迎春動澗溪
훗날 우연히 구름 따라 골짝을 나가리니	他日偶同雲出壑
이 몸 어찌 아녀자처럼 규중에만 숨어있으리	此身那學婦藏閨
단사비결 새로 얻어[721] 가장 즐거우나	最憐新得丹砂訣
나란히 옥부[722]에 깃들던 일 길이 생각나누나	長憶曾聯玉府棲
외진 고을로 갔을 때 기이한 보배라 자랑할 만하니	絶境歸時堪詫異

718 낙생역 : 【攷證 卷1 洛生驛】 과천(果川) 양재도(良才道)에 속해 있으며 낙생역(樂生驛)이라고도 한다.

719 김응림 : 【譯注】 김주(金澍, 1512~1563)로 본관은 안동(安東), 자는 응림(應霖), 호는 우암(寓菴), 시호는 문단(文端)이다. 대사헌, 제학 등을 역임하였다.

720 역루 : 【攷證 卷1 郵亭】 '우정(郵亭)'은 역루를 지칭한다.

721 단사비결 새로 얻어 : 【攷證 卷1 新得丹砂訣】 살펴보건대, 부임한 고을 이름이 단사(丹砂)이므로 이를 빌려 쓴 것이다.

722 옥부 : 【攷證 卷1 玉府】 《주례(周禮)》 〈천관(天官)〉에 "옥부는 왕의 금과 옥으로 만든 노리개를 관장한다."라고 하였다. 이를 살펴보건대, 옥부는 동호(東湖) 독서당을 지칭한 것이다. 당나라 두보(杜甫)의 〈늦은 봄 강릉에서 대경 마공이 은명으로 대궐로 부임하기 위해 떠남을 보내다〔暮春江陵送馬大卿公恩命追赴闕下〕〉 시에 "옥부는 우뚝하여 외로이 비치는데 흰 말굽은 떠나가며 의심하지 않네.〔玉府標孤映, 霜蹄去不疑.〕"라고 하였다.

한 쌍의 여의주[723] 받아 소매 속에 넣어 왔네　驪珠雙贈袖中攜

(詩-內卷1-141)

피곤하여 난간에 기대 한 바탕 잠에 드니　困倚闌干睡一場
의연히 꿈에서 오운향[724]에 이르렀네　依然夢到五雲鄕
국화가 처음 필 때 율리[725]를 떠났었고　寒花初發去栗里
방초가 우거질 때 서울을 하직했지　芳草欲生辭洛陽
병이 많아 임금이 내린 은혜 받들지 못했으니　多病不堪承誤寵
진강[726]이라 한 마디 말로 한 것 인정할 수 없구나　一言未可許眞剛
하늘이 졸렬한 나 깊고 외진 곳에 숨겼으니　天敎至拙藏深僻
내 눈썹 사이에 누런 빛 나타남[727]을 아시리라　知我眉間彩色黃

---

723 한 쌍의 여의주 : 【譯注】 여주(驪珠)란 검은 용의 턱 밑에 있는 여의주인데, 여기서는 김주(金澍)가 지어준 2수의 증별시를 지칭한다.

724 오운향 : 【譯注】 일반적으로는 신선이 거처하는 곳을 이르는 말이지만, 여기서는 궁궐을 지칭한다. 【攷證 卷1 五雲鄕】 당(唐)나라 단성식(段成式)의 《유양잡조(酉陽雜俎)》에 "황제(黃帝) 때 오색구름 일산이 궁궐을 덮었다."라고 하였다. 당나라 두보(杜甫)의 〈행재(行在)〉 시에 "천자는 오직 효성스러우니, 오색구름은 구중궁궐에 이는구나.〔天子惟孝孫, 五雲起九重.〕"라고 하였다. 또, 구름은 봉래산(蓬萊山) 근처에 있어 항상 오색을 띤다.

725 율리 : 【攷證 卷1 栗里】 심양(潯陽) 시상현(柴桑縣)에 있으며 도연명(陶淵明)이 거처하던 곳이다.

726 진강(眞剛) : 【要存錄 卷1】 이보다 전에 조정에서 봉성군(鳳城君)의 죄를 물었는데 선생만이 홀로 찬성하지 않았다. 아마도 김응림이 이를 들어 퇴계를 '참으로 굳센 사람〔眞剛〕'이라고 일컬었기 때문에 퇴계는 그것을 한 마디로 사양했을 것이다.

727 내……나타남 : 【攷證 卷1 眉間彩色黃】 살펴보건대, 관상서(觀相書)에 "기쁜 빛이 움직이면 미간에 누런 기운이 나타난다."라고 하였다. 당나라 한유(韓愈)의 〈언성에서 저녁에 술 마시며 부사 마 시랑 및 풍·이 두 원외랑에게 삼가 드림〔郾城晚飮奉贈副

使馬侍郎及馮李員外]〉 시에 "성 위의 붉은 구름은 뛰어난 기운을 드러내고, 눈썹 사이의 누런 기운은 돌아갈 기약을 보여 주네.〔城上赤雲呈勝氣, 眉間黃氣見歸期.〕"라고 하였다.

KNP0080(詩-內卷1-142)

정길원[728]의 시에 차운하다 【무신년(1548, 명종3, 48세) 1월 추정.】

次鄭吉元韻

성남에서 말 타고 노닐며 이미 답청[729]하였으니	遊騎城南已踏春
길가의 능수버들 푸른 실이 새롭다	路邊楊柳綠絲新
풍류가 성대한 이가 와서 작별하니	風流藉甚來相別
시 잘하는 곡구의 사람[730]인 줄 알겠노라	知是能詩谷口人

728 정길원 : 【譯注】 정유길(鄭惟吉, 1515~1588)로 본관은 동래(東萊), 자는 길원(吉元), 호는 임당(林塘)이다. 정광필(鄭光弼)의 손자이며 좌의정을 지냈다.

729 답청 : 【攷證 卷1 踏春】 '답춘(踏春)'은 '답청'이다.

730 곡구의 사람 : 【攷證 卷1 谷口人】 살펴보건대, 길원(吉元)의 성이 정(鄭)이므로 한(漢)나라 정자진(鄭子眞)의 사실을 인용한 것이다. 【校解】 정자진의 이름은 정박(鄭樸)으로, 운양(雲陽) 곡구(谷口)에 은거하였다. 한나라 성제(成帝) 때 왕봉(王鳳)이 예로써 그를 초빙하였으나 응하지 않았다.

KNP0081(詩-內卷1-143)

말 위에서 민경열[731]의 시에 차운하다 【무신년(1548, 명종3, 48세) 1월 추정】

馬上 次閔景說韻

질척한 봄 진흙이 시야에 가득 펼쳐지니	浩浩春泥一望間
행인은 걱정하며 갔다가 또 걱정하며 돌아온다	行人愁去復愁還
학의 등 올라 타 단협을 노닐 수만 있다면	但能乘鶴遊丹峽
소 타고 자관을 지난 이 무엇이 부러우랴	何羨騎牛度紫關
헤어졌다 만남은 길에 이는 먼지[732] 같고	離合正如塵起陌
고금은 여전히 늪에 감춘 산[733] 같구나	古今猶似澤藏山
대궐을 못 잊는 마음 참으로 어이할 수 없지만[734]	心懸魏闕誠無奈

731 민경열 : 【譯注】 민기(閔箕, 1504~1568)로, 본관은 여흥(驪興), 자는 경열(景說), 호는 관물재(觀物齋)·호학재(好學齋), 시호는 문경(文景)이다.

732 길에 이는 먼지 : 【譯注】 동서로 난 길을 맥(陌)이라 하며 남북으로 난 길을 천(阡)이라 한다. 【攷證 卷1 塵起陌】 진(晉)나라 도연명(陶淵明)의 〈잡시(雜詩)〉에 "인생이란 뿌리 없이 사는 존재, 휘날리는 둑 위의 먼지 같도다.〔人生無根蔕, 飄如陌上塵.〕"라고 하였다.

733 늪에 감춘 산 : 【攷證 卷1 澤藏山】 《장자(莊子)》 〈대종사(大宗師)〉에 "무릇 배를 골짜기에 감추고 산을 늪 속에 감췄으니 야반에 유력자가 지고 달아난다면 우매한 자는 알지 못한다."라고 하였다. 그 주석에 "골짜기의 배와 늪 속의 산은 숨긴 것이 매우 견고함을 이르는 것이다. 그러나 잃을 때도 있다. 유력자(有力者)란 조화를 말한 것이요, 짊어지고 달아난다는 것은 잃는다는 말이다."라고 하였다.

734 참으로……없지만 : 【攷證 卷1 心懸魏闕】 《장자》 〈양왕(讓王)〉에 "몸은 강호 위에 있어도 마음은 위궐의 아래에 있다."라고 하였다. 한나라 유희(劉熙)의 《석명(釋名)》 궐이 문의 양 곁에 있으며 그 중앙은 뚫려서 길이 된다. 그 위에 법령을 걸어두는데, 그 모양이 높고 우뚝하여 '상위(象魏)'라고 하고 사람들로 하여금 보게 한다. '관(觀)'과

늙고 병들었으니 한가한 곳에 처함이 맞아라　　　老病由來合置閒

'상(象)' 그리고 '위궐(魏闕)'은 같은 것이지만 그 이름은 셋이다. 송(宋)나라 주자의 〈장경부에게 성남 20영을 드리다〔奉同張敬夫城南二十詠〕〉 중 제4수 〈선재(船齋)〉 시에 "마침 그대가 창주에 뜻 두었지만, 궁궐에 얽힌 마음은 잊기 힘드네.〔正爾滄洲趣, 難忘魏闕心.〕"라고 하였다.

KNP0082(詩-內卷1-144)

2월 1일 군재에서 빗속에 홍퇴지[735]가 부쳐준 시를 받아보고 차운하다 【무신년(1548, 명종3, 48세) 2월 1일 추정. 단양(丹陽)】

二月一日 郡齋雨中 得洪退之見寄 次韻

군에 오자 백성 일 염려되어	到郡念民事
열흘이 지나도록 글 못 읽었네	經旬不讀書
꽃핀 아침 관아[736]에 앉은 뒤에	花朝坐衙後
한가롭게 거처하며 시를 얻누나	燕寢得詩餘
장막에 향기 엉겨 마음에 들고	意愜香凝帳
허공에 비가 내려 정신이 맑다	神淸雨滿虛
보배를 받고도 보답할 수 없으니	珍投無可答
귀한 옥인 양 몸에 지니리라	佩服擬璜琚

735 홍퇴지 : 【攷證 卷1 洪退之】 홍섬(洪暹, 1504~1585)으로, 본관은 남양(南陽), 자는 퇴지(退之), 호는 인재(忍齋)이다. 영의정을 지냈으며, 문형(文衡)을 재전(再典)하였다. 시호는 경헌(景憲)이며 홍언필(洪彦弼)의 아들이다.

736 관아 : 【攷證 卷1 衙】 깃발 이름이다. 상아로 깃봉을 장식하고 장막 앞에 세웠는데, 이를 아문(衙門)이라 하였다. 후대에 이 명칭으로 인해 다스리는 장소를 '아문'이라 하였다.

KNP0083(詩-內卷1-145)

매포창에서 진휼하고 저물녘 돌아오며 말 위에서 【무신년(1548, 명종3, 48세) 2월 추정. 단양(丹陽)】

買浦倉賑給 暮歸馬上

일휘출수[737]라 무능하고 용렬함 부끄러운데　一麾出守愧疎慵
백성들 춘궁기 만나 이 마음 답답하여라　民困當春意自忡
잔설이 쌓인 붉은 벼랑 저편으로 다가갔다가　去傍紫崖殘雪外
석양이 기우는 어지러운 산속으로 읊조리며 돌아 온다　歸吟斜景亂山中
봄기운 풀싹에 부니 사람들 도리어 부러워하고　陽噓草茁人還羨
하늘 노니는[738] 갈매기 한가해도 나와 함께 하지 않누나　天放鷗閒我未同

737 일휘출수 : 【譯注】 지방의 관원으로 나가는 것을 말한다. 【攷證 卷1 一麾出守】 살펴보건대, 남조(南朝) 송(宋)나라 안연지(顔延之)가 영가(永嘉) 군수를 지냈는데 원망과 분에 차서 〈오군영(五君詠)〉을 지었다. 그 시에서 "다섯 번 천거해도 조정에 들지 않더니, 한번 손 내젓자 수령으로 나가게 되었네.〔五薦不入朝, 一麾乃出守.〕"라고 하였다. ○ 당(唐)나라 두목(杜牧)의 〈오흥에 부임하여 낙유원에 오르려 하다〔將赴吳興登樂游原〕〉 시에 "한 번 깃발 잡고 강해로 나가, 낙유원 위에서 소릉을 바라고 싶구나.〔欲把一麾江海去, 樂游原上望昭陵.〕"라고 하였다. 송(宋)나라 조차공(趙次公)의 주석에 "안연지가 읊은 시에서 '휘(麾)'는 '배척하다'의 뜻인데 두목과 소식(蘇軾)이 '휘' 자를 오용하였으니 그 후로 시인들이 이를 이어받아 사용하였다."라고 하였다. 송나라 소식의 〈황안중에게 차운하여 답하고 겸하여 임자중에게 드리다〔次韻答黃安中兼簡林子中〕〉 시에 "늙어가며 마음의 재는 다시 타지 않으니, 한번 깃발 잡고 강해로 나갈 맘이 견고해지네.〔老去心灰不複然, 一麾江海意方堅.〕"라고 하였다. 【校解】 《고증》에는 두목의 시 "欲把一麾江海去"의 "欲"이 "擬"로 되어 있으나 통행본에 의거하여 수정하였다.

738 하늘을 노니는 : 【攷證 卷1 天放】 《장자(莊子)》 〈마제(馬蹄)〉에 "모두 한결같지만

열 집이 가난을 감당하지 못하니[739]	十室不堪星在罶
어떻게 현가로 풍요를 바꿀 수 있으리	絃歌那得變謠風

서로 편당하지 않음을 명명하여 '천방'이라고 한다."라고 하였다. 송나라 임희일(林希逸)의 주석에 "천방은 천유(天游)와 같으니, 있는 그대로의 즐거움을 형용한 것이다.〔天放猶天游, 形容自在之樂.〕"라고 하였다.

739 가난을 감당하지 못하니 : 【攷證 卷1 星在罶】《시경》〈소아(小雅) 초지화(苕之華)〉에 "암양은 머리만 커다랗고, 삼성은 통발 속에 비치고 있네.〔牂羊墳首, 三星在罶.〕"라고 하였다. 주자의 주석에 '류(罶)는 통발이다'라고 하였으니, 통발 속에 물고기는 없고 삼성의 빛만 비추고 있다는 뜻으로 기근이 들어 모두 말라 비틀어졌음을 말하고 있다.

KNP0084(詩-內卷1-146~147)

도담[740]. 절구 2수 【무신년(1548, 명종3, 48세) 4월 하순 추정. 단양(丹陽)】

島潭 二絶

(詩-內卷1-146)

어느 해 신물[741]이 구름과 번개를 일으켜	何年神物動雲雷
절경의 중간에 큰 돌 벌여 놓았나	絶境中間巨石開
만고토록 물결 따라 가지 않고	萬古不隨波浪去
우뚝 서서 사군[742] 오길 기다린 듯하구나	巍然如待使君來

(詩-內卷1-147)

조각 배 한번 노를 저어 푸른 물결에 놓아두니	一棹扁舟放碧瀾
삼도[743]의 거울 같은 물살을 가로질러 가노라	橫穿三島鏡光寒
오르내리며 서쪽 벼랑[744] 경치를 다 보려면	泝洄欲盡西崖勝

740 도담 : 【攷證 卷1 島潭】《정본 퇴계전서》 권15 〈단양산수가유자속기(丹陽山水可遊者續記)〉에 보인다.

741 신물 : 【譯注】 여기서는 용을 말한다.

742 사군 : 【攷證 卷1 使君】 한(漢)나라 경시(更始 유현(劉玄))가 서자 사자(使者)로 하여금 군국(郡國)을 순행하게 하였다. 구순(寇恂)이 사자에게 말하길 "사군(使君)은 부절을 지니고 명을 받들어 사방에 임하였습니다."라고 하였다. 《後漢書 寇恂列傳》양나라 임방(任昉)의 《술이기(述異記)》에 "한나라 선성(宣城) 태수인 봉소(封邵)가 어느 날 호랑이로 변하여 고을의 백성을 잡아먹으니 백성들이 '봉사군(封使君)'이라고 불렀다."라고 하였다.

743 삼도 : 【攷證 卷1 三島】 이 또한 《정본 퇴계전서》 권15 〈단양산수가유자속기(丹陽山水可遊者續記)〉에 보인다. 이른바, 큰 바위 세 개가 물 가운데 우뚝 솟은 것이 바로 이것이다.

동쪽의 백옥만 쪽으로 가야 하리라　　須傍東邊白玉灣

744 서쪽 벼랑 : 【攷證 卷1 西崖】《정본 퇴계전서》 권15 〈단양산수가유자속기(丹陽山水可遊者續記)〉에 보인다.

KNP0085(詩-內卷1-148)

선암[745] 【무신년(1548, 명종3, 48세) 4~5월 추정. 단양(丹陽)】

仙巖

부처 바위라 부르는데 지금 고치다.[746]

하얀 돌은 층층으로 흰 깔개 포개지듯	白石層層疊素氈
귀신의 솜씨라 갈고 새길 기교도 필요 없다	神工不待巧磨鐫
요란하게 떨어지는 운문[747]수를 가져다	從教吼落雲門水
대 아래에 차가운 거울을 열게 하였네	臺下寒開一鑑天

745 선암 : 【攷證 卷1 仙巖】《정본 퇴계전서》 권15 〈단양산수가유자속기(丹陽山水可遊者續記)〉에 보인다.

746 지금 고치다 : 【攷證 卷1 今改】 임제광(林霽光)이 고쳤다.

747 운문 : 【攷證 卷1 雲門】 절 이름이다. 약야계(若耶溪)에 있다.

KNP0086(詩-內卷1-149)

말 위에서 【무신년(1548, 명종3, 48세) 4~5월 추정. 단양(丹陽)】

馬上

아침에 나설 때 맑은 시내 소리 굽어 듣고 朝行俯聽淸溪響
저물녘 돌아오며 푸른 산 그림자 멀리 바라본다 暮歸遠望靑山影
산수 사이를 아침에 나섰다 저녁에 돌아오니 朝行暮歸山水中
산은 푸른 병풍 같고 물은 맑은 거울이라 山如蒼屛水明鏡
산에서는 구름에 깃든 학이 되고 싶고 在山願爲棲雲鶴
물에서는 물결에 노니는 갈매기 되고 싶어라 在水願爲游波鷗
부죽[748]이 나의 일을 그르치는 줄 모르고서 不知符竹誤我事
뻔뻔하게 단구[749]에서 노닌다 스스로 여기누나 强顔自謂遊丹丘

748 부죽 : 【譯注】 대나무 부절을 말한다. 한나라 때 군수가 대나무 부절을 받았으므로, 부죽은 곧 군수를 지칭하는 말이 되었다.

749 단구 : 【攷證 卷1 丹丘】 송(宋)나라 소식(蘇軾)의 〈도연명의 독산해경(讀山海經) 시에 화운하다〔和陶讀山海經〕〉 시 제3수에 "도연명은 비록 중수를 누렸지만, 고아한 뜻은 여전히 단구에 남았네.〔淵明雖中壽, 雅志仍丹丘.〕"라고 하였다. 그 주석에 "단구는 주야로 항상 밝다."라고 하였다. ○ 살펴보건대, 단양은 단구(丹丘)라고도 한다.

KNP0087(詩-內卷1-150)

이요루에서 동파의 황루[750] 시에 차운하다 【무신년(1548, 명종3, 48세) 4~5월 추정. 단양(丹陽)】

二樂樓 次東坡黃樓詩韻

밤에 누웠자니 군재가 맑아서 夜臥郡齋淸
꿈속에 유산시를 지었다네 夢作遊山詩
새벽에 활짝 트인 냇가 누에 올라 晨登溪樓敞
앞산 마주 보며 옛 시를 읊노라 對山吟古詞
적성[751] 산속에는 신선이 있어 赤城山中仙
하늘에 노닐며 구름 깃발을 희롱한다 游天弄雲旗
황정초[752]를 나에게 주면서 貽我黃精草
언약 부디 어기지 말라고 하네 約我勿差池
만사가 하나의 헌신짝 같은데 萬事一敝屣

750 황루 : 【攷證 卷1 黃樓】 팽성(彭城)의 동쪽에 있다. 소동파(蘇東坡 소식(蘇軾))가 지었으며 황토를 발라 '토(土)가 수(水)를 이긴다.'라는 뜻을 취하였다.

751 적성 : 【攷證 卷1 赤城】 살펴보건대, 적성(赤城)은 일명 천태산(天台山)이라고도 한다. 생김새는 구름과 노을 같고, 바라보면 성 위의 낮은 담 같아서 그렇게 이름하였다. 단양(丹陽)에도 적성산(赤城山)이 있으므로 군 이름을 적성이라 한 것이다. 《문선》에 실린 진(晉)나라 손작(孫綽)의 〈천태산에서 노닐며 짓다〔遊天台山賦〕〉에 "적성에 노을이 일어 표지를 세우고 폭포는 날아 흘러서 계도를 만들었도다.〔赤城霞起而建標, 瀑布飛流以界道.〕"라고 하였다.

752 황정초 : 【攷證 卷1 黃精草】 당(唐)나라 두보(杜甫)의 〈태평사천안(太平寺泉眼)〉 시에 "삼춘이 황정에 젖어드니 한번 먹으면 날개가 돋는다.〔三春濕黃精, 一食生毛羽.〕"라고 하였다. 《학일본초(鶴日本草)》에 "태양의 풀을 황정(黃精)이라고 하는데 오랫동안 복용하면 몸이 가벼워지고 수명이 연장된다."라고 하였다. 《補註杜詩 卷2》

어찌하여 무조건 따름[753]을 배운단 말인가	胡爲學詭隨
이미 기공빈은 불러 놓았으니[754]	已呼祈孔賓
주도추를 의심하지는 말아야지[755]	莫訝朱桃椎
나는 티끌 세상 연연하지 않으며	我非戀塵土
세속 자태 또한 좋아하지 않네	亦非媚俗姿
머뭇머뭇 오래도록 결단 못하니	淹玆久不決
내 수레 어느 때나 기름을 치나	我車何時脂
듣자하니 명교 가운데	吾聞名教中
심법은 털끝도 삼가는 것이라고	心法謹毫釐
요산요수의 즐거움을 얻는다면	二樂如得樂
이 밖에 내 무엇을 알리오	此外吾何知

753 무조건 따름 : 【譯注】 시비를 가리지 않고 무조건 남을 따르는 것을 말한다. 《시경》 〈대아(大雅) 민로(民勞)〉에 "함부로 남의 뜻을 따르지 않아서, 불량한 사람을 단속한다네.〔無縱詭隨, 以謹無良.〕"이라고 하였다.

754 이미……놓았으니 : 【攷證 卷1 已呼祈孔賓】 송(宋)나라 소식(蘇軾)의 〈석지(石芝)〉 시에 "분명 꿈도 아니요 깬 것도 아닌데, 밤에 기공빈을 부르는 이 있네.〔了然非夢亦非覺, 有人夜呼祈孔賓.〕"라고 하였다. 그 주석에 다음과 같은 내용이 있다. 진(晉)나라 사람 기가(祈嘉)의 자는 공빈(孔賓)으로 청빈하고 호학하였다. 나이 20여 세에 밤에 갑자기 창문에서 소리가 나며 부르기를 "기공빈이여 돌아가라. 인간사 수식함이 매우 괴롭다."라고 하니 아침에 도망갔다.

755 주도추를……말아야지 : 【攷證 卷1 莫訝朱桃椎】 《시주소시(施註蘇詩)》 권18 주석에 다음의 내용이 있다. 당나라 주도추(朱桃椎)는 익주(益州) 사람으로 가죽옷을 입고 다 해진 신발을 끌고 다녀 사람들은 그가 하는 바를 예측할 수 없었다. 고사렴(高士廉)이 장사(長史)가 되자 예를 갖추어 초청하여 더불어 말했는데, 대답하지 않고 그냥 보고만 있다가 밖으로 나갔다. 사렴은 절을 하며 "좨주가 나에게 무사(無事)로써 촉(蜀)을 다스리라는 것이다."라고 하였다. 《新唐書 朱桃椎傳》

KNP0088(詩-內卷1-151)

화탄[756] 【무신년(1548, 명종3, 48세) 5월 추정. 단양(丹陽)】

花灘

구름 자욱한 갈라진 골짜기에서 한 여울을 만나니　峽坼雲霾遇一灘
우레 울리고 번개 치며 눈 같은 물보라 세차네　雷驚電激雪崩湍
잠깐 사이 수당의 경계[757]를 벗어나　斯須脫得垂堂戒
배 위에 차가운 비 때리건 말건 아랑곳하지 않노라　一任仙篷雨打寒

756 화탄 : 【攷證 卷1 花灘】《정본 퇴계전서》 권15 〈단양산수가유자속기(丹陽山水可遊者續記)〉에 보인다.

757 수당의 경계 : 【攷證 卷1 垂堂戒】《한서》 〈원앙전(袁盎傳)〉에 "천금을 지닌 이의 아들은 당 가장자리에 앉지 않는다."라고 하였다. 당(唐)나라 안사고(顔師古)의 주석에 "스스로 아껴서 당 밖에 앉히지 않으니 떨어질까 두려워서이다."라고 하였다.

KNP0089(詩-內卷1-152)

배 안에서 【무신년(1548, 명종3, 48세) 5월 추정. 단양(丹陽)】

舟中

드넓은 강물 눈에 들자 하늘엔 비가 가득	入眼平湖雨滿空
한잔 채 못 비운 사이 햇살이 덮개[758] 뚫는다	一杯未盡日穿篷
산 빛 물 빛 온통 그림 같으니	水光山色渾如畫
시인에게 주어서 농담을 비교하게 하는구나	分付詩人較淡濃

758 덮개 : 【攷證 卷1 篷】 대나무를 엮어 배를 덮는 것이다.

KNP0090(詩-內卷1-153)

구담[759] 【무신년(1548, 명종3, 48세) 5월 추정. 단양(丹陽)】

龜潭

뭇 골짜기에서 물살이 동쪽에서 서쪽으로 달리다가 衆壑趨西出自東
골짜기 어귀에서 노한 물살 비로소 넓게 트였네 峽門餘怒始橫通
얼마나 세찬 물결 다투며 구름 위에서 쏟아져 내렸던가[760] 幾爭激浪崩雲上
거울 같은 맑은 못에 이제 겨우 들어가네 纔入淸潭拭鏡中
귀신이 갖가지 모양 새겨 산은 골격 드러내고 鬼刻千形山露骨
신선은 만길 위에 노니니 바람 타고 학 맴도네[761] 仙游萬仞鶴盤風
은암[762]의 남쪽 두둑 이끼 낀 낚시터는 隱巖南畔苔磯石
선경이라 의연히 무이구곡[763] 같구나 靈境依然九曲同

759 구담 : 【攷證 卷1 龜潭】 단양군(丹陽郡) 서쪽에 있다. 《정본 퇴계전서》 권15 〈단양산수가유자속기(丹陽山水可遊者續記)〉에 보인다.

760 구름……내렸던가 : 【攷證 卷1 崩雲】 송(宋)나라 소식(蘇軾)의 〈양교시(兩橋詩)〉 중 〈동신교(東新橋)〉 시에 "뱃머리 흔들리자 흰 강물 번드치고, 배꼬리는 물결구름 같은 시내에 끼어 있구나.〔首搖翻雪江, 尾挿崩雲谿.〕"라고 하였다.

761 바람……맴도네 : 【攷證 卷1 鶴盤風】 《정본 퇴계전서》 권15 〈단양산수가유자속기(丹陽山水可遊者續記)〉를 살펴보건대, 선생이 이날 중봉(中峯)에서 현학(玄鶴)을 보았다고 한다.

762 은암 : 【攷證 卷1 隱巖】 이 또한 《정본 퇴계전서》 권15 〈단양산수가유자속기(丹陽山水可遊者續記)〉에 보인다.

763 무이구곡 : 【攷證 卷1 九曲同】 살펴보건대, 무이(武夷)에도 대은암(大隱巖)이 있기 때문에 이렇게 말한 것이다.

KNP0091(詩-內卷1-154)

애일당을 중수했다는 말을 삼가 듣고 농암[764] 선생에게 올리다 【무신년(1548, 명종3, 48세) 5~6월 추정. 단양(丹陽)】

伏聞重新愛日堂 上聾巖先生

강물소리 바위 감싸 절로 귀가 먹은 거지[765]	巖帶江聲自作聾
바위 곁에 사는 신선[766] 본래는 귀 밝았네	巖居仙伯本眞聰
증삼이 어찌 삼부미를 슬퍼하지 않으리오[767]	曾參可不悲三釜

764 농암 : 【譯注】 이현보(李賢輔, 1467~1555)로, 본관은 영천(永川), 자는 비중(棐仲), 호는 농암(籠巖)·설빈옹(雪鬢翁), 시호는 효절(孝節)이다.

765 강물소리……거지 : 【譯注】 농암이라는 호를 해설한 것이다. 【攷證 卷1 巖帶江聲自作聾】 이현보의 〈농암애일당(聾巖愛日堂)〉 시 서문에 "농암 앞에는 큰 내가 자리하고 있는데 여울이 부딪치면 메아리처럼 울려 사람의 귀를 시끄럽게 할 뿐, 말소리는 들려오지 않는다. 아마도 농암이라는 칭호는 이 때문이 아닌가 한다."라고 하였다.

766 바위……신선 : 【攷證 卷1 巖居仙伯】 당(唐)나라 이백(李白)의 〈밤에 동정호에 배를 띄워 시어사 배도를 찾아가 맑은 술을 마시다〔夜泛洞庭尋裴侍御淸酌〕〉 시에 "은거하는 배 시어에게 들러 쉬는데, 바위 곁에 살면서 붉은 사다리 타고 가네.〔過憩裴逸人, 巖居凌丹梯.〕"라고 하였다. 당나라 두보(杜甫)의 〈백수현 최 소부 십구옹의 서재에서 30운으로 짓다〔白水縣崔少府十九翁高齋三十韻〕〉 시에 "백수에서 구씨를 만나니, 여러 공이 신선의 무리라네.〔白水見舅氏, 諸翁乃仙伯.〕"라고 하였다. 그 주석에 다음의 내용이 있다. 신선 왕지원(王知遠)의 어머니가 꿈에서 아홉 마리 봉새를 만났는데 그로 인해 태기가 있었다. 〈승보지(僧寶誌)〉에 "아들을 낳으면 응당 신선의 종백이 될 것이다."라고 하였는데, 그 후에 지원은 제자들에게 말하기를, "신선들이 나를 소실선백(小室仙伯)에 제수했다." 《增刊校正王狀元集註分類 東坡先生詩》 송(宋)나라 소식(蘇軾)의 〈남도의 유수로 가는 장안도를 보내다〔送張安道赴南都留臺〕〉 시에 "우리 공은 옛 시선의 종백이라 초연히 선문의 자태가 있다네.〔我公古仙伯, 超然羨門姿.〕"라고 하였다.

767 증삼이……않으리오 : 【攷證 卷1 曾參悲三釜】 《장자(莊子)》 〈우언(寓言)〉에 "증자(曾子)가 말했다. 나의 부모님이 살아계실 때는 삼부미(三釜米)의 녹으로 벼슬을 살아도 마음이 즐거웠는데, 훗날 삼천종(三千鍾)의 녹으로 벼슬을 해도 부모님께 봉양이 미치지

소광[768]은 원래 만종을 무시한 것 아니었네	疏廣元非傲萬鍾
달빛은 새로 만든 물가 난간 깃들 것이요	月色想添新水檻
가을 향기는 묵은 국화 떨기에 풍겨 나리라	秋香行發舊霜叢
날마다 모시고 그윽한 경치 즐길 수만 있다면	但令日日陪幽賞
어찌 꼭 여기에 제 이름을 써 붙어야 하리	何必題名向此中

-선생이 나에게 기(記)를 지으라 하셨는데 내가 사양했기 때문에 이른 것이다.-

못하게 되니, 내 마음이 슬펐다."라고 하였다.

768 소광 : 【攷證 卷1 疏廣】《한서》〈소광전(疏廣傳)〉에 다음의 내용이 있다. 소광(疏廣)의 자는 중옹(仲翁)으로 난릉(蘭陵) 사람이다. 태자 태부(太子太傅)를 지냈으며, 그 형의 아들은 소부(少傅)가 되었다. 소광은 "족함을 알면 위태롭지 않고, 멈출 줄 알면 위태롭지 않다."라고 말하고는 드디어 사직을 청했다.

KNP0092(詩-內卷1-155)

백운동 서원에서 제생에게 보이다[769] 【기유년(1549, 명종4, 49세) 1~2월 추정. 풍기(豊基)】

白雲洞書院 示諸生

소백[770]산 남쪽 터는 옛날의 순흥[771]	小白南墟古順興
죽계[772]는 차갑게 흐르고 백운은 층층이라	竹溪寒瀉白雲層
인재 내어 도를 지키니 그 공 얼마나 원대한가[773]	生材衛道功何遠
사당 세워 현자를 높이니 이 일 일찍이 없었네[774]	立廟尊賢事匪曾

769 백운동……보이다 : 【攷證 卷1 小白】《정본 퇴계전서》 권5 〈심방백에게 드리다〔上沈方伯書〕〉에 보인다.

770 소백 : 【攷證 卷1 小白】《정본 퇴계전서》 권14의 〈유소백산록(遊小白山錄)〉에 보인다.

771 옛날의 순흥 : 【攷證 卷1 古順興】 경상좌도(慶尙左道)에 속하며 군명(郡名)으로 흥주(興州)라고도 한다. ○ 살펴보건대, 순흥(順興)은 풍기(豊基)에 새로 소속시켰다. 이 당시에는 아직 호칭을 되돌리지 않았으므로 '고순흥'이라 이른 것이다.

772 죽계 : 【攷證 卷1 竹溪】 순흥부(順興府) 북쪽에 23리 되는 곳에 있다.

773 인재……원대한가 : 【攷證 卷1 衛道功何遠】《고려사절요(高麗史節要)》〈충렬왕(忠烈王)〉에 다음의 내용이 있다. 안향(安珦)의 초명은 유(裕)이며 흥주(興州) 사람이다. 어려서부터 배우기를 좋아하였는데, 원종(元宗) 초에 과거에 합격하여 찬성사(贊成事)가 되었다. 그는 학교가 날로 쇠해져 감을 근심하여 양부(兩府)에 논하여 각기 은(銀)과 포(布)를 내어 학전(學田)을 마련했다. 왕은 내고전(內庫錢)을 내어 그것을 도왔다. 또 여분의 자금을 중국에 보내어 공자〔先聖〕 및 70 제자의 상을 그려 오게 하고, 제기(祭器)·악기(樂器)·육경(六經)·제자사(諸子史)를 구입해 오게 하였다. 만년 회암(晦庵)의 진영을 걸어 경모(景慕)를 바치며 드디어 회헌(晦軒)으로 호를 삼았다. 시호는 문성(文成)이다.

774 사당……없었네 : 【攷證 卷1 立廟尊賢事匪曾】 우리나라 서원이 이에서 비롯되었으므로 이른 것이다.

앙모하는 뛰어난 선비들 절로 많이 모여들고	景仰自多來俊碩
장수(藏修)함은 높은 지위 부러워서가 아니로다[775]	藏修非爲慕騫騰
옛 사람은 안 보여도 그 마음은 오히려 볼 수 있으니	古人不見心猶見
달이 방당을 비추어 차갑게 얼려 하는구나	月照方塘冷欲冰

775 장수(藏修)함은……아니로다 : 【攷證 卷1 藏修騫騰】《예기》〈학기(學記)〉에 "군자는 학문에 대하여 항상 그것을 마음에 간직하고 닦으며〔藏焉修焉〕, 쉴 때도 잊지 말고, 즐길 때도 잊지 말아야 한다."라고 하였다. 송(宋)나라 주자의 〈백록동 강회에서 복(卜) 어르신 운에 차운하다〔白鹿講會次卜丈韻〕〉 시에 "진중하면 그 속에 무한한 즐거움 있으니, 제생(諸生)들은 등건(騰騫)을 너무 부러워하지 말라.〔珍重個中無限樂, 諸郎莫苦羨騰騫.〕"라고 하였다. ○ 살펴보건대, '건(騫)'은 본래 '건(鶱)'으로 음은 헌(軒)이다. 건(騫) 자와는 음과 뜻이 모두 다른데, 지금 판본에서는 모두 마부(馬部)를 따르고 있으니 의심스럽다. 【校解】《고증》에는 "郎"이 "生"으로 되어 있으나 통행본 《주자전서(朱子全書)》에 의거하여 수정하였다.

KNP0093(詩-內卷1-156~157)

주경유[776]로부터 부쳐온 시에 답하다. 2수 【기유년(1549, 명종4, 49세) 1~2월 추정. 풍기(豐基)】

答周景遊見寄 二首

(詩-內卷1-156)

나는 용렬한 일개 병든 사람이나	我是疎愚一病人
지난 봄부터 외람되이 군수직을 맡았지	叨蒙郡寄自前春
부절 바꿔[777] 평소의 소원을 이루어서	換符得遂平生願
운계로 와서 묘진[778]을 뵙누나	來向雲溪謁廟眞

(詩-內卷1-157)

스스로 모자라면 뉘라서 남을 이끌 수 있을까[779]	自闕誰能倡別人
스스로 부족하거늘 사도를 보기 어려우니 천년 세월 벌어졌구나	難窺斯道曠千春

---

776 주경유 : 【攷證 卷1 答周景遊見寄】 주세붕(周世鵬, 1495~1554)으로, 본관은 상주(尙州), 자는 경유(景游), 호는 신재(愼齋)·남고(南皐)·무릉도인(武陵道人)·손옹(巽翁), 시호는 문민(文敏)이다. 풍기 군수(豐基郡守)가 되어서 옛 흥주 죽계 가에 안문성사(安文成祠)를 세워 안치하고 세우고 〈죽계사(竹溪辭)〉와 〈도동곡가(道東曲歌)〉, 〈도동곡(道東曲)〉을 지어 노래 부르며 제사 지냈으며 〈죽계지(竹溪志)〉를 지었다.

777 부절 바꿔 : 【攷證 卷1 換符】 단양(丹陽)에서 풍기 군수로 옮겨온 것을 말한다.

778 묘진 : 【攷證 卷1 廟眞】 묘(廟)에 선성(先聖) 선사(先師) 및 문성공(文成公)의 영정(影幀)이 있다.

779 스스로……있을까 : 【攷證 卷1 自闕誰能倡別人】 《강록(江錄)》에 "스스로 도학에 있어서 또한 부족함이 있다면 무엇으로 사람들을 창도(倡導)할 수 있을까?"라고 하였다.

그저 관 벗어 던지고 죽계로 가서 竹溪但欲投冠去

남겨진 경전 연구하고 음미하여 참된 도를 얻으려네[780] 研味遺經得道眞

780 참된 도를 얻으려네 : 【攷證 卷1 得道眞】《문선(文選)》〈사현부(思玄賦)〉에 "도를 터득한 진인의 순수함이여, 세속의 얽매임에서 벗어나 가벼이 떠다니네.〔得道眞之純粹〕"라고 하였다.

KNP0094(詩-內卷1-158)

석륜사[781]에서 주경유의 〈자극궁[782]감추시에 차운하다〉에 본받아 짓다 병서 【기유년(1549, 명종4, 49세) 4월 23일 추정. 소백산(小白山)】

石崙寺 效周景遊次紫極宮感秋詩韻 幷序

주경유의 시서에 "이태백(李太白 이백(李白))이 49세에 〈자극감추시(紫極感秋)〉를 지었는데 그 뒤에 소동파(蘇東坡 소식(蘇軾))과 황산곡(黃山谷 황정견(黃庭堅))이 모두 이를 본받아 지었다. 나는 밤에 삼현의 시를 외우고 다소 감개에 젖어 이에 차운한다."라고 하였다. 아마도 이때 경유의 나이는 49세였을 것이다. 나도 지금 견마지치(犬馬之齒)가 많지도 않고 적지 않아 마침 그 나이를 만났으니 그렇다면 그 느낀 바가 어찌 옛날의 이 군자와 다름이 있겠는가. 감히 원운을 사용하여 회포를 푼다.

봉황새 떠나가 돌아오지 않으니　　鳳鳥去不返
빈산에는 묵은 대가 없구나　　空山無舊竹

-이 산에 예전에는 고죽이 많았는데, 신축년에 열매를 맺은 후로는 다 말라 죽었다.[783]-

781 석륜사 : 【攷證 卷1 石崙寺】 이 절에 대한 내용은 《정본 퇴계전서》 권14 〈유소백산록(遊小白山錄)〉에 보인다. 【校解】 《정본 퇴계전서》 권14 〈유소백산록〉에 "태봉(胎峯) 서쪽에 이르러 비로소 말에서 내려 걷다가…이날 철암(哲巖), 명경(明鏡)을 거쳐서 석륜사에서 묵었다.〔宿石崙寺〕"라고 하였다.

782 자극궁 : 【攷證 卷1 紫極宮】 요주부(饒州府) 성 서쪽 빈주문(蠙州門) 안에 있다. 당(唐)나라 개원(開元) 연간에 도관(道觀)을 세웠다.

783 열매를……죽었다 : 【攷證 卷1 結實枯死】 《순보(筍譜)》에 "대나무에 꽃이 피고

차가운 시내 부질없이 이름만 기억 되니	寒溪空紀名
하나의 근원 누가 움켜 마시리오	一源誰挹掬
-죽계의 수원이 여기에서 나왔다.-	
고인을 볼 수가 없으니	古人不可見
이내 인생 또한 고독해라	吾生亦云獨
깊숙한 곳 찾아 마침내 높이 올라	幽尋遂高陟
감개에 젖어 탄식하며 범궁[784]에서 묵는다	感歎梵宮宿
마흔 아홉 해의 그릇됨	四十九年非
알았으니 다시 범하지 말아야지	知之莫再卜
세상 근심에 누차 이끌리고	世患累牽掣
세월은 갈마들며 오고 가누나	時光迭往復
문지방은 쇠 두들겨 만들었고[785]	門有打鐵作
국은 손을 비틀어 엎어 버렸네[786]	羹有捩手覆
허물 적게 함을 어찌 아니 힘쓰리오	寡過胡不勉
저 인 또한 익숙한 데 있도다[787]	夫仁亦在熟

열매가 맺히면 그해에는 곧 말라 죽는다."라고 하였다.

784 범궁 : 【攷證 卷1 梵宮】 살펴보건대, 범(梵)은 서역 오랑캐의 일종이다. 《육첩(六帖)》에 "범궁(梵宮)은 절 이름이다."라고 하였다.

785 문지방은……만들었고 : 【攷證 卷1 門有打鐵作】 송(宋)나라 소이간(蘇易簡)의 《문방사보(文房四譜)》에 수(隋)나라의 승려 지영(智永)이 글씨를 잘 써서 사람들이 제(題)를 구하느라 문지방에 구멍이 뚫릴 정도여서 철판으로 그것을 싸놓았기에 그 호를 철문한(鐵門限)이라고 하였다. 고시(古詩)에 "쇠를 녹여 문한(門限)을 만든다.〔鑄鐵作門限〕"라고 하였다.

786 국은……버렸네 : 【攷證 卷1 羹有捩手覆】 당(唐)나라 한유(韓愈)의 〈송궁문(送窮文)〉에 "손을 비틀어 국그릇을 엎어지게 한다.〔捩手覆羹〕"라고 하였다.

787 저……있도다 : 【譯注】《맹자》〈고자 상(告子上)〉에 "오곡은 종자 중에 아름다운 것이지만 만약 익지 않으면 피만도 못하니, 인 또한 익숙히 함에 달려 있을 뿐이다.〔五穀者, 種之美者也, 苟爲不熟, 不如荑稗, 夫仁亦在乎熟之而已矣.〕"라고 하였다.

KNP0095(詩-內卷1-159)

자개봉 【기유년(1549, 명종4, 49세) 4월 24일 추정. 소백산(小白山)】

紫蓋峯

하늘은 내가 단풍 구경 못할까 걱정하여	天嫌吾未趁丹楓
일부러 늦게 서야 산꽃 붉게 피게 했네	故遣山花發晩紅
그야말로 홍교에 채색 장막 이어 놓고	正似虹橋連綵幕
신선들이 무이에서 잔치 벌인 듯하구나[788]	羣仙酣宴武夷中

788 그야말로……듯하구나 : 【譯注】 자개봉(紫蓋峯)을 무이산(武夷山) 천주봉(天柱峰)에 비유하여 표현한 것이다. 《무이지(武夷志)》에 "진시황 2년 8월에 무이군(武夷君)이 술을 두고서 마을 사람들을 이곳에 모아놓고는 장막을 둘러친 정자〔幔亭〕, 채색한 집, 보석 휘장 등을 세우고 붉은 구름, 자줏빛 노을이 수 놓인 깔개를 깔아놓았다."라고 하였으며, 《무이구지(武夷舊志)》에는 "진시황 2년에 위자건(魏子騫)이 13 선인(仙人)의 주인이 되어 봉우리 꼭대기에 승진관(昇眞觀)을 짓고 또 무지개다리〔虹橋〕를 설치하여 잔치하였다."라고 하였다.

KNP0096(詩-內卷1-160~162)

국망봉[789]. 3수 【기유년(1549, 명종4, 49세) 4월 24일 추정, 소백산(小白山)】
國望峯 三首

(詩-內卷1-160)

흐릿한 안개와 구름 저녁에 피어나니	漠漠烟雲生晩日
용문산[790] 보이지 않는데 하물며 도성문[791]이랴	龍門不見況脩門
자극신 거처[792]를 알고자 한다면	欲知紫極宸居處
하늘가 멀리로 일말의 흔적 쳐다봐야하네	天際遙瞻一抹痕

(詩-內卷1-161)

연기구름 자욱하여 몇 겹이나 되는지	烟雲杳靄幾重重

789 국망봉 : 【攷證 卷1 在小白山】 소백산(小白山)에 있다.

790 용문산 : 【攷證 卷1 龍門】 산 이름으로 양근군(楊根郡)에 있다. 《정본 퇴계전서》 권14 〈유소백산록(遊小白山錄)〉에 보인다. 【校解】 《정본 퇴계전서》 권14 〈유소백산록〉에 "석름봉(石廩峯) 동쪽 몇 리 되는 거리에 자개봉(紫蓋峰)이 있고, 또 그 동쪽 몇 리에 하늘에 닿을 듯이 솟아오른 봉우리가 있는데, 이것이 국망봉(國望峰)이다. 만일 청명한 날씨를 만나면 용문산(龍門山)으로부터 서울까지 바라볼 수가 있는데, 이날은 산안개와 바다의 운무(雲霧)가 자욱하게 끼어서 용문산도 바라볼 수 없었다."라고 하였다.

791 도성문 : 【攷證 卷1 脩門】 초(楚)나라 성문(城門) 이름이다. 이로 인해 후대에는 국문(國門)을 지칭하는 말이 되었다.

792 자극신 거처 : 【攷證 卷1 紫極宸居】 송(宋)나라 손봉길(孫逢吉)의 《직관분기(職官分記)》에 다음의 내용이 있다. 자신전(紫宸殿)은 한(漢)나라 때의 전전(前殿)으로, 주(周)나라 때의 노침(路寢)이다. 가규(賈逵)가 이르기를 "신(宸)은 실(室)의 가장 깊숙한 곳이다."라고 하였으니, 훗날 사람들이 황제가 거처하는 곳을 일러 신(宸)이라 하였다.

용두산[793]은 높디높고 태백산[794]은 웅장하다 龍首軒昻太白雄
백발인데 돌아가 은거할 계책 이루지 못하니 白髮未成歸隱計
높은 곳 올라 바라봄에 생각이 끝없구나 憑高回望思無窮

(詩-內卷1-162)

남으로 바라보니 산하는 얼마나 되나 南望山河許幾疆
구름 낮게 드리워 바닷길 길게 느껴지네 雲低秖覺海天長
원하노니 학가산[795]에서 신선 불러 願從鶴駕招仙子
청도로 날아올라 옥황을 뵈었으면[796] 飛上淸都謁玉皇

793 용두산 : 【攷證 卷1 龍首】 용두산(龍頭山)이다.

794 태백산 : 【攷證 卷1 太白】 산 이름이다. 강원도 삼척부 서쪽 152리 되는 곳에 있으며 신라 시대에 북악(北嶽)이 되었다. 중사(中祀) 조에 실려 있다. 남쪽으로 경상도 안동부 소천현(召川縣)까지 걸쳐져 있다.

795 학가산 : 【攷證 卷1 鶴駕】 산 이름이다. 안동부(安東府) 서쪽에 위치해 있으며 일명 하가산(下柯山)이라고도 한다.

796 청도로……뵈었으면 : 【攷證 卷1 飛上淸都謁玉皇】 주 목왕(周穆王)이 화인(化人)의 옷깃을 잡고 날아 올라간 것이 하늘 한가운데였다. 왕은 실로 청도(淸都), 자미(紫微), 균천(鈞天), 광악(廣樂)이 있으니 이곳이 옥황상제가 거처하는 곳이라 여겼다. 《列子 周穆王》

KNP0097(詩-內卷1-163)

상주 목사 김계진[797]에게 답하다 【무신년(1548, 명종3, 48세), 미상】

答尙牧金季珍

나는 지금 군수 되고 그대는 목사 되니	我今爲郡子爲州
호탕한 선비의 백척루를 속절없이 부끄러워한다[798]	豪士空慙百尺樓
만족할 때 기다려서 물러나려 한다면	若待足時方欲退
계산은 어느 날에 가서 노닐 수 있으려나	溪山何日得淸遊

797 상주 목사 김계진 : 【攷證 卷1 答尙牧金季珍】 김언거(金彦琚, 1503~1584)로 본관은 광주(光州), 자는 계진(季珍), 호는 풍영정(豊咏亭)이다. 1531년 식년시 병과에 합격하여 판교(判校)를 지냈다.

798 호탕한……부끄러워한다 : 【攷證 卷1 豪士空慙百尺樓】 《삼국지》 〈위서(魏書) 진등열전(陳登列傳)〉에 다음과 같은 내용이 있다. 허사(許汜)가 "진원룡은 호협한 기개를 지닌 사람으로, 그 호기(豪氣)가 사라지지 않았습니다. 예전에 하비(下邳)를 지나다가 원룡을 만났는데, 주객의 예를 갖추지 않기에 서로 한참 동안 말을 하지 않았습니다. 스스로 큰 침대에 올라 눕고 객은 침대 아래에 눕게 했습니다."라고 하였다. 유비(劉備)가 "그대는 국사의 명분으로 밭과 집만을 구하고 말은 쓸모가 없으니 소인이 백자나 되는 높은 누각에 오르려는 것과 같소. 그러니 그대를 바닥에 눕게 한 것이오."라고 하였다.

KNP0098(詩-內卷1-164)

군재에서 소백산 유람을 그리워하며 주경유[799]가 한창려의 형악시[800]에 운을 사용하여 지은 시에 뒤미처 차운하다

【기유년(1549, 명종4, 49세) 4월 26~30일 추정. 풍기(豐基)】

郡齋有懷小白之遊 追次景遊用昌黎衡岳詩韻

흙 움키고 모래 뭉쳐 신령이 수고하여[801]	摶沙攫土愁神工
동해바다 가운데 큰 산을 만들었네	辦此巨嶽東海中
뭇 산은 작은 언덕[802]처럼 낮고 어린 항렬	衆山培塿卑幼行
바로 저 태백산과 자웅을 다투누나	直與太白爭爲雄

799 주경유 :【譯注】주세붕(周世鵬, 1495~1554)으로, 본관은 상주(尙州), 자는 경유(景游), 호는 신재(愼齋)·남고(南皐)·무릉도인(武陵道人)·손옹(巽翁), 시호는 문민(文敏)이다.

800 한창려의 형악시 :【攷證 卷1 昌黎衡岳詩】살펴보건대, 형악(衡岳)은 바로 남악(南嶽)으로 형주(衡州)에 있다. 당(唐)나라 덕종(德宗) 정원(永貞) 원년(785)에 한창려(韓昌黎 한유(韓愈))가 산의 남쪽으로부터 북으로 돌아가는 길에 형주에 들러 형악의 사찰 문루에서 시를 지었다.【校解】당나라 한유의 원시는 〈형악묘에 배알하고 마침내 형악에 있는 사찰에 묵으며 문루에 적다〔謁衡岳廟遂宿岳寺題門樓〕〉이다. 주세붕의 《무릉잡고(武陵雜稿)》 권1에 〈소백산에서 비에 막혀 한창려의 '알형악시'에 차운하다〔小白山阻雨次韓昌黎謁衡岳詩韻〕〉가 있다.

801 흙……수고하여 :【攷證 卷1 摶沙攫土】송(宋)나라 소식(蘇軾)의 〈외사촌형 정정보(程正輔)와 함께 백수산에 노닐다〔同正輔表兄游白水山〕〉 시에 "위대하도다 조물주는 진실로 호탕하니, 흙을 움키고 모래 뭉쳐서 이 장난을 하였구나.〔偉哉造物眞豪縱, 攫土摶沙爲此弄.〕"라고 하였다.

802 작은 언덕 :【攷證 卷1 培塿】원(元)나라 웅충(熊忠)의 《고금운회거요(古今韻會擧要)》에 '작은 언덕〔小阜〕'이라 하였다. 《춘추좌씨전》 양공(襄公) 24년 조(條)에 "부루(培塿)에는 송백(松柏)이 없다."라고 하였다.

남으로는 서라벌[803] 북으로는 예맥[804]이라	南臨徐伐北濊貊
이택이 넓어서 베풂이 다함 없구나	茫乎利澤施無窮
내 외람되이 군수 되어[805] 이 땅을 맡았는데	我叨郡紱守玆土
풍요를 못 일으켜 스스로 부끄럽다	自慙無以興謠風
연하의 오랜 습관[806] 여전히 남아 있어	烟霞結習尙未除
깊은 꿈에 밤마다 정신이 그곳으로 가곤 한다오	幽夢夜夜精靈通
하루아침 날개 떨쳐 구름 밖을 벗어나	一朝振翮出雲外
학의 등을 타고서 허공을 넘는 듯	似馭鶴背超虛空
국망봉 머리에서 사해를 바라보면	國望峯頭望四海
봉래산 아득하게 심신이 풀리리라	蓬萊杳杳心神融
아름다운 신선들 관부에 넉넉하니	群仙婥約官府足
아침엔 곤륜산[807] 노닐고 저녁에는 천궁이라	朝遊崑崙暮天宮

803 서라벌 : 【攷證 卷1 徐伐】 살펴보건대, 신라의 시조 혁거세(赫居世)가 한나라 선제(宣帝) 오봉(五鳳) 원년(B.C.57)에 진한(辰韓)에 도읍하고 국호를 서라벌이라 하였다.

804 예맥 : 【攷證 卷1 濊貊】 살펴보건대, 지금의 강원도(江原道) 강릉(江陵)은 옛 예국(濊國)이요, 춘천(春川)은 옛 맥국(貊國)이다.

805 군수 되어 : 【攷證 卷1 郡紱】 불(紱)은 인수(印綬)이다. 길이가 1장 2척이므로 '장이지조(丈二之組)'라고 한다.

806 오랜 습관 : 【攷證 卷1 結習】 《유마경(維摩經)》 〈관중생품(觀衆生品)〉에 다음과 같은 내용이 있다. 천녀(天女)가 천화(天花)를 여러 보살에게 뿌리니, 바로 다 떨어지고 대제자(大弟子)에 이르러서는 붙어서 떨어지지 않았다. 천녀는 "오랜 습관이 다 없어지지 않은 자는 몸에 꽃이 달라붙게 되고, 오랜 습관이 완전히 제거된 자는 몸에 꽃이 붙지 않는다."라고 하였다. 송나라 소식(蘇軾)의 〈자리에서 대화(戴花) 시를 지음에 '천' 자를 얻다〔坐上賦戴花得天字〕〉 시에 "오랜 습관이 차츰 사라져 남기려 해도 할 수 없으니, 도리어 멀리 산화천녀와 어울려야 하리.〔結習漸消留不住, 却須遠與散花天.〕"라고 하였다. 【校解】 《고증》에 '花天'이 '天花'로 되어 있으나 통행본 《東坡全集》에 의거하여 수정하였다.

아래로는 서캐 같은 창생 불쌍히 여기니 下憫蒼生蟣蝨然

보이는 건 다만 천 길의 붉은 먼지 惟見塵埃千丈紅

단대에는 오히려 내 성명이 걸렸으니[808] 丹臺尙掛我名姓

손들어 불러대며 내 마음을 생각해주리 擧手相招懷我衷

따르고자 해도 떨어질까 두려우니 欲往從之畏下墜

화식을 오래 먹은 이 몸이 슬퍼라 久食烟火悲吾躬

듣자하니 태산[809]은 천하의 큰 산 恭聞泰山天下大

남악 또한 거의 같지 않겠는가[810] 亦有南嶽將無同

성인은 오르고 현인이 노닐어[811] 도는 높이 드러나고 聖登賢游象道巍

이름은 천지와 함께 영구하리라 名與天地相爲終

이 사람 이 세상을 내가 만약 만났다면 斯人斯世我若及

---

807 곤륜산 :【攷證 卷1 崑崙】곤륜산(崑崙山)은 중국의 서북지역에 있으며 숭산(嵩山)과는 5만 리가 떨어져 있다. 높이는 1만 1천 리이며, 황하가 그 동북쪽 모서리에서 발원한다.

808 단대에는……걸렸으니 :【攷證 卷1 丹臺尙掛我名姓】살펴보건대, 자양진인(紫陽眞人) 주계통(周季通)이 몽산(蒙山)에 들어가 선문자(羨門子)에게 들러 장생의 비결을 청하였다. 답하기를 "이름이 단대옥실(丹臺玉室) 속에 있는데 어찌 신선 못될 것을 걱정하랴."라고 하였다.《藝文類聚 仙道》

809 태산 :【攷證 卷1 泰山】연주(兗州) 제남(濟南)과 노북(魯北)의 경계에 있다. 오악(五岳)으로는 동쪽이 된다.

810 거의 같지 않겠는가 :【攷證 卷1 將無同】진(晉)나라 완첨(阮瞻)의 말에서 인용한 것으로, '같다〔同〕'는 말이다.【校解】《세설신어(世說新語)》〈문학(文學)〉에 다음과 같은 내용이 있다. 완선자(阮宣子)는 훌륭하다는 명성이 있었다. 태위 왕이보(王夷甫)가 그에게 "노자·장자와 공자의 가르침이 다릅니까?"라고 하니 "거의 같을 겁니다.〔將無同〕"라고 대답하였다.

811 성인은……노닐어 :【攷證 卷1 聖登賢遊】공자는 태산(泰山)에 올랐고, 주자는 남악(南嶽)을 유람했다.

신선되어 승천하는 일을 어찌 멀리 사모하랴	何用遠慕飛昇功
상산의 백발인[812] 호사옹은	商山白髮好事翁
한유의 정직을 이어서 흐릿함을 부끄러워하네[813]	續韓正直羞朣朧
아, 나는 한창려도 아니요 주경유도 아니니	嗟我非韓亦非周
시 읊고 붓 던지며 담장 동쪽으로 돌아가련다[814]	狂吟擲筆歸牆東

812 상산의 백발인 : 【攷證 卷1 商山白髮】 주경유(周景遊 주세붕))는 상산백발(商山白髮)이라 자호하였는데, 주씨(周氏)의 세계(世系)가 상주(尙州)에서부터 나왔기 때문이다.

813 한유의……부끄러워하네 : 【譯注】 당나라 한유의 〈형악묘에 배알하고 마침내 형악에 있는 사찰에 묵으며 문루에 적다〔謁衡岳廟遂宿岳寺題門樓〕〉 시의 "마음을 가라앉히고 말없이 기도함에 마치 감응이 있는 듯하니, 어찌 정직함이 감통할 수 있다는 것이 아니리오?〔潛心默禱若有應, 豈非正直能感通.〕"라고 하였다.

814 담장 동쪽으로 돌아가련다 : 【攷證 卷1 歸墻東】 《전당시화(全唐詩話)》에 다음과 같은 내용이 있다. 왕주경(王主敬)이 스스로 재주와 명망이 뛰어나고 아름다워 상서성(尙書省)으로 들어갈 것이라고 여겼다. 그러나 갑자기 선부랑(膳部郎)이 되자 장충경이(張忠敬)이 그것을 알고 시를 읊었다. "병부를 꺼리는 뜻을 두고, 오직 마음으로 고공낭을 기대했네, 누가 알았겠는가, 발을 헛디뎌, 대성 담장 동쪽에 몇 번이나 떨어질 줄을.〔有意嫌兵部, 專心望考功, 誰知脚蹭蹬, 幾落省墻東.〕"라고 하였다. 《唐詩紀事 卷13》 선부(膳部)는 성(省) 동북 모퉁이 있다. 《후한서》 〈일민열전(逸民列傳)〉에 "왕군공이 담장의 동쪽으로 세상을 피했다.〔王君公避世墻東〕"라고 하였다.

KNP0099(詩-內卷1-165)

군재에서 대를 옮기다[815] 【기유년(1549, 명종4, 49세) 5월 추정. 풍기(豊基)】

郡齋移竹

그대는 보지 못했나 君不見
왕자유는 한 평생 대나무 몹시 사랑해[816] 子猷平生酷愛竹
소쇄한 그 풍류 진정 속기를 끊었지 蕭灑風流眞絶俗
차군 없이 하루도 넘길 수 없어서[817] 一日不可無此君
온갖 초목 그 앞에 엎드리게 만들었네[818] 坐令百卉來匍匐

815 군재에서 대를 옮기다 : 【譯注】《퇴계선생연보보유(退溪先生年譜補遺)》에 의하면 "기유년(1549, 명종4) 4월 군의 관아에 대나무를 옮겨 심고 시를 지었다.〔郡齋移竹有詩〕" 라고 하였다. 그 주석에 "고을 사람들은 지금까지도 이 대나무를 '선생죽(先生竹)'이라고 부르며, 또 손수 소나무도 심었는데 역시 '선생송(先生松)'이라고 부르고 있다."라고 하였다.【攷證 卷1 郡齋移竹】살펴보건대, 풍기(豊基)의 풍락정(豊樂亭) 뒤에는 대숲이 있는데 지금까지도 선생죽(先生竹)이라 일컬어진다.

816 왕자유는……사랑해 :【攷證 卷1 子猷酷愛竹】진(晉)나라 왕휘지(王徽之)의 자는 자유(子猷)이다. 이때 오중(吳中)의 사대부 집에 좋은 대나무가 있었는데 그것을 보고자 하면 곧 수레를 타고 나가 대나무 아래로 가서 아주 오랫동안 글을 읽고 시를 읊었다. 주인이 깨끗이 치우고 앉기를 청하였으나 왕휘지는 돌아보지 않고 떠났다.

817 차군……없어서 :【攷證 卷1 一日不可無此君】《진서(晉書)》〈왕휘지열전(王徽之列傳)〉에 다음의 내용이 보인다. 왕자유가 일찍이 빈 집을 빌려 살면서도 대를 심게 하고는 말했다. "어찌 차군(此君)이 없이 하루라도 살 수가 있겠는가?" 송(宋)나라 소식(蘇軾)의 〈오잠 승려의 녹균헌〔於潛僧綠筠軒〕〉 시에 "밥상에 고기가 없는 것은 괜찮지만, 사는 곳에 대나무가 없을 수야 있겠는가?〔可使食無肉, 不可居無竹.〕"라고 하였다.

818 온갖……만들었네 :【攷證 卷1 坐令百卉來匍匐】살펴보건대, 진나라 왕휘지가 창포(菖蒲)에 대나무를 비추어 보고 말하기를 "창포는 구절(九節)로써 귀해지는데, 차군(此君)은 면목이 용연(聳然)하니 당연히 재배(再拜)를 해야 한다. 차군(此君) 또한 어찌 그 절을 두 번 받지 않겠는가?"라고 하였다. 당(唐)나라 시인의 시에 "초목들 끝내 그를

또 보지 못했는가	又不見
백낙천의 재주는 본래가 부화했는데	樂天才調本浮華
관상국의 정자에서 처음에 입었던 옷 바꾸었다[819]	相國亭中變初服
앵도와 양류[820] 모두 더럽혀진 일 없고	櫻桃楊柳摠莫汚
늘그막에 표연히 팔탄곡[821]에 들었다오	晩歲飄然八灘曲
나는 승명[822]에서 일휘출수[823]하여	我從承明一麾出

임금으로 모셨구나.〔衆卉終當北面之〕"라는 시구가 있다. 【校解】《고증》에서는 당나라 시인의 시라고 했으나 미상이다.

819 관상국의……바꾸었다 : 【攷證 卷1 相國亭中變初服】 당나라 백거이(白居易)의 《양죽기(養竹記)》에 다음의 내용이 있다. 백거이가 상락리(常樂里) 고관(故關) 상국의 동쪽 정자를 얻어서 거처하였는데, 정자의 동남쪽 모퉁이에서 대나무 숲이 시들고 말라 있는 것을 보았다. 이에 그 사이를 트고 아래를 북돋아 주었다. 해가 뜨니 시원한 그늘이 생겼고 바람이 불자 맑은 소리가 들렸다. 의의(依依)하여 마치 그 정에 감응하는 듯하였다. 전국 시대 초(楚)나라 굴원(屈原)의 〈이소(離騷)〉에 "충성을 다하였으나 쓰이지 못하고 허물을 만났도다. 물러나 내 처음에 입었던 옷 다시 수선하려 한다네.〔進不入以離尤兮, 退將復修吾初服.〕"라고 하였다. ○ 살펴보건대, 이것은 백낙천(白樂天 백거이)이 그 부화한 습관을 변모시켰음을 말한 것이다.

820 앵도와 양류 : 【攷證 卷1 櫻桃楊柳】 살펴보건대, 백낙천(白樂天 백거이)에게는 소만(小蠻)이라는 기생이 있었는데 양류지(楊柳枝)를 잘 불렀으므로 마침내 그것을 이름 삼은 것이다. 또 한 명의 희첩(姬妾)은 번소(樊素)였는데, 시에 "빨간 앵도는 번소의 입이요, 버들가지는 소만의 허리로다.〔櫻桃樊素口, 楊柳小蠻腰.〕"라고 하였다.

821 팔탄곡 : 【譯注】 당나라 백거이가 장경(長慶) 4년(824) 항주 자사(杭州刺史)로 있을 때 농한기에 저수지를 만들어 그곳의 가뭄을 해결해 주고 사재를 털어 용문의 험난한 계곡을 뚫어 여덟 개의 여울〔八灘〕을 만들어 주었다. 《唐才子傳 白居易傳》 【攷證 卷1 八灘曲】 백거이는 동도에 사는 집에 용문팔절탄(龍門八節灘)을 파 놓았다.

822 승명 : 【攷證 卷1 承明】 살펴보건대, 승명려(承明廬)는 석거각(石渠閣) 밖에 위치해 있다. 한(漢)나라 엄조(嚴助)가 회계(會稽) 지역을 지키고 있었는데 상(上)이 서(書)를 내려 말하기를 "그대는 승명려를 싫어하여 나가서 군리가 되었다."라고 하였다. 당나라 백거이의 〈다시 강주에 이르러 지난 날 노닐던 일이 생각나 군루에서 11운으로 짓다

옛 동산 미록들과 삼년을 이별했지	故山三載辭麋鹿
군재에 천 그루의 대가 없었다면	鈴齋不有竹千挺
아침저녁 무엇으로 구석진 곳 맑게 할까	曉夕何以淸隈隩
묵은 숲은 초췌하여 찬 연기에 묻혔고	舊林憔悴沒寒烟
새 죽순은 종횡으로 나무들에 가리웠다	新笋縱橫翳凡木
창 앞의 땅 비스듬하게 돌로 계단 만들고	窗前地偏石堪砌
헌 밖에는 사람 적어 단 쌓을 만하구나	軒外人稀壇可築
갑자기 비 내려 논밭을 두루 적시니	忽然霈澤遍農野
나 또한 삽을 들고 푸른 옥을 캐낸다[824]	我亦擕鑱斸蒼玉
진일에 옮기고 술 취할 때를 기다리지 않으니[825]	遷辰不待醉兀兀

〔重到江州感旧游題郡樓十一韻〕〉 시에 "옛날에는 불리어 사마 벼슬 지냈는데, 지금은 승명에서 나와 버렸네.〔昔徵從典午, 今出自承明.〕"라고 하였다.

823 일휘출수 :【譯注】 지방의 관원으로 나가는 것을 말한다. 남조(南朝) 송나라 안연지(顔延之)가 영가(永嘉) 군수를 지냈는데 원망과 분에 차서 〈오군영(五君詠)〉을 지었다. 그 시에서 "다섯 번 천거해도 조정에 들지 않더니, 한번 손 내젓자 수령으로 나가게 되었네.〔五薦不入朝, 一麾乃出守.〕"라고 하였다.

824 나……캐낸다 :【攷證 卷1 擕鑱斸蒼玉】 한나라 허신(許愼)의 《설문해자(說文解字)》에 "참(鑱)은 예(銳)이다."라고 하였다. 당나라 두보(杜甫)의 〈건원 중에 동곡현에 우거하며 지은 노래〔乾元中寓居同谷縣作歌〕〉에 "흰 나무로 만든 긴 보습이여, 나는 너를 의탁해 목숨 연명하노라.〔長鑱長鑱白木柄, 我生託子以爲命.〕"라고 하였다. 고시에 "가랑비에 푸른 대를 베는구나.〔和雨斸蒼竹〕"라고 하였고, 송나라 구양수(歐陽修)의 시에 "이 파란 옥을 보겠구나.〔見此蒼翠玉〕"라고 하였다.

825 진일에……않으니 :【攷證 卷1 遷辰不待醉兀兀】 송나라 엄유익(嚴有翼)의 《예원자황(藝苑雌黃)》에 "5월 13일을 옛사람들은 '죽취일(竹醉日)'이라고 하였으니, 대를 심으면 매우 무성해진다."라고 하였다. 또 이에 구애되지 않는 것도 있으니, 송나라 원헌(元獻) 안수(晏殊)의 〈죽취일(竹醉日)〉 시에 "만약 심기만 잘한다면 어찌 꼭 취중에 옮겨야 하리오.〔如能樂封植, 何必醉中移?〕"라고 하였다. 송나라 황정견(黃庭堅)의 〈화사후재죽(和師厚裁竹)〉 시에 "뿌리는 모름지기 진일에 잘라내야, 죽순이 위로 잘 자라리라.〔根

옛 땅 버린들 돌무더기 속에 어찌 미련을 두리오 去故何曾戀碌碌
바라보니 열에 열 또 다섯에 다섯 眼看十十復五五
엄연히 서로 의지함이 형제와 같도다 儼立相持如伯叔
처음으로 범노경[826]이 이 마음 달랬으니 初來魯卿慰此心
어찌 돌아가지 않으리, 은나라 현자들[827] 그 뱃속이 비었는데 盍歸殷賢枵厥腹
안타깝다 그중에 잘못 꺾인 것 있으니 可惜中有誤遭挫
머리 잘린 장군은 응당 촉을 위해서라[828] 斫頭將軍應爲蜀
지팡이와 신으로 처마 도니 아이들은 의아하고 杖屨巡簷訝群兒
물동이로 샘 긷느라 노복 하나 바쁘구나 瓶罐擕泉忙一僕

須辰日斲, 筍要上番成.〕"라고 하였다. 그 주(註)에 "대나무를 심는 일은 진일(辰日)에 많이 한다."라고 하였다. 당나라 백거이(白居易)의 〈대주(對酒)〉 시에 " 때문에 유령과 완적과 같은 이는, 평생토록 깊이 취하였다네.〔所以劉阮輩, 終年醉兀兀.〕"라고 하였다.

826 범노경 : 【攷證 卷1 魯卿】 당나라 직방낭중(職方郎中) 범노경(范魯卿)은 섬서(陜西)의 사원(使院) 안에 대나무를 심고 〈총죽가(叢竹歌)〉를 지었다.

827 어찌……현자들 : 【攷證 卷1 盍歸殷賢】 《사기》 〈백이열전(伯夷列傳)〉에 다음의 내용이 있다. 백이(伯夷)·숙제(叔弟)는 고죽군(孤竹君)의 두 아들이었는데, 문왕이 흥기한다는 말을 듣고 말하기를 "어찌 귀의하지 않겠는가?"라고 하였다. 송나라 양만리(楊萬里)의 〈차군헌기(此君軒記)〉에 "그 모습을 보면 풍채가 있으면서도 수척한 것이 이른바 백이·숙제가 수양산(首陽山) 아래에서 굶주린 것과 같도다. 백성들이 지금껏 그들을 칭송하는 이유는 그 가운데를 들여다보면 텅 비었기 때문이다."라고 하였다.

828 머리……위해서라 : 【攷證 卷1 斫頭將軍應爲蜀】 《삼국지》 〈촉서(蜀書) 장비전(張飛傳)〉에 다음의 내용이 있다. 엄안(嚴顔)이 강주(江州)를 지키는데 장비가 그를 사로잡고 꾸짖으며 말했다. "어찌 빨리 항복하지 않는가?" 그러자 엄안은 "머리 잘린 장군만 있을 뿐이지 항복한 장군은 없다."라고 하니, 장비가 화가 나서 머리를 자르라 명했다. 엄안은 "머리를 자르려면 자를 일이지 화는 왜 내는가?"라고 하였다. ○ 촉(蜀)은 유장(劉璋)을 가리킨다.

가지 뻗고 잎이 펴져 점점 무성해지고 抽枝展葉漸猗猗

거풀 벗고[829] 뿌리 뻗어[830] 이어지고 이어지리 脫綳行鞭更續續

대나무 기운이 금서에 맑게 스밀 줄 이미 알겠고 已知凉氣灑琴書

높은 의표는 담장 지붕 위로 솟는 고상한 모습 장차 보겠지 行見高標出牆屋

바람은 여러 패옥 두드려 맑은 소리 울리고[831] 風敲雜佩韻琤戛

달은 차가운 금을 부숴 그림자 환히 빛나리[832] 月碎寒金影熠煜

천심을 억지로 그린 문동은 가소롭고[833] 千尋强寫笑文同

829 거풀 벗고 : 【攷證 卷1 脫綳】 운서(韻書)에 "붕(綳)은 아이를 싸는 강보이다."라고 하였다. 송나라 소식(蘇軾)의 〈죽순과 작약을 공택에게 보내다〔送筍芍藥與公擇〕〉 시에 "머리를 마주 댄 옥 같은 아이가, 하나하나 비단 강보를 벗네.〔騈頭玉嬰兒, 一一脫錦綳.〕" 라고 하였다. 당나라 저광희(儲光羲)의 〈죽보(竹譜)〉 시에 "갓난아이 비단 강보를 벗으니, 나란한 머리 향기로는 옥골이로다.〔稚子脫錦綳, 騈頭香玉骨.〕"라고 하였다.

830 뿌리 뻗어 : 【攷證 卷1 行鞭】 송나라 소식(蘇軾)의 〈자유가 지은 기원의 초목을 읊다 10수〔和子由記園中草木十首〕〉 시에 "섬돌을 둘러 갑자기 터져 나오니, 달리는 채찍처럼 여위어 비틀거리네.〔遶砌忽墳裂, 走鞭瘦竛竮.〕"라고 하였다. 그 주석에 "대나무 뿌리를 편(鞭)이라 한다."라고 하였다. 《죽보(竹譜)》에 "편(鞭)이 대부분 서남쪽으로 뻗어가므로 '동쪽 집에 대나무를 심으면 서쪽 집에 있는 땅에 묻힌다.'라 한다."라고 하였다.

831 바람은……울리고 : 【攷證 卷1 風敲】 당나라 정수우(鄭守愚 정곡(鄭谷))의 〈다정(多情)〉 시에 "잠이 살짝 들어 바람이 대나무 치는 소리 참을 수 있으나, 술 마시다 흩어지면 달이 꽃을 비추는 걸 어찌 견디랴.〔睡輕可忍風敲竹, 飮散那堪月在花?〕"라고 하였다.

832 달은……빛나리 : 【攷證 卷1 月碎寒金影】 당나라 한유(韓愈)의 〈성남연구(城南聯句)〉 시에 "대 그림자는 금에 잘게 부서지고, 샘물 소리는 옥에 쟁그렁 하구나.〔竹影金瑣碎, 泉音玉淙淨.〕"라고 하였다.

833 천심을……가소롭고 : 【攷證 卷1 千尋强寫笑文同】 문동(文同)의 자는 여가(與可)이며 재동(梓潼) 사람이다. 조운(操韻)이 고결하여 시문(詩文)과 전서, 예서에 능하고, 대나무를 잘 그렸다. 소동파(蘇東坡 소식(蘇軾))의 〈문여가가 운당곡의 언죽을 그리다

만부로 잘못 견준 두목도 어리석어라[834] 萬夫錯比嗤杜牧
세상사람 구구하게 학 타고 양주 자사 되려하니[835] 世人區區鶴又州
홀로 지닌 이 절개를 뉘와 함께 귀의하리[836] 誰肯同歸節也獨
어리석구나, 술 마시며 방탕했던 죽림칠현[837] 荒哉酒放林下七

〔文與可畫篔簹谷偃竹記〕〉에 다음의 내용이 있다. "여가가 나에게 편지를 보내고 그 말미에 시 한 구절을 쓰길 '한 끝의 아계견(鵝谿絹)을 가지고 만자 길이의 대 가지를 그려 보련다.〔擬將一段鵝谿絹, 掃取寒梢萬尺長.〕'라고 하였다. 내가 답하기를 '세간에 또한 천 길의 대가 있으니, 달이 지는 빈 뜰에 그림자 그만큼 길구나.〔世間亦有千尋竹, 月落庭空影許長.〕'라 하니 여가가 웃고는 운당곡(篔簹谷)의 언죽(偃竹)을 그려 보내며 내게 말했다. '이 대는 몇 척이지만, 만 척의 기세가 있다.'"라고 하였다. 【校解】《고증》에는 〈篔簹谷記〉로 되어 있으나 통행본 《동파전집(東坡全集)》에 의거하여 〈文與可畫篔簹谷偃竹記〉로 수정하였다.

834 만부로……어리석어라 : 【攷證 卷1 萬夫錯比嗤杜牧】 당나라 두목(杜牧)의 〈만청부(晩晴賦)〉에 "죽림이 밖으로 십만 장부를 둘러싸 놓으니, 갑옷과 칼날 삐죽하고 빽빽하게 진을 치고 둘러 모셨도다.〔竹林外裹兮, 十萬丈夫, 甲刃樅樅, 密陣而環侍.〕"라고 하였다. 송나라 소식(蘇軾)의 〈문여가의 양천원지에 화답하다〔和文與可洋川園池〕〉 시 30수 중 제5수에 "두목의 거친 재주 참으로 가소롭구나, 군중의 십만 병을 불러 일으키다니.〔麤才杜牧眞堪笑, 喚作軍中十萬夫.〕"라고 하였다.

835 세상사람……되려하니 : 【攷證 卷1 世人區區鶴又州】 남조(南朝) 양(梁)나라 단운(殷芸)의 〈소설(小說)〉에 다음의 내용이 보인다. 객들이 서로 모여 뜻을 말하는데 한 사람은 양주 자사(楊州刺史)가 되기를 원하였고 한 사람은 재물이 많아지기를 원하였으며, 한 사람은 학을 타고 하늘로 올라가기를 원하였다. 그중 한 사람이 말하기를 "허리에 십만 관의 돈꿰미를 메고 학을 타고 양주로 올라가고 싶다."라고 하였다. 송나라 소식(蘇軾)의 〈오잠 승려 녹균헌〔於潛僧綠筠軒〕〉 시에 "만약 대나무를 마주하고 많이 먹을 수 있다면 세상에 어찌 양주학이 있으리오.〔若對此君仍大嚼, 世間那有楊州鶴?〕"라고 하였다.

836 홀로……귀의하리 : 【攷證 卷1 也獨】 《장자(莊子)》 〈덕충부(德充符)〉에 "나무는 명을 땅에서 받았는데, 오직 송백만이 홀로 푸르다.〔松柏獨也靑〕"라고 하였다.

837 술……죽림칠현 : 【攷證 卷1 酒放林下七】 《진서(晉書)》에 "혜강(嵇康)·완적(阮籍)·산도(山濤)·상수(向秀)·유령(劉伶)·완함(阮咸)·왕융(王戎)이 죽림칠현(竹林七

아득하도다, 호기롭게 시 짓던 죽계육일[838]	邈矣詩豪溪上六
혹여 훨훨 나는 단혈의 봉황[839] 있어	儻有翩翩丹穴禽
천년토록 빙빙 돌다 이 대숲에 깃들겠지	千載回翔此棲宿
늙은 나는 근래에 생활이 냉담한데	老我年來冷淡生
대를 보며 어찌 끼니에 고기 없다[840] 걱정하랴	相對寧憂食無肉
이제 다시 위 무공의 어짊을 탄복하니	從今更歎衛公賢
기욱시 한 편[841]을 마음 씻고 읽는다네	一篇淇隩湔心讀
어찌 굳이 시상[842]으로 귀거래하여	何必柴桑歸去來
백의를 슬피 바라며 동리의 국화 따겠는가[843]	白衣悵望東籬菊

賢)이 되었다."라고 하였다.《水經注 青水》

838 호기롭게……죽계육일 : 【攷證 卷1 詩豪溪上六】《신당서(新唐書)》〈이백열전(李白列傳)〉에 "이백(李白)·공소보(孔巢父)·한준(韓準)·배정(裴政)·장숙명(張叔明)·도연(陶沔)은 죽계육일(竹溪六逸)이라 칭해졌다."라고 하였다.

839 단혈의 봉황 : 【攷證 卷1 丹穴禽】《산해경(山海經)》〈남산경(南山經)〉 주(註)에 "단혈(丹穴)의 산에 새가 있는데 생김새는 학을 닮았으며, 오색 빛에 무늬가 있으니 이 새를 보면 천하가 편안해진다."라고 하였다.

840 끼니에 고기 없다 : 【攷證 卷1 食無肉】 송나라 소식(蘇軾)의 〈오잠 승려 녹균헌(於潛僧綠筠軒)〉 시에 "식사에 고기는 없어도 되지만 사는 곳에 대나무가 없어선 안 되지.〔可使食無肉, 不可居無竹.〕"라고 하였다. 송나라 우호(于湖) 장효상(張孝祥)의 〈장흠부가 죽순포와 비법을 함께 보내왔으므로 다시 짓다(張欽夫送笋脯与方俱來復作)〉 시에 "죽순포를 내 쟁반에 올리니, 고기 먹지 않아도 되네.〔笋脯登吾盤, 可使食無肉.〕"라고 하였다.

841 위 무공의……편 : 【譯注】 나이가 들어 스스로를 경계하고 단속한다는 의미이다. 위 무공(衛武公)은 95세가 되었는데도 자신을 경계하는 시를 지어 사람을 시켜 날마다 곁에서 외게 하여 스스로를 단속하였는데 《시경(詩經)》〈대아(大雅) 억(抑)〉과 〈위풍(衛風) 기욱(淇澳)〉 시가 그것이다.

842 시상 : 【攷證 卷1 柴桑】 마을 이름으로 심양(潯陽)에 있다. 도연명(陶淵明)이 거처하던 곳이다.

843 백의를……따겠는가 : 【攷證 卷1 白衣悵望東籬菊】 진(晉)나라 손성(孫盛)의 《진양춘추(晉陽春秋)》에 다음의 내용이 있다. 도연명이 9월 9일 중양절에 술이 없자, 집을 나가서 동리(東籬) 아래에서 국화를 한 줌 가득 따서 창망히 한참 있었다. 갑자기 흰 옷을 입은 사람이 다가왔는데, 바로 강주 자사(江州刺史) 왕홍(王弘)이 술을 보낸 것이었다. 이에 그 자리에서 바로 술을 마시고 취하여 돌아왔다. 송나라 소식(蘇軾)의 시 〈장질부송주육호…(章質夫送酒六壺) …)〉 시에 "백의로 술 보낸다기에 연명처럼 춤추고서 바람 부는 헌함에서 급히 쓸고 깨진 술잔 씻어 놓았네.〔白衣送酒舞淵明, 急掃風軒洗破觥.〕"라고 하였다.

KNP0100(詩-內卷1-166)

부석사[844] 취원루[845]에서 정호음[846]이 중에게 준 시의 운으로 짓다 【기유년(1549, 명종4, 49세) 7월 27일 추정. 영주(榮州)】

浮石寺聚遠樓 鄭湖陰贈僧韻

귀신이 일하고[847] 하늘이 만든[848] 만고의 누대	鬼役天成萬古樓
풍운이 초가을 씻음을 일임하노라	風雲一任洗新秋
밤 깊도록 고승의 탑상(榻床)에서 홀로 마주하니	夜深獨對高僧榻
오직 보이는 건 긴 하늘에 갈고리 같은 달	唯見長空月似鉤

844 부석사 : 【攷證 卷1 浮石寺云云】 절은 순흥부(順興府) 동쪽에 있다. 《삼국유사(三國遺事)》에 "당나라 고종(高宗) 의봉(儀鳳) 원년에 신라 문무왕(文武王)이 의상(義相)에게 명하여 태백산(太白山)에 부석사를 창건하게 하였다."라고 하였다.

845 취원루 : 【攷證 卷1 聚遠樓】 절 오른편에 있다. 송(宋)나라 소식(蘇軾)의 〈같은 해에 급제한 선석이 덕흥 유씨의 취원루 시를 구하다〔同年求德興兪氏聚遠樓詩〕〉 시를 가져다 달아 놓았다. 【要存錄 卷1】 금당(金堂)의 서남쪽에 있으며 높은 난간은 아득하고 시계(視界)가 넓어 탁 트였다.

846 정호음 : 【譯注】 정사룡(鄭士龍, 1491~1570)으로, 본관은 동래(東萊), 자는 운경(雲卿), 호는 호음(湖陰)이다.

847 귀신이 일하고 : 【攷證 卷1 鬼役】 《문선》의 〈서정부(西征賦)〉에 "귀신을 부린 것이 아니겠습니까?〔役鬼神, 其猶否?〕"라고 하였다.

848 하늘이 만든 : 【攷證 卷1 天成】 《장자(莊子)》 〈우언(寓言)〉에 "6년째는 귀신이 들었고, 7년째는 자연에 합치되었다.〔六年而鬼入, 七年而天成.〕"라고 하였다. 【校解】 본문에는 "入鬼"라고 되어 있으나, 통행본 《장자》에 의거하여 "鬼入"으로 수정하였다.

KNP0101(詩-內卷1-167)

8월 15일 밤에 읊다 【기유년(1549, 명종4, 49세) 8월 15일 추정. 풍기(豊基)】

八月十五日夜吟

꿈을 깨니 궤 속의 구슬 밝고도 둥글어라	夢覺圓明櫝裏珠
안배했다하면 이미 처음 상태 아니지[849]	安排纔涉已非初
찬 시내 소리 멀리서 들려오고 창은 고요한데	寒溪遠響紙窓靜
지는 달 맑게 빛나고 죽각은 비어 있네	斜月淸光竹閣虛
사계절에 일 없이 있는 이 그 누구인가	四序孰居無事者
벌레들 다투어 불평 호소하는 듯	群蟲爭訴不平如
관리 노릇 제대로 못하고 몸도 병이 많으니	爲官不理身多病
돌이켜봄에 평소에 부끄러움만 많구나	回首平生愧有餘

849 꿈을……아니지 : 【攷證 卷1 夢覺…非初】《원각경(圓覺經)》에 "청정마니보주(淸淨摩尼寶珠)가 오색으로 비쳐 방소(方所)에 따라 각각 나타난다고 하였는데, 이는 성조(性照)의 원명(圓明)을 말한다."라고 하였다. 《장자(莊子)》〈대종사(大宗師)에 "자연의 추이를 편안히 여겨 그 변화조차 잊는다.〔安排而去化〕"라고 하였다. 《남화진경(南華眞經注疏)》의 당(唐)나라 성현영(成玄英)의 주석에 "안배(安排)는 추이에 편안함을 이른다."라고 하였다. 《강록(江錄)》에 "원명주(圓明珠)는 본심을 가리킨다. 안배하여 드러내면 본연(本然)이 아니다."라고 하였다.

KNP0102(詩-內卷1-168)

10월 10일 밤에 크게 우레가 치고 비가 내리다

【기유년(1549, 명종4, 49세) 10월 10일 추정. 풍기(豊基)】

十月十日夜 大雷雨

시월 한밤중에 바람이 어지러이 울더니	十月中宵風亂鳴
천둥 놀래키고 번개 쳐서 퍼붓듯 비 내린다	雷驚電激雨如傾
요즘은 천의가 어찌 그리 어긋나는지	只今天意何多舛
망연히 일어나 앉으니 온갖 감회 이는구나	起坐茫然百感生

KNP0103(詩-內卷1-169~171)

11일 새벽에 지진이 나다. 3수 【기유년(1549, 명종4, 49세) 10월 11일 추정. 풍기(豊基)】

十一日曉地震 三首

(詩-內卷1-169)

비바람 천둥번개 하늘 몹시 노했는데	風雨雷霆天怒甚
어찌하여 땅마저 편안하지 않은지	如何地道亦靡寧
기세는 산악 무너뜨리고 소리는 바다를 모니	勢崩山岳聲驅海
누가 신룡을 부려 피 흘리며 싸우게 하는가[850]	誰使神龍戰血腥

(詩-內卷1-170)

황폐한 성에 바람 일어 잎은 어지러이 날리고	風起荒城葉亂飛
먹빛으로 짙은 구름 비가 부슬부슬 내린다	頑雲如墨雨霏霏
하늘의 뜻 무슨 연유로 노했는지 모르는데	不知天意緣何怒
우박마저 흩뿌려 위세를 더욱 부리는구나	陰雹交揮更逞威

-이날 우박이 내리다.-

(詩-內卷1-171)

뭉친 구름 모진 눈 너무나 음산하고 사나우니	兇雲虐雪極陰獰

850 신룡을……하는가 : 【攷證 卷1 神龍戰血】《강록(江錄)》에 "10월이 곤월(坤月)이기 때문에 그렇게 말하였다."라고 하였다. 《주역》〈곤괘(坤卦) 상육(上六) 효사(爻辭)〉에 "용이 들판에서 싸우니 그 피가 검고 누렇다.〔龍戰于野, 其血玄黃.〕"라고 하였다.

바람의 기세는 백만 군사 내달리듯　　風勢如奔百萬兵
추위가 해에 미쳐 까마귀 벌벌 떠니[851]　　凍及日中烏可畏
구학의 백성들 생각할 겨를도 없구나　　溝中未暇念民生

-이날 밤에 크게 바람이 불고 몹시 추웠다.-

851 해에……떠니 : 【攷證 卷1 凍及日中烏】《회남자(淮南子)》〈본경훈(本經訓)〉에 다음과 같은 내용이 있다. 요임금 시대에 해 열 개가 함께 나와 초목이 타고 마르므로 예(羿)에게 명하여 해 가운데 구오(九烏)를 쏘게 하였더니 모두 떨어져 죽이고 일부러 하나만을 남겼다. 《천문지(天文志)》 주석에 "해 가운데 삼족오(三足烏)》가 있다."라고 하였다. 당(唐)나라 두보(杜甫)의 〈전고한(前苦漢)〉 시에 "세 발의 까마귀 다리 잘릴까 싶네, 희화가 보내준들 장차 어디로 가리.〔三足之烏足恐斷, 羲和送將安所歸?〕"라고 하였다.

KNP0104(詩-內卷1-172~173)

지방사[852] 폭포. 2수 【기유년(1549, 명종4, 49세) 가을 이전 추정. 풍기(豊基)】

池方寺瀑布 二首

(詩-內卷1-172)

소쇄한 신선 바람 나그네 옷에 스미고　灑灑仙風襲客衣
그늘진 산 나무엔 진기한 새가 나네　陰陰山木怪禽飛
어느 호사가가 함께 와서 봐줄거나　何人好事同來看
홀로 푸른 벼랑 마주하고 붓 가는 대로 휘두른다　獨對蒼崖信筆揮

(詩-內卷1-173)

바위에 앉아 읊으니 해 그림자 비끼려하고　坐石沈吟日欲斜
푸른 못에 그 빛 더해 물결 일지 않는구나　碧潭增色湛無波
맑은 가을 지난 뒤 다시 찾아옴 사양 않으리니　莫辭再訪淸秋後
비단처럼 찬란한 단풍 숲을 보려 해서지　要看楓林爛似紗

852 지방사 : 【要存錄 卷1 池方寺】《풍기군지(豐基郡志)》에 "지방사(池方寺)는 군 남쪽에 있는 천부산(天浮山) 아래 있었는데, 지금은 없어졌다."라고 하였다.

KNP0105(詩-內卷1-174)

퇴계 초옥에서 황금계의 내방을 기뻐하다 【경술년(1550, 명종5, 50세) 2월 추정. 예안(禮安)】

退溪草屋 喜黃錦溪來訪

계상에서 그대를 만나 의심나는 바를 질문하니	溪上逢君叩所疑
탁주는 그저 다시 그대 위해 가져 왔네	濁醪聊復爲君持
천공은 되레 매화 늦게 피었다고 한탄하여	天公卻恨梅花晚
일부러 눈을 보내 잠깐 사이 가지에 가득하게 했구나	故遣斯須雪滿枝

KNP0106(詩-內卷1-175)

초옥을 퇴계 서쪽으로 옮기고 이름을 한서암[853]이라 하다

【경술년(1550, 명종5, 50세) 2월 추정. 예안(禮安)】

移草屋於溪西 名曰寒棲庵

띠집을 시냇가 바위 사이에 옮겨 지으니	茅茨移構澗巖中
그야말로 산꽃이 피어 붉게 흐드러졌도다	正値巖花發亂紅
옛날 가고 지금이 옴에 시대는 이미 늦었지만	古往今來時已晩
아침에 밭 갈고 밤에는 글 읽는 낙 끝이 없구나	朝耕夜讀樂無窮

853 한서암 : 【攷證 卷1 寒棲庵】《국어(國語)》〈월어(越語)〉의 삼국 시대 오(吳)나라 위소(韋昭) 주석에 "산에 처하는 것을 서(棲)라 한다."라고 하였다. 《퇴계선생연보(退溪先生年譜)》 권1에 의하면 "경술년(1550, 명종5) 2월에 비로소 퇴계 서쪽에 살 곳을 정하여 한서암을 지었다."라고 하였다.

KNP0107(詩-內卷1-176)

삼월 삼짓날 우중에 감회를 붙이다 정미년(1547, 명종2) 〈답청〉 시의 운자를 쓰다 【경술년(1550, 명종5, 50세) 2월 추정. 예안(禮安)】

三月三日 雨中寓感 用丁未踏靑韻

강가에서 파릇하고 무성한 풀[854] 밟지 않고	不向江皐踏綠茸
작은 창으로 비를 보며 앞 봉우리 마주한다	小窓看雨對前峯
한가하고 바쁨 갑자기 달라짐은 조금 다행이나	閒忙頓別差爲幸
어리석고 지혜로움 현격한 건 정히 몇 겹 이런가	愚智相懸定幾重
옛날의 학문 전하지 못하니 모두가 말사이고	古學未傳皆末士
순박한 풍속은 아직도 저 농부에게만 남아 있구나	淳風猶在秖村農
아이 불러 한잔 술 올리라 해서	呼兒且進杯中物
내 평소에 근심 쌓인[855] 가슴을 씻어보련다	澆我平生襞積胸

854 파릇하고 무성한 풀 : 【攷證 卷1 綠茸】 "봄풀이 파릇파릇 무성하게 나왔네〔春草綠生茸〕"라 하였다. 【校解】《고증》에는 《문선(文選)》이 출처로 되어 있으나 해당 구절을 찾을 수 없다.

855 근심 쌓인 : 【攷證 卷1 襞積】 《의례(儀禮)》 〈상복(喪服)〉의 당(唐)나라 가공언(賈公彦)의 주석에 "만약 허리 가운데 주름을 잡지 않으면 몸을 단속할 수 없다."라고 하였다. 한(漢)나라 사마상여(司馬相如)의 〈자허부(子虛賦)〉에 "접히고 겹쳐져 주름이 많아, 구불구불하도다.〔襞積褰縐, 紆徐委曲.〕"라 하였다. 이로써 생각과 근심이 쌓여서 모인 것을 비유한다.

KNP0108(詩-內卷1-177)

농암 선생을 뵈었더니 선생이 시봉하던 아이를 시켜 소동파의 〈달밤에 살구꽃 아래에서 술을 마시다〉라는 시를 노래하게 하고 차운하여 보이므로 나 또한 화답하여 올리다

【경술년(1550, 명종5, 50세) 3월 3일 추정. 예안(禮安)】

拜聾巖先生 先生侍兒歌東坡 月夜飮杏花下詩 次其韻示之 滉亦奉和呈上

산중에 병져 누워 석달 봄을 보내다가	病臥山中九十春
봄에 사람을 불러 주어 신선을 찾아 뵙는다	起拜巖仙春喚人
암혈의 신선 광경이 아까운지	巖中老仙惜光景
물가에 홀로 서서 백빈을 읊으시는구나[856]	獨立汀洲詠白蘋
바위 곁 붉은 살구꽃이 아직도 피지 않으니[857]	倚巖紅杏尙未發
설아를 재촉하여 향설 노래 부르게 한다[858]	催令雪兒唱香雪

856 물가에……읊으시는구나 : 【譯注】 초야에 묻혀서 지내는 것을 표현한 말인 듯하다. 백빈(白蘋)은 흰 마름풀을 말한다. 남조(南朝) 양(梁)나라 시인 유운(柳惲)의 〈강남곡(江南曲)〉에 "물가 모래톱에 흰 마름을 캐니, 해가 떨어지는 강남의 봄이로다.〔汀洲採白蘋, 落日江南春.〕"라고 하였다.

857 바위……않으니 : 【譯注】《태평광기(太平廣記)》에 다음과 같은 내용이 있다. 당(唐)나라 현종(玄宗)이 갈고(羯鼓)를 쳐서 꽃이 피는 것을 재촉하기를 좋아하였다. 시월에 꽃과 버들이 아직 피지 않았는데 갈고를 가져오라고 명하여 정자에 임하여 한 곡조를 타니, 이름을 춘광호(春光好)라 하였다. 그리고는 버드나무와 살구꽃을 돌아보니, 모두 이미 꽃봉오리를 터뜨렸으므로 현종이 웃으면서 말하기를 "나를 천공(天公)이라 부르지 않아서야 되겠는가?"라고 하였다. 【攷證 卷1 紅杏…催令】 살펴보건대, 이것은 "갈고를 쳐서 꽃을 재촉한다.〔羯鼓催花〕"라는 고사를 빌려 쓴 것이다.

858 설아를……한다 : 【攷證 卷1 雪兒唱香雪】 송(宋)나라 손광헌(孫光憲)《북몽쇄언(北夢瑣言)》에 다음과 같은 내용이 있다. 이밀(李密)은 빈붕(賓朋)의 문장 중에 기려(奇麗)한 것을 설아(雪兒)에게 맡겨 노래하게 하였다. 설아는 이밀의 애첩이다. ○ 창향설

꽃 피길 기다려서 봄 구경해야 하겠지만	待得花開要賞春
꽃이 필 때 달은 이미 없어질까 두려울 뿐	只恐花時已無月
잠깐인 그 사이에 주옥같은 시 지으니	咳唾珠璣俄頃中
읊기를 다하자 어느새 술잔 빈 줄도 몰랐다네	吟罷不覺杯心空
강가에서 돌아가는 흥취 끝없이 이는데	江邊歸興浩無涯
고개 돌려 보니 난산에 꽃은 붉으려 하는구나	回首亂山花欲紅

(唱香雪)은 소동파(蘇東坡 소식(蘇軾))의 시를 노래하게 했음을 이른다. 소동파의 원시에 '향설(香雪)'이 있다.

KNP0109(詩-內卷1-178)

이선생께서 한서암에 왕림하시다 【경술년(1550, 명종5, 50세) 3월 하순경 추정. 예안(禮安)】

李先生來臨寒棲

맑은 시내 서쪽에 띠집을 엮었으니	淸溪西畔結茅齋
속객이 일찍이 찾아온 적이 있었던가	俗客何曾款戶開
고맙게도 산 남쪽의 늙은 선백이	頓荷山南老仙伯
견여 타고 온갖 꽃 사이를 뚫고 오셨다오	肩輿穿得萬花來

KNP0110(詩-內卷1-179)

퇴계 【경술년(1550, 명종5, 50세) 3~5월 추정. 예안(禮安)】

退溪

몸이 물러남은 내 분수에 편안하나	身退安愚分
학문의 후퇴는 늘그막에 걱정이라	學退憂暮境
시냇가에 비로소 살 곳 정하니	溪上始定居
흐르는 물을 보며 날마다 성찰하는 바 있도다	臨流日有省

KNP0111(詩-內卷1-180)

한서암 【경술년(1550, 명종5, 50세) 3~5월 추정. 예안(禮安)】

寒棲

띠풀 엮어 숲에 여막 지으니	結茅爲林廬
그 아래 차가운 샘이 흐른다	下有寒泉瀉
깃들어 쉼에 충분히 즐길 만하니	棲遲足可娛
알아주는 이 없다 해도 한하지 않누나	不恨無知者

KNP0112(詩-內卷1-181~182)

계거잡흥. 2수 【경술년(1550, 명종5, 50세) 3~5월. 예안(禮安)】

溪居雜興 二首

(詩-內卷1-181)

푸른 연하 저편의 땅을 사서　　買地靑霞外
맑은 시내 곁에 옮겨 사노라　　移居碧澗傍
깊이 즐기는 건 오직 수석뿐이요　　深耽惟水石
크게 감상하는 건 다만 소나무와 대나무라오　　大賞只松篁
고요한 중에 사철의 흥을 보고　　靜裏看時興
한가할 때는 옛 서책을 읽노라　　閒中閱往芳
사립문은 먼 곳에 있어야 좋을지니　　柴門宜逈處
마음 쓸 일이라곤 하나의 서상 뿐이라　　心事一書牀

(詩-內卷1-182)

황무지 개간하여 푸른 언덕 임해 있고　　開荒臨綠岸
집을 얽어 붉은 바위 마주 보누나　　結屋對丹巖
시냇가 풀은 거의 이름이 없고　　澗草多無號
모래에 앉은 새는 모두가 범상치 않네　　沙禽並不凡
산에 살며 손익[859]을 생각하고　　山居思損益

859 손익 : 【譯注】《주역》의 손괘(損卦)와 익괘(益卦)를 말한다. 《후한서》〈은일전(隱逸傳)〉에 다음의 내용이 있다. 상장(向長)의 자는 자평인데, 은거하면서 벼슬에 나아가지 않았다. 그가 《주역》을 읽어 손괘와 익괘에 이르자 탄식하여 말했다. "내 이미 부유한 것이 가난한 것만 못하고 귀한 것이 천한 것만 못하다는 것은 알겠으나 죽음은 삶에

시냇가에 앉아 소소와 함지[860]를 듣노라　溪座聽韶咸
햇 푸성귀 잘 삶아 맛이 좋으니　爛煮新蔬美
굳이 늦은 식사[861] 기다릴 필요 있으랴　何須待晚饞

비해 어떤지를 모를 뿐이다." 송(宋)나라 주희(朱熹) 역시 〈상자평의 일로 느끼는 바 있어서(感向子平事)〉 시에서 "훨훨 먼 산을 마음껏 유람하고 다니자니, 마음 깊이 그때의 상자평 생각나네. 나 또한 요즘 들어 손괘와 익괘 뜻을 알아, 다만 징계와 억제로 남은 생애 헤아릴 뿐.〔翩然遠岳恣遊行, 想當年尙子平. 亦近來知損益, 將懲窒度餘生.〕"이라고 하였다.

860 소소와 함지 : 【譯注】 소(韶)는 순임금의 음악이며 함(咸)은 황제(黃帝)의 음악이다. 【攷證 卷1 韶咸】 소(韶)는 소소(簫韶)이며 함(咸)은 함지(咸池)이다.

861 늦은 식사 : 【攷證 卷1 晩饞】 원(元)나라 웅충(熊忠)의 《고금운회거요(古今韻會擧要)》에 "참(饞)은 먹는다〔食〕는 의미이다."라고 하였다. 송나라 소식(蘇軾)의 〈문여가의 양천도지에 화운하다〔和文與可洋川園池〕〉 30수 중 제24수 '운당곡(篔簹谷)' 시에 "짐작건대 청빈하며 음식 탐하는 태수는, 위천의 천 이랑 대숲이 가슴속에 있으리.〔料得淸貧饞太守, 渭川千畝在胸中.〕"라고 하였다. 《전국책(戰國策)》 〈제책(齊策)〉에 "늦은 식사는 고기를 먹는 것에 해당하고, 편안히 걷는 것은 수레를 타는 것에 해당한다.〔晩食以當肉, 安步以當車.〕"라고 하였다.

KNP0113(詩-內卷1-183)

한서암에서 비 온 뒤의 일을 쓰다 【경술년(1550, 명종5, 50세) 3~5월 추정. 예안(禮安)】

寒棲 雨後書事

주룩주룩 내리던 간밤의 빗소리	浪浪夜雨聲
아침에 일어나니 푸른 산이 젖어있다	朝起青山濕
묵은 구름 반쯤 풀려 흩어지니	宿雲半解駁
시냇물 흐름은 다시 빨라진다네	澗水流更急
바위 숲이 햇볕을 맞으니	巖林迎光景
온갖 초록 새로 목욕 한 듯	衆綠如新沐
농사꾼은 서로 부르며 나가자 하고	野人相喚出
깊은 숲의 새는 울음이 다정하구나[862]	幽鳥語款曲
사립문은 일이 없어 조용하고	柴荊澹無事
도서는 사방 벽에 가득 찼다오	圖書盈四壁
옛 사람 이곳에 있지 않지만	古人不在茲
그 말 속에 남은 향기 있도다	其言有餘馥
삼익의 벗을 바라고 바라노니[863]	望望三益友

862 다정하구나 : 【攷證 卷1 款曲】 한(漢)나라 진가(秦嘉)의 〈군에 머물며 부인에게 주다(留郡贈婦)〉 시에 "멀리 이별한다는 생각이 들어, 사념을 다정하게 풀어보네.〔念當遠離別, 思念敍款曲.〕"라고 하였다.

863 삼익의……바라노니 : 【譯注】 '삼익우(三益友)'는 익자삼우(益者三友)의 줄임말이다. 《논어》〈계씨(季氏)〉에 "유익한 벗이 세 가지이며, 해로운 벗이 세 가지이니, 곧고 진실되고 견문이 많으면 유익하며, 편벽되고 아첨을 잘하고 말만 잘하면 손해가 된다.〔益者三友, 損者三友, 友直 友諒, 友多聞 益矣, 友便辟, 友善柔, 友便佞, 損矣.〕"라

삼경으로부터 와서 읽어 주기를　　來從三徑讀

고 하였다. 【譯注】 삼경(三徑)은 세 갈래 오솔길이란 뜻이다. 한(漢)나라 때 은사(隱士) 장후(蔣詡)가 일찍이 문정(門庭)에 세 갈래 오솔길을 내놓고 구중(求仲), 양중(羊仲) 두 사람하고만 종유했던 데서 온 말로, 전하여 은자(隱者)의 처소를 가리킨다. 【攷證 卷1 望三益】 진(晉)나라 도연명(陶淵明)의 〈전거(田居)〉 시에 "평소 마음이 정히 이와 같으니, 삼경을 열어 삼익우(三益友)를 맞으리라.〔素心正如此, 開徑望三益.〕"라고 하였다.

KNP0114(詩-內卷1-184~185)

도연명집의 〈이거〉 시에 화운하다. 2수 5월 18일 【경술년(1550, 명종5, 50세) 5월 18일. 예안(禮安)】

和陶集移居韻 二首 五月十八日

(詩-內卷1-184)

이 몸이 태어난 지 오십년 만에	我生五十年
이제야 반쯤 이룬 집을 갖게 되었구나	今有半成宅
땅이 외져 사람은 드물게 오고	地僻人罕至
산이 깊어 날은 쉽게 저문다	山深日易夕
또한 알겠어라 세상살이에 내가 서툴지만	亦知生事疎
형역[864]의 수고로움보다는 오히려 나은 줄을	猶勝勞形役
이전 집 재목 걷어 쓰니 힘이 덜 들고	省力撤舊材
해진 자리를 펴서 편한 대로 앉는다	隨宜展敝席
고궁의 절개[865] 따질 것 없어라	無論固窮節
야성이 일찍부터 어울리기에	野性諧夙昔

864 형역 : 【譯注】 세상에 나가 벼슬길에 시달림을 뜻한다. 【攷證 卷1 形役】《회남자(淮南子)》에 "모두 형(形)과 신(神)에게 부림을 받는 것이다.〔皆是形神俱役者也〕"라고 하였다. 진(晉)나라 도연명(陶淵明)의 〈귀거래사(歸去來辭)〉에 "이미 스스로 마음을 가지고 육신의 부림 받았으니, 어찌 실의에 빠져 슬퍼만 하리오.〔既自以心爲形役, 奚惆悵而獨悲?〕"라고 하였다.

865 고궁의 절개 : 【譯注】 가난하여도 절개를 잃지 않는다는 말이다. 《논어》 〈위령공(衛靈公)〉에 "자로가 성난 빛을 띠며 '군자도 곤궁한 때가 있습니까?'라고 하였다. 공자께서 말씀하시기를 '군자는 원래부터 궁한 것이니〔君子固窮〕 소인은 궁하면 넘치게 된다."라고 하였다.

진실로 도가 같지 않다면 荀爲道不同
천마디 말로도 판단하기 어려우리라 千言難剖析

(詩-內卷1-185)

혼자서 한 잔 술 따라 마시고 獨酌一杯酒
한가로이 도위[866] 시를 읊노라 閒詠陶韋詩
숲 속 시냇가를 소요하노라니 逍遙林澗中
경치가 트여 마음이 즐겁구나 曠然心樂之
옛글에 참으로 음미할 것 있는데 古書誠有味
병 많으니 깊은 사색 두려워진다 多病畏沈思
악을 미워하여 더러운 행적에 분개하고 疾惡憤遺臭
선을 흠모하되 뒷시대에 태어남을 탄식한다 慕善嗟後時
시내 소린 밤낮으로 흘러가지만 溪聲日夜流
산빛은 예나 지금이나 이와 같구나[867] 山色古今玆
무엇으로 내 마음을 달랠거나 何以慰吾心
성인의 말씀은 날 속이지 않으리라 聖言不我欺

---

866 도위 : 【譯注】 도연명과 위응물(韋應物)을 병칭한 것이다. 【攷證 卷1 韋】 위응물(韋應物, 737~804)은 하남(河南) 사람으로, 성품이 고결하고 시를 잘 썼다. 당(唐)나라 정원(貞元) 초에 소주 자사(蘇州刺史)가 되었다.

867 예나……같구나 : 【攷證 卷1 古今玆】 《시경》 〈주송(周頌) 재삼(載芟)〉에 "이 같은 곳이 이곳만은 아니며, 금년 같은 것이 금년 만이 아니라 예로부터 이와 같았다네.〔匪且有且, 匪今斯今, 振古如玆.〕"라고 하였다. 산색이 아름답기가 이와 같음을 말한 것이다.

KNP0115(詩-內卷1-186~205)

도연명집 〈음주〉에 화운하다. 20수 【경술년(1550, 명종5, 50세) 5~6월 추정. 예안(禮安)】

和陶集飮酒 二十首

(詩-內卷1-186)

제1수 其一

술 없으면 너무도 즐거움 없으니	無酒苦無悰
술 있으면 이에 마셔야하지	有酒斯飮之
한가해야 바야흐로 즐거워지니	得閒方得樂
즐기려면 마땅히 제 때 해야 하네	爲樂當及時
훈풍이 만물을 고무시키니	薰風鼓萬物
형가[868]는 지금 이와 같구려	亨嘉今若玆
만물이 나와 즐거움을 같이 하니	物與我同樂
가난과 병듦을 다시 무엇을 의심하리오	貧病復何疑
어찌 저들의 영화를 모르랴만	豈不知彼榮
허명은 오래 유지하기 어려운 법	虛名難久持

(詩-內卷1-187)

제2수 其二

나는 천풍을 타고서	我欲挾天風

---

868 형가(亨嘉) : 【譯注】 형(亨)은 사시(四時) 가운데 여름에 해당한다. 【攷證 卷1 亨嘉】《주역》〈건괘(乾卦) 문언전(文言傳)〉에 "형(亨)이란 아름다움의 모임이다.〔亨者, 嘉之會也.〕"라고 하였다.

곤륜산을 즐겁게 노닐고 싶어라 遨遊崑崙山
구구하여 속세를 벗어나지 못하니 區區未免俗
이제 와서 내세울 만한 것 없구나 至今無足言
전에는 백세대 천세대가 있었고 前有百千世
이후로는 억만년의 세월이 있도다 後有億萬年
취중에 천진이 드러나나니 醉中見天眞
깬 뒤에 남에게 말할까 어찌 걱정하랴[869] 那憂醒者傳

(詩-內卷1-188)

제3수 其三

지자는 기회를 잘 틈타고 智者巧投機
우자는 상정에 꽉 막혀있다 愚者滯常情
도도한 말류에 휩쓸려드니 滔滔汨末流
모두가 명리를 위해서라네 總爲中利名
예로부터 현철한 사람 많은데 古來賢哲人
나만 홀로 뒤에 태어났구나 吾獨後於生
이 도는 곧 구갈과 같거늘[870] 此道卽裘葛

869 취중에……걱정하랴 : 【攷證 卷1 醉中…醒者傳】 당(唐)나라 두보(杜甫)의 〈이 이십백에게 부치다. 20운〔寄李十二白二十韻〕〉 시에 "재미있게 이야기하니 방일(放逸)함 사랑하고, 술 좋아하니 천진을 볼 수 있네.〔劇談憐野逸, 嗜酒見天眞.〕"라고 하였다. 당나라 이백(李白)의 〈월하독작(月下獨酌)〉 시에 "취중에 즐거움을 얻을 뿐이니, 술 깬 자에게 전하지는 마시오.〔但得醉中趣, 勿爲醒者傳.〕"라고 하였다.

870 이……같거늘 : 【攷證 卷1 此道卽裘褐】 당나라 한유(韓愈)의 〈원도(原道)〉에 "여름이면 갈옷을 입고 겨울에는 갖옷을 입으며 목마르면 물을 마시고 굶주리면 밥을 먹는 것은 그 일은 비록 다르나 그 도(道)는 같다."라고 하였다.

어이하여 혹자는 시기하고 미워하는가　奈何或猜驚
성현의 말씀 정성스레 잘 지니고 있지만　拳拳抱苦心
세월만 보낼 뿐 이룬 바 없음을 부끄러워한다　淹留愧無成

(詩-內卷1-189)

제4수 其四

흰 구름이 빈 골짝에 있으니　白雲在空谷
하늘 위로 날아오를 마음 없구나　無心天上飛
우연히 바람 따라 일어나니　偶然隨風起
그립거나 슬픈 일 무에 있으랴　何更有戀悲
허공을 노닐며 둥둥 떠 있고　游空恆泛泛
비를 머금은 채 떠나지 못하고 있구나　含雨亦依依
때맞춰 내리는 비 흡족하지 못하다면　苟不霈嘉澤
어찌 빨리 돌아감만 같으리오　曷若遄其歸
내 옛 현달한 이 생각하니　我思古賢達
말로는 어찌 그리 보잘것없었던가　末路何多衰
비 내린 후 그칠 줄 모른다면　旣雨不能罷
이 역시 천도에 어긋난다오　亦與天道違

(詩-內卷1-190)

제5수 其五

나는 본래 산야의 살아야 할 몸　我本山野質
고요함 좋아하고 시끄러움 싫어한다　愛靜不愛喧
시끄러움 좋아해서는 결코 안 되지만　愛喧固不可

고요함만 좋아해도 한쪽으로 치우친 것　愛靜亦一偏
그대는 큰 도를 지닌 사람을 보소　君看大道人
조정을 운산과 같이 여긴다오　朝市等雲山
의리에 편안하면 따라가니　義安卽蹈之
갈 수도 있고 돌아올 수도 있다네　可往亦可還
다만 인치[871]되기 쉬울까 걱정이니　但恐易磷緇
차라리 조용히 수신하라는[872] 말 돈독히 하겠네　寧敦靜修言

(詩-內卷1-191)

제6수 其六

걸출하게 태어난 사람들 있건만　有人生卓然
나만 홀로 이와는 다르구나　吾獨異於是
젊어서는 어리석고 늘그막에 더욱 고지식해지니　少愚晚益戇
이룬 바는 없고 도리어 훼손됨만 있다　無成反有毁
뭇사람 버린 것을 스스로 즐기니　自耽衆所棄
자취 감추는 게 또한 마땅할 뿐　屛迹亦宜爾
구구한 입과 몸을 봉양함에　區區口體間
어찌 꼭 고기와 비단옷이어야만 하리오　豈必魚與綺

871 인치 : 【譯注】 세상일에 쉽게 마모되고 물든다는 뜻이다. 《논어》 〈양화(陽和)〉에 "단단하다고 말하지 않겠는가, 갈아도 얇아지지 않으니, 희다고 말하지 않겠는가, 검은 물을 들여도 검어지지 않으니.〔不曰堅乎, 磨而不磷, 不曰白乎, 涅而不緇.〕"라고 하였다.

872 조용히 수신하라는 : 【攷證 卷1 靜修】 삼국 시대 촉(蜀)나라 제갈량(諸葛亮)의 〈계자서(戒子書)〉에 "무릇 군자의 행실은 조용히 몸을 닦고〔靜修〕 검소하게 덕을 길러야 한다. 담박하지 않으면 뜻을 밝힐 수 없고, 편안하고 조용하지 않으면 먼 곳에 이를 수 없다."라고 하였다.

(詩-內卷1-192)

제7수 其七

생각해보니 지난 날 처음 여기에 올 적에 憶昨始來玆
사방 산에 꽃들이 만발했었지 四山花繁英
어느새 초록들이 우거졌는데 俄然暗衆綠
유거하는 이 심정은 서글프구나 悄悄幽居情
석인[873]이 있다는 말 어찌 들었으랴 寧聞有石人
백년은 너무나도 쉽게 기운다네 百歲苦易傾
머나먼 저 옛날 성현들은 邈彼古聖賢
몸이 죽어도 도가 길이 울렸다오 身死道長鳴
문과 담장[874]을 미처 바라보지 못했으니 不及望門牆
애닯구나, 나의 인생이여 咄咄如吾生

(詩-內卷1-193)

제8수 其八

동산 숲에 아침 비가 지나가니 園林朝雨過

---

873 석인 : 【攷證 卷1 石人】《사기》〈위기무안후열전(魏其武安侯列傳)〉에 다음의 내용이 있다. 태후가 노하여 밥을 먹지 않고 말하길 "지금 내가 있어도 남들이 모두 내 동생을 깔보려 하니, 내가 죽고 백 년이 지나면 모두 젓갈을 담고 포를 떠서 죽이려고 할 것이다. 이러하니 황제가 어찌 석인(石人)이 될 수 있겠는가?"라고 하였다. 그 주석에 "황제도 석인처럼 오래 보존될 수 없다는 것을 말한다."라고 하였다.

874 문과 담장 : 【譯注】 원문은 문장(門墻)이다. 스승의 학식이 높고 큼을 이르는 말이다. 《논어》〈자장(子張)〉에 "선생님의 담장은 여러 길이 된다. 그 문으로 들어갈 수 없다면 종묘의 아름다움과 백관의 풍부함을 보지 못하지만 그 문으로 들어갈 수 있는 자는 드물다.〔夫子之牆數仞, 不得其門而入, 不見宗廟之美, 百官之富.〕"라고 하였다.

아름다운 나무들은 푸른 빛 선명하다	葱蒨嘉樹姿
저물녘 서늘함이 빈 곳에서 일어나고[875]	晚涼生衆虛
남은 노을은 높은 가지에 깃드누나	餘靄棲高枝
트인[876] 초옥은 조용하고	泬寥茅屋靜
깊은 골짜기 기이하네	谽谺洞壑奇
술은 혼자 마시는 이치 없는데[877]	酒無獨飮理
우연히 흥에 겨워 그저 한번 해보네	偶興聊自爲
얼큰히 취해 형적도 잊었는데	陶然形迹忘
하물며 세속의 굴레에 얽매이겠는가	況復嬰塵羈

(詩-內卷1-194)

제9수 其九

밝은 해가 동북에서 솟아오르니	曒日出東北
산속 거처에 안개 활짝 걷히누나	巖居霧露開
산천은 툭 트어 눈길이 머니	川原曠延矚

875 빈 곳에서 일어나고 : 【攷證 卷1 衆虛】《장자(莊子)》〈제물론(齊物論)〉에 "온화한 바람이 불면 작게 화답하고, 회오리바람이 불면 크게 화답하는데, 매서운 바람이 그치면 곧 모든 구멍이 비어 소리가 나지 않는다.〔厲風濟則衆竅爲虛〕"라고 하였다. 그 주석에 "제(濟)는 '그치다〔止〕'의 뜻이다."라고 하였다.

876 트인 : 【攷證 卷1 泬寥】 전국 시대 초(楚)나라 굴원(屈原)의 《초사(楚辭)》〈구변(九辯)〉에 "맑게 탁 트임이여, 하늘은 높고 기운은 맑구나.〔泬寥兮天高而氣淸〕"라고 하였다. 주자의 주석에 "혈료(泬寥)는 넓어서 공허한 것이다."라고 하였다.

877 술은……없는데 : 【攷證 卷1 酒無獨飮理】 송(宋)나라 육유(陸游)의 〈술에는 홀로 마시는 이치란 없다〔酒無獨飮理〕〉 시에 "술이란 홀로 마시는 이치가 없으니, 늘 좋은 손님 없음을 한탄하네.〔酒無獨飮理, 常恨欠佳客.〕"라고 하였다.

은거하는 사람 회포가 밝고 상쾌하다 爽朗幽人懷
만물이 제각각 생기가 도니 萬物各自得
조화는 신묘하여 어긋남 없도다 玄化妙無乖
이리저리 나는 한 쌍의 제비는 飛飛雙燕子
긴 여름 스스로 찾아와 깃든다 長夏自來棲
입이 있어도 곡식을 쪼지 않고 有口不啄粟
진흙 물어 오느라 끝내 지쳤네[878] 卒瘏銜其泥
둥지가 이뤄지자 새끼쳐 길러 내니 巢成養雛去
물성은 하늘이 조화롭게 한 바로다 物性天所諧
기심[879] 없어 홀로 지혜로운 듯하니 無機似獨智
재주 부리면 도리어 본성을 잃는다네 用巧還群迷
갠 날 처마에서 지지배배 우니 晴簷語呢喃
주인은 꿈에서 막 깨어났어라 主人夢初回

(詩-內卷1-195)

제10수 其十

그리운 사람은 어디쯤 있나 所思在何許
하늘가와 땅 모퉁이라[880] 天涯與地隅

878 끝내 지쳤네 : 【攷證 卷1 卒瘏】《시경》〈빈풍(豳風) 치효(鴟鴞)〉 시 주자의 주석에 "졸(卒)은 '다하다〔盡〕'이고 도(瘏)는 '병들다〔病〕'이다."라고 하였다.

879 기심 : 【譯注】 간교한 생각이나 기회를 엿보는 마음을 말한다. 《장자(莊子)》〈천지(天地)〉에 "기계(機械)를 지닌 자는 반드시 기계를 쓸 일이 생기고, 기계를 쓸 일이 있는 사람은 반드시 기심(機心)이 있게 된다."라고 하였다.

880 하늘가와 땅 모퉁이라 : 【攷證 卷1 天涯地隅】 당나라 한유(韓愈)의 〈제십이랑문(祭十二郎文)〉에 "한 사람은 하늘가에 있고, 한 사람은 땅 모퉁이에 있구나.〔一在天之涯,

멀고 멀어 진세 소리에 막히고 迢迢隔塵響
넓고 넓어 길은 연이었도다 浩浩綿川塗
인생은 아침 이슬과 같은데 人生如朝露
희화의 수레[881] 쉼 없이 달려간다 羲馭不停驅
수중의 녹기금[882]은 手中綠綺琴
줄이 끊겨 슬픔만 남아 있으니 絃絶悲有餘
유독 잔속의 술만이 獨有杯中物
때때로 외롭게 사는[883] 나 위로해주누나 時時慰索居

(詩-內卷1-196)

제11수 其十一

동방에 한 선비가 있으니 東方有一士
이 도를 사모함에 오래 뜻 두었네 夙志慕斯道
양식 찧어[884] 찾아가 따르려 하였는데 舂糧欲往從

一在地之角.〕"라고 하였다.

881 희화의 수레 : 【攷證 卷1 羲馭】《산해경(山海經)》〈대황남경(大荒南經)〉에 "매양 해가 뜨면 희화(羲和)가 수레를 몰아 태허(太虛)로 밀어 올린다."라고 하였다.

882 녹기금 : 【譯注】 한(漢)나라 사마상여(司馬相如)가 〈옥여의부(玉如意賦)〉를 지어 양왕(梁王)에게 바치자, 양왕이 기뻐하여 사마상여에게 하사했다는 명금(名琴)이다. 【攷證 卷1 綠綺琴】 한나라 사마상여의 금(琴) 이름이다.

883 외롭게 사는 : 【攷證 卷1 索居】《예기》〈단궁 상(檀弓上)〉에 다음의 내용이 있다. "자하(子夏)가 말하기를……내가 무리를 떠나 외롭고 쓸쓸하게 산지가 또한 이미 오래되었다.〔吾離羣而索居久矣〕"라고 하였다.

884 양식 찧어 : 【攷證 卷1 舂糧】《장자(莊子)》〈소요유(逍遙遊)〉에 "백 리를 가는 자는 밤새 양식을 찧어 준비하고〔適百里者, 宿舂糧.〕 천 리를 가는 자는 석 달 동안 양식을 모은다."라고 하였다.

외진 이곳 지키다가 이제 늙어 가누나 守隅今向老
그 누가 길 잃은 나를 깨우쳐 주랴 孰能諭迷塗
사람들 모두 쇠약하고 메마름 싫어할 텐데 人皆惡衰槁
근심스레 사방을 돌아보니 蹙蹙顧四方
좋아하는 바 함께 할 이 보이지 않는다 不見同所好
속절없이 알 뿐, 다섯 수레의 책이 空知五車書
끝내 만금 보배 보다 낫다는 걸 終勝萬金寶
지극하도다, 천하의 즐거움[885] 至哉天下樂
예로부터 겉모습에 있지 않다네 從來不在表

(詩-內卷1-197)

제12수 其十二

그대에게 묻노니 지금 무엇 하는가 問君今何爲
맥추는 마침 때를 만났도다 麥秋正丁時
산속 샘물 맑아 술 빚을 만하니 山泉淸可釀
스스로 권하는데 어찌 사양하리오 自勸寧有辭
매번 옛사람의 회포를 볼 때마다 每攬昔人懷
감개가 다만 이와 같았다네[886] 感慨秖如玆

---

885 지극하도다 천하의 즐거움 : 【攷證 卷1 至哉天下樂】 송나라 구양수(歐陽脩)의 〈독서(讀書)〉 시에 "지극하도다, 천하의 즐거움이여, 종일 책상에 앉아 있노라.〔至哉天下樂, 終日在几案.〕"라고 하였다.

886 옛사람의……같았다네 : 【攷證 卷1 每攬…感慨】 진(晉)나라 왕희지(王羲之)의 〈난정기(蘭亭記)〉에 나오는 말이다. 【校解】 〈난정기〉에 "매번 옛사람이 감회를 일으켰던 이유를 볼 때마다 마치 한번 계합한 듯하여, 글 앞에서 탄식하고 슬퍼하면서도 마음속에서는 깨닫지 못했다.〔每攬昔人興感之由, 若合一契, 未嘗不臨文嗟悼, 不能喩之於懷.〕"

어찌하면 금란의 벗[887]으로 安得金蘭友
추사[888]를 다시 의심하지 않을 이를 얻을거나 趣舍不復疑
한 마디 말로 천 가지 무고함 풀고 片言釋千誣
하나의 성(誠)이 백 가지 속임을 녹인다[889] 一誠消百欺
이때에 망우물[890]이 있다면 此時忘憂物
나 또한 그것을 마다할 수 있으려나 吾亦可已之

(詩-內卷1-198)

제13수 其十三

내 천 년 전의 고인을 생각하노니 我思千載人
노산 봉우리 건양 땅에 계셨도다 蘆峯建陽境
학문을 닦으며 한 초당에 숨어 살며[891] 藏修一庵晦

라고 하였다.

887 금란의 벗 : 【攷證 卷1 金蘭友】《주역》〈계사전 상(繫辭傳上)〉에 "두 사람이 마음을 함께 하면 그 날카로움은 쇠를 끊고, 마음을 함께 하여 한 말은 그 향기가 난초와 같다.〔二人同心, 其利斷金, 同心之言, 其臭如蘭.〕"라고 하였다.

888 추사 : 【攷證 卷1 趣舍】《육도(六韜)》에 "무릇 사람에게는 마음이 있어, 추사가 같지 않다.〔夫人有心, 趣舍不同.〕"라고 하였다. 당나라 안사고(顔師古)의 주석에 "추(趣)는 나아가는 바〔所向〕이고 사(舍)는 버려두는 바〔所廢〕이다."라고 하였다.

889 성(誠)이……녹인다 : 【要存錄 卷1】 주자는 "하나의 성(誠)이 온갖 거짓을 없앨 수 있다〔一誠可以消百僞〕"라고 하였다. 송나라 홍자기(洪咨夔)의 《홍씨춘추설(洪氏春秋說)》에 "하나의 경이 백 가지 사특함을 이길 수 있고, 하나의 성이 백 가지 허위를 제어할 수 있다.〔一敬足以勝百邪, 一誠足以制百僞.〕"라고 하였다.

890 망우물 : 【攷證 卷1 忘憂物】 진(晉)나라 도연명(陶淵明)의 〈음주(飮酒)〉 시 20수 중 제7수에 "국화를 띄운 망우물로 아득히 세상 정을 버리리라.〔汎此忘憂物, 遠我遺世情.〕"라고 하였다. '망우물'은 '술'을 지칭한다.

891 노산……숨어살며 : 【攷證 卷1 蘆峯…一庵晦】 송나라 주자의 《운곡기(雲谷記)》에

책을 써서 만고를 깨우쳤다오　　著書萬古醒
옛사람의 저술은 절충을 기다리고　　往者待折衷
후세의 학자들은 일깨움을 얻었지　　來者得挈領
아름다워라 그 학문 크게 전해졌지만　　懿哉盛授受
근원이 멀어 노둔함과 영오함[892]이 섞여 있네　　源遠雜魯穎
구이지학 거센 물결을 막아내셨으니　　口耳障狂瀾
《심경》에 아름다운 훈계가 빛났다네[893]　　心經嘉訓炳

(詩-內卷1-199)

제14수 其十四

순임금과 문왕이 세상 떠난 지 오래니　　舜文久徂世
조양의 봉황새는 오지 않누나　　朝陽鳳不至

"운곡은 건양(建陽) 서북쪽 70리 노산(蘆山) 마루에 있는데 건도(乾道) 경인년(1170)에 내가 비로소 구하여 얻고 초당을 그 사이에 지어 회암(晦庵)이라고 방(榜)을 붙였다."라고 하였다.

892 노둔함과 영오함 : 【譯注】 후세의 학자들 가운데 어진 이와 노둔한 사람이 섞여 있다는 뜻이다. 【攷證 卷1 魯穎】 살펴보건대, 정자(程子)께서 말씀하시기를 "윤언명(尹彦明)은 노둔하고 양중립(楊中立)은 영오하다."라고 하였는데, 아마도 이를 지칭하는 듯하다. 【校解】 윤언명은 송나라 윤돈(尹焞, 1071~1142)으로, 하남(河南) 사람이며 자는 언명·덕충(德充)이고, 호는 화정(和靖)이다. 양중립은 송나라 양시(楊時, 1053~1135)로 자는 중립(中立), 호는 구산(龜山), 시호는 문정(文靖)이다.

893 구이지학……빛났다네 : 【攷證 卷1 口耳…訓炳】 《순자(荀子)》 〈권학(勸學)〉에 "소인의 배움이란 귀로 들어갔다가 입으로 나오는 것이다.〔小人之學, 入乎耳出乎口.〕"라고 하였다. 당나라 한유(韓愈)의 〈진학해(進學解)〉에 "온갖 냇물을 막아 동쪽으로 흐르게 하여 이미 거꾸로 흐르는 사나운 물결을 되돌렸으니〔迴狂瀾於旣倒〕, 선생님은 유학에 있어서 공로가 있다고 할 만합니다."라고 하였다. 《심경(心經)》 서(序)에 "냇물을 막을 수 있는 기둥〔障川之柱〕"이라고 하였다.

상서로운 기린 또한 이미 멀어져[894] 祥麟又已遠
말세라 어둡게 취한 듯하다 叔季如昏醉
낙양과 민땅[895]을 우러러보니 仰止洛與閩
현인들이 차례로 일어나셨지 群賢起鱗次
나는 늦게 나고 외진 곳에 있어 吾生晩且僻
홀로 양귀[896]를 닦는데 어둡다네 獨昧修良貴
아침에 도를 들으면 저녁에 죽어도 좋다[897]는 朝聞夕死可
이 말 참으로 음미할 만하구나 此言誠有味

(詩-內卷1-200)

제15수 其十五

도는 가까운데 멀리서 찾으니 道邇求諸遠
세상에 휩쓸려 안택을 비우누나 滔滔曠安宅

894 조양의……멀어져 : 【譯注】 봉황이 오지 않고 기린이 멀어졌다는 것은 성인이 이 세상에 더이상 나오지 않는다는 뜻이다. 《시경》〈대아(大雅) 권아(卷阿)〉에 "봉황이 우니, 저 높은 산에서 우는도다. 오동이 자라니, 저 조양에서 자라는도다.〔鳳凰鳴矣, 于彼高岡. 梧桐生矣, 于彼朝陽.〕"라고 하였다. 《춘추공양전(春秋公羊傳)》 애공(哀公) 14년 조(條)에 "기린은 어진 짐승이니, 훌륭한 왕자가 있으면 나오고 왕자가 없으면 나오지 않는다.〔麟者, 仁獸也, 有王者則至, 無王者則不至.〕"라고 하였다.

895 낙양과 민땅 : 【譯注】 낙양(洛陽)은 정호(程顥)·정이(程頤) 형제, 민(閩) 땅은 주희(朱熹)를 지칭한다.

896 양귀 : 【譯注】 《맹자》〈이루 상(離婁上)〉에 "남이 귀하게 해 준 것은 본래 양귀가 아니다.〔人之所貴者, 非良貴也.〕"라고 하였는데, 주자의 주석에 "양(良)은 본연(本然)의 선〔本然之善〕이다"라고 하였다.

897 아침에……좋다 : 【譯注】 《논어》〈이인(里仁)〉에 나오는 말이다. "공자께서 말씀하셨다. 아침에 도를 들으면 저녁에 죽어도 좋다.〔子曰, 朝聞道, 夕死可矣.〕"라고 하였다.

철인이 서언을 남겨 두셨으니 哲人有緖言
따라서 심적을 좇을 만하네 因可追心迹
진실로 유일[898]에 못 미친다면 苟未及唯一
문백[899]을 자랑함과 어찌 다르랴 何異誇聞百
언제나 초광의 무리[900] 괴이타 여겼으니 常怪楚狂輩
망령되이 흑백을 스스로 가려서라 妄自分黑白
성인을 만나고도 겸손하지 못했으니 遇聖不遜志
결신[901]이 도리어 애석하도다 潔身還可惜

(詩-內卷1-201)

제16수 其十六

우리 동방 추로지향이라 일컬어져 吾東號鄒魯
선비들은 육경[902]을 외운다네 儒者誦六經

---

898 유일 : 【譯注】 한결같이 중도(中道)를 지켜가는 것을 말한다. 《서경》 〈대우모(大禹謨)〉에 "인심은 위태하고 도심은 은미하니, 정밀하게 살피고 한결같이 하여야 진실로 중도(中道)를 지킬 수 있다.〔人心惟危, 道心惟微, 惟精惟一, 允執厥中.〕"라고 하였다.

899 문백 : 【譯注】 식견이 좁으면서 스스로 많이 안다고 자부하는 사람을 뜻한다. 《장자(莊子)》 〈추수(秋水)〉에 "하백(河伯)이 탄식하며 '속담에 도를 깨달은 것이 백번이어서〔聞道百〕 자기만 한 사람이 없다.'라 하니 바로 나를 두고 한 말 같구나."라고 하였다.

900 초광의 무리 : 【譯注】 《논어》 〈미자(微子)〉에서 언급된 초나라 은자 광접여(狂接輿), 장저(長沮), 걸닉(桀溺)과 같은 이들을 지칭한다.

901 결신 : 【譯注】 세상을 피해 살며 자기 몸을 깨끗이 지키고자 함을 말한다. 《논어》 〈미자(微子)〉에 "출사하지 않는 것은 의리가 아니니, 장유(長幼)의 예절도 없애서는 안 되는데 군신(君臣)의 의리를 어떻게 없앨 수 있겠는가? 자기 몸을 깨끗이 하고자 큰 인륜을 없애는 짓이다.〔欲潔其身而亂大倫〕"라고 하였다.

902 육경 : 【攷證 卷1 六經】 《소학(小學)》의 주석에 "《역(易)》·《시(詩)》·《서(書)》·

그걸 알고 좋아한 이 어찌 없으리오만　豈無知好之
그 누가 이루어 낸 이 있던가　何人是有成
우뚝하여라 정오천[903]　矯矯鄭烏川
죽음으로 지켜 끝내 변치 않았네　守死終不更
점필재[904]는 문장으로 쇠세를 일으켜[905]　佔畢文起衰
도를 구하는 이들 그 뜰에 가득했지　求道盈其庭
푸른색은 쪽에서 나올 수 있으니[906]　有能青出藍

《주례(周禮)》·《예기(禮記)》·《춘추(春秋)》이다."라고 하였다.

903 정오천 : 【攷證 卷1 鄭烏川】 정몽주(鄭夢周, 1337~1392)로, 본관은 연일(延日), 자는 달가(達可), 호는 포은(圃隱), 시호는 문충(文忠)이다. 연일군의 다른 이름은 오천(烏川)이다. 고려 공민왕(恭愍王) 때 장원 급제하였는데 타고난 성품이 매우 고상하고 호매하여 무리에서 뛰어났으며 충효와 대절(大節)을 갖추고 있었다. 어려서부터 학문을 좋아하여 게을리하지 않았으며 성리학을 깊이 연구하고 자득한 바가 깊어 동방 이학(理學)의 종조(宗朝)가 되었다. 조정의 명(命)을 받았으나 선생은 끝내 복절(伏節)하였으며 영의정에 추증되고 시호는 문충(文忠)으로 문묘에 배향되었다.

904 점필재 : 【攷證 卷1 佔畢】 김종직(金宗直, 1431~1492)으로, 본관은 선산(善山), 자는 계온(季昷)·효관(孝盥), 호는 점필재(佔畢齋), 시호는 문충(文忠)·문간(文簡)이다. 사예(司藝) 김숙자(金淑滋, 1389~1456)의 아들로 세조조(世祖朝) 과거에 합격하였고 성종조(成宗朝)에 판서를 지냈다. 문장이 고결하며 후학을 추천하고 장려하기를 좋아하여 세유의 종장(宗匠)이 되었다. 연산조(燕山朝) 무오사화(戊午史禍)가 일어났을 때는 이미 세상을 떠나고 없었지만 그 화가 천양(泉壤)에까지 미쳤다.

905 문장으로 쇠세를 일으켜 : 【攷證 卷1 文起衰】 송나라 소식의 〈조주한문공묘비(潮州韓文公廟碑)〉에 "문장은 팔대의 쇠락을 일으켰으며〔文起八代之衰〕, 도는 천하의 빠진 이들을 구출하였다."라고 하였다.

906 푸른색은 ……있으니 : 【攷證 卷1 青出藍】《순자》〈권학(勸學)〉에 "얼음은 물에서 났지만 물보다 차고, 청색은 쪽에서 나왔지만 쪽보다 푸르다.〔青出於藍而青於藍〕"라고 하였다. 《북사(北史)》〈이효백전(李孝伯傳)〉에 다음의 내용이 있다. 이밀(李謐)이 처음에 소학박사(小學博士)인 공번(孔璠)을 스승으로 모셨는데, 훗날 번이 오히려 이밀에게 나아가 학업을 청하였다. 동문이 말하기를, "청색은 쪽에서 나왔는데, 쪽이 청색에

김과 정[907]이 서로 이어서 울렸다네 金鄭相繼鳴
문하의 역할에 미치지 못했으니 莫逮門下役
내 자신 돌아보며 마음 깊이 아파한다 撫躬傷幽情

(詩-內卷1-202)

제17수 其十七

쓸쓸한 풀로 지붕을 덮으니 蕭蕭草蓋屋
위에서는 비가 새고 옆으로는 바람 든다 上雨而旁風
마른 곳 찾아 자주 잠자리 옮기며 就燥屢移牀
묵은 상자 속에서 책을 거두노라 收書故篋中
다만 무현금[908]을 어루만지니 但撫無絃琴

게 감사하니, 스승이 어찌 항상 될 수 있겠는가? 경문을 밝히는 것이 스승이라네."라고 하였다.

907 김과 정 : 【譯注】 김굉필(金宏弼, 1454~1504)과 정여창(鄭汝昌, 1450~1504)을 병칭한 것이다. 【攷證 卷1 金鄭】 김굉필의 본관은 서흥(瑞興), 자는 대유(大猷), 호는 사옹(蓑翁)·한훤당(寒暄堂)이다. 점필재를 스승으로 섬겼으며 타고난 품성이 매우 고결하고 도량과 재능이 혼후(渾厚)하였다. 평생 소학(小學)으로 몸의 법도로 삼았고 뜻을 돈독히 하고 힘써 배워 참으로 실천을 알았으니 천거 받아 형조좌랑이 되었다. 무오사화 때 희천(熙川)으로 유배되었다가 순천(順天)으로 옮겨가서 극형을 받았다. 훗날 영의정에 추증되었으며 시호는 문경(文敬)으로 문묘에 배향되었다. ○ 정여창의 본관은 하동(河東), 자는 백욱(伯勗), 호는 일두(一蠹)이다. 타고난 성품이 단정하고 중후하며 침정(沈靜)했다. 점필재 문하에서 공부하면서 도의를 연마하여 성리학에 정통하였으니 정주학(程朱學)으로 법도를 삼았다. 무오사화에 종성(鍾城)에 유배되었다가 갑자년(1504, 연산군10))에 사사(賜死) 되었다. 훗날 좌의정에 추증되고 시호는 문헌(文憲)이며 문묘에 배향되었다. 《정본 퇴계전서》 권5 〈임 판결에게 보내다〔與任判決〕〉 편지에 보인다.

908 무현금 : 【攷證 卷1 無絃琴】 살펴보건대, 《남사(南史)》 〈도잠전(陶潛傳)〉에 "도잠(陶潛 도연명(陶淵明))은 음악에 능하지 못했지만, 줄 없는 거문고 하나를 가지고 있었다. 매번 취기가 오를 때마다 걸핏하면 그것을 타면서 뜻을 의탁하였다."라고 하였다.

궁한지 통한지를 어찌 알리오　寧知窮與通
과장된 말을 했던 송옥을 비웃으니　誇言笑宋玉
부상에 활을 걸고 싶다 해서라네[909]　欲掛扶桑弓

(詩-內卷1-203)

제18수 其十八

술 속에 묘한 이치 들어 있으니[910]　酒中有妙理
반드시 사람마다 얻는 것은 아니라네　未必人人得
즐거움 찾아 술 달아올라 떠드니　取樂酣叫中
어찌 그대들이 미혹된 것 아니랴　無乃汝曹惑
잠깐 사이 얼큰히 취한 때에는　當其乍醺醺
호기가 천지 사이를 꽉 메워서　浩氣兩間塞
번뇌를 풀고 인색함도 없애니　釋惱而破吝
영화가 괴국[911]보다 크게 낫도다　大勝榮槐國

---

909 과장된……해서라네 :【攷證 卷1 誇言…桑弓】 전국 시대 초(楚)나라 양왕(襄王)이 송옥(宋玉)에게 "그대는 웅장한 말을 할 수 있는가?"라고 하니, 송옥이 "구부러진 활을 해 뜨는 곳의 부상 나무에 걸어두겠습니다.〔彎弓掛扶桑〕"라고 하였다. 《荊楚故事》

910 술……있으니 :【攷證 卷1 酒中有妙理】 당나라 두보(杜甫)의 〈그믐에 최즙과 이봉을 찾아가다(晦日尋崔戢李封)〉 시에 "탁주 속에 묘한 이치 있으니, 부침하는 삶을 위안할 만하구나.〔濁酒有妙理, 庶用慰沈浮.〕"라고 하였다. 송나라 소상(蘇庠)의 주석에 다음의 내용이 있다. 우존(于存)이 탁주를 마시는 것을 보고 왕상(王商)이 웃으며 "어찌 그리도 술을 좋아하는가?"라 하였다. 우존이 "절로 묘한 이치가 있으니 그대가 알 바 아닙니다." 라고 하였다. 《補註杜詩 卷4》

911 괴국 :【譯注】 괴안국(槐安國)이다. 당나라 이공좌(李公佐)의 《남가기(南柯記)》에 다음의 내용이 있다. 당나라 때 순우분(淳于棼)이 술에 취하여 회화나무 아래에서 잠을 잤다. 꿈에서 대괴안국(大槐安國) 남가군(南柯郡)을 다스리며 20년간 부귀영화를

끝내 이것도 기대는 바 있는지라[912] 畢竟是有待
바람 앞에 도리어 부끄러워 침묵하네 臨風還愧默

(詩-內卷1-204)

제19수 其十九

젊을 적에 성인의 가르침 들으니 小少聞聖訓
배우고서 여력이 있어야 벼슬을 한다했지[913] 學優乃登仕
우연히 명예에 얽매이게 되어 偶爲名所累
전전하며 한갓 자신만 잃었도다 輾轉徒失己
늙어 볼품없어도[914] 오히려 뻔뻔하여 龍鍾猶强顔
절독은 큰 수치로 삼아 왔도다 竊獨爲深恥
세상 밖 노닒은 나의 일이 아니라 高蹈非吾事

누렸는데, 깨어나서 보니 남가군은 바로 회화나무 남쪽 가지 아래에 있는 개미굴이었다.

912 끝내……있는지라 : 【攷證 卷1 畢竟是有待】《장자(莊子)》〈소요유(逍遙遊)〉에 "열자가 바람을 타고 가서〔列子御風而行〕 시원하게 잘 날다가 보름 만에 돌아온다. 이는 보행은 면했지만, 아직 기대는 바가 있는 자이다.〔此雖免乎行, 猶有所待者也.〕"라고 하였다.

913 배우고서……한다했지 : 【譯注】《논어》〈자장(子張)〉에 "자하가 말하기를, 벼슬을 하면서 여력이 있으면 배우고, 배우고서 여력이 있으면 벼슬을 한다.〔仕而優則學, 學而優則仕.〕"라고 하였다. 주자의 주석에 "우(優)는 여력(餘力)이 있는 것이다"라고 하였다.

914 늙어 볼품없어도 : 【攷證 卷1 龍鍾】 당나라 소악(蘇鶚)의 《연의(衍義)》에 "용종(龍鍾)이란 왕성하지 않아 머리를 들지 못하는 모양으로, 머리털이 많아 헝클어지거나 늘어지고 두려워 벌벌 떠는 모습의 류이다."라고 하였다. ○ 살펴보건대, 용종은 대나무 이름이다. 연로한 자들이 대나무와 가지의 잎처럼 흔들흔들하여 스스로를 지탱할 수 없음을 이른다. 《정본 퇴계전서》 권10 KNL1483 〈우경선에게 보내다〔答禹景善〕〉 '요도(潦倒)'의 주에 보인다. 【校解】《정본 퇴계전서》 권10 〈우경선에게 보내다〉 편지 《고증》에 "요도(潦倒)는 쇠하고 늙어 병약한 모습이다.〔癃老也〕"라 하였다.

선뜻 고향으로 돌아왔다네　居然在鄕里
원하는 바는 선인이 많아지는 것　所願善人多
이야말로 천지의 기강이로다[915]　是乃天地紀
사시는 옥촉에 조화로우니[916]　四時調玉燭
만물은 제각기 그칠 데에 그치누나　萬物各止止
끝내 임학 사이에서 뜻을 두어서　畢志林壑中
우리 임금 부모처럼 믿고 의지하련다　吾君如怙恃

(詩-內卷1-205)

제20수 其二十

가까운 세대의 소운경[917]　近代蘇雲卿

---

915 원하는……기강이로다 : 【攷證 卷1 所願…天地紀】 송나라 나대경(羅大經)의 《학림옥로(鶴林玉露)》에 다음의 내용이 있다. 예장(豫章)의 여저(旅邸)는 열두 자를 써서 '하늘이 항상 선한 사람들을 내어서 사람들이 항상 선한 일을 하기 바란다.'라고 하였다. 《鶴林玉露 卷12》 《춘추좌씨전(春秋左氏傳)》 성공(成公) 15년 조(條)에 다음의 내용이 있다. 한궐(韓厥)이 "극씨(郤氏)는 아마도 화를 면치 못할 것이다. 선인(善人)은 천지의 기강〔天地之紀〕인데, 여러 번 그들을 죽였으니 망하지 않는다면 무엇을 기다리겠는가?"라고 하였다.

916 사시는 옥촉에 조화로우니 : 【攷證 卷1 四時調玉燭】 《이아(爾雅)》 〈석천(釋天)〉에 "사시가 온화한 것을 옥촉(玉燭)이라 한다."라고 하였다. 진(晉)나라 곽박(郭璞)의 주에 "도광(道光)이 비추는 것이다."라고 하였다. 당나라 왕발(王勃)의 〈익주부자묘비(益州夫子廟碑)〉에 "자동(紫洞)에 금고(金膏)가 넘치니 비와 이슬이 꽃을 고루 적시고, 현도(玄都)에 옥촉이 깃드니 바람과 우레가 순조롭다네.〔溢金膏於紫洞, 雨露均華, 棲玉燭於玄都, 風雷順軌.〕"라고 하였다.

917 소운경 : 【攷證 卷1 蘇雲卿】 《대명일통지(大明一統志)》에 "소운경(蘇雲卿)은 광한(廣漢) 사람이다. 송나라 승상 장준(張浚)과 벗이 되었는데 정강(靖康)의 난에 예장(豫章) 동호(東湖)로 피하여 채마밭을 일구고 신을 짜며 지냈다. 장준이 조정으로 들어가 재상이 되자 서(書)를 내려 그를 초빙하였으나 끝내 도망하여 피하였으니 그가 간 곳을

한나라 때의 정자진[918]	漢時鄭子眞
자취를 숨긴 뜻이 어떠하였나	遯迹意何如
그저 순박으로 그 돌아가려 했지	聊欲還其淳
천년이라 흐르는 번개와 같으니	千歲如流電
만사는 옛것을 바꾸어 새로워졌다[919]	萬事更故新
백이는 처음에 주로 귀의했지만[920]	伯夷本歸周
하황공[921]은 끝내 진을 피했네	黃公竟避秦

알지 못했다. 군에서 그를 위해 사당을 세웠다."라고 하였다. 《大明一統志 卷49》

918 정자진 : 【譯注】 한(漢)나라 때 처사 정곡(鄭谷)이다. 운양(雲陽) 곡구(谷口)에 은거하였으며 성제(成帝) 때에 대장군 왕봉(王鳳)이 초빙하였으나 거절하고 끝내 곡구를 나가지 않았다고 전한다. 《揚子法言 問神)》

919 만사는……새로워졌다 : 【譯注】 송나라 주희(朱熹)의 〈제자 구복의 시운을 써서 저행지, 백옥, 탁문 및 좌중의 여러 벗에게 드리다〔用丘子服弟韻呈儲行之明府伯玉卓丈及坐上諸友〕〉 시에 "한 잔 술에 그대와 생사를 함께 하니, 만사는 그때로부터 옛 것이 새로워지네.〔一杯與爾同生死, 萬事從渠更故新.〕"라고 하였는데, 이 구절에서 차용한 것이다.

920 백이는……귀의했지만 : 【譯注】 백이(伯夷)가 주왕(紂王)을 피해 북해(北海)의 바닷가에 살다가, 문왕(文王)이 일어났다는 말을 듣고 흥기하여 말하기를 "내 어찌 그에게 돌아가지 않겠는가. 내 들으니, 서백(西伯)은 노인을 잘 봉양한다."라고 하였다. 《孟子 盡心 上〉

921 하황공 : 【攷證 卷1 黃公】 하황공(夏黃公)을 말한다. 《정본 퇴계전서》 권1 '상산사호(商山四皓)'의 주석에 보인다. 【校解】 《정본 퇴계전서》 권1 〈정자중이 8폭 병풍에 쓸 절구 8수를 요구하다〔鄭子中求題屛畫八絶〕〉 중 '상산사호'의 시 주석에 다음의 내용이 있다. 한나라 조기(趙岐)의 《삼보결록(三輔決錄)》에 "상산은 상락(上洛)의 웅이산(熊耳山)이다."이라고 하였다. 《사기》의 주석에 인용한 《진류지(陳留志)》에 "사호를 들어보면, 동원공(東園公)의 성은 당(唐)이며 자는 선명(宣明)으로 원중(園中)에 거처하였다. 기리계(綺里季)의 성은 오(吳), 이름은 실(實), 자는 자영(子影)이다. 황공(黃公)의 성은 최(崔), 이름은 광(廣), 자는 소통(少通)으로, 제(齊)나라 사람이며 하리(夏里)에 은거하였다. 녹리(甪里) 선생의 성은 주(周), 이름은 술(術), 자는 원도(元道)로 태백

예로부터 영웅호걸들은	古來英傑士
끝까지 풍진 속에 떨어지지 않았지	終不墜風塵
성현이 세상을 구하려는 마음	聖賢救世心
어찌 꼭 아침저녁 바빠야 하리	豈必夙夜勤
탁월하구나 시상옹[922]이여	卓哉柴桑翁
백세를 아침저녁인양 가까이 여겼네	百世朝暮親
넘실넘실 큰 물결 속에서	湯湯洪流中
오직 선생만이 나루에서 길 잃지 않았으니	惟子不迷津
지취를 함께 하던 육수정[923]	同好陸修靜
늘그막에 여산건을 저버렸도다[924]	晩負廬山巾
어찌하면 바다 같은 술을 얻어서	安得酒如海
구원의 사람을 일으켜 볼거나	喚起九原人

(太白)의 후손이며 하내(河內) 사람이다."라고 하였다.

922 시상옹 : 【譯注】 시상(柴桑)에서 은거했던 도연명(陶淵明)을 지칭한다.

923 지취를……육수정 : 【攷證 卷1 同好陸修靜】 육수정(陸修靜)은 진(晉)나라 말엽의 도사이다. 여산(廬山)의 간적관(簡寂觀)에 거처하면서 도연명과 함께 원공(遠公)의 백련사(白蓮社)로 들어갔다.

924 늘그막에 여산건을 저버렸도다 : 【攷證 卷1 晩負廬山巾】 살펴보건대, 도사들이 산건(山巾)을 쓰고 야복(野服)을 입는 것을 말한다. 육수정이 만년에 유송(劉宋)에 불려 나갔기 때문에 이렇게 칭한 것이다. 원운시에서는 "부질없이 머리 위의 두건만 저버리게 되리라.〔空負頭上巾〕"라고 하였다.

KNP0116(詩-內卷1-206)

6월 7일 짓다 【경술년(1550, 명종5, 50세) 6월 7일 추정. 예안(禮安)】

六月七日作

허남중[925]의 유배소식을 듣다.

먼 골짜기 희미하고 구름은 짙은데	遠壑依依雲羃羃
가벼운 바람 불어와 비가 흩날린다	輕風拂拂雨紛紛
창 앞의 물과 돌은 울분을 머금으니	窓前水石含幽憤
평소의 간절한 그대 생각 더하여 주누나	增我平生苦憶君

925 허남중 : 【攷證 卷1 許南仲】《정본 퇴계전서》 권15 〈증 광국보국숭록대부 의정부좌의정 겸 영경연감춘추관사 행 숭정대부 의정부우찬성 겸 판의금부지경연사 권공 행장(贈大匡輔國崇祿大夫議政府左議政兼領經筵監春秋館事行崇政大夫議政府右贊成兼判義禁府知經筵事權公行狀)〉에 자세히 보인다. 【要存錄 卷1】 허남중의 이름은 자(滋), 호는 동애(東崖)로 을사년(1545, 명종1)에 찬성(贊成)을 지냈다. 이기(李芑)의 무리와 밀지를 받아 윤임(尹任) 등의 죄를 논하고 옥사를 의논하였다. 이기와는 상반되게 논공행상을 거절하여 거듭 이기를 거슬렀으며, 이듬해 병오년(1546, 명종2)에는 대간 진복창(陳復昌)의 죄를 논했다. 경술년(1547, 명종3)에 대간에서는 계(啓)를 올려 공이 있다고 기록했으나 부끄럽게 여겨 스스로 소인의 오명을 면할 수 없다고 생각했다. 홍원(洪原)으로 유배 가서 우분(憂憤)으로 생을 마쳤다.

KNP0117(詩-內卷1-207~208)

우연히 송잠계[926]의 〈정실〉 시를 읽고 차운하여 큰 아들 준[927]과 민생 응기[928]에게 보이다. 2수 【경술년(1550, 명종5, 50세) 6월~윤6월 추정. 예안(禮安)】

偶讀宋潛溪靜室詩 次韻 示兒子寯閔生應祺 二首

(詩-內卷1-207)

숲 속 사립문은 산을 향해 열렸는데	林扉面山開
울타리 꽂아 마을길과 막혀 있네	揷籬村蹊隔
방안에는 그림과 글씨가 고요하고	室中靜圖書
문 앞에는 막대와 신이 한가롭구나	門前閒杖屐
비온 뒤라 더운 기운 맑고	雨餘暑氣淸
시냇가에는 사람 일이 별로 없도다	溪邊人事寂

926 송잠계 : 【攷證 卷1 偶讀宋潛溪云云】 송렴(宋濂, 1310~1381)으로 자는 경렴(景濂), 호는 잠계(潛溪)이며 포강(浦江) 사람이다. 원나라 편수관(編修官)으로서 명나라 한림학사(翰林學士)가 되었다.

927 큰 아들 준 : 【攷證 卷1 兒子寯】 이준(李寯, 1523~1583)으로 자는 정수(廷秀)이며 퇴계 선생의 장자(長子)이다. 명(明)나라 세종(世宗) 가정(嘉靖) 계미년(1523, 중종18)에 태어났으며 일찍이 과정(過庭)의 훈계를 받았다. 문사가 화려하고 풍부하였으며 관직에 있을 때 청렴하고 검약하며 근면한 것으로 이름이 났다. 현령을 지냈다.

928 민생 응기 : 【攷證 卷1 閔應祺】 민응기(閔應祺, 1540~1578)로 자는 백향(伯嚮), 호는 경진재(景進齋)·우수(尤叟)이다. 영천(榮川)에 살았으며 선생의 문하에서 수업하였는데, 선생께서 그의 입지(立志)가 드물게 뛰어나다고 인정하셨다. 사마(司馬) 벼슬을 지내다가 왕자의 사부(師傅)로 배수되었으며 《대학요람(大學要覽)》과 《심경석의(心經釋義)》를 지어서 바쳤다. 임금께서 그에게 매화 분재가 있다는 말을 듣고 바치라 명하였다. 공이 "옛사람들이 예쁜 국화를 바치고 조롱을 받았으므로 신은 감히 눈과 귀의 노리개를 바칠 수 없습니다." 하니 임금이 그를 의롭게 여겼다. 현령을 지냈다.

때때로 책을 끼고 찾아오니 時時挾冊來
그대들이 자취를 남기는구나 汝輩留行迹

(詩-內卷1-208)

그윽한 뜰에는 풀이 쌓여 푸르고 幽庭草積翠
물가에는 고운 모래톱이 환하구나 曲渚沙鋪明
바람이 무더위를 몰아가고[929] 風驅酷暑去
새들은 남은 꿈을 불러 깨운다 鳥呼殘夢驚
조용히 지내며 무슨 일을 하는가 靜居何所修
세월은 빨리도 갈마드누나 年光倏遞更
젊을 때 학업에 힘을 써야만 少壯當勉業
노년의 마음을 달랠 수 있으리라 庶以慰老情

929 바람이 무더위를 몰아가고 : 【攷證 卷1 風驅酷暑去】 송(宋)나라 범노공(范魯公)의 시에 "혹리 같은 큰 더위는 가고, 친구 같은 맑은 바람이 온다네.〔大暑酷吏去, 淸風故人來.〕"라고 하였다. 【校解】《고증》에서 송나라 범노공의 시라고 하였으나 출처 미상이다. 다만 당나라 두목(杜牧)의 〈조추(早秋)〉 시에 "大熱去酷吏, 淸風來故人"라는 비슷한 구절이 보인다.

퇴계선생문집

내집 권2

KNP0118(詩-內卷2-1)

16일 비가 내리다 【신해년(1551, 명종6, 51세) 1월 16일. 예안(禮安)】

十六日雨

어제 큰 눈 내리던 엄동설한에	憶昨大雪當嚴冬
북풍은 몰아치고 추운 기세 매서웠네	北風怒號寒威兇
새들은 얼어 죽고 곰도 굴에 숨었는데	鳥雀凍死熊羆蟄
차가운 방 해진 솜이불에 병든 노인 시름한다	冷室破絮愁病翁
오늘 아침 빗소리가 원림에 가득해	今朝雨聲滿園林
침상에서 벌써 봄을 슬퍼하는 마음 일어나니	枕上已作悲春心
세월은 말 달리듯 하여 사람 일이 바뀌고	年光如馳人事改
세상사는 아득하여 머리에 눈이 서렸네	世故莽莽頭雪侵
동쪽 둔덕 서쪽 집을 자주 옮겨 살지만[1]	東屯西崦屢遷居
소초와 원지[2]는 끝내 어떻게 될까	小草遠志終何如

---

1 동쪽……살지만 : 【攷證 卷1 東屯西崦屢遷居】《퇴계선생연보(退溪先生年譜)》 권1에 "경술년(1550, 명종5) 2월에 비로소 퇴계의 서쪽 가에 한서암을 지었다. 이보다 앞서, 하명동(霞明洞)에 땅을 얻어 집을 지었으나 마치지 못했고, 죽동(竹洞)으로 옮겼으나 또 하명동이 좁게 여겨지고 시내 또한 흐르지 않아서 퇴계에 지었던 것이다."라고 하였다. ○ 살펴보건대, 당(唐)나라 두보(杜甫) 시집에 〈이거동둔(移居東屯)〉 〈서암(西崦)〉 등 여러 시가 있는데, 선생이 거기에서 인용하였다.

2 소초와 원지 : 【譯注】 은거하여 원지(遠志)가 되고자 하나 조정에 불려간 사안(謝安)처럼 소초가 될 수도 있는 퇴계 자신의 처지를 두고 한 말이다. 【攷證 卷2 小草遠志】《진서(晉書)》에 다음의 내용이 있다. 환온(桓溫)에게 원지를 보내준 자가 있는데 환온(桓溫)은 사안에게 "원지가 무엇 때문에 또 소초라는 이름을 지녔는지요?"라고 물었다. 사안은 선뜻 대답하지 못하였다. 학륭(郝隆)이 말했다. "산에 있으면 원지(遠志)라고 하고, 산을 나가면 소초(小草)라고 하오." 그러자 사안이 부끄러워하였다. 《世說新語

일어나서 큰 소리로 술을 가져오게 하고　　　起來大叫索酒巵

구름 보다가[3] 머리 긁고 주저한다네[4]　　　看雲搔首仍躊躇

排調》

3 구름 보다가 : 【攷證 卷1 看雲】 당나라 두보의 〈한별(恨別)〉 시에 "집 생각에 달 아래 거닐다 맑은 밤에 서 있고, 아우를 그리며 구름 보다가 한낮에 잠을 잔다.〔思家步月淸宵立, 憶弟看雲白日眠.〕"라고 하였다.

4 머리 긁고 주저한다네 : 【譯注】 머리를 긁는다는 것은 그리움이나 번뇌 따위로 마음이 괴로운 모습을 형용한 것으로, 《시경》 〈패풍(邶風) 정녀(靜女)〉에 "사랑하되 만나지 못하여 머리 긁으며 머뭇거리도다.〔愛而不見, 搔首踟躕.〕"라고 한 데서 온 말이다.

KNP0119(詩-內卷2-2)

두보의 〈유인〉에 화운하다 【신해년(1551, 명종6, 51세) 1월 16일 추정. 예안(禮安)】

和老杜幽人

은거하는 이 어디쯤 있나	幽人在何許
온 세상에 그 누구와 돌아갈거나	擧世誰同歸
숲속이라 세속 먼지와는 머니	中林遠垢氛
홀로 서서 그 모습 고요하구나	獨立靜其儀
채초와 난초를 허리에 차고[5]	茝蘭以爲佩
소나무 계수나무[6]로 기약을 삼네	松桂以爲期
고심하여 도의 요체[7]를 터득하니	苦心領道要
초연하게 행적을 버리셨구려	超然形迹遺
응룡처럼 변화가 신묘하고[8]	應龍神變化

5 채초와……차고 : 【攷證 卷2 茝蘭爲佩】 채초와 난초를 차는 것은 더러운 것을 가리고자 함이다. 전국 시대 초(楚)나라 굴원(屈原)의 〈이소(離騷)〉에 "가을 난을 엮어서 패물로 삼았네.〔紉秋蘭而爲佩〕"라고 하였다.

6 소나무 계수나무 : 【譯注】 소나무와 계수나무가 우거져 은자가 거하는 숲을 말한다. 당(唐)나라 한유(韓愈)의 〈현재독서(縣齋讀書)〉에 "산수 좋은 고을에 수령으로 나가 소나무 계수나무 숲에서 글을 읽는다.〔出宰山水縣, 讀書松桂林.〕"라고 하였다.

7 도의 요체 : 【攷證 卷2 道要】 당나라 두보(杜甫)의 〈은거하는 완방(阮昉)에게 주다〔貽阮隱居〕〉 시에 "맑은 시가 도의 요체에 가까우니, 그대가 시 짓느라 애썼음을 아노라.〔淸詩近道要, 識子用心苦.〕"라고 하였다.

8 응룡처럼 변화가 신묘하고 : 【攷證 卷2 應龍神變化】 《광운(廣韻)》에 "날개가 달린 것을 응룡(應龍)이라 한다."라고 하였다. 한(漢)나라 반고(班固)의 〈답빈희(答賓戲)〉에 "응룡이 진흙 속에 서려 있다가 신비롭게 하늘로 날아오른다."라고 하였다.

정옥처럼 한 점 티끌도 없다	貞玉絶瑕疵
이따금 하얀 난새를 타고[9]	有時騎白鸞
하늘을 노닐며 요지[10]를 구경하네	游天略瑤池
유반의 물에서 머리를 감고[11]	濯髮洧盤水
부상의 가지에서 일출을 보누나	觀日扶桑枝
돌아와 고요하여 세상 일 없으니	歸來寂無營
노을로 밥 짓고 벽려로 옷을 해 입는다	霞飧薜荔衣
숲속 사립문을 두드려서	我欲扣雲關
도를 묻고 은미한 곳 찾아 보련다	問道探玄微
원컨대 석수[12]를 아끼지 말라	願無靳石髓
경건히 옥지[13]를 먹었으면	精虔茹玉芝

9 하얀 난새를 타고 : 【攷證 卷2 騎白鸞】 당나라 현종(玄宗)은 월궁(月宮)에서 소아(素娥)가 흰 난새를 타고 계수(桂樹) 아래 춤추는 것을 보았다고 하였다.

10 요지 : 【攷證 卷2 瑤池】 《목천자전(穆天子傳)》에 "주(周)나라 목왕(穆王)이 서왕모(西王母)와 함께 요지(瑤池)에서 잔치를 벌였다."라고 하였다.

11 유반의……감고 : 【攷證 卷2 濯髮洧盤水】 전국 시대 초나라 굴원의 〈이소(離騷)〉에 "아침에 유반에서 머리를 감는다.〔朝濯髮於洧盤〕"라고 하였다.

12 석수 : 【攷證 卷2 石髓】 《선경(仙經)》에 "신산(神山)이 500년 만에 한 번씩 열려 석수가 나온다."라고 하였다. ○ 살펴보건대, 《신선전(神仙傳)》에 다음의 내용이 있다. 혜강(嵇康)이 왕열(王烈)을 만나 산으로 들어갔는데 돌이 깨어진 곳을 보고 석수(石髓)를 얻었다. 그것을 먹고 그 길로 조금 가져다가 청석(青石)을 만들었는데 그것을 치니 쟁쟁 소리가 났다. 다시 돌을 보러 갔는데, 끊어진 산이 다시 합쳐져 있었다. 《神仙傳 卷6》

13 옥지 : 【攷證 卷2 玉芝】 송(宋)나라 황정견(黃庭堅)의 《산곡집(山谷集)》 권17에 다음의 내용이 있다. "동파(東坡 소식(蘇軾))가 호도사(胡道士)에게 옥지(玉芝)를 부쳤는데 일명 경전초(瓊田草)라고도 한다. 속칭 당파경(唐婆鏡)이라고도 하며 《본초강목(本草綱目)》에는 귀구(鬼臼)라고도 한다. 한 해에 하나의 귀구가 생기는 것이 황정(黃

천년이 가도 남은 즐거움 있으리니	千年有餘樂
조금인들 연연하고 슬퍼하리오	一介寧戀悲

精)과 같아, 벽곡(辟穀)할 수 있다."라고 하였다.

KNP0120(詩-內卷2-3)

16일 밤에 크게 바람이 불고 추웠다 【신해년(1551, 명종6, 51세) 1월 17일. 예안(禮安)】

十六日夜 大風寒

대보름 저물녘[14] 달이 하늘에 떠오르니	元夕初昏月上天
갑자기 검은 구름 하늘가에 몰리네	俄頃黑雲迷天邊
삼경에 내린 싸락눈 사람들이 모르는데	三更霰雪人不知
새벽이 되어 갑자기 빗소리로 변했도다	曉來忽作雨聲懸
아득한 안개가 계곡에 가득한데	蒼茫烟霧滿溪壑
문 닫고 시름에 누웠자니 한층 더 쓸쓸해라	閉門愁臥增寥廓
후토 부인[15] 진흙 풀어 물이 콸콸 흐르니	后土泥融水活活
잠든 벌레 깨어나고[16] 싹[17]은 움트려하누나	蟄蟲欲動句萌作
어찌하여 음과 양이 다시 다투어서	如何陰陽復抗爭
대괴의 호흡이 이다지도 거세던가	大塊噫氣何訇訇
산림에 파도쳐서 뭇 구멍이 울어대니[18]	山林波濤衆竅號

14 대보름 저물녘 : 【攷證 卷2 元夕】 정월대보름 저녁을 말한다.

15 후토 부인 : 【譯注】 후토 부인(后土夫人)은 염라대왕과 함께 저승계를 관장하며 토지를 맡아 다스리는 여신(女神)이다. 【攷證 卷2 后土】 공공씨(共工氏)의 아들 구룡(句龍)이 후토 부인을 위해 땅의 신에 제사를 지내 주었다.

16 잠든 벌레 깨어나고 : 【攷證 卷2 蟄蟲】 《예기》 〈월령(月令)〉에 "이달에 겨울잠 자던 곤충들이 비로소 움직인다."라고 하였다.

17 싹 : 【攷證 卷2 句萌】 《예기》 〈월령〉 한(漢)나라 정현(鄭玄)의 주석에 "구부러져 나오는 것을 구(句)라 하고 곧게 나오는 것을 맹(萌)이라 한다."라고 하였다.

18 대괴의……울어대니 : 【攷證 卷2 大塊…竅號】 《장자(莊子)》 〈제물론(齊物論)〉에

앞에서 쫓는 천대의 수레 뒤에 오는 일만 병사라	前逐千車後萬兵
내가 얽은 시냇가 집 자못 애를 썼는데[19]	我構溪堂頗苦辛
바람 불어 황량한 시냇가에 쓰러질까 걱정일세[20]	直恐吹倒荒溪濱
시냇가 집 비록 넘어져도 나는 한이 없건만	溪堂雖倒我無恨
슬프구나, 얼어 죽어 도랑에 버려진 사람이여	哀哉凍死溝中人

"대괴(大塊)가 기를 뿜는 것을 바람이라 한다. 만일 바람이 일어나면 온갖 구멍이 성난 듯 부르짖는다. 산림의 우뚝 솟고 아름다운 곳에 크기가 백 아름이나 되는 나무에 구멍이 있다."라고 하였다.

19 애를 썼는데 : 【攷證 卷2 苦辛】《문선(文選)》에 실린 남조(南朝) 진(晉)나라 유곤(劉琨)의 〈노심의 시에 화답하다(答盧諶詩)〉 8장 병서(幷序)에 "곤은 머리를 조아립니다. 보내준 글과 시에서 갖은 고초가 담긴 고심의 말씀〔備辛酸之苦言〕과 시원하게 뚫려 통달한 원대한 뜻을 읽었습니다."라고 하였다.

20 쓰러질까 걱정일세 : 【攷證 卷2 直恐吹倒】《주문공집(朱文公集)》 권36 〈진동보에게 답하다〔答陳同甫〕〉 편지에 "큰 바람이 정자를 불어 쓰러뜨렸으니, 도리어 천공(天公)이 일으킨 것 같다."라고 하였다.

KNP0121(詩-內卷2-4)

18일 아침 비가 개어 감흥이 일다 【신해년(1551, 명종6, 51세) 1월 18일. 예안(禮安)】

十八日朝晴 感興

유인이 책을 베고 누웠자니	幽人枕書臥
등잔 그림자로 한쪽 벽이 반이 침침해라	燈影翳半壁
사나운 바람 그친 줄 모르고	不知厲風濟
꿈에서도 두려움이 남아 있구나	夢中餘怵惕
닭은 한밤중에 서리 달에 우니[21]	荒雞號霜月
새벽빛은 바위 계곡을 타고 오른다	海色騰巖谷
하늘은 맑아 만방이 고요한데	泬寥萬境靜
밝고 환하여 온 방에 흰 빛이라[22]	昭朗一室白
일어나서 갓과 옷깃 단정히 하고	興言整冠襟
지난 일을 생각하니 한층 마음이 북받치네	撫事增感激
아득하여 끝없는 태허 속에는	蒼蒼太虛內
깨끗하여 본래 아무 것도 없건만	湛然本無物
혹 치면 눈이 내리고	或搏而雪下
혹 노하면 바람이 인다	或怒而風作
혹 찌면 비가 주룩주룩 내리고[23]	或蒸雨繩懸

21 닭은……우니 : 【攷證 卷2 荒雞】 닭이 한밤중에 우는 것을 '황계(荒雞)'라고 한다.

22 흰 빛이라 : 【攷證 卷2 室白】《장자(莊子)》〈인간세(人間世)〉에 "빈방에서 흰빛이 생겨난다.〔虛室生白〕"라고 하였다.

혹 닫히면 추위에 아교가 꺾이네[24] 或閉寒膠折
그 사이에 좋은 날씨는 其間好光景
열흘에 한 번도 만나기가 어렵구나 十日難一得
치란은 서로 갈마들며 治亂互推遷
선악은 많이도 뒤바뀌는가 善惡多反覆
어찌하여 다스려진 날은 적고 奈何治日少
어찌하여 선인은 줄어드는가 奈何善人乏
하늘에게는 때가 있고 在天斯有時
사람에게는 책임이 있으니 在人斯有責
사람이 그 책임 다할 수 있으면 人能盡其責
하늘의 때가 조화로우리라 天時庶調燮
더구나 사람은 천성을 갖고 태어났지만 矧人秉帝衷
날마다 모적[25]이 많으니 日用多蟊賊

23 비가 주룩주룩 내리고 : 【攷證 卷2 雨繩】 송(宋)나라 황정견(黃庭堅)의 〈만주 태수 고본중과 잠공동에서 노닐자고 오래 전 약속하였는데 밤비가 새벽까지 이어지기에 장난삼아 짓다〔萬州太守高仲本宿約遊岑公洞而夜雨連明戲作〕〉 시 2수 중 제2수에 "선창에 누웠자니 비가 밧줄 같은 굵은 비 내리니, 흡사 술독에서 술이 익는 소리 같아라.〔蓬窗高臥雨如繩, 恰似糟床壓酒聲.〕"라고 하였다. 【校解】《고증》에는 '蓬'이 '篷'으로 되어 있는데, 통행본 《황산곡시집(黃山谷詩集)》에 의거하여 수정하였다.

24 아교가 꺾이네 : 【攷證 卷2 膠折】《한서》〈원앙조조전(袁盎晁錯傳)〉에 "위엄을 세우려고 할 경우에는 아교가 굳어 꺾이는 계절에 시작해야 한다."라고 하였는데 당(唐)나라 안사고(顔師古)의 주석에서 한(漢)나라 소림(蘇林)의 말을 인용하여 "가을 기운이 이르면 날씨가 추워져 아교가 꺾일 수 있을 정도로 굳어서 활과 쇠뇌를 사용할 수 있다."라고 하였다.

25 모적 : 【攷證 卷2 蟊賊】《시경》〈소아(小雅) 대전(大田)〉의 "모적도 제거한다.〔及其蟊賊〕"라는 구절에 대한 주자의 주석에 "뿌리를 갉아 먹는 것을 모(蟊)라 하고, 마디를 갉아 먹는 것을 적(賊)이라 한다."라고 하였다. 송나라 여여숙(呂與叔 여대림(呂大臨))

청명은 겨우 한 순간이요 清明僅一瞬
이미 탁류에 휩쓸려 가누나 已被黃流汨
탁월하다 옛 성현들 卓哉古聖賢
그 말이 밝은 해와 같아라 其言皦如日
모르는 자라면 그만이지만 不知者已矣
안다면 어찌 힘쓰지 않으리 知之胡不勗
준영한 우산장[26]을 길게 음미하니 雋永牛山章
병중에도 항상 세 번 씩 읽노라 病中恆三復

의 〈극기명(克己銘)〉에 "대인(大人)은 성(誠)을 보존하여 마음으로 상제(上帝)의 법을 보는지라, 처음부터 인색함과 교만함이 나의 모적이 되는 법이 없다.〔初無吝驕, 作我蟊賊.〕"라고 하였다.

26 준영한 우산장 : 【攷證 卷2 雋永】 살펴보건대, 한나라 괴통(蒯通)이 전국 시대 유세가의 권변(權變)을 논하고 자신의 주장도 서술한 것이 모두 81개 항목인데, 스스로 〈준영〉이라 이름하였다. 당나라 안사고의 주석에 "준(雋)은 살진 고기이니, 논한 바가 훌륭하여 길게 음미할 만하다는 뜻이다."라고 하였다. 《漢書 蒯通傳》 【校解】 우산장(牛山章)은 맹자가 인간의 본성이 본래 선하다는 것을 증명하기 위해 비유적으로 설명한 부분이다. 사람은 누구나 인의예지(仁義禮智)의 본성을 지니고 있으나 물욕의 침해를 받아 발현되지 못하는 것이, 마치 제(齊)나라 우산(牛山)에서 자라는 아름다운 나무가 나무꾼에게 계속 베어지고 밤사이 자란 싹조차 소나 양에게 뜯어 먹혀 없어지는 경우와 같다고 하였다. 《孟子 告子上》

KNP0122(詩-內卷2-5)

20일 또 비가 내리고 밤에 큰 바람이 불다 【신해년(1551, 명종6, 51세) 1월 20일. 예안(禮安)】

二十日又雨 夜大風

흐렸다 개었다 참으로 무상하니	陰晴苦不常
하늘이 노여워함에 사람이 어찌 편하랴	天怒人其安
어제는 개었다가 지금 다시 비가 내려	昨霽今復雨
종일토록 온 숲은 어둑하구나	終日昏林巒
어둑어둑 밤기운이 침침하니	冥冥夜氣沈
달이 구름에 가려져 길을 분간할 수 없네	月黑雲迷關
어둑어둑 텅 비어 고요한 가운데	窅窅虛閴中
바람이 갑자기 난데없이 일어	風作忽無端
한밤중에 지축을 흔드니[27]	中宵撼地軸
그 형세가 무너지는 파도 같구나	厥勢如崩湍
들숨날숨[28]에 창문이 울리고	叱吸戶牖鳴
바위 골짜기를 온통 뒤흔드누나	掀簸巖谷彈
헤아릴 수 없는 것은 조물주의 뜻	莫測造物意

27 지축을 흔드니 : 【攷證 卷2 撼地軸】 진(晉)나라 장화(張華)의 《박물지(博物志)》 권1에 "땅에는 3천 6백의 축이 있다."라고 하였다. 진(晉)나라 목화(木華)의 〈해부(海賦)〉에 "또한 흡사 땅의 축이 우뚝 솟구쳐 다투어 선회하는 듯하다.〔又似地軸, 挺抶而爭回.〕"라고 하였다. 《文選 卷12》【校解】 통행본《문선(文選)》에는 "抶"가 "拔"로, "迴"가 "回"로 되어 있다.

28 들숨날숨 : 【攷證 卷2 叱吸】《장자(莊子)》〈제물론(齊物論)〉에 "백 아름이나 되는 큰 나무 구멍은 내쉬기도 하고 들이쉬기도 한다."라고 하였다.

요란하니 누가 감히 범하리오 　 贔屭誰敢干
사나운 호랑이 입이 닫혀 휘파람 못 불고 　 猛虎噤不嘯
둥지 속의 학은 떠나서 돌아오지 않누나 　 巢鶴去無還
다만 송창의 닭[29]이 있어 　 唯有宋窓雞
울면서 제 일을 잘도 지키는구나[30] 　 膠膠不廢官
잠 깨 탄식하며 잠 못 이루고 　 寤歎不能寐
차가운 토상[31]에서 무릎을 감싸 안노니 　 擁膝土床寒
그 누구랴 힘으로 하늘을 돌려 　 誰哉力回天
육합에서 올빼미와 난새를 갈라놓을 이[32] 　 六合分梟鸞

---

29 송창의 닭 : 【攷證 卷2 宋窓雞】 남조(南朝) 송(宋)나라 유의경(劉義慶)의 《유명록(幽冥錄)》 권4에 다음의 내용이 있다. 진(晉)나라 송처종(宋處宗)이 일찍이 잘 우는 닭을 한 마리 샀는데 아껴 기르기를 매우 지극히 하였다. 새장을 창 사이에 걸어두었더니 닭이 사람의 말을 할 줄 알게 되었다. 처종과 담론함에 지극히 현묘한 이치가 있어 종일토록 그치지 않았다. 처종은 이로 인해 크게 진전되었다.

30 제……지키는구나 : 【攷證 卷2 不廢官】 닭은 새벽을 담당한다.

31 토상 : 【攷證 卷2 土床】 '토상'은 구들〔烟突〕이다.

32 육합에서……이 : 【攷證 卷2 六合分梟鸞】 삼국 시대 오(吳)나라 위소(韋昭)가 "육합은 천지사방(天地四方)이다."라고 하였다. 《文選 卷45 答賓戲 李善 注》 당(唐)나라 두보(杜甫)의 〈왕 병마사의 두 개의 뿔이 달린 매〔王兵馬使二角鷹〕〉 시에 "어떻게 하면 너희는 그 무리를 헤쳐서, 쫓아내어 육합의 올빼미와 난새 나누어 놓을까?〔安得爾輩開其群, 驅出六合梟鸞分?〕"라고 하였다. 진탐(陳耽)이 상소하여 "공경들이 천거한 것은 마치 올빼미를 놓아주고 난새와 봉황은 가두는 것과 같다."라고 하였다. 《漢書 劉陶傳》

KNP0123(詩-內卷2-6~19)

한가하게 지내면서 조사경[33]·구경서[34]·김순거[35]·권경수[36] 등 여러 사람이 수창한 시에 차운하다. 14수 【신해년(1551, 명종6, 51세) 1월 하순 추정. 예안(禮安)】

閒居次趙士敬具景瑞金舜擧權景受諸人唱酬韻 十四首

(詩-內卷2-6)

시속 따라 고운 단장 배우기 어려우니[37] 難隨時世學粧姸

33 조사경 : 【攷證 卷2 趙士敬】 조목(趙穆, 1524~1606)으로, 본관은 횡성(橫城), 자는 사경, 호는 월천(月川)이고, 예안(禮安)에 거주하였다. 명(明)나라 세종(世宗) 가정(嘉靖) 갑신년(중종19)에 태어났다. 타고난 품성이 근엄하고, 행실이 확실하고 미더웠다. 15세부터 퇴계 선생에게 수학했는데, 직접 가르침을 받은 기간이 제자 가운데 가장 오래되고, 퇴계 선생을 독실하게 신뢰하면서 모시고 배웠다. 퇴계 선생이 세상을 떠나자 1년 동안 고기를 먹지 않고 채소만 먹으며, 3년 동안 내실에 들어가지 않으며, 연회에 참석하지 않았다. 공조 참판을 역임하고, 도산서원 상덕사(尙德祠)에 배향되었다.

34 구경서 : 【攷證 卷2 具景瑞】 구봉령(具鳳齡, 1526~1586)으로, 본관은 능성(綾城), 자는 경서, 호는 백담(柏潭)이고, 안동(安東)에 거주하였다. 명(明)나라 세종 가정 병술년(중종21)에 태어났다. 약관의 나이에 퇴계 선생에게 가르침을 청하고, 도리를 연구하고 토론하였다. 제자백가의 학설에 해박했는데 결국 육경(六經)을 귀착지로 삼았다. 1560년(명종15) 별시문과 을과로 급제한 뒤 홍문관에 들어가고, 1573년(선조6) 직제학이었을 때 소장을 올려 윤원형(尹元衡)이 나라를 병들게 하는 실상을 논하였다. 이조참판을 역임하였다. 유서애(柳西厓 유성룡(柳成龍))는 〈구백담에 대한 제문〔祭具柏潭文〕〉에서 그에 대하여 "강하처럼 윤택하고 산악처럼 중후하다.〔江河之潤, 山岳之重.〕"라고 칭찬하였다. 【校解】 〈구백담에 대한 제문〉은 《서애집》 권19에 실려 있고, 《백담집》에는 〈제문【판서 유성룡】〉이라는 제목으로 실려 있다.

35 김순거 : 【攷證 卷2 金舜擧】 김팔원(金八元, 1524~1589)으로, 본관은 강릉(江陵), 초자는 수경(秀卿), 자는 순거, 호는 지산(芝山)이고, 안동에 거주하였다. 명(明)나라 세종 가정 갑신년(중종19)에 태어났다. 처음에는 주신재(周愼齋 주세붕(周世鵬))의 문하에서 수학했는데, 얼마 뒤에 퇴계 선생을 찾아와 가르침을 청하였다. 퇴계 선생

대인접물은 네모 구멍에 둥근 장부 꽂는 격[38] 應物如方鑿枘圓
지난 일이 큰 줄칼[39] 된 걸 이미 아노니 往事已知成大錯

이 백운동서원(白雲洞書院)에서 과거시험 공부를 시킬 때 그가 지은 시를 보고는 시를 지어 칭찬하였다. 1555년(명종10) 식년문과 을과로 급제하고 용궁 현감(龍宮縣監)을 역임하였다. 계모의 상을 치를 때 애훼(哀毁)가 예제(禮制)를 넘어서고, 마침내 이 때문에 세상을 떠났다. 【校解】 김팔원을 칭찬한 시는 《정본 퇴계전서》 권3에 〈신해년(1551, 명종6) 초봄 수재 조사경이 퇴계에 있는 나를 방문하다……〔辛亥早春趙秀才士敬訪余於退溪 ……〕〉라는 제목 아래 실려 있는데, 그 원주에 "서원의 제생(諸生)이 시험을 치렀는데 김수경이 가장 우수하였다. 그러나 이해 가을에 결국 회시(會試)에 낙방하였다."라고 하였고, 《지산집》 권2에는 〈김수경에게 주다〔贈金秀卿〕〉라는 제목으로 실려 있다.

36 권경수 : 【攷證 卷2 權景受】 권대기(權大器, 1523~1587)로, 본관은 안동, 자는 경수, 호는 인재(忍齋)이고, 안동에 거주하였다. 퇴계 선생의 문하에서 수학하고, 20세에 소과에 합격하며, 사헌부 집의(執義)에 추증되었다. 행실이 돈독하고 미더웠다. 함께 공부한 현자들과 함께 계(稧)를 만들어 네 계절의 마지막 달마다 날짜를 정한 뒤 모여서 강론하였다.

37 시속……어려우니 : 【攷證 卷2 難隨時世學糚姸】 당(唐)나라 때 최추(崔樞)의 부인은 엄정하게 집안을 다스려 귀천을 막론하고 누구든 시속에 유행하는 화장법을 허락하지 않았다. 《因話錄 商部下》 당나라 백거이(白居易)의 〈시속의 화장법을 경계한다〔時世糚儆戒也〕〉 시에 "시속의 화장법이여 시속의 화장법이여, 성안에서 나와 사방으로 퍼지누나.〔時世糚時世糚, 出自城中傳四方.〕"라고 하였다. 【校解】 《고증》에서 '因話錄'을 '同話錄'이라고 한 것은 오류이다.

38 네모……격 : 【譯注】 서로 용납하지 않거나 모순되는 것을 비유한다. 【攷證 卷2 方鑿枘圓】 조(鑿)는 도끼의 구멍이고, 예(枘)는 도끼의 구멍에 꽂기 위해 끝을 깎아 가늘게 만든 나무이다. 《주례》 〈동관(冬官) 윤인(輪人)〉에 "수레 바퀴〔轂〕·바퀴 살〔輻〕·바퀴 테〔牙〕, 이 세 가지 재료가 마련된 뒤에 솜씨 좋은 윤인이 조화를 이루게 한다."라고 하였는데, 한(漢)나라 정현(鄭玄)의 주석에 "구멍과 장부의 모양과 크기를 조절하여 딱 맞게 하는 것이다."라고 하였다. 전국 시대 초(楚)나라 송옥(宋玉)의 〈구변(九辯)〉에 "둥글게 깎은 구멍에 네모진 장부를 끼우려 함이여, 서로 맞지 않아 꽂기 어렵다는 것을 나는 잘 안다네.〔圓鑿而方枘, 吾固知其鉏鋙而難入.〕"라고 하였다.

39 큰 줄칼 : 【攷證 卷2 大錯】 당나라 소종(昭宗) 때에 위박 절도사(魏博節度使) 나소위(羅紹威)는 위박의 호위군이 매우 교만하다고 여겨 모조리 죽였다가 마침내 주온(朱

다가올 일 어찌 굳이 먼 하늘에 물으랴　　來緣何必問高天

(詩-內卷2-7)

골짜기 메우는 공부[40]는 고통을 견뎌야 하니　　塡壑工夫好耐辛
성 지키는 혈전 어찌 남과 관계있으랴[41]　　據城血戰豈關人
힘쓰지 않아 산길처럼 되게 한다면[42]　　若教不用如山徑
들불로 태워도 봄바람에 풀이 또 돋는 격[43]이지　　野火春風草又新

溫)에게 제압당하자, 친밀한 관리에게 "6주 43현의 무쇠를 다 모아서 줄칼을 만든다고 해도 이처럼 큰 하나의 줄칼을 주조하지는 못할 것이다.〔聚六州四十三縣鐵, 鑄一介錯不成.〕"라고 하였다.《北夢瑣言 卷14 神告羅弘信》'착(錯)'은 옥석을 다듬는 줄칼이라는 뜻이고, 또 잘못이라는 뜻이다. 호위군을 죽인 잘못에 대하여 줄칼을 주조하는 것으로 비유한 것이다.《資治通鑑 卷265 注》송(宋)나라 소식(蘇軾)의 〈도인 전의(錢顗)에게 주다〔贈錢道人〕〉 시에 "모르겠구나 몇 주의 철을 가지고, 이렇게 큰 하나의 줄칼을 만들었는지.〔不知幾州鐵, 鑄此一大錯.〕"라고 하였다. 【校解】《고증》의 소식 시에 '鑄'가 '做'로 되어 있는데, 통행본《동파전집(東坡全集)》에 의거하여 수정하였다.

40 골짜기 메우는 공부 : 【攷證 卷2 塡壑工夫】 주자가 "분노를 다스리는 것은 산을 꺾듯이 하고, 욕심을 막는 것은 골짜기를 메우듯이 해야 한다.〔懲忿如摧山, 窒慾如塡壑.〕"라고 하였다.《朱子語類 卷72》

41 성……관계있으랴 : 【要存錄 卷2 據城血戰豈關人】《주자어류(朱子語類)》 권9에 "한 번 통렬히 이해하는 것을 혈전을 벌이는 것처럼 한다.〔如血戰相似〕"라고 하였으니, 고통을 견뎌내면서 혈전을 벌이는 것은 남이 관여할 수 있는 바가 아니라는 말이다. 이는 극기(克己) 공부의 관점에서 말한 것이다. 【校解】《주자어류》의 내용은 본래 궁리(窮理) 공부에 대한 말인데, 여기서는 위의 구절과 연계하여 극기 공부를 강조한 것이다.

42 산길처럼 되게 한다면 : 【譯注】 의리의 마음을 잠시 사이라도 놓치면 잡초가 길을 막듯 마음이 황폐해지기 쉽다는 뜻이다. 맹자가 고자(高子)에게 "산중의 오솔길〔山徑之蹊間〕은 사람이 다니는 동안에는 언뜻 길을 이루었다가 잠시만 다니지 않으면 띠풀이 길을 꽉 덮으니, 지금 띠풀이 그대의 마음을 꽉 막고 있다."라고 하였다.《孟子 盡心下》

43 들불로……격 : 【攷證 卷2 野火春風】 당(唐)나라 백거이의 〈옛 들판의 풀을 노래하여 송별하다〔賦得古原草送別〕〉 시에 "들풀은 들불로 태워도 다 타지 않으니, 봄바람

(詩-內卷2-8)

성명한 시대라 유학 존숭하는 바른길 열렸거늘　聖代崇儒正道開
어찌 도리어 이 학문을 놀라 꺼리는가　如何此事反驚猜
만약 왜곡된 학문으로 세상에 아부하려 한다[44]면　若令曲學圖阿世
남자 의관을 아녀자 얼굴에 씌운 꼴이지　男子衣冠婦頰腮

(詩-內卷2-9)

젊은이 전진하는 길 바야흐로 길게 펼쳐있으니　少年前去路方長
발분하는 공력 깊어 갑자기 그만두지 않누나　發憤功深未遽凉
열아홉 명의 비웃음[45] 어찌 두려워하랴　十九人前何畏笑
그대 먼저 스스로 굳센 마음 꺾는 게 부끄러울 뿐　愧君先自剝剛腸

(詩-內卷2-10)

염계와 이천[46]의 용과 같던 철인 모두 떠나고[47]　濂伊羣哲皆龍逝

불어와 또 풀이 돋누나.〔野火燒不盡, 春風吹又生.〕"라고 하였다.

44 왜곡된……한다 : 【攷證 卷2 曲學阿世】 한(漢)나라 원고생(轅固生)이 공손홍(公孫弘)에게 "공손 선생이여, 바른 학문을 바탕으로 말하기를 힘쓰고, 왜곡된 학문으로 세상에 아첨하지 마시오."라고 하였다. 《史記 儒林列傳》

45 열아홉 명의 비웃음 : 【攷證 卷2 十九人笑】 모수(毛遂)의 고사를 사용한 것이다. 【校解】 모수는 전국 시대 조(趙)나라 평원군(平原君)의 문객이다. 평원군이 초(楚)나라에 가서 구원병을 요청하기 위해 수행할 20명을 선발할 때 19명을 뽑고 나머지 1명을 고심하고 있었는데, 모수가 스스로 자신을 천거하자 이미 선발된 19명이 서로 눈짓을 하면서 그를 비웃었다. 《史記 平原君列傳》

46 염계와 이천 : 【攷證 卷2 濂伊】 송(宋)나라 주자(周子)와 정자(程子)이다. 【校解】 '주자'는 주돈이(周敦頤, 1017~1073)로, 그는 자가 무숙(茂叔), 호가 염계(濂溪), 시호가 원공(元公)이다. '정자'는 정호(程顥, 1032~1085)와 정이(程頤, 1033~1107) 형제

호남과 복건[48]의 봉황 같던 현자들도 날아갔다[49] 湖建諸賢亦鳳飛
후대로 흘러 구이지학 되었다 탄식하지 말라 莫嘆流傳資口耳
이후에 나타난 분들[50] 선현처럼 훌륭하니 後來作者偉同歸

-주자학의 말폐가 구이지학으로 흘러가니 초려(草廬) 등 여러분이 대부분 이에 대해 우려하였다.[51] 그러나 송나라 말엽 및 원(元)나라와 명(明)나라의 기간을 내리 고찰해보면, 주자학을 서로 전수해오면서 탁월하게 이치를 터득한 학자가 많았으니, 말류의 폐단을 근본의 병폐로 취급하면 안 된다.-

로, 정호는 자가 백순(伯淳), 호가 명도(明道)이고, 정이는 자가 정숙(正叔), 호가 이천(伊川)이다.

47 용과……떠나고 : 【攷證 卷2 龍逝】 송(宋)나라 소식의 〈문충공 구양수(歐陽修)에 대한 제문〔祭歐陽文忠公文〕〉에 "비유하자면, 깊은 산의 범이 죽고 큰 못의 용이 죽은 것과 같다.〔譬如深山大澤, 龍亡而虎逝.〕"라고 하였다.

48 호남과 복건 : 【攷證 卷2 湖建】 호남로(湖南路)와 복건로(福建路)로, 남헌(南軒)과 주자가 거주한 곳이다. 【校解】 '남헌'은 송(宋)나라 장식(張栻, 1133~1180)으로, 본관이 한주(漢州) 면죽(綿竹), 자가 경부(敬夫)·흠부(欽夫), 호가 남헌, 시호가 선(宣)이고, 주희(朱熹)·여조겸(呂祖謙)과 더불어 '동남(東南)의 삼현(三賢)'이라 불렸다.

49 봉황……날아갔다 : 【攷證 卷2 鳳飛】 당(唐)나라 한유(韓愈)의 〈대행 황태후 장헌황후(莊憲皇后)에 대한 만사〔大行皇太后挽歌詞〕〉 3수 중 제2수에 "봉황이 날아갔으니 끝내 돌아오지 않겠지만, 검이 용으로 변했으니 필경 서로 따르겠지.〔鳳飛終不返, 劍化會相從.〕"라고 하였다.

50 나타난 분들 : 【攷證 卷2 作者】 진서산(眞西山)·왕노재(王魯齋)·설문청(薛文淸) 등의 학자이다. 【校解】 '진서산'은 송나라 진덕수(眞德秀, 1178~1235)로, 그는 본관이 건녕(建寧) 포성(蒲城), 자가 경봉(景峰)·경원(景元)·경희(景希)·희원(希元), 호가 서산, 시호가 문충(文忠)이다. '왕노재'는 송나라 왕백(王柏, 1197~1274)으로, 그는 본관이 무주(婺州) 금화(金華), 자가 회지(會之)·백회(伯會), 호가 노재, 시호가 문헌(文憲)이다. '설문청'은 명(明)나라 설선(薛瑄, 1389~1464)으로, 그는 본관이 하진(河津), 자가 덕온(德溫), 호가 경헌(敬軒), 시호가 문청이다.

51 초려(草廬)……우려하였다 : 【攷證 卷2 草廬…爲憂】 원(元)나라 오징(吳澄, 1249~1333)은 본관이 무주(撫州) 숭인(崇仁), 자가 유청(幼淸), 호가 초려이다. 원나라 세조(世祖) 지원(至元) 연간에 정거부(程鉅夫)가 조칙을 받들어 현자를 찾던 중에 공을 기용

(詩-內卷2-11)

오랑캐 원나라가 중국을 더럽힌 게 몇 해이던가[52] 元虜中州溷幾春
그러나 우리 유학 오히려 한 번 일신했어라 斯文猶得一番新
가상하구나, 원나라 악덕 그러했건만 可憐穢德能如許
산림의 유학자[53] 방해하지 않았다네 不廢山林講道人

-삼대(三代) 이하로 국가에서 선비를 대우하는 도리는 송나라가 가장 훌륭하였다. 그러나 권력을 쥔 소인배들이 천하의 공론과 힘써 싸워 군자들을 간사한 위선자라고 지목하고는 배척하여 세상에 용납되지 못하게 하였다. 그러나 원나라에서는 도리어 이런 일이 없어 선비들이 도학을 꺼리지 않게 하였으니 조금 가상하다고 할 만하다.-

(詩-內卷2-12)

선학 같은 육학[54] 주자께서 변박하여 횡류를 막아 陸禪朱辯障橫流

하여 도성에 이르게 했는데, 공은 모친이 연로하다는 이유로 사직하고 돌아갔다. 무종(武宗) 지대(至大) 원년(1308)에 조정으로 불러 국자감 승(國子監丞)으로 삼았다.《宋季元明理學通錄 卷10》 ○ 오징이 한번은 학자들에게 "주자께서는 도문학(道問學)의 공적이 많고 육자정(陸子靜 육구연(陸九淵))은 존덕성(尊德性)을 위주로 하였다. 학문은 덕성에 근본을 두지 않으면 틀림없이 담론과 훈석에 치우치게 되는 폐단이 발생하기 때문에 학문은 반드시 덕성을 근본으로 삼아야 한다."라고 하니, 논자들이 마침내 오징은 육씨의 학문을 한다고 하였다.《元史 吳澄列傳》

52 오랑캐……해이던가 :【攷證 卷2 元虜中州溷幾春】 살펴보건대, 송(宋)나라 영종(寧宗) 개희(開禧) 2년(1206, 병인)에 원(元)나라 태조 철목진(鐵木眞)이 나라를 세우고, 위왕(衛王) 상흥(祥興) 2년(1279, 기묘)에 세조 홀필렬(忽必烈)이 송(宋)나라를 멸망시키고 천하를 통일하였다. 원나라는 송나라가 망한 뒤 순제(順帝) 지정(至正) 정미년(1367)에 망할 때까지 제위를 이어간 것이 89년이다.

53 산림의 유학자 :【譯注】 원나라 때에 주자학을 연구·전수한 노재(魯齋) 허형(許衡), 인산(仁山) 김이상(金履祥), 초려 오징, 정수(靜修) 유인(劉因), 운봉(雲峯) 호병문(胡炳文), 정우(定宇) 진력(陳櫟), 동양(東陽) 허겸(許謙) 등을 이른다.

천하가 거의 모두 유씨 위한 것[55]처럼 되었지[56] 天下幾成盡爲劉
그러나 말학은 입으로만 성리를 마구 지껄이니 末學口中騰性理
당시에 오초려가 남몰래 근심했다네[57] 草廬當日暗生愁

-역사책[58]에 보인다.-

(詩-內卷2-13)

기어코 후생을 지름길로 가게 하려 했으니[59] 後生必欲令趨徑

---

54 선학 같은 육학 : 【攷證 卷2 陸禪】 송(宋)나라 육구연(1139~1193)은 본관이 무주(撫州) 금계(金谿), 자가 자정(子靜), 호가 상산(象山)이다. 그의 학문은 전적으로 실천에 힘쓰고, 강학을 모두 그만둔 채 돈오(頓悟)를 종지로 삼았기 때문에 주자가 "육씨의 종지는 본래 선학에서 비롯했다.〔陸氏宗旨, 本自禪學中來.〕"라고 하였다.《朱子大全 卷63 答孫敬甫4》

55 모두……것 : 【譯注】 유씨(劉氏)가 한(漢)나라의 정통이라는 것을 인정했다는 뜻이다. 【攷證 卷2 盡爲劉】 태위 주발(周勃)이 북군(北軍)에 들어가 "유씨를 위하는 자는 좌단(左袒)하라."고 하니, 군중(軍中)이 모두 왼쪽 어깨를 벗었다.《史記 呂太后本紀》

56 천하가……되었지 : 【譯注】 천하 사람들이 주자학을 추종했다는 뜻이다.

57 당시에……근심했다네 : 【譯注】 원(元)나라 오징은 주자학의 말폐에 대하여 다음과 같이 비판하였다. "세상 선비들의 암송하고 글 짓는 것은 이미 속학(俗學)인데, 그 학문을 하는 것도 언어와 문자라는 말단에서 벗어나지 않는다. 이는 명(明)나라 세종 가정 연간 이후로 주자학에서 발생한 말학의 폐단이다. 진북계(陳北溪 진순(陳淳))와 요쌍봉(饒雙峯 요로(饒魯))이 행한 정밀한 훈고와 자세한 설명도 저 기송사장(記誦詞章)의 학문과 거의 차이가 없다. 성인의 학문이 송나라 때에 크게 밝혀졌으나, 그 뒤를 따르는 자들이 이와 같았으니 한탄스러울 뿐이다.《심경(心經)》에 실린 내용도 마찬가지이다."《吳澄尊德性道問學齋記》

58 역사책 : 【譯注】《증수부주 자치통감절요 속편(增修附註資治通鑑節要續編)》을 가리킨다. 이는《송감(宋鑑)》이라고도 하는데, 송나라와 원나라의 역사를 강목체(綱目體)로 서술한 책으로, 명(明)나라 선종(宣宗) 때에 유염(劉剡)이 편집하고 장광계(張光啓)가 정정(訂正)한 것을 유문수(劉文壽)가 1429년에 간행하였다.

59 기어코……했으니 : 【譯注】 원(元)나라 오징이 도문학을 폐지하고 존덕성만 높이려

이는 새색시에게 잘못 바느질하게 한 꼴이라네　何異縫裳誤女攕
주문을 믿지 않고 도리어 육씨를 기대하는 건　不信朱門還待陸
쏟아지는 단비에 가랑비 더 오길 바라는 격이지[60]　沛然時雨望添霅

-삼(霅)은 가랑비이다. ○ 오초려는 구이지학의 잘못을 걱정하여 이런 풍조를 되돌리려고 하였으니, 이는 매우 훌륭하다. 다만 주자께서도 존덕성을 중시하는 마음이 간절할 뿐만이 아니었다. 주자를 따르면 근본과 지엽이 모두 포괄되어 치우침이 없게 되고 육씨를 따르면 지름길로 가려다가 이단의 학문에 귀착될 것이니, 오초려의 견해에 병통이 없을 수 없기에 이렇게 말한 것이다.-

(詩-內卷2-14)

주문공(朱文公)은 평소에 문하를 경계하여　文公平昔警門墻
주경[61] 연기[62] 병행하여 당실로 나아가게 하셨지[63]　主敬研幾進室堂

했다는 뜻이다. 원(元)나라 오징(吳澄, 1249~1333)은 본관이 무주(撫州) 숭인(崇仁), 자가 유청(幼淸), 호가 초려이다. 원나라 세조(世祖) 지원(至元) 연간에 정거부(程鉅夫)가 조칙을 받들어 현자를 찾던 중에 공을 기용하여 도성에 이르게 했는데, 공은 모친이 연로하다는 이유로 사직하고 돌아갔다. 무종(武宗) 지대(至大) 원년(1308)에 조정으로 불러 국자감 승(國子監丞)으로 삼았다. 《宋季元明理學通錄 卷10》 ○ 오징이 한번은 학자들에게 "주자께서는 도문학(道問學)의 공적이많고 육자정(陸子靜 육구연(陸九淵))은 존덕성(尊德性)을 위주로 하였다. 학문은 덕성에 근본을 두지 않으면 틀림없이 담론과 훈석에 치우치게 되는 폐단이 발생하기 때문에 학문은 반드시 덕성을 근본으로 삼아야 한다."라고 하니, 논자들이 마침내 오징은 육씨의 학문을 한다고 하였다. 《元史 吳澄列傳》

60 새색시에게……격이지 : 【攷證 卷2 縫裳…添霅】 '섬(攕)'은 《집운(集韻)》에 "섬(摻)과 같으니, 고운 손의 모양이다."라고 하였다. 《시경》 〈위풍(魏風) 갈구(葛屨)〉에 "곱디고운 새색시의 손이여, 치마를 꿰맬 만하네.〔摻摻女手, 可以縫裳.〕"라고 하였는데, 주자의 주석에 "'여(女)'는 시집온 부인이 아직 묘현례(廟見禮)를 거행하지 않았을 때의 호칭이다."라고 하였다. ○ 살펴보건대, '바느질하는 것〔縫裳〕'은 지름길로 가는 것을, '단비〔時雨〕'는 주자학을, '가랑비〔霅〕'는 육구연의 학문을 비유한다.

61 주경(主敬) : 【譯注】 '경(敬)'은 마음을 한곳에 집중하는〔主一無適〕 것으로, '주경'은 '경'을 유지한다는 뜻인데, 지경(持敬)·거경(居敬)이라고도 한다. 이는 성리학에서 심성

진씨의 《심경》[64] 정씨의 《심경부주》[65] 공부하면　　若事眞經與程註
바른 방향 정해져[66] 망양지탄[67] 없으리라　　指南應不嘆亡羊

-진서산(眞西山)의 《심경(心經)》과 정황돈(程篁墩)의 《심경부주(心經附註)》에서 존덕성(尊德性)을 근본으로 삼고 도문학(道問學)을 아울러 닦는다는 주문공의 뜻을 자세히 기술하고, 또 정민정은 직접 서문을 쓰면서 "지남거라고 할 만하다."[68]라고 하였다.-

을 수양하는 대표적인 방법으로, 송(宋)나라 정이는 이를 학문의 요체로 여겼다.

62 연기(硏幾) : 【譯注】《주역》〈계사전 상(繫辭傳上)〉에서 《주역》에 대해 '기미를 자세히 살핀' 책이라고 했는데, 여기서는 격물치지(格物致知) 공부를 이른다.

63 당실로 나아가게 하셨지 : 【譯注】 순서에 따라 차츰 진보하게 했다는 뜻이다. 공자가 자로(子路)의 학문 수준에 대하여 "당에는 올랐고 아직 방에는 들어오지 못했다.〔升堂矣, 未入於室也.〕"라고 하였다. 《論語 先進》

64 진씨의 심경 : 【譯注】 '진씨'는 송나라 진덕수이고, 《심경》은 그가 유학 경전과 전현(前賢)들의 저술에서 심성 수양에 관한 격언을 모으고 여러 학자의 견해를 첨부하여 주해한 책이다.

65 정씨의 심경부주 : 【譯注】 '정씨'는 명(明)나라 정민정(程敏政, 1446~1499)으로, 그는 본관이 휘주(徽州) 휴령(休寧), 자가 극근(克勤), 호가 황돈(篁墩)이다. 《심경부주(心經附註)》는 《심경》에 다시 여러 유학자의 설명을 추가하여 해설한 책이다. 퇴계는 그가 주희와 육구연의 학설을 절충한 것에 대해 1566년(명종21) 7월 〈심경후론(心經後論)〉을 써서 비판하였다.

66 바른 방향 정해져 : 【攷證 卷2 指南】《자치통감》 권73 '박사인 부풍 사람 마균에게 사남거를 만들게 했다〔使博士扶風馬鈞作司南車〕'라는 구절의 주석에서 진나라 최표(崔豹)의 《고금주(古今注)》를 인용하여 "헌원(軒轅)이 탁록(涿鹿)에서 치우(蚩尤)와 전투를 벌였는데, 치우가 짙은 안개를 만들어 헌원의 병사들이 모두 길을 잃자, 황제가 지남거를 만들어 네 방위를 명확하게 했다."라고 하였다.

67 망양지탄 : 【攷證 卷2 亡羊】 양자(楊子)의 이웃 사람이 양을 잃어 찾으러 갔다가 빈손으로 돌아와서는 "갈림길 속에 다시 갈림길이 있어 양이 어디로 갔는지 알 수 없었다."라고 하니, 심도자(心都子)가 "큰길은 갈림길이 많아 양을 잃고〔多岐亡羊〕, 학자는 방법이 많아 방향을 잃는다."라고 하였다. 《列子 說符》【校解】《고증》에 '心都子'가 '楊子'로 되어 있는데, 통행본 《열자》에 의거하여 수정하였다.

(詩-內卷2-15)

적막한 푸른 등라 아래서 연구하느라 寂寞研窮向碧蘿
우리 동방의 문헌[69]들을 읽어보았노라 吾東文獻費吟哦
포옹[70]의 저술은 아쉽게도 인멸되었고 圃翁著述嗟漫滅
목로[71]의 문장에는 환설[72]이 많도다 牧老文章幻說多

-《포은집(圃隱集)》은 1권이니 공의 저술이 당연히 이뿐만이 아닐 텐데 애석하게도 찾아볼 길이 없다. 이목은(李牧隱 이색(李穡))은 기회 있을 때마다 부처를 배우지 않았다고 스스로 말했으나 불교를 거론한 내용이 많고 자세하게 설명했을 뿐만 아니라 우리 유학의 이론에 대해서는 매우 엉성하여 적확하게 설명한 부분이 없다.-

(詩-內卷2-16)

양촌의 《도설》[73]은 참으로 탁월하니 陽村圖說儘爲奇

68 지남거……만하다 : 【譯注】《심경부주》의 정민정 서문에서는 《심경》을 가리켜 한 말인데, 여기서는 주자의 학문을 이른다.

69 문헌 : 【攷證 卷2 文獻】'문(文)'은 전적이고, '헌(獻)'은 현자이다. 《論語集注 八佾 注》

70 포옹(圃翁) : 【譯注】 고려 시대 정몽주(鄭夢周, 1337~1392)로, 본관은 영일(迎日), 자는 달가(達可), 호는 포은(圃隱), 시호는 문충(文忠)이다.

71 목로 : 【攷證 卷2 牧老】 고려 시대 이색(李穡, 1328~1396)으로, 본관은 한산(韓山), 자는 영숙(穎叔), 호는 목은(牧隱), 시호는 문정(文靖)이고, 이가정(李稼亭 이곡(李穀))의 아들이다. 공민왕 2년(1353) 향시와 정동행성(征東行省)의 향시에 1등으로 합격하였다. 이듬해 원(元)나라에 가서 제과(制科)에 급제하고 돌아왔다가 1355년 서장관으로 원나라에 가서 한림원에 등용되었는데 이듬해 모친이 연로하다는 이유로 관직에서 물러나 고려로 돌아왔다. 우리 태조가 사신을 보내자, 그는 평민복 차림으로 맞이하면서 읍만 할 뿐 절은 하지 않았다. 1395년(태조4) 한산백(韓山伯)에 책봉하고, 오랜 벗의 예로써 대우하였다.

72 환설(幻說) : 불교의 설을 말한다.

하늘과 사람의 합일까지 그려내었지　　狀到天人合一時
다만 견강부회로 엮은 내용 되레 많은 듯하니　　秖恐猶多强牽綴
아쉽게도 나의 시 정정할 참된 안목 없구나　　恨無眞眼訂吾詩

-《입학도설(入學圖說)》은 도리를 설명한 내용이 참으로 세밀하다. 다만 '심(心)' 자로 천인합일의 이치를 형상화했으니,[74] 교묘하다면 교묘하다고 하겠으나 두찬[75]과 견강부회한 병통을 면치 못할 듯하다. 괘를 그을 때 바깥으로부터 시작한 것[76]도 이해할 수 없다.-

---

73 양촌의 도설 :【攷證 卷2 陽村】'양촌'은 권근(權近, 1352~1409)의 호로, 그는 본관이 안동(安東), 자가 가원(可遠), 시호가 문충(文忠)이다. 명(明)나라 태조 홍무(洪武) 2년(1369, 기유) 18세의 나이로 과거에 급제하였다. 태종이 즉위하여 추충익대 좌명공신(推忠翊戴佐命功臣) 4등에 녹훈하고 길창군(吉昌君)에 책봉하였다. 좌찬성과 대제학을 역임하였다.【校解】'도설'은《입학도설(入學圖說)》로, 권근이 초학자들을 위해 도해(圖解)의 방식으로 저술한 성리학 입문서이다. 이 가운데〈천인심성합일지도(天人心性合一之圖)〉는 송나라 주돈이의〈태극도설(太極圖說)〉과 주희의《중용장구》를 기반으로 만든 것으로, 성리학의 중심 개념인 태극·천명·이기·음양·오행·사단·칠정 등의 문제를 하나의 도표 속에 요약하고 이들의 상호관계와 각각의 특성을 설명하였다. 이 도설은 후대에 이황과 정지운(鄭之雲)의〈천명도설(天命圖說)〉에 영향을 주었다.

74 심(心) 자로……형상화했으니 :【譯注】권근의《입학도설》〈천인심성합일지도〉에서 '심' 자를 크게 그리고 그 글자 안에 성(性)과 정(情), 심(心)과 의(意), 사덕(四德)·사단(四端)·칠정(七情)의 항목 등을 적은 것을 이른다.

75 두찬 :【攷證 卷2 杜撰】이전 사람의 말을 막고 새로운 말을 만들어내는 것이다.《語錄解》○ 살펴보건대, 송(宋)나라 심작철(沈作喆)의《우간(寓簡)》권1에 "한(漢)나라 전하(田何)가《주역》에 뛰어나《주역》을 해설하는 자들이 전하를 근본으로 삼았다. 전하가 두릉(杜陵)으로 이주한 뒤에는 두전생(杜田生)이라고 불렀다. 속어에 근거 없이 지어낸 말을 두전이라고 하니, 전하의 역학(易學)이 스승으로부터 전승되지 않았음을 조롱하여 이렇게 말한 것이다."라고 하였다. 이것이 '두찬'이라는 두 글자의 유래이다.

76 괘를……것 :【譯注】권근의《입학도설》후집〈십이월괘지도(十二月卦之圖)〉는 태극을 중앙에 두고 원형으로 12월에 해당하는 괘를 배치했는데, 초효가 바깥에 있고 6획까지 태극을 향해 안으로 그려 놓은 것을 이른다. 권근은 이에 대하여 초학자들이 의심하기 쉽다고 하면서 수정하였고, 이 수정된 그림이 1547년 영천본《입학도설》에 추가되었는

(詩-內卷2-17)

점필재[77] 사문은 명성이 영원하리니　　佔畢師門百世名
문학 통해 도학으로 거슬러 올라　　沿文泝道得鴻生
반도 성공 못 한 채 애석히 환란 만났으니[78]　　成功未半嗟蒙難
혼매한 이들 일깨웠으나 오히려 깨지 않았구나　　喚起群昏尙未醒

-점필재는 시와 문장을 위주로 했으나 전아하여 도(道)에 가까웠다. 그 문인들은 공이 남긴 시문을 공부하면서 근원으로 거슬러 올라갔으니, 한훤당(寒暄堂 김굉필(金宏弼)) 같은 분들은 분발할 의지를 크게 다졌다. 그러나 큰 사업을 미처 완수하기 전에 큰 재앙이 이미 닥쳐 우리 유학의 액운이 되었고, 이는 시간이 갈수록 더욱 심해졌으니 한탄스럽기 그지없다.-

(詩-內卷2-18)

무릉[79]은 죽계[80]라는 이름 정말 좋아하고　　武陵眞愛竹溪名
웅장한 서원[81] 지어 후생을 가르쳤지　　作屋渠渠訓後生

데, 이황은 수정되기 전의 그림을 보고 이렇게 말한 듯하다.

77 점필재 : 【譯注】 김종직(金宗直, 1431~1492)으로, 본관은 선산(善山), 자는 계온(季昷)·효관(孝盥), 호는 점필재(佔畢齋), 시호는 문충(文忠)이다.

78 환란 만났으니 : 【攷證 卷2 蒙難】《주역》〈명이괘(明夷卦) 단전(彖傳)〉에 "안은 문명(文明)의 덕이 있고 밖은 유순하여 큰 환란을 무릅썼으니[蒙大難], 문왕이 이것을 사용하였다."라고 하였다. ○ 살펴보건대, 환란은 바로 무오사화(戊午士禍)이다.

79 무릉 : 【攷證 卷2 武陵】 주경유(周景遊 주세붕(周世鵬))는 칠원(漆原)에 거주했는데, 칠원은 무릉(武陵)이라고도 한다. 또 일찍이 무릉동에 거주한 적이 있기 때문에 이렇게 말한 것이다. 【校解】 주세붕(1495~1544)은 본관이 상주(尙州), 자가 경유, 호가 남고(南皐)·무릉도인(武陵道人)·손옹(巽翁)·신재(愼齋)이다.

80 죽계(竹溪) : 【譯注】 경북 영주시(榮州市) 순흥면(順興面) 읍내를 관통하는 시내 이름이다.

81 서원 : 【譯注】 주세붕이 1543년(중종38) 풍기 군수(豊基郡守)로 있을 때 건립한

도통으로 추존한 건 큰 잘못이나　　道統推尊雖已過
사람의 혼매한 마음 어찌 일깨움이 없었으랴　　人心昏寐豈無醒

-주경유(周景遊 주세붕(周世鵬))가 서원을 처음 건립한 것은 매우 훌륭한 일이다. 그러나 그는 곧장 문성공(文成公)[82]을 추대하여 도통을 이은 진전(眞傳)으로 삼으려 했으니, 이는 매우 옳지 않다.-

(詩-內卷2-19)

마음속 많은 생각 시로 읊었으나[83]　　幽懷多少寄吟窓
결국 빈말이라 곡조에 맞지 않는다[84]　　畢竟空言不入腔
감춰두고 남들에게 전하지 말라　　襲置無令傳衆手
누구나 다 곧바로 수긍하진[85] 않을 테니　　人人未必便心降

백운동서원(白雲洞書院)으로, 우리나라 최초의 서원이다.

82 문성공(文成公) : 【譯注】 고려 시대 안향(安珦, 1243~1306)으로, 본관은 순흥, 초명은 유(裕), 자는 사온(士蘊), 호는 회헌(晦軒), 시호는 문성이다. 1289년(충렬왕15) 원(元)나라에 가서 주희의 책을 손수 베끼고 공자와 주희의 화상을 그려 이듬해 돌아오는 등 주자학을 수용하는 데 힘썼다.

83 마음속……읊었으나 : 【譯注】 조목이 계상(溪上)으로 찾아왔다가 구봉령과 김팔원이 권대기에게 화답한 칠언절구 60수와 구봉령이 지은 칠언율시 5수에 대해 말하자 이황이 그 시들을 보여달라고 하였다. 조목은 돌아간 뒤에 즉시 이황에게 그 시들을 보내주고, 이황은 그 시들에 대해 차운시 65수를 지었다. 《定本退溪全書 卷3 辛亥早春趙秀才士敬訪余於退溪……》

84 곡조에 맞지 않는다 : 【攷證 卷2 不入腔】 살펴보건대, '강(腔)'은 노래의 곡조이다. 사람들은 소식이 지은 사(詞)가 비록 아름답지만 대부분 곡조에 맞지 않는다고 했으니, 이는 바로 노래로 부를 수 없었기 때문이다.

85 수긍하진 : 【攷證 卷2 心降】 송(宋)나라 소식의 〈옛일로 감상에 젖어 지은 시〔感舊詩〕〉에 "나라의 은혜 언제 다 갚을까, 내 마음 내려놓은 건 이미 오래전인데.〔報國何時畢, 我心久已降.〕"라고 하였다.

KNP0124(詩-內卷2-20)

한숨을 쉬다 【신해년(1551, 명종6, 51세) 1월 하순 추정. 예안(禮安)】

有嘆

이 세상 어떤 이가 제일류인가	今世何人第一流
단단히 척추 세워 천년 사업 짊어지는[86] 사람이지	脊梁硬鐵擔千秋
맛이 적음을 알아야 다시 맛이 많아지니	須知少味還多味
시름 없다고 말하면 되레 시름 생기는 법	若道無愁轉有愁
사씨는 이락 섬겨 명리 관문 통과하고[87]	謝透利關緣事洛
호씨는 부릉 섬겨 탁해진 마음 씻었거늘[88]	胡明物漬爲從涪
슬퍼라, 내 인생 반백 년 의지할 분 없으니	自憐半百無歸仰

86 단단히……짊어지는 : 【攷證 卷2 脊梁硬鐵擔千秋】 소남(少南) 화상이 스승을 좇아 참선했는데, 하루는 어쩌다가 기대어 앉으니 스승이 이를 보고 질책하면서 "어찌 그렇게도 척추뼈가 없느냐."라고 하자, 소남이 꼿꼿이 앉고는 이로부터 종신토록 기대어 앉지 않았다. 《朱子語類 卷121》 ○ 《강록(江錄)》에 "척추를 강철처럼 단단히 붙인 뒤라야 천 년 동안 전해지지 않은 학문을 떠맡을 수 있다."라고 하였다.

87 사씨는……통과하고 : 【攷證 卷2 謝透利關】 '사씨'는 송(宋)나라 사양좌(謝良佐, 1050~1103)로, 본관은 채주(蔡州) 상채(上蔡), 자는 현도(顯道), 호는 상채, 시호는 문숙(文肅)이고, 정자(程子)의 문인이다. ○ 사양좌의 〈강후 호안국(胡安國)에게 답한 짧은 편지〔答胡康侯小簡〕〉에 "명예와 이록의 관문을 통과해야 비로소 조금 쉴 수 있다.〔透得名利關, 方是少歇處.〕"라고 하였다. 【校解】 '이락(伊洛)'은 이수(伊水)와 낙수(洛水)로, 정호(程顥)와 정이(程頤) 형제가 이 부근에 살았다.

88 호씨는……씻었거늘 : 【攷證 卷2 胡明物漬爲從涪】 '호씨'는 송(宋)나라 호헌(胡憲, 1084~1162)으로, 본관은 건주(建州) 숭안(崇安), 자는 원중(原仲), 호는 적계(籍溪)이다. 부릉(涪陵) 사람 초천수(譙天授)에게 《주역》을 배웠는데 오래도록 이해하지 못하자, 초천수가 "마음이 물욕에 젖어 있어 터득하지 못하는 것이니, 오직 학문을 닦아야만 이해할 수 있다."라고 하였다.

변함없이 세상의 쓸쓸한 부류로다[89] 依舊人間寂寂儔

89 쓸쓸한 부류로다 : 【攷證 卷2 寂寂儔】 남조 시대 제(齊)나라 왕융(王融)은 재주와 문벌을 자부했는데, 30세 이전에 공보(公輔)가 될 가망이 있었다. 중서랑이 되어 밤에 중서성에서 숙직할 때 책상을 톡톡 치면서 "이렇듯 적막한 신세이니 등우가 비웃겠군.〔爲爾寂寂, 鄧禹笑.〕"이라고 탄식하였다. 그 주석에 "'이(爾)'는 '이와 같다'는 뜻이다. '적적'은 썰렁하고 적막하다는 뜻이다. 한(漢)나라 등우는 24세에 사도(司徒)가 되었는데, 왕융의 나이가 이미 24세를 넘었기 때문에 이렇게 말한 것이다."라고 하였다. 《資治通鑑綱目 卷28》《資治通鑑 齊紀4 世祖武皇帝下 注》【校解】 여기서는 마음을 닦는 공부가 완성되지 않은 사람이라는 뜻이다.

KNP0125(詩-內卷2-21~22)

청명절[90]에 계상 서당에서. 2수 【신해년(1551, 명종6, 51세) 2월 1일 추정. 예안(禮安)】

清明溪上書堂 二首

한서암(寒棲庵)[91]을 철거한 뒤에 시내 북쪽으로 옮겨 작은 서당을 지었다. 두보(杜甫)의 시[92]에 차운하다.

(詩-內卷2-21)

맑은 시내 둘러 있어 겹겹 이내 자욱한 곳	清溪環繞幾重烟
시냇가에 지은 집 겨우 조각배 크기[93]	結屋溪邊僅若船
서둘러 지어 엉성한 집 손님들 웃거나 말거나	造次規模從客笑
한적하고 외진 형세 나와는 천생연분	幽偏形勢得吾緣
연분홍 꽃 피려 하여 기쁨을 머금고	輕紅欲發花迎喜
연녹색 풀 막 돋아 어여쁨을 띤다[94]	嫩碧初生草帶憐

90 청명절 : 【攷證 卷2 清明】 춘분 이후 15일이 청명이다.

91 한서암(寒棲庵) : 【譯注】 안동시 도산면 퇴계 종택에서 시내를 건너 동편 산록에 위치한 건물로, 1550년(명종5) 이황이 50세 때에 지었는데, 정습당(靜習堂)과 유정문(幽貞門)이 있다.

92 두보(杜甫)의 시 : 【譯注】《두소릉시집(杜少陵詩集)》 권22의 〈청명(清明)〉 시를 이른다.

93 지은……크기 : 【攷證 卷2 結屋若船】 송(宋)나라 소식(蘇軾)의 〈한식날 비 내리다〔寒食雨〕〉 시 2수 중 제2수에 "고깃배 같은 작은 집, 아득히 비구름 속에 있네.〔小屋如漁舟, 濛濛水雲裏.〕"라고 하였다.

94 풀……띤다 : 【攷證 卷2 草帶憐】 당(唐)나라 위응물(韋應物)의 〈저주의 서간에서〔滁州西澗〕〉 시에 "시냇가에 자란 그윽한 풀 유독 어여쁘고, 위에는 꾀꼬리가 깊은 나무 위에서 운다.〔獨憐幽草澗邊生, 上有黃鸝深樹鳴.〕"라고 하였다.

입안으로 술 들어오자 바로 얼근해지고[95]	酒入口中纔盎若
붓끝에서 시 지어지자 이미 초연해지네	詩從筆下已超然
유림의 도는 본래 세속에 맞기 어려우니	儒林道故難諧俗
남자인데도[96] 한 푼 값도 못 되는 일 많아라	男子身多不直錢
아쉽게도 한평생 도를 아는 이 못 만났으니	恨未一生逢有道
천고의 학문에 이내 마음 바룰 길 없구나	此心無路訂千年

(詩-內卷2-22)

마음 통하면 한 마디로 도의 전수 인정하니[97]	心通一語道猶東
뜻이 다르면 농인에게 귀를 빌리는 격이지[98]	志異何殊聽借聾
지금도 이욕은 황하가 바다로 내달리듯 거세고	利欲只今河決海

95 얼근해지고 : 【攷證 卷2 盎若】《주례》〈천관(天官) 주정(酒正)〉에 "주정은 오제(五齊)를 분변한다. 세 번째가 앙제(盎齊)이다."라고 하였는데, 한(漢)나라 정현(鄭玄)의 주석에 "'앙'은 옹(翁)과 같으니, 술이 완성되었을 때 옹옹하게 청백색이다."라고 하였다. 혹자는 "'앙약'은 술을 마신 뒤에 크게 취한다는 뜻이다."라고 하였다. 【要存錄 卷2 盎若】'앙약'은 차서 넘친다는 뜻이고, 또 풍성하다는 뜻이다.

96 남자인데도 : 【譯注】 동식물이나 여자로 태어나지 않고 남자로 태어난 것이 가치 있다는 뜻이다. 송나라 소옹(邵雍)의 〈관물음(觀物吟)〉 시에 "이목이 총명한 남자의 몸이니, 하늘이 부여한 바가 빈약하지 않지.〔耳目聰明男子身, 洪鈞賦與不爲貧.〕"라고 하였다.

97 마음……인정하니 : 【攷證 卷2 心通一語道猶東】 살펴보건대, 한(漢)나라 정현이 마융(馬融)의 문하에서 3년 동안 수학할 때 하루는 마융이 정현과 대화를 나누었는데 정현이 모든 내용에 정통하였다. 정현이 마침내 하직하고 돌아가니, 마융이 "나의 도가 동쪽으로 가는구나.〔吾道東矣〕"라고 탄식하였다. 《後漢書 鄭玄列傳》

98 농인에게……격이지 : 【攷證 卷2 聽借聾】 당(唐)나라 한유(韓愈)의 〈진상(陳商)에게 보낸 답장〔答陳生書〕〉에 "농인에게 귀를 빌리고, 맹인에게 길을 묻는 격이다.〔借聽於聾, 求道於盲.〕"라고 하였다.

예부터 공명은 새가 허공을 지나가듯 덧없다	功名從古鳥過空
해마다 백성은 하소연할 곳 없어 괴로워하고	年年民俗困無告
개개의 인정은 자기와 다르다고 싫어하누나	箇箇人情嫌不同
풍광은 아쉽게도[99] 고갯마루 해를 재촉하고	有恨風光催嶺日
봄빛은 말없이 시냇가 신나무에 가득하다	無言春色滿溪楓
병든 뒤에 심한 독서벽[100] 조금 줄였으나	病來稍減書癡絶
시름겨워 술에 빠지는[101] 건 참기 어려워라	愁處難禁酒聖中

99 아쉽게도 : 【攷證 卷2 有恨】 '한(恨)'은 '한(限)'의 오류인 듯하다.

100 심한 독서벽 : 【攷證 卷2 書癡絶】 당나라 이제옹(李濟翁 이광예(李匡乂))이 "책을 빌려주는 것이 첫째 어리석음, 책을 아껴 빌려주지 않는 것이 둘째 어리석음, 빌려준 책을 돌려달라고 하는 것이 셋째 어리석음, 빌려온 책을 돌려주는 것이 넷째 어리석음이다."라고 하였다. 《藝苑雌黃 引用 資暇集 卷下》 고개지(顧愷之)는 박학다식하고 그림을 잘 그렸다. 세상에서 그에 대하여 삼절(三絶)이라고 했으니, 최상의 재주〔才絶〕, 최상의 그림 솜씨〔畫絶〕, 최상의 어리석음〔癡絶〕이다. 《晉書 顧愷之列傳》 ○ 살펴보건대, 속어에 "책을 빌려주는 것도 하나의 술단지〔瓻〕로 하고, 책을 돌려주는 것도 하나의 술단지로 한다."라고 하는데, 와전되어 '치(瓻)'를 '치(癡)'라고 하는 것은 옳지 않다. 《聞見後錄 卷27》 '치(瓻)'는 술을 담는 항아리로, 《집운(集韻)》에 "책을 빌려줄 때 술을 담는 단지로 한다."라고 하였으나, 여기서는 '치(癡)'와 '절(絶)'을 연결하였으니 단지 '치(癡)'의 뜻으로 이해해야 할듯하다. 【校解】 《고증》의 해설보다 서치(書癡)의 고사가 적당한 듯하니, '서치'는 공부만 하는 사람을 이른다. 당나라 두위(竇威)의 집안은 대대로 무공을 세워 권세가가 되었는데, 두위의 형제들은 모두 무예를 숭상했으나 두위만 글공부에 몰두하였기 때문에 그의 형들이 그를 서치라고 불렀다. 《新唐書 竇威列傳》

101 술에 빠지는 : 【攷證 卷2 酒聖中】 삼국 시대 위(魏)나라 태조(太祖) 때에 금주령을 내렸는데, 상서령 서막(徐邈)이 몰래 마셔 만취하고는 "성인에게 걸려들었다.〔中聖人〕"라고 하였다. 태조가 크게 화를 내자, 선우보(鮮于輔)가 "취객들은 청주를 성인이라 하고 탁주를 현인이라고 하는데, 서막이 어쩌다가 취해서 말한 것일 뿐입니다."라고 하였다. 뒤에 문제(文帝)가 서막에게 "자못 다시 성인에게 걸려드는가?"라고 물으니, 서막이 "제가 좋아하여 자제하지 못하니 때때로 다시 걸려들곤 합니다."라고 하자, 문제가 크게 웃었다. 《三國志 魏書 徐邈傳》 당나라 이백(李白)의 〈홀로 마시다〔獨酌〕〉 시에 "이미

보과희전[102] 그 훌륭한 가르침 남겨 주셨으니　　補過希前垂至戒
나로 하여금 자양옹[103]을 길이 생각하게 하누나　　令人長憶紫陽翁

청주를 성인에 비긴다고 들었으니, 다시 탁주는 현인과 같다고 말하노라.〔已聞淸比聖, 復道濁如賢.〕"라고 하였다. 송(宋)나라 소식의 〈태수인 군유 서대수(徐大受)와 통수인 맹형지가 모두 술을 마시지 않으니 시를 지어 그들을 놀리다〔太守徐君猷通守孟亨之皆不飮酒以詩戲之〕〉 시에 "공들만 유독 그 아취를 모르시니, 신은 요즘 때로 다시 한 번씩 걸려듭니다.〔公獨未知其趣爾, 臣今時復一中之.〕"라고 하였다.

102 보과희전 : 【譯注】 송나라 주희(朱熹)의 〈거처를 정하다〔卜居〕〉 시에 "글을 써서 후대의 철인을 기다리고, 허물 고쳐 선현처럼 되기를 바라네.〔著書俟來哲, 補過希前脩.〕"라고 하였다.

103 자양옹 : 【譯注】 송나라 주희를 가리킨다. 【攷證 卷2 紫陽翁】 살펴보건대, 주자가 건녕부(建寧府) 숭안현(崇安縣) 오부리(五夫里)에 거주할 때 독서·강학하던 집을 자양서당(紫陽書堂)이라고 명명하였다.

KNP0126(詩-內卷2-23~28)

봄날 한가하게 지내면서 두보의 〈절구〉 6수[104]에 차운하다

【신해년(1551, 명종6, 51세) 2~3월 추정. 예안(禮安)】

春日閒居 次老杜六絶句

(詩-內卷2-23)

어제 구름이 땅에 드리우더니[105]	昨日雲垂地
오늘 아침에 비가 진흙을 적시네	今朝雨浥泥
숲 가지 쳐내 들 사슴 다니게 하고[106]	開林行野鹿
버들가지 엮어 뒷밭의 닭을 막는다	編柳卻園雞

(詩-內卷2-24)

어지러이 피는 산꽃 그저 내버려두니	不禁山花亂
오솔길의 많은 풀 또 어여쁘다	還憐徑草多
뜻 맞는 이 기약하고 오지 않으니[107]	可人期不至

104 두보의 절구 6수 : 【譯注】《두소릉시집(杜少陵詩集)》 권13에 보인다.

105 구름이 땅에 드리우더니 : 【攷證 卷2 雲垂地】 송(宋)나라 소식(蘇軾)의 〈9월 15일 이영각에서 《논어》를 강론하다……〔九月十五日邇英講論語……〕〉 시에 "수놓은 치마 화려한 곤룡포 구름이 땅에 드리운 듯, 오동나무 잎 자르며 장난친 성왕과는 다르지.〔綉裳畫袞雲垂地, 不作成王剪桐戲.〕"라고 하였다.

106 들……하고 : 【攷證 卷2 行野鹿】 고시에 "울타리 엮어 들 사슴 막네.〔編籬防野鹿〕"라고 하였다. 【校解】 《고증》의 인용시는 출전이 미상이다.

107 뜻……않으니 : 【攷證 卷2 可人期不至】 《예기》 〈잡기 하(雜記下)〉에 "함께 종유하는 자들 때문에 범법 행위를 했으나 벼슬을 줄 만한 괜찮은 사람〔可人〕입니다."라고 하였다. 진나라 환온(桓溫)이 왕돈(王敦)에 대해 '재주 있는 사람〔可人〕'이라고 하였다. 《晉書 桓溫列傳》 진후산(陳后山 진사도(陳師道))의 〈절구(絶句)〉 시 4수 중 제4수에 "마음

이 좋은 술을 어이할거나　　柰此綠尊何

(詩-內卷2-25)

물소리는 골짜기 어귀를 감싸고　　水聲含洞口

구름 기운은 산허리를 휘감는다　　雲氣帶山腰

조는 학은 모래톱에 가만히 서 있고　　睡鶴沙中立

놀란 다람쥐는 나무 위에서 뛰노누나　　驚鼯樹上跳

(詩-內卷2-26)

산밭에는 콩과 조가 잘 자라고　　山田宜菽粟

약초밭엔 싹과 뿌리가 많아라　　藥圃富苗根

북쪽 외나무다리[108] 남쪽 외나무다리와 통하고　　北彴通南彴

새 마을은 옛 마을과 이어져 있지　　新村接舊村

(詩-內卷2-27)

나무꾼은 한가로이 골짝을 나서고　　樵人閒出谷

새끼 참새는 다투어 처마에 깃든다　　乳雀競棲簷

내 집은 하윤의 집처럼 작지만[109]　　小閣同何胤

에 맞는 글은 쉽게 독파되는데, 뜻 맞는 손님은 기약하고 오지 않네.〔書當快意讀易盡, 客有可人期不來.〕"라고 하였다.

108 외나무다리 : 【攷證 卷2 彴】'彴'은 독음이 작(勺)이다.《광운(廣韻)》에 "강을 건너기 위해 나무를 걸쳐 놓은 것이 '작'이다."라고 하였다.

109 내……작지만 : 【攷證 卷2 小閣同何胤】남조 시대 하윤(何胤)은 자가 윤숙(胤叔)이다. 약야산(若邪山) 운문사(雲門寺)에 가서 거처했는데, 약야산이 협소하여 학생을 수용

송섬의 높은 누대와는 다르지[110] 高臺異宋纖

(詩-內卷2-28)

천 가지 버들 녹색으로 물들고 綠染千條柳
만 송이 꽃 붉게 타는 듯하며[111] 紅燃萬朶花
산꿩의 타고난 모습 씩씩하고 호방하니 雄豪山雉性
시골 사람의 집이 이로써 화려하구나[112] 奢麗野人家

하지 못한다고 여기고는 진망산(秦望山)으로 옮겨 학당을 지었다. 숲에 의지해 울타리를 만들고 바위로 담을 삼으며 별도로 '작은 집〔小閣〕'을 지은 뒤에 그곳에서 머물며 몸소 문을 여닫았으니 동복조차 접근하지 못하였다.《南史 何胤列傳》

110 송섬의……다르지 :【譯注】만나러 온 사람을 거절한 송섬(宋纖)과는 달리 이황은 방문하는 이들을 맞이한다는 뜻이다.【攷證 卷2 高臺異宋纖】진나라 송섬(宋纖)은 본관이 돈황(燉煌), 자가 영애(令艾)·영문(令文), 시호가 현허 선생(玄虛先生)이다. 주천현(酒泉縣)에 은거했는데, 원대한 지조가 있어 세상 사람과 교유하지 않았다. 태수 마급(馬岌)이 방문했는데, 그는 높은 누대〔高臺〕와 겹겹 복도 속에 있으면서 거절하고 만나주지 않았다. 마급이 "이름은 들을〔聞〕 수 있으나 몸은 볼 수 없고, 덕은 우러러볼 수 있으나 모습은 볼 수 없구나. 이렇게 되어서야 선생은 사람 가운데 용과 같은 분이라는 것을 알겠도다."라고 탄식하고는 석벽에 그를 칭송하는 시를 새겼다.《晉書 宋纖列傳》【校解】《고증》에 '聞'이 '望'으로 되어 있는데, 통행본《진서》에 의거하여 수정하였다.

111 만……듯하며 :【攷證 卷2 紅燃萬朶花】당(唐)나라 두보(杜甫)의〈절구(絶句)〉시 2수 중 제2수에 "강물이 푸르니 새는 더욱 하얗고, 산이 푸르니 꽃은 불타는 듯.〔江碧鳥逾白, 山青花欲燃.〕"이라고 하였다. 당나라 유우석(劉禹錫)의〈한씨 집 18번째인 시어사 한유(韓愈)가「악양루에서 두 사직과 이별하다」시를 보여주다……〔韓十八侍御見示岳陽樓別竇司直……〕〉시에 "붉은 소매는 꽃이 불타는 듯, 은색 등불은 대낮처럼 밝구나.〔紅袖花欲然, 銀燈晝相似.〕"라고 하였다.【校解】《고증》에서 유우석을 한유라고 한 것은 오류이고, 그 시의 '然'이 '燃'으로 되어 있는데, 통행본《유빈객집(劉賓客集)》에 의거하여 수정하였다.

112 시골……화려하구나 :【譯注】소박한 시골 사람의 집이지만 푸른 버들, 붉은 꽃, 멋진 꿩이 있어 화려하다는 뜻이다.

KNP0127(詩-內卷2-29)

이농암 선생이 계상 서당에 왕림하시다[113] 【신해년(1551, 명종6, 51세) 3월 4~10일 추정. 예안(禮安)】

聾巖先生來臨溪堂

지난해엔 시내 서쪽 초가집에서 지냈는데	溪西茅屋憶前年
올해에 시내 북쪽으로 또 터 잡아 옮겼네[114]	溪北今年又卜遷
제일의 영광은 춘추 높은 선백[115]께서	第一光華老仙伯
해마다 온갖 꽃 핀 이곳에 오시는 거지	年年臨到萬花邊

113 이농암……왕림하시다 : 【譯注】 '이농암'은 이현보(李賢輔, 1467~1555)로, 그는 본관이 영천(永川), 자가 비중(棐仲), 호가 농암(聾巖)·설빈옹(雪鬢翁), 시호가 효절(孝節)이다. 이 시에 차운한 이현보의 시가 《농암집》 권1에 〈「계당 방문을 감사하다」 시에 삼가 차운하다. 절구 1수〔奉次溪堂謝往一絶〕〉라는 제목으로 실려 있고, 이황의 시가 원운시로 실려 있다.

114 시내……옮겼네 : 【譯注】 《정본 퇴계전서》 권1의 〈청명절에 계상 서당에서. 2수〔淸明溪上書堂二首〕〉 시의 원주에 "한서암(寒棲庵)을 철거한 뒤에 시내 북쪽으로 옮겨 작은 서당을 지었다."라고 하였다.

115 선백(仙伯) : 【譯注】 신선의 우두머리로 보통 신선이나 관직이 높고 문장이 뛰어난 사람을 이르는 말인데, 여기서는 이현보를 가리킨다.

KNP0128(詩-內卷2-30)

11일 밤 이농암[116] 선생을 모시고 살구꽃 아래에서 달빛을 받으며 술을 마시다. 소동파 시[117]의 운자를 사용하여 짓다 【신해년(1551, 명종6, 51세) 3월 11일. 예안(禮安)】

十一夜陪聾巖先生 月下飮酒杏花下 用東坡韻

늦봄도 저물려던 지난해 봄엔	暮春欲暮前年春
꽃만 피고 달 없어 아쉽기 그지없더니[118]	花開月缺愁殺人
늦봄이 반도 안 된 올해 봄엔	暮春未半今年春
달빛이 꽃나무에 가득하고 바람이 마름에 인다[119]	月滿花樹風生蘋
시냇가 술자리에 고상한 흥취 솟아나자	臨流對酒高興發
부질없는 만 곡 시름 눈 녹듯 사라지니[120]	萬斛閒愁如沃雪

116 이농암 : 【譯注】 이현보(李賢輔, 1467~1555)로, 그는 본관이 영천(永川), 자가 비중(棐仲), 호가 농암(聾巖)·설빈옹(雪鬢翁), 시호가 효절(孝節)이다.

117 소동파 시 : 【譯注】 '소동파(蘇東坡)'는 송(宋)나라 소식(蘇軾)으로, 그의 시는 《동파전집(東坡全集)》 권10의 〈달이 뜬 밤에 손님과 살구꽃 아래에서 술을 마시다〔月夜與客飮杏花下〕〉이다.

118 늦봄도……그지없더니 : 【譯注】 1550년(명종5)에 지은 〈농암 선생을 뵈니 선생은 가비(歌婢)에게 소동파의 「달밤에 행화 아래에서 술을 마시다」 시를 노래하게 하였다……〔拜聾巖先生先生令侍兒歌東坡月夜飮杏花下詩……〕〉 시 참조. 《定本退溪全書 卷1》

119 바람이 마름에 인다 : 【譯注】 거센 바람으로 변하기 전의 미풍이다. 【攷證 卷2 風生蘋】 전국 시대 초(楚)나라 송옥(宋玉)의 〈풍부(風賦)〉에 "바람은 땅에서 생겨, 마름 끝에서 일어난다.〔風生於地, 起於靑蘋之末.〕"라고 하였다.

120 부질없는……사라지니 : 【攷證 卷2 萬斛閒愁如沃雪】 북주(北周) 유신(庾信)의 〈수부(愁賦)〉에 "한 치 작은 마음에, 만 곡의 이 시름을 담는다.〔且將一寸心, 容此萬斛愁.〕"라고 하였다. 《韻府羣玉 卷8》 송나라 소식의 〈저작랑 악경(樂京)의 「술을 보내다」 시에 차운하다〔次韻樂著作送酒〕〉 시에 "만 섬의 나그네 시름 온통 흰 눈과 같으니, 한 병의

동파 신선 훌쩍 떠난 지 몇 해나 되었나 蘇仙一去幾今古
술잔 속 조각달 하나 변함이 없어라[121] 依舊杯中一片月
아름다운 시[122] 다 읊은 천막 정자[123]에 唱徹瓊詞幔亭中
신선의 풍모 그 호기가 허공을 나는 듯하여라[124] 仙風浩氣如憑空
강가 누각에서 취해 잘 때 꽃향기가 품에 가득하니 醉宿江樓香滿懷
꿈속의 넋도 홍진 자욱한 서울[125]엔 가지 않누나 夢魂不到東華紅

봄 술로 어떻게 녹이랴.〔萬斛羈愁都似雪, 一壺春酒若爲湯?〕"라고 하였다. 【校解】《고증》의 소식 시에 '愁'가 '閒'으로 되어 있는데, 통행본 《동파전집》에 근거하여 수정하였다.

121 술잔……없어라 : 【攷證 卷2 依舊杯中一片月】 송나라 소식의 〈달이 뜬 밤에 손님과 살구꽃 아래에서 술을 마시다〉 시에 "산성의 맛없는 술 마시기 어려우니, 그대 우선 잔 속의 달을 들이키게.〔山城薄酒不堪飮, 勸君且吸杯中月.〕"라고 하였다.

122 아름다운 시 : 【攷證 卷2 瓊詞】 송나라 소식의 〈달이 뜬 밤에 손님과 살구꽃 아래에서 술을 마시다〉 시를 가리킨다.

123 천막 정자 : 【譯注】 장막을 둘러쳐서 임시 정자로 삼은 곳이다.

124 호기가……듯하여라 : 【攷證 卷2 浩氣如憑空】 송나라 소식의 〈전적벽부(前赤壁賦)〉에 "넘실넘실 허공을 날고 바람 몰아 그칠 곳을 모르는 것 같고, 사뿐사뿐 속세 버리고 우뚝 서서 깃 돋아 신선으로 등천하는 것 같네.〔浩浩乎如憑虛御風, 而不知其所止; 飄飄乎如遺世獨立, 羽化而登仙.〕"라고 하였다.

125 서울 : 【攷證 卷2 東華】 살펴보건대, '동화'는 문의 이름이니, 바로 모든 관료가 드나드는 곳이다.

KNP0129(詩-內卷2-31~40)

계상 서당에서 우연히 흥취가 일다. 절구 10수[126] 【신해년(1551, 명종6, 51세) 3월 추정. 예안(禮安)】

溪堂偶興 十絶

(詩-內卷2-31)

사방 산기슭엔 붉은 비단 펼쳐진 듯　　四麓唯紅錦
양편 숲에는 푸른 비단 널려 있는 듯　　雙林是碧羅
어찌 알랴, 소박한 이곳이　　豈知淳朴處
되레 조화옹의 자랑거리 될 줄을　　還被化工誇

(詩-內卷2-32)

시냇물 가로질러 외나무다리 놓여 있고　　彴跨溪聲度
골짜기 형세 따라 서당이 열렸네　　堂依壑勢開
남들이야 몹시 외지다고 비웃건 말건　　從他笑深僻
내 분수[127]로는 한가히 거닐기에 충분하지　　素履足徘徊

126 계상……10수 : 【譯注】 이 시에 차운한 이현보(李賢輔)의 시가 《농암집(聾巖集)》 권1에 〈「계상 서당. 절구」 시를 삼가 잇다〔奉賡溪堂絶句〕〉라는 제목으로 7수, 《농암집》 속집 권1에 〈「계상 서당. 절구 10수」 시를 삼가 잇다〔奉賡溪堂十絶〕〉라는 제목으로 3수가 실려 있다.

127 내 분수 : 【攷證 卷2 素履】 《주역》 〈이괘(履卦) 초구(初九) 상전(象傳)〉에 "평소의 본분을 편안히 행하여 가는 것〔素履之往〕은 오로지 마음에 원하는 것을 행하는 것이다."라고 하였는데, 송(宋)나라 정이천(程伊川 정이(程頤))의 주석에 "빈천한 본분에 편안한 것〔安其貧賤之素〕은 장차 큰일을 하기 위한 것이니 이익 때문이 아니다."라고 하였다. 【校解】 《고증》에서 인용한 정이의 글은 송나라 이형(李衡)의 《주역의해촬요(周易義海

(詩-內卷2-33)

거울 펼친 듯 맑은 연못 만들고[128] 開鏡爲蓮沼
구름 헤쳐 높은 석문[129] 만들었지 披雲作石門
따스한 바람 솔솔 불어오고 和風吹澹蕩
때맞춘 단비 내려 만물이 움트누나 時雨發絪縕

(詩-內卷2-34)

바위틈에 틔운 샘 멀리 끌어오고 石竇疏泉遠
산밑에 정한 거처 그윽하고 외지다 山根卜宅幽
손님 올 땐 몹시 험한 길 근심스러우나 客來愁絶險
다시 그가 떠나면 참으로 한적해지지 還往儘悠悠

撮要)》 권1에 보인다. 통행본 《이천역전(伊川易傳)》에는 "평소의 본분을 편안히 행하여 가는 것〔安履其素而往者〕은 구차히 이익을 취하려는 것이 아니요, 단지 자신이 원하는 것을 행할 뿐이다."라고 하였다.

128 거울……만들고 : 【攷證 卷2 開鏡爲蓮沼】 광영당(光影塘)을 가리키는 듯하다. 퇴계 선생은 경술년(1550, 명종5)에 한서암(寒棲庵) 앞에 연못을 파고, 주자 선생의 〈글을 읽다가 감회에 젖다〔觀書有感〕〉 시 2수 중 제2수의 '반 이랑 방당이 거울처럼 맑으니, 하늘빛과 구름 그림자 함께 오락가락.〔半畝方塘一鑑開, 天光雲影共徘徊.〕'이라는 구절에서 뜻을 취하여 이름을 지었다. 【校解】 한서암의 광영당은 1550년에 조성되었고 이 시는 1551년에 지어졌으니, 계상 서당으로 옮긴 뒤에 또 연못을 판 듯하다.

129 석문 : 【攷證 卷2 石門】 당(唐)나라 태종(太宗) 정관(貞觀) 연간에 화음현(華陰縣)의 운대관(雲臺觀)에 머물던 유 법사(劉法師)가 장공필(長公弼)을 따라 2~30리를 가다가 석벽 아래에 이르자, 장공필이 손가락으로 석벽을 두드렸다. 그 속에서 어떤 사람이 누구냐고 묻자, 장공필이 아무개라고 대답하였다. 마침내 갑자기 문 하나가 열려 들어가자 문이 닫히고, 또 석벽이 솟아났다. 《太平廣記 卷18》

(詩-內卷2-35)

구름은 온종일 비를 머금고 盡日雲含雨
새들은 한참 동안 봄을 부른다 移時鳥喚春
산골 마을이라 범도 자못 친근하고 山村頗狎虎
시냇가 길엔 마주치는 사람도 적지 溪路少逢人

(詩-內卷2-36)

유선침[130] 베고 꿈에 빠졌다가 已著游仙枕
다시 창문 열고 《주역》을 읽노라 還開讀易窓
천종 봉록은 손쉽게 얻을 게 아니니[131] 千鍾非手搏
여섯 벗이 서로 마음에 맞을 뿐 六友是心降

-소나무·대나무·매화·국화·연꽃, 그리고 내가 벗이 되었다.-

(詩-內卷2-37)

뻐꾸기는 농사일 재촉하고[132] 布穀催田務

---

130 유선침 : 【攷證 卷2 游仙枕】 구자국(龜玆國)에서 마류옥(瑪瑠玉)으로 만든 베개를 바쳤는데, 이것을 베고 자면 신선이 산다는 십주(十洲)와 삼도(三島)가 모두 꿈속에 나타났다. 이 때문에 '유선침'이라고 불렀다. 《開元天寶遺事》

131 천종……아니니 : 【譯注】 '종(鍾)'은 춘추 시대 제(齊)나라의 공식적인 용량 단위로 6곡(斛) 4두(斗)였고, '천종(千鍾)'은 많은 양식이나 큰 봉록을 이르는 말이다. 【攷證 卷2 千鍾非手搏】 송(宋)나라 충방(种放)이 왕사종(王嗣宗)에게 "그대는 손으로 쳐서 장원급제를 탈취했소.〔君手搏得壯元〕"라고 하였다. 《宋史 王嗣宗列傳》 【校解】 진사가 된 왕사종이 전각 앞에서 조창언(趙昌言)과 장원을 다투었는데, 태조가 손으로 쳐서 이기는 자를 장원으로 삼겠다고 하였다. 대머리인 조창언의 모자를 왕사종이 손으로 치고는 자기가 이겼다고 하자, 태조가 그를 장원으로 삼았다. 《涑水記聞 卷3》

132 뻐꾸기는 농사일 재촉하고 : 【攷證 卷2 布穀催田務】 《시경》에 "뻐꾸기가 뽕나무에

사다새는 나그네 시름 부추기네[133] 提壺勸客愁
더욱 어여쁜 건, 구름 너머 학이 更憐雲外鶴
말없이 소나무 위에 서 있는 자태 無語立松頭

(詩-內卷2-38)

울긋불긋 꽃들 쌓여 아름답고 爛熳堆紅紫
푸른 초목 둘러 있어 청신한 곳 淸新遶綠靑
석 잔 술 우연히 홀로 마시니 三杯偶獨酌
세상만사 본래 도모할 게 없는 거지 萬事本無營

둥지를 틀었었니, 새끼가 일곱 마리로다.〔鳲鳩在桑, 其子七兮.〕"라고 하였는데, 주자의 주석에 "'시구'는 갈국(秸鞠)으로, 지금 포곡이라고 부르는 새이다."라고 하였다.《詩集傳 曹風 鳲鳩》 송(宋)나라 소식(蘇軾)의 〈다섯 종류 새의 말〔五禽言〕〉 시 5수 중 제2수에 "시냇가의 뻐꾸기, 내게 해진 바지 벗으라고 우짖누나.〔溪邊布穀兒, 勸我脫破袴.〕"라고 하였다. 【校解】《고증》의 주자 주석에 '秸鞠'이 '秼鞦'로 되어 있는데, 통행본《시집전(詩集傳)》에 의거하여 수정하고, 소시의 시에 '兒'가 '思'로, '破'가 '布'로 되어 있는데, 통행본《동파전집(東坡全集)》에 의거하여 수정하였다. 뻐꾸기가 파종하는 봄에 우는데 사람들이 그 울음소리를 음차하여 '씨앗을 뿌려라'라는 뜻의 포곡이라고 불렀는데, 소식이 좌천되어 갔던 황주(黃州)의 현지인들은 '해진 바지를 벗으라'는 뜻의 탈각파고(脫却破袴)라고 불렀기 때문에 이렇게 읊은 것이다.

133 사다새는……부추기네 : 【攷證 卷2 提壺勸客愁】 '제호'는 새 이름이다. 주자의 〈다섯 종류 새의 말. 이부 상서인 중형 왕희려(王希呂)의 시에 화답하다〔五禽言和王仲衡尙書〕〉 시 5수 중 제1수에 "제호 울음소리 좋은 술 사라는 듯, 봄바람 시원하게 꽃과 버들에 불어오네.〔提壺蘆沽美酒, 春風浩蕩吹花柳.〕"라고 하였다. 원(元)나라 웅충(熊忠)의《고금운회거요(古今韻會擧要)》 권3에 "호로는 손잡이가 없는 바가지이다. 세속에서는 호로(葫蘆)라고 쓴다."라고 하였다. 송나라 소식의 〈자유 소철(蘇轍)의 「유호가 오래 말랐다가 갑자기 물이 생기다……」 시에 화답하다〔和子由柳湖久涸忽有水……〕〉 시 2수 중 제1수에 "지금 즐거운 일 함께할 사람 없다면, 꽃 아래 사다새는 술병 들라 권하겠지.〔如今勝事無人共, 花下壺蘆鳥勸提.〕"라고 하였다. 【校解】 '제호'는 '술병을 들라'는 뜻의 제호로(提壺蘆)라고도 하는데, 그 울음소리를 음차하여 이름을 지은 것이다.

(詩-內卷2-39)

병으로 한적한 곳에 깃든 나그네	因病投閒客
외진 곳이라 세속과 단절된 집	緣深絶俗居
참 즐거움 있는 곳 알고 싶어	欲知眞樂處
백발이 성성해도 경서를 품에 두지	白首抱經書

(詩-內卷2-40)

샘물 움켜 연지에 붓고는	掬泉注硯池
한가히 앉아 새로 지은 시 적노라	閒坐寫新詩
외진 곳의 정취 절로 만족스러우니	自適幽居趣
남이야 알든 모르든 무슨 상관이랴	何論知不知

KNP0130(詩-內卷2-41)

조 감사 계임이 이농암 선생에게 드린 시[134]에 차운하다 【신해년(1551, 명종6, 51세) 4월. 예안(禮安)】

次趙監司季任上聾巖先生韻

주연 자리에서

헤어진 뒤론 잉어 두 마리에만 의지하다가[135]	別後唯憑雙鯉魚
이제야 지선[136]의 거처에서 다시 만나니	而今重拜地仙居
펼쳐진 술자리는 꽃밭처럼 화려하고	綺筵開處花相似
읊조린 시구는 비단보다 아름다워라	瓊句留時錦不如
삼달존[137]은 사람들이 오래도록 우러르는 법	三達久爲人所仰

134 조 감사……시 : 【攷證 卷2 季任】 '계임'은 조사수(趙士秀, 1502~1558)의 자로, 그는 본관이 양주(楊州), 호가 송강(松岡), 시호가 문정(文貞)이다. 이조 판서를 역임하였다. 자세한 이력은 《정본 퇴계전서》 권15 〈송강 조사수에 대한 제문〔祭趙松岡文〕〉에 보인다. 【校解】 '이농암'은 이현보(李賢輔, 1467~1555)로, 그는 본관이 영천(永川), 자가 비중(棐仲), 호가 (聾巖)·설빈옹(雪鬢翁), 시호가 효절(孝節)이다. 이 시는 《농암집》 권1에 〈감사 조송강의 시에 차운하고, 이에 대해 화답시를 지은 퇴계 이황에게 감사하다〔次監司趙松岡因謝退溪和示〕〉 시에 부기되어 있다.

135 잉어……의지하다가 : 【譯注】 '잉어 두 마리'는 편지를 뜻하는 말로, 직접 만나지 못하고 편지만 주고받았다는 뜻이다. 고악부(古樂府)인 〈임마장성굴행(飮馬長城窟行)〉에 "손님이 먼 지방에서 와서, 나에게 잉어 두 마리를 주네. 아이 불러 두 잉어를 삶게 했더니, 뱃속에 짤막한 서신이 있네.〔客從遠方來, 遺我雙鯉魚. 呼兒烹鯉魚, 中有尺素書.〕"라고 하였다.

136 지선(地仙) : 【譯注】 이현보를 인간 세상에 있는 신선에 비유한 것이다. 【攷證 卷2 地仙】 송(宋)나라 위야(魏野)의 〈구 상공의 생신이라서 부쳐 드리다〔寇相公生辰因有寄獻〕〉 시에 "하늘에 잘 가서는 장상을 지내다가 사직하고, 땅으로 돌아와서는 신선이 되었네.〔好去上天辭將相, 歸來平地作神仙.〕"라고 하였다.

137 삼달존 : 【攷證 卷2 三達】 이농암을 가리킨다.

일청[138]이 어찌 사책에만 기록될 뿐이랴	一淸何止史堪書
몹시 용렬한 나는 너무 게을러 부끄러우니	卻慙下客疎慵甚
병든 몸 날마다 허리둘레만 줄어들 뿐[139]	病覺腰圍日減初

138 일청 : 【譯注】 조사수의 청렴한 관직 생활을 이른다. 【攷證 卷2 一淸】 살펴보건대, 송나라 기국공(祈國公) 두연(杜衍)이 그의 문인들을 훈계할 때 '관리가 되면 가장 중요한 것은 청렴〔作官第一淸〕'이라고 하였다. 《宋名臣言行錄 卷7》 【要存錄 卷2 一淸】 퇴계 선생이 〈중거 황준량(黃俊良)에게 답하다〔答黃仲擧〕〉편지에 조사수의 청덕(淸德)을 칭찬하고, 〈송강 조사수에 대한 만사〔趙松岡挽章〕〉에 "양진이 황금 사양하자 양진의 손님 부끄러워한 적이 있지.〔震客曾慙卻餽金〕"라고 하여 조사수를 한(漢)나라의 청렴했던 관리 양진에 비겼다.

139 병든……뿐 : 【攷證 卷2 腰圍日減初】 남조 시대 양나라 태조(太祖)가 칙서를 내려 "예전에는 허리둘레가 10위(圍)였는데 지금은 야위어서 겨우 2척(尺)이다."라고 하였다. 《梁書 賀琛列傳》 【校解】 《고증》에 '尺'이 '寸'으로 되어 있는데, 통행본 《양서》에 의거하여 수정하였다.

KNP0131(詩-內卷2-42)

조계임[140]이 밀양[141] 영남루에서 박창세의 시[142]에 화운한 시에 차운하다. 22운 【신해년(1551, 명종6, 51세) 여름 추정. 예안(禮安)】

次季任密陽嶺南樓和朴昌世詩 二十二韻

을미년 남쪽 영해에 노닐던[143] 가을엔	乙未南遊嶺海秋
높은 누각에 올라 큰 고을 조망했는데	曾攀危檻眺雄州
어지러운 세상사는 천 번이나 변화하고	紛綸世事千回轉

140 조계임 : 【譯注】 조사수(趙士秀, 1502~1558)로, 본관은 양주(楊州), 자는 계임(季任), 호는 송강(松岡), 시호는 문정(文貞)이다. 그는 1550년(명종5) 5월 15일 경상도 관찰사에 임명되고 1551년 4월 29일 홍문관 부제학에 임명되었다.《明宗實錄》이 사이에 영남루에 올라 시를 지었을 텐데 원시는 확인되지 않는다.

141 밀양 : 【攷證 卷2 密陽】 경상좌도에 속한다. 군명으로 밀성(密城)이라고도 한다.

142 박창세의 시 : 【攷證 卷2 朴昌世】 '박창세'는 박상(朴祥, 1474~1530)으로, 그는 본관이 충주(忠州), 자가 창세, 호가 눌재(訥齋), 시호가 문간(文簡)이다. 1501년(연산군7) 문과에 급제하고, 1521년(중종16) 상주(尙州)와 충주의 목사가 되며, 1526년 중시(重試)에 급제하였다. 천성적으로 악행을 미워하고 거만하게 보일 정도로 꼿꼿하여 뜻이 맞는 사람이 적었다. 중종의 계비 장경왕후(章敬王后)가 세상을 떠나자 공은 김정(金淨)과 함께 봉사(封事)를 올려 폐비 신씨(愼氏)의 복위를 요청했는데, 공의 죄를 물어야 한다고 대간들이 연명(聯名)으로 상소를 올렸다. 공을 감옥에 가두고 국문했는데, 조광조(趙光祖)·권민수(權敏手)·이행(李荇)이 그의 무죄를 변명하여 구원함으로써 남평(南平) 오림역(烏林驛)에 유배되어 복역하는 데에 그쳤다. 【校解】 박상의 시는《눌재집》권7에 〈영남루에서의 술자리. 주인 이충걸 공에게 감사하다……〔嶺南樓觴席謝主人李公忠傑……〕〉라는 제목으로 실려 있다.

143 을미년……노닐던 : 【攷證 卷2 乙未南遊】 살펴보건대,《퇴계선생연보》권1에 "을미년(1535, 중종30) 6월 선생이 호송관에 차임되어 왜노(倭奴)를 동래(東萊)로 전송했는데, 그 행차 중에 영남루(嶺南樓)에 올랐다."라고 하였다. 【校解】 을미년 당시에 이황이 지은 시가《정본 퇴계전서》권1에 〈영남루〉라는 제목으로 실려 있다.

쉼 없는 하늘의 별은 두 바퀴나 돌았구나[144] 合沓天星兩匝周
꿈에서 신선 될 땐 괜스레 삼도[145]의 달 찾아가고 夢化浪尋三島月
시 짓느라 애쓸 땐 공연히 만호후 떠올렸겠지[146] 詩彊空憶萬家侯
병들어 장수 가에 있는 건 하늘의 본뜻 아니니[147] 病纏漳水寧天意
등왕각에 빛난 글은 귀신 계책 틀림없지[148] 詞賁滕王定鬼謀

144 쉼……돌았구나 : 【譯注】'하늘의 별'은 세성(歲星)인 목성을 가리키는 듯하니, 세성이 천체를 한 바퀴 도는 데 약 12년이 소요된다. 이황이 을미년(1535, 중종30) 영남루에 오른 뒤, 이 시가 지어진 때로 추정되는 신해년(1551, 명종6) 여름까지 대략 20년이 흘렀다는 뜻이다.

145 삼도 : 【攷證 卷2 三島】 신선이 산다는 봉래도(蓬萊島)·방장도(方丈島)·영주도(瀛洲島)이다.

146 시……떠올렸겠지 : 【譯注】 무엇과도 바꿀 수 없는 훌륭한 시를 지으려고 노력했다는 뜻이다. 【攷證 卷2 詩彊空憶萬家侯】 살펴보건대, 옛말에 "새로 지은 천 수의 시, 만호후 자리와도 바꾸지 않지.〔新詩一千首, 不博萬戶侯.〕"라고 하였다. 당(唐)나라 두목(杜牧)의 〈지주의 구봉루에 올라 장호에게 부치다.〔登池州九峯樓寄張祜〕〉 시에 "그 누가 장 공자처럼, 천 수의 시로 만호후를 가볍게 여길 수 있으랴.〔誰人得似張公子, 千首詩輕萬戶侯?〕"라고 하였다. ○ '강(彊)'이 어떤 판본에는 '강(强)'으로 되어 있다.

147 병들어……아니니 : 【譯注】 조사수가 조정의 관료가 되지 못하고 관찰사가 되어 지방에 있는 것은 부득이한 일이었기 때문에 조만간 조정으로 돌아갈 것이라는 뜻이다. 장수(漳水)는 호북성 형문시(荊門市) 경산현(京山縣) 경내를 흐르는 강이다. 삼국 시대 위(魏)나라 유정(劉楨)은 성품이 오만하고 예법을 지키지 않았는데, 조비(曹丕)가 베푼 연회에서 조비의 아내 견씨(甄氏)를 무시했다가 조조(曹操)에 의해 노역형을 받은 뒤에 중용되지 못하고, 온역(溫疫)에 걸려 장수 가에서 요양하며 조비에게 보낸 〈오관중랑장에게 주다〔贈五官中郎將〕〉 시에 "내가 고질병에 심하게 걸려, 맑은 장수 가에 누워 있소.〔余嬰沈痼疾, 竄身淸漳濱.〕"라고 하였다.

148 등왕각에……틀림없지 : 【譯注】 조사수가 지은 시문이 매우 훌륭하다는 뜻이다. 【攷證 卷2 詞賁滕王定鬼謀】 팽택현(彭澤縣)에 있는 마당산(馬當山)은 장강을 가로질러 놓여 있고, 거센 바람이 장강의 물결을 일으켜 선박의 통행을 저해하니 사람들이 사당을 세워 제사를 지냈다. 당나라 왕발(王勃)이 배를 타고 그 아래를 지날 때 신인(神人)이 순풍을 내려주어 하룻밤 만에 홍도(洪都)에 도착하여 〈등왕각서(滕王閣序)〉를 지었다.

예전엔 금과 학 하나씩만 가지고 갔다던데　　舊說一琴隨隻鶴
지금엔 긴 젓대 소리 속 고루에 기댄다니[149]　　今聞長笛倚高樓
풍운이 붓에 들자 멋진 시구 변화무쌍하고　　風雲入筆驅神變
해악이 눈에 스치자 유원한 마음 트였으리라　　海岳披眸豁遠幽
형문 숲 너머 악저에 물안개 자욱하고[150]　　鄂渚烟光荊樹外
초강 머리 장사에 가을빛이 물들 때[151]　　長沙秋色楚江頭
하상[152]이 바다에 빛나니 인봉을 안주 삼고[153]　　霞觴艶海羞麟鳳

《明一統志 卷52》

149 금과……기댄다니 : 【譯注】 조사수가 관직에서 물러났던 일과 경상도 관찰사가 되어 영남루에서 시를 지은 일을 이른다. 【攷證 卷2 一琴…高樓】 살펴보건대, 송나라 조변(趙抃)은 자가 열도(閱道)인데, 필마로 촉(蜀)에 갈 때 하나의 금(琴)과 한 마리 학만 가지고 갔다. 당나라 조하(趙嘏)는 자가 영우(永祐)로 〈장안의 늦가을〔長安晩秋〕〉 시에 "성긴 별 몇 점 아래 기러기는 변새에 빗겨 날고, 긴 젓대 소리 울리는 속에 사람은 누각에 기대 있네.〔殘星幾點雁橫塞, 長笛一聲人倚樓.〕"라는 구절이 있는데, 두목이 이 시를 보고 그를 조의루(趙倚樓)라고 불렀다. 송강(松岡)이 조씨이기 때문에 이 두 구절의 시어를 차용한 것이다.

150 형문……자욱하고 : 【攷證 卷2 鄂渚烟光荊樹外】 전국 시대 초(楚)나라 굴원(屈原)의 〈구장(九章) 섭강(涉江)〉에 "악저에 올라 뒤돌아보니, 오호라 가을과 겨울의 남은 바람 부네.〔乘鄂渚而反顧, 欸秋冬之緖風.〕"라고 했는데, 한(漢)나라 왕일(王逸)의 주석에 "'악저'는 지명으로, 형주(荊州)에 있다."라고 하였다. 당나라 이백(李白)의 〈무산을 그린 병풍 앞에 앉아 있는 원단구를 바라보다〔觀元丹丘坐巫山屛風〕〉 시에 "형주 성문 에워싼 먼 나무 울창하고, 파수에 떠 가는 배 뚜렷하구나.〔蒼蒼遠樹圍荊門, 歷歷行舟泛巴水.〕"라고 하였다.

151 초강……때 : 【攷證 卷2 長沙秋色楚江頭】 이백의 〈족숙인 형부 시랑 이엽과 중서 사인 가지를 모시고 동정호에서 노닐다〔陪族叔刑部侍郎曄及中書賈舍人至游洞庭〕〉 시 5수 중 제1수에 "동정호 서쪽 바라보니 초강이 나뉘었는데, 물길 끝 남쪽 하늘엔 구름이 보이지 않네. 해 지는 장사에 가을빛 아득한데, 어디에서 상군을 조문할지 모르겠네.〔洞庭西望楚江分, 水盡南天不見雲. 日落長沙秋色遠, 不知何處吊湘君.〕"라고 하였다.

152 하상 : 【譯注】 구하상(九霞觴)으로, 신선주가 담긴 술잔을 이른다. 【攷證 卷2 霞

선악이 하늘에 울리니 슬구[154] 맞춰 노래하는데 仙樂轟天詠瑟璆
옛일 떠올릴 땐 노래가 절로 격해지고 弔古自成歌激烈
지금 일 아파할 땐 말이 더욱 슬펐겠지 傷今尤覺語悲遒
풍근의 좋은 대상[155] 의당 만나기 어려우니 風斤妙質逢宜少
백설의 귀한 노래 화답할 이 어찌 많으랴[156] 白雪希音和豈稠

觴】 당(唐)나라 허작(許碏)의 〈취하여 읊다〔醉吟〕〉 시에 "낭원의 꽃밭 앞이 그야말로 취향이니, 취하여 서왕모(西王母)의 구하상을 밟아 엎질렀네.〔閬苑花前是醉鄉, 踏飜王母九霞觴.〕"라고 하였다. 【校解】《고증》에 '踏'이 '滔'로 되어 있는데, 통행본《전당시(全唐詩)》 권861에 의거하여 수정하였다.

153 인봉을 안주 삼고 : 【攷證 卷2 羞麟鳳】 살펴보건대, '수(羞)'는 '선(膳)'과 같으니 기린과 봉황을 안주로 삼는다는 말로, 서왕모의 '포로 만든 기린 고기〔麟脯〕'와 당나라 이하(李賀)의 '구운 봉황 고기〔炰鳳〕'와 같은 종류이다.

154 슬구 : 【攷證 卷2 瑟璆】 전국 시대 굴원의 《초사》〈구가(九歌) 동황태일(東皇太一)〉에 "북채 들어 북을 치고, 느린 가락에 편안히 노래하며, 우와 슬 벌여 놓고 크게 노래하네.〔揚枹兮拊鼓, 疏緩節兮安歌, 陳竽瑟兮浩唱.〕", "장검의 옥 장식을 어루만지니, 패옥이 쟁그랑 영롱하게 울리네.〔撫長劍兮玉珥, 璆鏘鳴兮琳琅.〕"라고 하였다. 【校解】《고증》에 '琳琅'이 '玉弭'로 되어 있는데, 통행본 《초사》에 의거하여 수정하였다.

155 풍근의 좋은 대상 : 【攷證 卷2 風斤妙質】 춘추 시대 초(楚)나라 영(郢) 땅 사람이 자신의 코끝에 파리의 날개만큼 백토(白土)를 얇게 바르고, 장석(匠石)에게 이것을 깎아 내게 하였다. 장석이 도끼를 휘둘러 바람을 일으켜〔運斤成風〕 백토를 깎아내었는데, 백토가 말끔히 다 깎였으나 코가 상하지 않고, 영 땅 사람은 꼿꼿이 선 채 얼굴색이 변하지 않았다. 송나라 원군(元君)이 이 소식을 듣고는 장석을 불러 "나를 위해 한 번 해보게."라고 하니, 장석이 "제가 이전에는 깎아낼 수 있었지만, 지금은 저의 대상〔質〕이 죽은 지 이미 오래되었습니다."라고 하였다. 《莊子 徐無鬼》

156 백설의……많으랴 : 【攷證 卷2 白雪希音和豈稠】 전국 시대 초나라 송옥(宋玉)의 〈대초왕문(對楚王問)〉에 "영 땅에서 노래하는 나그네가 처음에 〈하리가(下里歌)〉와 〈파인가(巴人歌)〉를 노래하자 이 노래에 이어 화답하는 자가 수천 명이고, 〈양아가(陽阿歌)〉와 〈해로가(薤露歌)〉를 노래하자 화답하는 자가 수백 명이며, 〈양춘가(陽春歌)〉와 〈백설가(白雪歌)〉를 노래하자 화답하는 자가 수십 명이며, 인상(引商)과 각우(刻羽)에 유치(流徵)를 섞어 노래하자 화답하는 자가 몇 명뿐이었으니, 그 노래의 수준이 높을수

산림의 여윈 내 모습[157] 참으로 우습거늘 山澤臞形眞自笑
관찰사의 훌륭한 시에 외람되이 수창한다오 皇華佳什謬當酬
그대 시 가져오니 밤 지붕에 무지개 빛 꿰뚫고 携來夜屋虹光貫
다 읽고 나니 새벽 창에 상서로운 빛 뜨는데 讀罷晨窓瑞色浮
사방의 익숙한 길에 준마가 내달리는 듯 熟路四方馳駿駕
천리의 넓은 물결에 돛단배 떠가는 듯 洪流千里送飄舟
눈에 가득 연화 속에 꾀꼬리 우는 듯 烟花滿目啼黃鳥
허공에 드리운 운우 속에 푸른 용[158] 춤추는 듯 雲雨垂空舞翠虯
달사인 그댄 속진 떠나 매미처럼 청아하거늘 達士離塵淸似蛻
이 범부는 시속 좇아 죄수처럼 군색하구나 凡夫徇俗窘如囚
풍속 살피며 사랑 두어 당발[159]을 남겼으니 觀風有愛留棠茇
먹고살 귤주 남겨 준들 어찌 잘못이랴[160] 食力何尤付橘洲

록 화답하는 자가 더욱 적어졌다. 《文選 卷45》【校解】《고증》에 '陽阿'가 '向陽'으로 되어 있는데, 통행본 《문선》에 의거하여 수정하였다.

157 산림의……모습 : 【攷證 卷2 山澤臞形】《한서》〈사마상여전(司馬相如傳)〉에 "신선 같은 유자(儒者)들은 산택에 거주하는데 그 모습이 매우 야위었다."라고 하였다.

158 푸른 용 : 【攷證 卷2 翠虯】 한(漢)나라 양웅(揚雄)의 〈해난(解難)〉에 "유독 보지 못했는가, 푸른 용과 붉은 용이 하늘 위로 올라가려 할 때, 반드시 창오의 연못에서 몸이 솟구치는 걸.〔獨不見翠虯絳螭之將登乎天, 必聳身于蒼梧之淵?〕"이라고 하였다. 그 주석에 "'규(虯)'는 '용의 새끼로 뿔이 없는 것이다."라고 하였다. 《古今韻會擧要 卷9》

159 당발(棠茇) : 【譯注】 팥배나무 밑에서 머물렀다는 뜻으로, 관찰사의 어진 정사를 이른다. 주(周)나라 소공(召公)이 관할지를 순행할 때 팥배나무가 있으면 그 밑에 앉아서 옥사를 판결하고 정사를 펼쳤다. 《詩經 召南 甘棠》《史記 燕召公世家》

160 먹고살……잘못이랴 : 【譯注】 조사수가 관찰사의 신분이지만 축재하지 않고 청렴했다는 뜻이다. 【攷證 卷2 食力何尤付橘洲】 귤주는 선화현(善化縣)에 있는데, 좋은 귤이 많이 생산되기 때문에 이렇게 명명한 것이다. 《明一統志 卷63》 ○ 촉(蜀)·한(漢)·강릉(江陵) 지역의 천 그루 귤나무, 그것을 소유한 사람은 천호후와 대등하다. 《史記 貨殖列

화우 같은 훌륭한 교훈[161] 몇 명이나 받들었나 至敎幾人承化雨
우리 계임만이 혹[162] 떼듯 헛된 명성 버렸지 浮名唯我去懸疣
외로워도 유독 교칠 같은 벗[163] 만났으니 凉凉獨見交如漆
쓸쓸해도 많은 벗 얻는 걸[164] 논하지 말아야지 落落休論得若丘
하염없이 빠른 세월 아쉽게도 쉬이 흘러가고 荏苒光陰嗟易失
돌고 도는 화복의 이치 아득하여 알기 어려운 법 回環倚伏莽難求
일을 만나 큰 슬픔이 가슴속 깊이 얽히지만[165] 悲傷觸事嬰深抱
공의 시로 감개에 젖어 좋은 유람 기억한다 感慨因公記壯遊
어찌하면 누대에서 토납술 함께 하고[166] 安得樓居同吐納

傳》 ○ 삼국 시대 오(吳)나라 이형(李衡)이 용양주(龍陽洲)에 귤을 심었으니, 그 내용은 《정본 퇴계전서》 권1의 〈석강 십영……〔石江十詠……〕〉에 보인다. 【校解】《고증》에 '江陵'이 '江南'으로 되어 있는데, 통행본 《사기》에 의거하여 수정하였다. 이형이 단양 태수(丹陽太守)가 되었을 때 축재하지 않고, 자신이 죽은 뒤 자식의 의식주를 위해 무릉(武陵)의 용양주(龍陽洲)에 귤나무 천 그루를 심었다.

161 화우……교훈: 【譯注】 주나라 소공이 베풀었던 선정(善政)을 이른다.

162 혹 : 【攷證 卷2 懸疣】《장자》〈대종사(大宗師)〉에 "그들은 삶을 혹이나 무사마귀처럼 여기고〔以生爲附贅懸疣〕, 죽음에 대해 고름 짜거나 종기를 터뜨리는 것으로 여긴다."라고 하였다.

163 교칠 같은 벗 : 【攷證 卷2 交如漆】 한나라 뇌의(雷義)는 진중(陳重)과 벗이었다. 뇌의는 무재(茂才)로 천거되었는데 진중에게 양보하였으나 자사가 들어주지 않자 뇌의는 마침내 명에 응하지 않았다. 훗날 함께 효렴(孝廉)으로 천거되고 모두 상서랑(尙書郞)에 제수되었다. 사람들이 이들에 대해 "아교와 칠을 섞으면 단단히 굳지만, 뇌의와 진중의 우정만 못하네.〔膠漆自謂堅, 不如雷與陳.〕"라고 하였다. 《後漢書 雷義列傳》

164 많은……걸 : 【譯注】 많은 이득을 얻는 것을 비유하는데, 여기서는 벗들이 많다는 뜻인 듯하다. 【攷證 卷2 得若丘】《맹자》〈등문공 하(滕文公下)〉에 "날짐승과 들짐승을 잡기를〔得禽獸〕 구릉처럼 하더라도〔若丘陵〕 하지 않는다."라고 하였다.

165 일을……얽히지만 : 【攷證 卷2 觸事嬰深抱】《강록(江錄)》에 "이때 눌재 박상이 이미 세상을 떠났기 때문에 이렇게 말씀한 것이다."라고 하였다.

그대로 신선 되어 시끄러운 속진 벗어나 　仍看羽化脫喧啾
육합 밖에서 훨훨 맘껏 노닐면서 　浮游汗漫出六合
누워서 봉래의 맑은 물 얕아진 걸[167] 바라볼까 　臥閱蓬萊淸淺流

---

166 누대에서……하고 : 【攷證 卷2 樓居同吐納】 한(漢)나라 공손경(公孫卿)이 "신선은 누대에 살기를 좋아합니다."라고 하였다. 《史記 孝武本紀》 도인(導引)을 하는 자는 묵은 기운을 토해내고 새로운 기운을 마신다. 《修眞秘訣》

167 봉래의……걸 : 【譯注】 많은 세월이 흐르거나 큰 변천이 발생한 것을 비유한다. 【攷證 卷2 蓬萊淸淺】 마고(麻姑)가 왕방평(王方平)에게 "동해가 뽕밭으로 변하는 것을 세 번 보았다. 일전에 봉래산에 이르렀는데, 물이 이전보다 얕아졌다."라고 하니, 왕방평이 "동해가 장차 말라 다시 먼지가 일 것이다."라고 하였다. 《神仙傳》

KNP0132(詩-內卷2-43)

7월 13일 달이 뜬 밤 【신해년(1551, 명종6, 51세) 7월 13일, 예안(禮安)】

七月十三夜月

초가을 개인 저녁 하늘에 구름 없어	初秋夕霽天無雲
만 리 퍼진 달빛에 가는 털도 보이는데[168]	月色萬里纖毫分
하늘 바람 솔솔 달빛 비친 물결에 불어오니	天風湛湛吹玉波
은하수 빛 가려지고 별 무늬 사라진다	銀河掩彩星韜文
눈앞의 좁은 세상 갑자기 사라지고	眼中忽失世湫隘
아름다운 누대와 전각에 내가 앉으니	坐我瑤臺與瓊閣
해산의 신선도 초대할 수 있을 듯	海山仙人如可招
달 속의 항아와 대화할 수 있을 듯	月裏姮娥相唯諾
섬궁에서 자라는 아름다운 저 계수	彼美桂樹生蟾宮
당연히 천지와 함께 영원할 텐데	宜與天地無終窮
무성한 가지[169] 본래 밝은 달빛 막지 않거늘	婆娑本不礙月明
오강의 도끼 망령되이 천공을 탐하려 했지[170]	吳質妄欲饕天功

168 달빛에……보이는데 : 【攷證 卷2 月色纖毫分】 송(宋)나라 소철(蘇轍)의 〈한가위에 달을 보고 형님인 자첨 소식(蘇軾)에게 부치다〔中秋見月寄子瞻〕〉 시에 "서풍이 여름 기운 날려 하늘이 더욱 높으니, 밝은 달빛 찬란하여 가을 터럭 구분되네.〔西風吹暑天益高, 明月耿耿分秋毫.〕"라고 하였다. 【校解】 《고증》에서 소식의 시라고 한 것은 오류이다.

169 무성한 가지 : 【攷證 卷2 婆娑】 김육(金堉)의 《유원총보(類苑叢寶)》 권1에 "달 속에 너울대는 것이 있으니〔月中有物婆娑者〕, 바로 산과 강의 그림자이다."라고 하였다. 【校解】 앞뒤 구절의 내용에 근거하면 '파사'는 산과 강의 그림자가 아니라 나뭇가지가 무성한 모양으로 이해해야 한다.

내가 항아에게 술 한 잔 권하는 건 我勸姮娥一杯酒
현상[171]과 옥 절구 내려주길 바라서니 願乞玄霜玉杵臼
내려주면 바람 타고 순식간에 팔표에 노닐어 凌風倏忽游八表
드넓은 홍진 세상 돌아보지 않은 채 萬丈紅塵不回首
적벽에서 바퀴 같은 학의 날개 보고[172] 赤壁見翅如車輪
무이에서 새벽의 금계 울음[173] 누워 들으며 武夷臥聽金雞晨
내리 보고 웃으리라, 미치광이 이 적선이 下笑顚狂李謫仙
구차히 그림자로 세 사람 이룬 것[174]을 區區對影成三人

---

170 오강의……했지 : 【攷證 卷2 吳質饕天功】 살펴보건대, '질(質)'은 부질(斧質)의 '질'인 듯하다. '도(饕)'는 탐낸다〔貪〕는 뜻이다. 당(唐)나라 단성식(段成式)의 《유양잡조(酉陽雜俎)》 〈천지(天咫)〉에 "달의 계수나무는 높이가 5백 길이다. 그 아래에서 한 사람이 항상 그 나무를 찍고 있는데 나무의 상처 난 부위는 바로 아문다. 그 사람은 성씨가 오(吳), 이름이 강(剛)으로 서하(西河) 사람인데, 신선술을 배우다가 죄를 지어 귀양 가서 나무를 치게 되었다."라고 하였다. 《춘추좌씨전》 희공(僖公) 24년 조(條)에 "하늘의 공을 탐낸다.〔貪天之功〕"라고 하고, 또 "하늘의 공은 탐낼 수 없다.〔天功不可貪〕"라고 하였다. 【校解】 통행본 《춘추좌씨전》에 '天功不可貪'은 보이지 않고, 희공 9년 조(條)에 "소백 제가 감히 천자의 명을 탐하여 내려가 배사하지 않겠습니까.〔小白余敢貪天子之命, 無下拜?〕"라고 한 내용이 있다.

171 현상 : 【攷證 卷2 玄霜】 신선가의 좋은 약으로는 현상과 감설(紺雪)이 있다. 《漢武帝內傳》 번 부인(樊夫人)이 "경장을 한번 마시면 온갖 감정 생기고, 현상을 다 찧고 나면 운영을 만나리라.〔一飮瓊漿百感生, 玄霜擣盡見雲英.〕"라고 하였다. 《古今事文類聚 前集 卷34 仙佛部》

172 적벽에서……보고 : 【攷證 卷2 赤壁見翅如車輪】 송나라 소식의 〈후적벽부(後赤壁賦)〉에 "마침 한 마리 학이 강을 가로질러 동쪽에서 날아왔는데, 그 날개가 수레바퀴 같고〔翅如車輪〕 검정 치마에 흰 저고리를 입은 듯하였다."라고 하였다.

173 무이에서……울음 : 【攷證 卷2 武夷金雞】 주자의 〈무이구곡도가(武夷九曲櫂歌)〉 10수 중 4곡을 읊은 제5수에 "금계 울음 그쳤건만 사람은 보이지 않고, 빈산엔 달빛 가득 못에는 물이 가득.〔金鷄叫罷無人見, 月滿空山水滿潭.〕"이라고 하였다. 【校解】 《고증》에서 3곡을 읊었다고 한 것은 오류이다.

174 미치광이……것 : 【攷證 卷2 顚狂…三人】 당(唐)나라 이백(李白)의 〈술을 마주하자 비서감(秘書監) 하지장(賀知章)이 떠오르다〔對酒憶賀監〕〉 시에 “사명에 미친 나그네 있었으니……나를 적선인이라 불렀었지.〔四明有狂客……呼我謫仙人.〕”라고 하고, 또 〈달빛 아래 홀로 마시다〔月下獨酌〕〉 시 4수 중 제1수에 “술잔 들어 밝은 달 맞이하니, 그림자 마주하여 세 사람 되었네.〔擧杯邀明月, 對影成三人.〕”라고 하였다.

KNP0133(詩-內卷2-44)

김돈서[175]의 〈책 읽다가 생긴 감회〉 시[176]에 차운하다 【신해년(1551, 명종6, 51세) 11~12월 추정. 예안(禮安)】

次金惇敍讀書有感韻

노둔하고 능력 없어 글만 믿다가 魯鈍無能只信書
중도에 경솔히 명리의 길에 나섰다 中間輕試利名途
늙어서야 성현의 본보기 따르려 하나 殘年始欲追前軌
만년에도 나의 옛날 모습 변함없구나 末路依然作舊吾
급급히 반성해보니 유익한 벗[177] 필요하고 汲汲反躬須益友
거친 세파 속에 꿋꿋해야 참된 사내이지 滔滔立脚是眞夫
한 치 아교로 흐린 황하 맑게 할 수 있으니[178] 寸膠可救黃流濁

175 김돈서 : 【攷證 卷2 惇敍】 '돈서'는 김부륜(金富倫, 1531~1598)의 자로, 그는 본관이 광산(光山), 호가 설월당(雪月堂)이고, 양정당(養正堂) 김부신(金富信)의 아우이다. 명(明)나라 세종 가정(嘉靖) 신묘년(중종26)에 태어났다. 겨우 15세의 나이에 선생의 문하에서 수학했는데, 배움에 매우 부지런하다고 퇴계 선생이 말씀하고 매사에 반드시 옳은 부분을 찾는다고 칭찬하였다. 유일(遺逸)로 천거되어 집경전 참봉(集慶殿參奉)에 제수되었으나 부임하지 않고, 동복 현감(同福縣監)을 역임하였다.

176 책……시 : 【校解】 김부륜의 《설월당집》 권1에 실려 있다.

177 유익한 벗 : 【譯注】 공자가 "유익한 것이 세 가지 벗이요……벗이 곧으며, 벗이 신실하며, 벗이 견문이 많으면 유익하다.〔益者三友……友直, 友諒, 友多聞, 益矣.〕"라고 하였다. 《論語 季氏》

178 한……있으니 : 【攷證 卷2 寸膠可救黃流濁】 한 치 아교〔寸膠〕로는 혼탁한 황하의 물을 맑게 하기에 부족하다. 《抱朴子 嘉遯》 이간재(李艮齋 이덕홍(李德弘))가 퇴계 선생에게 "주자의 〈두 수의 시로 경부 장식(張栻)이 보내온 말에 수답하고 아울러 이로써 이별하다〔二詩奉酬敬夫贈言幷以爲別〕〉 시에 '어찌 알랴 한 치 아교가, 이러한 천 길의 혼탁함 없앨 줄을.〔豈知一寸膠, 救此千丈渾?〕'이라고 하신 것은 무슨 뜻입니까?"라고

참의[179]라는 말씀이 자리 곁에 항상 있지 　　　　參倚尋常在座隅

물으니, 퇴계 선생이 다음과 같이 대답하였다. "촌교는 아교이다. 《서경》〈우공(禹貢)〉에 '제수(濟水)는 물의 성질이 무거워 황하를 가로질러 흐르다가 아현(阿縣)에 이르면 땅속으로 숨어 흐른다. 그러므로 아현 사람들이 우물을 파서 그 물을 얻은 뒤에 아교를 끓이는데, 그 아교가 매우 힘이 있고 무거워서 흐린 물에 던져 넣으면 물이 곧 맑아진다.' 라고 하였다. 이는 마음이 물욕으로 흐려졌을 때 경(敬)으로 마음을 잡으면 마음이 문득 깨어나는 것과 같다. 그러므로 선유(先儒)가 경(敬)을 촌교에 비유한 것이다." 《退溪言行錄 論持敬》

179 참의 : 【譯注】 참전의형(參前倚衡)으로, 충신독경(忠信篤敬)을 이른다. 공자가 "말을 충실하고 미덥게 하며 행실을 돈독하고 경건하게 하여 그 네 글자가 서 있으면 앞에 어른거리고〔參於前〕 수레를 타면 앞에 댄 끌채 위에도 붙어 있는〔倚於衡〕 것과 같아야 한다."라고 하였다. 《論語 衛靈公》

KNP0134(詩-內卷2-45~46)

차운하여 신녕 현감 황중거[180]에게 답하다 【신해년(1551, 명종6, 51세) 12월(14일 이후) 추정. 예안(禮安)】

次韻答新寧宰黃仲擧

(詩-內卷2-45)

밤에 누우면 강한 마음은 애써도 강해지지 않으니	夜枕强懷不滿張
이리저리 맞추느라 허비한 일념[181] 어이하리오	其如一念費稱量
기공[182]도 우자의 못 면하는 재앙[183] 경계하고	沂公尙戒愚難免
소자도 지자의 잘 감추는 지혜 생각했지[184]	邵子猶思智善藏
겪어봐야 새로 터득한 뜻 비로소 알고	涉歷始知新得趣

---

180 신녕 현감 황중거 : 【攷證 卷2 新寧】 '신녕'은 경상좌도에 속한다. 군명으로 화산(花山)이라고도 한다. 【校解】 '황중거'는 황준량(黃俊良, 1517~1563)으로, 본관이 평해(平海), 자가 중거(仲擧), 호가 금계(錦溪)이고, 1551년(명종6)부터 1556년까지 신녕 현감을 지냈다.

181 강한……일념 : 【攷證 卷2 强懷…一念】 당(唐)나라 한유(韓愈)의 〈가을 회포〔秋懷〕〉 시 11수 중 제10수에 "강한 마음은 애써도 강해지지 않고, 약한 마음은 줄어들자마자 이미 가득해지네.〔强懷張不滿, 弱念缺已盈.〕"라고 하였다.

182 기공 : 【攷證 卷2 沂公】 원(元)나라 문종(文宗)이 자사(子思)를 기국 술성공(沂國述聖公)에 봉하였다.

183 우자의……재앙 : 【攷證 卷2 愚難免】 《중용장구》 28장에 "어리석으면서 자기 의견을 쓰기 좋아하면〔愚而好自用〕……재앙이 그 몸에 미친다.〔災及其身者也〕"라고 하였다.

184 소자도……생각했지 : 【譯注】 소자(邵子)는 송(宋)나라 소옹(邵雍, 1011~1077)으로, 자가 요부(堯夫), 시호가 강절(康節)이다. 【攷證 卷2 邵子猶思智善藏】 《장자》 〈선성(繕性)〉에 "그 지혜를 감추어〔藏其智〕 밖으로 드러내지 않았다."라고 하였다. ○ 주자가 "소강절은 한(漢)나라 장자방(張子房 장량(張良))을 매우 좋아하여 장자방이 그 재능을 잘 감추었다〔善藏其用〕고 했다."라고 하였다. 《朱子語類 卷100》

돌아와야 예전 잘못된 길 제대로 깨닫는다　歸來眞覺舊迷方
누가 간책을 술 찌꺼기라 했던가[185]　誰言簡策爲糟粕
이 일은 응당 자양옹[186]에게 물어야 하리라　此事應須問紫陽

(詩-內卷2-46)

드넓은 숲 아득한데 나무들 들쑥날쑥　千林浩渺樹槎牙
만리에 먹구름 일색[187] 해[188]를 가릴 때　萬里同雲羃日車
때아닌 어지러운 조각 버들솜인가 놀라고　亂片非時驚柳絮
그윽한 향기[189] 풍기는 매화 찾을 곳 없어라　暗香無處覓梅花

---

185 누가……했던가 :【譯注】선현이 남긴 책은 훌륭한 내용을 담고 있어 무시하면 안 된다는 뜻이다. 춘추 시대 제(齊)나라 환공(桓公)이 당 위에서 책을 읽는 것을 윤편(輪扁)이 보고는, 그것은 이미 죽은 옛사람이 먹다가 남긴 술 찌꺼기〔古人之糟粕〕일 뿐이라고 하였다.《莊子 天道》여기서는 도문학(道問學)을 무시하고 존덕성(尊德性)만 강조한 심학파를 비판한 것이다. 명(明)나라 진헌장(陳獻章)은 정주학자 오여필(吳與弼) 아래에서 수학하다가 귀향하여 정좌(靜坐) 끝에 육구연(陸九淵)의 '심이 곧 이〔心卽理〕'라는 것을 깨닫고, "육경(六經)은 한낱 술 찌꺼기일 뿐이다."라고 하였다.《明儒學案 卷5 白沙學案》

186 자양옹(紫陽翁) :【譯注】송나라 주희를 이른다. 주희가 건녕부(建寧府) 숭안현(崇安縣) 오부리(五夫里)에 거주할 때 독서·강학하던 집을 자양서당이라고 명명하였다.

187 먹구름 일색 :【攷證 卷2 同雲】《시경》〈소아(小雅) 신남산(信南山)〉에 "하늘에 일색(一色)으로 먹구름 끼었네.〔上天同雲〕"라고 하였는데, 주자의 주석에 "장차 눈이 내릴 징후이다."라고 하였다.

188 해 :【攷證 卷2 日車】당(唐)나라 두보(杜甫)의 〈구당협의 양쪽 언덕〔瞿塘兩岸〕〉시에 "희화가 겨울에 가까이 몰아오면, 해의 수레 뒤집힐까 근심스럽고 두렵네.〔羲和冬馭近, 愁畏日車翻.〕"라고 하였다.

189 그윽한 향기 :【攷證 卷2 暗香】송(宋)나라 임포(林逋)의 〈산속 정원의 작은 매화〔山園小梅〕〉시 2수 중 제2수에 "성긴 그림자가 맑고 얕은 물에 비끼고, 그윽한 향기는 황혼 달빛 아래 퍼지누나.〔疎影橫斜水清淺, 暗香浮動月黃昏.〕"라고 하였다.

퇴조 길 소매에 눈이 묻는다[190]고 어찌 신경 쓰랴　何知暈點朝回袖
얼어 누운 이의 집 파묻힐까[191] 두려울 뿐　只恐平封凍臥家
절경이 더해진 동헌[192]을 앉아서 상상하노니　坐想琴軒增絶致
누각 덮는 만 그루 대나무[193] 옥빛으로 서로 얽히겠지[194]
萬竿堆壓玉相叉

190 퇴조……묻는다 :【攷證 卷2 暈點朝回袖】남조 시대 송나라 사장(謝莊)이 조회하고 돌아올 때〔朝回〕날리는 눈으로 인해 옷에 점이 찍혔는데〔印點〕당시 사람들이 이를 완상하며 운치로 여겼다. 당나라 두보의 시에 〈중서사인 가지의 「조조대명궁」 시에 화답하다〔奉和賈至舍人早朝大明宮〕〉 시에 "조회가 끝나니 소매 가득 향기로운 이내 끌리고, 시가 이루어지니 휘두르는 붓끝에 주옥이 있구나.〔朝罷香烟携滿袖, 詩成珠玉在揮毫.〕" 라고 하였다.

191 얼어……파묻힐까 :【攷證 卷2 平封凍臥家】한(漢)나라 원안(袁安)의 고사로, 그 내용은《정본 퇴계전서》권1의〈내가 임강사에서 이농암 선생을 뵈려 하였다……〔滉將拜聾巖於臨江寺……〕〉시의《고증》에 보인다.【校解】한(漢)나라 때 낙양(洛陽)에 한 자 남짓 눈이 내려 낙양 영(洛陽令)이 몸소 나가 순시했는데 인가마다 모두 제설 작업을 하고 있었다. 원안의 집 문 앞에 이르렀는데 드나들어 생긴 길이 없자, 사람을 시켜 눈을 치우게 하고 방에 들어가 보니 원안이 쓰러져 누워있었다. 왜 나오지 않았느냐고 묻자, 원안이 "큰 눈이 와서 사람들이 모두 굶주리고 있으니 남에게 요구해서는 안 된다" 라고 하였다.《後漢書 袁安列傳》

192 동헌 :【攷證 卷2 琴軒】살펴보건대, 공자의 제자 복자천(宓子賤)이 선보재(單父宰)가 되었을 때 금(琴)을 타면서 고을을 잘 다스렸다.《呂氏春秋 察賢》후대에 마침내 정사당(政事堂)을 금헌(琴軒)·금당(琴堂)·금각(琴閣)이라고 불렀다.

193 누각……대나무 :【攷證 卷2 萬竿堆壓】당시에 황중거가 대숲에 작은 누각을 지었기 때문에 이렇게 말한 것이다.【校解】1516년(중종11) 신녕 현감 이고(李考)가 비벽정(斐碧亭)을 지었는데, 이후 퇴락하자 1552년(명종7) 현감 황준량이 그 자리에 죽각(竹閣)을 세웠다. 임진왜란 때 죽각이 소실되자, 현감 송이창(宋爾昌)이 1611년(광해군8) 정자를 중건하여 환벽정(環碧亭)으로 개명하였다.

194 드넓은……얽히겠지 :【攷證 卷2 千林…相叉】살펴보건대, 이 둘째 수는 송나라 소식(蘇軾)의〈눈 내린 뒤 북대의 벽에 쓰다〔雪後書北臺壁〕〉시 2수 중 제2수에 차운한 것이다.【校解】《고증》에서는 제목을〈눈을 읊다〔詠雪〕〉라고 하였다.

KNP0135(詩-內卷2-47~48)

1월 2일 입춘 임자(1552, 명종7, 52세) 【1월 2일. 예안(禮安)】

正月二日立春 壬子

(詩-內卷2-47)

창 너머엔 봄바람 싸늘히[195] 차갑고	窓外東風料峭寒
창 앞엔 푸른 시냇물 졸졸 흐른다	窓前流水碧潺潺
참 즐거움 서실에 있다는 걸 알 뿐이니[196]	但知至樂存書室
부귀가에서 나눠주는 나물 쟁반[197] 필요 없지	不用高門送菜盤

(詩-內卷2-48)

경전 속에서 성현을 마주한 채	黃卷中間對聖賢

195 싸늘히 : 【攷證 卷2 料峭】 봄 추위를 '요초'라고 한다. 송(宋)나라 소식(蘇軾)의 〈진주에서 소철의 사위인 일민 문무광(文務光)과 술을 마시며 이별하다……〔陳州與文郎逸民飮別……〕〉 시에 "봄바람 쌀쌀하니 양각풍 회오리치고, 황하수 끝없으니 불어난 오월의 물결이네.〔春風料峭羊角轉, 河水渺綿瓜蔓流.〕"라고 하였다.

196 참……뿐이니 : 【要存錄 卷2 但知至樂存書室】 송나라 구양수(歐陽脩)의 〈독서(讀書)〉 시에 "지극하구나 천하의 즐거움이여, 온종일 책상에 앉아 있지.〔至哉天下樂, 終日在几案.〕"라고 하였는데, 섭학고(葉學古)가 이 시어를 취하여 서재의 이름을 지락재라고 명명하고, 주자가 이에 대해 〈지락재명(至樂齋銘)〉을 지어 독서의 즐거움을 극찬하였다. 《晦庵集 卷85》

197 부귀가에서……쟁반 : 【攷證 卷2 高門送菜盤】 당(唐)나라 두보(杜甫)의 〈입춘(立春)〉 시에 "백옥 같은 쟁반이 부귀가에서 나와 오가고, 푸른 실처럼 썬 나물은 섬섬옥수 통해 보내지네.〔盤出高門行白玉, 菜傳纖手送青絲.〕"라고 하였는데, 송나라 조언재(趙彦材)의 주석에 "옛 제(齊)나라 지역에서는 입춘일에 생채나물을 먹는데, 이는 신년을 맞이하는 의미를 취한 것이다."라고 하고, 또 "낙양과 장안의 부귀가에서는 백옥으로 만든 쟁반에 생채나물을 담아 서로 주고받았다."라고 하였다.

맑고 밝은 한 칸 방에 초연히 앉아 있을 때　　虛明一室坐超然
창가의 매화에서 또 봄소식 보노니　　梅窓又見春消息
줄 끊어진 요금 탄식하지 말아야지[198]　　莫向瑤琴嘆絶絃

198 창가의……말아야지 : 【譯注】 주자학을 계승·발전시키겠다는 의지를 표현한 것이다. 【攷證 卷2 梅窓…絶絃】《금보(琴譜)》에 〈매화곡(梅花曲)〉이 있다. 주자의 〈서재에 있을 때 생긴 감흥〔齋居感興〕〉 시 20수 중 제12수에 "요금이 공연히 보갑에 있건만, 줄이 끊어졌으니 장차 어쩌랴. 여운 찾아 다시 정리해야겠으니, 정자(程子) 살았던 용문에는 아직도 남겨진 노래 있다네.〔瑤琴空寶匣, 絃絶將如何? 興言理餘韻, 龍門有遺歌.〕"라고 하였다.

KNP0136(詩-內卷2-49)

정월 보름에 이비원[199]을 시냇가 길에서 만나 동행하며 지은 즉흥시 【임자년(1552, 명종7, 52세) 1월 15일. 예안(禮安)】

上元日遇李庇遠於溪路 同行卽事

봄 얼음 옥처럼 깨지니 물결 넘실대고	春冰破玉水漫溪
봄 햇살 이제 막 따스하니 들새 지저귄다	春日初暄野鳥啼
말 위에서 마주쳐 나란히 가는데	馬上相逢聯轡去
저물녘 바람 부는 오솔길 무수히 풀 돋았어라	晩風無數草生蹊

199 이비원 : 【攷證 卷2 李庇遠】 이국량(李國樑, 1517~1554)으로, 본관은 영천(永川), 자는 비원, 호는 양곡당(暘谷堂)이다. 1546년(명종원년) 진사가 되었다. 이농암(李聾巖 이현보(李賢輔))의 조카이고, 퇴계 선생의 문하생이자 조카사위이다.

KNP0137(詩-內卷2-50)

정월 보름밤 계상 서당에서 달을 마주하다 【임자년(1552, 명종7, 52세) 1월 15일. 예안(禮安)】

上元夜溪堂對月

계옹이 홀로 계상 서당에서 묵을 때	溪翁獨向溪堂宿
한밤중에 창문 열어 달빛을 보니	半夜開窓看月色
금빛 물결 넘실넘실 푸른 이내 사라지고[200]	金波瀲灩綠烟滅
모든 구멍에 바람 없어 방이 고요하여라	萬竅無風一室寂
아이들 관등놀이[201] 우리 풍속 아니거니와	賞燈兒戲非吾俗

200 금빛……사라지고 : 【攷證 卷2 金波瀲灩綠烟滅】《한서》〈예악지(禮樂志)〉에 '달빛은 금파처럼 어른거린다〔月穆穆以金波〕'라고 하였는데, 당(唐)나라 안사고(顔師古)의 주석에 "달빛이 환하니 마치 금빛 물결〔金之波流〕과 같다."라고 하였다. 당나라 두보(杜甫)의 〈강가의 별과 달〔江邊星月〕〉 시 2수 중 제1수에 "소낙비 지나가 맑아진 가을 하늘, 금빛 물결에 별들이 반짝반짝.〔驟雨淸秋夜, 金波耿玉繩.〕"이라고 하였다. 송(宋)나라 소식(蘇軾)의 〈한가위 달밤에 아우인 자유 소철(蘇轍)에게 부치다〔中秋月寄子由〕〉 시 3수 중 제1수에 "은근했던 지난해 달은, 옛 성곽 동편에 그 빛이 일렁였지.〔殷勤去年月, 瀲灩古城東.〕"라고 하였다. 또 당나라 이백(李白)의 〈술잔 들고 달에게 묻다〔把酒問月〕〉 시에 "밝기는 하늘의 거울이 붉은 궁궐에 임한 듯, 푸른 안개 모두 사라지자 맑은 빛 쏟아지네.〔皎如飛鏡臨丹闕, 綠烟滅盡淸輝發.〕"라고 하였다. 【校解】《고증》의 소식 시에 '殷勤'이 '慇懃'으로 되어 있는데, 통행본《동파전집(東坡全集)》에 의거하여 수정하였다.

201 아이들 관등놀이 : 【攷證 卷2 賞燈兒戲】 정월 대보름 밤에 등불을 밝히는 것인데, 혹자는 "한(漢)나라에서 태을(太乙)에게 제사 지낼 때 저물녘부터 다음날 대낮까지 등불을 밝혔기 때문에 이 일을 일삼은 것이다."라고 하였다. 《春明退朝錄 中》 낙양에서는 정월 대보름 밤에 영등(影燈)이 많은 자를 으뜸으로 여겼는데, 서로 겨루는 말로 "천 개의 영등, 만 개의 영등."이라고 하였다. 《雲仙雜記 卷4》 【校解】《고증》에서 '雲仙雜記'를 '影燈記'라고 하였는데, '影燈記'는 미상이다.

풍흉 점치는 농민 마음[202] 정말 어리석으니　　占歲氓情乃眞惑
차라리 화산 은자(隱者)의 그림[203] 자세히 보고　　何如閱盡華山圖
깨어 있는 고요한 마음으로《주역》읽는 게 낫지　　靜鑑惺惺讀周易

202 풍흉……마음 :【攷證 卷2 占歲氓情】정월 대보름날 농가에서는 달을 살펴 한해의 풍흉을 예측하였다.

203 화산 은자(隱者)의 그림 :【譯注】송(宋)나라 진단(陳摶, 871~989)이 그린 태극도를 이른다.【攷證 卷2 華山圖】진단은 자가 도남(圖南), 호가 백운(白雲)·부요자(扶搖子)·희이(希夷)이다. 당(唐)나라 말엽에 진사가 되고, 이후에 화산에 은거하였다. 송나라 소백온(邵伯溫)이 "진도남의 역학(易學)은 의미·말·모양·수를 주안점으로 하고 번거롭게 문자로 해설하는 글을 쓰지 않았으니 단지 그림 한 장만 남겼다."라고 하였다.《易學辨惑》

KNP0138(詩-內卷2-51~52)

차운하여 이 청송 공간[204]에게 답하다. 2수 【임자년(1552, 명종7, 52세) 1월 21~22일. 예안(禮安)】

次韻答李靑松公幹 二首

(詩-內卷2-51)

물가 낚시터 곁 수락원정[205]	壽樂園亭傍渚磯
원님[206]이 때로 와 색동옷 입고 재롱부리네[207]	銅章時到弄斑衣
나는 지금 홀로 끝없는 한을 품으니	我今獨抱無涯恨
작은 마음으로 은혜 갚을 어버이 없어라[208]	寸草三春失報暉

204 공간(公幹) : 【譯注】 이중량(李仲樑, 1504~1582)의 자로, 그는 본관이 영천(永川), 호가 하연(賀淵)이다. 농암(聾巖) 이현보(李賢輔)의 넷째 아들이고 황준량(黃俊良)의 처숙부이며, 1550년(명종5) 청송 부사(靑松府使)가 되었다.

205 수락원정 : 【攷證 卷2 壽樂園亭】 분천(汾川)에 있는데, 아마 이공간의 정자 이름인 듯하다.

206 원님 : 【譯注】 청송 부사 이중량을 이른다. 【攷證 卷2 銅章】 한(漢)나라 응소(應劭)의 《한관의(漢官儀)》에 "2천석 이상의 관리는 은으로 도장을 만들고 도장 상단에 거북 모양의 인뉴(印鈕) 장식을 하는데, 이를 장(章)이라 하고 '아무개 관리의 장'이라고 새겼다. 2백석 이하의 관리는 구리로 도장을 만들고 코 모양의 인뉴 장식을 하는데, 이를 인(印)이라고 한다."라고 하였다. 《古今韻會擧要 卷8》

207 색동옷 입고 재롱부리네 : 【譯注】 부모님에게 효성을 다한다는 뜻이다. 춘추 시대 초나라의 노래자(老萊子)는 효성으로 어버이를 섬겨 70세가 되어서도 어버이를 즐겁게 하기 위해 색동옷을 입고, 물을 떠가지고 당에 오르다가 거짓으로 넘어져 땅에 엎어져 어린아이의 울음소리를 내며, 새 새끼를 가지고 부모 곁에서 장난치며 놀았다. 《高士傳 卷上》

208 작은……없어라 : 【譯注】 이황은 1502년(연산군8) 6월 부친을 여의고 1537년(중종32) 10월 모친을 여의었기에 지금 효성을 바칠 어버이가 없음을 탄식한 것이다. 【攷證 卷2 寸草三春失報暉】 당(唐)나라 맹교(孟郊)의 〈나그네의 노래〔遊子吟〕〉 시에 "한 치의

(詩-內卷2-52)

사람들 말이 산속에 살 수 없는 건[209]	人曰山中不可居
시루에 먼지 일고 솥에 반대좀 생겨서라지[210]	甑生塵土釜生魚
일어나 손님 보낼 때 아무 말 하지 않으니	起來謝客無言說
가난 걱정은 예전에 이미 사라진 걸 느낄 뿐	但覺窮愁昔已除

풀 같은 작은 마음으로, 봄볕 같은 사랑에 보답하기 어려워라.〔難將寸草心, 報得三春暉.〕"라고 하였다. 살펴보건대, 이공간은 이농암의 아들인데, 당시에 이농암이 집에 있었기 때문에 시의 뜻이 이와 같은 것이다.

209 사람들……건 : 【攷證 卷2 人曰山中不可居】 한(漢)나라 회남왕(淮南王) 유안(劉安)의 〈초은사(招隱士)〉에 "왕손이여 돌아오라, 산중엔 오래 머물 수 없으니.〔王孫兮歸來, 山中兮不可以久留.〕라고 하였다.

210 시루에……생겨서라지 : 【譯注】 매우 가난하여 오랫동안 밥을 짓지 못한다는 뜻이다. 【攷證 卷2 甑生塵土釜生魚】 한(漢)나라 범염(范冉)은 자가 사운(史雲)으로, 내무현령(萊蕪縣令)으로 있을 때 청렴결백 하자, 골목마다 사람들이 "시루에 먼지가 이는 범사운이요, 솥에 반대좀 사는 범 내무이네.〔甑中生塵范史雲, 釜中生魚范萊蕪.〕"라고 노래하였다. 《後漢書 范冉列傳》 【校解】 《고증》에 '范冉'이 '范丹'으로 되어 있는데, 통행본 《후한서》에 의거하여 수정하였다.

KNP0139(詩-內卷2-53)

내가 임강사[211]에서 이농암[212] 선생을 뵈려 하였는데 그날 밤 눈이 내렸다. 선생이 아침에 승려를 보내 절구 1수[213]를 주며 부르시기에 삼가 받들어 화답하여 먼저 드리다 【임자년(1552, 명종7, 52세) 1월 27일. 예안(禮安)】

滉將拜聾巖於臨江寺 其夜有雪 先生朝遣僧 以一絶速之 謹奉和 先以呈上

하늘이 절경 더해 선경(仙境)을 찾으려 했는데	天增絶致尋眞境
하늘이 짐짓 눈길 만들어[214] 십 리 길이 추워라	故作瓊瑤十里寒
다만 설자[215]를 뵐 기회 얻을 수 있다면	但得夤緣參雪子

211 임강사 : 【攷證 卷2 臨江寺】 도산(陶山)의 하류에 있다.

212 이농암 : 【譯注】 이현보(李賢輔, 1467~1555)로, 본관은 영천(永川), 자는 비중(棐仲), 호는 농암(聾巖)·설빈옹(雪鬢翁), 시호는 효절(孝節)이다.

213 절구 1수 : 【譯注】 이현보의 《농암집》 권1에 〈눈 속에 퇴계 이황을 초대하다〔雪中邀退溪〕〉라는 제목으로 실려 있다.

214 짐짓 눈길 만들어 : 【攷證 卷2 故作瓊瑤】 당(唐)나라 한유(韓愈)의 〈기거 사인(起居舍人) 왕씨 집 20번째 왕애(王涯)가 눈 속에 보내온 시에 수답하다〔酬王二十舍人雪中見寄〕〉 시에 "오늘 아침 눈을 밟아 아름다운 옥 자국 만드니, 때로 봉황지에서 오는 이가 있기 때문이지.〔今朝蹋作瓊瑤迹, 爲有時從鳳沼來.〕"라고 하였다. 또 〈눈을 노래하여 장적에게 주다〔咏雪贈張籍〕〉 시에 "틀림없이 고니와 해오라기 삶은 게 아니니, 참으로 고운 옥돌을 가루로 부순 것이지.〔定非燖鵠鷺, 眞是屑瓊瑰.〕"라고 하였는데, 송(宋)나라 왕득신(王得臣)의 주석에 《진사(麈事)》를 인용하여 "'경(瓊)'은 《설문》에 붉은 옥이라고 했는데, 근래에 보니 사람들이 흰 물건을 노래할 때 많이 사용하고 한유도 사용했으니 별도로 근거한 바가 있는가? 어찌 자세히 살피지 않고 사용하는가."라고 하였다. 【校解】 《고증》의 한유 시에 '蹋'이 '踏'으로 되어 있는데, 통행본 《한창려집(韓昌黎集)》에 의거하여 수정하였다.

215 설자 : 【攷證 卷2 雪子】 온백설자(溫伯雪子)이다. 【校解】 '온백설자'는 춘추 시대 초(楚)나라의 현인인데, 여기서는 이현보를 비유한다.

어찌 군이 구구하게 원안을 물으랴[216]　　　區區何必問袁安

216 어찌……물으랴 : 【文集攷證 卷2 何必問袁安】 살펴보건대, 원안은 자가 소공(邵公)으로, 한(漢)나라 여남(汝南) 사람이다. 효렴으로 천거되고 삼공(三公)이 되었다. 【校解】 《고증》에서는 원안의 고사를 서술하였는데, 《정본 퇴계전서》 권1의 〈차운하여 신녕 현감 황중거에게 답하다〔次韻答新寧宰黃仲擧〕〉 시의 주석에서 이미 설명하였으므로 생략하였다. 자세한 내용은 421쪽 주 191) 참조.

KNP0140(詩-內卷2-54)

저물녘 돌아오는 길[217]에 말 위에서 【임자년(1552, 명종7, 52세) 1월 27일. 예안(禮安)】

暮歸馬上

봄바람 강에 불고 눈이 막 개었을 때	春風吹水雪初晴
고요한 야사에서 신선 같은 분 배알했지	候謁仙公野寺淸
갈 때도 절로 기쁘고 올 때도 절로 뿌듯하니	去自欣然來自得
석양 비낀 길에 말발굽 가벼워라	夕陽斜路馬蹄輕

217 돌아오는 길 : 【譯注】 임강사(臨江寺)에서 이현보(李賢輔)를 만나고 돌아오는 길이다. 《聾巖先生年譜 卷1》

KNP0141(詩-內卷2-55)

이대성[218]이 계상 서당을 내방하다 【임자년(1552, 명종7, 52세) 2월 중순 추정. 예안(禮安)】

李大成來訪溪堂

산꽃 피지 않은 채 봄이 반쯤 지났는데	山花未發春强半
물새 한가히 날아오고 손님이 또 오셨네	溪鳥閒飛客又來
얕은 잔의 술 고상한 담론에 나의 병 잊으니	淺酌高談忘我病
곤궁한 형편 속에서도 그대 꿋꿋이 노력하시게	窮居苦節勉君才

218 이대성 : 【攷證 卷2 大成】 이문량(李文樑, 1498~1581)으로, 본관은 영천(永川), 자는 대성, 호는 벽오(碧梧)·녹균(綠筠)이다. 이농암(李聾巖 이현보(李賢輔))의 둘째 아들이자 황준량(黃俊良)의 장인으로, 재주와 학식이 있고 음보(蔭補)로 평릉 찰방(平陵察訪)이 되었다.

KNP0142(詩-內卷2-56)

청음석[219] 【임자년(1552, 명종7, 52세) 2~3월 추정. 예안(禮安)】

清吟石

어지러이 펼쳐진 붉은 융단[220] 속에 亂披紅罽裏
한가로이 녹파주[221] 메고 돌아왔지 閒擔綠波回
저물녘에 만나기로 계동과 약속했더니 晚與溪童約
소반에 담은 활옥[222] 높이 들고 오누나 盤擎活玉來

-'녹파'는 술 이름이다.-

219 청음석 : 【譯注】 도산면 온계(溫溪) 하류에 있는 반석이다. 1511년(중종6)에 이황의 숙부 온계(溫溪) 이우(李堣)가 강원도 관찰사로 있으면서 근친(覲親)하러 왔을 때 이곳에서 놀았는데, 당시 11세 소년이었던 이황이 배석하였다. 그때 이우가 시를 지어 "계산의 아름다움 구경하려고, 송림에 홀로 돌아왔지. 맑게 시 읊는 일 망치려는 의도인가〔清吟還敗意〕, 누가 찰방을 보내왔는가."라고 하였다. 1547년(명종2) 3월 이황이 이곳에서 형제들과 모여 옛일을 회상하며 이우의 시구에서 따서 '청음석'이라 명명하고 차운시 2수를 지었다. 《定本退溪全書 卷1 清吟石 幷序》

220 붉은 융단 : 【攷證 卷2 紅罽】 '罽'의 독음은 거(居)와 례(例)의 반절이다. 본래 '계(繝)'라고 쓰는데, 털로 짠 모포이다. 여기서 말한 '붉은 융단'은 꽃을 이른다.

221 녹파주 : 【譯注】 경면녹파주(鏡面綠波酒)로, 그 양조법이 《산림경제(山林經濟)》 권2 〈치선(治膳) 양주(釀酒)〉에 인용된 《사시찬요보(四時纂要補)》에 보인다.

222 활옥 : 【攷證 卷2 活玉】 생선을 이른다.

KNP0143(詩-內卷2-57)

벗에게 답하다[223] 【임자년(1552, 명종7, 52세) 2~3월 추정. 예안(禮安)】

答友人

벗은 정계회(丁季晦)[224]인데 이때 거제[225]에 유배되어 있었다.

죽은 이와 영결하고 산 자와도 헤어졌으니　　死者長辭生亦分

궁벽한 산엔 음식 거칠고[226] 유배지엔 구름 자욱하겠지　　窮山藜藿瘴鄕雲

백년의 계분은 서리보다 밝은 의리[227]　　百年契分明霜義

223 벗에게 답하다 : 【譯注】 정황(丁熿)의 《유헌집(游軒集)》 권2 〈퇴계에게 보내는 답장 뒤에 쓰다〔書答退溪札後〕〉 시에도 화운시로 실려 있다.

224 정계회 : 【攷證 卷2 丁季晦】 정황(1512~1560)으로, 본관은 창원(昌原), 자는 계회, 호는 유헌, 시호는 충간(忠簡)이다. 조정암(趙靜庵 조광조(趙光祖))의 문하에서 수학하였다. 병신년(1536, 중종31)에 친시문과로 급제하였다. 을사년(1545, 명종즉위)에 의정부 사인으로 재직할 때 을사사화가 일어나 관작이 삭탈되고, 1547년 양재역 벽서사건에 연루되어 곤양(昆陽)에 유배되었다가 이듬해 거제(巨濟)로 이배된 후 배소에서 세상을 떠났다.

225 거제 : 【攷證 卷2 巨濟】 경상우도에 속한다. 본래 바다 가운데에 있는 섬이었는데, 신라 문무왕(文武王)이 처음으로 상군(裳郡)을 설치하였다. 군명으로 기성(岐城)이라고도 한다.

226 궁벽한……거칠고 : 【攷證 卷2 窮山藜藿】 한(漢)나라 정창(鄭昌)이 상서(上書)하여 합관요(蓋寬饒)를 칭송하면서 "범이 궁벽한 산〔窮山〕에 있으면 명아주와 콩잎〔藜藿〕이 그 때문에 채취되지 않습니다."라고 하였다. 《漢書 蓋寬饒傳》

227 백년의……의리 : 【攷證 卷2 百年契分明霜義】 살펴보건대, 을사년에 퇴계 선생이 정황 공 등과 함께 같은 날 관작이 삭탈되고 문외출송 되고, 정황 공은 그 뒤에 먼 곳에 유배되었다. 퇴계 선생은 이기(李芑)의 조카인 이원록(李元祿)이 이기에게 힘써 간하여 얼마 지나지 않아 직첩이 환수되었다. '백년의 계분'은 이 일을 가리키는 듯하다. 《國朝故事》 남조 시대 송(宋)나라 원숙(袁淑)의 〈자건 조식(曹植)의 백마편을 모방하다〔效曹子

천리의 심회는 자개보다 빛나는 시문	千里心懷爛貝文
조는 사슴 앉아 대할 땐 늘 벗이 그리울 게고	坐對鹿眠常戀友
떨어지는 솔개[228] 누워 볼 땐 되레 임금 그립겠지	臥看鳶跕尙思君
종래로 그대가 지녀온 건 모두 난초 향기이니	從來佩服皆蘭臭
꺾이고 상했다고 그 향기 버리지 마시게	莫爲摧傷少替芬

建白馬篇]〉 시에 "의분은 서릿발보다 분명하고, 미더운 행실은 활시위처럼 곧구나.〔義分明於霜, 信行直如弦.〕"라고 하였다. 당(唐)나라 설봉(薛逢)의 〈벌써 가을인가〔驚秋〕〉 시에 "서리보다 밝은 의분 빈말이 되고, 남달리 훌륭한 문장 애석히도 어둠 속에 던져졌네.〔明霜義分成虛語, 皁俗文章惜暗投.〕"라고 하였다. 【校解】《고증》에서 원숙의 시를 사조(謝朓)의 시라고 한 것은 오류이다.

228 떨어지는 솔개 : 【譯注】 정황이 귀양 간 거제의 자연환경이 매우 나쁜 것을 비유한 말이다. 【攷證 卷2 鳶跕】 한(漢)나라 마원(馬援)이 남방으로 교지국(交趾國)을 정벌할 때, 아래는 웅덩이가 있고 위에는 안개가 끼며 독한 장기(瘴氣)가 찌는 듯 퍼져 하늘에 날던 솔개가 바다로 툭툭 떨어지는〔飛鳶跕跕〕 것을 누워서 보았다. 《後漢書 馬援列傳》 ○ 살펴보건대, '跕'은 독음이 '접(蝶)'으로, 떨어지는 모양이다.

KNP0144(詩-內卷2-58)

4월 1일 계상에서 짓다 【임자년(1552, 명종7, 52세) 4월 1일. 예안(禮安)】

四月初一日 溪上作

옛글 읽어 정신을 맑게 하고	澡神古書在
샘에 힘입어 꽃에 물을 준다	灌花淸泉賴
숲속에 사니 새의 즐거움 알고[229]	林居識鳥樂
땅에 앉으니 개미가 큰 걸 보네[230]	地坐看蟻大
여름 초입이라 만물이 형체를 갖추고	夏初品物流
봄이 지난 뒤라 남은 꽃 향기로워라	春後餘芳藹
맑고 텅 빈 허공에 구름 일고	雲生泬寥間
아득한 하늘 저편에 해가 지누나	日墮蒼茫外
마음 편해 이미 여한이 없거늘	休休已無恨
쓸쓸하여 괜스레 탄식이 많다	落落空多嘅
다만 천년 전의 성현(聖賢) 있으니	唯有千載人
품으신 뜻이 나와 똑같지	襟期與我會

229 숲속에……알고 : 【攷證 卷2 林居識鳥樂】 송(宋)나라 구양수(歐陽脩)의 〈취옹정기(醉翁亭記)〉에 "새들은 산림의 즐거움을 알지만〔禽鳥知山林之樂〕 사람들의 즐거움은 모른다."라고 하였다

230 땅에……보네 : 【攷證 卷2 地坐看蟻大】 미상이다.

KNP0145(詩-內卷2-59)

황중거[231]에게 답하다 【임자년(1552, 명종7, 52세) 4월 2~6일 추정. 예안(禮安)】

答黃仲擧

우자는 지자에게 항상 농락당하나니[232]	愚者常爲智所籠
지자가 시비를 따지며[233] 교묘히도 속인다	非非是是巧相蒙
어떤 일이 상책인지는 모르겠으나	未知何事爲長策
남 따르는 게 가장 하급인 걸 알 뿐[234]	唯覺隨人最下風
가랑비 내린 뒤 울긋불긋 수많은 꽃 피고	萬紫千紅微雨後
옛 산속에 백운이 떠 있고 청학이 난다	白雲靑鶴故山中
태평성대라 병든 이 몸 가련히 여기실 테니[235]	明時會見憐衰疾

231 황중거: 【譯注】 황준량(黃俊良, 1517~1563)으로, 본관은 평해(平海), 자는 중거(仲擧), 호는 금계(錦溪)이다.

232 우자는……농락당하나니 : 【攷證 卷2 愚者常爲智所籠】 성인은 지혜로 어리석은 자들을 농락하니〔聖人以智籠羣愚〕, 저공(狙公)이 꾀를 써서 여러 원숭이를 농락한 것과 같다. 《列子 黃帝》

233 시비를 따지며 : 【攷證 卷2 非非是是】 당(唐)나라 한유(韓愈)의 〈행난(行難)〉에 "육참(陸參) 선생은 현명함으로써 옳은 것을 옳다고 하고 그른 것을 그르다고 한다.〔是是而非非〕"라고 하였다.

234 남……뿐 : 【攷證 卷2 隨人最下風】 뜻이 남을 따르는 데 있으니〔志在隨人〕, 지조의 수준이 낮은 것이다. 《周易 咸卦 九三爻 象傳》 9만 리 높이까지 올라가야만 붕새의 큰 날개를 지탱할 만한 바람이 비로소 아래에 쌓이게 된다〔風斯在下〕. 《莊子 逍遙遊》

235 태평성대라……테니 : 【譯注】 《퇴계선생연보》 권1에 의거하면, 이황은 1552년(명종7) 4월에 홍문관 교리 등에 제수되어 조정에 나아갔으니, 이 시를 지을 때는 조정에 가서 사직하면 윤허 받으리라 기대한 것이다.

이 즐거움 못 마칠까 어찌 걱정하랴　　　　　　　　此樂何憂未占終

-황중거의 시에 "다만 두려운 건 난서[236]가 학의 꿈[237] 방해하여, 자연 속의 은거 생활 마치기 어려운 것.〔但恐鸞書驚鶴夢, 心親魚鳥愛難終.〕"이라고 하였다.-

236 난서 : 【譯注】 임금의 조서를 이른다. 【攷證 卷2 鸞書】 당나라 두보(杜甫)의 〈양성군왕 위백옥(衛伯玉)의 태부인이 은명을 입어 등국 태부인이 된 것을 축하하다〔奉賀陽城郡王太夫人恩命加鄧國太夫人〕〉 시에 "조서엔 난새가 종이에서 춤추는 듯, 맑은 조정엔 제비가 사람을 축하하는 듯.〔紫誥鸞回紙, 淸朝燕賀人.〕"이라고 하였는데, 송나라 조언재(趙彦材)의 주석에 "조서의 글씨에 난새가 너울너울 춤추는 형세가 있는 것이다."라고 하였다.

237 학의 꿈 : 【譯注】 속세를 떠나 은거하고자 하는 마음을 비유한다.

KNP0146(詩-內卷2-60)

유거하면서 이인중[238]과 김신중[239]에게 보이다 【임자년(1552, 명종7, 52세) 4월 2~6일 추정. 예안(禮安)】

幽居 示李仁仲金愼仲

외진 곳에 사는 참맛은 한가하여 일없는 것	幽居一味閒無事
남들은 한거를 싫어하건만 나는 홀로 좋아한다	人厭閒居我獨憐
동쪽 마루에 술상 차리니 성인[240]을 마주한 듯	置酒東軒如對聖
남쪽 고을에서 매화 보니 신선을 만난 듯	得梅南國似逢仙
바위틈 샘물을 벼루에 붓자 구름이 붓에 이는 듯	巖泉滴硯雲生筆
산의 달이 책상 비추자 이슬이 서책에 뿌려진 듯	山月侵牀露灑編
병중엔 때때로 독서 게을러도 무방하니	病裏不妨時懶讀
피둥피둥 내 뱃살[241] 그대들 웃거나 말거나	任從君笑腹便便

238 이인중 : 【攷證 卷2 李仁仲】 이명홍(李命弘, ?~1560)으로, 본관은 영천(永川), 자는 인중, 호는 곤재(坤齋)이다. 이농암(李聾巖 이현보(李賢輔))의 종손(從孫)이고, 퇴계 선생의 문하에서 수학하였다. 일찍 세상을 떠나자 퇴계 선생이 시로써 애도하였다. 【校解】 이명홍에 대한 애도시는 《정본 퇴계전서》 권3에 〈이인중에 대한 만사〔挽李仁仲〕〉라는 제목으로 실려 있다.

239 김신중 : 【攷證 卷2 金愼仲】 김부의(金富儀, 1522~1582)로, 본관은 광산(光山), 자는 신중, 호는 읍청정(挹淸亭)이고, 김후조당(金後凋堂 김부필(金富弼))의 아우이다. 명(明)나라 세종 가정(嘉靖) 을유년(중종17)에 태어나고, 퇴계 선생의 문하에서 수학하였다. 1555년(명종10) 소과에 합격하고, 집경전 참봉(集慶殿參奉)에 제수되었으나 부임하지 않았다. 역동서원(易東書院)이 완성되자 선생이 공에게 원장이 되라고 명하였다.

240 성인 : 【譯注】 청주(淸酒)를 비유한다. 《三國志 魏書 徐邈傳》 당나라 이백(李白)의 〈홀로 마시다〔獨酌〕〉 시에 "이미 청주를 성인에 비긴다고 들었으니, 다시 탁주는 현인과 같다고 말하노라.〔已聞淸比聖, 復道濁如賢.〕"라고 하였다.

241 피둥피둥 내 뱃살 : 【攷證 卷2 腹便便】 한(漢)나라 변소(邊韶)는 자가 효선(孝先)이다. 그가 낮에 잠드니, 제자가 "변효선은 뱃살이 피둥피둥〔腹便便〕, 독서에 게으르고 잠만 자려하네."라고 조롱하자, 변소가 "내 배가 피둥피둥한 건 오경을 담았기 때문이고, 잠만 자려는 건 오경의 의미 생각하기 위한 거지."라고 하였다. 《後漢書 邊韶列傳》 ○ 살펴보건대, '便'은 독음이 '비(毗)'와 '연(連)'의 반절로, 살진 모양이다.

KNP0147(詩-內卷2-61)

계상 서당 앞 방당에 보슬비 내린 뒤에 짓다 【임자년(1552, 명종 7, 52세) 4월 7일. 예안(禮安)】

溪堂前方塘微雨後作

작은 못에 실 같은 비 내릴 때	小塘雨絲絲
맑은 새벽 홀로 와서 쉬니	淸晨獨來憩
창은 텅 비어 앉은 채 내다볼 수 있고	窓虛可坐臨
땅은 정갈하여 티끌조차 없다	地淨無塵翳
뭉게뭉게 구름 기운 드리우고	靄靄雲氣垂
보일 듯 말 듯 물결무늬 미세한데	微微波紋細
축축한 파란 이끼 바위틈에 가득하고	蒼苔濕滿嵌
젖은 푸른 풀이 섬돌에 수북하여라	碧草霑委砌
남은 부슬비가 수면을 씻어내니	餘霏洗水面
거울처럼 맑은 차가운 못 눈에 가득한데	一鑑寒潑眥
지나가는 새 잠깐 그림자 남기고	度鳥忽遺影
노니는 물고기 새로 생기가 도누나[242]	游魚新得計
이전부터 담박한 마음 품어	夙昔抱冲素
평소 세속과 친하지 못했는데	生平不狎世
몽천[243]에 활수(活水)가 있으니	蒙泉有活源

242 노니는……도누나 : 【攷證 卷2 游魚新得計】《장자》〈서무귀(徐無鬼)〉에 "물고기에 대해서 계책을 얻는다.〔於魚得計〕"라고 하였는데, 송(宋)나라 임희일(林希逸)의 주석에 "물고기가 물에 있으면 유유자적 자기 뜻대로 자유로우니 진인(眞人)이 자신을 위해 계책을 세우는 것이 물고기와 같다."라고 하였다.

만년에 과행육덕(果行育德)[244] 희구한다 果育希晩歲
지은 이 시 어찌 꿈에서 얻었으리오[245] 題詩豈夢占
글 읽다가 간혹 이치를 알기도 하지 觀書儻天契
더구나 밤이 지나 새벽 오면 何況後夜來
바람 더욱 맑고 달빛 더욱 밝음에랴 風月更光霽

---

243 몽천 : 【譯注】 이황이 직접 만들고 《주역》〈몽괘(蒙卦) 상전(象傳)〉에서 의미를 취하여 명명한 샘이다. 서당 동쪽 구석에 네모난 작은 못을 파고 그 가운데 연(蓮)을 심어 정우당(淨友塘)이라 하고, 또 그 동쪽에 몽천(蒙泉)이란 샘을 만들었다.《定本退溪全書 卷1 陶山雜詠 幷記》 월란암 아래에 고반대(考槃臺)가 있는데, 그 아래에서 샘을 얻어 몽천이라고 하였다.《定本退溪全書 卷2 月瀾庵下有臺曰考槃臺……》

244 과행육덕 : 【譯注】《주역》〈몽괘 단전(彖傳)〉에 "산 아래에서 샘물이 나오는 것이 몽이니, 군자는 이를 본받아 행실을 과단성 있게 하며 덕을 기른다.〔果行育德〕"라고 하였다.

245 지은……얻었으리오 : 【譯注】 이황 자신이 지은 시가 뛰어나지 않다는 뜻이다. 【攷證 卷2 題詩夢占】 살펴보건대, 남조 시대 송나라 사영운(謝靈運)이 한 번은 영가현(永嘉縣)의 서당에서 시어를 생각했는데 온종일 이루지 못하다가 꿈에 문득 그 아우 사혜련(謝惠連)을 보고는 즉시 '못 가에 봄풀 돋았네〔池塘生春草〕'라는 구절을 짓고, 이는 신의 도움으로 지은 것이라고 하였다.《南史 謝惠連列傳》

KNP0148(詩-內卷2-62)

4월 8일 눈앞의 일에 대한 감회 【임자년(1552, 명종7, 52세) 4월 8일. 예안(禮安)】

四月八日 感事

우리나라 풍속에 이날 석가(釋迦)[246]가 태어났다고 하여 명절이라고 한다.

현인 낳고 성인 낳는 하늘의 뜻은	生賢生聖老天心
본래 이 백성 위해 육침[247]을 구제하려는 것	本爲斯人濟陸沈
반천 년 기다려 얻음도 몹시 드문 일인데	待得半千猶苦罕
중고 시대 이후론 더욱 믿기 어려워라[248]	自從中古更難諶
하찮은 호승 외딴곳에 태어나 해악 끼친 뒤로[249]	么胡始降偏方蠥

246 석가 : 【攷證 卷2 釋迦】 불교 서적을 살펴보건대, 석가여래의 어릴 때 이름은 실달다(悉達多), 자는 천중천(天中天)으로, 가비라국(迦毗羅國) 정반왕(淨飯王)의 아들이고, 어머니는 마야(摩耶) 부인이다. 주(周)나라 소왕(昭王) 24년(갑인) 4월 8일에 어머니의 오른쪽 옆구리에서 태어나 원형으로 일곱 걸음을 걸으면서 눈으로 사방을 돌아보고는 사자후를 토해 "천상천하에 오직 주체적 개체만이 존귀하다."라고 하였다. 17세가 되었을 때 늙고 병들어 죽은 자를 보고는 번뇌하고 근심하여 부친에게 출가하기를 청하고, 19세에 수염과 머리카락을 자르고 아라(阿羅)와 가란(迦蘭) 두 선인(仙人)을 찾아가 생로병사를 끊는 법을 물었다.

247 육침 : 【譯注】 바른 정치가 시행되지 않아 세상이 혼란한 것을 비유한 말이다. 【攷證 卷2 陸沈】 《진서》 〈환온열전(桓溫列傳)〉에 "신주가 침몰하여〔神州陸沈〕 백 년 동안 빈터가 되게 만들었다."라고 하였다. 《사기》 〈골계열전(滑稽列傳)〉에 "속세에 숨어 지낸다.〔陸沈於俗〕"라고 하였는데, 당(唐)나라 사마정(司馬貞)의 주석에서 진나라 사마표(司馬彪)의 말을 인용하여 "물이 없어 육지가 가라앉는 것이다."라고 하였다.

248 반천……어려워라 : 【譯注】 맹자는 성현이 태어나 세상을 바로잡는 주기가 5백 년이라고 하였는데, 이 기간도 매우 길거니와 중고 시대 이후로는 성현이 태어나지 않았다는 뜻이다.

249 하찮은……뒤로 : 【攷證 卷2 么胡云云】 고구려 소수림왕(小獸林王) 2년(372)에

이단의 종교 마침내 만국에 퍼져 혼란케 했지　　異教終黐萬國淫
가장 황당한 건, 오늘이 복을 쌓는 날이라며　　最是無稽基福日
자랑으로 전수해 지금까지 명절로 삼는 것　　誇傳作節到如今

-복(福)은 본래 화(禍)라고 썼다.-

북조 시대 전진(前秦)의 임금 부견(苻堅)이 사신을 보내면서 호승(胡僧) 순도(順道) 및 불상과 불경을 보내왔다. 또 백제 침류왕(枕流王) 원년(384)에 호승 마라난타(摩羅難陀)가 동진(東晉)으로부터 왔다.《三國史記 高句麗本紀6·百濟本紀2》동국(東國)에 불교가 있게 된 것은 이로부터 시작되었다.○ 살펴보건대, 날짐승·들짐승·벌레·누리의 괴상한 것을 '얼(蠥)'이라고 하니, 독음은 얼(孽)이다. 시의 의미에서는 석가를 '요호'로, 천축국을 '편방'이라 한 것이다.【校解】《고증》에서 마라난타가 백제에 온 시기를 근구수왕(近仇首王) 9년(383)이라고 한 것은 오류이다.

KNP0149(詩-內卷2-63)

차운하여 황중거[250]가 새로 지은 죽각[251]에 부쳐 제하다[252]

【임자년(1552, 명종7, 52세) 5~6월 추정. 서울】

次韻寄題黃仲擧新構竹閣

여름에 도성에 온[253] 뒤이다.

관리 되었어도[254] 동전 냄새[255] 가까이하기 어려우니 肉食終難近臭銅

대나무만이 동헌에서 벗할 만하지 此君唯足友軒中

250 황중거 : 【譯注】 황준량(黃俊良, 1517~1563)으로, 본관은 평해(平海), 자는 중거(仲擧), 호는 금계(錦溪)이고, 1551년(명종6)부터 1556년까지 신녕 현감(新寧縣監)을 지냈다.

251 죽각 : 【文集攷證 卷2 竹閣】 신녕현 객관 서쪽에 있다. 【校解】 1516년(중종11) 신녕 현감 이고(李考)가 비벽정(斐碧亭)을 지었는데, 이후 퇴락하자 1552년(명종7) 현감 황준량이 그 자리에 죽각(竹閣)을 세웠다. 임진왜란 때 죽각이 소실되자, 현감 송이창(宋爾昌)이 1611년(광해군8) 정자를 중건하여 환벽정(環碧亭)으로 개명하였다.

252 차운하여……제하다 : 【譯注】 이 시에 대한 황준량의 차운시가 《금계집》 권5에 〈「신녕의 새로운 죽각」 시에 차운하다〔次新寧新竹閣韻〕〉라는 제목으로 실려 있다.

253 도성에 온 : 【攷證 卷2 赴都】 임자년(1552, 명종7) 4월 퇴계 선생이 교리로 조정에 소환되었다. 《退溪先生年譜 卷1》

254 관리 되었어도 : 【攷證 卷2 肉食】 춘추 시대 노(魯)나라 조귀(曹劌)가 "고기 먹는 높은 분들은 식견이 낮아서〔肉食者鄙〕 큰 계책을 내지 못한다."라고 하였다. 《春秋左氏傳 莊公 10年》 ○ 살펴보건대, 이 시는 죽각에 대해 쓴 것이기 때문에 '육식'이라는 말을 사용하였다.

255 동전 냄새 : 【譯注】 돈을 가지고 관직을 사거나 돈 많은 사람을 기롱하는 말이다. 【攷證 卷2 臭銅】 살펴보건대, 한(漢)나라 최열(崔烈)이 조정에 5백만 전의 돈을 납입하고 사도(司徒)가 된 뒤에 그 아들에게 "의론하는 자들의 여론이 어떠하냐?"라고 묻자, 그 아들이 "아버지께서는 젊어서부터 훌륭한 명성이 있었으나 지금은 실망하고 있으니, 의론하는 자들이 동전 냄새〔銅臭〕를 싫어하기 때문입니다."라고 하였다. 《後漢書 崔烈列傳》

옥처럼 꼿꼿한 줄기들 자리 다투는 게 아니요　　竿竿玉立非爭列
용처럼 치솟은 죽순들 하늘에 오르려 할 듯　　籜籜龍騰欲上空
차가운 냇물의 삐죽한 바위엔 푸른빛 모이고　　瘦石寒溪團翠色
텅 빈 난간의 성근 창살엔 맑은 바람 불리라　　疎櫺虛檻灑淸風
어여뻐라 사람과 죽각이 다 새로운 곳에　　可憐人境俱新處
예전의 시 이어 읊으니[256] 변변찮아 부끄럽구나　　續舊題詩愧未工

256 예전의……읊으니 : 【攷證 卷2 續舊題詩】 위의 아(牙) 자 운으로 지은 시를 이른 듯하다. 【校解】 아(牙) 자 운으로 지은 시는 《정본 퇴계전서》 권1의 〈차운하여 신녕 현감 황중거에게 답하다〔次韻答新寧宰黃仲擧〕〉 시 2수 중 제2수이다.

KNP0150(詩-內卷2-64~65)

8월 15일 밤 서헌에서 달을 마주하다. 2수 【임자년(1552, 명종7, 52세) 8월 15일, 서울】

八月十五夜西軒對月 二首

(詩-內卷2-64)

기나긴 밤에 고향을 꿈꾸다가	遙夜夢家山
일어나 들보 위의 달을 본다	起看梁上月
더욱 어여뻐라, 서헌은	更愛西軒中
성긴 숲에 맑은 달빛 가득하누나	淸光滿疎樾

(詩-內卷2-65)

명월은 하늘 위에 있고	明月在天上
유인은 창 아래에 있다	幽人在窗下
달빛이 맑은 못에 잠겨 있으니	金波湛玉淵
본래 두 가지가 아니라네[257]	本來非二者

257 달빛이……아니라네 : 【譯注】 달빛은 천리를, 맑은 못은 인심을 비유한 말로, 천리와 인심이 다르지 않다는 뜻이다.

KNP0151(詩-內卷2-66~67)

벗의 시에 차운하다. 2수 【임자년(1552, 명종7, 52세) 8~9월 추정. 서울】

次韻友人 二首

(詩-內卷2-66)

반마 같은 문장가 오금[258]에 나란히 서고 班馬聯鼇禁
기용[259] 같은 신하 봉황지[260]에 모여 있다 夔龍集鳳池
재주 없는 내가 외람되이 성균관 관원 되니[261] 菲才忝魯泮
《시경》의 식곡이라는 말에 부끄럽구나[262] 式穀愧周詩

(詩-內卷2-67)

머리털 빠진 한퇴지는 탄식하고[263] 童頭退之嘆

258 오금(鼇禁) : 【譯注】 궁중의 문서를 담당하는 한림원(翰林院)의 별칭으로, 오봉(鼇峰)·오액(鼇掖)·오서(鼇署)·한금(翰禁)이라고도 한다.

259 기용 : 【譯注】 순임금의 두 신하로, '기(夔)'는 악관(樂官), '용(龍)'은 간관(諫官)이었는데, 재주 있고 훌륭한 신하를 뜻한다.

260 봉황지 : 【攷證 卷2 鳳池】 중서성(中書省)은 그 위치가 추밀원(樞密院)과 가까워 임금의 총애를 많이 받았기 때문에 사람들이 봉황지(鳳凰池)라고 불렀다. 《漢官儀》 ○ 살펴보건대, 우리나라의 승정원이 바로 옛날 중서성에 해당하는데, 혹자는 의정부라고도 한다.

261 재주……되니 : 【攷證 卷2 菲才忝魯泮】 임자년(1552, 명종7) 7월 성균관 대사성이 궐석이었는데, 이조에서 대신의 의견에 따라 당하관 가운데 문장력이 있고 재주와 행실이 뛰어난 자를 가려 임명하기를 청하자 퇴계 선생이 의망되었는데, 으뜸으로 의망되어 파격적으로 승진하였다. 《退溪先生年譜 卷1》

262 시경의……부끄럽구나 : 【譯注】 성균관 대사성으로서 유생을 가르치기에 능력이 부족하다는 뜻이다. '식곡'은 《시경》 〈소아(小雅) 소완(小宛)〉의 표현으로, "너도 자식 잘 가르쳐, 착한 이를 닮게 하라.〔教誨爾子, 式穀似之.〕"라고 하였다.

뱃살 피둥피둥한 변효선은 졸았지[264]	便腹孝先眠
만년에 안락하게 맘껏 지내는 일[265]	任逐桑楡暖
어느 때나 이 계획 이루어질까	何時此計圓

263 머리털……탄식하고 : 【攷證 卷2 童頭退之嘆】 당(唐)나라 한유(韓愈)의 〈진학해(進學解)〉에 "머리가 벗겨지고 이가 빠져서〔頭童齒豁〕 끝내 죽게 된다면 무슨 도움이 되겠습니까."라고 하였다. 【校解】《고증》의 표제어에 '頭童'이라고 되어 있는데, 시의 원문에 의거하여 수정하였다.

264 뱃살……졸았지 : 【攷證 卷2 腹便便】 한(漢)나라 변소(邊韶)는 자가 효선(孝先)이다. 그가 낮에 잠드니, 제자가 "변효선은 뱃살이 피둥피둥〔腹便便〕, 독서에 게으르고 잠만 자려하네."라고 조롱하자, 변소가 "내 배가 피둥피둥한 건 오경을 담았기 때문이고, 잠만 자려는 건 오경의 의미 생각하기 위한 거지."라고 하였다. 《後漢書 邊韶列傳》 ○ 살펴보건대, '便'은 독음이 '비(毗)'와 '연(連)'의 반절로, 살진 모양이다.

265 만년에……일 : 【攷證 卷2 任逐桑楡暖】 《회남자》에 "서쪽으로 해가 질 때 그림자가 뽕나무와 느릅나무 끝에 드리워져 있는 것을 상유라고 한다."라고 하였다. 《資治通鑑綱目 卷9 注》 《후한서》 〈풍이열전(馮異列傳)〉에 "처음에는 회계(回谿)에서 날개를 늘어뜨렸으나 마침내 민지(澠池)에서 날개를 떨쳤으니, 아침에 잃었다가〔失之東隅〕 저녁에 되찾았다〔收之桑楡〕고 이를 만하다."라고 하였다. 당나라 설영지(薛令之)가 우서자(右庶子)가 된 뒤에 〈스스로 슬퍼하다〔自悼〕〉 시를 지어 "소반에 무엇이 있는가, 난간에서 자란 목숙 나물만 있지.〔盤中何所有? 苜蓿長闌干.〕"라고 하였는데, 현종(玄宗)이 이를 보고 그 곁에 "추위 속의 소나무 계수나무 싫다면, 따뜻함 속의 뽕나무 느릅나무 따르던지 말던지.〔若嫌松桂寒, 任逐桑楡煖.〕"라고 쓰니, 설영지가 마침내 병을 핑계로 사직하였다. 《唐詩紀事 卷20》

KNP0152(詩-內卷2-68~71)

임대수의 시[266]에 차운하여 답하다. 4수 계축(1553, 명종8, 53세)【9월 추정. 서울】

次韻答林大樹 四首 癸丑

(詩-內卷2-68)

한가하니 문 앞에 참새 그물 칠 생각하고[267]	閒思雀網門前設
병 드니 자리 위의 고상한 유관이 두렵다	病畏儒冠座上峩
그대가 옷깃 여미고 돌아갈 때 가을 또 저무니	斂袵歸來秋又晩
상로에 젖은 국화가 온 정원에 가득하겠지	菊花霜露一園多

(詩-內卷2-69)

뜰은 쓸지 않아 쑥이 무성하고[268]	門庭不掃蓬蒿沒

266 임대수의 시 :【譯注】임억령(林億齡)의《석천시집(石川詩集)》권7에〈경호 이황(李滉)에게 주다〔贈景浩〕〉라는 제목으로 실려 있다.【攷證 卷2 林大樹】임억령(1496~1568)은 본관이 선산(善山), 자가 대수, 호가 석천이다. 1554년(명종9) 강원도 관찰사를 역임하였다. 1545년(명종즉위) 을사사화 때 그 아우 임백령(林百齡)이 권력을 쥔 간신배와 은밀히 결탁하여 사림을 해치는 데 앞장서니, 임공이 시를 보내 훈계했으나 임백령이 듣지 않자 사직하고 남쪽 해남(海南)으로 돌아갔다. 1546년 금산 군수(錦山郡守)로 있을 때 임백령이 원종공신(原從功臣)의 녹권을 보내오자, 임공은 이를 불태우고 다음과 같은 시를 지었다. "대나무는 늙었으니 본래 베어짐을 피하지 않고, 소나무는 거대하니 북돋움을 받지 않는다. 어떤 사람이 이와 절조가 같은가, 깊은 골짜기의 백발 노인이지.〔竹老元逃削, 松高不受封. 何人與同調? 窮谷白髮翁.〕"

267 문……생각하고 :【譯注】권세가 있을 때 따르던 사람들이 권세를 잃자 모두 떠나갔다는 뜻인데, 여기서는 한가한 생활을 이른다.【攷證 卷2 雀網門前設】한(漢)나라 적공(翟公)이 정위(廷尉)가 되었을 때는 빈객이 문에 가득했는데, 파직되자 문밖에 참새 잡는 그물〔雀羅〕을 설치할 만하였다.《史記 鄭當時列傳》

먼지 없는 서가엔 서적이 높이 쌓여 있다 几閣無塵書籍峩
홀로 앉아 고금의 일 곰곰 생각해보니 獨坐深思今古事
고금의 차이는 본래 많지 않더라 異同今古本無多

(詩-內卷2-70)

물처럼 흘러간 젊은 날 괜스레 아쉽고 부끄러운데 逝水靑年空恨怍
높은 산 같은 선현들 아직도 우뚝하구나 高山前烈尙巍峩
좋은 바람 부는 깊은 정원에 남은 일 없으니 好風深院無餘事
누가 알리 선현(先賢)의 경전이 나를 배부르게 하는 걸
誰信遺經餉我多

(詩-內卷2-71)

선인에겐 마음 기뻐 난초처럼 향기로워지고 心欣吉善如蘭馥
간흉에겐 분기(憤氣) 솟아 태산처럼 높아지지 氣湧姦兇似泰峩
늘그막엔 옛 역사책 보지 마시게 莫把衰齡看古史
만년에 역사책 보면 더욱 상심 많아지니 衰齡看史轉傷多

268 쑥이 무성하고 : 【攷證 卷2 蓬蒿沒】 한(漢)나라 조기(趙岐)의 《삼보결록(三輔決錄)》에 "장중울(張仲蔚)은 부풍(扶風) 사람이다. 같은 군의 위경경(魏景卿)과 함께 은거하고 벼슬하지 않았다. 박학다식하고 시와 부를 좋아하며, 거처하는 곳은 쑥이 자라 사람을 덮었다.〔蓬蒿沒人〕"라고 하였다. 《文選 卷31 效左思咏史》【校解】《고증》에 '蔚'이 '菀'로 되어 있는데, 통행본 《문선》에 의거하여 수정하였다.

KNP0153(詩-內卷2-72)

주경유[269]의 청량산 유람록[270] 뒤에 제하다 【계축년(1553, 명종8, 53세) 9월 추정. 서울】

題周景遊遊淸凉山錄後

반평생 심장이 쇠처럼 강하지 못해[271]	半世心腸未鐵剛
선산의 묵은 빚 오래도록 갚기 어려웠지[272]	仙山宿債久難償
꿈속에선 때로 다시 맑고 높은 산 오르나	夢魂時復凌淸峭
몸은 지금 오히려 홍진에 떨어져 있다	形役今猶墮軟香
이백(李白)은 여산에 들어가 햇빛을 노래하고[273]	白入匡廬吟日照

269 주경유 : 【譯注】 주세붕(周世鵬, 1495~1544)으로, 본관은 상주(尙州), 자는 경유(景遊), 호는 남고(南皐)·무릉도인(武陵道人)·손옹(巽翁)·신재(愼齋)이다.

270 청량산 유람록 : 【譯注】 주세붕이 1544년(중종39) 4월 청량산을 유람하고 쓴 기행문으로, 이황은 1552년(명종7) 7월 이 기행문에 대해 발문을 썼다. 【攷證 卷2 淸凉山】 '청량산'은 안동(安東) 재산현(才山縣) 서쪽에 있으니, 계상(溪上)과의 거리가 20리이다.

271 심장이……못해 : 【攷證 卷2 心腸未鐵剛】 동파첩(東坡帖)에 "우리는 심장이 철과 같고 창자가 돌과 같다.〔鐵心石腸〕"라고 하였다. 【校解】 《고증》에서 말한 '동파첩'은 송(宋)나라 소식(蘇軾)이 시를 지어 왕안석(王安石)의 신법(新法)을 비방했다는 이유로 호주(湖州)에서 체포될 때 공택(公擇) 이상(李常)에게 보낸 편지로, "저는 본래 쇠 같은 심장과 돌 같은 창자로 공에게 기대하였으니 어찌 그러합니까?"라고 하였다. 《晦庵集續集 卷6 答儲行之》

272 선산의……어려웠지 : 【譯注】 청량산을 찾아가 유람하지 못했다는 뜻이다.

273 이백(李白)은……노래하고 : 【攷證 卷2 白入匡廬吟日照】 살펴보건대, '광려'는 바로 여산(廬山)이다. 주(周)나라 때 광유(匡裕) 형제 7명이 모두 도술을 지녔는데, 이곳에 오두막을 짓고 살았기 때문에 '광려'라고 하였다. 당(唐)나라 이백의 〈여산 폭포를 바라보다〔望廬山瀑布〕〉 시 2수 중 제2수에 "해가 비쳐 붉은 이내 생길 때, 멀리 바라보니 폭포가 앞 시내 위에 걸려 있네.〔日照香爐生紫煙, 遙看瀑布掛前川.〕"라고 하였다.

한유(韓愈)는 화산에 올라 하늘빛을 흔들었다오[274] 韓登華岳撼天光
훌륭한 글 보라고 보내주니 얼마나 다행인가 巨編何幸投來看
천 길 산등성이에서 옷의 먼지 함께 터는 듯[275] 千仞還疑共振裳

274 한유(韓愈)는……흔들었다오 : 【攷證 卷2 韓登華岳撼天光】 당나라 이조(李肇)의 《국사보(國史補)》에 "한유는 기이함을 좋아하여 화산의 정상에 올랐다.〔登華山絶頂〕"라고 하였다. 《佩文韻府 卷98》 한유의 〈장철에게 답하다〔答張徹〕〉 시에 "낙양 가려 휴가를 얻은 김에, 화산의 끊어진 비탈 끝까지 올랐네. 바위에 기대 바다의 파도 내려보고, 소매 끌어 하늘의 별 스치노라.〔洛邑得休告, 華山窮絶陘. 倚巖睨海浪, 引袖拂天星.〕"라고 하였다.

275 천……듯 : 【攷證 卷2 千仞共振裳】 진나라 좌사(左思)의 〈역사를 읊은 시〔詠史詩〕〉 8수 중 제5수에 "천길 산등성이에서 옷 먼지 털어내고, 만 리 흐르는 강물에 발을 씻노라.〔振衣千仞岡, 濯足萬里流.〕"라고 하였다.

KNP0154(詩-內卷2-73~74)

황중거[276]의 시에 차운하다 병서 【계축년(1553, 명종8, 53세) 1월 2일. 서울】

次韻黃仲擧 幷序

황중거가 일찍이 나의 졸필을 구하기에 나는 여산(廬山)을 읊은 회암(晦庵) 선생의 시[277]를 써서 보냈다. 황중거가 이때 공산(公山)[278]의 선주암(仙舟巖)[279] 폭포를 발견했는데, 마침 여산 시첩(廬山詩帖)을 얻고서 기쁨과 다행으로 여겨 절구 두 수[280]를 보내왔기에 그 시에 차운하여 답하였다.

(詩-內卷2-73)

폭포의 승경 새로 발견했다니	新發雲泉勝
천 길 벼랑에서 성난 우레처럼 쏟아지겠지	千尋想怒雷
오상[281]에서 줄지어 완상하는 곳	遨牀來玩處

276 황중거 : 【譯注】 황준량(黃俊良, 1517~1563)으로, 본관은 평해(平海), 자는 중거(仲擧), 호는 금계(錦溪)이다.

277 여산(廬山)을……시 : 【譯注】 송(宋)나라 주희(朱熹)의 〈제거인 연지 우무(尤袤)의 「여산잡영 14편」 시에 삼가 화답하다〔奉同尤延之提擧廬山雜詠十四篇〕〉이다.

278 공산 : 【攷證 卷2 公山】 팔공산(八公山)이라고도 하는데, 대구부(大丘府) 해안현(解顔縣) 북쪽에 있다.

279 선주암 : 【攷證 卷2 仙舟巖】 신녕현(新寧縣) 서쪽에 있다.

280 절구 두 수 : 【譯注】 황준량의 《금계집》 외집 권3에 〈선주암 폭포. 응순 김명원(金命元)의 시에 차운하다. 절구 2수〔仙舟巖瀑次金應順二絶〕〉라는 제목으로 실려 있다.

281 오상 : 【攷證 卷2 遨牀】 《성도기(成都記)》에 "태수가 출타하여 연회를 베풀 때

푸른 이내 몇 겹이나 쌓였을까　　嵐翠幾重堆

(詩-內卷2-74)

여산의 하락수[282]를 꿈에 상상하면서　　夢想廬山河落水
풍진 속에 주자의 시[283] 여러 번 읊었지　　風塵三復紫陽詞
그대가 선주암 폭포 찾았다고 하니　　聞君訪得仙巖瀑
언제 그대 따라 가서 절경을 볼거나　　相逐何時攬絶奇

남녀가 목상(木牀)에 줄지어 앉아 구경했는데, 이를 '오상'이라고 한다. 그러므로 태수를 오두(遨頭)라고 한다.《佩文韻府 卷49》○ '오(遨)'는 논다〔遊〕는 뜻이다.

282 여산의 하락수 : 【攷證 卷2 廬山河落水】 당(唐)나라 이백(李白)의 〈여산 폭포를 바라보다〔望廬山瀑布〕〉 시에 "쏟아지는 물결 삼천 자를 직하하니, 은하수가 하늘에서 떨어지는 듯.〔飛流直下三千尺, 疑是銀河落九天.〕"이라고 하였다.

283 주자의 시 : 【譯注】 〈제거인 연지 우무(尤袤)의 「여산잡영 14편」 시에 삼가 화답하다〉이다.

KNP0155(詩-內卷2-75)

영천자의 묵죽 그림에 제하다[284] 【계축년(1553, 명종8, 53세) 10월. 서울】

題靈川子墨竹

묵은 댓잎 떨어지고 새 대나무 자라며	舊竹飄蕭新竹長
숲속 기암괴석 기장공의 것과 닮았네[285]	林間奇石狀奇章
소상강 운치 그려낸 오묘한 필치는 모르거니와[286]	不知妙墨傳湘韻
바람과 서리 온 집안에 가득함만 느낄 뿐	唯覺風霜滿一堂

284 영천자의……제하다 : 【譯注】 같은 때에 지은 시로 《정본 퇴계전서》 권2에 〈영천자의 묵죽 그림에 쓰다. 절구 2수……〔題靈川子墨竹二絶……〕〉 시가 있다. 【攷證 卷2 靈川子】 '영천자'는 신잠(申潛, 1491~1554)의 호로, 그는 본관이 고령(高靈), 자가 원량(元亮), 호가 아차산인(峨嵯山人)이다. 문장을 잘 짓고 글씨와 그림에 뛰어나 사람들이 삼절(三絶)이라고 하였다. 계유년(1513, 중종8)에 진사가 되고, 기유년(1519)에 현량과(賢良科)에 급제하여 한림원 관원에 선발되었으나 얼마 뒤에 파방(罷榜)되어 홍패(紅牌)가 환수되고 백패(白牌)도 아울러 잃어버렸다. 절구 1수를 지어 "홍패는 이미 환수되고 백패도 잃었으니, 한림과 진사 모두 허명이로다. 이제부터 높은 산 아래에서 늙어가고자 하니, '산인'이란 두 글자 그 누가 따지랴.〔紅牌已收白牌失, 翰林進士摠虛名. 從此嵯峨山下老, 山人二字孰能爭?〕"라고 읊었다. 이후 인종 때 발탁되어 태인 현감(泰仁縣監)·간성 군수(杆城郡守)·상주 목사(尙州牧使)를 역임하였다.

285 기암괴석……닮았네 : 【攷證 卷2 奇石狀奇章】 살펴보건대, 당(唐)나라 기장군공(奇章郡公) 우승유(牛僧孺)가 낙양의 귀인리(歸仁里)에 집을 짓고는 아름다운 돌을 많이 가져놓았다. 《舊唐書 牛僧孺列傳》 당나라 백거이(白居易)의 〈태호석기(太湖石記)〉에 "기장공은 돌을 좋아한다. 돌에는 크고 작은 차이가 있는데, 갑·을·병·정의 4등급으로 나누고 등급마다 상·중·하로 또 구분하였다."라고 하였다.

286 소상강……모르거니와 : 【譯注】 그림의 품격에 대해서는 식견이 없다고 겸손하게 한 말이다. '소상강'은 호남성(湖南省) 동정호(洞庭湖) 남쪽 영릉(零陵) 부근에서 소수(瀟水)와 상수(湘水)가 합쳐진 곳으로 풍경이 매우 아름다운데, 송나라 송적(宋迪)이 이곳의 경치를 8폭으로 그렸다. 《夢溪筆談 書畫》

KNP0156(詩-內卷2-76)

한 상사 사형에게 주다[287] 갑인(1554, 명종9, 54세) 【1~2월 추정. 서울】

贈韓上舍士炯 甲寅

나의 걸음이 관문 못 통과해[288] 늘 부끄러운데	常愧吾行未透關
그대들 서로 끌어 바른 방향 얻어 기쁘다	指南欣得子相扳
눈앞의 험한 곳 애오라지 경계해야 하니	望中巇險聊宜戒
속세에서 나를 감추는 게 어찌 나약한 것이랴	俗裏韜藏詎是孱
공력 들여 샘 솟아야 버려질 우물 없고[289]	功到及泉無棄井
학업은 타산지석처럼 벗에 힘입는 법	事同攻玉藉他山
모름지기 환중의 의미 묵묵히 깨달아야[290]	會須默契環中意

287 한 상사(上舍)……주다 : 【攷證 卷2 士炯】 '사형'은 한윤명(韓胤明, 1526~1567)의 자로, 그는 본관이 청주(靑州), 호가 형암(炯菴)이다. 서울에 거주했는데 사람들이 '서울의 명유[洛下名儒]'라고 일컬었다. 천거 받아 왕손(王孫) 시절의 선조(宣祖)의 사부(師傅)에 보임되고, 퇴계 선생의 문하에서 수학하였다. 【校解】 이 시는 한윤명이 김성벽(金成璧)과 함께 청량산에 가서 송(宋)나라 주희(朱熹)의 《역학계몽(易學啓蒙)》을 읽으려고 할 때 지어준 시이다. 《定本退溪全書 卷1 贈金生伯獻 原注》

288 관문 못 통과해 : 【譯注】 은거하면서 성현의 학문에 매진하지 못하고 벼슬하고 있다는 뜻이다. 송나라 사양좌(謝良佐)의 〈강후 호안국(胡安國)에게 보낸 짧은 답장[答胡康侯小簡]〉에 "명예와 이록의 관문을 통과해야 비로소 조금 쉴 수 있다.[透得名利關, 方是少歇處.]"라고 하였다.

289 공력……없고 : 【譯注】 최선의 노력을 끝까지 한다는 뜻이다. 《맹자》 〈진심 상(盡心上)〉에 "우물을 아홉 길이나 팠더라도 샘물이 솟지 않으면, 오히려 우물을 버리는[棄井] 꼴이다."라고 하였다.

290 환중의……깨달아야 : 【譯注】 환중(環中)은 고리 가운데의 공허한 곳으로, 시비를 초월한 절대적인 경지를 이른다. 《莊子 齊物論》 여기서는 《주역》 선천도(先天圖)의 원심(圓心)으로, 마음을 가리킨다. 【文集攷證 卷2 默契環中意】 송나라 소옹(邵雍)의 〈한

세속의 분수 벗어나 길이 한가로워지리라　　　長占人間分外閒

행음(閒行吟)〉에 "환중의 의미 깨우친 뒤로는, 가슴에 혼란한 생각 한 점도 없네.〔自從會得環中意, 閒氣胸中一點無.〕"라고 하였다.

KNP0157(詩-內卷2-77)

김생 백헌[291]에게 주다 【갑인년(1554, 명종9, 54세) 1~2월 추정. 서울】

贈金生伯獻

분분하고 중요하지 않은 일 어찌 관여하랴	紛紛餘事豈相關
그대가 성현의 자취 힘써 따르려는 걸 알지	往軌知君力欲扳
비방 받을 땐 육폐[292]를 더욱 닦아야 하니	得謗更須脩六蔽
남자 몸으로 어찌 차마 삼잔[293]이 되겠는가	將身何忍作三孱
천 층 물결 그 험한 길[294] 가지 말고	畏途莫涉千層浪

291 백헌 : 【攷證 卷2 伯獻】 김성벽(金成璧)의 자이다. 퇴계 선생의 〈남시보에게 보낸 답장〔答南時甫書〕〉에서 그에 대하여 "젊은 나이에 요절한 것이 애석하다."라고 하였으니, 아마 역시 문인인 듯하나 이력이 자세하지 않다. 【校解】 김성벽은 본관이 언양(彦陽)이고, 안처순(安處順)의 아들인 안전(安瑑)의 장인이며, 별좌(別座)와 훈도(訓導)를 역임하였다. 《松江別集 卷1 竹巖安公墓碣銘 幷序》《玉溪集 卷3 承訓郎守奉常寺判官安公行狀》《호남기록문화유산 홈페이지》

292 육폐(六蔽) : 【譯注】 인애〔仁〕·지혜〔知〕·믿음〔信〕·정직〔直〕·용맹〔勇〕·강인함〔剛〕을 좋아하기만 하고 배움으로써 그 이치를 밝히지 않을 때 발생하는 어리석음〔愚〕·방탕함〔蕩〕·해침〔賊〕·각박함〔絞〕·혼란함〔亂〕·경솔함〔狂〕의 여섯 가지 폐단을 이른다. 《論語 陽貨》

293 삼잔 : 【譯注】 나약하고 무능한 사람을 이른다. 【攷證 卷2 三孱】 송(宋)나라 황정견(黃庭堅)의 〈명숙 양호(楊皓)의 시에 차운하다〔次韻楊明叔〕〉 시 4수 중 제4수에 "한 명의 유능한 선비는 나라를 빛낼 수 있지만, 세 명의 못난 사람은 한쪽 구석도 못 채우지.〔匹夫能光國, 三孱不滿隅.〕"라고 하였는데, 송나라 임연(任淵)의 주석에 "나약한 남자는 비록 그 수효가 많더라도 일찍이 하나의 모퉁이를 채우기에도 충분한 적이 없다."라고 하였다.

294 험한 길 : 【攷證 卷2 畏途】 《장자》 〈달생(達生)〉에 "험한 길에서 열에 한 사람이 죽으면 부자와 형제가 서로 경계한다."라고 하였다. 당(唐)나라 이백(李白)의 〈촉도난(蜀道難)〉에 "그대에게 묻노니 서쪽으로 갔다가 언제 돌아오려나, 험난한 길 험준한 바위

평지에서 마침내 큰 공부 이루라[295] 平地終成九仞山
구름 낀 숲에 잘 가서 《주역》 연구하시게 好去雲林究爻象
정녕코 깊은 깨달음은 한적한 곳에서 얻으니 定應深契在幽閒

-이때 두 사람[296]은 청량산에 들어가 주자의 《역학계몽(易學啓蒙)》[297]을 읽으려 하였다.-

오를 수 없을 텐데.〔問君西遊何時還? 畏途巉巖不可攀.〕"라고 하였다. 【校解】《고증》에 '攀'이 '拚'으로 되어 있는데, 통행본 《이백시집》에 의거하여 수정하였다.

295 천……이루라 : 【譯注】 심원하고 고원한 이치를 찾지 말고 일상사 속의 평이한 이치를 찾으라는 뜻이다. 김성벽은 남언경(南彦經)과 홍인우(洪仁祐)처럼 서경덕(徐敬德)의 기일원론(氣一元論)에 영향을 받고 양명학을 연구하면서 도문학(道問學)을 도외시하고 존덕성(尊德性)에 치중했기 때문에 이렇게 말한 듯하다.

296 두 사람 : 【攷證 卷2 二君】 한사형(韓士炯 한윤명(韓胤明))과 김백헌이다.

297 역학계몽 : 【譯注】 송나라 주희(朱熹)가 《주역》의 의리학과 상수학의 단점을 지양하는 차원에서 1186년에 편찬한 《주역》 해설서로, 도식(圖式)과 수리(數理) 설명을 위주로 하였다.

KNP0158(詩-內卷2-78~80)

서 처사의 《화담[298]집》 뒤에 쓰다.[299] 3수 【갑인년(1554, 명종9, 54세) 1~2월. 서울】

書徐處士花潭集後 三首

(詩-內卷2-78)

말세에도 천리는 변하지 않는 법	末世天無改
우리 동방은 성인께서 살고자 한 곳이지[300]	吾東聖欲居
노나라 풍속조차도 변할 수 있으니[301]	魯風猶可變
기자(箕子)의 가르침[302] 어찌 끝내 없어지리오	箕訓詎終虛

298 화담 : 【攷證 卷2 花潭】 서경덕(徐敬德, 1489~1546)의 호로, 그는 본관이 당성(唐城), 자가 가구(可久), 시호가 문강(文康)이다. 18세에 《대학》을 읽고 탄식하면서 "우선 격물 공부를 하지 않으면 책을 읽은들 어디에 쓰겠는가."라고 하고는 천지와 만물의 명칭을 써서 벽에 붙인 뒤에 매일 이치를 연구하는 것을 일삼았는데, 때때로 잠들면 꿈속에서 미처 이해하지 못한 이치를 깨우치기도 하였다. 1531년(중종26) 소과에 합격했으나 대과를 위한 과거 공부를 그만두었다. 1544년 후릉 참봉(厚陵參奉)에 제수되었으나 나아가지 않았다. 저서로 〈태극설(太極說)〉·〈원이기(原理氣)〉·〈귀신사생론(鬼神死生論)〉 등이 세상에 유통되었다. 1575년(선조8) 우의정에 증직되었다.

299 서……쓰다 : 【譯注】 서경덕의 《화담집》 권4에도 실려 있다.

300 우리……곳이지 : 【譯注】 공자가 구이 지역에 살고자 하자〔子欲居九夷〕, 어떤 이가 "그 누추함을 어떡합니까?"라고 하니, 공자가 "군자가 거처한다면 어찌 누추함이 있겠는가."라고 하였다. 《論語 子罕》 【攷證 卷2 吾東聖欲居】 기자(箕子)가 조선에 책봉된 뒤 예법과 도의로 백성을 가르치니, 우리 동방의 훌륭한 예속(禮俗)이 천하에 알려져 공자께서 거주하고자 하는 뜻을 지니셨다. 《續蒙求分注》 ○ 살펴보건대, 화담이 송도(松都)의 성거산(聖居山) 아래 거처하였다.

301 노나라……있으니 : 【譯注】 왕도정치가 실현될 수 있다는 뜻이다. 공자가 "제(齊)나라가 한 번 변하면 노(魯)나라에 이르고, 노나라가 한 번 변하면 도에 이른다.〔魯一變, 至於道.〕"라고 하였다. 《論語 雍也》

예전 분은 문장에만 뛰어나고 前輩文華勝
지금 사람은 학술이 엉성하니[303] 今人術業疎
그 누가 스스로 분발하여 有誰能自奮
경서 읽으며 도를 실천할 수 있을까 躬道向經書

(詩-內卷2-79)

탄식하노라, 화담의 노유(老儒)가 嘆息花潭老
이제 나와 영원히 멀어졌구나 于今永我疎
몸을 높이 세워 성현의 가르침 따르고 抗身依聖哲
만물 살펴 연어의 이치[304] 즐기셨지 觀物樂鳶魚
갓을 터는 도움[305]에 의지하지 않았거니 不藉彈冠手

302 기자(箕子)의 가르침 : 【譯注】 기자가 조선으로 와서 세운 여덟 가지 법금(法禁)으로, '살인자는 죽인다', '상해를 입힌 자는 곡식으로 보상하게 한다', '도둑질한 사람의 경우 남자는 그 집의 종으로, 여자는 계집종으로 삼는다'는 세 가지만 남아 있다. 팔조목에 대해 이수광(李睟光)은 "오륜(五倫)을 합쳐 팔조목인 듯하다."라고 하고, 안정복(安鼎福)은 "아마 《서경》 〈홍범(洪範)〉의 팔정(八政)을 가리킨 듯하다."라고 하였다. 《漢書 地理誌》 《芝峯類說 卷2 諸國部 本國》 《東史綱目 箕子》

303 예전……엉성하니 : 【要存錄 卷2 前輩……業疎】 선배는 큰 유학자로 불렸는데 대체로 시문(詩文)을 중시하였고, 후대의 학자는 마음을 다스리는 방법과 학문을 향상하는 사업이 엉성하였다. 【校解】 시문을 중시한 학자는 김종직(金宗直)을 이른다.

304 연어의 이치 : 【譯注】 솔개가 날고 물고기가 뛰노는 이치로, 도(道)가 하늘 끝에서 깊은 못까지 환하게 드러난다는 뜻이다. 《시경》 〈대아(大雅) 한록(旱麓)〉에 "솔개는 날아 하늘에 이르고 물고기는 못에서 뛰논다.〔鳶飛戾天, 魚躍于淵.〕"라고 하였는데, 이는 천지의 도가 높은 하늘이나 낮은 못이나 모두 똑같이 드러나 있다는 뜻이다. 《中庸章句 12章》

305 갓을 터는 도움 : 【譯注】 관리가 될 수 있게 타인이 해주는 추천을 이른다. 【攷證 卷2 彈冠手】 살펴보건대, 한(漢)나라 왕자양(王子陽 왕길(王吉))이 익주 자사(益州刺

달빛 비치는 호미[306]를 어찌 버리셨으랴 寧抛帶月鋤
생전에 만나 뵐 수 있었다면 當年如得見
십 년의 독서보다 더 나았을 텐데[307] 勝讀十年書

(詩-內卷2-80)

말세에 홀로 분발하여 성현의 학문 연구하니 獨厲頹波泳聖涯
숲속에 살며 귀신의 실상[308] 터득하신 듯 林居如得鬼誰何
수리는 억만년 추산하되 손바닥 보듯 수월하고 數窺億世猶看掌

史)가 되니 공우(貢禹)가 자신의 관(冠)에 묻은 먼지를 털고는 왕자양의 천거를 기다렸는데, 과연 왕자양의 천거로 조정에서 불러 대부로 삼았다. 《漢書 王吉傳》

306 달빛 비치는 호미 : 【譯注】 벼슬하지 않고 은거하는 삶을 이른다. 【攷證 卷2 帶月鋤】 진(晉)나라 도연명(陶淵明)의 〈전원에 돌아와 살다〔歸園田居〕〉 시 6수 중 제3수에 "새벽에 일어나 우거진 잡초 뽑고, 달빛 아래 호미 메고 돌아오지.〔晨興理荒穢, 帶月荷鋤歸.〕"라고 하였다.

307 십……텐데 : 【譯注】 짧은 대화 속에서 진리를 깨우친다는 뜻이다. 【攷證 卷2 勝讀十年書】 고인(古人)이 "그대와 나눈 하룻밤 대화가 10년간의 독서보다 더 낫다."라고 하였다. 《二程遺書 卷22上 伊川語錄》

308 귀신의 실상 : 【譯注】 서경덕이 〈귀신사생론〉을 지은 것을 두고 한 말이다. 【攷證 卷2 鬼誰何】 호자(壺子)가 "내가 마음을 비우고 욕심이 전혀 없는 모습으로 그를 대했더니 그는 내가 누구인지〔誰何〕 모르게 되었다."라고 하였다. 《列子 黃帝》 이에 대하여 송(宋)나라 임희일(林希逸)의 주석에 "사물이 없는 듯도 하고 사물이 있는 듯도 하여 그것이 어떠한 상태인지 모르기 때문에 '누구인지'라고 한 것이다."라고 하였다. 한(漢)나라 가의(賈誼)의 〈과진론(過秦論)〉에 "날카로운 병기를 늘어놓은 채 누구냐〔陳利兵而誰何?〕고 검문하였다."라고 하였다. ○ 살펴보건대, '하(何)'는 '가(訶)' 및 '가(呵)'와 통한다. 당(唐)나라 한유(韓愈)의 〈석고가(石鼓歌)〉에 "비에 젖고 햇볕 쬐고 들불에 타도, 귀물이 수호하여 애써 물리치고 꾸짖었네.〔雨淋日炙野火燒, 鬼物守護煩撝訶.〕"라고 하였다. 【校解】 《고증》의 한유 시에 '護'가 '衛'로 되어 있는데, 통행본 《한창려집(韓昌黎集)》에 의거하여 수정하였다.

학문은 천년 거슬러 올라 독보적 학자 되려 하셨지 學泝千年欲擅家

열중한 동중서(董仲舒)처럼 역시 휘장 내린 채 독서하고[309] 似董潛猶下帷讀

광자(狂者)인 증점(曾點)[310] 같되 문에 기대 노래하진 않았지[311] 如曾狂不倚門歌

내 평생 또 이런 분을 못 만났으니 吾生又未斯人見

평생토록 허송세월할까 절로 두렵노라 自恐平生虛擲過

---

309 휘장……독서하고 : 【攷證 卷2 下帷讀】 한(漢)나라 동중서(董仲舒)가 경제(景帝) 때에 박사가 되어 제자들을 가르쳤는데, 휘장을 내리고 강송하며〔下帷講誦〕 3년 동안 뜰을 엿보지 않았다. 《漢書 董仲舒傳》

310 광자인 증점 : 【譯注】 '광자'는 뜻은 크게 지녔으나 그 행실이 말을 따라가지 못하는 사람으로, 금장(琴張)·증점·목피(牧皮) 같은 자이다. 《孟子 盡心下》

311 문에……않았지 : 【譯注】 서경덕의 성품이 소탈하지만 그 행실이 경솔하지는 않았다는 뜻이다. 【攷證 卷2 倚門歌】 증점(曾點)이 계무자(季武子)의 상(喪)을 조문하면서 조롱의 의미로 문에 기대 노래하였다〔倚門而歌〕. 《禮記 檀弓下》

KNP0159(詩-內卷2-81)

3월 3일 이대용[312] 상사와 함께 우거하는 집 뒷산에 오르다 【갑인년(1554, 명종9, 54세) 3월 3일. 서울】

三月三日 與李大用上舍同登寓舍後岡

이대용이 이제 막 향리에서 왔다.

구름 빛깔 처량하고 하늘에 해도 없으니	雲物凄迷日隱空
객수를 느끼건만 근심 풀 곳 없어라	客愁無處展忡忡
단옷날 삼짇날[313] 놀러 가는 걸 어찌 마다할까마는	何辭五五三三去
시끌벅적 번잡하게 어울릴까 두려울 뿐	只恐紛紛擾擾同
집 뒤 평탄한 산에서 수많은 기와집 굽어보고	屋後平岡臨萬瓦
동산의 가는 풀 속에 외로이 지팡이 끌며 걷는다	園中細草散孤笻
그대 만나 여러 잔 경벽주[314]에 취하니	數杯輕碧逢君醉
동쪽 고향으로 돌아갈 마음 완전히 잊었노라	歸意渾忘苦向東

312 이대용 : 【攷證 卷2 李大用】 이숙량(李叔樑, 1519~1592)으로, 본관은 영천(永川), 자는 대용, 호는 매암(梅巖)·병암(屛庵)이고, 이농암(李聾巖 이현보(李賢輔))의 다섯째 아들이다. 명(明)나라 무종(武宗) 정덕(正德) 기묘년(중종14)에 태어나고, 일찍 퇴계 선생의 문하에서 수학하였다. 타고난 자품이 매우 훌륭하고 필법이 절묘하였다. 1543년(중종38) 소과에 합격하고, 왕자의 사부에 임명되었으나 나아가지 않았다.

313 단옷날 삼짇날 : 【攷證 卷2 五五三三】 5월 5일과 3월 3일이다.

314 경벽주 : 【攷證 卷2 輕碧】 아마 술 이름으로 벽향주(碧香酒)와 같은 종류인 듯하다. 당(唐)나라 두보(杜甫)의 〈융주 자사 양공의 동루에서 연회하다〔宴戎州楊使君東樓〕〉 시에 "짙푸른 봄 술 들고, 연분홍 여지를 쪼개네.〔重碧拈春酒, 輕紅擘荔支.〕"라고 하였다. 【校解】《고증》에서는 술의 이름이라고 추측했는데, 술의 빛깔을 표현한 말일 수도 있다. 송(宋)나라 황정견(黃庭堅)의 〈넷째 아우 익수의 시에 차운하다〔次韻益修四弟〕〉 시에 "초(楚)나라 사람이 녹두로 술을 빚고는, 연녹색을 스스로 서로 자랑하네.〔楚人醞菉豆, 輕碧自相誇.〕"라고 하였다.

KNP0160(詩-內卷2-82~91)

석강[315] 십영. 조 상사 운백[316] 준룡 을 위해 짓다【갑인년(1554, 명종9, 54세) 3월 추정. 서울】

石江十詠 爲曹上舍雲伯 駿龍 作

(詩-內卷2-82)

석강 읊은 그대의 시 읽고 나니	自讀石江詠
그대도 내 마음과 같아 반갑다네	憐君同我情
정원은 홍진 밖에 조성되고	園從塵外卜
집은 물가 향해 이루어졌구려	家向水邊成
취미가 있으니 홀로 사는 삶 즐겁고	有趣孤棲樂
욕심이 없으니 모든 일이 가볍겠지	無求萬事輕
오후[317]의 못과 누관 절경이라 한들	五侯池館勝

315 석강 :【攷證 卷2 石江】제6수의 원주에서 "성청송(成聽松 성수침(成守琛))의 은거지와 가깝다."라고 한 말에 근거하면 틀림없이 파주(坡州)에 있었을 것이다.

316 조 상사 운백 :【攷證 卷2 曹雲伯】조준룡(曹駿龍, ?~1584)으로, 본관은 남평(南平), 자는 운백이다. 부사를 역임하고 서울에 거주하였다.【校解】조준룡의 부친은 행정읍 현감(行井邑縣監)을 역임한 조효문(曹孝文)이고 형은 조준귀(曹俊龜)이다. 1546년(명종1) 9월 소과 식년시에 진사 3등 24위로 합격하였다.《한국 역대인물 종합정보시스템》송도(松都)의 차일암(遮日巖)과 오관산(五冠山)에 은거하고, 박순(朴淳)·이이(李珥)·이황(李滉) 등과 교유하며, 1584년(선조17) 11월 세상을 떠났을 때 3세 된 아들이 있었다.《栗谷先生全書 卷2 曹雲伯卜居松都遮日巖下》《牛溪先生續集 卷6 書先考書帖後》이름의 '준(駿)'과 '준(俊)'이 혼용되고, 부사를 역임한 사실은 확인되지 않는다.

317 오후 :【譯注】고관대작을 이른다.【攷證 卷2 五侯】한(漢)나라 성제(成帝)가 외척인 왕담(王譚)·왕상(王商)·왕립(王立)·왕근(王根)·왕봉시(王逢時)를 같은 날 봉하여 제후로 삼으니, 세상에서 이들을 '오후'라고 불렀다.《漢書 元后傳》당(唐)나라 한굉(韓翃)의 〈한식(寒食)〉 시에 "저물녘 궁궐에서 납촉을 내리니, 푸른 연기가 오후의 집으로

어찌 그곳의 맑은 분위기에 견주리오　　爭比此間淸

(詩-內卷2-83)

산빛에 덮인 맑고 밝은 땅　　爽地山光裏
물빛에 감싸인 고요한 정자　　虛亭水色中
창문 열어 대숲의 햇빛[318] 나누어 받고　　拓窗分竹日
발을 내려 마름에 이는 바람[319] 막는다　　垂箔護蘋風
이웃과 고기잡이 함께 하고　　漁事鄰家共
촌 노인과 농사 얘기 나누니　　農談野老同
세상에 어찌 즐거움이 없으랴마는　　人間豈無樂
이 즐거움 유독 끝이 없어라　　此樂獨無終

(詩-內卷2-84)

절벽은 천년 세월 지나고　　絶壁千年地
맑은 강은 만고에 흐르누나　　淸江萬古流
고려 왕 머물던 곳엔 옛 자취 없고　　留連無故迹

흩어져 들어가네.〔日暮漢宮傳蠟燭, 靑烟散入五侯.〕"라고 하였다. 【校解】《고증》에서 '王逢時'를 '王鳳'이라고 한 것은 오류이다.

318 대숲의 햇빛 : 【攷證 卷2 竹日】 당(唐)나라 두보(杜甫)의 〈한식〉 시에 "물가의 가벼운 이내 하늘하늘, 대숲의 햇빛 고요히 빛나누나.〔汀烟輕冉冉, 竹日靜暉暉.〕"라고 하였다. 【校解】《고증》에 '靜'이 '淨'으로 되어 있는데, 통행본 《두소릉시집(杜少陵詩集)》에 의거하여 수정하였다.

319 마름에 이는 바람 : 【譯注】 거센 바람으로 변하기 전의 미풍이다. 【攷證 卷2 風生蘋】 전국 시대 초(楚)나라 송옥(宋玉)의 〈풍부(風賦)〉에 "바람은 땅에서 생겨, 마름 끝에서 일어난다.〔風生於地, 起於靑蘋之末.〕"라고 하였다.

적막한 강엔 한적한 모래톱 있네　寂寞有閒洲
은사는 의당 학을 길들이고[320]　隱士宜馴鶴
어옹은 본래 백구(白鷗)를 짝하지[321]　漁翁自伴鷗
그대 있는 곳에서 나도 늙고 싶으니　從君吾欲老
낚시터 한구석을 기꺼이 빌려주시려나　肯借一磯頭

-고려의 왕이 놀던 곳[322]이다.-

(詩-內卷2-85)

세상 사람들 부귀에 온통 꿈속처럼 빠져있나니　富貴渾酣夢
노년에야 전답을 사서 은퇴하기도 하지[323]　桑榆或買園

320 은사는……길들이고 : 【譯注】 자연 속에 은거하는 사람의 일반적인 모습이다. 송(宋)나라 임포(林逋)가 서호(西湖)의 고산(孤山)에 초막을 짓고는 매화를 심고 학을 길러 매처학자(梅妻鶴子)라고 불렸는데, 항상 작은 배를 띄워 서호의 여러 사찰을 유람하였다. 손님이 찾아오면 동자가 나가 응대하고 새장을 열어 학을 놓아주었는데, 한참 뒤에 임포가 반드시 조각배를 타고 돌아왔으므로 이 학을 보객학(報客鶴)이라 명명하였다. 《宋史 林逋列傳》

321 어옹은……짝하지 : 【譯注】 자연 속에 은거하여 백구(白鷗)를 벗으로 삼아 유유자적하게 산다는 뜻이다. 송나라 황정견(黃庭堅)의 〈쾌각에 오르다〔登快閣〕〉 시에 "만 리 멀리 돌아가는 배에서 긴 젓대 부니, 이내 마음 백구와 맹세하였네.〔萬里歸船弄長笛, 此心吾與白鷗盟.〕"라고 하였다.

322 고려의……곳 : 【攷證 卷2 麗王游幸】 살펴보건대, 고려 시대 의종(毅宗) 21년(1167) 왕이 파평(坡平)의 강에 행차하여 여러 신하에게 선상에서 연회를 베풀었다. 《高麗史 毅宗世家》 여기서 말한 곳은 아마 이곳인 듯하다.

323 노년에야……하지 : 【譯注】 평생 부귀를 탐내다가 늙어서야 사퇴하고 은거하는 사람이 간혹 있다는 뜻이다. 송나라 소식(蘇軾)의 〈보살만사(菩薩蠻詞)〉에 "양선에 전답을 사서 나는 그곳에서 늙어가리니, 종래로 단지 산수 자연을 좋아하기 때문이지.〔買田陽羨吾將老, 從來只爲溪山好.〕"라고 하고, 구양수(歐陽修)의 〈나에게 단계의 녹석침과 기주의 죽점을 주다……〔有贈余以端溪綠石枕與蘄州竹簟……〕〉 시에 "종당에는 자리 걷고

환락과 영화는 배가 밤에 사라지는 것과 같고[324] 歡華舟夜失
슬픔과 한탄은 풀이 봄에 무성한 것과 같다네[325] 悲恨草春繁
외진 곳에는 먼지 묻은 사물 없고 絶境無塵涴
홀로 사는 사람[326]에겐 소란한 세상 소리 끊어지니 畸人斷俗喧
세속인이 득실 따지거나 말거나 任他分得喪
한가히 지내며 몸 보중 잘하시게 高臥且加飡

(詩-內卷2-86)

아이종은 지팡이 드는 게 익숙하고 家僮携杖慣
봄옷은 입어보니 몸이 가뿐하다 春服試身輕
따스한 숲에는 꽃이 다투어 피고 暖樹花爭發
비 갠 모래톱엔 풀이 가득 자라지 晴洲草滿生

베개 들고 떠나, 맑은 영수 가에 집 짓고 전답 사서 살리라.〔終當卷簟携枕去, 築室買田淸潁尾.〕"라고 하였다.

324 환락과……같고 : 【譯注】 환락이나 부귀영화는 순식간에 사라지는 허무한 것이라는 뜻이다. 《장자》〈대종사(大宗師)〉에 "골짜기 속에 배를 숨겨두고는〔藏舟於壑〕 안전하다고 여기지만, 한밤중에〔夜半〕 힘센 자가 등에 지고 달아나도 어리석은 사람은 알아채지 못한다."라고 하였다.

325 슬픔과……같다네 : 【攷證 卷2 悲恨草春繁】 술픔과 한탄은 계속 마음속에 생긴다는 뜻이다. 당(唐)나라 두보의 〈선상의 거센 바람……〔風疾舟中……〕〉 시에 "봄풀이 귀향의 한을 북돋우니, 도화원의 꽃을 부질없이 홀로 찾아가네.〔春草封歸恨, 源花費獨尋.〕"라고 하였다. 당나라 왕유(王維)의 〈송별(送別)〉 시에 "봄풀은 해마다 푸르건만, 왕손은 돌아올까 안 올까.〔春草年年綠, 王孫歸不歸?〕"라고 하였다.

326 홀로 사는 사람 : 【譯注】 세상과 맞지 않고 예법에 구속되지 않는 탈속적인 사람으로, 여기서는 조준룡을 이른다. 《장자》〈대종사〉에 "기인(畸人)이란 인간 세상에는 맞지 않으나 하늘과는 짝하는 사람이다."라고 하였다.

용양에선 귤을 심었다 자랑하고[327] 龍陽誇種橘
보리에선 금귤즙 섞은 나물 뽐내는데[328] 甫里詑虀橙
무우단(舞雩壇)에서 바람 쐬었던 즐거움[329] 모른다면 未識風雩樂
헛되이 명성만 얻은 꼴이고 말고 眞成浪得名

327 용양에선……자랑하고 : 【攷證 卷2 龍陽誇種橘】 삼국 시대 오(吳)나라 이형(李衡)은 자가 숙평(叔平)으로, 단양 태수(丹陽太守)가 되었을 때 무릉(武陵)의 용양주(龍陽洲)에 귤나무 천 그루를 심고 매년 비단 수십 필을 집으로 실어 보냈다. 임종 때에 자식에게 "나의 마을에 목노(木奴) 천 그루가 있으니, 너에게 의식을 책임 지우지 않기 위한 것이다. 해마다 단지 비단 한 필이면 쓰기에 충분할 것이다."라고 신칙하였다. 《白孔六帖》

328 보리에선……뽐내는데 : 【攷證 卷2 甫里詑虀橙】 당(唐)나라 육귀몽(陸龜蒙, ?~약881)은 자가 노망(魯望)으로, 송강(松江)의 보리에 거주하였다. 《문선》〈남도부(南都賦)〉의 이선(李善) 주석에 "'등(橙)'은 독음이 제(除)와 경(耕)의 반절이고, 귤의 종류이다."라고 하고, 〈장연 가밀(賈謐)에게 답하다〔答賈長淵〕〉 편지에 이선 주석에 "남쪽에 있을 때는 '감(柑)'이라고 부르고 북쪽으로 건너가면 '등(橙)'이라고 부른다."라고 하였다. 송(宋)나라 소식의 〈여가 문동(文同)의 「양천원의 못」 시에 화답하다〔和文與可洋川園池〕〉 30수 중 제28수 〈금등경(金橙徑)〉 시에 "금귤은 비록 또 마을 사람들이 안다지만, 농어값 절로 떨어진 건 모르지. 송강에 내리는 안개비 속에, 작은 배에서 부추 삶고 향기로운 나물 찧어야지.〔金橙縱復里人知, 不見鱸魚價自低. 須是松江烟雨裏, 小船燒薤擣香虀.〕"라고 하였다. 《강록(江錄)》에 "'제등'은 나물을 금귤즙과 섞어서 생선회의 양념으로 쓰는 것이다."라고 하였다. ○ 살펴보건대, 금귤즙으로 무친 나물은 송강의 농어회에 알맞은데, 보리가 송강에 있기 때문에 이렇게 말한 것이다. 【校解】 《고증》의 소식 시에 '須'가 '只'로 되어 있는데, 통행본 《동파전집(東坡全集)》에 의거하여 수정하였다.

329 무우단에서……즐거움 : 【譯注】 세상일에서 벗어나 유유자적하는 즐거움이다. 공자가 제자들에게 장차 어떻게 쓰이겠냐고 묻자, 증점(曾點)이 "늦봄에 봄옷이 완성되면 그것을 입고 여러 사람들과 함께 기수(沂水)에서 목욕하고 무우단에서 바람 쐬고〔風乎舞雩〕 한 곡조 읊고서 돌아오겠습니다."라고 대답하여 공자의 인정을 받았다. 《論語 先進》

(詩-內卷2-87)

땅 빌려준 건 참으로 높은 의리이니	借地眞高義
강가에 촌집이 보인다	臨江見野居
때때로 낚싯배 타고	有時乘釣艇
일없으면 농서를 읽겠지[330]	無事課農書
모래톱에 봉래산의 새[331] 내려앉고	渚下蓬萊鳥
조수 따라 발해의 물고기[332] 찾아오는데	潮通渤海魚
모산의 은거하는 나그네[333]가	茅山肥遯客

330 농서를 읽겠지 : 【攷證 卷2 課農書】 주자의 〈벗인 승사 진극기(陳克己)에게 장난삼아 주다〔戲贈陳勝私老友〕〉 시에 "산전 3백 이랑 간청하여 얻고는, 푸른 등불 아래 밤새도록 농서를 읽네.〔乞得山田三百畝, 靑燈徹夜課農書.〕"라고 하였다.

331 봉래산의 새 : 【攷證 卷2 蓬萊鳥】 송(宋)나라 소식의 〈11월 26일 송풍정 아래에 매화가 만개하다〔十一月二十六日松風亭下梅花盛開〕〉 시 2수 중 제2수에 "봉래궁 안의 화조사, 부상의 아침 햇살 속 푸른 깃털 도괘조.〔蓬萊宮中花鳥使, 綠衣倒挂扶桑暾.〕"라고 하였다. 【校解】 《고증》에서 소식의 시를 두보의 시라고 한 것은 오류이다.

332 발해의 물고기 : 【攷證 卷2 渤海魚】 당(唐)나라 유종원(柳宗元)의 〈어부가 지백을 마주한 상황을 가정하다〔設漁者對智伯〕〉에 "큰 고래가 발해의 해안에서 살진 고기를 뒤쫓아 갔다.〔大鯨逐肥魚於渤海之尾〕"라고 하였다.

333 모산의 은거하는 나그네 : 【攷證 卷2 茅山肥遯客】 모산은 금릉(金陵) 구용현(句容縣)에 있는데, 산의 모습이 '구(句)' 자와 같아 구곡산(句曲山)이라고 하다가 모군(茅君)이 이곳에서 득도했기 때문에 모산이라고 불렀다. 산에 3개의 봉우리가 있는데, 모영(茅盈)과 그의 아우 모고(茅固)·모충(茅衷)이 각각 하나씩 차지하여 삼모봉(三茅峯)이라고도 한다. 《明一統志 卷6》 도홍경(陶弘景, 456~536)은 자가 통명(通明)으로, 말릉(秣陵) 사람이다. 남조 시대 제(齊)나라 고제(高帝)가 재상이었을 때 그를 제왕시독(諸王侍讀)으로 발탁하였다. 무제(武帝) 영명(永明) 10년(492) 신무문(神武門)에 관을 걸어두고 떠난 뒤 모산에 거주하면서 집을 짓고는 화양은거(華陽隱居)라고 자호하였다. 솔바람을 좋아하여 정원에 소나무를 가득 심고, 솔바람 소리를 들을 때마다 흐뭇하게 즐거워하였다. 《南史 陶弘景列傳》 ○ 살펴보건대, 이는 성청송(成聽松 성수침(成守琛))을 가리키니, 자세한 내용은 《정본 퇴계전서》 권15 〈성청송 선생에 대한 묘갈명〔聽松成先生墓

게다가 또 호젓한 집에 가까움에랴　　　況復近幽廬

-어떤 사람이 조운백에게 땅을 빌려주어 정자를 지었는데, 성청송(成聽松)[334]의 은거지와 가까웠다.-

(詩-內卷2-88)

판연히 오늘날 중시되지 못하고　　　判不爲今重

분명히 옛 도와 어긋나지만　　　居然與古違

산을 좋아하여 새벽에 홀로 오르고[335]　　　愛山晨獨往

달을 예뻐하여 밤에도 돌아가길 잊는다　　　憐月夜忘歸

자연의 소리[336]는 본래 고상한 곡조이고　　　天籟自宮徵

들판의 새는 시비를 따지지 않지　　　野禽無是非

碣銘]〉에 보인다.

334 성청송(成聽松) : 【譯注】 성수침(成守琛, 1493~1564)으로, 본관은 창녕(昌寧), 자는 중옥(仲玉), 호는 우계한민(牛溪閒民)·죽우당(竹雨堂)·청송·파산청은(坡山淸隱), 시호는 문정(文貞)이다.

335 홀로 오르고 : 【譯注】 은자의 고고한 행실을 뜻한다. 【攷證 卷2 獨往】 한(漢)나라 유안(劉安)의 《장자약요(莊子略要)》에 "강해에 노니는 선비나 산속에 사는 은자는 천하를 가벼이 여기고 만물을 우습게 보아 홀로 가는〔獨往〕 자이다."라고 하였다. 《文選 入華子崗是麻源第三谷 李善 注》 남조 시대 양나라 강엄(江淹)의 〈잡체시(雜體詩)〉 30수 중 제19수 〈징군 허순의 자서〔許徵君詢自敍〕〉 시에 "타향에 떠도는 슬픈 이 마음 떨쳐내고, 정신에 의지해 맘껏 홀로 가네.〔遣此弱喪情, 資神任獨往.〕"라고 하였다. 【校解】 《고증》의 강엄 시에 '神'이 '身'으로 되어 있는데, 통행본 《강문통집(江文通集)》에 의거하여 수정하였다.

336 자연의 소리 : 【譯注】 자연계의 음향으로 새소리, 바람 소리, 흐르는 물소리 등을 이른다. 【攷證 卷2 天籟】 땅의 피리 소리는 여러 구멍에서 나오는 것들이고, 사람의 피리 소리는 대나무로 만든 악기의 음과 같은 것이며, 하늘의 피리 소리〔天籟〕는 바람이 불어올 때 만 가지로 다르게 나는 소리이다. 《莊子 齊物論》

굳이 관상법으로 확인할 필요 없으니　未須徵相法
때늦게 삶은 고사리는 고기와 맞먹지[337]　當肉晩烹薇

(詩-內卷2-89)

어둑한 산에 구름 모이고　山暝雲容合
텅 빈 강에 빗줄기[338] 비낄 때　江空雨脚斜
저물녘 바람은 계수나무 노에 불어오고　晩風吹桂楫
불어난 봄 강물은 반짝이는 모래 덮누나　春水沒瓊沙
서새산엔 한가로이 새가 날고[339]　西塞閒飛鳥
도화원엔 아득히 꽃잎 떠오는데　桃源杳泛花
배의 뜸 아래서 항아리 술[340] 따르니　瓦甌篷底酌

337 관상법으로……맞먹지 : 【攷證 卷2 相法…烹薇】 옛날에 관상쟁이가 어떤 사람을 보고는 "고기 먹을 관상이다."라고 하였다. 《後漢書 班超列傳》 주자의 〈계극 여승기(呂勝己)의 「동당구영」 시에 차운하다〔次呂季克東堂九咏〕〉 9수 중 제7수 〈채마밭〔菜畦〕〉 시에 "나의 골상 보면 틀림없이 고기 먹을 사람 아니니, 아마도 영원히 채소와 짝할 사람이겠지.〔骨相定知非食肉, 可能長伴个中人.〕"라고 하고, 또 〈수야 유온(劉韞) 어르신의 「한거십오영」 시를 삼가 읽다……〔伏讀秀野劉丈閒居十五咏……〕〉 15수 중 제12수 〈만소원(挽蔬園)〉 시에 "조금 따서 소반에 올려 손님에게 먼저 드리니, 때늦은 식사는 고기에 맞먹어 더욱 사람에게 좋구나.〔小摘登盤先餉客, '晩炊當肉'更宜人.〕"라고 하였다. 【校解】 《고증》의 주자 시에 '食肉'이 '肉食'으로 되어 있는데, 통행본 《회암집(晦庵集)》에 의거하여 수정하였다.

338 빗줄기 : 【攷證 卷2 雨脚】 당(唐)나라 두보의 〈초가집이 가을바람에 무너지다〔茅屋爲秋風所破歌〕〉 시에 "침상마다 지붕 새어 마른 곳 없는데, 삼대 같은 빗줄기는 끊이지 않누나.〔床床屋漏無乾處, 雨脚如麻未斷絶.〕"라고 하였다.

339 서새산엔……날고 : 【攷證 卷2 西塞閒飛鳥】 당나라 장지화(張志和)의 〈어보가(漁父歌)〉에 "서새산 앞엔 백로가 날고, 복사꽃 흐르는 강엔 쏘가리 살졌네.〔西塞山前白鷺飛, 桃花流水鱖魚肥.〕"라고 하였다.

멀리 갈 필요 없이 맘껏 마신다 隨意不須賒

(詩-內卷2-90)

앉아서 먼 하늘 너머 바라보다가 坐望遙空外
불어난 시냇물 곁에서 거닐며 읊조리니 行吟積水傍
신발 신고 지팡이 짚는 건 괜찮으나 不辭勞杖屨
옷이 젖을까 늘 걱정이지 常恐浥衣裳
집에서 빚은 술은 술통 속에 깨끗하고 家釀泉槽潔
밭에서 기른 채소는 수저에서 향긋하여라 園蔬匕筯香
그대여 드넓은 물결 사이의 백구(白鷗)[341] 보시게 君看鷗浩蕩
들보의 둥지에 깃드는 제비와는 다르다네 不比燕巢梁

(詩-內卷2-91)

나는 중년에 관직에서 떠났는데 我作中年去
무단히 거듭 은명(恩命)을 받으니 無端命再霑
산굴로 돌아가길 생각하는 구름 같고 似雲思返峀
주렴이 걷히기를 바라는 제비와 같지 如燕望開簾

---

340 배의……술 : 【攷證 卷2 瓦甌篷底】 당나라 두순학(杜荀鶴)의 〈시냇가의 흥취〔溪興〕〉 시에 “산에 비 내리고 시내에 바람 불 때 낚시 거두고, 배의 뜸 아래서 홀로 항아리 술 따르지.〔山雨溪風卷釣絲, 瓦甌篷底獨斟時.〕”라고 하였다. 【校解】 《고증》에서 제목을 ‘어보가(漁父歌)’라고 한 것은 오류이다.

341 드넓은……백구(白鷗) : 【譯注】 얽매임 없이 자연 속에서 자유롭게 살아가는 사람을 비유한다. 당나라 두보의 〈상서성 좌승 위제(韋濟) 어른께 삼가 드리다. 22운〔奉贈韋左丞丈二十二韻〕〉 시에 “백구가 아득한 물결 속에 숨으니, 만 리 멀리 떠나는 걸 누가 길들일 수 있으랴.〔白鷗沒浩蕩, 萬里誰能馴?〕”라고 하였다.

다시 그대의 맑은 시가 나를 감발시키니[342]	更被淸詞發
멀리 떠나가고픈 마음이 더욱더 드는구나	從知遠意添
병든 몸 편안하길 꾀하려 할 뿐	只緣謀病逸
낮은 벼슬[343] 탄식하는 건 아니라오	非爲嘆郎潛

342 다시……감발시키니 : 【攷證 卷2 更被淸詞發】《강록》에 "그대의 맑은 시가 먼 곳으로 가고픈 나의 생각을 일으킨 것이다."라고 하였다.

343 낮은 벼슬 : 【攷證 卷2 郎潛】 한(漢)나라 무제(武帝)가 낭서(郎署)에 들렀을 때 희끗희끗한 눈썹의 안사(顔駟)가 낭관으로 있는 것을 보았다. 무제가 "노인은 언제 낭관이 되었소?"라고 물으니, 안사가 "저는 문제(文帝) 때에 낭관이 되었습니다. 문제께서는 문예를 좋아하셨는데 저는 무예를 좋아하고, 경제(景帝)께서는 용모가 아름다운 사람을 좋아하셨는데 저는 용모가 추하며, 폐하께서는 젊은이를 좋아하시는데 저는 이미 늙었습니다. 이 때문에 삼세(三世)에 걸쳐 높은 벼슬에 오르지 못하였습니다."라고 대답하자, 무제가 회계 도위(會稽都尉)로 발탁하였다.《後漢書 張衡傳 注 漢武故事》 한(漢)나라 장형(張衡)의 〈사현부(思玄賦)〉에 "도위는 눈썹이 하얗게 되도록 낭관에 머물다가, 삼세에 이르러 무제를 만났구나.〔尉厖眉而郎潛, 逮三葉而遘武.〕"라고 하였다.

KNP0161(詩-內卷2-92)

이이성[344]·한사형[345]과 함께 잠두봉[346]에 오르고 내친김에 유숙하다 【갑인년(1554, 명종9, 54세) 3월 추정. 서울】

與李而盛韓士炯同登蠶頭 因留宿

첫새벽 성을 나서니 심신이 상쾌하고	凌晨出郭形神暢
저물녘 대에 오르니 하늘이 맑구나	向晩登臺天宇明
도성의 땅 존귀하니 산에는 기상 있고	王國地尊山有象
해문의 구름 아득하니 물에는 소리 없어라	海門雲遠水無聲
가양주라 천 잔[347] 마셔도 괜찮고	不妨家釀千螺吸
잠시 관노 빌어 젓대를 불게 하네	暫借官奴一笛橫
가버린 새처럼 영웅 사라진 고금의 땅	鳥沒英雄今古地
어찌 군이 취한 몸 부축해 돌아갈 길 물으리오	何須扶醉問歸程

344 이이성 : 【文集攷證 卷2 而盛】 '이성'은 이지번(李之蕃, ?~1575)의 자로, 그는 본관이 한산(韓山), 호가 구옹(龜翁)·사정(思亭)·성암(省菴)이다. 1534년(명종1) 진사가 되고 정언(正言)을 역임하였다. 이토정(李土亭 이지함(李之菡))의 형이고, 이아계(李鵝溪 이산해(李山海))의 부친이다. ○ 살펴보건대, 이 아래 병진년(1556, 명종11)에 부친 시의 원주에 이름이 보이는데, 이곳으로 옮기는 것이 마땅할 듯하다. 【校解】 병진년에 부친 시는 《정본 퇴계전서》 권1의 〈이이성에게 부치다〔寄李而盛〕〉이다.

345 한사형 : 【譯注】 한윤명(韓胤明, 1526~1567)으로, 본관은 청주(青州), 자는 사형(士炯), 호는 형암(炯菴)이다.

346 잠두봉 : 【攷證 卷2 蠶頭】 남산의 봉우리 이름으로, 용두봉(龍頭峯)이라고도 한다. 【校解】 잠두봉은 도성 밖 서쪽 10리, 양화도(楊花渡) 동쪽 언덕에 있는데, 민간에서 가을두(加乙頭)라고 부르고, 또 용두봉이라고도 한다. 《新增東國輿地勝覽 漢城府》

347 천 잔 : 【攷證 卷2 千螺】 '나(螺)'는 소라껍데기로 만든 술잔이다.

KNP0162(詩-內卷2-93)

살구꽃. 한창려의 시에 차운한 왕매계[348]를 본받다 【갑인년(1554, 명종9, 54세) 3월 추정. 서울】

杏花 效王梅溪次韓昌黎韻

한양의 세 든 집은 정원이 비었더니	漢陽賃屋園院空
해마다 온갖 나무에 붉은 꽃 활짝 핀다	年年雜樹開繁紅
담장 머리 작은 살구나무 지붕 위로 솟아	墻頭小杏高出屋
늦봄 되어서야 신이풍[349]을 대신하니	春晩始替辛夷風
이제야 알겠어라, 도성은 땅이 너무 차서	乃知王城地多寒
물후가 중국과 다르다는 걸[350]	物候不與中州同
가지마다 햇빛 받는 꽃 그 향기 짙으니	攢枝日萼香郁烈

348 한창려의……왕매계 : 【譯注】 '창려(昌黎)'는 당(唐)나라 한유(韓愈)의 호이고, 그의 시는 806년 2월에 지은 〈살구꽃〔杏花〕〉이다. 【攷證 卷2 王梅溪】 '왕매계'는 송(宋)나라 왕십붕(王十朋, 1112~1171)으로, 본관이 온주(溫州) 낙청(樂淸), 자가 구령(龜齡), 호가 매계, 시호가 문충(文忠)이다. 진사시에서 장원급제하고, 관직이 태자 첨사(太子詹事)에 이르며 용도각 학사(龍圖閣學士)로 관직에서 물러났다. 【校解】 왕십붕은 한유의 〈살구꽃〉 시에 차운하여 〈감로당 앞에 살구꽃 한 그루가 긴 대나무 밖에 있는데 자못 풍미가 있다. 창려 한유의 운을 사용하여 짓다〔甘露堂前有杏花一株在脩竹之外殊有風味用昌黎韻〕〉라는 시를 지었다.

349 신이풍 : 【攷證 卷2 辛夷風】 이십사번 화신풍(二十四番花信風)의 하나이다. ○ 살펴보건대, '신이'는 1~2월에 꽃이 피고 여름과 가을에 또 꽃이 핀다. 당나라 전기(錢起)의 〈저무는 봄에 고향의 초당으로 돌아오다〔暮春歸故山草堂〕〉 시에 "골짝 입구에 봄이 저무니 꾀꼬리 울음 드물고, 신이꽃 모두 지니 살구꽃 날리네.〔谷口春殘黃鳥稀, 辛夷花盡杏花飛.〕"라고 하였다.

350 물후가……걸 : 【要存錄 卷2 物候不與中州同】 봄이 저물 때 살구꽃이 비로소 대신하니 신이꽃이 늦봄까지 여전히 피어 있는 것으로, 이것이 중국과 물후가 다른 것이다.

하나하나 깎고 자른[351]듯 조화옹의 공로일세　一一刻剪含元功
나는 병들어 봄 석 달 문을 나서지 않은 채　我病三春不出門
신 신고 지팡이 짚고 한적한 정원 이따금 거니니　杖屨時及閒園中
늙은이 눈에도 어여쁜 꽃 아까운 줄 알지만　老眼猶知惜芳華
즐거운 일은 젊은이들과 함께하기 어려워라　樂事難憑年少叢
술동이 앞 홀로 읊기 싫어하지 말아야지　罇前莫厭寂寥詠
슬프게 단풍 읊은 굴원[352]보단 나으니　猶勝楚客悲吟楓
내일 아침 몇몇 벗[353]과 이미 약속했는데　明朝已約數同袍
비바람이 난데없이 사미[354]를 못 이루게 한다　風雨無令四美窮
세상만사와 조화롭기 정말 어려운데　世間萬事苦難諧
해는 서산에 지고 강은 동쪽으로 흐르누나[355]　西飛白日江流東

---

351 깎고 자른 : 【攷證 卷2 刻剪】 당나라 한유의 〈오얏꽃〔李花〕〉 시 2수 중 제2수에 "누가 평지에 쌓인 수많은 눈을 가지고, 깎고 잘라 하늘 가득 이런 꽃을 만들었나.〔誰將平地萬堆雪, 翦刻作此連天花?〕"라고 하였다. 【校解】《고증》에 '翦刻作此'가 '刻翦此作'으로 되어 있는데, 통행본 《한창려집》에 의거하여 수정하였다.

352 슬프게……굴원 : 【攷證 卷2 楚客悲吟楓】 전국 시대 초(楚)나라 굴원(屈原)의 《초사》〈초혼(招魂)〉에 "강물은 넘실넘실 강가에 단풍나무 있는데, 천 리 멀리 바라보며 봄을 상심하네.〔湛湛江水兮上有楓, 目極千里兮傷春心.〕"라고 하였다.

353 벗 : 【攷證 卷2 同袍】《시경》〈진풍(秦風) 무의(無衣)〉에 "어찌 내게 입을 옷이 없어, 그대와 함께 군복 입고 전쟁터로 가는 것이겠는가.〔豈曰無衣, 與子同袍?〕"라고 하였다. 주자의 〈차운하여 택지 임용중(林用中)과 이별하다〔次韻別林澤之〕〉 시에 "두세 벗이 더욱 고마우니, 밤 되자 그윽한 꿈이 봄 못에 가득하여라.〔更謝同袍二三子, 夜來幽夢滿春池.〕"라고 하였다.

354 사미 : 【攷證 卷2 四美】 당나라 왕발(王勃)의 〈등왕각서(滕王閣序)〉의 주석에 "좋은 날〔良辰〕, 아름다운 경치〔美景〕, 기쁜 마음〔賞心〕, 즐거운 일〔樂事〕"이라고 하였다. 《古文眞寶 後集 卷2》

355 해는……흐르누나 : 【譯注】 세월이 쏜살같이 흘러간다는 뜻이다. 【攷證 卷2 西飛

꽃 마주해 한 번 웃자 꽃이 말하길 對花一笑花有語
어허 그댄 밭 가는 농부가 제격이오 하네 嗟爾合作耕田翁

白日江流東】 당나라 이백(李白)의 〈고풍(古風)〉 시 59수 중 제11수에 "황하는 동쪽 바다로 내달리고, 환한 해는 서해로 떨어지네. 흘러가는 냇물과 흐르는 세월은, 순식간에 가버려 나를 기다리지 않누나.〔黃河走東溟, 白日落西海. 逝川與流光, 飄忽不相待.〕"라고 하였다.

KNP0163(詩-內卷2-94)

길에서 우연히 송태수[356]를 만났는데, 저녁에 돌아올 때 우리 집에 들르겠다고 약속하였다. 그가 온 뒤에 꽃 아래에서 조촐하게 술을 마시다 【갑인년(1554, 명종9, 54세) 3월 추정. 서울】

遇宋台叟於途 期夕回見過 旣至 小酌花下

소동파(蘇東坡)의 〈달빛 받으며 살구꽃 아래에서 마시다〉 시[357]의 운자를 사용하여 짓다.

봄이 온 동산을 감상하자고 우연히 약속했으니	偶然期賞芳園春
저자 다리 남쪽 머리에서 옥인을 만났어라	市橋南頭逢玉人
집에 오자 농암[358] 신선 몹시 그리우니	歸來最憶聾巖仙
꽃 피고 달 뜬 맑은 밤 채빈을 읊으셨다네[359]	花月淸宵詠採蘋
지금 다시 맑은 흥취 솟으니	如今更覺淸興發
복사꽃 막 피고 살구꽃이 눈처럼 날린다	桃花初動杏飜雪
높은 곳에서 술동이 하나로 저녁을 맞이할 때	一尊迎暮地勢高
노을빛 막 가라앉아 엷게 달을 감싸누나	霞色纔沈薄籠月

356 송태수 : 【譯注】 송기수(宋麒壽, 1507~1581)로, 본관은 은진(恩津), 자는 태수(台叟), 호는 눌옹(訥翁)·추파(楸坡)이고, 송인수(宋麟壽)의 4촌 아우이다.

357 소동파의……시 : 【譯注】 '동파'는 송(宋)나라 소식(蘇軾)의 호이고, 그 시의 원제는 〈달이 뜬 밤에 손님과 살구꽃 아래에서 술을 마시다〔月夜與客飮杏花下〕〉이다.

358 농암(聾巖) : 【譯注】 이현보(李賢輔, 1467~1555)의 호로, 그는 본관이 영천(永川), 자가 비중(棐仲), 호가 설빈옹(雪鬢翁), 시호가 효절(孝節)이다.

359 꽃……읊으셨다네 : 【譯注】 이황이 1550년(명종5) 사직하고 퇴계에 머물 때, 3월 17일 분천(汾川)으로 이현보를 찾아갔다. 이현보가 〈경술년 3월 17일 경호 이황을 초대하여 농암의 살구나무 아래에서 술을 마시다……〔庚戌暮春望後二日 邀景浩飮聾巖杏樹下……〕〉 시를 지었으니, 이 시에 '못가에 봄풀 난다는 구절이 허망하니, 남쪽 시내엔 채빈가 부르는 이 없네.〔池塘春草是虛句, 南澗無人歌採蘋.〕'라는 구절이 있다.

세상만사가 술잔 속에 녹아드니 人間萬事酒杯中
득실과 훼예는 모두 부질없어라 得喪毁譽俱成空
훗날 혹시 감사(監司) 되어 영남에 오신다면 他年嶺海儻咨詢
세상 밖 도화원의 붉은 꽃 기꺼이 찾으시려나 物外肯訪源花紅

KNP0164(詩-內卷2-95~96)

홍도화 아래에서 김계진[360]에게 부치다. 2수 【갑인년(1554, 명종9, 54세) 3월 추정. 서울】

紅桃花下寄金季珍 二首

(詩-內卷2-95)

꽃 심었던 병객이 십 년 만에 돌아오니	栽花病客十年回
늙은 복사나무 나를 맞아 맘껏 꽃피웠네	樹老迎人盡意開
꽃에게 묻고자 해도 꽃은 말을 안 하니	我欲問花花不語
세상만사 애환을 봄 술잔에 부친다	悲歡萬事付春杯

(詩-內卷2-96)

저물녘 보슬비[361] 내리고 새 울음 구슬픈데	晩雨廉纖鳥韻悲
수많은 꽃 말없이 가지에서 마구 떨어진다	千花無語浪辭枝
누가 젓대로 〈춘원〉[362]을 연주하나	何人一笛吹春怨

---

360 김계진 :【譯注】김언거(金彦琚, 1503~1584)로, 본관은 광산(光山), 자는 계진(季珍), 호는 관포당(灌圃堂)·칠계(漆溪)·풍영정(風詠亭)이다.

361 보슬비 :【攷證 卷2 廉纖】원(元)나라 웅충(熊忠)의 《고금운회거요(古今韻會擧要)》 권10에 "염섬(䉷纖)은 가늘게 내리는 비로, 보통 '염섬(廉纖)'으로 쓴다."라고 하였으니, 내리는 비가 마치 집의 측면 모서리가 가늘게 교차하면서 내려오는 것과 같다는 말이다. 송(宋)나라 황정견(黃庭堅)의 〈「매화 감상」 시에 차운하다〔次韻賞梅〕〉 시에 "산들산들 미풍에 봄 버들 자라고, 보슬보슬 가는 비에 어두운 화장 지워지네.〔微風拂掠生春絲, 小雨廉纖洗暗粧.〕"라고 하였다. 【校解】《고증》에 '暗'이 '脂'로 되어 있는데, 통행본 《황산곡시집(黃山谷詩集)》에 의거하여 수정하였다.

362 춘원 :【譯注】벗에 대한 그리움을 읊은 노래로, 당(唐)나라 왕창령(王昌齡)의 〈봄의 원망〔春怨〕〉 시에 "백랑현 서편에서 소식이 끊어지고, 복사꽃 오얏꽃 지고 꾀꼬리

고운 풀 보자 하늘 저편으로 그리움 끝없어라　　　芳草天涯無限思

만 우누나. 봄이 깊어지자 기러기 모두 날아가니, 애끊는 심정으로 성을 나서자 풀만 무성하여라.〔音書杜絶白狼西, 桃李無顔黃鳥啼. 寒雁春深歸去盡, 出門腸斷草萋萋.〕"라고 하였다.

KNP0165(詩-內卷2-97~98)

황중거[363]에게 답하다. 2수 【갑인년(1554, 명종9, 54세) 3~4월 추정. 서울】

答仲擧 二首

(詩-內卷2-97)

어젯밤 송강과 그대의 죽헌 얘기했는데	昨夜松岡話竹軒
아침에 그대 편지 오니[364] 매우 기쁘구나	朝來書到意欣欣
멀리서도 어여뻐라, 풍뢰 치는[365] 철 임박했으니	遙憐節迫風雷噫
현란한 백만 마리 용사 모인 듯하겠지[366]	亂眼龍蛇百萬羣

363 황중거 : 【譯注】 황준량(黃俊良, 1517~1563)으로, 본관은 평해(平海), 자는 (仲擧), 호는 금계(錦溪)이고, 1551년(명종6)부터 1556년까지 신녕 현감(新寧縣監)을 지냈다.

364 어젯밤……오니 : 【譯注】 '송강(松岡)'은 조사수(趙士秀, 1502~1558)의 호로, 그는 본관이 양주(楊州), 자가 계임(季任), 시호가 문정(文貞)이다. 【攷證 卷2 夜話…書到】《강록(江錄)》에 "황중거가 신령 현감으로 있으면서 죽각(竹閣)을 지었다. 퇴계 선생이 밤에 조송강과 대화하면서 죽각에 대해 언급하였는데, 황중거의 편지가 마침 온 것이다."라고 하였다.

365 풍뢰 치는 : 【譯注】 대나무가 잘 자라도록 비가 내린다는 뜻이다. 【攷證 卷2 風雷噫】 송(宋)나라 소식(蘇軾)의 〈「태허 진관(秦觀)이 귀먹었다고 놀림을 받다」 시에 차운하다〔次韻秦太虛見戲耳聾〕〉 시에 "어떤 이는 개미의 동작을 소싸움 같다고 하는데, 나는 바람과 우레 소리가 정말 트림처럼 느껴지네.〔人將蟻動作牛鬪, 我覺風雷眞一噫.〕"라고 하였다. 송나라 주교년(朱喬年 주송(朱松))의 〈봄날〔春日〕〉 시 2수 중 제1수에 "한 번의 우레 소리에 죽순이 일어나는데, 온 산 가득 빽빽해도 사람들은 아직 모르네.〔一雷驚起籜龍兒, 戢戢滿山人未知.〕"라고 하였다. 【校解】《고증》의 소식 시에 '眞一'이 '一眞'으로 되어 있는데, 통행본 《동파전집(東坡全集)》에 의거하여 수정하였다.

366 현란한……듯하겠지 : 【攷證 卷2 亂眼龍蛇百萬羣】 고시의 구절이다. 【校解】 송나라 진여의(陳與義)의 〈외조부 존성자 장우정(張友正)의 서첩 뒤에 쓰다〔跋外祖存誠子帖〕〉 시에 "현란한 용과 뱀이 평지에서 일어나니, 전신인 왕희지와 왕헌지는 이미 황천에

(詩-內卷2-98)

날뛰는 용과 뱀인 양 기세가 호방하니	騰踔龍蛇氣勢豪
푸른 줄기가 구름 뚫고 솟는 대로 두어야지	任教蒼翠入雲高
청빈했던 호주 원님[367] 배우지 말지니	淸貧莫學湖州守
가슴 속의 천 이랑 대나무는 큰 탐욕인 듯[368]	千畝胸中似太饕

있구나.〔亂眼龍蛇起平陸, 前身羲獻已黃墟.〕"라고 하였다.

367 호주 원님 : 【攷證 卷2 湖州守】 살펴보건대, 송(宋)나라 문여가(文與可 문동(文同))는 신종(神宗) 원풍(元豐) 1년(1078)에 오흥(吳興)의 수령이 되었는데, 오흥은 호주(湖州)에 속한 군명이다.

368 가슴……듯 : 【攷證 卷2 千畝胸中似太饕】 소동파가 다음과 같이 말하였다. "문여가가 나에게 양주(洋州)의 풍광에 대해 30수의 시를 지어 달라고 하였는데, 〈운당곡(篔簹谷)〉 시는 그중의 하나이다. 나의 시에 '한천현의 긴 대나무는 쑥대처럼 천하니, 자귀와 도끼가 어찌 이제껏 죽순을 내버려 두었나. 생각하노니 청빈하나 죽순 탐하는 태수, 위수 가의 천 이랑 대나무 가슴속에 품었기 때문이지.〔漢川脩竹賤如蓬, 斤斧何曾赦籜龍? 料得淸貧饞太守, 渭濱千畝在胸中.〕'라고 하였다." 《東坡全集 卷36 文與可畫篔簹谷偃竹記》【校解】 소식의 시는 〈문여가의 「양천원지」 시에 화답하다〔和文與可洋川園池〕〉 시 중 제24수 〈운당곡〉 시이다. 《고증》에 '斤斧'가 '斧斤'으로 되어 있는데, 통행본 《동파전집》에 의거하여 수정하였다.

KNP0166(詩-內卷2-99~110)

조송강[369]이 부쳐 준 시에 차운하다. 12수 【갑인년(1554, 명종9, 54세) 4월 10일 추정. 서울】

次韻趙松岡見寄 十二首

(詩-內卷2-99)

그대 있는 남산[370] 온종일 바라보았는데	南山終日望
그대의 시 도착하니 맑은 모습 떠오른다	詩到想淸塵
예전에 선동[371]에서 함께 노닐었으니	宿昔遊仙洞
평소에 병든 이 사람 기억하겠지	尋常記病人
나는 게을러 머리털 풀어헤친[372] 채로 두고	倦閒從髮散
시름 속에 취하여 여전히 눈썹을 찡그린다네[373]	愁醉尙眉顰

369 조송강 : 【譯注】 조사수(趙士秀, 1502~1558)로, 본관은 양주(楊州), 자는 계임(季任), 호는 송강(松岡), 시호는 문정(文貞)이다.

370 남산 : 【攷證 卷2 南山】 조송강은 남산 아래에 거주하였다.

371 선동 : 【攷證 卷2 仙洞】 《정본 퇴계전서》 권15의 〈송강 조사수에 대한 제문〔祭趙松岡士秀文〕〉에 보이는 후동(後洞)을 가리키는 듯하다.

372 머리털 풀어헤친 : 【攷證 卷2 髮散】 진나라 장협(張協)의 〈영사시(詠史詩)〉에 "비녀 뽑고 조복 벗은 뒤, 머리털 풀어헤치고 바다 모퉁이로 돌아가네.〔抽簪解朝衣, 散髮歸海隅.〕"라고 하였는데, 당(唐)나라 장선(張銑)의 주석에 "머리털을 묶는 것은 관직에 종사하는 것이고, 머리털을 풀어헤치는 것은 관직을 그만두는 것이다."라고 하였다. 《六臣注文選 卷21》 허유(許由)가 "머리털 풀어헤치고 여유롭게 노니는 것〔散髮優游〕은, 나를 편안하게 하기 위한 것이다."라고 하였다. 《琴操 河間雜歌 箕山操》

373 눈썹을 찡그린다네 : 【攷證 卷2 眉顰】 송(宋)나라 황정견(黃庭堅)의 〈자미 두보(杜甫)가 완화계에서 취한 걸 그린 그림에 제하다〔題杜子美浣花醉圖〕〉 시에 "중원이 평안하다는 소식 받지 못하니, 취하여 찡그린 눈썹에 만국의 시름 서렸구나.〔中原未得平安報, 醉裏眉攢萬國愁.〕"라고 하였다. 【校解】 《고증》에서 황정견의 시를 두보의 시라고 한

찾아오는 장자의 수레 없으니[374] 長者無來轍
문 닫은[375] 채 걸핏하면 열흘 지나누나 關門動涉旬

(詩-內卷2-100)

여름 나무는 장막이 바람에 펄럭이는 듯 夏木風飜幕
봄꽃은 먼지가 비에 씻겨 나가는 듯 春華雨洗塵
그대는 도성에 은거하는[376] 나그네요 公爲城隱客
나는 도성에 머무는 나그네라네 我作旅停人
번갈아 시를 읊으니 금석의 악기 조화로운 듯 迭唱諧金石
곁에서 보는 이는 웃기도 찡그리기도 한다 傍觀錯笑顰
다만 가여운 건, 나에게 고질병 있어 卻憐沈痼在
장수(漳水) 가에 누우면[377] 매번 몇십 일 지나는 거지 漳臥每連旬

것은 오류이다.

374 찾아오는……없으니 : 【攷證 卷2 長者無來轍】 한(漢)나라 진평(陳平)의 집 문밖에는 현귀한 자〔長者〕들의 수레바퀴 자국〔車轍〕이 많았다. 《史記 陳丞相世家》 【校解】 여기서 '장자'는 훌륭한 덕과 큰 명망을 지닌 사람을 이른다.

375 문 닫은 : 【攷證 卷2 關門】 진(晉)나라 도연명(陶淵明)의 〈귀거래사(歸去來辭)〉에 "정원을 날로 거닐어 정취를 이루니, 대문을 달아 놓았으나 항상 닫혀 있지.〔園日涉以成趣, 門雖設而常關.〕"라고 하였다.

376 도성에 은거하는 : 【攷證 卷2 城隱】 송(宋)나라 소식(蘇軾)의 〈와병 중에 아우인 자유 소철(蘇轍)이 윤허를 받아 상주에 부임하지 않았다는 소식을 듣다〔病中聞子由得告不赴商州〕〉 시 중 제1수에 "오직 왕성이 숨기에는 적격이니, 인산인해 속에 한 몸을 숨기지.〔惟有王城最堪隱, 萬人如海一身藏.〕"라고 하였다.

377 장수(漳水) 가에 누우면 : 【譯注】 병들어 칩거한다는 뜻이다. 장수(漳水)는 호북성 형문시(荊門市) 경산현(京山縣) 경내를 흐르는 강이다. 삼국 시대 위(魏)나라 유정(劉楨)은 성품이 오만하고 예법을 지키지 않았는데, 조비(曹丕)가 베푼 연회에서 조비의 아내 견씨(甄氏)를 무시했다가 조조(曹操)에 의해 노역형을 받은 뒤에 중용되지 못하고,

〈詩-內卷2-101〉

잠깐 사이에 세월이 지나가니	俛仰成今古
분분한 세상일 그저 흘려보내야지	紛綸遣俗塵
병든 나그네 된 걸 어찌 견딜까마는	那堪爲病客
나도 애초엔 진부한 사람[378] 아니었다오	未始作陳人
가의는 청명한 시대에도 통곡하고[379]	賈誼明時哭
진단은 은거한 곳에서도 찌푸렸다네[380]	陳摶隱處顰
조용한 가운데 《주역》의 이치 살펴보니	靜中看易理
수균[381]의 해설에 깊은 감동 밀려오누나	深感贊雖旬

온역(瘟疫)에 걸려 장수 가에서 요양하며 조비에게 보낸 〈오관중랑장 에게 주다〔贈五官中郎將〕〉 시에 "내가 고질병에 심하게 걸려, 맑은 장수 가에 누워 있소.〔余嬰沈痼疾, 竄身淸漳濱.〕"라고 하였다.

378 진부한 사람 : 【攷證 卷2 陳人】《장자》〈우언(寓言)〉에 "사람이면서 사람의 도리가 없으면, 이를 진인이라고 한다."라고 하였는데, 송나라 임희일(林希逸)의 주석에 "세상의 진부하여 쓸모없는 사람이다."라고 하였다.

379 가의는……통곡하고 : 【攷證 卷2 賈誼明時哭】 한(漢)나라 문제(文帝) 때에 형법을 사용하지 않았는데도 가의의 〈진정사소(陳政事疏)〉에 "세상에 통곡할 만한 일이 있습니다."라고 하였다. 후세에 이로써 문제를 과소평가하지도 않았고 이로써 가의를 꾸짖지도 않았다. 《東坡全集 卷34 田表聖奏議序》

380 진단은……찌푸렸다네 : 【攷證 卷2 陳摶隱處顰】 진단은 화음산(華陰山)에 들어가 은거했는데, 후진(後晉)·후한(後漢) 이후로 하나의 왕조가 혁명했다는 소식을 들으면 며칠 동안 얼굴을 찌푸렸다. 《宋名臣言行錄 前集 卷10》

381 수균 : 【攷證 卷2 雖旬】《주역》에 "비록 똑같은 양(陽)이나 허물이 없다〔雖旬无咎〕"라고 하였는데, 정이천(程伊川 정이(程頤))의 주석에 "균(旬)은 균(均)과 같다."라고 하였다. 《周易傳 豐卦 初九 爻辭》 이는 기세가 비록 서로 대등하지만, 몸을 삼가면 허물이 없다는 뜻이다.

(詩-內卷2-102)

맑은 조정에서 용렬한 나를 용납해 주니	淸朝容末士
나는 태산의 작은 먼지[382] 하나일 뿐	泰岳一微塵
학문은 졸렬하니 항상 고인에 부끄럽고	學劣常慙古
교제는 엉성하니 남을 원망하지 않는다네	交疎不怨人
쇠잔하니 반산의 수척한 늙은이[383] 같고	衰成飯山瘦
늙고 보니 초옹의 주름진 얼굴과 같다[384]	老作醋翁顰

382 태산의 작은 먼지 : 【攷證 卷2 泰岳塵】 삼국 시대 위(魏)나라 조식(曹植)의 〈구자시표(求自試表)〉에 "하찮은 먼지나 작은 이슬로 산해에 보태기를 바란다〔冀以塵露之微補益山海〕"라고 하였는데, 남조 시대 양나라 소통(蕭統)의 주석에서 사승(謝承)의 《후한서》에 인용된 양교(楊喬)의 말을 인용하여 "먼지는 태산에 붙고, 이슬은 창해에 모인다.〔塵附泰山, 露集滄海.〕"라고 하였다. 《文選 卷37》 당(唐)나라 한유(韓愈)의 〈장적을 놀리다〔調張籍〕〉 시에 "인간 세상에 떠도는 자, 태산의 작은 먼지와 같지.〔流落人間者, 泰山一毫芒.〕"라고 하였다. 【校解】 《고증》의 한유 시에 '芒'이 '塵'으로 되어 있는데, 통행본 《한창려집(韓昌黎集)》에 의거하여 수정하였다.

383 반산의 수척한 늙은이 : 【攷證 卷2 飯山瘦】 당(唐)나라 이백(李白)의 〈장난삼아 두보에게 주다〔戲贈杜甫〕〉 시에 "반과산 정상에서 두보를 만났는데, 머리엔 대삿갓 썼고 때는 정오로다. 왜 그리 수척해졌냐고 물으니, 모두 종래로 시 짓는 괴로움 때문이라 하네.〔飯顆山頂逢杜甫, 頭戴笠子日卓午. 借問因何太瘦生, 總爲從前作詩苦.〕"라고 하였다. ○ 살펴보건대, 시를 짓는 두보의 태도가 밥을 쌓아 산을 만드는 것과 같다고 이백이 놀린 것이니, 세상에서 '반산'을 산의 이름이라고 하는 것은 옳지 않다. 【校解】 《고증》에 '頂'이 '頭'로, '卓'이 '亭'으로, '借'가 '爲'로, '因'이 '緣'으로, '總'이 '摠'으로 되어 있는데, 통행본 《이백시집》에 의거하여 수정하였다. '반과산'은 당나라 때 장안(長安) 부근에 있었던 산이라고 전해진다.

384 늙고……같다 : 【攷證 卷2 老作醋翁顰】 송(宋)나라 황정견의 〈석각이 그린 '식초를 맛본 노인' 그림에 쓰다〔題石恪畵嘗醋翁〕〉 시에 "석씨 할멈은 신맛 참느라 입이 석 자나 나오고, 석씨 할아범은 맛보더니 얼굴에 수많은 주름 졌네.〔石媼忍酸喙三尺, 石皤嘗味面百摺.〕"라고 하였는데, 송(宋)나라 임연(任淵)의 주석에 "노인을 파(皤)라고 한다. 백접(百摺)은 얼굴에 주름이 생겼다는 말이다."라고 하였다.

세월 흘러간다 또 탄식하노니　又發流年嘆
봄이 간지도 벌써 열흘 되었구나　春歸忽已旬

(詩-內卷2-103)

맑고 화창한 좋은 날씨　淸和好天氣
정원에는 소란한 세상사 끊어졌네　庭院屛囂塵
고요한 풀 살펴보니 나와 같고[385]　草靜看如我
높다란 산 바라보니 그대 같구려[386]　山高望似人
좋아하는 책은 맛있는 고기 즐기듯　嗜書酣豢悅
겪은 세상맛은 매운 파를 참아내듯[387]　嘗世忍葱轒
본받지 말라, 굴원[388]의 노래에서　莫效湘纍賦

385 고요한……같고 :【攷證 卷2 草靜看如我】송(宋)나라 정자(程子 정호(程顥))가 다음과 같이 말하였다. "주무숙(周茂叔 주돈이(周敦頤))은 창 앞의 무성한 풀을 베지 않았다. 그 이유를 물으니, '저 풀이 살고 싶어 하는 마음은 나와 똑같기〔與自家意思一般〕 때문이다.'라고 하였다."《宋元學案 卷12 濂溪學案下》

386 높다란……같구려 :【攷證 卷2 山高望似人】송나라 소식의 〈월주의 태자 중사(太子中舍) 장차산(張次山)의 수락당(越州張中舍壽樂堂)〉 시에 "청산은 우뚝하여 고고한 사람 같으니, 평소 관부에 들어가려 하지 않지.〔青山偃蹇如高人, 常時不肯入官府.〕"라고 하였다.【譯注】《고증》에 '常時'가 '尋常'으로 되어 있는데, 통행본 《동파전집》에 의거하여 수정하였다.

387 매운 파를 참아내듯 :【攷證 卷2 忍葱轒】살펴보건대, 당(唐)나라 굴돌통(屈突通)이 관직에 있을 때 부지런히 정사를 처리하니, 사람들이 "차라리 서 말의 파를 먹을지언정〔寧食三斗葱〕 굴돌통을 만나지 말아야지."라고 하였다.《古今合璧事類備要 別集 卷59》 이렇게 말한 것은 파가 매우 매운 음식이기 때문이니, 《북사》〈최홍도열전(崔弘度列傳)〉에서 "차라리 서 말의 식초를 마실지언정〔寧飮三斗醋〕 최홍도를 만나지 말아야지."라고 말한 뜻과 같다. 본시에서는 세상맛이 매우 맵다는 뜻이다.

388 굴원 :【攷證 卷2 湘纍】한(漢)나라 양웅(揚雄)의 〈반이소(反離騷)〉에 "민강(泯

허공에 노닐다가 순시성에 간 것[389]을　浮遊造宿旬

(詩-內卷2-104)

녹록한 나는 무슨 일 이루었나　碌碌成何事
마음에 때가 끼어 슬퍼할 뿐　徒悲鏡蝕塵
단지 정신이 마음을 지키게[390] 하고　但令神守宅
혈기가 나를 흔들지 않게 해야지　無俾氣撓人
지극한 도를 어찌 잡을 수 있으랴마는　至道寧容攬
괜한 시름으로 얼굴 찡그리지는 않는다네　閒愁不上顰
어느 때나 선산(仙山)에 은거하여　何時隱仙嶽
괘의 순환 따라 열흘씩 차근차근 수련하려나[391]　環卦鍊循旬

江) 가를 따라 이 애도문을 보냄이여, 상강에서 억울하게 죽은 굴원(屈原)을 삼가 애도하노라.〔因江潭而記兮, 欽弔楚之湘纍.〕"라고 하였는데, 당나라 안사고(顔師古)의 주석에 "죄를 짓지 않았는데 죽임을 당하는 것이 '유(纍)'이다."라고 하였다. 《漢書 揚雄傳》【校解】《고증》에 '欽'이 '敬'으로 되어 있는데, 통행본 《초사》에 의거하여 수정하였다.

389 허공에……것 : 【攷證 卷2 浮遊造宿旬】 전국 시대 초(楚)나라 굴원의 《초사》〈원유(遠遊)〉에 "아홉 겹 양기 모아 상제의 궁궐에 들어감이여, 순시성에 가서 천제의 궁궐을 구경하네.〔集重陽入帝宮兮, 造旬始而觀淸都.〕"라고 하였는데, 한(漢)나라 왕일(王逸)의 주석에 "순시는 별자리 이름이다."라고 하였다. '수(宿)'는 성수(星宿)라고 할 때의 '수'이다.

390 정신이 마음을 지키게 : 【攷證 卷2 神守宅】 삼국 시대 위(魏)나라 관로(管輅)가 하안(何晏)에 대해 "혼이 마음을 지키지 못한다.〔魂不守宅〕"라고 하였다. 《資治通鑑 卷75》【校解】《고증》에 '魂'이 '神'으로 되어 있는데, 통행본 《삼국지》〈관로전〉에 의거하여 수정하였다.

391 괘의……수련하려나 : 【攷證 卷2 環卦鍊循旬】 한(漢)나라 위백양(魏伯陽)의 《주역참동계(周易參同契)》에 "건괘와 곤괘가 상하에 위치하고 감괘와 이괘가 그 사이에서 오르내린다. 이에 사람의 몸에 대해 이 형상을 취하여 건괘와 곤괘를 화로와 솥으로 삼고

〈詩-內卷2-105〉

비바람에 어느덧 봄기운 다하니	風雨奄春盡
어여쁜 꽃들이 저잣거리 티끌 위에 떨어진다	芳菲落後塵
푸른 산은 부질없이 꿈속에 들어오고[392]	靑山空入夢
흰 머리털 여지없이 늘기만 하누나[393]	白髮不饒人
술동이 챙겨 남은 경치 찾아가니	罇酒追餘賞
연하가 그나마 옅은 근심 위로한다	烟霞慰淺顰
이에 꽃 속에서 취했던 걸 생각해보니	因思花裏醉
단지 열흘 전 일이라 슬프구나	惆悵只前旬

〈詩-內卷2-106〉

세월은 쉬이 흘러 남은 경치 없건만	荏苒無留景
서성이며 여전히 티끌 세상에 있노라	徘徊尙在塵
봄 지난 뒤 경치를 싫어하지 말지니	莫嫌春後境
그래도 그리운 이 마주하고 있다네[394]	猶對意中人

감괘와 이괘를 약물로 삼는다. 이 이외에 60괘가 있는데 하루 12시간에 2개의 괘로 일에 해당시키니 이를 연단(鍊丹)의 화후(火候)라고 한다. 1개의 효(爻)가 1시에 해당하고 2개의 괘가 1일의 효에 해당하니, 한 달 30일을 아울러 계산하면 모두 60개의 괘가 순환하면서 도는 것〔環六十卦而周〕이다."라고 하였다. 【校解】《고증》에 인용된 내용은 《주역참동계》 1장 〈건곤은 역의 문호이다〔乾坤者易之門戶〕〉의 여러 주석을 정리한 것이다.

392 푸른……들어오고 : 【攷證 卷2 靑山空入夢】 송(宋)나라 진단의 〈돌아가 은거하다〔歸隱〕〉 시에 "십 년 발자취는 내달린 홍진에 있는데, 고개 돌리니 청산이 자주 꿈에 들어오누나.〔十年蹤迹走紅塵, 回首靑山入夢頻.〕"라고 하였다.

393 흰……하누나 : 【攷證 卷2 白髮不饒人】 당(唐)나라 두목(杜牧)의 〈은자를 보내다. 절구 1수〔送隱者一絶〕〉 시에 "세상에서 공평한 도리는 흰 머리털뿐, 귀인의 머리라고 봐준 적이 없지.〔公道世間惟白髮, 貴人頭上不曾饒.〕"라고 하였다.

잎 속의 꽃에 도연명(陶淵明)이 유감을 남기고[395] 葉裏陶餘憾
술동이 앞에서 소옹(邵雍)이 찡그리지 않았던가[396] 罇前邵不顰
내년 봄 이곳에서 노닐 것이니 明春遊此地
몇 번째 순일에 만날지 그때를 정하세 定約幾番旬

(詩-內卷2-107)

나는 경세제민에 좋은 계책 없고 經濟無籌策
읊조리는 건 좀이 슨 옛 책일 뿐 謳吟只蠹塵
〈벌단〉[397]에서 말한 많은 녹봉 부끄럽고 伐檀慙厚祿

394 그리운……있다네 : 【譯注】 '그리운 이'는 조사수를 이르니, 조사수의 시를 보니 조사수를 만난 것과 같다는 뜻이다. 진(晉)나라 도연명의 〈주속지·조기·사경이 세 젊은이에게 보이다〔示周續之祖企謝景夷三郎〕〉 시에 "병 치료가 때로 줄어드니, 나의 마음속에 있는 이를 생각하네.〔藥石有時閑, 念我意中人.〕"라고 하였다.

395 잎……남기고 : 【攷證 卷2 葉裏陶餘憾】 진(晉)나라 도연명의 〈의고(擬古)〉 시 9수 중 제7수에 "노래 끝난 뒤 길게 탄식하니, 이로써 사람들을 깊이 감동시키네. 구름 사이의 밝디밝은 달, 잎 속의 곱디고운 꽃. 어찌 한때의 좋은 시절 없었겠는가마는, 오래 지속되지 못하니 도대체 어쩌리오.〔歌竟長歎息, 持此感人多. 皎皎雲間月, 灼灼葉中花. 豈無一時好? 不久當如何?〕"라고 하였다. 【校解】 《고증》에 '感'이 '憾'으로 되어 있는데, 통행본 《도연명집》에 의거하여 수정하였다.

396 술동이……않았던가 : 【攷證 卷2 邵不顰】 송(宋)나라 소옹(邵雍)의 〈조서가 세 번 내려왔는데 시골 사람이 출사하지 않는 의미로 답하다〔詔三下答鄉人不起之意〕〉 시에 "평소 얼굴 찌푸릴 일하지 않으면, 세상에 응당 이를 가는 사람 없으리라.〔生平不作皺眉事, 天下應無切齒人.〕"라고 하였다. 【校解】 《고증》에 '生平'이 '平生'으로, '天下'가 '世上'으로 되어 있는데, 통행본 《이천격양집(伊川擊壤集)》에 의거하여 수정하였다. 《고증》의 용례보다 소옹의 〈지는 꽃 보고 짧게 읊다〔落花短吟〕〉 시에 "90일 봄이 모조리 가버렸으니, 술동이 앞에서 어찌 다시 찡그리지 않으랴.〔九十日春都去盡, 樽前安忍更顰眉?〕"라고 하였는데, 이 구절이 더 적합한 듯하다.

397 벌단(伐檀) : 【譯注】 《시경》 〈국풍(國風) 위풍(魏風)〉의 편명으로, 관리가 공로도

산을 옮기려던 우공(愚公)에 감탄하지[398]	移谷嘆愚人
꾀꼬리는 시름 속에 지저귀고	睍睆愁邊囀
고향의 짙푸른 산[399] 꿈속에 찡그리누나	濃蛾夢裏顰
고향 가는 길 이따금 묵묵히 헤아려 보니	鄕程時默數
산 넘고 물 건너 열흘이면 충분하지	跋涉僅周旬

(詩-內卷2-108)

달사가 바라본 중국 땅은	達士觀中夏
붓끝에 붙은 하나의 먼지 같았지[400]	毫端集一塵
얽매임 없으면 참으로 즐겁고	無拘眞樂事
속루가 있으면 그야말로 범부라네	有累卽凡人
우거진 푸른 잎은 제철 만나 한들한들	衆綠迎時吹
일색인 먹구름은 저물녘에 찌푸리누나	同雲帶晚顰

없이 나라의 봉록을 받고 현자가 벼슬길에 나아가지 못하는 것을 풍자한 시이다.

398 산을……감탄하지 :【攷證 卷2 移谷嘆愚人】태항산(太行山)과 왕옥산(王屋山) 두 산은 높이가 만 길이었다. 90세 된 우공(愚公)이 산을 마주하고 거주했는데, 두 산이 통행에 방해되는 것을 싫어하여 산을 옮기려고 하면서 "내가 죽으면 나의 아들이 있고 아들이 또 나의 손자를 낳겠지만 산의 높이는 더 늘어나지 않을 테니, 어찌 평지가 되지 않는 것을 근심하겠는가."라고 하였다.《列子 湯問》

399 고향의 짙푸른 산 :【攷證 卷2 濃蛾】《강록(江錄)》에 "고시에 '산색이 눈썹처럼 짙다〔山色濃如蛾眉也〕'라고 하였으니, 고향에 있는 산을 가리켜 말한 것이다."라고 하였다.【校解】《고증》에 인용된 시는 미상이다.

400 달사가……같았지 :【譯注】'달사'는 당나라 한유를 이른 것으로, 높은 하늘에서 내려다보면 넓은 중국 땅이 매우 작게 보인다는 뜻이다.【攷證 卷2 達士…一塵】당나라 한유의 〈잡시(雜詩)〉에 "아래로 우임금의 구주를 내려다보니, 붓끝에 붙은 하나의 먼지 같구나.〔下視禹九州, 一塵集豪端.〕"라고 하였다.【校解】《고증》에 '豪'가 '毫'로 되어 있는데, 통행본《한창려집》에 의거하여 수정하였다.

병중엔 조섭하는 게 가장 중요하니　　病中存攝理
열흘마다 주는 하루 휴가[401] 굳이 기다릴 필요 없지　　不必待休旬

(詩-內卷2-109)

벼슬은 우연히 오는 것일 뿐　　朱紱儻來事
그대의 맑은 의표는 홍진의 속된 모습 아니지　　淸標非世塵
흥취는 도끼자루 썩힌[402] 손님에게 무르익고　　興酣柯爛客
마음은 주렴 내린 이[403]에게 끌리네　　情屬下簾人
시원히 속마음 터놓는 걸 어찌 막으랴　　攄素那禁寫
백성의 굶주림 걱정하여 홀로 찡그리지　　憂饑獨自顰
그대 위해 〈핍측〉을 읊으니　　爲公吟偪側
그대 얼굴 못 본 지 열흘이나 되었구나[404]　　顔色阻盈旬

401 열흘마다……휴가 : 【攷證 卷2 休旬】 당나라 현종(玄宗)이 백관으로 하여금 봄철에는 열흘에 하루 쉬면서 경치 좋은 곳을 찾아 즐겁게 놀게 하였다. 《舊唐書 玄宗本紀》

402 도끼자루 썩힌 : 【譯注】 풍류를 즐기는 조사수를 이른다. 【攷證 卷2 柯爛】 진나라 때 나무꾼 왕질(王質)이 바둑을 두던 두 명의 동자를 만났는데, 그들이 왕질에게 씨 하나를 주어 받아먹었더니 배가 고프지 않았다. 왕질이 자리에 도끼를 던져두고 바둑을 구경하는데, 동자가 "당신의 도끼자루가 썩었소.〔汝斧柯爛〕"라고 하였다. 왕질이 향리로 돌아오니 더 이상 같은 시대에 살던 사람이 없었다. 《述異記》

403 주렴 내린 이 : 【譯注】 한(漢)나라 엄준(嚴遵)인데, 여기서는 남산에 있는 조사수를 비유한다. 엄준은 평생 벼슬을 사양하고 성도(成都) 시내에서 점을 쳐주며 살았는데, 하루에 몇 사람만 점을 쳐서 100전을 벌면 가게 문을 닫아 주렴을 내린〔下簾〕 채 《노자》를 강의하였다. 《漢書 嚴遵傳》

404 핍측……되었구나 : 【攷證 卷2 偪側…盈旬】 당(唐)나라 두보의 〈핍측행(逼側行)〉에 "가련한 건 같은 마을에 사는데, 열흘에 한 번도 얼굴 보지 못하는 거지.〔可憐鄰里間, 十日不一見顏色.〕"라고 하였다. 【校解】 《고증》의 표제어에 '盈'이 '蓋'로 되어 있는데, 시의 본문에 의거하여 수정하였다.

〔詩-內卷2-110〕

온종일 오궤[405]에 기대 앉았노라니	盡日憑烏几
따스한 바람이 저자의 먼지 날려버린다	薰風遠市塵
눈에 들어오는 제철 경물 반가우니	眼中忻節物
숲속의 고상한 그대 그립구나	林下憶高人
진리를 어찌 유마힐처럼 기뻐하리오[406]	法豈維摩喜
게으른 이 몸 물색 모르는[407] 자 때문에 찡그리누나	慵因褦襶顰
열기와 습기 가장 참기 어려운데	最難堪熱濕
긴 여름에 겨우 열흘 지난 걸 어쩌리오	長夏柰纔旬

405 오궤 : 【攷證 卷2 烏几】 살펴보건대, 삼국 시대 오(吳)나라 손등(孫登)이 은자인 송명(宋明)에게 검은 염소 가죽을 주자, 송명이 이것으로 안석을 감싸고는 오궤라고 하였다. 《補注杜詩 卷29 寄劉峽州伯華使君四十韻 注》 남조 시대 제(齊)나라 사조(謝眺)의 〈좌중의 완상물을 함께 읊다. 오피은궤〔同咏坐上玩器烏皮隱几〕〉 시가 있다. 【校解】 《고증》에 '謂'가 '謝'로 되어 있는 것은 오류인 듯하다.

406 진리를……기뻐하리오 : 【攷證 卷2 法豈維摩喜】 《유마힐소설경(維摩詰所說經)》 〈불도품(佛道品)〉에 "불법의 희열을 아내로 삼는다.〔法喜以爲妻〕"라고 하였는데, 진나라 승조(僧肇)의 주석에 "불법을 깨달아 마음속에 기쁨이 생긴다는 말이다."라고 하였다. 송(宋)나라 소식의 〈시승인 중소 왕경순(王景純)에게 주다〔贈王仲素寺丞〕〉 시에 "비록 돈은 없지만, 다만 아내로 삼은 법희가 있다네.〔雖無孔方兄, 顧有法喜妻.〕"라고 하였다.

407 물색 모르는 : 【攷證 卷2 褦襶】 '褦襶'는 독음이 내대(乃戴)로, 더위를 피하기 위해 쓰는 패랭이인데, 대나무로 살을 만들고 그 위에 비단을 씌워 만든다. ○ 살펴보건대, 《집운(集韻)》에 "'내대'는 사리를 분별하지 못하는 자를 일컫는 말이다."라고 하였다. 《韻府群玉 卷18》 삼국 시대 위(魏)나라 정효(程曉)의 〈무더위에 찾아온 손님을 조롱하다(嘲熱客)〉 시에 "지금 세상에 내대를 쓰고 있는 자, 무더위 무릅쓰고 남의 집을 찾아가네. 주인은 손님 왔단 소릴 듣고는, 찡그리지만 이를 어쩌리오.〔今世褦襶子, 觸熱到人家. 主人聞客來, 嚬蹙柰此何?〕"라고 하였으니, 이는 사리를 분별하지 못하고 여름에 남을 방문했다는 말이다. 【校解】 《고증》에 '今世'가 '尋常'으로, '嚬蹙'이 '蹙嚬'으로 되어 있는데, 당(唐)나라 구양순(歐陽詢)의 《예문유취(藝文類聚)》에 의거하여 수정하였다.

KNP0167(詩-內卷2-111)

조송강[408]의 시에 차운하다 【갑인년(1554, 명종9, 54세) 가을 추정. 서울】

次韻松岡

거주할 집 찾는 게 더디다고 어찌 싫어하랴	求田問舍肯嫌遲
세 든 집 그럭저럭 가시나무로 울타리 만들었네	賃屋聊從棘作籬
처음 뜻 회복한 창려[409]에 매번 감탄하고	每歎昌黎志能復
앉은 채 내달린 사마[410]를 깊이 경계한다오	深懲司馬坐成馳
뜰에 쌓인 붉은 잎 여전히 일이 없고[411]	堆庭赤葉仍無事
눈에 가득한 국화꽃도 한때일 뿐이어라	滿眼黃花亦一時
늘그막에 이르도록 참된 사업 못 이룬 채	衰暮未成眞箇業
병중에 시름 내쫓으려 애써 시를 쓰노라[412]	病中排悶强裁詩

408 조송강 : 【譯注】 조사수(趙士秀, 1502~1558)로, 본관은 양주(楊州), 자는 계임(季任), 호는 송강(松岡), 시호는 문정(文貞)이다.

409 처음……창려 : 【譯注】 힘들어도 초심을 잃지 않은 것을 이른다. 【文集攷證 卷2 昌黎志能復】 살펴보건대, 당(唐)나라 한창려(韓昌黎 한유(韓愈))는 어릴 때부터 공부하였으나 장성한 뒤에 벼슬을 얻지 못한 것을 상심하여 〈복지부(復志賦)〉를 지었다. 《韻府羣玉 卷13》

410 앉은……사마 : 【譯注】 외물에 마음을 쓰는 것을 이른다. 【攷證 卷2 司馬坐成馳】 송(宋)나라 정명도(程明道 정호(程顥)) 선생이 "사마자미(司馬子微)가 일찍이 〈좌망론(坐忘論)〉을 지었으니, 이것은 《장자》 〈인간세(人間世)〉의 이른바 '몸은 앉아 있으나 마음은 외물을 향해 밖으로 달려간다〔坐馳〕'는 것이다."라고 하였다. 《近思錄 卷4 存養》 ○ 살펴본건대, 사마자미는 이름이 승정(承禎)으로, 당나라 사람이다. 【校解】 《고증》에서 사마승정을 진(晉)나라 사람이라고 한 것은 오류이다.

411 여전히 일이 없고 : 【攷證 卷2 仍無事】 '사(事)'는 어떤 판본에 '객(客)'으로 되어 있다.

412 병중에……쓰노라 : 【攷證 卷2 病中排悶强裁詩】 당나라 두보(杜甫)의 〈강가의 정

자〔江亭〕〉 시에 "고향에 돌아갈 수 없으니, 시름 내쫓으려 애써 시를 쓰노라.〔故林歸未得, 排悶强裁詩.〕"라고 하였다.

KNP0168(詩-內卷2-112)

우사의 서헌에서 일찍 일어나 지은 즉흥시 【갑인년(1554, 명종9, 54세) 9월 추정. 서울】

寓舍西軒早起卽事

한밤중 머리맡에 주룩주룩 빗소리 들리더니	夜枕浪浪徹雨聲
아침노을 명멸하며 흐렸다 갰다 한다	朝霞明滅弄陰晴
털방석 없는 자리엔 여전히 손님 없으나[413]	無氈坐上仍無客
낙엽 진 정원엔 아직도 꽃이 남아 있지	有蘀園中亦有英
자던 새는 먹이 찾아 일찍 날아 흩어지고	宿鳥自營飛散早
아이종은 게을러도 청소는 깨끗이 하였구나	家僮雖懶掃涓淸
글 읽다가 뜻에 계합하면 침식을 잊으니	讀書契意忘安飽
누구와 함께 면려하며 날마다 매진할까	相勵何人共日征

413 털방석……없으나 :【攷證 卷2 無氈坐上仍無客】당(唐)나라 두보(杜甫)의〈장난삼아 광문관 박사 정건(鄭虔)에게 보내고 아울러 국자 사업(國子司業) 소원명(蘇源明)에게 드리다〔戲簡鄭廣文兼呈蘇司業〕〉시에 "재주 있다는 명성 30년 동안 떨쳤건만, 추위에도 손님에게 내줄 털방석조차 없구나.〔才名三十年, 坐客寒無氈.〕"라고 하였다.

KNP0169(詩-內卷2-113)

와병중에 어떤 사람이 와서 관동의 산수를 얘기하니 개연히 감정이 솟아 멀리 상상하고는 다시 앞의 시[414]에 화운하다 【갑인년(1554, 명종9, 54세) 9월 추정. 서울】

病中有客談關東山水 慨然遠想 復和前韻

후미진 동네의 셋집엔 저자 소리 아득하고	賃屋深坊遠市聲
평범한 생활 속 늦가을엔 막 갠 하늘 어여쁘다	端居秋末愛新晴
바람 앞의 삼나무 곧디곧게[415] 줄기 뻗고	風前挺挺杉翹幹
서리 아래 국화는 곱디곱게 꽃 피었어라	霜下鮮鮮菊秀英
한직(閑職)[416]이라 몸이 한가하니 병이 없는 듯	散地身閒如不病
흉년이라 집이 곤궁하니[417] 진짜 청렴한 듯	凶年家空似眞淸
종래로 신선 놀던 곳을 꿈에 상상했으니	邇來夢想仙遊地
언제나 벼슬 버리고[418] 홀로 멀리 가려나	何日投簪獨遠征

414 앞의 시 : 【譯注】《정본 퇴계전서》 권1의 〈임시 거처의 서헌에서 일찍 일어나 지은 즉흥시〔寓舍西軒早起卽事〕〉이다.

415 곧디곧게 : 【攷證 卷2 挺挺】 '정정'은 곧다는 뜻이다. 《춘추좌씨전》 양공(襄公) 5년 조목에 "큰 길이 곧으니〔周道挺挺〕 내가 밝게 살피리라."라고 하였다.

416 한직 : 【攷證 卷2 散地】《퇴계선생연보》 권1에 "갑인년(1544, 명종9) 9월에 상호군(上護軍)에 체배(遞拜)되었다."라고 하였다. 【校解】 이황이 6월 1일 병조 참의에 임명되었다가 체직되고 상호군이 된 것이다.

417 곤궁하니 : 【攷證 卷2 空】 '공'은 거성이다. 【校解】 '공'이 거성일 때는 '곤궁하다', '궁핍하다'는 뜻이다.

418 벼슬 버리고 : 【攷證 卷2 投簪】 남조 시대 제(齊)나라 공치규(孔稚珪)의 〈북산이문(北山移文)〉에 "예전에 들으니 소광(疏廣)은 벼슬 버리고 바닷가에 은거했다던데, 지금 보니 그대는 난초 띠 풀어버리고 속세의 갓끈 매었네.〔昔聞投簪逸海岸, 今見解蘭縛塵纓.〕"라고 하였다.

KNP0170(詩-內卷2-114)

송태수[419]가 눈 속에 방문하다 【갑인년(1554, 명종9, 54세) 11월 초순 추정. 서울】

宋台叟雪中見訪

눈 속에 찾아와 나작문[420] 두드리니	雪裏來敲羅雀門
한 동이 술 놓인 맑은 자리 서로의 웃음 따사롭네	一尊淸座笑相溫
허공에 일렁이는 눈의 바다 그 모습에 푹 빠지니	耽看玉海飜空勢
은빛 성에 황혼빛 물드는지도 모르노라	不覺銀城帶暮痕

419 송태수 : 【譯注】 송기수(宋麒壽, 1507~1581)로, 본관은 은진(恩津), 자는 태수(台叟), 호는 눌옹(訥翁)·추파(楸坡)이고, 송인수(宋麟壽)의 4촌 아우이다.

420 나작문(羅雀門) : 【譯注】 찾아오는 사람이 없어 참새 잡는 그물을 칠 수 있는 집이라는 뜻으로, 권세가 없는 집을 비유한다. 자세한 내용은 450쪽 주 267) 참조.

KNP0171(詩-內卷2-115)

주 동지중추부사 경유에 대한 만사[421] 【갑인년(1554, 명종9, 54세) 11월 10일 추정. 서울】

周同知景遊挽詞

본래 동남의 빼어난 기운[422] 이분에게 모였으니	自是東南美所鍾
문장은 태산북두[423] 기개는 영웅호걸입니다	文如山斗氣豪雄
일찍 대각에 오르니 명성이 자자하고	早登臺閣名聲藉
중년에 군현 다스리니 칭송이 넘쳐나며	中典州城頌詠渢
성균관에 세 번 드니[424] 성상의 생각 펼쳐지고	三入成均垂睿想
섬서 지역 한 번 맡으니[425] 백성의 풍속 바뀌며	一分陜右動民風

421 주 동지중추부사……만사 : 【譯注】 '경유(景遊)'는 주세붕(周世鵬, 1495~1544)의 자로, 그는 본관이 상주(尙州), 호가 남고(南皐)·무릉도인(武陵道人)·손옹(巽翁)·신재(愼齋)이고, 7월 2일 세상을 떠났다. 주세붕의 《무릉잡고 부록》 권3에도 〈애도하다〔挽〕〉라는 제목으로 실려 있다.

422 동남의 빼어난 기운 : 【攷證 卷2 東南美】 송(宋)나라 왕개보(王介甫 왕안석(王安石))의 〈영곡시서(靈谷詩序)〉에 "우리 고장의 동남쪽에 영곡이 있는데, 그 맑고 신령스러우며 청화한 기운이 천지 사이에 가득 서려 있다. 이 기운이 사람에게 모여 처사인 사마군실(司馬君實 사마광(司馬光))이 이 땅에서 태어났다."라고 하였다.

423 문장은 태산북두 : 【攷證 卷2 文如山斗】 《신당서》 〈한유열전(韓愈列傳)〉의 찬문(贊文)에 "학자들이 태산이나 북두성처럼 공을 우러러보았다."라고 하였다.

424 성균관에……드니 : 【譯注】 주세붕은 1532년(중종27) 38세에 성균관 전적, 1545년(인종1) 51세에 성균관 사성, 1550년(명종5) 56세에 성균관 대사성이 되었다. 《武陵雜稿 附錄 卷2 愼齋先生年譜》

425 섬서……맡으니 : 【攷證 卷2 一分陜右】 살펴보건대, '분섬'은 주(周)나라 주공(周公)과 소공(召公)의 고사를 사용한 것이다. 주신재가 1549년(명종4) 7월 황해 감사가 되었기 때문에 이렇게 말한 것이다. 【校解】 섬 땅의 동쪽은 주공이 다스리고, 서쪽은

승정원에서 지은 교서 성상의 뜻 잘 드러나고 銀臺草敎能宣旨
홍문관에서 올린 《심도》[426] 충성이 잘 드러났습니다 玉署陳圖最見忠
불교 배척한 상소 짓자 선비들 다투어 칭송하고 闢佛封章士爭誦
현인 높이는 사당 세우자 세상이 비로소 존숭하며 尊賢祠宇世初崇
은하 쏟아내는 듯한 훌륭한 말씀 간간이 드러나고 談言間出如傾漢
용을 때려잡는 듯한[427] 걸출한 구절 때때로 전해졌습니다 傑句時傳似搏龍
끊임없는 성심은 군주에게 있었고 進進誠心在君父
깊디깊은 병은 사궁[428]에 감촉되어서입니다 沈沈身疾感蛇弓
세상에 지기(知己) 잃은 자[429]는 오직 나이고 人間斷斲唯應我

소공이 다스렸다. 《春秋公羊傳 隱公 5年》

426 홍문관에서 올린 심도 : 【攷證 卷2 玉署陳圖】 살펴보건대, 주신재가 홍문관에 재직할 때 일찍이 《심도(心圖)》 1권을 바쳤다. 【校解】 주세붕은 1546년(명종1) 6월 홍문관 응교가 되었는데, 당시에 이기(李芑)가 정사를 농단하여 여러 차례 큰 옥사가 발생하고 무고한 사람에게까지 재앙이 미치자, 《심도설(心圖說)》 1책을 명종에게 올려 만물을 낳는 천지의 인(仁)을 본받고 백성을 사랑한 요순(堯舜)의 은덕을 시행하라고 권면하였다. 《武陵雜稿 附錄 卷2 愼齋先生年譜》

427 용을 때려잡는 듯한 : 【攷證 卷2 搏龍】 당(唐)나라 유종원(柳宗元)의 〈한유가 지은 「모영전」을 읽고 뒤에 쓰다〔讀韓愈所著毛穎傳後題〕〉에 "그 문세는 용과 뱀을 사로잡고 범과 표범을 때려잡는〔捕龍蛇搏虎豹〕 것과 같았다."라고 하였다.

428 사궁(蛇弓) : 【譯注】 잘못이나 죄를 지어 두려운 마음에 생긴 병이 아니라 엉뚱한 원인으로 생긴 예기치 못한 병을 비유하는 말이다. 두선(杜宣)이란 사람이 하지(夏至)에 뱀이 비치는 듯한 술잔의 술을 마신 뒤로 가슴과 배가 몹시 아파 백방으로 치료해 보았으나 소용이 없었는데, 벽에 걸린 붉은 활이 술잔에 비친 것임을 알고는 곧바로 병이 나았다. 《風俗通 怪神》

429 지기(知己) 잃은 자 : 【攷證 卷2 斷斲】 살펴보건대, 이는 영근(郢斤)의 고사를 사용한 것이다. 【校解】 '영근'은 영 땅의 도끼라는 뜻으로, 장석(匠石)이 영 땅 사람의 코끝에 백토(白土)를 얇게 바르고 도끼로 말끔히 깎아냈는데, 영 땅 사람은 꼿꼿이 선

황천의 수문랑[430]은 틀림없이 공일 것입니다　地下修文定是公
천 리 멀리 애영의 은전이 하사되고[431]　千里哀榮恩典下
일생의 사업이 사책[432]에 남아 있습니다　一生事業汗青中
죽계는 집을 감싸며 영원히 흐를 텐데　竹溪遶舍流千載
선생의 끝없는 마음 그 누가 아오리까　誰識先生意不窮

채 동요하지 않았다.《莊子 徐無鬼》자세한 내용은 410쪽 주 155) 참조.

430 황천의 수문랑 :【譯注】'수문랑'은 저승에서 저작을 맡은 관리로, 문인의 죽음을 이른다.【攷證 卷2 地下修文】진나라 왕은(王隱)의《진서(晉書)》에 다음과 같은 내용이 있다. "소소(蘇韶)가 죽었다가 다시 살아난 뒤에 '안연(顔淵)과 복상(卜商)이 황천의 수문랑으로 있다.'라고 하였다."《韻府群玉 卷4 注》

431 천……하사되고 :【攷證 卷2 千里哀榮云云】주신재가 서울의 집에서 세상을 떠나자 염습(殮襲)으로부터 반츤(返櫬)에 이르기까지 모두 성상이 특별히 은혜로운 부의와 구휼하는 은전을 베풀었다.《武陵雜稿 附錄 卷2 愼齋先生年譜》

432 사책 :【攷證 卷2 汗青】《후한서》〈오우열전(吳佑列傳)〉의 '살청(殺青)'에 대한 당(唐)나라 이현(李賢)의 주석에 "불로 대쪽을 구워 진액이 나오게 한 뒤에 청색 표피를 긁어내어 쓰기 편하게 하는데, 이것이 살청 또는 한간(汗簡)이다."라고 하였다.《古今合璧事類備要 別集 卷93》

KNP0172(詩-內卷2-116~120)

독서하러 천마산[433]으로 가는 한사형[434]을 보내고 아울러 남시보[435]에게 보내다. 5수 【갑인년(1554, 명종9, 54세) 12월 추정. 서울】

送韓士炯往天磨山讀書 兼寄南時甫 五首

(詩-內卷2-116)

옛날 개성(開城)의 번화한 풍광 말끔히 사라졌는데　風烟都掃舊繁華
하늘에 닿은[436] 천마산은 푸르름 사라지지 않았다　尺五天磨翠不磨

433 천마산 : 【攷證 卷2 天磨山】 개성부(開城府) 송악(松岳) 북쪽에 있다. 여러 봉우리가 우뚝 하늘에 꽂혀 있는데, 바라보면 짙은 푸름이 엉겨 있기에 이렇게 명명한 것이다. 《新增東國輿地勝覽 開城府》

434 한사형 : 【譯注】 한윤명(韓胤明, 1526~1567)으로, 본관은 청주(青州), 자는 사형(士炯), 호는 형암(炯菴)이다.

435 남시보 : 【攷證 卷2 南時甫】 남언경(南彦經, 1528~1594)으로, 본관은 의령(宜寧), 자는 시보, 호는 동강(東岡)·정재(靜齋)이다. 명(明)나라 세종 가정(嘉靖) 무자년(중종23)에 태어났다. 처음에 화담(花潭) 서경덕(徐敬德)의 문하에서 수학하고, 뒤에 퇴계 선생의 문하에서 수학했는데 퇴계 선생이 크게 칭찬하고 인정하였다. 학행(學行)으로 천거되어 헌릉 참봉(獻陵參奉)에 제수된 뒤에 사헌부 지평(持平)과 승정원 승지(承旨)가 되었다. 이택당(李澤堂 이식(李植))은 남공에 대해 도가의 양생술을 자못 숭상한다고 하였다. 【校解】 남정재와 홍치재(洪恥齋 홍인우(洪仁佑))는 모두 화담과 종유하고 퇴계와 벗하였다.……남정재는 양생술을 좋아하고〔南好養生〕 《주역참동계(周易參同契)》 등의 책을 익혔다. 《澤堂別集 卷15 追錄》

436 하늘에 닿은 : 【攷證 卷2 尺五天】 당(唐)나라 두보(杜甫)의 〈위씨 집안 일곱째인 찬선 위진(韋津)에게 주다〔贈韋七贊善〕〉 시에 "향리의 사족에 어진 이 적지 않으니, 두릉촌과 위곡촌이 미앙궁의 터 앞에 있네. 그들의 집이 삼태성(三台星)에 가장 가까우니, 사람들 말이 지척의 하늘로 똑같이 돌아간다 하네.〔鄕里衣冠不乏賢, 杜陵韋曲未央前. 爾家最近魁三象, 時論同歸尺五天.〕"라고 하였는데, 자주(自注)에 "두릉과 위곡은 모두 장안(長安)에 있다. 항간에 떠도는 말에 따르면 장안성 남쪽의 위곡과 두릉은 하늘과의 거리가 한 자 반이다."라고 하였다.

성현의 경전 가득 싣고 서로 따라 들어가니 滿載遺經相逐入
겨울 석 달 동안 어찌 삼다[437]만 얻을 뿐이랴 三冬奚啻得三多

(詩-內卷2-117)

칼 같은 바위 띠 같은 샘[438] 해동에 걸려 있으니 石劒泉紳掛海東
사람들은 그 절경이 노봉[439]과 막상막하라 한다 人言奇勝競爐峯
이 몸은 여전히 좁은 세상에 빠져있으니 此身尙墮醯雞甕
어느 날에 웅장한 경관 보아 가슴 한 번 씻을까 何日雄觀一盪胸

(詩-內卷2-118)

우환은 종래로 사람을 훌륭히 변화시키니[440] 憂患從來玉汝身
동심인성[441]하면 마음의 경계 되레 새로워지는 법 動心忍性境還新

437 삼다 : 【攷證 卷2 三多】 송(宋)나라 증조(曾慥)의 《유설(類說)》 권53에 "학자는 세 가지 많음을 취하니, 독서의 많음〔看讀多〕, 논의의 많음〔持論多〕, 저술의 많음〔著述多〕이다."라고 하였다. 【校解】《고증》에서 '類說'을 '說苑'이라고 한 것은 오류이다.

438 칼……샘 : 【攷證 卷2 石劒泉紳】 당(唐)나라 한유(韓愈)의 〈장철에게 답하다〔答張徹〕〉 시에 "띠 같은 샘은 길게 흰 물줄기 늘어뜨리고, 칼 같은 바위는 높게 푸른 하늘 찌르네.〔泉紳拖脩白, 石劍攢高靑.〕"라고 하였다. 【校解】《고증》에 '脩'가 '垂'로 되어 있는데, 통행본 《한창려집(韓昌黎集)》에 의거하여 수정하였다.

439 노봉 : 【攷證 卷2 爐峯】 중국 여산(廬山)의 향로봉(香爐峯)이다.

440 우환은……변화시키니 : 【攷證 卷2 憂患玉汝】 송(宋)나라 장횡거(張橫渠 장재(張載))의 〈서명(西銘)〉에 "빈천과 근심은 너를 옥처럼 갈고 닦아서 훌륭하게 만들기 위한 것이다.〔貧賤憂戚, 庸玉汝於成也.〕"라고 하였다.

441 동심인성(動心忍性) : 【譯注】 인의예지(仁義禮智)의 마음을 발동하고 성색취미(聲色臭味)에 대한 기질의 욕구를 참는다는 뜻으로, 어떤 고난에도 흔들리지 않고 의연히 자신을 지키는 것이다. 《孟子 告子下》

굳이 다시 현묘함에서 길 찾을 필요 없으니	不須更向玄玄覓
일상에서 정밀히 의리 연구하면 절로 입신하지[442]	精義尋常自入神

-남시보가 거듭 환난을 만난[443] 뒤에 이 산에서 요양하였다.-

(詩-內卷2-119)

병든 몸 이끌고 도성에 와 여러 해 지났으니	扶病來京歲屢除
이렇게 도성에 온 건 정말 초심에 부끄럽다	此行眞箇愧心初
곰곰이 생각하면 천행일 수도 있으니	細思未必非天幸
평소 못 보았던 책 많이 보았다네[444]	多見平生未見書

(詩-內卷2-120)

종성의 연빙 경계[445] 예전에 들었는데	舊聞宗聖戒淵冰

442 굳이……입신하지 : 【譯注】 실질적이지 않은 도가의 학설을 공부하지 말고, 유가의 학설을 연구하라는 뜻으로, 도가의 학설에도 관심이 많았던 남언경을 경계한 말이다.

443 거듭 환난을 만난 : 【攷證 卷2 重遭患難】 살펴보건대, 남시보는 항상 폐결핵을 앓았기 때문에 유부(兪跗)와 편작(扁鵲)의 의술을 공부하였다. 【校解】 유부와 편작은 황제(黃帝) 때의 명의인데, 여기서는 도가의 양생술을 이른다.

444 평소……보았다네 : 【攷證 卷2 多見平生未見書】 주자의 《연평문답(延平問答)》 등의 책을 가리킨다. 【校解】 이황이 서울에 와서 본 책은 명(明)나라 설선(薛瑄)의 《독서록(讀書錄)》, 진헌장(陳獻章)의 《시교(詩教)》, 하흠(賀欽)의 《의려선생집(醫閭先生集)》, 왕수인(王守仁)의 《전습록(傳習錄)》, 나흠순(羅欽順)의 《곤지기(困知記)》, 여본(余本)의 《황극경세석의(皇極經世釋義)》, 송(宋)나라 포운룡(鮑雲龍)의 《천원발미(天原發微)》 등이다. 《定本退溪全書 卷2 韓士炯往天磨山讀書……原注》

445 종성의 연빙 경계 : 【譯注】 매사에 신중해야 한다는 증자의 경계이다. 증자가 병이 위중하자 제자들을 불러 "나의 발과 손을 보아라. 《시경》에 '전전긍긍하여 깊은 못에 임한 듯이 하고〔如臨深淵〕, 엷은 얼음을 밟는 듯이 하라〔如履薄冰〕.'고 했는데, 이제야 나는 이 몸을 훼상시킬까 하는 근심에서 면한 것을 알겠구나."라고 하였다. 《論語 泰伯》

정문의 거긍 인정[446] 이제야 깨달았다네	今悟程門印去矜
한 해 저무는 도성의 후미진 골목에서	歲暮王城深巷裏
문 닫고 홀로 앉아 있자니 무료한 듯하여라	掩關孤坐若無憑

【攷證 卷2 宗聖】 증자는 원(元)나라 문종(文宗)에 의해 성국 종성공(郕國宗聖公)에 봉해졌다.

446 정문의 거긍 인정 : 【譯注】 교만한 마음을 버렸다는 사양좌(謝良佐)를 정이(程頤)가 인정한 것을 이른다. 【攷證 卷2 程門印去矜】 사양좌 선생이 정이천(程伊川) 선생과 헤어진 지 1년 뒤에 가서 뵈었는데, 정이천이 "헤어진 지 1년 동안 어떤 공부를 하였소?"라고 하니, 사 선생이 "단지 '긍'이라는 글자를 제거했습니다.〔去箇矜字〕"라고 하자, 정이천이 고개를 끄덕였다. 《近思錄 克己》 ○ 살펴보건대, '인(印)'은 '인가하다〔可〕'와 같은 뜻이다. 《유마힐소설경(維摩詰所說經)》 〈불국품(佛國品)〉에 "이처럼 앉을 수 있는 것은 부처가 인가한 바이다.〔佛所印可〕"라고 하였다. 【校解】 《고증》에 '所'가 '書'로 되어 있는데, 통행본 《유마힐소설경》에 의거하여 수정하였다.

KNP0173(詩-內卷2-121)

송태수가 찾아와 "꿈속에서 '그대 그리워 가슴속에 응어리지니, 깊은 한을 요금에 부치네.'라는 구절을 지었는데, 잠에서 깬 뒤에 나머지 구절을 보태 4운을 이루었다."고 하면서 적어서 보여주기에 그 시에 차운하다[447] 【갑인년(1554, 명종9, 54세) 12월 추정. 서울】

台叟來訪 云夢中得句 相思成鬱結 幽恨寄瑤琴 覺而足成四韻 書以示之 次韻

눈 밟고 나를 찾아와	踏雪來相訪
시를 적어 보여주며 웃고는 읊조린다	題詩笑復吟
꿈속에선 마음이 감격하더니	夢中神感激
적어 준 시엔 뜻이 넘쳐흐르누나	書裏意沈淫
득실은 같기 어려우니[448]	得失難齊指
곤란할 땐 다시금 마음을 가다듬어야지	艱虞更勵心
세상에 쓰이지 않은들 무엇이 문제랴	何妨無世用

447 송태수가……차운하다 : 【譯注】 '송태수'는 송기수(宋麒壽, 1507~1581)로, 본관은 은진(恩津), 자는 태수(台叟), 호는 눌옹(訥翁)·추파(楸坡)이고, 송인수(宋麟壽)의 4촌 아우이다. 같은 때에 같은 운자로 지은 시가 《정본 퇴계전서》 권2에 〈태수 송기수가 눈 속에 찾아와 말하다……〔宋台叟【麒壽】雪中見訪云……〕〉라는 제목으로 실려 있다. 송기수의 원시는 꿈속에서 지은 구절만 《추파집》 권1에 〈퇴계에게 주다〔贈退溪〕〉라는 제목으로 실려 있다.

448 득실은 같기 어려우니 : 【攷證 卷2 得失難齊指】 손가락을 가지고 손가락의 손가락 아님을 깨우치는 것보다 손가락이 아닌 것을 가지고 손가락의 손가락 아님을 깨우치는 것이 더 나으니, 천지는 하나의 손가락이다. 《莊子 齊物論》 송(宋)나라 노소(老蘇 소순(蘇洵))가 "손가락 10개가 가지런하지 않다.〔十指不齊〕"라고 하였다. 《江錄》

그대에게 바라노니 줄 없는 금[449]이 되시라　　願作沒絃琴

449 줄 없는 금 : 【譯注】 연주가 가능하지 않은 금으로, 세상에 쓰이지 않은 채 은거하는 것을 비유한다. 《송서》 〈도잠열전(陶潛列傳)〉에 "도연명(陶淵明)은 음률을 모르면서 소금(素琴) 한 벌을 집안에 두었는데 줄이 없다. 술기운이 얼근하면 손으로 어루만져 뜻만 부쳤다."라고 하였다.

KNP0174(詩-內卷2-122)

김후지[450]가 부쳐준 시를 보고 차운하여 도로 부쳐 주다 을묘(1555, 명종10, 55세) 【1월 추정. 서울】

得金厚之寄詩 次韻卻寄 乙卯

독서당의 구름 자취 흩어진 지 몇 해인가[451]　　東觀雲蹤散幾年
천 리 멀리 그대 향한 그리움은 늘 다름없지　　相思千里每依然
요즘 세상사가 나를 몹시 힘들게 하니　　只今世事勞人甚
부럽구려 신선인 양 더딘 그대의 발걸음이　　羡子行遲更覺仙

-김후지가 각비(脚痺)를 앓고 있기에 농담한 것이다.-

450 김후지 : 【譯注】 김인후(金麟厚, 1510~1560)로, 본관은 울산(蔚山), 자는 후지(厚之), 호는 담재(湛齋)·하서(河西), 시호는 문정(文靖)이다.

451 독서당의……해인가 : 【譯注】 1541년(중종36) 3~4월 이황과 김인후가 동호독서당(東湖讀書堂)에서 함께 사가독서(賜暇讀書) 한 이후에 오랜 세월이 흘렀다는 뜻이다. 《退溪先生年譜 卷1》《河西集 附錄 卷3 年譜》

KNP0175(詩-內卷2-123)

병들어 게으르다[452] 【을묘년(1555, 명종10, 55세) 1월 추정. 서울】

病慵

나는 평소 병을 앓아 늘 고생하는데[453]	我素抱痾長坎坎
백성은 지금 굶주림으로 정말 아우성친다	民今思食政喁喁
〈정완〉의 동포 사랑[454] 실천하지 못하니	訂頑不忝憐同體
〈존성〉[455]으로 다시 나의 게으름 경계해야 하리	尊性還須警己慵

452 병들어 게으르다 : 【譯注】 같은 때에 같은 운자로 지은 같은 제목의 시가 《정본 퇴계전서》 권2에 실려 있다.

453 고생하는데 : 【攷證 卷2 坎坎】 《주역》에 "오고 감이 험하고 험하다.〔來之坎坎〕"라고 하였는데, 정이천(程伊川 정이(程頤))의 주석에 "물러나거나 나아감이 모두 험한 것이다."라고 하였다. 《周易傳 坎卦 六三 爻辭》

454 정완의 동포 사랑 : 【譯注】 '정완(訂頑)'은 송(宋)나라 장재(張載)의 〈서명(西銘)〉으로, "백성은 나의 형제이고〔民吾同胞〕 만물은 나의 동류이다."라는 구절이 있다.

455 존성 : 【攷證 卷2 尊性】 주자의 〈존덕성재명(尊德性齋銘)〉을 가리키는 듯하다. 【譯注】 〈존덕성재명〉은 송나라 주희(朱熹)의 내제(內弟)인 윤부(允夫) 정순(程洵)이 재(齋)의 이름을 도문학(道問學)이라고 하자 주자가 존덕성으로 바꾸기를 권하고 정순의 요청을 받아 지은 명(銘)으로, 마지막 부분에 "임무가 무겁고 갈 길이 머니 어찌 감히 혹시라도 게을리하랴.〔任重道遠, 其敢或怠?〕"라고 하였다. 《晦庵集 卷85》

KNP0176(詩-內卷2-124~125)

김계진[456]이 소장하고 있는 채거경[457]의 묵매에 쓰다. 2수

【을묘년(1555, 명종10, 55세) 1~2월 추정. 서울】

題金季珍所藏蔡居敬墨梅 二首

(詩-內卷2-124)

늙은 매화의 수많은 옥 떨기 그 향기 진동할 때	古梅香動玉盈盈
나무 너머 하얀 둥근 달 밝게 떠오른다[458]	隔樹冰輪輾上明
조금 지나 엷은 구름 말끔히 사라지면	更待微雲渾去盡
고산엔 밤새도록 맑은 기운 넘치겠지	孤山終夜不勝淸

456 김계진 : 【譯注】 김언거(金彦琚, 1503~1584)로, 본관은 광산(光山), 자는 계진(季珍), 호는 관포당(灌圃堂)·칠계(漆溪)·풍영정(風詠亭)이다.

457 채거경 : 【攷證 卷2 蔡居敬】 채무일(蔡無逸, 1496~1556)로, 본관은 인천(仁川), 자는 거경, 호는 휴암(休庵)이다. 고모부인 김안로(金安老)에게 미움을 받아 남해(南海)에 유배되고, 김안로가 죽임을 당한 뒤 1540년(중종35) 식년문과에 병과로 급제하고 한성 서윤(漢城庶尹)을 역임하였다. 음률과 역법(曆法)에 정통하고 글씨와 그림에 특히 뛰어났다.

458 나무……떠오른다 : 【攷證 卷2 冰輪輾上】 송(宋)나라 마존(馬存)의 〈요월정(邀月亭)〉 시에 "푸른 바다 동쪽 모퉁이에서 달을 맞이하니, 밝은 달이 맷돌처럼 돌며 푸른 유리 위로 떠오르네.〔滄溟東角邀姮娥, 氷輪碾上青琉璃.〕"라고 하였다. 송나라 방단중(方端仲 방실손(方實孫))의 시에 "바다 모퉁이에서 밝은 달이 연자매처럼 돌며 하늘에 오르네.〔海角氷輪輾上天〕"라고 하였는데, 그 주석에 "전(輾)은 곡물을 가는 도구이다."라고 하였다. 【校解】《고증》의 마존 시에 '碾'이 '輾'으로 되어 있는데, 통행본《전송시(全宋詩)》에 의거하여 수정하고, '방단중'에서 '仲'이 '中'으로 되어 있는데, 인명으로 수정하였다. 방실손의 시 제목은 미상이다.

〈詩-內卷2-125〉

성근 옥 가지에 하얀 꽃 차가우니 瓊枝疎瘦雪英寒
검은 먼지[459]에 덮여도 그 모습 변치 않는다 縱被緇塵不改顔
아쉽구나, 시옹은 정말 질탕하니 可惜詩翁眞跌宕
괜스레 놀리는 어조로 단단에 비유했었지[460] 枉將調戱比端端

459 검은 먼지 : 【攷證 卷2 緇塵】 송(宋)나라 진간재(陳簡齋 진여의(陳與義))의 〈장규신의 「매화 수묵화」 시에 화운하다〔和張規臣水墨梅〕〉 시 5수 중 제3수에 "도성에서 만나니 완전히 전과 같건만, 검은 먼지가 흰옷을 물들여 아쉬울 뿐.〔相逢京洛渾依舊, 惟恨緇塵染素衣.〕"라고 하였다.

460 시옹은……비유했었지 : 【攷證 卷2 詩翁…端端】 송나라 진간재의 〈지약 안박문(安博文)이 그린 「매화 수묵화」에 제한 문진 하율(何栗)의 시에 차운하다〔次韻何文縝題顔持約畫水墨梅花〕〉 시 2수 중 제2수에 "검은 못이든 눈 내린 봉우리든 봄에는 모두 좋은데, 시인에게 넘겨주니 시시비비 말이 많네.〔墨池雪嶺春俱好, 付與詩人說是非.〕"라고 하였는데, 송나라 호치(胡穉)의 주석에서 당(唐)나라 범터(范攄)의 《운계우의(雲溪友議)》를 인용하여 다음과 같이 말하였다. "최애(崔崖)는 장우(張祐)와 명성이 막상막하였는데, 양주(楊州)의 기녀 이단단(李端端)을 놀리는 시에 '코는 굴뚝 같고 귀는 솥 같다〔鼻似烟窓耳似鐺〕'라는 구절이 있었다. 이단단이 애걸복걸하면서 다시 지어달라고 청하자, 최애가 〈이단단을 놀리다〔嘲李端端〕〉 시를 지어 '황류마 찾아 비단 안장 얹고는, 선화방에 가서 이단단을 취하네. 양주는 요즘 완전히 달라졌으니, 한 떨기 걸어다니는 백모란일세.〔覓得黃騮被繡鞍, 善和坊裏取端端. 楊州近日渾成差, 一朶能行白牡丹.〕'라고 하였다. 그러자 손님들이 다투어 이단단을 찾아왔는데, 혹자는 '이씨 낭자는 검은 못에서 나오자마자 흰 눈 덮인 봉우리에 올랐구나.'라고 하였다." 《增廣箋註簡齋詩集 卷12》

KNP0177(詩-內卷2-126~127)

동호[461]에서 민경열[462] 참의에게 유별하다. 2수 【을묘년(1555, 명종10, 55세) 2월 12~17일 추정. 서울】

東湖留別閔景說參議 二首

2월에 영남으로 돌아가려 할 때이다.

(詩-內卷2-126)

2월이라 동호의 하늘에 눈보라 치는데	二月東湖風雪天
찾아와 송별해주니 그대의 애틋한 마음 고맙구나	感君追送意拳拳
이에 병오년 호선의 이별[463] 생각나니	因思丙午湖船別
어느덧 지금 벌써 10년이 지났구려	倏忽如今已十年

(詩-內卷2-127)

지난 일 추억하니 이미 아득한데	往事追思已惘然
이별의 시 네댓 편 아직도 기억하지	別詩猶記五三篇
오늘 이별하며 해주는 말 더욱 고마우니	如今別語尤堪荷

461 동호(東湖) : 【譯注】 두모포(豆毛浦)라고도 하는데, 도성 동남쪽 10리 지점에 있다. 《新增東國輿地勝覽 卷3 漢城府》 중랑천과 한강 본류가 만나는 지점을 중심으로 압구정동과 옥수동 사이의 한강 지역을 이르는데, 이곳에 독서당(讀書堂)이 있었다.

462 민경열 : 【譯注】 민기(閔箕, 1504~1568)로, 본관은 여흥(驪興), 자는 경열(景說), 호는 관물재(觀物齋)·호학재(好學齋), 시호는 문경(文景)이다.

463 병오년 호선(湖船)의 이별 : 【譯注】 1546년(명종1) 2월 이황이 영남으로 돌아갈 때 망호당(望湖堂)에서 민기와 이별했는데, 이때 지은 시가 《정본 퇴계전서》 권1에 〈다시 앞 시의 운자를 사용하여 민경열에게 답하다〔再用前韻答景說〕〉, 권2에 〈내일 떠나게 되어 민경열에게 주다〔明日將行贈景說〕〉라는 제목으로 실려 있다.

돌아가 산수의 주인 되어 오백 년 살라 하네[464] 歸管烟霞五百年

-민경열이 나에게 이번에 돌아가면 틀림없이 신선 같은 이농암(李聾巖)[465] 어르신과 함께 장수할 것이라고 하기에 이렇게 말한 것이다.-

464 돌아가……하네 : 【攷證 卷2 歸管烟霞五百年】《장자》〈소요유(逍遙遊)〉에 "초(楚)나라 남쪽에 명령(冥靈)이라는 나무가 있는데, 5백 년을 봄으로 삼고〔以五百歲爲春〕 5백 년을 가을로 삼는다."라고 하였다.

465 이농암(李聾巖) : 【譯注】'농암'은 이현보(李賢輔, 1467~1555)의 호로, 그는 본관이 영천(永川), 자가 비중(棐仲), 호가 설빈옹(雪鬢翁), 시호가 효절(孝節)이다.

KNP0178(詩-內卷2-128)

김 좌랑 현경[466] 이 독서당으로부터 술을 가지고 와서 밤에 대화하다 【을묘년(1555, 명종10, 55세) 2월 12~17일 추정. 서울】

金佐郎 顯卿 自湖堂携酒來 夜話

옛날엔 독서당에서 신선처럼 노닐었는데	東觀仙遊記昔年
한평생 괴롭게도 묵은 병에 시달린다	一生辛苦坐沈綿
동쪽 고향으로 가려 할 때 또 시선의 정을 입어	東行又被詩仙款
손수 운편[467] 점검하느라 밤에 잠 못 이루노라	手校雲編夜不眠

466 현경 : 【攷證 卷2 顯卿】 김귀영(金貴榮, 1520~1593)의 자로, 그는 본관이 상주(尙州), 호가 동원(東園)이다. 1547년(명종2) 알성문과에 병과로 급제하고 좌의정을 역임하였다.

467 운편 : 【譯注】 벗을 그리워하는 내용의 시로, 여기서는 김귀영이 이황에게 지어 준 시를 이른다. 【攷證 卷2 雲編】 당(唐)나라 두보(杜甫)의 〈헌납사 기거 사인 전징에게 주다〔贈獻納使起居田舍人澄〕〉 시에 "새벽 물시계 소리에 청쇄문으로 달려가고, 비 갠 창가에서 백운편을 점검하네.〔曉漏追趨靑瑣闥, 晴窓點檢白雲編.〕"라고 하였다.

KNP0179(詩-內卷2-129)

뱃길로 가면서 조카 굉[468]과 아들 준[469]에게 보이다. 3수[470]

【을묘년(1555, 명종10, 55세) 2월 18일 이후 추정. 장소 미상】

舟行 示宏姪寯兒 三首

춘음은 흐릿하고 강물은 아득한데	春陰漠漠水悠悠
조각배로 외로운 신하 서울을 떠나노라[471]	去國孤臣一葉舟
날 저물어 비 갤 때를 차분히 기다려	好待晚天晴日景
물새 많은 어여쁜 방주 구경하자꾸나	水禽多處玩芳洲

468 조카 굉 : 【攷證 卷2 宏】 이굉(李宏, 1515~1573)으로, 자는 대용(大容)이고, 1571년(선조4) 기린 찰방(麒麟察訪)이 되었다. 퇴계 선생의 둘째 형님 이하(李河)의 둘째 아들이다.

469 아들 준 : 【譯注】 이준(李寯, 1523~1583)으로, 자는 정수(廷秀)이고, 이황의 장남이다.

470 3수 : 【譯注】 나머지 2수는 확인되지 않는다.

471 조각배로……떠나노라 : 【攷證 卷2 去國孤臣一葉舟】 《퇴계선생연보》 권1에 "을묘년(1555, 명종10) 2월 배를 사서 타고 동쪽 영남으로 돌아왔다."라고 하였다.

KNP0180(詩-內卷2-130)

허홍[472]창이 있는 강가에서 【을묘년(1555, 명종10, 55세) 2월 18일 이후 추정. 원주(原州)】

虛興倉江上

뱃머리의 봄 강물은 푸른 기름 부은 듯[473]	春水船頭綠潑油
저물녘 노니는 백구에 눈을 떼지 못한다[474]	晩來貪看戲羣鷗
모르겠어라, 만물 가운데 어떤 것이	不知萬類中何物
너처럼 한가한 마음 또 갖고 있을 줄을	更有閒情與汝儔

472 허홍 : 【攷證 卷2 虛興】 옛 판본의 목록에는 '홍원(興原)'으로 되어 있는데, 홍원창은 원주(原州)에 있다.

473 봄……듯 : 【攷證 卷2 春水綠潑油】 송(宋)나라 황정견(黃庭堅)의 〈열도에게 부쳐 이별하다〔寄別說道〕〉 시에 "여러 줄 아름다운 나무는 붉은 비단 펼친 듯, 한 갈래 봄 물결은 푸른 기름 부은 듯.〔數行嘉樹紅張錦, 一派春波綠潑油.〕"이라고 하였다.

474 저물녘……못한다 : 자연 속에 은둔하고 싶은 심정을 표현한 것이다. 【譯注】 자연 속에 은둔하고 싶은 심정을 표현한 것이다. 당나라 두보의 〈상서성 좌승 위제(韋濟) 어른께 삼가 드리다. 22운〔奉贈韋左丞丈二十二韻〕〉 시에 "백구가 아득한 물결 속에 숨으니, 만 리 멀리 떠나는 걸 누가 길들일 수 있으랴.〔白鷗沒浩蕩, 萬里誰能馴?〕"라고 하였다.

KNP0181(詩-內卷2-131)

뱃길로 황강[475]을 지나며 비 갠 날씨를 기뻐하다 【을묘년(1555, 명종10, 55세) 2월 18일 이후 추정. 황강(黃江)】

黃江舟中喜晴

오늘에야 비 개어 비로소 따뜻해지니	今日天晴暖始生
고향 가는 배 흔들흔들 백구는 경쾌하다	歸舟搖蕩白鷗輕
어찌 굳이 복사꽃 물결[476] 다시 기다리랴	何須更待桃花浪
푸른빛 넘실대는 선원[477]으로 정말 가야 하리	綠漲仙源正好行

475 황강 : 【攷證 卷2 黃江】 청풍부(淸風府) 동쪽에 있다.

476 복사꽃 물결 : 【攷證 卷2 桃花浪】 당(唐)나라 두보(杜甫)의 〈봄 강물[春水]〉 시에 "삼월 복사꽃 필 때의 물결, 강물은 옛 모습처럼 불어났네.[三月桃花浪, 江流復舊痕.]"라고 하였다. 송(宋)나라 소식(蘇軾)의 〈정국 왕공(王鞏)이 남쪽으로 좌천되었다가 돌아오면서 부쳐준 시에 차운하다[次韻王定國南遷回見寄]〉 시에 "상봉하면 내게 지체된 이유 말하리니, 복사꽃 필 때 봄 물결 불어 배가 휘청였기 때문이겠지.[相逢爲我話留滯, 桃花春漲孤舟起.]"라고 하였다. 【校解】《고증》의 두보 시에 '三'이 '二'로 되어 있는데, 통행본 《두소릉시집(杜少陵詩集)》에 의거하여 수정하였다.

477 선원 : 【譯注】 진(晉)나라 도연명(陶淵明)이 묘사한 별천지 도화원(桃花源)인데, 여기서는 이황의 고향인 예안(禮安)을 이른다. 당나라 왕유(王維)의 〈도원행(桃源行)〉에 "봄 되자 여기저기 복사꽃 물결 넘쳐, 선원을 어디서 찾을지 분간하지 못하네.[春來遍是桃花水, 不辨仙源何處尋.]"라고 하였다.

KNP0182(詩-內卷2-132~133)

용수사[478]에서 우거하고 있는데, 이농암 선생이 반도단에서 수창한 절구[479]를 부쳐 보여주시기에 삼가 화답하여 올리다. 2수 【을묘년(1555, 명종10, 55세) 3월. 예안(禮安)】

寓龍壽寺 聾巖先生寄示蟠桃壇唱酬絶句 奉和呈上 二首

(詩-內卷2-132)

반도가 열매 맺을 걸 생각한 것이	擬結蟠桃子
지금까지 몇 해나 되었던가	于今第幾年
꽃 앞에서 바둑 한판 구경하는 사이에	花前看一局
덧없는 세상 천 일이 지났구나[480]	浮世日過千

478 용수사(龍壽寺) : 【譯注】 예안현(禮安縣) 용두산(龍頭山) 남쪽에 있는 사찰로, 이황이 1546년(명종1) 서울에서 잠시 귀향했을 때도 머물렀던 곳이다.

479 이농암……절구 : 【譯注】 '농암(聾巖)'은 이현보(李賢輔, 1467~1555)의 호로, 그는 본관이 영천(永川), 자가 비중(棐仲), 호가 설빈옹(雪鬢翁), 시호가 효절(孝節)이다. 이현보가 지은 시는 《농암집》 권1에 〈반도단 아래에서 황중거를 초대하다〔蟠桃下招仲擧〕〉, 〈다시 화답하여 재촉하다〔再賡促之〕〉라는 제목으로 실려 있다. 【攷證 卷2 蟠桃壇】 반도단은 임강사(臨江寺)에 있다. 《농암집》 권1 〈계당의 늦봄에 반도를 함께 완상하자고 퇴계를 초청하다〔溪堂暮春邀退溪共賞蟠桃〕〉 시의 원주에 "반도단 가에 복숭아나무가 있는데〔壇上有桃〕, 가지와 줄기가 구불구불 낮게 드리워 수십 명을 덮을 만하고 꽃과 열매가 풍성하니 평범한 나무가 아니다."라고 하였다. 【校解】 문집총간본 《농암집》에는 '壇上有桃'가 '桃在臨江寺'로 되어 있다.

480 바둑……지났구나 : 【攷證 卷2 一局浮世日過千】 당(唐)나라 여동빈(呂洞賓)이 바둑을 두는 자리 옆에서 잠들었다가 깨어나서 "나는 이제 한 판 두었는데〔我始一局〕, 그대들은 몇 판째인가?"라고 하였고, 또 송(宋)나라 진단(陳摶)은 천 일 동안 잠을 잔 적이 있다. 《類苑叢寶》 ○ 살펴보건대, 이 구절은 은연중에 수선(睡仙)인 진단의 고사를 사용하였다.

(詩-內卷2-133)

하찮은 신하가 병으로 사직한 때	小臣辭病日
훌륭한 어르신께서 한가함 즐기는 시절	大老樂閒年
어르신 계신 도원의 경계에 이르기도 전에	未到桃源界
홍진의 시름 이미 천 번이나 씻기누나	塵愁已洗千

KNP0183(詩-內卷2-134)

막 귀향하여 가형[481]을 모시고 여러 사람과 함께 청음석[482]에서 모이다 【을묘년(1555, 명종10, 55세) 3월. 예안(禮安)】

初歸陪家兄 與諸人會淸吟石

철쭉꽃은 봄이건만 피지 않았는데	躑躅春猶閟
한단몽에서 이제 막 깨었노라[483]	邯鄲夢始回
맑게 읊조릴 경치 무한하니	淸吟無盡藏
이제부터 백번 천번 오리라	從此百千來

481 가형 : 【攷證 卷2 家兄】 퇴계 선생의 다섯째 형님인 찰방공 이징(李澄, 1498~1582)이다.

482 청음석 : 【譯注】 도산면 온계(溫溪) 하류에 있는 반석이다. 1511년(중종6)에 이황의 숙부 온계(溫溪) 이우(李堣)가 강원도 관찰사로 있으면서 근친(覲親)하러 왔을 때 이곳에서 놀았는데, 당시 11세 소년이었던 이황이 배석하였다. 그때 이우가 시를 지어 "계산의 아름다움 구경하려고, 송림에 홀로 돌아왔지. 맑게 시 읊는 일 망치려는 의도인가〔淸吟還敗意〕, 누가 찰방을 보내왔는가."라고 하였다. 1547년(명종2) 3월 이황이 이곳에서 형제들과 모여 옛일을 회상하며 이우의 시구에서 따서 '청음석'이라 명명하고 차운시 2수를 지었다. 《定本退溪全書 卷1 淸吟石 并序》

483 한단몽에서……깨었노라 : 【譯注】 관직을 그만두고 귀향했다는 뜻이다.

KNP0184(詩-內卷2-135~136)

지중추부사 농암[484] 이 선생에 대한 만사. 2수 【을묘년(1555, 명종10, 55세) 6월 13~20일 추정. 예안(禮安)】

知中樞聾巖李先生挽詞 二首

(詩-內卷2-135)

편안하고 즐거우셨던 세 조정의 귀인[485] 逸樂三朝貴
귀 밝고 눈 밝은 채 장수하셨습니다 聰明大耋年
도성 성문의 전별은 한나라 태부 추억하게 하고[486] 都門追漢傳
구로회 맺은 건 당나라 현자 계승한 것입니다[487] 香社紹唐賢

484 농암(聾巖) : 【譯注】 이현보(李賢輔, 1467~1555)의 호로, 그는 본관이 영천(永川), 자가 비중(棐仲), 호가 설빈옹(雪鬢翁), 시호가 효절(孝節)이다. 6월 13일에 세상을 떠났다.

485 세 조정의 귀인 : 【攷證 卷2 三朝貴】 살펴보건대, 이농암은 무오년(1498, 연산군4)에 식년문과에 급제하고, 중종·인종·명종을 차례로 섬겼다.

486 도성……하고 : 【攷證 卷2 都門追漢傳】 한(漢)나라 태자 태부(太子太傅) 소광은 70세에 사직을 청하는 소장을 올려 관직에서 물러났는데, 공경과 대부 및 벗들이 조도제(祖道祭)를 베풀어 장안의 동도문(東都門) 밖에 장막을 치고 음식을 마련하니, 전송하는 자들의 수레가 수백 대였다. 《漢書 疏廣傳》 【校解】 1542년(중종37) 76세의 이현보가 병들었다는 이유로 낙향할 때 조정의 관료들이 모두 도성 성문에서 전송하여 거마(車馬)가 줄을 이으니 모두 근래에 없던 일이라고 하였다. 《定本退溪全書 卷15 崇政大夫行知中樞府事聾巖李先生行狀》

487 구로회……것입니다 : 【攷證 卷2 香社紹唐賢】 살펴보건대, 당(唐)나라 백거이(白居易)가 향산사(香山社)를 맺고 호고(胡杲)·길민(吉旼)·정거(鄭據)·유진(劉眞)·노진(盧眞)·장혼(張渾)·적겸모(狄兼謩)·노정(盧貞)과 함께 구로회(九老會)를 결성하였다. 《新唐書 白居易列傳》 이농암이 일찍이 마을의 노인들을 모아 구로회를 결성하여 어버이의 마음을 기쁘게 하였으니, 이 일도 퇴계 선생의 〈숭정대부 행 지중추부사 농암 이 선생 행장〉에 보인다.

세상에는 본래 번복이 많거늘[488] 世自多飜覆
한 몸에 실로 오복 갖추어 누리셨습니다 身誠享具全
누가 알겠습니까, 우국충정의 눈물 誰知憂國淚
임종 때도 여전히 줄줄 흐른 줄[489]을 臨化尙漣漣

(詩-內卷2-136)

임금님의 총애는 세 조정에 두터웠고 寵眷三朝厚
비범한 풍모는 한 시대에 드높았습니다 風流一代尊
부질없는 명성은 초개처럼 여기고 浮名同草芥
즐거운 일은 전원에서 맘껏 누리셨습니다[490] 勝事極林園
몇 번이나 남여를 들어[491] 다행이라 여겼는데 幾幸籃輿擧
학의 꿈[492] 꾸며 훨훨 떠나셔서 깜짝 놀랐습니다 俄驚鶴夢騫

---

488 세상에는……많거늘 : 【要存錄 卷2 世自多飜覆】 갑자사화·기묘사화·을사사화를 가리키는 듯하다.

489 우국충정의……줄 : 【譯注】 1555년(명종10) 5월 병석에 있는 이현보를 이황이 문병 갔다가 왜구의 변란에 대해 말하자 이현보가 나라 걱정에 눈물을 흘렸다. 《定本退溪全書 卷15 崇政大夫行知中樞府事聾巖李先生行狀》

490 즐거운……누리셨습니다 : 【攷證 卷2 勝事極林園】 당(唐)나라 한유(韓愈)의 〈상서좌복야 상공 배도(裴度)의 「은혜에 감격하여 뜻을 말하다」 시에 삼가 화답하다〔奉和僕射裴相感恩言志〕〉 시에 “동산에서 즐거운 일 맘껏 누리고, 음악으로 태평성대 즐기시네.〔林園窮勝事, 鐘鼓樂淸時.〕”라고 하였다. 【校解】 《고증》에 ‘林園’이 ‘園林’으로 되어 있는데, 통행본 《한창려집(韓昌黎集)》에 의거하여 수정하였다.

491 남여를 들어 : 【攷證 卷2 籃輿擧】 진(晉)나라 도연명(陶淵明)은 각질(脚疾)이 있어 항상 남여를 타고 다녔다. 송(宋)나라 사유반(謝幼槃 사과(謝薖))의 〈도연명의 초상화〔陶淵明寫眞圖〕〉 시에 “가령 저승에서 지금 다시 소생하신다면, 공의 남여를 드는 것도 나쁘지 않지.〔假令九原今可作, 擧公籃輿也不惡.〕”라고 하였다.

492 학의 꿈 : 【譯注】 세속을 초탈하여 멀리 떠나는 것을 비유하는데, 여기서는 이현보

양담은 끝없는 슬픔 지녀　　羊曇無限慟
차마 서주(西州)의 성문을 지나가지 못했습니다[493]　　不忍過西門

가 세상을 떠났다는 뜻이다. 【攷證 卷2 鶴夢】 당나라 송옹(宋邕)의 〈선자동에서 유령(劉伶)과 완적(阮籍)을 그리워하다〔仙子洞中有懷劉阮〕〉 시에 "맑은 슬로 예상우의곡 연주하지 말지니, 홍진의 꿈이 어찌 학의 꿈이 긴 줄 알겠는가.〔不將清瑟理霓裳, 塵夢那知鶴夢長?〕"라고 하였다. 《唐詩鼓吹 卷4》 고시에 "사립문 굳게 닫으니 학의 꿈이 남아 있네.〔深掩柴扉鶴夢殘〕"라고 하였다. 【校解】 송옹의 시가 《당시대사전(唐詩大辭典)》에는 당나라 조당(曹唐)의 시로 되어 있다.

493 양담은……못했습니다 : 【譯注】 이현보가 머물던 곳은 차마 가지 못한다는 뜻으로, 이황의 큰 슬픔을 이른다. 【攷證 卷2 羊曇…西門】 진나라 사안(謝安)이 세상을 떠난 뒤에 그의 생질인 양담은 한 해 넘게 사안이 거주하던 서주(西州)의 성문을 통하는 길로 다니지 않았는데, 한 번은 만취하여 자신도 모르는 사이에 서주의 성문에 이르렀다. 크게 슬픈 감정이 밀려와 삼국 시대 위(魏)나라 조식(曹植)이 지은 〈공후인(箜篌引)〉의 '살아서는 화려한 집에 계시더니, 죽어서는 산언덕으로 돌아가셨네.〔生存處華屋, 零落歸丘山.〕'라는 구절을 읊은 뒤에 통곡하고는 떠났다. 《晉書 謝安列傳》 송(宋)나라 소철(蘇轍)의 〈온공 사마광(司馬光)에 대한 만사〔司馬溫公挽詞〕〉 4수 중 제2수에 "서주의 성문을 차마 지나가지 못하니, 곡을 하자마자 수레를 돌리노라.〔西州不忍過, 行哭便回車.〕"라고 하였다. 【校解】 《고증》에서 '蘇轍'을 '蘇軾'이라고 한 것은 오류이다.

KNP0185(詩-內卷2-137)

김계진[494]에게 답하다 【을묘년(1555, 명종10, 55세) 7월 추정. 예안(禮安)】

答季珍

힘써 경작해도 굶주림 많으니 어리석은[495] 농부라 우습지만	力耕多餒笑農憨
영계기는 끝내 세 가지 즐거움 자랑했다오[496]	榮啓終誇樂有三
발밑에 어찌 실지가 없겠는가[497]	脚下豈應無實地
사람 중에 누가 정녕 진짜 사내인가	人間誰定是眞男
가을이 냇가 숲에 돌아오니 서늘한 바람 일고	秋回澗樹生凉籟
비가 산속 집을 지나가니 푸른 이내 방울진다	雨過山堂滴翠嵐
홀로 앉아 시 읊는데 들어 줄 이 없으니	獨坐吟詩無與聽
멀리 돌아보며 서울의 남산 생각하노라[498]	悠然回首憶終南

494 김계진 : 【譯注】 김언거(金彦琚, 1503~1584)로, 본관은 광산(光山), 자는 계진(季珍), 호는 관포당(灌圃堂)·칠계(漆溪)·풍영정(風詠亭)이다.

495 어리석은 : 【攷證 卷2 憨】 '憨'은 독음이 '함(咸)'으로, 어리석다는 뜻이다. 송나라 이중은(李重恩)은 바둑만 잘 두고, 모습도 후줄근하고 정신도 혼매하니 사람들이 그를 이함(李憨)이라고 불렀다. 《古今合璧事類備要 卷57》

496 영계기는……자랑했다오 : 【攷證 卷2 榮啓終誇樂有三】 춘추 시대 은자인 영계기(榮啓期)가 "천지간의 만물 가운데 사람이 가장 존귀한데 나는 사람으로 태어났으니, 이것이 첫 번째 즐거움이다. 남자는 존귀하고 여자는 비천한데 나는 또 남자가 되었으니, 이것이 두 번째 즐거움이다. 사람이 태어나서 갓난아이 때 죽기도 하는데 나는 95세이니, 이것이 세 번째 즐거움이다."라고 하였다. 《列子 天瑞》

497 발밑에……없겠는가 : 【譯注】 성실하고 참되게 일을 처리하여 나간다는 뜻이다. 송(宋)나라 소옹(邵雍)이 사마광(司馬光)에 대하여 '실지에 발을 디디고 있는 사람〔脚踏實地人〕'이라고 하였다. 《聞見錄 卷18》

498 멀리……생각하노라 : 【譯注】 서울에 있는 김언거를 그리워한다는 뜻이다.

KNP0186(詩-內卷2-138~139)

송기촌 순 의 면앙정. 2수[499] 【을묘년(1555, 명종10, 55세) 가을 추정. 예안(禮安)】

宋企村 純 俛仰亭 二首

송기촌 공은 담양[500]에 거주했는데, 이때 선산[501] 도호부사로 있다가 사직하고 귀향하려 할 때 나에게 편지를 보내와 면앙정에 대한 시를 지어 달라고 하였다.[502]

(詩-內卷2-138)

높낮은 일곱 산줄기 두 냇물에 가까이 내려오니[503]　　七曲高低控二川

---

499 송기촌……2수 : 【譯注】 송순의 《면앙집》 권7에도 〈면앙정 시에 차운하다〔次俛仰亭韻〕〉라는 제목으로 실려 있다. 【攷證 卷2 企村】 '기촌'은 송순(宋純, 1493~1582)의 호로, 그는 본관이 신평(新平), 자가 성지(誠之)·수초(守初)이다. 1519년(중종14) 별시문과에 을과로 급제하여 여러 관직을 역임하고 판중추부사가 되었다. 【攷證 卷2 俛仰亭】 '면앙정'은 담양부(潭陽府) 남쪽에 있고, 기고봉(奇高峯 기대승(奇大升))이 지은 〈면앙정기(俛仰亭記)〉가 《고봉집》 권2에 실려 있다. 【校解】 송순이 판중추부사가 되었다는 것은 확인되지 않고, 외손자 최기(崔棄)가 지은 〈행적(行蹟)〉에 근거하면 지중추부사를 역임하였다. 《俛仰集 卷4》

500 담양 : 【攷證 卷2 潭陽】 전라우도에 속한다. 군명으로 추성(秋成)·담주(潭州)라고도 한다.

501 선산 : 【攷證 卷2 善山】 경상우도에 속한다. 군명으로 숭선(嵩善)·선주(善州)라고도 한다.

502 송기촌……하였다 : 【譯注】 송순이 귀향할 때 면앙정에 걸려 있는 조욱(趙昱)의 화운시 3수에 대하여 이황에게 화운시를 지어달라고 하여 이황이 조욱의 운자를 사용하여 지었는데 1수는 일실되었고, 조욱의 시는 확인되지 않는다. 《俛仰集 卷3 復次俛仰亭韻 小序》《俛仰集 卷5 有明朝鮮國故資憲大夫議政府右參贊兼知春秋館事企村先生宋公家狀》

503 높낮은……내려오니 : 【攷證 卷2 七曲高低控二川】 살펴보건대, 제월봉(霽月峯)으로부터 내려오는 산줄기가 면앙정이 있는 산록과 함께 모두 7개이다. '두 냇물'은 백탄(白灘)과 여계(餘溪)이다. 《俛仰亭記》

무수한 푸른 봉우리 멀리 앞에 늘어서 있다	翠鬟無數逈排前
처마를 휘도는 해와 달은 머뭇머뭇 지나가고	縈簷日月徘徊過
이곳 에워싼 영주산 방호산 아스라이 이어지누나	匝域瀛壺縹緲連
촌로가 꾼 꿈의 징조는 진즉에 헛되었으나[504]	村老夢徵虛宿昔
원님이 물자 대어[505] 풍광에 어울리는 정자 지었네	使君資築償風烟
옆 사람들 면앙정의 즐거움 알고 싶다면	傍人欲識亭中樂
광풍제월은 응당 따로 전해야 할 것이 있지[506]	光霽應須別有傳

-'꿈의 징조〔夢徵〕'와 '재물을 보태 지은 것〔資築〕'은 모두 면앙정과 관련된 실제 일이다.-

(詩-內卷2-139)

무성한 송죽 사이 호젓한 오솔길 나 있는데	松竹蕭槮出徑幽
면앙정에서 조망하니 수많은 봉우리 보인다	一亭臨望岫千頭
넓은 들판엔 그림 같은 경치 은은히 비치고	畫圖隱映川原曠
마름과 남가새 희미하고 수목은 빽빽하여라	萍薺依俙樹木稠
귀양 가시던 날엔 꿈에서도 애태웠는데[507]	夢裏關心遷謫日

504 촌로가……헛되었으나 :【攷證 卷2 村老夢徵云云】마을에는 옛날에 곽씨 성을 가진 자가 살았는데, 황금색 옷을 입고 옥 허리띠를 두른 선비가 위에서 너울너울 춤추는 꿈을 꾸고는 집안이 장차 번창해질 것이라 여겼다가 성공하지 못하게 되자 거주하던 곳을 송기촌 공에게 팔았다.《俛仰亭記》

505 원님이 물자 대어 :【攷證 卷2 使君資築】당시 담양 부사인 오겸(吳謙)이 면앙정을 짓는 데 쓰라고 재물을 보태주었다.《俛仰亭記》

506 광풍제월은……있지 :【譯注】송순의 심성이 매우 밝고 맑다는 점은 따로 전할 점이 있다는 뜻이다.【攷證 卷2 光霽】'광풍제월'은 면앙정이 제월봉 아래에 있기 때문에 말한 것이다.

백성 무마하시는 지금엔 시 읊으며 그 즐거움 생각하지[508]

吟邊思樂撫摩秋

어느 때나 정말 맘껏 굽어보고 올려 보아　　何時俛仰眞隨意

종래의 국촉한 시름 씻어내려나　　洗卻從來局促愁

---

507 귀양……애태웠는데 :【攷證 卷2 關心遷謫】 살펴보건대, 송기촌 공은 이홍윤(李洪胤)의 옥사에 연루되어 이연경(李延慶)·유정(柳貞)·이해(李瀣)·이윤경(李潤慶) 등과 함께 모두 재앙을 입어 관서(關西)로 귀양 갔다.《雪壑記》

508 백성……생각하지 :【攷證 卷2 吟邊撫摩】 지금 송기촌 공이 선산 도호부사로 있기 때문에 이렇게 말한 것이다.

KNP0187(詩-內卷2-140~141)

금문원[509]의 동계[510] 성성재[511]. 2수 【을묘년(1555, 명종10, 55세) 가을 추정. 예안(禮安)】

琴聞遠東溪惺惺齋 二首

(詩-內卷2-140)

동쪽 계곡 깊은 곳에 새로 얽은 아담한 집	東溪深闢小齋新
이끼 낀 길에 사립문 속진과 멀리 떨어져 있네[512]	苔徑柴門逈絶塵
묻노라, 주인은 무슨 일을 하는가	爲問主人何事業
한 치 아교[513]와 같은 공력으로 스스로를 아끼네[514]	寸膠功力自珍身

509 금문원 : 【攷證 卷2 琴聞遠】 금난수(琴蘭秀, 1530~1604)로, 자는 문원, 호는 성성재(惺惺齋)이다. 봉화(奉化) 사람으로, 예안현(禮安縣)에 거주했다. 명(明)나라 세종(世宗) 가정(嘉靖) 경인년(1530, 중종25)에 태어나, 일찍부터 퇴계의 문하에서 종유(從遊)하여 학문하는 방법을 들었다. 사마시에 합격해 관직이 봉화 현감(奉化縣監)에 이르렀으며 좌승지에 추증되었다. 선생이 그 인품이 매우 좋고 지취(志趣)가 훌륭하다고 칭찬하였다.

510 동계 : 【攷證 卷2 東溪】 예안현 동쪽에 있다.

511 성성재 : 【要存錄 卷2】 예안현의 부포(孚浦) 동북쪽 계곡에 있다.

512 사립문……있네 : 【攷證 卷2 柴門逈絶塵】 당(唐)나라 두보(杜甫)의 〈엄공이 중하에 술과 안주를 가지고 초당에 왕림하다〔嚴公仲夏枉駕草堂兼攜酒饌〕〉 시에 "오랜 세월 외진 곳에 사니 사립문 세속과 멀고, 오월에 강물 깊으니 초가집 서늘하네.〔百年地僻柴門逈, 五月江深草閣寒.〕"라고 하였다.

513 한 치 아교 : 【譯注】 아교(阿膠)는 물을 맑게 하는 식물로, 작은 힘을 비유하는 말이다. 진(晉)나라 갈홍(葛洪)의 《포박자(抱朴子)》 외편 권1〈가둔(家遯)〉에 "한 치 아교로는 탁한 황하를 맑게 할 수 없다.〔寸膠不能治黃河之濁〕"라고 하였는데, 송(宋)나라 주희(朱熹)의 〈두 수의 시로 경부의 증언에 받들어 수답하고 아울러 이별하다〔二詩奉酬敬夫贈言並以爲別〕〉 시에서 이를 인용해 "한 치 아교가 천 장의 혼탁함을 구할 줄을 어찌 알랴?〔豈知一寸膠, 救此千丈渾?〕"라고 하여, 작은 힘으로도 인욕을 제거해 경(敬)

(詩-內卷2-141)

하남 문하의 사 선생[515]이 河南門下謝先生
성인들이 전수한 심법(心法)을 한마디 말로 밝혔네[516] 百聖心傳一語明
신묘한 운용과 깊은 근원은 모두 익숙히 하는 데 달렸으니[517] 妙用深源都在熟
서암 화상은 이단이라고 굳이 비판할 필요 없네[518] 瑞巖稊稗不須評

을 보존할 수 있음을 비유하였다.

514 스스로를 아끼네 : 【攷證 卷2 自珍】 한(漢)나라 가의(賈誼)의 〈조굴원부(弔屈原賦)〉에 "구연에 깊이 숨어 있는 신룡이여, 깊은 못에 숨어서 스스로를 아끼도다.〔襲九淵之神龍兮, 沕淵潛以自珍.〕"라고 하였다.

515 하남……선생: 【譯注】 하남(河南)은 하남 출신 송(宋)나라 학자인 정호(程顥)·정이(程頤) 형제를 가리키고, 사 선생(謝先生)은 정호·정이 문하에서 수학한 사양좌(謝良佐)를 가리킨다.

516 전수한……밝혔네 : 【攷證 卷2 心傳一語】 《심경부주(心經附註)》 권1에 사상채(謝上蔡 사양좌)가 "경은 늘 마음이 깨어 있게 하는 방법이다.〔敬是常惺惺法〕"라고 하였다.

517 신묘한……달렸으니 : 【要存錄 卷2】 송나라 주자(朱子)의 〈복 장서의 〈백록동 서원을 낙성하다〉라는 훌륭한 시에 차운하다〔次卜掌書落成白鹿佳句〕〉 시에 "깊은 근원은 반드시 한가로운 가운데서 얻어지고, 신묘한 운용은 원래 즐기는 곳에서 나온다.〔深源定自閑中得, 妙用元從樂處生.〕"라고 하였으니, 이는 유자(儒者)가 마음을 깨어 있게 하는 것의 체(體)와 용(用)은 단지 익숙히 하는 데 달려있음을 말한 것이다.

518 서암……없네 : 【譯注】 돌피는 유학의 입장에서 바르지 못한 이단의 학문이나 어설픈 학문을 가리키는 말이다. 서암 화상이 불자이기는 하지만, 그가 항상 마음을 깨어 있게 하고자 노력한 점은 본받을 만하다는 의미이다. 【攷證 卷2 瑞巖稊稗】 주자가 다음과 같이 말하였다. "서암 화상이 매일 항상 '주인옹은 깨어 있는가?〔主人翁惺惺否?〕'라 자문하고 '깨어있다〔惺惺〕.'라고 자답하곤 하였는데, 오늘날의 배우는 자들은 이렇게 하지 못한다." 《朱子語類 卷12 持守》 ○ 《맹자》 〈고자 상(告子上)〉에 "오곡은 곡식의 종류 중에서 좋은 것이지만 만일 제대로 익지 않으면 돌피만도 못하니, 인 또한 익숙히 하는 데 달려 있을 뿐이다.〔五穀者, 種之美者也. 苟爲不熟, 不如荑稗, 夫仁亦在乎熟之而已矣.〕"라고 하였다.

KNP0188(詩-內卷2-142)

신녕 현감 황중거의 시에 차운하다[519] 【을묘년(1555, 명종10, 55세) 가을 추정. 예안(禮安)】

次韻黃新寧仲擧

그대의 시는 마치 내 마음과 미리 통한듯	君詩如共我神謀
소쇄하고 청진하니[520] 참으로 까닭 있어라	蕭灑淸眞儘有由
도를 추구해 글을 읽어 새로 깨달음을 얻었고[521]	嚮道讀書新得契
마음 비우고서 대나무 보며 여러 해를 보냈도다[522]	虛心看竹屢經秋
운산의 석실에서 책을 뽑아 읽을지니[523]	雲山石室須紬匱

519 신녕……차운하다 : 【譯注】 황중거는 황준량(黃俊良, 1517~1563)으로, 본관은 평해(平海), 자는 (仲擧), 호는 금계(錦溪)이고, 1551년(명종6)부터 1556년까지 신녕 현감(新寧縣監)을 지냈다. 【攷證 卷2 次韻黃新寧】 살펴보건대, 금계의 원운(原韻)은 《금계집》 권2 〈퇴계가 청량산에 들어가 독서한다는 말을 듣고……〔聞退溪入淸涼山讀書……〕〉 시인데, 선생께서 이 시로써 답하였다.

520 소쇄하고 청진하니 : 【攷證 卷2 蕭灑淸塵】 당(唐)나라 이백(李白)의 〈왕우군(王右軍)〉 시에 "왕우군은 본래 청진하니 세속에서도 소쇄한 모습으로 있네.〔右軍本淸眞, 蕭灑在風塵.〕"라고 하였다.

521 도를……얻었고 : 【要存錄 卷2】 황준량이 만년에 주자서(朱子書)를 좋아하였다.

522 마음……보냈도다 : 【要存錄 卷2】 황준량이 신녕 현감(新寧縣監)으로 있으면서 대나무를 심고 또 죽각(竹閣)을 지었다.

523 운산의……읽을지니: 【譯注】 석실은 일반적으로 책을 보관하는 서실을 의미한다. 【攷證 卷2 石室紬匱】 《사기》 〈태사공자서(太史公自序)〉에 "역사 기록인 석실 금궤의 책을 뽑아서 편집했다.〔紬史記石室金匱之書〕"라고 하였는데, 송(宋)나라 배인(裴駰)의 주석에 "'주(紬)'는 뽑는다〔抽〕는 뜻이다."라고 하였다. ○ 살펴보건대, 퇴계 선생이 한창 청량산에서 독서하고 있었는데, 황준량의 〈퇴계가 청량산에 들어가 독서한다는 말을 듣고……〉 시에 "산에 보관할 글을 남겨 주길 바라네.〔藏山文字要深求〕"라는 구절이 있었으므로 이렇게 말한 것이다.

세상의 풍파에 노 저어 가지 마시라 世路風波莫棹舟

늙고 병든 이 몸은 정력이 감퇴됨을 개탄하지만 老病自嗟精力退

그대 같은 이야 어찌 숨어 살며 뜻을 구할 필요 있겠는가[524]

如君何待隱居求

524 그대……있겠는가 :【攷證 卷2 如君何待隱居】황준량의 〈퇴계가 청량산에 들어가 독서한다는 말을 듣고……〉 시에 또 "벼슬 버리고 한가히 지낼 수 있게 되면〔比及宴居能解綬〕"이라는 구절이 있다.

KNP0189(詩-內卷2-143~144)

10월 4일에 월란암에서 노닐다. 2수 【을묘년(1555, 명종10, 55세) 11월 4일, 예안(禮安)】

十月四日 遊月瀾庵 二首

(詩-內卷2-143)

한 척 조각배로 푸른 물결 건너가서 一葉扁舟度碧流

소산의 그윽한 계수나무 숲[525]을 찾아왔노라 來尋叢桂小山幽

절 문 위 밝은 해는 처량한 골짜기[526]를 굽어보고 寺門白日臨哀壑

누대 바위의 푸른 소나무는 서늘한 가을빛을 이고 있네 臺石蒼松戴凜秋

도망간 객이 돌아왔다고 자취 없애는 꼴은 면하였지만[527] 掃迹免同逋客返

525 소산의……숲 : 【譯注】 은자가 사는 산속 풍경을 비유한 것이다. 【要存錄 卷2】 한(漢)나라 회남왕(淮南王) 유안(劉安)이 문사들을 모아 사부(辭賦)를 짓게 하고는 이들을 대산(大山)·소산(小山)으로 나누었는데, 이 중 소산에 속하는 문사가 지은 〈초은사(招隱士)〉에 "계수나무 무더기로 자라누나 산골 깊은 곳에, 꼿꼿하고 굽은 가지 서로 얽히었네.〔桂樹叢生兮山之幽, 偃蹇連卷兮枝相繚.〕"라고 하였다.

526 처량한 골짜기 : 【攷證 卷2 哀壑】 당(唐)나라 두보(杜甫)의 〈장유(壯遊)〉 시에 "가을바람이 처량한 골짜기에 불어오니, 푸른 혜초가 약한 꽃잎을 떨구어 버린다.〔秋風動哀壑, 碧蕙捐微芳.〕"라고 하였다.

527 도망간……면하였지만 : 【譯注】 은거 도중 변절했다가 다시 북산으로 돌아오려 한 주옹(周顒)과 같은 처지는 면했다는 의미이다. 공치규(孔稚圭)가 〈북산이문(北山移文)〉을 지어 주옹의 변절을 비판한 바 있다. 【攷證 卷2 掃迹免同逋客返】 남조 시대 제(齊)나라 공치규의 〈북산이문〉에 "혹은 가지를 날려 수레를 꺾기도 하고 갑자기 가지를 낮게 드리워 자취를 쓸어버리려 하네. 청컨대 속된 선비의 수레를 돌릴지니, 북산 신령을 위하여 도망간 객을 사절하노라.〔或飛柯以折輪, 乍低枝而掃跡. 請回俗士駕, 爲君謝逋

여기에 노니는 노선이 다시 안 계신 것 슬프구나　傷心無復老仙遊
이 가운데 취미를 함께 즐길 사람 없으니　箇中趣味無人共
맑은 밤 등잔 아래서 마음 더욱 하염없어라　淸夜寒燈意轉悠
-농암(聾巖)[528]이 여러 번 이곳에서 노닐었다.-

(詩-內卷2-144)

수많은 만물 중 우리 인간이 가장 영특하다[529] 말하지 말라
莫道林林我最靈
마음이 막 흐려지면 몽매한[530] 동물과 마찬가지이니　靈源才汨等昏冥
비록 늙어 노쇠할 때일지라도　雖當老境兼衰齒
다만 참으로 알고 힘써 실행하는 데 달려있네　只在眞知與力行
정백자는 뒷날에 사냥 즐기는 버릇을 경계했고[531]　伯子後時懲獵習

客.]"라고 하였다.

528 농암(聾巖) : 【譯注】 이현보(李賢輔, 1467~1555)로, 본관은 영천(永川), 자는 비중(菲仲), 호는 농암이다.

529 수많은……영특하다 : 【攷證 卷2 林林我最靈】 당(唐)나라 유종원(柳宗元)의 〈정부(貞符)〉에 "수많이 무리지어 있다.〔林林而群〕"라고 하였고, 송(宋)나라 주돈이(周敦頤)의 〈태극도설(太極圖說)〉에 "오직 사람만이 빼어난 기운을 얻어 가장 영특하다.〔惟人也, 得其秀而最靈.〕"라고 하였다.

530 몽매한 : 【攷證 卷2 昏冥】 당나라 한유(韓愈)의 〈왕수재를 전송한 서〔送王秀才序〕〉에 "도리어 어찌 술에 의탁해, 몽매한 취향(醉鄕)으로 도망가려 하였겠는가〔尙何麴蘖之託, 而昏冥之逃邪〕?"라고 하였다. 【校解】 《고증》에 〈왕수재를 전송한 서〉를 《장자》라고 한 것은 오류이다.

531 정백자는……경계했고 : 【攷證 卷2 伯子後時懲獵習】 송나라 명도 선생(明道先生 정호(程顥))이 다음과 같이 말하였다. "내가 나이 16, 7세 때에 사냥을 좋아했는데 이윽고 스스로 '이미 이것을 좋아하는 마음이 없어졌다.'라고 하였다. 12년이 지난 뒤 저녁에 돌아올 적에 들에서 사냥하는 자를 보고 나도 모르게 기뻐하는 마음이 있었으니, 비로소

주문공은 젊었을 때 종소리에 증험했네[532]	文公早歲驗鐘聲
그대는 동과 정이 서로 순환하는 이치를 보라	君看動靜相循理
어느 곳인들 어느 때인들 잠시라도 멈추던가[533]	隨處隨時豈暫停

과연 그렇지 못하다는 것을 알게 되었다."라고 하였다. 《心經附註 卷1》《近思錄 卷5 克己》

532 주문공은……증험했네 : 【攷證 卷2 文公早歲驗鐘聲】 송나라 주자(朱子)가 "일찍이 기억하건대, 소년 시절에 동안(同安)에 있으면서 밤에 종소리를 들었는데, 하나의 종소리가 끊어지기도 전에 이 마음이 이미 다음번 종소리로 치달리곤 하였다. 이로 인하여 경계하고 살폈으니, 학문을 함은 모름지기 전심치지(專心致志)해야 함을 비로소 알게 되었다."라고 하였다. 《朱子語類 卷104》

533 그대는……멈추던가 : 【譯注】 동(動)과 정(靜)이 서로 순환하므로, 동과 정 어느 쪽이든 쉼 없이 경(敬) 공부를 해야 한다는 의미이다. 송나라 장식(張栻)이 경 공부에 대해 "모름지기 동에서 살펴 정이 보존하는 바를 보고, 정으로써 동이 근본하는 바를 함양하여, 동과 정이 서로 필요로 하고 체(體)와 용(用)이 떨어지지 않게 한 뒤에야, 물 샐 틈이 없게 될 것이다.〔要須察夫動以見靜之所存, 靜以涵動之所本, 動靜相須, 體用不離, 而後爲無滲漏也〕"라고 하였다. 《晦庵集 卷32 答張欽夫》

KNP0190(詩-內卷2-145)

11월에 청량산에 들어가다 【을묘년(1555, 명종10, 55세) 11월 30일. 예안(禮安)】

十一月 入淸凉山

벼슬 그만두고 고향 마을에 있자니	休官處里閭
병든 몸 조섭하는 데 자못 불편하구나	養疾頗相梗
신선이 사는 산 멀지 않은 곳에 있으니	仙山不在遠
목 늘여[534] 바라보며 이 마음 간절하네	引脰勞耿耿
밤이라 고산암[535]에서 묵고	夜宿孤山庵
새벽에 길 떠나 두 고개[536]를 넘었네	晨去越二嶺
굽어보니 층층이 얼음[537] 쌓여 있고	俯看積曾冰
우러러보니 첩첩이 산봉우리 모여 있네	仰視攢疊穎
나무다리를 밟으며 거센 시내를 건너니	跨木度奔川
두려움 사뭇 일어 벌벌 떨려라	凌兢多所警

534 목 늘여 :【攷證 卷2 引脰】송(宋)나라 주자(朱子)의 〈밀암에서 노닐다〔遊密菴〕〉 시에 “중년에 혼탁한 세상에 얽매였으니, 목을 늘이고 부질없이 길이 탄식하네.〔中年塵霧牽, 引脰空長歎.〕”라고 하였다.

535 고산암 :【攷證 卷2 孤山庵】온계(溫溪) 북쪽에 있으니, 선생의 전모(前母) 의성 김씨(義城金氏)의 분암(墳庵)이다.

536 두 고개 :【攷證 卷2 二嶺】하령(霞嶺)과 화령(火嶺)이다.

537 층층이 얼음 :【攷證 卷2 曾氷】원(元)나라 웅충(熊忠)의 《고금운회거요(古今韻會擧要)》 권9에 “증(曾)은 층(層)과 통용된다.”라고 하였다. 전국 시대 초(楚)나라 굴원(屈原)의 《초사(楚辭)》〈초혼(招魂)〉에 “산 같이 높은 얼음 층층이 쌓여 있고, 눈이 천 리에 펄펄 날리네.〔曾氷峨峨, 飛雪千里些.〕”라고 하였다.

깊은 숲엔 태곳적 눈이 쌓여 있고	深林太古雪
밝은 대낮에도 작은 그림자도 없네	白日無纖影
비탈진 오솔길은 미끄러워 위태롭고	側徑滑以阽
그 아래는 아슬아슬 함정과 같네	其下如坑穽
걸어가고 또 걸어가니 힘이 이미 다 빠졌으나	行行力已竭
오르고 오를수록 의욕은 더욱 솟구치네	上上心愈猛
산승이 웃음 짓고 위로하며	山僧笑且勞
조용한 서쪽 방으로 나를 맞아들였네	延我西寮靜
정신을 가라앉히고 팔구일 동안	安神八九日
문을 닫고 모습을 감추었노라	閉戶藏頭頸
눈발 휘날리는 것도 몰랐으니	不見滕六怒
비바람[538]이 몰아치는 줄 어찌 알았겠는가	焉知屛翳逞
오늘 아침 겨울 햇볕 따뜻하니	今朝愛日姸
지팡이 짚고[539] 기나긴 산길을 걷노라	策杖巖路永
하늘 높이 솟은 저 고개에 올라	陟彼揷天嶺
우주[540]를 널리 바라보았으면	宇宙雙眼騁

538 비바람 : 【攷證 卷2 屛翳】 삼국 시대 위(魏)나라 조식(曹植)의 〈낙신부(洛神賦)〉에 "병예가 바람을 거두고, 천후가 물결을 잠재우네.〔屛翳收風, 川后靜波.〕"라고 하였는데, 당(唐)나라 이선(李善)의 주석에 "병예(屛翳)를 풍사(風師)라 한다."라고 하였고, 《한서》 〈교사지(郊祀志)〉의 당나라 안사고(顔師古)의 주석에 "우사(雨師)는 병예이다."라고 하였다.

539 지팡이 짚고 : 【攷證 卷2 策杖】 당나라 두보(杜甫)의 〈장난 삼아 지어 한중왕에게 부치다〔戲題寄上漢中王〕〉 시에 "지팡이 짚고 때때로 나설 수 있으나, 왕궁은 예전 놀던 곳과 다르네.〔策杖時能出, 王門異昔遊.〕"라고 하였다.

540 우주 : 【攷證 卷2 宇宙】 상하 사방을 우(宇)라 하고, 예로부터 지금까지를 주(宙)라

근력 약해져 험준한 곳 두려우니	衰筋畏峻極
이 소원을 대뜸 이룰 수 없네	此願未遽幸
더위잡고서[541] 그래도 조금씩 올라가서	躋攀猶少試
돌아보니 천이랑 구름이 깔려있네	顧眄雲千頃
묘한 뜻은 다만 말로 표현하기 어렵나니	妙意秖難言
아름다운 곳 늘 홀로 알 수밖에	佳處每獨領
이 해도 장차 저물어가건만	歲律行欲窮
깊숙이 은거하고 있는 것을 한스러워하지 않노라	不恨身幽屛
그립구나 평생의 벗[542]	懷哉平生友
내 마음을 울적하게 하네	使我心怲怲
가겠다는 약속을 아직 실천하지 못하였고	珍諾未成踐
멀리 있는 그대를 오라 하기도 어려워라	遐蹤又難請
어찌하면 이곳에 함께 와서	安得此同來
힘을 내어 절경을 유람할 수 있을까	努力造絶境

한다.

541 더위잡고서 :【攷證 卷2 躋攀】 당나라 한유(韓愈)의 〈영사의 금 연주를 듣다〔聽穎師彈琴〕〉 시에 "더위잡아도 한 치도 오를 수 없는데, 한 번 놓치면 천 길이 넘도록 굴러떨어진다네.〔躋攀分寸不可上, 失勢一落千丈强.〕"라고 하였다.【校解】《고증》에 '可'가 '得'으로 되어 있는데, 통행본 《한창려집(韓昌黎集)》에 의거하여 수정하였다.

542 평생의 벗 :【攷證 卷2 懷哉云云】 황준량(黃俊良)을 가리키는 듯하니, 이전에 그가 보낸 시에, 벼슬을 버리게 되면 글을 남겨 주길 바란다는 뜻이 있었다.【校解】 황준량의 《금계집(錦溪集)》 외집 권2 〈퇴계가 청량산에 들어가 독서한다는 말을 듣고 앞의 시에 차운하여 보내다〔聞退溪入淸凉山讀書次前韻送之〕〉 시에 "벼슬 버리고 한가히 지낼 수 있게 되면, 산에 보관할 글을 남겨 주길 바라네.〔比及宴居能解綬, 藏山文字要深求.〕"라고 하였다.

KNP0191(詩-內卷2-146~157)

산을 유람하며 일을 적다. 12수 【을묘년(1555, 명종10, 55세) 윤11월 1~13일 추정. 예안(禮安)】

遊山書事 十二首

〈운곡잡영(雲谷雜詠)〉[543] 시의 운자를 사용하여 짓다.

(詩-內卷2-146)

산에 오르다 登山

그윽한 곳 찾아 깊은 골짜기를 건너고	尋幽越濬壑
험난한 곳 지나 겹겹이 고개를 지났노라	歷險穿重嶺
다리가 힘든 것은 논할 것도 없고	無論足力煩
오랜 마음속 기약 이루어짐을 기뻐하노라	且喜心期永
이 산은 마치 고상한 사람과 같아	此山如高人
홀로 서서 곧은 지조를 품고 있네	獨立懷介耿

(詩-內卷2-147)

바람을 만나다 値風

오늘 큰 바람이 불어와서	今日大塊噫
백 아름 되는 큰 나무를 뒤흔드누나	簸撼百圍木
수많은 말이 내달리듯 소리가 웅장하고	聲雄萬馬驅
사해가 뒤집히듯 기세가 격렬하네	勢劇九溟覆

543 운곡잡영 : 【譯註】 송(宋)나라 주희(朱熹)의 〈운곡이십육영(雲谷二十六詠)〉 시를 가리킨다. 【攷證 卷2 雲谷雜詠】 《주자대전(朱子大全)》 권6에 보인다.

우스워라, 나는 병든 몸이 되어	笑我爲病軀
문을 굳게 닫고 스스로 움츠리고 있노라	牢關自縮恧

(詩-內卷2-148)

달을 구경하다 翫月

우뚝한 봉우리마다 눈 쌓이니	千巖雪嵯峨
떠오른 저 달 더욱 맑아라	月出愈淸肅
은거한 사람 잠 못 들고 앉았노라니	幽人坐不寐
차가운 달이 암자 지붕에 나직이 드리우네	寒鏡低梵屋
밤이 깊어 향불도 사그라드니	夜久香寂寂
참으로 고요히 홀로 거처함을 사랑하게 되도다[544]	眞成媚幽獨

(詩-內卷2-149)

객을 사절하다 謝客

마침 이런 일이 있었다.

승려도 사람을 다정히 대하여	山人亦款人
술과 밥으로 저녁 대접하려 하네	酒食要餉夕
내가 말하기를 "그대는 그만두오	我云子休矣
뒤에 오는 사람마다 다 정주기 어려울 테니" 하였네	後者情難極
승려 웃으며 떠나가고	山人笑而去

544 고요히……되도다 : 【攷證 卷2 媚幽獨】 송(宋)나라 주자(朱子)의 〈운곡이십육영〉 중 제1수 〈운곡(雲谷)〉 시에 "다행히 장맛비 내리는 모습 적으니, 고요히 홀로 있음을 사랑한들 어떠리.〔幸乏霖雨姿, 何妨媚幽獨?〕"라고 하였다.

해가 져 먼 산 어둑하누나 日墮遠山黑

(詩-內卷2-150)

농부를 위로하다 勞農

위와 같다.

산중의 농부 산성[545]에 머물러 사는데 山農住山城
비옥한 땅에서 농사 게을리하지 않았었네 沃土耕非緩
어찌하여 이곳을 버리고 떠났는가 如何捨此去
집 옆 빈터에 가시덩굴 가득하누나 町疃荊棘滿
돌아가고 싶어도 아전이 두려우니[546] 欲反畏吏胥
생계가 어렵다 한들 관계치 않습니다 非關生理短

(詩-內卷2-151)

도를 강습하다 講道

성현이 남긴 가르침의 말씀 聖賢有緖言
미묘하지만 현묘하지는 않도다[547] 微妙非玄冥

545 산성 : 【攷證 卷2 山城】 축융봉(祝融峯) 아래에 있다. 고려 공민왕(恭愍王)이 피난 왔던 곳이다.

546 아전이 두려우니 : 【攷證 卷2 畏吏胥】 원(元)나라 서적(舒頔)의 〈소사탄(繅絲歎)〉 시에 "아전이 밤에 문 두드리니, 어린아이도 노인도 근심이 생겨나네.〔吏胥夜打門, 稚耋生煩惱.〕"라고 하였다. 【校解】《고증》에 서적의 시를 두보(杜甫)의 시라고 한 것은 오류이다. 《고증》에 〈소사탄〉 시의 '吏胥'가 '里胥'로 되어 있는데, 통행본 《정소재집(貞素齋集)》에 의거하여 수정하였다.

547 미묘하지만 현묘하지는 않도다 : 【譯注】 유학의 도(道)가 미묘하지만 '현명(玄冥)'으로 일컬어지는 도가의 도와는 같지 않다는 의미이다. 《도덕경》 제1장에 "도는 현묘한

원류가 나온 곳이 있으니 源流有所自
세밀한 데에서 다툴 것이 있네 毫末有所爭
이를 강습하여 무엇을 하려는가 講之欲何爲
도에 뜻을 두어 편안함을 구하노라 志道求其寧

(詩-內卷2-152)

벗을 그리워하다 懷人

외로운 몸으로 세상 살아가자니 孤蹤在世間
벗이 적은 것 언제나 한스러워라 常恨少朋遊
우는 학이 그늘에 있는 격인데 有如鶴鳴陰
화답하는 자 어찌도 이리 적은가[548] 和者何悠悠
텅 빈 산에 한 해가 저물어 갈 때 空山歲暮時
서로 도모할 이 없이 홀로 읊네 獨詠無相猶

중에서도 더욱 현묘하여 중묘가 모두 여기에서 나온다.〔玄之又玄, 衆妙之門.〕"라고 하였고, 《장자》〈추수(秋水)〉에 "현명에서 시작하여 대통으로 돌아간다.〔始於玄冥, 反於大通.〕"라고 하였다.

548 우는……적은가 : 【譯注】 우는 학은 은사(隱士)를 비유하는 말로, 자신에게 화응하는 자가 적다는 의미이다. 《주역》〈중부괘(中孚卦) 구이(九二)〉 효사(爻辭)에 "우는 학이 그늘에 있거늘, 그 새끼가 화답하도다.〔鳴鶴在陰, 其子和之.〕"라고 하였는데, 이는 그윽한 데 있으면서도 신의를 잃지 않아 동류들이 서로 응함을 말한 것이다. 【要存錄卷2】 유유(悠悠)는 화답이 적음을 말한다.

(詩-內卷2-153)

벼슬살이가 싫증나다[549] 倦遊

송강(松岡)[550]이 나를 강원도 관찰사(江原道觀察使)에 천거하여 금강산(金剛山)[551]을 유람하게 하려 하였는데, 내가 사양했다.

벗이 나를 천거하고자 하니	故人欲薦我
나에게 금강산을 유람하라 권하네	勸我遊丹丘
이 뜻은 진실로 매우 후하지만	此意固已厚
이 일은 어찌 걱정되지 않겠는가	此事寧非愁
어찌 한 지역을 맡아[552] 다스리며	焉有受方面
방외에서 노닐 것을 도모하겠는가	爲謀方外遊

549 벼슬살이가 싫증나다 : 【要存錄 卷2】《정본 퇴계전서》 권5 KNL0035 〈송태수에게 답하다〔答宋台叟〕〉에 다음과 같은 내용이 있다. "매번 송강(松岡)이 저를 곤란한 처지에 밀어 넣는 것을 괴롭게 여겼는데 영공께서 경(卿)의 반열에 오름에 바야흐로 믿고서 편안히 여겼더니, 뜻밖에도 얼마 전 제가 관동 관찰사(關東觀察使)로 의망(擬望)되었을 때 영공마저 구원해 주지 않을 줄은 몰랐습니다. 비록 다행히 면하기는 했으나 몹시 두렵고 놀랐습니다. 관동이 비록 노닐고 싶은 곳이기는 하지만 관찰사라는 직책이 어찌 반맹양(潘孟陽)처럼 산에서 놀기 위해 마련된 것이겠습니까?" 이 시는 〈송태수에게 답하다〉와 참조해 보아야 한다.

550 송강(松岡) : 【譯注】 조사수(趙士秀, 1502~1558)로, 본관은 양주(楊州), 자는 계임(季任), 호는 송강이다. 조사수는 1555년(명종10)에 이조 판서를 지냈다.

551 금강산 : 【攷證 卷2 金剛山】 강원도(江原道) 회양부(淮陽府) 장양현(長楊縣) 동쪽에 있다. 산 이름이 다섯 가지가 있으니, 금강·개골(皆骨)·열반(涅槃)·풍악(楓岳)·기달(怾怛)이다. 모두 일만 이천 봉이다.

552 한 지역을 맡아 : 【攷證 卷2 方面】 원(元)나라 웅충(熊忠)의 《고금운회거요(古今韻會擧要)》 권22에 "'방면(方面)'은 사방 중 한쪽을 담당하는 것이다."라고 하였다. 【校解】 《고증》에 《고금운회거요》를 '史註'라고 한 것은 오류이다.

(詩-內卷2-154)

책을 편수하다 修書

내가 《역학계몽》을 보았는데	我讀啓蒙書
좁은 소견[553]으로 도에 들어가는 문을 본 격이로다	一管窺玄關
《계몽전의》[554]는 비망의 목적으로 쓴 것이지	傳疑自備忘
삿된 마의역[555]에 의탁한 것은 아니라네	不托麻衣姦
고요한 중에 그럭저럭 한 번 책을 엮으니	靜中聊一修
뜻을 깨달을 때면 속세를 벗어난 것 같아라	得處非世間

(詩-內卷2-155)

편안히 앉다 宴坐

저자는 끝내 무슨 도움이 되겠는가	朝市竟何裨
산림은 오래 있어도 싫증나지 않아라	山林久無厭

553 좁은 소견 : 【攷證 卷2 管窺】《장자》〈추수(秋水)〉에 "이는 다만 대롱으로 하늘을 보고〔用管窺天〕 송곳을 땅에 꽂아 깊이를 재는 격이니, 어찌 좁은 소견이 아니겠는가?"라고 하였다.

554 계몽전의 : 【攷證 卷2 傳疑】《퇴계선생연보》 권1에 "정사년(1557, 명종12) 7월. 《계몽전의(啓蒙傳疑)》가 완성되었다."라고 하였다.

555 삿된 마의역 : 【譯注】 송(宋)나라 대사유(戴師愈)가 마의도자(麻衣道者)의 이름을 가탁하여 지은 《마의역설(麻衣易說)》을 가리킨다. 【攷證 卷2 麻衣姦】 이재(李栽)의 《주서강록간보(朱書講錄刊補)》 권1 〈안노자에게 답하다〔答顔魯子〕〉의 '마의역설'에 대한 주석에 다음과 같은 내용이 있다. "대사유가 지은 위서(僞書)이니, 《정역심법(正易心法)》이라 이름하였다. 마의도자는 본래 어떠한 말도 하지 않았는데, 단지 소설에서 마의도자가 진단(陳摶)과 전약수(錢若水)의 골법(骨法)을 논한 일이 있기 때문에 이러한 위작이 있게 된 것이니, 선생에게 발각되었다. 자세한 내용은 《주자대전》 권71 〈우독만기(偶讀謾記)〉에 보인다."

몸이 여위었으니 편안히 조섭하는 게 좋겠고	身羸好燕養
자질이 우둔하니 학문으로 고쳐야 하리	質愚須學砭
선방 창가 한낮에 고요하니	禪窗白日靜
염주를 세며 생각할 필요 없네[556]	不用珠數念

(詩-內卷2-156)

산을 내려가다 下山

만 길 벼랑으로 옮겨와 거처하니	移棲萬仞崖
그 아래 굽어보면 밑이 안 보이네	其下臨無底
병을 앓아 험한 곳에 사는 것 두려우니	抱病畏處險
늙은 몸 의탁하기엔 제법 방해되는구나	頗妨寄衰齒
훌훌 이 산을 내려가니	翛然下山去
운림이 아득히 몇 리이런가	雲林杳幾里

556 염주를……없네 : 【譯注】 억지로 생각하려고 않아도 절로 마음이 보존된다는 의미이다. 평소가 사려가 어지러운 것을 염려하던 송(宋)나라 사마광(司馬光)이 "내 한 가지 방법을 얻었으니 다만 이 '중(中)' 자를 생각하는 것이다."라고 하자, 이 말을 들은 정자(程子)가 "중에 의해 어지럽힘을 당하기보다는 한 꿰미 염주를 헤아리는 것〔一串數珠〕이 낫다."라고 하였다. 《心經附註 卷3》《近思錄 卷4 存養》【攷證 卷2 珠數念】《모리만다라주경(牟梨曼陁羅呪經)》에 "범어(梵語) 발새막(鉢塞莫)에 대한 양대(梁代)의 주석에 '수주(數珠)이다.'라고 하였다."라고 하였으니, 이는 바로 하근(下根)을 인접(引接)하여 수련하도록 강제한 도구이다. 《釋氏要覽 卷中 道具 數珠》 ○ 《정본 퇴계전서》 권7 KNL0717 〈황중거의 문목에 답하다〔答黃仲擧問目〕〉에 보인다.

(詩-內卷2-157)

집으로 돌아오다 還家

산을 유람하여 무엇을 얻었는가	遊山何所得
농사꾼처럼 절로 수확이 있누나	如農自有秋
거처하던 옛 서실로 돌아와서	歸來舊書室
피어오르는 향 연기를 고요히 마주하노라	靜對香烟浮
그나마 산사람이 된 것 같으니	猶堪作山人
다행히도 티끌세상의 시름 없네	幸無塵世憂

KNP0192(詩-內卷2-158~159)

지난 을해년(1515, 중종10) 봄에 송재[557] 숙부께서 산을 유람하여 청량암에 머무실 적에 내가 여러 형제와 함께 모셨는데, 지금 오니 느꺼운 눈물을 금할 수 없어 시를 지어 조카와 손자들에게 보여주다. 2수 【을묘년(1555, 명종10, 55세) 윤11월 1~13일 추정. 예안(禮安)】

往在乙亥春 叔父松齋遊山 寓上淸凉庵 滉與諸兄弟侍 今來不勝感涕 示諸姪孫 二首

(詩-內卷2-158)

청량사에서 모시고 유람한 일 추억하니	淸凉寺裏憶陪遊
소년이 지금은 머리에 백발 가득하구나	丱角如今雪滿頭
학의 등에서 상전벽해 몇 번이나 보았던가[558]	鶴背幾看陵谷變
남긴 시를 반복해 읽으며 눈물이 흐르노라	遺詩三復涕橫流

557 송재 : 【譯注】 이우(李堣, 1469~1517)로, 본관은 진보(眞寶), 자는 명중(明仲), 호는 송재(松齋)이다. 이황의 숙부로, 중종 반정 때 공을 세워 청해군(靑海君)에 봉해졌으며 호조 참판·형조 참판·강원도 관찰사(江原道觀察使) 등을 지냈다.

558 학의……보았던가 : 【譯注】 세월이 많이 흘렀다는 의미로, 한(漢)나라 정영위(丁令威)가 신선이 되었다가 천 년 뒤에 학으로 변해 고향인 요동(遼東)에 돌아왔다는 고사가 있다. 【攷證 卷2 鶴背幾看陵谷變】 요동의 화표주(華表柱) 위에 흰 학 한 마리가 와서 앉아 시를 지어 "새여, 새여, 바로 정영위로다. 집 떠난 지 천년 만에 이제야 비로소 돌아왔네. 성곽은 예전과 같은데 사람은 다르니, 어찌 신선술을 배우지 않고 무덤만 저렇게 즐비한가.〔有鳥有鳥丁令威, 去家千年今始歸. 城郭如古人民非, 何不學仙塚纍纍?〕"라고 하였다. 《搜神後記 卷1》

(詩-內卷2-159)

다시 찾아와도 나는 여전히 속인임[559]을 느낄 뿐	重尋唯覺我爲人
복사꽃 떠내려오는 선경[560]에 몇 해가 지났는가	流水桃花幾度春
너희들도 훗날 내 감회를 알 것이니	汝輩他年知我感
그 당시엔 나도 너희 같은 소년이었지	當時同汝少年身

559 나는 여전히 속인임 : 【攷證 卷2 我爲人】 춘추 시대 노(魯)나라의 은자 자상호(子桑戶)가 죽자 그의 친구인 맹자반(孟子反)과 자금장(子琴張)이 노래 부르기를 "아, 상호여! 그대는 이미 참된 세계로 돌아갔는데, 우리는 여전히 사람이구나.〔我猶爲人猗〕"라고 하였다. 《莊子 大宗師》

560 복사꽃 떠내려오는 선경 : 【譯注】 청량산(淸凉山)의 경치를 무릉도원(武陵桃源)에 비유한 것이다. 진(晉)나라 때 무릉(武陵)의 한 어부가 복사꽃이 흘러 내려오는 물길을 따라 거슬러 올라가 선경(仙境)을 만났는데, 진(秦)나라 때 난리를 피해 들어온 사람들이 바깥세상의 변천과 세월의 흐름도 잊고 살고 있었다고 한다. 《陶淵明集 卷5 桃花源記》

KNP0193(詩-內卷2-160)

황중거[561]의 〈원일〉 시에 차운하다 병진(1556, 명종1, 56세) 【1월 1일. 예안(禮安)】

次黃仲擧元日韻 丙辰

질박한 이내 성품은 타고난 것이라	拙朴由來得自天
젊은 시절 자취 찾을 때마다 늘 기뻐했었지	追尋芳躅每欣然
총명은 지금이 예전에 미치지 못하건만	聰明此日非前日
습성은 올해가 지난해와 같구나	習氣今年似去年
명리의 관문을 통과해야 함은 사상채에게 들었고[562]	透得利關聞上蔡
학문의 힘을 증험했음은 정이천이 말했지[563]	驗來學力說伊川
우리들은 궁행에 더욱 힘쓰고	吾儕更勉躬行處
남들 앞에서 잘못 말채찍을 잡지 마세[564]	莫向人前枉執鞭

561 황중거 : 【譯注】 황준량(黃俊良, 1517~1563)으로, 본관은 평해(平海), 자는 중거(仲擧), 호는 금계(錦溪)이다.

562 명리의……들었고 : 【譯注】 명리(名利)의 관문을 통과한다는 것은 공명(功名)이나 이록(利祿)에 대한 생각을 떨쳐낸다는 의미이다. 사상채(謝上蔡)는 송(宋)나라 사양좌(謝良佐)로, 그가 당시 학자들을 비판하며 "명리의 관문을 통과해야〔透得名利關〕 조금 쉴 수 있는 곳이니, 오늘날의 사대부들이야 어찌 말할 것이 있겠는가. 말만 잘하는 것이 참으로 앵무새와 같다."라고 하였다. 《心經附註 卷4》

563 학문의……말했지 : 【攷證 卷2 驗來學力說伊川】 송나라 정이천(程伊川 정이(程頤))이 부릉(涪陵)에서 돌아왔는데, 기색과 용모, 수염과 머리털이 모두 예전보다 나았다. 문인(門人)이 "어떻게 하여 이럴 수 있었습니까?"라고 묻자, 정이천이 "학문의 힘이다.〔學之力也〕"라고 하였다. 《心經附註 卷2》

564 남들……마세 : 【譯註】 공자가 "부귀가 만일 구할 수 있는 것이라면, 비록 말채찍을 잡고 수레를 모는 천한 일이라도 내가 하겠다. 그러나 만일 구할 수 있는 것이 아니라면,

내가 좋아하는 것을 따르겠다.〔富而可求也, 雖執鞭之士, 吾亦爲之. 如不可求, 從吾所好.〕"라고 하였다. 【攷證 卷2 莫向人前枉執鞭】 이 말은《논어》〈술이(述而)〉에 나온다. ○ 살펴보건대, 이는 구차하게 부귀를 흠모하여 자신을 굽히고 남에게 영합해서는 안 된다는 말이다.

KNP0194(詩-內卷2-161~162)

황중거[565]와 하도낙서를 논하다. 2수 【병신년(1556, 명종11, 56세) 1~6월 추정. 예안(禮安)】

與仲擧論圖書 二首

(詩-內卷2-161)

도성 삼 년 벼슬살이 몹시 어리석었던 것 우스우니[566]
京國三年笑絶癡

병중에 애를 써서 희이를 배우노라[567] 病中辛苦學希夷

가련하게도 터득한 것은 관견일 뿐이지만 可憐所得如窺管

산림에서 그나마 태평성대 즐길 만하여라 林下猶堪樂聖時

(詩-內卷2-162)

소옹이 전한 역학을 아는 이 없으니[568] 邵傳羲易絶人知

565 황중거 : 【譯注】 황준량(黃俊良, 1517~1563)으로, 본관은 평해(平海), 자는 중거(仲擧), 호는 금계(錦溪)이다.

566 도성……우스우니 : 【譯注】 이황은 1552년(명종7)에 교리에 제수되어 조정에 나아가 대사성·형조참의·병조참의 등을 지내다가, 1555년(명종10) 2월에 병으로 사직하고 고향으로 돌아왔다. 《退溪先生年譜 卷1》

567 희이를 배우노라 : 【譯注】 《주역》을 배운다는 의미로, 희이는 역학(易學)에 뛰어났던 송(宋)나라 진단(陳摶)의 호이다. 【攷證 卷2 希夷】 진희이(陳希夷)이다. 귀에 들리는 게 없는 것을 '희(希)'라 하고 눈에 보이는 게 없는 것을 '이(夷)'라 한다. 《老子道德經 卷上 贊玄》

568 소옹이……없으니 : 【譯注】 송(宋)나라 소옹(邵雍)이 진단의 학문을 터득하여 복희(伏羲)의 역(易)을 선천역(先天易), 문왕(文王)의 역을 후천역(後天易)이라 하고 〈복희선천괘위도(伏羲先天卦位圖)〉를 만들었다.

운대의 백세 스승께 공경히 향을 사르노라[569]	香瓣雲臺百世師
안타깝구나, 매암은 직접 가르침을 받고서도	可惜梅巖親指授
종신토록 《역학계몽》 깊은 뜻 깨닫지 못했도다[570]	終身不悟啓蒙微

569 운대의……사르노라 : 【譯注】《역학계몽(易學啓蒙)》을 지은 송나라 주희(朱熹)를 존경한다는 의미이다. 【攷證 卷2 香瓣雲臺百世師】 불서(佛書)에 "선사(禪師)들이 설법할 때 판향(瓣香)을 살라, 자신이 법을 받은 법사(法師)를 거슬러 올라가 추앙한다."라고 하였으니, 이 판향은 삼가 누군가를 위해 올리는 것이다. 송나라 진사도(陳師道)의 〈연국 문충공의 집에서 육일당의 도서를 보다〔觀兗國文忠公家六一堂圖書〕〉 시에 "지난날 한 줌 판향을, 증남풍을 위해 경건하게 살랐다오.〔向來一瓣香, 敬爲曾南豐.〕"라고 하였다. ○ 살펴보건대, 주자(朱子)가 을사년(1185, 순희12)에 운대관 사관(雲臺觀祠官)에 제수되었는데 이듬해에 《역학계몽》이 완성되었으므로, 그 서문의 끝에 "운대진일(雲臺眞逸)은 직접 기록한다."라고 하였다.

570 안타깝구나……못했도다 : 【攷證 卷2 可惜梅巖云云】 매암(梅巖)은 송나라 원추(袁樞, 1131~1205)의 호이다. 원추는 자가 기중(機仲), 건안(建安) 사람이다. ○ 살펴보건대, 주자가 매암과 《역학계몽》을 논하여 주고받은 편지가 수천 구절을 훨씬 넘는데 매암은 끝내 제대로 이해하지 못했다.

KNP0195(詩-內卷2-163)

이이성[571]에게 부치다 【병진년(1556, 명종11, 56세) 1~6월 추정. 예안(禮安)】

寄李而盛

이지번(李之蕃)이 이때 사평(司評)으로 있다가 벼슬을 버리고 도담(島潭)에 와서 은거했다.

내가 일찍이 단양에서 벼슬하며 은거할 적[572]에	我曾爲吏隱丹丘
몇 번이나 신선과 함께 꿈속에서 노닐었던가	幾挾飛仙夢裏遊
도담에 지금 주인이 있다는 말 들었으니	聞說島潭今有主
응당 나의 예전 풍류보다 훌륭하겠지	想應多我舊風流

571 이이성 : 【譯注】 이지번(李之蕃, ?~1575)으로, 본관은 한산(韓山), 자는 이성(而盛), 호는 구담(龜潭)·사정(思亭)·성암(省菴) 등이다. 【攷證 卷2 李而盛】 살펴보건대, 이이성의 이름〔名諱〕은 그에 대한 작품이 처음 나온 곳으로 옮겨야 한다.

572 벼슬하며 은거할 적 : 【譯注】 이황이 1548년(명종3)에 단양 군수(丹陽郡守)를 지냈다. 《退溪先生年譜 卷1》 【攷證 卷2 吏隱】 위(魏)나라 주비(周斐)의 《여남선현전(汝南先賢傳)》에 "정흠(鄭欽)이 의피(蟻陂)의 남쪽에서 이은(吏隱)을 했다."라고 하였다. 《集千家註杜工部詩集 卷11 院中晩晴懷西郭茅舍 趙次公 註》《東坡詩集註 卷10 過淮三首贈景山兼寄子由 趙次公 註》 【校解】 《고증》에 '蟻陂'가 '岐山'으로 되어 있는데, 통행본 《집천가주두공부시집》과 《동파시집주》 등에 수록된 조차공(趙次公)의 주석에 의거하여 수정하였다.

KNP0196(詩-內卷2-164~166)

입추에 계당에서 일을 적다. 3수 【병진년(1556, 명종11, 56세) 6월 22일. 예안(禮安)】

立秋日 溪堂書事 三首

(詩-內卷2-164)

밤안개 막 걷히고 아침 해 밝아오니	宿霧初收曉日鮮
차가운 계곡 깊은 골짜기 온통 푸르누나	寒溪幽壑共蒼然
병중에 몸을 겨우 조섭하고 있으니	病中軀體纔溫攝
가난 속에도 밭을 반쯤 버려두었네	窮裏田園半廢捐
벽에 가득한 책은 늘 홀로 즐겨 읽으니	滿壁圖書常獨樂
뜰에 무성한 방초는 누가 어여뻐 해줄까	一庭烟草爲誰憐
가을 되니 또 마음 맞는 이와 약속하여	秋來又約同襟子
달 밝고 바람 맑을 때 낚싯배에 오르련다	明月淸風上釣船

(詩-內卷2-165)

단비에 마른 곡식 살아나 이랑 가득 푸르르고	霈澤蘇枯綠滿疇
계곡의 맑은 물 흘러넘쳐 맑은 소리로 흐르네	石溪淸漲碎琳璆
한여름 무더위 꼭 엊그제 같은데	火雲赫日渾如昨
시원한 그늘에 가을 매미 우니 어느덧 이미 가을이라	淸樾寒蟬颯已秋
뜰에 가득 국화 심어 만년을 보내려 하고	種菊盈庭存晩計
못에서 물고기 구경하며 천유를 터득하네[573]	觀魚在沼得天游

573 못에서……터득하네 : 【譯注】 천유(天遊)는 자연스러운 상태로 노니는 것을 뜻하는

태평성대에 이 몸은 이나 서캐처럼 미천하니　聖朝微物如蟣蝨
파직되어 원하는 바 이루기를 깊이 바라노라[574]　鐫罷深祈協所求

(詩-內卷2-166)

기우뚱한 작은 집 비바람이 지나가니　小屋欹斜風雨餘
흙바닥에 부들자리 까니 절로 맑고 깨끗하여라　石牀蒲席自淸虛
서생은 약속이 있어 산사로 오고　書生有約來山寺
농부는 구하는 것 없이 들의 집에 다가오네　田父無求近野廬
병조섭을 하다 보니 우연히 삼경의 취미[575] 이뤘고　養疾偶成三徑趣
한가로움 좋아하여 낚시질마저도 그만두었네　愛閒幷罷一竿漁
어찌하면 요금이 있는 곳으로 가서　何因得向瑤琴裏
태초의 희음을 들어볼 수 있을거나[576]　聽取希音邃古初

말로, 자유로이 헤엄치는 물고기를 관찰함으로써 이치를 터득한다는 뜻이다. 송(宋)나라 정호(程顥)가 분지(盆池)에 송사리 몇 마리를 기르면서 때때로 관찰하였는데, 어떤 이가 그 이유를 묻자 정호가 "만물이 자득하는 뜻을 보고자 한다.〔欲觀萬物自得意〕"라고 하였다.《宋名臣言行錄 外集 卷2》

574 파직되어……바라노라 :【譯注】이황이 1556년 5월에 부제학에 제수되었으나 병으로 사직하자, 명종(明宗)은 부제학 직임을 체차하고 이황을 첨지중추부사(僉知中樞府事)에 제수했다. 이황이 다시 병을 이유로 첨지중추부사를 사직하자, 명종은 사직하지 말고 안심하고 몸조리하라고 전교하였다.《明宗實錄 5月 18日, 11年 6月 8日·25日》《退溪先生年譜 卷1》

575 삼경의 취미 :【譯注】은거의 풍취를 의미한다. 한(漢)나라 장후(蔣詡)가 벼슬에서 물러나 은거하며 대밭 아래에 세 개의 오솔길을 내고 구중(求仲)·양중(羊仲) 두 사람하고만 교유한 고사에서 유래하였다.《三輔決錄 逃名》

576 어찌하면……있을거나 :【譯注】성인의 도를 듣고자 한다는 의미이다. 송(宋)나라 주희(朱熹)의 〈재거감흥(齋居感興)〉 시 20수 중 제12수에 "요금이 보갑에 공연히 들어 있을 뿐, 줄 끊어졌으니 장차 어찌할꼬? 말을 일으켜 여운을 정리해야 할지니, 용문엔

아직 남은 노래 있다네.〔瑤琴空寶匣, 弦絶將如何? 輿言理餘韻, 龍門有遺歌.〕"라고 하여, 끊어진 성인의 도를 이은 정자(程子)의 유업을 이어서 유학(儒學)의 통서를 되살리고자 하는 뜻을 드러냈다.

KNP0197(詩-內卷2-167~169)

내가 근래 두 차례 소명을 받았으니 한 번은 첨지중추부사로 부르는 것이었고 한 번은 부제학으로 부르는 것이었다. 병이 심한 까닭에 두 차례 사직상소를 올리고 이어 벼슬을 그만두기를 청하자, 유지가 내려 부제학에서 체차되었고 또 '안심하고 한가롭게 지내라'는 유지가 내렸으니 지극히 감격스러운 마음을 가눌 수 없다. 하지만 첨지중추부사의 사임을 허락하지 않으시고 벼슬을 그만두기를 청한 것도 들어주지 않으셨다. 다시 앞 시의 운자를 사용하여 짓다. 3수 【병진년(1556, 명종11, 56세) 7월 초순 추정. 예안(禮安)】

滉近再蒙召命 一以僉知 一以副提 因病甚 再上辭狀 仍乞致仕 有旨遞玉堂 又有安心在閒之旨 不勝感激之至 然不許辭樞府 不報致仕之請 再用前韻 三首

(詩-內卷2-167)

오랜 비 막 개니 경치가 고와지고	積雨新晴物色鮮
깊은 계곡에 맑은 바람 불어 바야흐로 시원하여라	淸風幽澗政泠然
공들이 나를 아껴주니 깊은 책망 마땅하고	羣公見愛宜深責
성군께선 못난 이 포용하고 대뜸 버리지 않으셨네	聖主包荒不頓捐
하늘 위 신선은 내 골상이 아니니[577]	天上神仙非骨法

577 하늘……아니니 : 【譯注】 신선이 되지는 못하나 벼슬살이에 연연하지는 않는다는 의미이다. 【攷證 卷2 天上神仙非骨法】 송(宋)나라 소백온(邵伯溫)의 《문견록(聞見錄)》 권7에 다음과 같은 내용이 있다. 진단(陳摶)이 전약수(錢若水)를 보고 선풍도골(仙風道骨)이 있다고 여겼으나 확신하지 못해 다음날 노승에게 전약수를 살펴보게 했는데, 노승이 전약수를 본 뒤 부젓가락으로 재에 '신선은 될 수 없다.〔做不得〕'라는 세 글자를 쓰고는

눈앞의 산수를 마음속으로 좋아할 뿐이네　眼中丘壑自心憐
어찌하면 이 몸에 얽매이는 것 전혀 없어　何能身世渾無累
매이지 않은 배[578]처럼 만경창파 떠다닐 수 있을까　萬頃沿洄不繫船

(詩-內卷2-168)

범부는 밭에서 늙어가기 마련이니　凡夫自合老田疇
질솥은 옥경(玉磬)을 두드리는 데 낄 수 없지[579]　瓦釜難堪厠戞璆
말이 지쳐 궁궐 마굿간을 떠나려는 날이요　馬倦欲辭天廐日
물고기가 헤엄쳐 바다로 옮겨가려는 때로다　魚游將轉海波秋
윤음[580]이 외람되게도 산골을 빛냈으나　綸言枉作山巖賁
편협한 본성은 오히려 산수 유람에 알맞네　褊性猶諧水石遊
지극한 성은에 감격하지만 보답할 길 없으니　感激至恩無以報

"급류 속에서 용감하게 물러날 수 있는 사람이다."라고 천천히 말하였다. 그 뒤 전약수의 관직이 추밀 부사에 이르렀는데, 40세에 벼슬에서 물러났다. 【校解】《고증》에 《문견록》을 《상산야록(湘山野錄)》이라 한 것은 오류이다.

578 매이지 않은 배 : 【攷證 卷2 不繫船】《장자》〈열어구(列禦寇)〉에 "재주 없는 자는 구하는 것이 없어 배불리 먹고 즐겁게 노니, 마치 매지 않은 배처럼 둥둥 떠다니면서〔汎若不繫之舟〕 마음을 비우고 자유롭게 노닌다."라고 하였다.

579 질솥은……없지 : 【譯注】 질솥은 재주 없는 자를, 옥경을 두드리는 것은 태평성세의 조정을 비유한다. 이황이 재주 없는 사람으로서 감히 조정에 있을 수 없다는 뜻의 겸사이다. 【攷證 卷2 瓦釜】 전국 시대 초(楚)나라 굴원(屈原)의 《초사(楚辭)》〈복거(卜居)〉에 "황종은 버림을 받고, 질솥은 우레처럼 소리를 낸다.〔黃鍾毁棄, 瓦釜雷鳴.〕"라고 하였다. 【要存錄 卷2】《서경》〈익직(益稷)〉에 "옥경인 명구를 친다.〔戞擊鳴球〕"고 하였으니, '료(璆)'는 '구(球)'와 같다.

580 윤음 : 【攷證 卷2 綸言】《예기》〈치의(緇衣)〉에 "왕의 말씀이 처음 나올 적에는 실처럼 가늘지만, 그것이 밖으로 시행됨에 이르러서는 굵은 실처럼 커진다.〔王言如絲, 其出如綸.〕"라고 하였다.

곧바로 이 심사를 고인에게서 찾아봐야겠네[581] 直將心事古人求

(詩-內卷2-169)

명리를 꾀했으니 내가 남긴 음식 누가 먹으려 하겠나[582] 圖名誰肯食吾餘

사직 청한 미천한 정성도 끝내 허사가 돼 버렸네 乞丐微誠竟墮虛

사직한 것은 신하 된 도리를 밝히려 한 것이니 納祿要明臣子義

관복을 벗지 않고 어찌 초야의 집에 있겠는가[583] 爲官寧在野人廬

책임을 회피했다는 여론의 질책을 깊이 받았고 深蒙物議歸逋慢

한가로이 지내게 해주신 성은을 곡진히 입었네 曲被君恩與釣漁

치사(致仕)하는 옛 도리를 지금 이루지 못했지만 古道卽今雖未遂

심사가 이제 막 한가하여 기쁘구나 且欣心事入閒初

---

581 곧바로……찾아봐야겠네 : 【譯注】 옛사람이 자신 같은 처지였을 때 어떻게 처신했는지 찾아본다는 의미이다. 이황이 관직에 제수될 때마다 번번이 사직하고 낙향하여 '위아지학(爲我之學)'을 한다는 비판을 받자, 이황은 기대승(奇大升)에게 보낸 편지에서 송나라 주희(朱熹)와 당(唐)나라 두보(杜甫) 등의 말을 인용하여 벼슬길에 나아가는 것만이 세상을 위하는 길인 것은 아니라고 하였다. 《定本 退溪全書 卷6 答奇明彥(KNL0574)》【攷證 卷2 古人求】 진 무제(晉武帝)가 왕융(王戎)에게 "왕이보(王夷甫 왕연(王衍))는 당세에 누구에게 견줄 만한가?"라고 묻자, 왕융이 "견줄 만한 이를 보지 못했으니, 고인 중에서 찾아야 합니다.〔當從古人中求之〕"라고 하였다. 《晉書 王衍傳》

582 명리를……하겠나 : 【攷證 卷2 誰肯食吾餘】 춘추 시대 등후(鄧侯)가 스스로를 비평하기를 "사람들이 장차 내가 남긴 음식은 먹으려 하지도 않을 것이다.〔人將不食吾餘矣〕"라고 하였다. 《春秋左氏傳 莊公 6年》【要存錄 卷2】 당시 사람들이 선생이 관직을 사양한 것을 두고 명예를 꾀한다고 하였다.

583 관복을……있겠는가 : 【攷證 卷2 爲官寧在野人廬】 선생이 일찍이 초야에 있으면서 조정의 직함을 띠고 있는 것을 근심했었다.

KNP0198(詩-內卷2-170)

김응순[584] 수재에게 차운하다 【병진년(1556, 명종11, 년, 56세) 7월 2일 추정. 예안(禮安)】

次韻金應順秀才

옛사람 따르기 어려움을 길이 개탄하고	永慨難追古
명성에 부합하지 않음을 몹시 부끄러워하노라	多慙未副名
그대가 찾아온 것은 참으로 잘못이니	君來眞自誤
내가 권면하는 것은 한갓 마음 뿐이로다	我勸亦徒誠
생실도 백 번 삶으면 하얘질 수 있고	百練絲能白
거울은 천 번 닦아야 비로소 맑아진다네[585]	千磨鏡始明
늙은 이 사람도 오히려 뜻을 두는데	老夫猶有意
젊은 나이로 어찌 헛되이 살리오	年少肯虛生

584 김응순 : 【攷證 卷2 金應順】《정본 퇴계전서》 권10 KNL1582 〈김응순에게 보내는 답장〔答金應順〕〉에 이름이 보인다. 김명원(金命元, 1534~1602)은 본관이 경주(慶州), 자가 응순(應順), 호가 주은(酒隱)이고, 서울에 살았다. 명(明)나라 세종(世宗) 가정(嘉靖) 갑오년(1534, 중종29)에 태어났다. 일찍부터 선생의 문하에서 수학하여 농운정사(隴雲精舍)에서 글을 읽었는데 선생이 큰 그릇이라 인정했다. 임진왜란 때 도원수가 되어, 버티고 적을 막아서 나라 회복의 바탕을 마련했다. 경자년(1600, 선조33)에 좌의정에 제수되었다. 졸한 뒤 시호는 충익(忠翼)이다.

585 거울은……맑아진다네 : 【攷證 卷2 千磨鏡始明】 송(宋)나라 주자(朱子)의 〈임희지를 보내다〔送林熙之〕〉 시에 "오래된 거울을 거듭 닦으려면 고방이 필요하니, 그렇게 하면 안광이 햇빛과 밝음을 다투리.〔古鏡重磨要古方, 眼明偏與日爭光.〕"라고 하였다.

KNP0199(詩-內卷2-171)

김응순[586]을 증별하다 【병진년(1556, 명종11, 56세) 10월 10일경 추정. 예안(禮安)】

贈別應順

도에 어둡고 노쇠한 나야 개탄할 만하지만　　昧道龍鍾我可吁
그댄 지금 젊으니 공부 엉성히 하지 말라　　君今年少莫功疎
상수학을 궁리함이 미묘한 경지에 이르더라도　　來窮象數雖臻妙
성인의 경지에 들어가는 데는 허사가 될 수도 있지[587]　　去入宮牆恐落虛
모든 성현의 원류는 정주학이요　　千聖源流閩洛學
육경으로 가는 계단은 공맹의 글이라　　六經堦級魯鄒書
본래 이 일은 엽등할 수 없으니　　由來此事難容躐
만릿길도 한 걸음에서 시작된다네　　萬里行從一步初

586 김응순 : 【攷證 卷2 金應順】《정본 퇴계전서》 권10 KNL1582 〈김응순에게 보내는 답장〔答金應順〕〉에 이름이 보인다. 김명원(金命元, 1534~1602)은 본관이 경주(慶州), 자가 응순(應順), 호가 주은(酒隱)이고, 서울에 살았다. 명(明)나라 세종(世宗) 가정(嘉靖) 갑오년(1534, 중종29)에 태어났다. 일찍부터 선생의 문하에서 수학하여 농운정사(隴雲精舍)에서 글을 읽었는데 선생이 큰 그릇이라 인정했다. 임진왜란 때 도원수가 되어, 버티고 적을 막아서 나라 회복의 바탕을 마련했다. 경자년(1600, 선조33)에 좌의정에 제수되었다. 졸한 뒤 시호는 충익(忠翼)이다.

587 상수학을……있지 : 【要存錄 卷2】 상수학(象數學)이 비록 미묘한 경지에 이르더라도, 성인의 학문 영역에 들어가고자 하면 진실한 공부가 아니다. 문집에 수록된 김응순과 주고받은 편지에서도 상수학을 논한 것이 많으니, 이 시는 김응순의 한쪽으로 치우친 병폐를 구제한 것이다.

KNP0200(詩-內卷2-172)

남시보[588]가 부쳐 준 시에 받들어 수창하다 【병진년 (1556, 명종 11, 56세) 7월 추정. 예안(禮安)】

奉酬南時甫見寄

그대와 만나지 못한 사이 與君不相見
계절은 훌쩍 흘러가 버렸누나[589] 時序去堂堂
오랜 기간 각자 병을 앓아 綿延各抱病
적막하게 둘 다 칩거하였네 寂寞兩韜光
바란 것은 옛사람 자취였으나[590] 所希在往躅
실행한 것은 방향을 잃었었지 所服曾迷方
소 잡는 것처럼 여유 있어야 하니[591] 解牛有餘地

588 남시보 : 【譯注】 남언경(南彦經, 1528~1594)으로, 본관은 의령(宜寧), 자는 시보(時甫), 호는 동강(東岡)·정재(靜齋)이다. 전주 부윤(全州府尹)·여주 목사(驪州牧使)·공조 참의 등을 지냈다.

589 흘러가 버렸누나 : 【攷證 卷2 時序去堂堂】 원(元)나라 웅충(熊忠)의 《고금운회거요(古今韻會擧要)》 권8에 "당당(堂堂)은 '간다〔往〕'는 뜻이다."라고 하였다. 당(唐)나라 설능(薛能)의 〈춘일사부우회(春日使府寓懷)〉 시에 "청춘은 나를 등지고 훌쩍 가 버리고, 백발은 사람을 속여 자주자주 나는구나.〔靑春背我堂堂去, 白髮欺人故故生.〕"라고 하였다.

590 바란……자취였으나 : 【攷證 卷2 所希在往躅】 당나라 유종원(柳宗元)의 〈패위부(佩韋賦)〉에 "옛 자취 그리워하며 머뭇거림이여, 화복에 미혹됨이 끝이 없네〔希往躅而周章兮, 懵倚伏其無垠.〕"라고 하였다.

591 소……하니 : 【攷證 卷2 解牛有餘地】 포정(庖丁)이 다음과 같이 말했다. "신의 칼은 19년 동안이나 썼고 또 잡은 소만도 수천 마리나 되지만, 칼날은 마치 숫돌에서 갓 나온 것과 같습니다. 저 소의 뼈에는 틈이 있고 칼날에는 두께가 없는데, 두께가 없는 칼날을 틈이 있는 뼈 사이에 넣기에, 넓고 넓어 그 칼날을 휘두르는 데에 여유가 있습니다.〔恢恢

싹을 뽑아 올리면 스스로 해칠 뿐이지[592] 揠苗斯自傷
서로 그리워하며 서로 격려하고자 하나 相思欲相勵
높은 재가 가로놓여 바람과 서리에 막혔네 關嶺阻風霜
기러기 가는 편에 편지 써 부치고 緘辭寄歸鴈
아득한 서쪽 구름을 서글피 바라보노라 悵望西雲蒼

乎投刃有餘地〕"《莊子 養生主》

592 싹을……뿐이지 :【譯注】곡식을 빨리 자라게 하려고 싹을 뽑아 올리면〔揠苗助長〕 그 싹이 말라 죽듯이, 수양 공부도 조급하게 서두르면 도리어 해가 된다는 뜻이다.《孟子 公孫丑上》이황은 이 시를 지은 해에 남언경에게 편지를 보내 알묘조장의 병폐를 말한 바 있다. 이황은 남언경이 '심기(心氣)의 병'을 앓는 까닭은 알묘조장을 하느라 심력을 소모했기 때문인데, 자신 역시 비슷한 병을 겪었다고 하면서 남언경에게 알묘조장을 하지 말라고 당부했다.《定本 退溪全書 卷5 答南時甫 別幅(KNL0219A)》

KNP0201(詩-內卷2-173~183)

추회. 11수. 왕매계가 한유의 시에 화운한 시[593]를 읽고 감회가 있어 그 운자를 사용하여 짓다 【병진년(1556, 명종11, 56세) 8월 추정. 예안(禮安)】

秋懷 十一首 讀王梅溪和韓詩 有感 仍用其韻

(詩-內卷2-173)

내가 노쇠하여 늙은 농부에게 배웠으니 吾衰學老圃
오이 심어 오이가 무성히 자랐네 種瓜瓜薿薿
오이가 익어 한 개 두 개 따내도 瓜成一再摘
끊임없이 따낼 수 있어라 摘勢殊未已
가을바람이 숲을 흔드니 秋風動園林
여름 매미[594] 귓가를 처량하게 울리네 蟪蛄鳴惻耳
오이밭은 묵어서 시들어 가 瓜畦有宿萎
오이 넝쿨에 새순이 돋지 않네 瓜蔓無新起
천지 사이의 만물 萬物天壤間
그 변하는 것이 다 이와 같도다 其變盡相似

593 왕매계가……시 : 【譯注】 매계(梅溪)는 송(宋)나라 왕십붕(王十朋) 호이다. 왕매계의 시는 《매계집》 전집 권9 〈화추회(和秋懷)〉 시 11수로, 이는 당(唐)나라 한유(韓愈)의 〈추회(秋懷)〉 시에 화운한 것이다.

594 여름 매미 : 【攷證 卷2 蟪蛄】 원(元)나라 웅충(熊忠)의 《고금운회거요(古今韻會擧要)》 권3에 "혜고(蟪蛄)는 매미의 한 부류이다."라고 하였다. 【要存錄 卷2】 한(漢)나라 회남왕(淮南王) 유안(劉安)의 〈초은사(招隱士)〉에 "혜고가 맴맴 우네〔蟪蛄鳴兮啾啾〕"라고 하였는데, 송나라 주자(朱子)의 주석에 "혜고는 여름 매미〔夏蟬〕이니, 봄에 태어나 여름에 죽고 여름에 태어나 가을에 죽는다."라고 하였다. 《楚辭集注 卷8 招隱士》

천도는 본래 변치 않는 이치 있으나	天道自有常
인정이란 너무도 믿기 어렵도다	人情已難恃
사물에 감회 일어 속마음 슬프니	感物隱幽衷
지난 일 더듬으며 선현의 자취 따르네	撫迹追前軌
덧없는 영화는 우연히 오고 가는 것일 뿐이니	浮榮儻來去
어찌 기뻐하거나 슬퍼할 것 있으랴	何足爲悲喜

(詩-內卷2-174)

뜰 앞의 두 그루 매화	庭前兩株梅
가을 되자 잎이 먼저 우수수 떨어지네	秋葉多先悴
골짜기 속 저 무성한 초목은	谷中彼薈蔚
자리를 다투듯 뒤엉켜 있누나[595]	亂雜如爭地
고고(孤高)한 자태를 보존하기 쉽지 않으니	孤標未易保
뭇 식물은 더욱 기승을 부리는구나	衆植增所恣
바람서리 앞에선 모두 다 시들어 떨어지니	風霜一搖落
굳셈과 약함[596]이 차이가 없는 듯하여라	貞脆疑無異
향기 날 시기 절로 있으니	芬芳自有時
어찌 귀한 줄 사람이 알아주길 바라겠는가	豈必人知貴

595 자리를……있누나 : 【攷證 卷2 亂雜如爭地】 당(唐)나라 한유의 〈신죽(新竹)〉 시에 "드문드문 자라나 교묘히 숲을 돕고, 나란히 돋아나 마치 땅을 다투듯하네.〔稀生巧補林, 併出疑爭地.〕"라고 하였다.

596 굳셈과 약함 : 【攷證 卷2 貞脆】 진(晉)나라 은중문(殷仲文)의 〈남주의 환공이 구정산에서 일어나다〔南州桓公九井作〕〉 시에 "굳셈과 약함을 어떻게 드러낼거나. 소나무와 버섯에 가탁할 만하네.〔何以標貞脆? 薄言寄松菌.〕"라고 하였다. 《文選 卷22》

(詩-內卷2-175)

가을 산 경치 좋으니 秋山景色好
맑게 갠 아침 구름이 뭉게뭉게 피었네 朝霽雲曼曼
이 몸엔 베옷 한 벌 身上一布衣
소반엔 소박한 밥 한 그릇 盤中一簞飯
소요하며 세상사 단절했으니 逍遙絶外事
편안히 기거하는 것이 평소 바람과 딱 맞구나 俛仰適素願
어찌하여 옛사람의 글은 如何故人書
나로 하여금 긴 한숨 짓게 하는가 使我發浩歎
옳고 그름이 오래 지나면 하나로 되는데 是非久乃一
참과 거짓 처음엔 만 가지로 다르도다 情僞初相萬
재주 있는 자는 나라를 망치면서도 재주를 팔고[597] 有技覆國售
보옥 지닌 자는 몸을 해치면서도 보옥을 바치는구나[598] 有寶戕身獻
사람들이 진실로 대도에 어두운 것이니 人苟昧大道
하늘을 원망해서는 안 되지 天公未可怨

(詩-內卷2-176)

흰 구름은 줄 수 없고[599] 白雲不可贈

597 재주……팔고 : 【譯註】 한비자(韓非子)의 재주 때문에 한(韓)나라가 공격받은 고사를 말한다. 한비자의 글에 깊이 감명을 받은 진시황(秦始皇)이 한비자를 얻기 위해 한(漢)나라를 공격했는데, 결국 한왕(韓王)이 한비자를 진나라에 사신으로 보내 진시황이 한비자를 만날 수 있었다. 《史記 韓非列傳》

598 보옥……바치는구나 : 【譯註】 초(楚)나라 변화(卞和)가 박옥(璞玉)을 바친 고사를 말한다. 변화가 형산(荊山)에서 박옥을 얻어 여왕(厲王)과 무왕(武王)에게 바쳤다가 임금을 속인다는 누명을 쓰고 두 차례나 발이 잘렸다. 《韓非子 和氏》

푸른 구름엔 오를 필요 없지[600] 青雲不須淩
부귀는 뜬구름 같고 富貴等浮烟
명예는 날아다니는 파리 같아라[601] 名譽如飛蠅
어찌 노쇠하고 병든 몸 억지로 일으켜 安能强衰疾
종일토록 미움을 받을 수 있으리오 終日受嫌憎
가을 계곡의 맑은 물이 줄어드니 秋澗下清泚
차가운 벼랑은 우뚝 솟은 모습 드러내누나 寒崖露稜層
원숭이는 내려와 과수원을 엿보고 猿來窺果園
아이들은 나가서 고기 잡는 그물질 구경하네 兒去看魚罾
만호후는 사람들이 바라는 것이나 萬戶人所要
골짜기 하나는 나도 차지할 수 있지 一壑吾猶能

(詩-內卷2-177)

처량히 가을날 회포 품고 悽悽抱秋懷

599 흰……없고 : 【攷證 卷2 白雲不可贈】 남조 시대 제(齊)나라 도홍경(陶弘景)의 〈조서로 산속에 무엇이 있냐고 물으시니 시를 읊어 답하다〔詔問山中何所有賦詩以答〕〉 시에 "산중에 무엇이 있느냐, 고개 위에 흰 구름이 많습니다. 그저 저 혼자 즐길 뿐, 임금께 드릴 것은 못 됩니다.〔山中何所有, 嶺上多白雲. 只可自怡悅, 不堪持贈君.〕"라고 하였다.

600 푸른……없지 : 【譯注】 높은 벼슬에 오르려고 할 필요가 없다는 의미이다. 푸른 구름은 높은 벼슬을 비유하는 말로, 전국 시대 위(魏)나라 수가(須賈)가 진(秦)나라 정승이 된 범수(范雎)에게 사죄하기를 "나는 그대가 스스로 청운 위에 오를 줄은 생각지도 못했소.〔賈不意君能自致於靑雲之上〕"라고 하였다. 《史記 范雎列傳》

601 명예는……같아라 : 【攷證 卷2 名譽如飛蠅】 송(宋)나라 구양수(歐陽修)의 〈민지로 가는 서생을 전송하다〔送徐生之澠池〕〉 시에 "문장이 쓸모없음은 범을 그리려다 개 형상이 된 것과 같고, 명예가 귓가를 스쳐감은 날아다니는 파리 같구나.〔文章無用等畫虎, 名譽過耳如飛蠅.〕"라고 하였다.

경건히 옛사람 가르침을 따르노라　懔懔追古警
한스러운 마음은 끝이 없고　有恨不可窮
흘러나오는 탄식도 멈추지 않네　有嘆亦已永
의혹을 밝히는 것 진실로 쉽지 않은데　辨惑誠不易
재주를 질투함은 어찌도 그리 심한가　媢技胡乃猛
마음을 찌를 촌철은 없고[602]　針心無寸鐵
우물 난간 자른 닳아빠진 두레박줄만 있네[603]　斷榦有極綆
새벽에 앉아 《송사》를 읽으니　晨坐讀宋史
그 당시는 참으로 불행했구나[604]　當時眞不幸
끝났구나, 어찌하리오　已矣可奈何
책상에서 읽던 책 덮노라　牀頭書且屛

602 마음을……없고 : 【譯注】 직언으로 황제의 마음을 바로잡는 신하가 조정에 없다는 의미이다. 【攷證 卷2 針心無寸鐵】 송(宋)나라 소옹(邵雍)의 〈상심행(傷心行)〉 시에 "무슨 쇠를 두들겨 바늘을 만들었나? 한 번 두들겨 바늘 만들면 단지 마음을 찌를 뿐이라. 생각건대 사람 마음은 한 치에 불과하니, 찌를 때 반드시 깊게 찌르리라.〔不知何鐵打成針, 一打成針只刺心. 料得人心不過寸, 刺時須刺十分深.〕"라고 하였다.

603 우물……있네 : 【譯注】 황제의 마음을 점차 현혹시키는 간신만 조정에 있다는 의미이다. 【攷證 卷2 斷榦有極綆】 한(漢)나라 매승(枚乘)의 〈오왕에게 간하는 글〔諫吳王書〕〉에 "태산의 낙숫물이 돌을 뚫고 다 닳은 두레박줄이 우물 난간을 끊으니〔殫極之綆斷幹〕, 물은 돌을 뚫을 수 있는 것이 아니고 줄은 나무를 자를 수 있는 것이 아니지만 점차 진행되어 그렇게 만드는 것입니다."라고 하였다.

604 새벽에……불행했구나 : 【譯注】 왕십붕(王十朋)이 〈화추회〉 시를 지을 당시의 송나라 조정 상황이 안타깝다는 의미이다. 왕십붕은 1147년에 성시(省試)를 치러 갔다가 떨어지고 고향으로 돌아와서 〈화추회〉 시를 지었는데, 이 당시 간신 진회(秦檜)가 조정의 권력을 장악하고 있어 왕십붕이 누차 시험을 쳐도 급제하지 못했다고 한다. 《梅溪前集 卷9 和秋懷》 《宋史 王十朋列傳》

(詩-內卷2-178)

오래도록 음울했던 가을장마 걷히니 秋霖開久鬱
햇볕 난 맑은 경치 기쁘게 보았노라 喜見曬晴景
갑작스레 다시 구름이 하늘을 뒤덮으니 忽復雲埋空
서실의 빈 창가[605] 어두워지네 書室黯虛冏
서글프게도 함께 말할 이 없으니 悄然無與語
심사가 어찌도 이리 답답한지 心事何多梗
어찌하면 탁 트인 하늘을 安得豁天宇
높이 올라 멀리 바라볼 수 있을까 登高遐眼騁
강산에 빼어난 곳 많으니 溪山多勝處
청하길 기다리지 않고 내키는 대로 가리[606] 意行不待請

(詩-內卷2-179)

산속 해가 구름에 숨어 저무니 山日隱雲暮
시냇가 길 점점 어두워지네 溪邊路稍暗
나막신 끄는 소리에도 새 놀라지 않고 屐響鳥不驚
옷이 젖어도 나는 개의치 않노라[607] 衣濡我無憾

605 창가 : 【攷證 卷2 冏】 어떤 본에는 '囧'으로 되어 있다. '囧'의 독음은 '경(耿)'이다. 원나라 웅충의 《고금운회거요》 권15에 "창문이 투명하고 밝게 트인 것이다."라고 하였다.

606 내키는 대로 가리 : 【攷證 卷2 意行】 진(晉)나라 완적(阮籍)은 마음 내키는 대로 다녔다. 《晉書 阮籍列傳》 송(宋)나라 소식(蘇軾)의 〈죽간정에서 조금 술을 마시고……〔竹間亭小酌……〕〉 시에 "젊은이도 늙은이도 땅에 앉고, 계곡 언덕 할 것 없이 뜻대로 가네.〔地坐略少長, 意行無澗岡.〕"라고 하였다. 【校解】 《고증》에 소식의 시를 한유의 시라고 한 것은 오류이다.

607 옷이……않노라 : 【譯注】 진(晉)나라 도연명(陶淵明)의 고사를 인용하여 은거하는

좁은 집 진실로 쓸쓸하지만[608] 環堵誠蕭條
귀신이 엿보는 일[609]은 면했네 且免鬼窺瞰
선비로 농사일에 의탁하니 以士託農圃
거칠고 담박한 것 기쁘게 누리네 分甘麤與淡
군자는 가난해도 즐거워하고 君子貧而樂
소인은 곤궁하면 무슨 짓이든 하지[610] 小人窮則濫
성인의 높은 담장 엿본들 비슷해질 수 있으랴[611] 宮牆窺豈髣
하루나 한 달에 한 번 이르나 잠깐도 되지 않네[612] 日月至未暫

삶을 형용한 것이다. 도연명의 〈귀전원거(歸田園居)〉 시 6수 중 제3수에 "저녁 이슬 옷 적셔도 아랑곳하지 않고, 농사가 잘되기만 바랄 뿐이네.〔衣霑不足惜, 但使願無違.〕"라고 하였다.

608 좁은……쓸쓸하지만 : 【攷證 卷2 環堵誠蕭條】《예기》〈유행(儒行)〉에 "유자는 한 이랑의 작은 집과 한 장 높이의 담을 두른 좁은 방을 소유한다.〔儒有一畝之宮、環堵之室.〕"라고 하였다. 송(宋)나라 소식(蘇軾)의 〈방산자전(方山子傳)〉에 "좁은 집 쓸쓸하지만 처자와 노비들이 모두 만족해하였다.〔環堵蕭然, 而妻子奴婢, 皆有自得之意.〕"라고 하였다.

609 귀신이 엿보는 일 : 【攷證 卷2 鬼窺瞰】 한(漢)나라 양웅(揚雄)의 〈해조(解嘲)〉에 "고명한 사람의 집은 귀신이 그 집을 엿본다.〔高明之家, 鬼瞰其室.〕"라고 하였다.

610 소인은……하지 : 【譯注】《논어》〈위령공(衛靈公)〉에 "군자도 진실로 궁한 때가 있다. 하지만 소인은 궁하면 무슨 짓이든 다 한다.〔君子固窮, 小人窮斯濫矣.〕"라고 하였다.

611 성인의……있으랴 : 【譯注】 성인의 높은 학덕은 따라가기 어렵다는 말이다. 공자의 제자 자공(子貢)이 공자의 학덕을 칭송하여 "선생님의 담장은 높이가 몇 길이나 되어서 그 문을 열고 들어가지 못하면 종묘의 아름다움과 백관의 많음을 볼 수가 없는 것과 같다.〔譬之宮牆, 賜之牆也及肩, 窺見室家之好, 夫子之牆數仞, 不得其門而入, 不見宗廟之美, 百官之富〕"라고 하였다.《論語 子張》

612 하루나……않네 : 【譯注】 공자가 "안회(顔回)는 그 마음이 석 달 동안 인을 떠나지 않았고, 그 나머지 사람들은 하루나 한 달에 한 번 인에 이를 뿐이다.〔回也, 其心三月不違

병을 다스리는 쑥은 그나마 비축해 두었고[613] 治病艾猶蓄
세상을 건너던 배는 막 닻을 내렸노라 涉世舟初纜
흉금이 툭 트여 이미 의혹 없으니 蕩蕩已無疑
분분한 세상일 생각할 것 있으랴 紛紛何足勘
마을 사람과 함께 노력하니 里社共勞勉
항아리에 가득한 햇곡식을 보게 되리 新穀見盈甔

(詩-內卷2-180)

예전에 봉래관에서 노닐 적에[614] 昔遊蓬萊觀
복희 헌원의 옛 도를 따랐네 古道追羲軒
도서는 만 축이나 보관되어 있는데[615] 圖書萬軸藏
해와 달 두 바퀴는 참으로 빠르구나[616] 日月雙輪奔

仁, 其餘則日月至焉而已矣.〕"라고 하였다. 《論語 雍也》

613 병을……두었고 : 【譯注】《맹자》〈이루 상(離婁上)〉에 "지금에 왕업을 이루려 하는 것은 마치 7년 된 병을 치료하기 위해 3년 묵은 약쑥을 구하는 것과 같으니, 만일 지금이라도 약쑥을 뜯어 저축해 두지 않으면 종신토록 약쑥을 얻지 못할 것이다.〔今之欲王者, 猶七年之病, 求三年之艾, 苟爲不蓄, 終身不得.〕"라고 하였다. 여기서는 병이 깊어질 것을 우려해 미리 약쑥을 비축하듯이, 몸가짐을 조심하여 절조를 잃는 일이 없도록 노력하겠다는 뜻으로 한 말이다.

614 예전에……적에 : 【攷證 卷2 昔遊蓬萊觀】 봉래관은 호당(湖堂)을 가리킨다. 【校解】 호당은 독서당(讀書堂)의 별칭으로, 이황은 신축년(1541, 중종36, 41세) 3월에 사가독서(賜暇讀書)하였다. 《退溪先生年譜 卷1》

615 도서는……있는데 : 【攷證 卷2 圖書萬軸】 당(唐)나라 한유(韓愈)의 〈독서하러 수주로 가는 제갈각을 전송하며〔送諸葛覺往隨州讀書〕〉 시에 "업후의 집에 책이 많아, 서가에 꽂힌 것이 3만 축이나 된다네.〔鄴侯家多書, 插架三萬軸.〕"라고 하였다.

616 해와……빠르구나 : 【譯注】 세월이 빠르게 흘러간다는 뜻이다. 【攷證 卷2 日月雙輪】 당나라 유우석(劉禹錫)의 〈어떤 승려가 나부사에 대해 말하여……〔有僧言羅浮

병이 많아 나라의 은혜 저버렸으니　多病負國恩
이룬 일이야 어찌 말할 것이 있겠는가　事業安足言
함께 노닌 이들 빼어난 선비들이었으니　同游衆才彦
모두 노조린의 앞[617]이라 옷깃을 여미었노라　斂衽皆盧前
벼슬에서 물러나는 것은 좋은 일 아니지만　退歸非好事
녹만 축낸다는 비난이 진실로 두려웠다오　誠恐刺素餐
오히려 평소 품었던 뜻에 맞으니　猶堪夙志諧
임하에서 예전에 읽던 책을 읽노라　林下事塵編
마음은 고기를 맛보는 것처럼 좋아하지만[618]　心悅味芻豢
힘은 백배 천배 더 노력하지 못해 부끄럽네[619]　力愧功百千
서늘한 가을바람이 뜨락의 나무 흔드니　涼飆撼庭樹

寺……]〉 시에 "천만 리 붉은 파도 속에서, 황금빛 태양이 솟아 나오네.〔赤波千萬里, 涌出黃金輪.〕"라고 하였다. 당나라 조송(曹松)의 〈달〔月〕〉 시에 "이 달이 차오르는 것을 자주 보았으니, 곧 흰머리가 나겠지.〔頻見此輪滿, 卽應華髮生.〕"라고 하였다.

617 모두 노조린의 앞 : 【譯注】 양형(楊炯)이 노조린(盧照隣)을 공경하여 그 앞에 자신의 이름이 놓인 것을 부끄러워했는데, 이황이 독서당에서 함께 노닐던 이들이 노조린처럼 훌륭하다는 의미이다. 【攷證 卷2 盧前】《당서》〈예문지(藝文志)〉에 다음과 같은 내용이 있다. "왕발(王勃)·양형·노조린·낙빈왕(駱賓王)이 서로 명성이 나란하여, '왕양노낙(王楊盧駱)'이라 일컬어졌는데, 양형이 '노조린의 앞에 있기는 부끄럽고, 왕발의 뒤에 있기는 수치스럽다.〔媿在盧前, 恥居王後.〕'라고 하였다."

618 마음은……좋아하지만 : 【譯注】 학문을 진실로 깊이 좋아한다는 의미이다. 《맹자》〈고자 상(告子上)〉에 "의리가 나의 마음을 기쁘게 하는 것은 고기가 내 입을 기쁘게 하는 것〔芻豢之悅我口〕과 같다."라고 하였다.

619 힘은……부끄럽네 : 【譯注】 학문에 있어 남들보다 더 많은 공력을 들이지 못하는 것이 부끄럽다는 의미이다. 《중용장구》 제20장에 "남이 한 번에 능하거든 나는 백 번을 하며, 남이 열 번에 능하거든 나는 천 번을 해야 한다.〔人一能之, 己百之, 人十能之, 己千之.〕"라고 하였다.

마음속 절로 서글퍼지누나 肝膽自生酸
현안 선생은 평생 병을 앓았고[620] 玄晏一生病
효선은 대낮에 잠을 잤다네[621] 孝先晝日眠
다만 이 뜻을 이루어 但願遂此意
자연 속에서 여생을 보내길 바라노라 泉石送餘年

(詩-內卷2-181)

내 벼루는 갈아도 먹물 나오지 않으니[622] 我硯磨不出
용이 서려 있는[623] 못물[624]이 말라버렸구나 龍蟠泓海乾

620 현안……앓았고 : 【攷證 卷2 玄晏一生痾】 진(晉)나라 황보밀(皇甫謐)의 호가 현안 선생(玄晏先生)이다. 풍비병(風痺病)이 있어 임금의 소명(召命)에 응하지 않았다. 송(宋)나라 소식(蘇軾)의 〈왕문옥만사(王文玉挽詞)〉에 "현안 선생은 일생을 병석에만 누워 있었고, 양자운은 세 임금을 거치도록 벼슬이 오르지 못했네.〔玄晏一生都臥病, 子雲三世不遷官.〕"라고 하였다. 송나라 진여의(陳與義)의 〈형구사에게 차운하다〔次韻邢九思〕〉 시에 "현안 선생처럼 오래 병을 앓지는 않았으나, 정자진과 같으니 어찌 다시 벼슬을 하리오?〔玄晏不堪長抱病, 子眞那復更爲官?〕"라고 하였다.

621 효선은……잤다네 : 【譯注】 효선(孝先)은 한(漢)나라 변소(邊韶)의 자이다. 변소가 제자들을 가르칠 적에 낮잠을 잤는데, 한 제자가 선생을 조롱하여 "변효선은 배가 통통하여 글 읽기는 싫어하고 잠만 자려고 한다."라고 하자, 변소가 대답하기를 "통통한 내 배는 오경(五經)이 든 상자요, 잠만 자려 하는 것은 경전의 이치를 생각하기 위함이라네."라고 하였다. 《後漢書 邊韶列傳》

622 내……않으니 : 【攷證 卷2 我硯磨不出】 송(宋)나라 소식(蘇軾)의 〈오래 가문 뒤에 비가 많이 내린 일을 노래한 공의보의 시에 차운하다〔次韻孔毅甫久旱已而甚雨)〕〉 시에 "나는 본래 논밭 없이 깨진 벼루로 먹고살았는데, 요즈음엔 벼루 말라 갈아도 먹물이 나오지 않네.〔我生無田食破硯, 爾來硯枯磨不出.〕"라고 하였다.

623 용이 서려 있는 : 【譯注】 먹을 가리키는 것으로, 먹의 표면에 대개 교룡을 새겨 놓았기 때문에 이렇게 말한 것이다. 【攷證 卷2 龍蟠】 송나라 소식의 〈손신로가 먹을 부치다〔孫莘老寄墨〕〉 시에 "물고기 부레를 삶아 만 번 찧으니, 무소뿔에 두 마리 용이

내 뱃속엔 시서가 비어 있으니[625] 我腹詩書空
바치고자 해도 낭간이 아니라네[626] 欲呈非琅玕
홀로 암혈에 와서 거처하니 獨來巖下居
무성한 소나무 계수나무 사랑스럽구나[627] 松桂愛團團
임금의 은명(恩命)을 감히 받들지 못했으니 天恩未敢承
두렵고 떨려 오래도록 마음 편치 않아라 怵惕久靡安
박달나무 베어 강가에 버려두니 伐檀寘河干
강물이 맑고도 찰랑이네[628] 河水淸且瀾

서렸네.〔魚胞熟萬杵, 犀角蟠雙龍.〕"라고 하였다.

624 못물 : 【攷證 卷2 泓海】 당(唐)나라 한유(韓愈)의 〈모영전(毛穎傳)〉에 "홍농(弘農) 사람 도홍(陶泓)"이라고 하였으니, 이는 벼루를 말한다.

625 내……있으니 : 【攷證 卷2 我腹詩書空】 당나라 한유의 〈부가 성 남쪽에서 글을 읽다〔符讀書城南〕〉 시에 "사람이 사람일 수 있음은, 뱃속에 시서가 있기 때문이라오. 시서는 부지런해야 소유할 수 있고, 부지런하지 못하면 뱃속이 비게 된다네.〔人之能爲人, 由腹有詩書. 詩書勤乃有, 不勤腹空虛.〕"라고 하였다.

626 바치고자……아니라네 : 【譯注】 낭간은 훌륭한 문장을 비유하는 말로, 이황 자신의 글이 좋지 못하다는 뜻의 겸사이다. 【攷證 卷2 欲呈非琅玕】 당나라 한유의 〈악착(齷齪)〉에 "구름 헤치고 하늘 문 앞에서 소리치며, 뱃속 열어 낭간을 바치고 싶어라.〔排雲叫閶闔, 披腹呈琅玕.〕"라고 하였다.

627 무성한……사랑스럽구나 : 【攷證 卷2 松桂愛團團】 남조 시대 양(梁)나라 강엄(江淹)의 〈유 문학이 지우를 입은 것에 감격하다〔劉文學感遇〕〉 시에 "산속 계수나무는 짙푸르고, 서리와 이슬 빛 무성하네.〔蒼蒼山中桂, 團團霜露色.〕"라고 하였고, 한유의 〈유주나지묘비(柳州羅池廟碑)〉에 "계수나무 무성하고, 흰 돌들 늘어서 있네.〔桂樹團團兮, 白石齒齒.〕"라고 하였다.

628 박달나무……찰랑이네 : 【譯注】 《시경》 〈위풍(魏風) 벌단(伐檀)〉에 "끙끙 박달나무를 베어왔거늘, 하수 가에 버려두니, 하수가 맑고 또 찰랑이도다.〔坎坎伐檀兮, 寘之河之干兮, 河水淸且漣.〕"라고 하였다. 《시경집전》 장하주(章下註)에, 이는 수레를 만들기 위해 베어 온 박달나무가 버려져 쓰일 곳이 없음을 말한 것으로, 자기의 능력으로 먹고자

단지 내 힘으로 밥 먹고자 하는 것이건만　祇爲食其力
움푹한 곳에서 구슬 멈춤을 누가 믿으랴[629]　誰信甌臾丸
영남으로 가는 길 험하고도 머니　嶺路阻且長
머뭇머뭇 가는 말을 멈추노라　躑躅停秋鞍

(詩-內卷2-182)

새벽에 누워 잠 못 이루니　曉枕不成寐
빈 뜨락엔 가을비 소리 들리네　空階秋雨聲
구슬픈 벌레 소리 사방에서 들려와　悲蟲雜四壁
날이 밝도록 귓가를 어지럽히누나　攪耳到天明
계절 따라 사물 변함에 감회가 이니　因時感物變
지난 일 돌아보며 성실했는지 반성하노라　撫事省己誠
세운은 흥망성쇠 번갈아들고　世運迭隆替
천도는 쇠퇴와 융성을 반복하네　天道更虛盈
한단에선 예전에 달콤한 꿈 꾸었고[630]　邯鄲故酣夢

하나 될 수가 없는 것을 의미한다고 하였다.

629 움푹한……믿으랴 : 【譯注】 움푹한 곳에서 구슬이 멈춘다는 것은 근거 없는 비방이 그침을 의미한다. 【攷證 卷2 誰信甌臾丸】《순자》〈대략(大略)〉에 "굴러다니는 구슬은 움푹 팬 곳에서 멈추며, 유언비어는 지혜로운 자에게서 그친다〔流丸止於甌臾, 流言止於智者.〕"라고 하였는데, 당나라 양경(楊倞)의 주석에 "송나라와 초(楚)나라에서 물동이〔甃〕를 일러 '유(臾)'라고 하였으니, '구유(甌臾)'는 땅이 움푹 팬 곳이다."라고 하였다.

630 한단에선……꾸었고 : 【譯注】 인간 세상의 영욕(榮辱)이 한바탕 꿈처럼 부질없음을 의미한다. 춘추 시대 조(趙)나라 수도 한단(邯鄲)의 객점에서 노생(盧生)이 도사 여옹(呂翁)의 베개를 베고 잠이 들어 한평생 부귀영화를 누리는 꿈을 꾸었는데 잠에서 깨자 아직도 밥이 덜 되었다는 고사가 있다. 《枕中記》

만촉에선 몇 번이나 전쟁 겪었나[631]	蠻觸幾爭兵
지조가 금석처럼 단단해야 함만 알 뿐	惟知金石堅
비단옷 걸치는 영화는 바라지 않노라	不願錦繡榮
아직 멀리 가기 전에 수레를 돌렸으니[632]	回車及未遠
다행이로구나, 하늘이 시킨 것이로다	幸矣天所令

(詩-內卷2-183)

고운 님 하늘가 저편에 있는데	美人隔天涯
예전엔 좋아하는 바 같았었지	宿昔同所好
그리워 잊지 못하는데	相思不能忘
그대 어찌 빨리 돌아오지 않는가	爾來胡不早
나에겐 한 이랑의 동산 있으니	我有一畝園
그윽한 그곳을 소나무 국화가 지키고 있네	松菊幽貞保
또한 매화와 대나무도 있는데	亦有梅與竹
내 모습과 나란하게 비쩍 메말랐구나	並我形癯槁
슬피 바라보아도 만날 수 없으니	悵望無與晤
이 도를 함께할 이 누구이겠는가	誰哉肯此道

631 만촉에선……겪었나 : 【譯注】 사소한 일이나 대수롭지 않은 명리를 다투는 것을 의미한다. 달팽이의 두 뿔에 만(蠻)과 촉(觸)이라는 나라가 각각 자리 잡고서 하루가 멀다 하고 영토 쟁탈전을 벌였다는 고사가 있다. 《莊子 則陽》

632 아직……돌렸으니 : 【攷證 卷2 回車及未遠】 전국 시대 초(楚)나라 굴원(屈原)의 〈이소(離騷)〉에 "나의 수레를 돌려 길을 되돌아감이여, 길 잘못 들어 멀리 가지 않았도다.〔回朕車以復路, 及行迷之未遠.〕"라고 하였다.

KNP0202(詩-內卷2-184)

권생 호문[633]의 시에 차운하다 【병진년(1556, 명종11, 56세) 10월. 예안(禮安)】

次韻權生好文

낙양에 가려던 이들이 모두 월나라로 간 격이니[634]	適洛人皆走越如
세태 부박하여 참됨을 잃은 탓이겠지	應緣澆薄喪眞餘
우리의 마음은 바로 하늘이 펼쳐준 거울과 같고	吾心正似天開鏡
옛 학문은 또 햇빛이 비추는 책과 같구나	古學還同日照書
박문약례의 연원에 어찌 섞임이 있겠는가	博約淵源寧有雜
명성의 종지[635]는 엉성함을 용납치 않네	明誠宗旨不容疎
재주와 힘 내달릴 수 있는 것 어여쁘지만	可憐才力能馳騁

633 권생 호문 : 【攷證 卷2 權生好文】 1532~1587. 본관은 안동(安東), 자는 장중(章仲), 호는 송암(松巖)이다. 선생의 큰형 잠(潛)의 외손이다. 명(明)나라 세종(世宗) 가정(嘉靖) 임진년(1532, 중종27)에 태어나, 약관의 나이에 선생 문하에서 수학했다. 사마시(司馬試)에 합격했으나 과거 공부를 그만두고 청성(青城)에 집터를 잡고 살며 후학들을 장려했다. ○ 침랑(寢郎)에 제수되었으나 나아가지 않았다. 학봉(鶴峯 김성일(金誠一))이 일찍이 "노선생〔退溪〕의 조용하면서 온아(溫雅)한 기상은 오로지 장중만이 지니고 있다."라고 하였다.

634 낙양에……격이니 : 【攷證 卷2 適洛走越】 《장자》에 나오는 말이다. 【校解】 전혀 쓸모없거나 잘못된 행동을 하는 것을 뜻하는 말로, 《장자》 〈소요유(逍遙遊)〉에 "송(宋)나라 사람이 장보관(章甫冠)을 장사 밑천으로 삼아 월(越)나라로 갔는데, 월나라 사람들은 모두 단발(斷髮)하고 몸에 문신을 넣은 터라 장보관이 쓸모가 없었다."라고 하였다.

635 명성의 종지 : 【譯注】 《중용장구》 제21장에 "성함으로 말미암아 이치에 밝아짐을 성이라 이르고, 이치에 밝음으로 말미암아 성함을 교라 이르니, 성하면 이치가 밝아지고 이치가 밝아지면 성해진다.〔自誠明謂之性, 自明誠謂之教, 誠則明矣, 明則誠矣.〕"라고 하였다.

다만 눈앞의 본령이 허술해질까 두렵구나[636] 只恐當前本領虛

636 다만……두렵구나 : 【要存錄 卷2】 본령은 바로 '박문약례(博文約禮)'와 '명성(明誠)'이니, 이는 권호문이 시문에 뜻을 두고 자신을 되돌아보는 공부에 소홀함을 애석해한 것이다. 자세한 내용은 〈장중에게 답하는 편지〔答章仲書〕〉에 보인다. 【校解】《정본 퇴계전서》 권11 KNL1871 〈권장중에게 답하다〔答權章仲〕〉에서, 이백(李白)·원결(元結)은 유자(儒者)의 표준(標準)이 아니고 음풍농월하는 것은 학문하는 자의 급선무가 아니니 학문에 힘쓰라고 권호문에게 당부했다.

KNP0203(詩-內卷2-185~186)

권생 응인[637]에게 답하다. 2수 【정사년(1557, 명종12, 57세) 1~2월 추정. 예안(禮安)】

答權生應仁 二首

(詩-內卷2-185)

백발에도 마음은 여전히 씩씩한데	白首心猶壯
청운의 기개 비로소 수그러들었네	靑雲氣始降
농부가 되어 그대로 시냇가에 머물더니	爲農仍在磵
다시 강가에 와서 모여 지낸다지[638]	結社改臨江
봉래관에서 금궤의 장서 사양하고[639]	蓬觀謝金櫃
옥당의 비단 창을 떠나왔노라[640]	玉堂違霧窓
어찌 굳이 그대의 은거하는 일을	何須高隱事
다시 녹문산 방공[641]에게 비길 것 있으리오	更擬鹿門龐

637 권생 응인 : 【攷證 卷2 權生應仁】 1517~1588. 본관은 안동(安東), 자는 사원(士元), 호는 송계(松溪)이다. 시에 뛰어났으니, 선생에 대한 만시(挽詩)를 지었는데 당시에 회자되었다.

638 다시……지낸다지 : 【要存錄 卷2】 송계가 그의 형 권응창(權應昌)의 별장인 지족당(知足堂)에 항상 거처하여, 낙동강을 굽어보았다.

639 봉래관에서……사양하고 : 【譯注】 이황이 독서당에서 사가독서하다가 떠나왔다는 뜻이다. 봉래관(蓬萊觀)은 독서당(讀書堂)을 뜻하고, 금궤의 장서는 국가의 귀중한 문서를 의미한다.

640 옥당의……떠나왔노라 : 【譯注】 이황이 홍문관 벼슬을 버리고 떠나왔다는 의미이다. 【攷證 卷2 玉堂違霧窓】 송(宋)나라 황정견(黃庭堅)의 〈소자첨의 시구가 한 시대에 뛰어났는데……〔子瞻詩句妙一世……〕〉 시에 "적벽의 청풍명월에 부는 피리요, 옥당의 운무 감도는 창이라.〔赤壁風月笛, 玉堂雲霧窓.〕"라고 하였다.

(詩-內卷2-186)

온통 휩쓸려 가는 시속을 슬퍼하노니 汩汩悲流俗
도도하게 뒤섞여 흘러가는 시냇물 같아라 滔滔混逝川
눈앞엔 험한 땅이 생겨나고 眼中生險地
머리 위엔 높은 하늘이 있누나 頭上有高天
일은 남보다 나으려고 다퉈서는 안 되고 事忌爭雄長
시는 옛사람을 넘어서기 어렵네 詩難突過前
예로부터 지극한 보배 품은 사람은 古來懷至寶
남들에게 자랑할 필요 없지 不必在誇傳

-권응인(權應仁)이 명(明)나라 사신과 수창한 일을 언급하였다.-

641 녹문산 방공 : 【攷證 卷2 鹿門龐】《대명일통지(大明一統志)》 권60 〈홍도(興都)〉에 다음과 같은 내용이 있다. "녹문산(鹿門山)은 양양부(襄陽府) 성의 동쪽에 있는데, 위에 두 개의 석록(石鹿)이 있으니 한(漢)나라 방덕공(龐德公)과 당(唐)나라 방온(龐蘊)이 모두 여기에 은거하였다." 【要存錄 卷2】《후한서》〈방공열전(龐公列傳)〉에 "방덕공이 현산(峴山) 남쪽에 살면서 성시(城市)에 들어간 적이 없었고 처자를 데리고 녹문산에 들어가 약초를 캐고 살며 돌아오지 않았다."라고 하였으니, 이는 모두 송계를 가리킨다.

KNP0204(詩-內卷2-187~196)

황중거[642]가 10폭 그림의 화제를 요청하다 정사년(1557, 명종 12, 57세) 【봄 추정. 예안(禮安)】

黃仲擧求題畫十幅 丁巳

(詩-內卷2-187)

누항의 단사표음[643] 陋巷簞瓢

누항에 거처하여 홀로 숨어 지냈으나　　陋巷端居獨闇然
그 광채는 찬란하여 하늘 끝까지 비추었네　　輝光烈烈照窮天
당시에 견고함을 뚫는 공력 없었다면[644]　　當時不有鑽堅力
훌륭한 가르침을 누가 밝혀 만세토록 전했으리오　　至教誰明萬世傳

(詩-內卷2-188)

무우에서 바람을 쐬며 읊조리다[645] 舞雩風詠

아이 어른들과 봄에 노닐겠단 말 또한 우연인데　　童冠春游亦偶然

642 황중거 : 【譯注】 황준량(黃俊良, 1517~1563)으로, 본관은 평해(平海), 자는 중거(仲擧), 호는 금계(錦溪)이다.

643 누항의 단사표음 : 【譯注】 공자의 제자 안회(顔回)가 누추한 시골에서 안빈낙도(安貧樂道)하자, 공자가 이를 칭송하여 "어질도다, 안회여! 한 대그릇의 밥과 한 표주박의 물로 누추한 시골에 있는 것을 다른 사람들은 그 근심을 견뎌내지 못하는데, 안회는 그 즐거움을 변치 않는구나. 어질도다, 안회여!〔賢哉, 回也! 一簞食, 一瓢飮, 在陋巷, 人不堪其憂, 回也不改其樂. 賢哉, 回也.〕"라고 하였다. 《論語 雍也》

644 당시에……없었다면 : 【譯注】 안회가 공자의 도를 깨우쳤음을 의미한다. 안회가 공자의 도(道)에 깊이 감탄하여 "우러러볼수록 더욱 높고, 뚫을수록 더욱 견고하며, 바라봄에 앞에 있더니 홀연히 뒤에 있도다.〔仰之彌高, 鑽之彌堅, 瞻之在前, 忽焉在後.〕"라고 하였다. 《論語 子罕》

어떻게 성인을 감동시켜 어짊을 극찬하게 했을까　何能感聖極稱賢
만약 그 속의 참된 소식을 안다면　若知箇裏眞消息
세상을 뒤덮는 공명도 한 점 연기 같을 뿐이리　蓋世功名一點烟

(詩-內卷2-189)

동강에 낚싯대를 드리우다[646] 桐江垂釣

벗을 만나 객성(客星)을 움직이고[647]　故人相見動星辰
동강으로 돌아와 낚시하며 자유로이 지냈네　歸釣桐江自在身
소강의 세상을 그대 이미 이루었으니　致世少康渠已辦
굳이 나에게 경륜 펼치길 바랄 필요 없으리[648]　不須要我試經綸

645 무우에서……읊조리다 : 【譯注】 증점(曾點)의 고사를 가리킨다. 공자가 제자들에게 각자 뜻을 말해 보라고 하자, 증점이 "늦은 봄에 봄옷이 이루어지거든 관자 5, 6인, 동자 6, 7인과 함께 기수(沂水)에서 목욕하고 무우(舞雩)에서 바람을 쐬고 시를 읊으면서 돌아오겠습니다."라고 하자, 공자가 감탄하며 "나는 점을 허여하노라."라고 하였다. 《論語 先進》

646 동강에 낚싯대를 드리우다 : 【譯注】 한나라 은사 엄광(嚴光)의 고사를 가리킨다. 한나라 광무제(光武帝)가 황위에 오른 뒤, 어릴 적 친구였던 엄광에게 벼슬을 맡기려고 간곡히 불렀으나, 엄광은 끝내 거절하고 동강(桐江)에서 낚시질을 하며 종신토록 은거하였다. 《後漢書 嚴光列傳》

647 벗을……움직이고 : 【攷證 卷2 故人相見動星辰】 엄광이 광무제와 함께 묵었는데, 엄광이 광무제의 배에 발을 올렸다. 다음날 태사(太史)가 "떠돌이별인 객성(客星)이 황제의 별자리인 어좌(御座)를 침범했습니다."라고 아뢰자, 광무제가 웃으며 "짐이 어제 친구 엄자릉(嚴子陵 엄광)과 함께 잠을 잤기 때문이다."라고 하였다. 《後漢書 嚴光列傳》

648 소강의……없으리 : 【譯注】 그대는 광무제를, 나는 엄광을 가리킨다. 광무제가 이미 왕업을 이루었으니 엄광을 조정으로 부를 것 없다는 의미이다. 소강(少康)은 하(夏)나라의 6대 왕으로 태강(太康) 때 잃어버렸던 정권을 되찾아 나라의 중흥을 이루었는데, 광무제도 소강처럼 왕망(王莽)을 토벌하고 한나라를 중흥시켜 대통을 이었다. 《春秋左氏傳 襄公4年》《後漢書 光武帝紀》

(詩-內卷2-190)

율리로 돌아와 밭을 갈다[649] 栗里歸耕

천하를 훔친 묘금[650]의 세력 하늘까지 퍼졌는데　卯金竊鼎勢滔天
강성에는 국화 따는[651] 이 현자 있었네　擷菊江城有此賢
수양산에서 굶어 죽은 것 얼마나 좁은 도량인가　餓死首陽無乃隘
남산의 아름다운 기운은 더욱 초연하여라[652]　南山佳氣更超然

(詩-內卷2-191)

염계가 연을 사랑하다[653] 濂溪愛蓮

모란은 온 세상 사람이 다 좋아하고 국화는 현자가 읊었는데[654]
牧丹傾世菊鳴賢

649 율리로……갈다 :【譯注】진(晉)나라 은사(隱士) 도연명(陶淵明)의 고사를 가리킨다. 도연명은 팽택 현령(彭澤縣令)을 사직하고 〈귀거래사(歸去來辭)〉를 읊으며 고향인 율리(栗里)로 돌아갔다.《晉書 陶潛列傳》

650 천하를 훔친 묘금 :【攷證 卷2 卯金竊鼎】《한서》〈왕망전(王莽傳)〉에 "'유(劉)' 자는 묘(卯)와 금(金)과 도(刀)로 구성되어 있다."라고 하였다. ○ 살펴보건대, '묘금절정'은 유유(劉裕)가 진나라 왕위를 찬탈한 것을 이른다.

651 강성에는 국화 따는 :【攷證 卷2 擷菊江城】살펴보건대, 도연명이 강성(江城)에서 국화를 땄으므로, 지금 국화를 '강성황(江城黃)'이라 일컫는다.

652 수양산에서……초연하여라 :【譯注】백이(伯夷)처럼 굶어 죽을 필요가 없고 도연명처럼 은거하면 된다는 의미이다. 백이는 주(周)나라 무왕(武王)이 은(殷)나라를 친 것을 부끄러워하여 수양산(首陽山)에 들어가 고사리를 캐 먹다 굶어 죽었는데, 이를 두고 맹자가 "백이는 도량이 좁다.〔伯夷隘〕"라고 하였다.《孟子 公孫丑上》남산의 아름다운 기운은 도연명의 모습을 형용한 말로, 도연명의 〈음주(飮酒)〉 시 20수 중 제5수에 "동쪽 울타리에서 국화를 따다, 아득히 남산을 바라보노라. 산 기운 날 저물자 더욱 좋으니, 날던 새도 서로 어울려 돌아오네.〔採菊東籬下, 悠然見南山. 山氣日夕佳, 飛鳥相與還.〕"라고 하였다.

천년토록 연을 감상할 줄 아는 이 없었네　　千載無人解賞蓮
무극 노인[655]이 특히 깊은 감명 받았으니　　感發特深無極老
꽃 중의 군자로서 타고난 바탕 그대로이지　　花中君子出天然

(詩-內卷2-192)

고산에서 매화를 읊다[656] 孤山詠梅

서호에 노니는 조각배 학의 기별에 돌아오고[657]　　一棹湖遊鶴報還
청진한 매화와 달은 소요하기에 알맞아라　　清眞梅月稱盤桓
비로소 알았도다, 위야의 은거는 참된 은거 아니니　　始知魏隱非眞隱
명성을 팔아 은거지를 황제가 그림으로 보게 한 것을[658]　　賭得幽居帝畫看

653 염계가 연을 사랑하다 :【攷證 卷2 濂溪愛蓮】염계는 영도현(營道縣)에 있으니 주씨(周氏 주돈이(周敦頤))가 여기에 살았다. 주염계 선생이 만년에 여산(廬山) 연화봉(蓮花峯) 아래 분계(湓溪) 위에 집터를 정해 집을 짓고 시내에 굽어보며 '염계'라는 이름을 붙였다. ○ 주염계가 〈애련설(愛蓮說)〉을 지었다.

654 모란은……읊었는데 :【譯注】송(宋)나라 주돈이의 〈애련설〉에 "진(晉)나라 도연명(陶淵明)은 유독 국화를 사랑했고, 당(唐)나라 이래로 세상 사람들은 모란을 매우 좋아하였다."라고 하였다. 《周子抄釋 卷2 愛蓮說》

655 무극 노인 :【譯注】주돈이를 가리킨다. 주돈이의 〈태극도설(太極圖說)〉에서 "무극이 곧 태극이다.〔無極而太極〕"라고 하였으므로, 이렇게 일컬은 것이다.

656 고산에서 매화를 읊다 :【譯注】송(宋)나라 임포(林逋)의 고사를 가리킨다. 임포가 서호(西湖) 고산(孤山)에 20년 동안 은거하며 매화를 아내로 삼고 학을 자식으로 삼아 지냈으므로, 세상에서 임포를 '매처학자(梅妻鶴子)'라고 불렀다. 《宋史 林逋列傳》

657 서호에……돌아오고 :【要存錄 卷2】임포가 학 두 마리를 길렀으며, 항상 작은 배를 띄워 서호의 여러 절을 유람했다. 객이 찾아오면 동자가 나가 응대하고 새장을 열어 학을 놓아주었는데, 한참 뒤에 임포가 반드시 조각배를 노 저어 돌아왔으므로, '보객학(報客鶴)'이라 이름지었다. 《宋史 林逋列傳》

(詩-內卷2-193)

낙사의 독락원[659] 洛社獨樂

다섯 이랑의 거친 동산 온 세상 봄이 되니 五畝荒園四海春
꽃에 물주기 대나무 쪼개기[660] 모두가 경륜이어라 澆花剖竹摠經綸
알겠도다, 이 즐거움이 온 천하를 모두 구제하여 可知此樂能兼濟
결국 천지를 뒤바꿔 즐거움이 백성에게 미쳤음을[661] 終轉乾坤樂及民

(詩-內卷2-194)

무이산의 구곡[662] 武夷九曲

세상을 근심하나 바다로 가려 한 성인 따르긴 어려우니[663]
憫世難從聖海浮

658 비로소……것을 : 【攷證 卷2 始知…畫看】 송나라 위야(魏野)는 자가 중선(仲先)이다. 송 진종(宋眞宗)이 여러 차례 불렀으나 나아가지 않았다. 호는 초당거사(草堂居士)이다. 거처하는 곳에 그윽한 풍치가 있어, 진종이 사람을 보내 그림으로 그리게 하였다. 위야의 시에 "은거하는 곳을 황제가 그림으로 보시네.〔幽居帝畫看〕"라고 하였다. 《澠水燕談錄 卷5 高逸》

659 낙사의 독락원 : 【譯注】 송(宋)나라 사마광(司馬光)의 고사를 가리킨다. 【攷證 卷2 洛社獨樂】 살펴보건대, 사마온공(司馬溫公 사마광)이 낙양(洛陽)에 살면서 존현방(尊賢坊)에 집을 사서 '독락(獨樂)'이라고 이름을 지었다.

660 꽃에……쪼개기 : 【譯注】 송나라 사마광의 〈독락원기(獨樂園記)〉에 "마음이 게을러지고 몸이 피곤해지면,……개천을 터서 꽃에 물을 주고 도끼를 잡고서 대나무를 쪼개며〔決渠灌花, 操斧剖竹〕, 더위를 씻어 물로 세수하고 높은 곳에 올라 먼 곳을 실컷바라보며 이리저리 슬슬 거닐면서 마음에 맞는 바대로 한다."라고 하였다.

661 알겠도다……미쳤음을 : 【要存錄 卷2】 《송사》〈사마광열전(司馬光列傳)〉의 사평(史評)에 다음과 같은 내용이 있다. "사마광이 일어나 정치를 하여 의연히 천하를 다스림을 자신의 임무로 여겨, 백성에게 해를 끼치는 신법(新法)을 차례로 바꾸었으니, 군자가 '천지를 크게 개혁한〔旋乾轉坤〕공이 있다'고 칭송하였다."

은병[664]에 은거하며 자유로이 노닐었네	隱屛嘉遯且優游
신문이 어찌 당시 성인의 뜻을 알았으랴[665]	晨門豈識當時意
다만 차가운 시냇물만 만고에 흐르누나	只有寒溪萬古流

(詩-內卷2-195)

제갈공명의 초가집[666] 孔明草廬

훌륭한 덕을 깊이 감추고[667] 스스로 재능을 길렀으니	龍德深藏自養珍
집은 띠 풀도 자르지 않고 몸만 겨우 들일 정도네	茅茨不剪僅容身

---

662 무이산의 구곡 : 【譯注】 송(宋)나라 주희(朱熹)의 고사를 가리킨다. 주희가 무이산(武夷山) 계곡을 아홉 개로 나누어 무이구곡(武夷九曲)이라 명명했다.

663 세상을……어려우니 : 【譯注】 세상이 어지러운 것을 근심하지만 세상을 버리고 멀리 떠나기도 어렵다는 의미이다. 공자가 천하의 어지러움을 탄식하며 "도가 행해지지 않으므로 뗏목을 타고 바다를 항해하려 하노라.〔道不行, 乘桴, 浮于海.〕"라고 하였다. 《論語 公冶長》

664 은병 : 【攷證 卷2 隱屛】 창주정사(滄洲精舍)가 대은병(大隱屛) 아래에 있었다. 【校解】 대은병은 무이산 제5곡의 봉우리이다.

665 신문이……알았으랴 : 【譯注】 공자의 제자 자로(子路)가 석문(石門)에서 유숙할 때, 어디서 왔냐는 신문(晨門)의 물음에 공씨(孔氏)에게서 왔다고 대답했다. 그러자 신문이 "바로 불가한 줄 알면서도 하는 그 사람 말인가?"라고 하였다. 《論語 憲問》 【攷證 卷2 晨門豈識當時意】 송나라 주자(朱子)의 〈석문오(石門塢)〉 시에 "우스우니, 신문이 어찌 공자의 마음을 알았으랴.〔自笑晨門者, 那知孔氏心?〕"라고 하였다.

666 제갈공명의 초가집 : 【譯注】 공명(孔明)은 삼국 시대 촉한(蜀漢)의 승상인 제갈량(諸葛亮)의 자로, 제갈량이 남양(南陽)의 초가집에 은거하여 농사를 짓고 살던 중, 유비(劉備)에게 발탁되었다. 유비가 제갈량의 초가집으로 세 번이나 찾아간 끝에 제갈량을 만나게 되었다는 삼고초려(三顧草廬)의 고사가 있다.

667 깊이 감추고 : 【攷證 卷2 深藏】 《사기》 〈노자한비열전(老子韓非列傳)〉에 "진짜 장사꾼일수록 물건이 없는 것처럼 깊이 숨기게 마련이다.〔良賈深藏若虛〕"라고 하였다. 【校解】 《고증》에 《사기》를 《장자》라고 한 것은 오류이다.

누가 알았겠는가, 한번 떨쳐 일어나 천지를 뒤바꿔　誰知一奮天旋轉
촉한을 일으켜 사십 년간 이어지게 했을 줄을[668]　噓起炎光四十春

(詩-內卷2-196)

소강절의 작은 수레[669] 康節兒車

지인이 태어나 태평한 세상 만났으니[670]　至人生遇太平天
작은 수레 속이 우주니 즐거운 일 온전하네[671]　宇宙兒車樂事仝
한세상을 경륜하는 데 뜻 없었다 말하지 말라　莫道無心經一世
맑은 풍모 천고에 전하기에 충분하도다　淸風千古足人傳

668 촉한을……줄을 : 【攷證 卷2 噓起炎光四十春】 촉한은 소열황제(昭烈皇帝) 장무(章武) 연간 3년, 후주(後主) 유선(劉禪) 건흥(建興) 연간 15년, 연희(延熙) 연간 20년, 경요(景耀) 연간 6년, 도합 44년이다.

669 소강절의 작은 수레 : 【譯注】 강절(康節)은 송(宋)나라 소옹(邵雍)의 시호로, 소옹은 낙양(洛陽)에 작은 집을 지어 '안락와(安樂窩)'라 이름하고 이따금 작은 수레를 타고 나가곤 하였다. 《宋史 邵雍列傳》【攷證 卷2 康節兒車】 소강절은 나갈 때마다 작은 수레를 타고 한 사람을 고용하여 끌게 하였다. ○ 소옹의 〈천도음(天道吟)〉 시에 "봄가을 흥이 이는 것에 의지해, 작은 수레를 타고 나가네.〔春秋賴乘興, 出用小車兒.〕"라고 하였다.

670 태어나……만났으니 : 【攷證 卷2 生遇太平】 송나라 소옹의 〈병극음(病亟吟)〉 시에 "태평 시대에 태어나 태평 시대에 성장하고, 태평 시대에 늙어 태평 시대에 죽네.〔生於太平世, 長於太平世. 老於太平世, 死於太平世.〕"라고 하였다.

671 작은……온전하네 : 【譯注】 우주 만물의 이치가 멀리 있지 않고 자신에게 구비되어 있다는 뜻이다. 송나라 소옹의 〈우주음(宇宙吟)〉에 "우주가 손안에 있고 만물이 이 몸에 있네.〔宇宙在乎手, 萬物在乎身.〕"라고 하였다.

KNP0205(詩-內卷2-197)

태자산[672] 반석에서 노닐다 【정사년(1557, 명종12, 57세) 4월 9일 추정. 예안(禮安)】

遊太子山盤石

층층이 쌓인 깨끗한 바위가 웅덩이를 이루니	數層瑩淨石成窪
차가운 물이 맑은 빛으로[673] 비단처럼 찰랑이네	寒水粼粼縠漾波
양옆의 푸른 숲이 햇빛을 가려주고	綠樹兩邊遮白日
그윽한 꽃향기 때때로 시내 저편에서 풍겨 오누나	幽香時度隔溪花

672 태자산 : 【攷證 卷2 太子山】 봉화현(奉化縣) 남쪽에 있다.

673 차가운……빛으로 : 【攷證 卷2 寒水粼粼】 한(漢)나라 허신(許愼)의 《설문해자(說文解字)》 권11에 "'인린(粼粼)'은 물이 벼랑의 바위 사이에서 나와 출렁이는 모양이다." 라고 하였다. 송(宋)나라 노덕장(路德章)의 〈한암에서 차공 자명과 노닐다〔寒巖遊次公子明〕 낚시터〔釣磯〕〉 시에 "대숲 속엔 초가집 있고 대숲 밖엔 시내 흐르니, 맑은 물의 흰 돌이 낚시터를 보호하네.〔竹裏茅茨竹外溪, 粼粼白石護漁磯.〕"라고 하였다. 【校解】 《고증》에 노덕장 시의 '石'이 '水'로 되어 있는데, 《시가정련(詩家鼎臠)》과 《시인옥설(詩人玉屑)》 등에 의거하여 수정하였다.

KNP0206(詩-內卷2-198)

고산에서 노닐다 【정사년(1557, 명종12, 57세) 3월 추정. 예안(禮安)】

遊孤山

십 년 만에 다시 와서 고산을 방문하니	十年重到訪孤山
푸른 물 푸른 벼랑 눈에 비쳐 차가워라	綠水蒼崖照眼寒
서글프구나, 주인은 어디로 갔는가	惆悵主人何處去
흰 구름 사이에 집터만 덩그러니 남아있네	空餘基築白雲間

-상사 이비원(李庇遠)[674]이 살던 옛터가 완연히 남아있다.-

674 이비원(李庇遠) : 【譯注】 이국량(李國樑, 1517~1554)으로, 본관은 영천(永川), 자는 비원, 호는 고산(孤山)이다. 농암(聾巖) 이현보(李賢輔)의 종자(從子)이고, 이황의 문인이자 질서(姪壻)이다.

KNP0207(詩-內卷2-199)

고산 석벽에 쓰다 【정사년(1557, 명종12, 57세) 3월 추정. 예안(禮安)】

書孤山石壁

일동의 주인인 금씨의 아들 日洞主人琴氏子
지금 있는지 강 건너에서 소리쳐 물었네 隔水呼問今在否
농부가 손 저을 뿐 말 들리지 않으니 耕夫揮手語不聞
운산을 서글피 바라보며 홀로 오래도록 앉았노라 悵望雲山獨坐久

-금문원(琴聞遠)[675]이다.-

675 금문원(琴聞遠) : 【譯注】 금난수(琴蘭秀, 1530~1604)로, 본관은 봉화(奉化), 자는 문원, 호는 성재(惺齋)·고산주인(孤山主人)이다.

KNP0208(詩-內卷2-200~201)

서당을 새로 지을 땅을 찾다가 도산[676] 남쪽에서 얻어 감회가 일어 짓다. 2수 【정사년(1557, 명종12, 57세) 3월 추정. 예안(禮安)】

尋改卜書堂地 得於陶山之南 有感而作 二首

(詩-內卷2-200)

계당이 허술하여 비바람을 견디지 못하기에	風雨溪堂不庇牀
옮겨갈 좋은 곳 찾느라 온 산을 누볐노라	卜遷求勝徧林岡
누가 알았으랴, 평생토록 장수[677]할 곳이	那知百歲藏修地
단지 평소 나물 캐고 고기 낚던 곳 곁에 있을 줄	只在平生採釣傍
꽃이 사람을 향해 웃으니 정이 깊고	花笑向人情不淺
새 울음소리 벗을 찾으니 뜻이 심장하네[678]	鳥鳴求友意偏長
삼경을 옮겨와 머물기로 다짐했으니[679]	誓移三徑來棲息

676 도산 : 【攷證 卷2 陶山】 예안현(禮安縣)의 북쪽 10리 지점에 있다. 자세한 내용은 《정본 퇴계전서》 권1 〈도산잡영(陶山雜詠) 병기(幷記)〉에 보인다.

677 장수(藏修) : 【譯注】 온 마음을 쏟아 끊임없이 학문을 익히는 것을 뜻하는 말이다. 《예기》 〈학기(學記)〉에 "군자가 학문을 함에 있어서는 마음속에 항상 간직하고, 배운 것을 익히고, 쉬면서 익히고, 노닐면서 익히느니라.〔君子之於學也, 藏焉脩焉, 息焉遊焉.〕"라고 하였다.

678 새…… 심장하네 : 【譯注】 새가 지저귀는 소리에서 벗을 찾고자 하는 뜻을 느낄 수 있다는 의미이다. 《시경》 〈소아(小雅) 벌목(伐木)〉에 "재잘재잘 우는 새들이여, 그 벗을 찾는 소리로다. 저 새를 보건대, 오히려 벗을 찾아 우는데, 하물며 사람이 벗을 찾지 않는단 말인가?〔嚶其鳴矣, 求其友聲. 相彼鳥矣, 猶求友聲. 矧伊人矣, 不求友生?〕"라고 하였다.

679 삼경을……다짐했으니 : 【譯注】 한(漢)나라 은사 장후(奬詡)의 고사를 인용한 것으로, 은거하고자 한다는 의미이다. 장후(蔣詡)가 일찍이 자기 집 대나무 밑에 세 오솔길을

내가 즐거워하는 곳에서 누가 함께 향기를 맡으려나 樂處何人共襲芳

(詩-內卷2-201)

도산의 남쪽 기슭 흰 구름 깊은 곳 陶丘南畔白雲深
한 줄기 몽천[680]이 동북쪽 산에서 솟아 나오네 一道蒙泉出艮岑
석양에 아리따운 새는 물가를 떠다니고 晩日彩禽浮水渚
춘풍에 고운 풀은 산림에 가득하여라 春風瑤草滿巖林
그윽한 곳에 거처하니 감개가 절로 일고 自生感慨幽棲處
소요하려는 노년의 마음에 참으로 흡족하구나 眞愜盤桓暮境心
만화를 내 어찌 감히 궁구하리오[681] 萬化窮探吾豈敢
책을 가지고 성현이 남긴 말씀 외길 바랄 뿐 願將編簡誦遺音

내 놓고 친구인 구중(求仲), 양중(羊仲) 두 사람하고만 서로 종유했다고 전한다.《三輔決錄 逃名》

680 몽천(蒙泉) : 【譯注】 도산서당 동쪽에 있는 샘의 이름으로, 이황이 직접 만들고 《주역》〈몽괘(蒙卦) 상전(象傳)〉에서 의미를 취하여 명명하였다.《定本 退溪傳書 卷1 陶山雜詠 蒙泉》

681 만화를……궁구하리오 : 【譯注】 이황이 은거하고자 하지만 감히 주희(朱熹)가 말한 도의 본원을 찾는 경지에는 이르지 못한다는 뜻으로 말한 겸사이다. 송(宋)나라 주희의 〈재거감흥(齋居感興)〉 20수 중 제14수에 "세상 사람들 제 소견만 내세워, 작은 지혜 천착하여 도가 더욱 어두워지네. 산림의 은거하는 선비가 만화의 근원을 탐구하는 것만 못하리.〔世人逞私見, 鑿智道彌昏. 未若林居子, 幽探萬化原.〕"라고 하였는데, 송나라 웅강대(熊剛大)의 주석에 "만화의 근원이란 바로 위 구절의 '성(誠)'이다. 이 장은 이단(異端)·사장(詞章)의 학문이 도를 해치는 것을 말했으므로, 우선 이를 드러내 우리 도의 본원을 밝힌 것이다."라고 하였다.《性理羣書句解 卷4 齋居感興》

KNP0209(詩-內卷2-202)

다시 가서 도산 남쪽 동구를 살펴보고 시를 지어 남경상[682]·금훈지[683]·민생 응기[684]·아들 준[685]·손자 안도[686]에게 보이다 【정사년(1557, 명종12, 57세) 3월 추정. 예안(禮安)】

再行視陶山南洞 有作 示南景祥琴壎之閔生應祺兒子寯孫兒安道

퇴계 가에 터 잡은 지	卜居退溪上
몇 해나 흘렀는가	年光幾流邁
가난한 살림에 자주 거처 옮기니	寒棲屢遷地
엉성한 집은 곧 기울어 무너질 듯하네	草草旋傾壞

---

682 남경상 : 【攷證 卷2 南景祥】 남몽오(南夢鰲, 1528~1591)로, 본관은 영양(英陽), 자는 경상, 호는 삼송(三松)이다. 영천(榮川)에 살았으며, 선생의 문하에 수학했다. 사마시(司馬試)에 합격했다.

683 금훈지 : 【攷證 卷2 琴壎之】 금응훈(琴應壎, 1540~1616)으로, 본관은 봉화(奉化), 자는 훈지, 호는 면진재(勉進齋)이다. 금응협(琴應夾)의 아우이다. 명(明)나라 세종(世宗) 가정(嘉靖) 경자년(1540, 중종35)에 태어났다. 어려서부터 선생의 문하에 들어갔으며, 사마시에 합격했다. 약포(藥圃 정탁(鄭琢))가 천거하며 '한 지방의 모범〔一方矜式〕'이라 하였다. 영춘 현감(永春縣監)과 양천 현감(陽川縣監)을 지냈다. 신축년(1601, 선조34)에 의흥 현감(義興縣監)에 제수되었는데, 이때 선생의 문집을 간행하고 있어 현감에 부임하지 않고 간행 사업을 주관했다.

684 민생 응기 : 【譯注】 1540~1578. 본관은 여흥(驪興), 자는 백향(伯嚮), 호는 경퇴재(景退齋)·우수(尤叟)이다. 이황의 문인이다.

685 아들 준 : 【譯注】 이준(李寯, 1523~1583)으로, 자는 정수(廷秀)이다. 이황의 맏아들이다.

686 손자 안도 : 【攷證 卷2 安道】 이안도(李安道, 1541~1584)로, 자는 봉원(逢原), 호는 몽재(蒙齋)이다. 선생의 장손으로 명(明)나라 세종(世宗) 가정(嘉靖) 신축년(1541, 중종36)에 태어났다. 어려서부터 단정했으며 집안의 가르침을 받아 당시의 여러 현자에게 인정받았다. 사마시에 합격했고 관직은 직장(直長)을 지냈다. 일찍 죽었다.

그윽한 산수 경치 좋지만	雖憐泉石幽
지세가 협소한 것 끝내 흠이로다	形勢終嫌隘
한숨 짓고 다시 찾으려 하여	喟焉將改求
높은 곳 깊은 곳 다 다녔노라	行盡高深界
시내 남쪽에 도산이 있으니	溪南有陶山
가까운 데 숨겨져 있던 것 참으로 괴이하구나	近秘良亦怪
어제 우연히 홀로 찾아내고선	昨日偶獨搜
오늘 아침에 함께 오려 했노라	今朝要共届
연이은 봉우리는 구름 위로 솟아 있고	連峯陟雲背
깎아지른 산기슭은 강가[687]를 굽어보네	斷麓臨江介
푸른 물은 겹겹의 모래톱을 감돌아 흐르고	綠水遶重洲
먼 산은 천 개 상투처럼 늘어서 있누나	遙岑列千髺
한 골짜기를 찾아 내려가 보니	窺尋下一洞
내 오랜 소원 여기서 풀렸네	宿願玆償債
아늑한 두 산 사이에	窈窕兩山間
맑은 날 아지랑이 피어 그림 속에 들어온 듯	晴嵐如入畫
무성한 나뭇잎엔 푸른 안개 자욱하고	衆綠靄霧霏
흐드러진 꽃은 비단처럼 빛나누나	紛紅絢阏曬
새가 울자 〈소아〉의 시[688] 생각나고	鳥鳴思雅詩

687 강가 : 【攷證 卷2 江介】 전국 시대 초(楚)나라 굴원(屈原)의 《초사(楚辭)》〈섭강(涉江)〉에 "고을 토양의 비옥함을 애석해 하고, 강가의 유풍을 슬퍼하네.〔哀州土之平樂兮, 悲江介之遺風.〕"라고 하였는데, 한(漢)나라 왕일(王逸)의 주석에 "개(介)는 곁〔側畔〕이다."라고 하였다.

688 소아의 시 : 【譯注】《시경》〈소아(小雅) 벌목(伐木)〉편을 가리킨다. 《시경》〈소

샘물 고요하니 몽괘를 완미하노라[689]	泉靜翫蒙卦
이곳에 거니노라니 좋은 경치도 많으니	躊躇足佳賞
이 좋은 곳 만든 대지에 감사하노라	辦此感大塊
나는 지금 한가로운 처치이니	我今置散逸
관복을 벗어둔 지 이미 오래 되었어라[690]	朝衣久已掛
장수[691]할 곳 어찌 없겠는가	藏修詎無所
척박한 산비탈이라 사기도 쉽구나	地薄輕買賣
잡초 우거진 곳에 허물어진 집터 있으니	荒榛有頽址
옛 자취는 오늘날의 경계가 되네	古迹爲今戒
여기에 터 잡았던 이 누구일까	何人曾占此
칭찬도 비방도 모두 사라졌구나	漫滅譽與責
속히 작은 집 지어서	亟謀營環堵
창문으로 소쇄한 경치 바라보리라	窓戶看蕭灑
책은 시렁에 가득하고	圖書溢皮架
꽃과 대나무는 울타리[692]에 어우러져 있으리	花竹映棱砦

아 벌목〉에 "나무를 쩡쩡 베거늘, 새는 꾀꼴꾀꼴 우는도다.〔伐木丁丁, 鳥鳴嚶嚶.〕"라고 하였다.

689 샘물……완미하노라 : 【譯注】 몽괘(蒙卦)의 상이 산에서 샘물이 나오는 형상이므로 이렇게 말한 것이다. 《주역》 〈몽괘 상전(象傳)〉에 "산 아래에서 샘물이 나옴이 몽이니, 군자가 보고서 행실을 과단성 있게 하며 덕을 기른다.〔山下出泉, 蒙, 君子以, 果行, 育德.〕"라고 하였다. 이황은 몽괘의 뜻을 본떠 도산서당 동쪽에 '몽천(蒙泉)'이란 샘을 만들었다. 《定本 退溪傳書 卷1 陶山雜詠 蒙泉》

690 관복을……되었어라 : 【攷證 卷2 朝衣久已掛】 《남사》 〈도홍경열전(陶弘景列傳)〉에 "도홍경이 신무문(神武門)에 관복을 걸어두고 떠났다."라고 하였다.

691 장수(藏修) : 【譯注】 온 마음을 쏟아 끊임없이 학문을 익히는 것을 뜻한다. 자세한 내용은 296쪽 주 775) 참조.

벌써 세월이 흘러 노년에 접어들었음에 놀라	日月警遲暮
지친 몸과 마음을 면려하노라	身心勉疲憊
마음속 진심은 삼익우를 바랄 뿐	中誠望三益
부귀공명은 초개처럼 잊어버리리	外慕忘一芥
이 즐거움 마치 훈지[693]와 같으니	此樂如壎篪
인이란 돌피가 아니라오[694]	夫仁匪稊稗
자네들에게 〈고반(考槃)〉 편[695]을 읊조리노니	爲君歌弗告
한 삼태기 흙이 모자라게 하지 말라[696]	無令虧一簣

692 울타리 :【攷證 卷2 楥砦】운서(韻書)에 "원(楥)은 울타리〔欄〕이다."라고 하였다. 《남사》〈하윤열전(何胤列傳)〉에 "하윤이 숲에 가서 울타리〔楥〕를 만들었다."라고 하였다. '砦'는 독음이 '채(債)'이니, 울타리이다. '채(寨)' 자와 통용된다.【校解】《고증》에 '欄'이 '爛'으로 있는데, 《원본한집고이(原本韓集考異)》〈수계(守戒)〉 '시원(柴楥)'에 수록된 송(宋)나라 방숭경(方崧卿)의 주석에 의거하여 수정하였다.

693 훈지 :【譯注】훈지는 《시경》〈소아(小雅) 하인사(何人斯)〉에서 온 말로 형제간의 우애를 비유하는데, 여기서는 은거하며 지내는 것이 형제간의 화락한 즐거움과 같다는 뜻이다. 옛사람들은 형제간의 우애를 큰 즐거움 중 하나로 여겼다.【攷證 卷2 壎篪】'훈(壎)'은 '훈(塤)'으로 되어 있기도 하다. 악기이니, 흙으로 만드는데 위는 뾰족하고 아래는 평평하며 구멍이 6개이다. 지는 옆으로 부는 대나무 피리이니, 길이가 1자 4치이고 구멍이 8개이다.

694 인이란 돌피가 아니라오 :【譯注】돌피는 유학의 입장에서 바르지 못한 학문을 비유하는 말로, 《맹자》〈고자 상(告子上)〉에 "오곡(五穀)은 종자 중에 아름다운 것이지만 만약 익지 않으면 돌피〔荑稗〕만도 못하니, 인(仁)은 또한 익숙히 함에 달려있을 뿐이다."라고 하였다.

695 고반 편 :【譯注】《시경》〈위풍(衛風)〉의 편명으로, 세상을 피해 학문과 도를 즐기는 은자의 모습을 노래한 시이다. 《시경》〈위풍 고반(考槃)〉에 "홀로 자고 깨어 다시 누워서, 길이 남에게 고하지 않으려 맹세하네.〔獨寐寤宿, 永矢弗告.〕"라고 하였다.

696 한……말라 :【譯注】학문을 함에 있어 중도에 그만두지 말고, 정진하여 잘 마무리하라는 의미이다. 《논어》〈자한(子罕)〉에 "학문하는 것은 비유하면 산을 쌓는 것과 같으니, 산을 쌓을 때 마지막 흙 한 삼태기를 쏟아붓지 않아, 산을 완성하지 못하고 그만두는

-'責'는 독음이 '채(債)'이니, '꾸짖다〔誚〕'는 뜻이다. 원(元)나라 웅충(熊忠)의 《고금운회거요(古今韻會擧要)》에 보인다.-

것도 내가 그만두는 것이다〔譬如爲山, 未成一簣, 止, 吾止也.〕"라고 하였다.

KNP0210(詩-內卷2-203~204)

빙[697]의 집에서 술을 마시고 돌아오면서 시냇가 달을 읊다. 2수 【정사년(1557, 명종12, 57세) 9월 추정. 예안(禮安)】

憑家飮歸 詠溪月 二首

(詩-內卷2-203)

말 가는 대로 몸 맡기고 취기 띤 채 돌아오니 帶醉歸來信馬行
한 조각 초승달이 시내를 환히 비추네 一鉤新月照溪明
구불구불 돌아 달 비치는 시내를 여러 번 건너니 縈回屢渡溪中月
시냇가 달이 맑은 물굽이 따라오누나 溪月相隨曲曲淸

(詩-內卷2-204)

달 밟으며 돌아올 제 서리 하늘에 가득하고 踏月歸時霜滿天
옷에는 술자리의 국화 향기 배어 있네 衣巾餘馥菊花筵
이 가운데 유달리 정신이 깨는 곳 있으니 箇中別有醒心處
맑게 울리는 시냇물 소리[698] 태곳적 음악 같아라 水樂鏘鏘太古絃

---

697 빙 : 【攷證 卷2 憑】 이빙(李憑, 1520~1585)으로, 자는 보경(輔卿), 호는 만취(晩翠)이다. 관직은 직장(直長)을 지냈고 사복시 정에 추증되었다. 송재(松齋 이우(李堣))의 손자이다.

698 시냇물 소리 : 【攷證 卷2 水樂】 살펴보건대, 명(明)나라 양긍(楊亘)의 《무이산지(武夷志)》 권1 〈산천(山川)〉'무이삼곡(武夷三曲) 수악석(水樂石)'의 주석에 "물과 돌이 부딪쳐 쇠로 만든 악기, 옥으로 만든 악기, 현악기, 관악기의 소리가 난다."라고 하였다.

KNP0211(詩-內卷2-205)

상사 금협지[699]의 청량산 시에 차운하다 【정사년(1557, 명종12, 57세) 9월 추정. 예안(禮安)】

琴上舍夾之淸凉山韻

올해는 신선 산을 그대 홀로 찾아가고 仙嶽今年子獨尋
나는 병이 들어 다리를 쉬었네 我閒芒屩病淩侵
좋은 시구만 부질없이 읊조리니 노을이 눈에 아른거리고 空吟美句霞飜眼
높은 대 떠올리니 달이 품속에 가득하구나 尙想高臺月滿襟
뜻을 드높여 구름을 주지 않고[700] 抗志不將雲作贈
책 읽으며 학을 지음으로 삼으려 할 뿐[701] 讀書唯擬鶴知音
광산[702]의 좋은 경치 부디 잘 있거라 丁寧好在匡山勝

699 금협지 : 【攷證 卷2 夾之】 금응협(琴應夾, 1526~1589)으로, 자는 협지, 호는 일휴당(日休堂)이다. 봉화(奉化) 사람으로 예안현에 살았다. 명(明)나라 세종(世宗) 가정(嘉靖) 병술년(1526, 중종21)에 태어났다. 일찍부터 선생 문하에서 수학했으며 효성과 우애가 지극하였다. 서애(西厓 유성룡(柳成龍))가 자식과 조카들에게 "너희들은 《소학》을 읽을 필요가 없다. 일휴의 사람됨을 보면 곧 《소학》과 같다."라고 하였다. 사마시에 합격하였고, 천거로 하양 현감(河陽縣監)에 제수되었다.

700 굳센……않고 : 【譯注】 남조 시대 제(齊)나라의 은사 도홍경(陶弘景)의 고사를 인용하여 은일자적(隱逸自適)하는 모습을 표현한 것이다.

701 책……뿐 : 【攷證 卷2 讀書鶴知音】 당(唐)나라 포용(鮑溶)의 〈양연사에게 주다〔贈楊煉師〕〉 시에 "도사가 밤에 황정경(黃庭經)을 외니, 흰 학이 내려와 향 연기를 감돌며 듣네.〔道士夜誦蕊珠經, 白鶴下繞香烟聽.〕"라고 하였다. 【校解】 《고증》에 '繞'가 '遶'로 되어 있는데, 《당음(唐音)》과 《전당시(全唐詩)》 등에 의거하여 수정하였다.

702 광산(匡山) : 【譯注】 당나라 이백(李白)이 젊었을 때 글공부를 하던 대광산(大匡

백발로 가장 높은 봉우리 오르련다　　頭白須昇最上岑

山)으로, 여기서는 청량산을 가리킨다.

KNP0212(詩-內卷2-206)

가을날 대[703]에 오르다 【정사년(1557, 명종12, 57세) 9월 추정. 예안(禮安)】

秋日登臺

세상에 나가서는 좋은 인재 벗하지 않을 수 있으랴	出世能無友善才
쓸쓸히 지내자니 품은 뜻 꺾일까 항상 두렵노라	索居恆恐壯心頹
푸른 산은 높고 높아 끝내 가까이하기 어려운데	靑山嶷嶷終難狎
백발이 삼삼해도 점차 싫지가 않구나	白髮森森漸不猜
즐거운 일은 단지 찾기만 하면 얻어지니	樂事只應尋處得
어찌 다시 생각하여 시름에 잠기리오[704]	愁腸那復念時回
하늘이 절경이라 창랑대를 펼쳐 놓았으니	天開絶勝滄浪境
풍월을 즐기는 마음 낚시터에 부치노라	風月襟懷付釣臺

703 대 : 【攷證 卷2 臺】 바로 창랑대(滄浪臺)이다. 훗날 천연대(天淵臺)로 고쳤다.

704 어찌……잠기리오 : 【攷證 卷2 愁腸念時回】 한(漢)나라 사마천(司馬遷)의 〈소경 임안에게 답하는 편지〔報任少卿書〕〉에 "애간장이 하루에 아홉 번이나 뒤틀린다.〔腸一日而九回〕"라고 하였다. 《漢書 司馬遷傳》

KNP0213(詩-內卷2-207~209)

한 해가 끝날 즈음에 금문원[705]·금훈지[706]·김자후[707]가 돌아가려 하므로 시를 지어 보여주어 면려하고 또한 스스로 경계하고 안도[708]에게도 경계하다. 3수 【정사년(1557, 명종12, 57세) 12월 하순 추정. 예안(禮安)】

歲終 琴聞遠琴壎之金子厚將歸 示詩相勉 亦以自警 警安道 三首

(詩-內卷2-207)

문필로 명예 다투어 이미 참됨을 잃었는데	翰墨爭名已喪眞
과거 공부도 남보다 못함을 어찌하리오	那堪擧業又低人
안타깝게도 지난날은 쏜살같이 지나갔으니	可憐往日如奔駟
오는 해 공부는 어찌 날마다 새롭게 하지 않으리오	來歲工夫盍日新

705 금문원 : 【譯注】 금난수(琴蘭秀, 1530~1604)로, 본관은 봉화(奉化), 자는 문원, 호는 성재(惺齋)·고산주인(孤山主人)이다.

706 금훈지 : 【譯注】 금응훈(琴應壎, 1540~1616)으로, 본관은 봉화(奉化), 자는 훈지(壎之), 호는 면진재(勉進齋)이다.

707 김자후 : 【攷證 卷2 金子厚】 김전(金坱, 1538~1575)으로, 자는 자후, 호는 구봉(九峯)이다. 김부인(金富仁)의 아들이다. 명(明)나라 세종(世宗) 가정(嘉靖) 무술년(1538, 중종33)에 태어났다. 일찍부터 선생의 문하에서 수학하였으며, 문학으로 이름이 났다.

708 안도 : 【攷證 卷2 安道】 이안도(李安道, 1541~1584)로, 자는 봉원(逢原), 호는 몽재(蒙齋)이다. 선생의 장손으로 명(明)나라 세종(世宗) 가정(嘉靖) 신축년(1541, 중종36)에 태어났다. 어려서부터 단정했으며 집안의 가르침을 받아 당시의 여러 현자에게 인정받았다. 사마시에 합격했고 관직은 직장(直長)을 지냈다. 일찍 죽었다.

〈詩-內卷2-208〉

과거가 어찌 사람에게 누를 끼칠 수 있겠나　科目焉能累得人
학문이 통하면 모든 이치 다 펴지리라　學通諸理可兼伸
어찌하여 온 세상 훌륭한 영재들이　如何滿世英才美
한 번 빠져 종신토록 돌이키지 못하는가　一落終身未轉身

〈詩-內卷2-209〉

비길 수 없이 귀중한[709] 남자의 몸으로 태어났으니　生爲男子不訾身
이 학문을 어찌 다른 이에게 양보하리오　此事何須讓別人
국량 좁아[710] 이룬 것이 없는 건 나약함 때문일지니　齷齪無成應坐懦
지금부턴 노력하여 시간을 다투어야 하리[711]　從今努力競時辰

709 비길……귀중한 : 【攷證 卷2 不訾身】《한서》〈합관요전(蓋寬饒傳)〉에 "헤아릴 수 없을 정도로 귀중한 몸〔不訾之軀〕을 등용한다."라고 하였는데, 당(唐)나라 안사고(顔師古)의 주석에 "자(訾)는 '헤아린다〔量〕'는 뜻이다. 헤아려 비길 수 없음을 말하니, 몹시 귀중하다는 뜻이다."라고 하였다.

710 국량 좁아 : 【攷證 卷2 齷齪】원(元)나라 웅충(熊忠)의 《고금운회거요(古今韻會擧要)》 권25에 "촉급하고 국량이 좁은 모양이다.〔急促局峽貌〕"라고 하였다.

711 시간을 다투어야 하리 : 【攷證 卷2 競時辰】송(宋)나라 주자(朱子)의 〈네 아우에게 보여주다〔示四弟〕〉 시에 "학문에 힘쓰고 몸을 닦는 것은 제때 해야 하니, 때를 다투어 부디 세월이 빨리 흐른다는 것을 생각하게.〔務學修身要及時, 競辰須念隙駒馳.〕"라고 하였다.

KNP0214(詩-內卷2-210)

상사 성운[712]이 속리산[713] 아래에 은거하고 있는데 황중거[714]가 찾아가서 시를 지어 부쳐주기에 차운하다 무오년(1558, 명종13, 58세) 【1~2월 추정. 예안(禮安)】

成上舍運隱居俗離山下 黃仲擧就訪 有詩見寄 次韻 戊午

내가 젊을 때 과거 시험장에서 이 사람을 바라보았으니 아직도 그 빼어난 모습이 기억난다.

예전엔 과장을 독차지한[715] 수재였는데 昔日專場秀
지금은 은거하는 노인이 되었어라 如今遯世翁
종남산은 벼슬하는 지름길이 아니니[716] 終南非捷徑

712 상사 성운(成運) : 【攷證 卷2 成上舍運】 1497~1579. 자는 건숙(健叔), 호는 태곡(太谷)이다. 창녕(昌寧) 사람이다. 명(明)나라 효종(孝宗) 홍치(弘治) 정사년(1497, 연산3)에 태어나, 사마시에 합격하고 참봉에 천거되었는데 직임을 수행한 지 며칠 만에 관직을 버리고 돌아왔다. 병인년(1566, 명종21)에 경학에 밝고 덕행이 있는 선비로 천거되어 조정에서 역마를 주어 불렀는데, 성운이 고사(固辭)해도 뜻을 얻지 못하자 서울에 이르러 사직상소를 올리고 돌아왔다. 선묘(宣廟) 초에 여러 번 조정에서 불렀으나 나아가지 않았다.

713 속리산 : 【攷證 卷2 俗離山】 충청도 보은현(報恩縣) 동쪽에 있다. 신라 시대에 이곳에 올라 중사(中祀)를 지냈다. 산 정상에 문장대(文莊臺)가 있다.

714 황중거 : 【譯注】 황준량(黃俊良, 1517~1563)으로, 본관은 평해(平海), 자는 중거(仲擧), 호는 금계(錦溪)이다.

715 과장을 독차지한 : 【攷證 卷2 專場】 진(晉)나라 반악(潘岳)의 〈사치부(射雉賦)〉에 "무리에서 빼어난 수꿩이 마당을 독차지하여 암꿩 두 마리를 끼고 있네.〔逸羣之鷹, 擅場挾兩.〕"라고 하였는데, 당(唐)나라 이선(李善) 주석에 "천(擅)은 '독차지한다〔專〕'는 뜻이다."라고 하였다. 당나라 한유(韓愈)의 〈평사 최입지에게 주다(贈崔立之評事)〉 시에 "그대는 당시 명성 독차지하며 부리와 발톱으로 기세등등했고, 나는 막 진지(陣地)를 펴 말 안장 정돈했었지.〔子時專場誇觜距, 余始張軍嚴韅靷.〕"라고 하였다.

곡구[717]에 진실로 유풍이 있네	谷口信遺風
용이 숨은 곳[718]이라 산기슭 윤기 나고	岸潤龍藏裏
옥을 품고 있어 산이 빛나는구나[719]	山輝玉韞中
그대와 창화한 시구를 외니	誦君相和句
높은 흥취가 내 가슴을 격동시키네	高興激人胸

716 종남산은……아니니 : 【攷證 卷2 終南捷徑】 당나라 노장용(盧藏用)이 처음에 종남산(終南山)에 은거했다가 만년에 도리어 권세와 이익을 따르자 사마승정(司馬承禎)이 "종남산은 벼슬을 하는 첩경이구나.〔終南, 仕宦之捷徑〕"라고 하였다. 《新唐書 盧藏用列傳》

717 곡구(谷口) : 【譯注】 한(漢)나라 정박(鄭樸)이 살던 곳으로, 은자가 사는 곳을 뜻한다. 정박은 대장군 왕봉(王鳳)의 초빙에도 응하지 않은 채 곡구에서 지조를 지키고 농사를 지으며 살았다. 《漢書 王貢兩龔鮑傳》

718 용이 숨은 곳 : 【攷證 卷2 龍藏】 송(宋)나라 왕백(王柏)의 〈시둔택의 화권에 제하다〔題時遁澤畫卷〕〉 시 10수 중 제3수에 "호랑이가 울부짖자 바람이 골짜기에 생겨나고, 용이 숨자 기운이 구름을 토해내네.〔虎嘯風生壑, 龍藏氣吐雲.〕"라고 하였다.

719 옥을……빛나는구나 : 【攷證 卷2 山輝玉韞】 송나라 주자(朱子)의 〈재거감흥(齋居感興)〉 시 20수 중 제3수에 "진주가 있는 못은 절로 아름답고, 옥을 품고 있는 산은 빛을 머금었네.〔珠藏澤自媚, 玉韞山含輝.〕"라고 하였다.

KNP0215(詩-內卷2-211)

수재 이숙헌[720]이 계상에 찾아오다 【무오년(1558, 명종13, 58세) 2월 6~8일 추정. 예안(禮安)】

李秀才叔獻 見訪溪上

세상 사람들 예로부터 이 학문 의심하여　從來此學世驚疑
이욕 얻기 위해 경서 궁리하니 도는 더욱 멀어졌네　射利窮經道益離
감사하게도 그대 홀로 깊이 마음 쏟으니　感子獨能深致意
그대 말 들으니 나로 하여금 새로운 깨달음 얻게 하는구나　令人聞語發新知

720 수재 이숙헌 : 【攷證 卷2 叔獻】 이이(李珥, 1536~1584)로, 자는 숙헌, 호는 율곡(栗谷)이며, 덕수(德水) 사람이다. 명(明)나라 세종(世宗) 가정(嘉靖) 병신년(1536, 중종31)에 태어났다. 타고난 자질이 뛰어나고 경세제민을 자신의 임무로 여겼다. 23세에 선생을 찾아뵙고 주일응사(主一應事)의 요체에 대해 물었다. 훗날 우계(牛溪 성혼(成渾))와 사단칠정(四端七情)을 논하였는데, 통틀어 이해하는 것〔渾淪〕을 위주로 하였다. 과거에 급제하여 관직이 우찬성에 이르렀다. 명나라 사신이 조서를 반포할 때 공이 원접사가 되었는데, 명나라 사신이 "그대가 〈천도책(天道策)〉을 지은 자인가?"라 묻고는 매우 지극히 예를 갖추어 공경했다. 시호는 문성(文成)이다.

KNP0216(詩-內卷2-212)

창랑대에서 회포를 읊다 【무오년(1558, 명종13, 58세) 2~5월 추정. 예안(禮安)】

滄浪詠懷

풍진 속에 허겁지겁 살며 몇 번이나 머뭇거렸던가 風埃顚倒幾逡巡
산림에 있는 현세의 몸[721] 오히려 기쁘구나 尙喜林泉見在身
전약수[722]는 응당 성주를 잊지 않았을 터이니 若水不應忘聖主
왕희지는 어째서 굳이 부모님께 맹세했는가[723] 羲之何必誓尊人
병산에 편히 앉아 내리는 비 바라보고 屛山宴坐看飛雨
낙동강에 한가로이 가서 헤엄치는 물고기 구경하네 洛水閒臨玩躍鱗
요산요수의 묘한 뜻[724] 어찌 알 수 있으리오 二樂安能知妙趣

---

721 현세의 몸 : 【攷證 卷2 見在身】 불가에서 과거·현재·내세를 삼세(三世)로 삼는다. 송(宋)나라 소식(蘇軾)의 〈밀주에 들러 조명숙과 교우공에게 차운하다〔過密州次韻趙明叔喬禹功〕〉 시에 "누런 닭이 처량한 노래로 새벽 알리고, 백발인 현세 이 몸은 쇠잔해졌네.〔黃雞唱曉凄涼曲, 白髮驚秋見在身.〕"라고 하였다.

722 전약수 : 【攷證 卷2 若水】 960~1003. 자는 담성(淡成)·장경(長卿)이고, 하남(河南) 사람이다. 관직이 추밀 부사(樞密副使)에 이르렀는데, 40세의 젊은 나이로 관직에서 과감히 물러났다.

723 왕희지는……맹세했는가 : 【攷證 卷2 羲之何必誓尊人】 진(晉)나라 왕희지(王羲之)는 왕술(王述)과 명성이 나란하였는데, 왕희지는 왕술을 몹시 무시했다. 왕희지가 회계 군수(會稽郡守)로 있을 때, 왕술이 양주 자사(楊州刺史)에 제수되어 회계를 검찰하며 왕희지의 잘잘못을 일부러 따지자, 왕희지가 병을 핑계 대고 회계군을 떠나서 부모의 무덤 앞에서 맹세하기를, "지금 이후로 염치를 무릅쓰고 구차하게 관직에 나아가길 탐한다면 이는 부모님을 존경하는 마음이 없는 것이니〔有無尊之心〕 자식이 아닙니다."라고 하였다. 《晉書 王羲之列傳》

724 요산요수의 묘한 뜻 : 【譯註】 공자가 "지혜로운 자는 물을 좋아하고 어진 자는

다만 눈앞의 광경이 새로울 뿐　眼前光景只今新

산을 좋아한다.〔智者樂水, 仁者樂山.〕"라고 한 것을 가리킨다.《論語 雍也》

KNP0217(詩-內卷2-213~217)

상사 조사경[725]의 시에 화운하다. 5수 【무오년(1558, 명종13, 58세) 6월 9일 추정. 예안(禮安)】

和趙上舍士敬 五首

(詩-內卷2-213)

어부는 창랑 노래로 청탁을 말해주었고[726] 漁父滄浪喩濁淸
도공은 전원에 돌아가[727] 명성을 감추고자 했지[728] 陶公歸去願藏聲
재주 없으니 몸소 농사지어 먹는 걸 어찌 따질 필요 있으랴 非才食力何須問
단지 이 몸 한가로이 지내는 것 임금께 부끄러워라 只自端居愧聖明

---

725 조사경 : 【譯注】 조목(趙穆, 1524~1605)으로, 본관은 횡성(橫城), 자는 사경(士敬), 호는 월천(月川)·동고(東皐)이다. 이황의 문인으로, 누차 조정에서 내린 벼슬을 사양하고 학문에 전념하였다.

726 어부는……말해주었고 : 【譯注】 전국 시대 초(楚)나라 굴원(屈原)이 조정에서 쫓겨나 강호에 있을 때 어부를 만났는데, 굴원이 세상 사람들이 모두 취해있건만 자신은 홀로 깨어 있어 쫓겨났다고 말하자, 어부가 노래하기를 "창랑의 물이 맑으면 나의 갓끈을 씻고, 창랑의 물이 흐리면 나의 발을 씻으리라.〔滄浪之水淸兮, 可以濯我纓, 滄浪之水濁兮, 可以濯我足.〕"라고 하였다. 《楚辭 漁父辭》

727 도공은 전원에 돌아가 : 【譯注】 도공은 진(晉)나라 도연명(陶淵明)을 가리킨다. 도연명은 팽택 영(彭澤令)으로 있다가 벼슬을 버리고 전원으로 돌아가 은거했다. 《晉書 陶潛列傳》

728 명성을 감추고자 했지 : 【攷證 卷2 願藏聲】 《한서》 〈양웅전(揚雄傳)〉에 "하늘이 그 소리를 거두어들이고 땅은 그 열을 감추어 둔다.〔天收其聲, 地藏其熱.〕"라고 하였다. 《진서》 〈은일열전(隱逸列傳)〉에 "강가와 바닷가에서 명성을 감춘다.〔藏聲於江海之〕"라고 하였다. 【校解】 《고증》에 '熱'이 '影'으로 되어 있는데, 《한서》에 의거하여 수정하였다.

(詩-內卷2-214)

천 이랑 넓은 호수를 어찌 맑거나 흐리게 할 수 있으리오[729] 千頃黃陂豈濁淸
본래 형체가 크면 절로 소리도 큰 법이지[730] 由來形大自宏聲
나에겐 좋은 자질도 깊은 학문도 없으니 我無美質兼深學
선현 말씀이 해처럼 밝다는 것만 부질없이 알 뿐 空覺前言皦日明

(詩-內卷2-215)

끊임없이[731] 내달리는 물결은 맑아질 줄 모르고 澒洞奔流不解淸
처마의 빗방울 소리는 밤낮으로 요란하네 簷聲晝夜亂渠聲
어찌하면 두둥실 떠 있는 뭉게구름을 헤치고서 何因上抉浮雲積
태양을 굴려[732] 천지 사방을 환하게 열거나 六合褰開輾大明

729 천……있으리오 : 【攷證 卷2 千頃黃陂豈濁淸】 한(漢)나라 곽태(郭泰)가 황헌(黃憲)의 인품을 평하여 "숙도의 도량은 천 이랑의 호수처럼 넓디넓어, 맑게 해도 맑아지지 않고 흐리게 해도 흐려지지 않으니, 헤아릴 수 없다.〔叔度汪汪若千頃陂, 澄之不淸, 淆之不濁, 不可量也.〕"라고 하였다. 《後漢書 黃憲列傳》

730 본래……법이지 : 【攷證 卷2 形大宏聲】 당(唐)나라 한유(韓愈)의 〈위지생에게 답하는 편지〔答尉遲生書〕〉에 "형체가 크면 소리가 크다.〔形大而聲宏〕"라고 하였다. 【校解】 《고증》에 '而'가 '者'로 되어 있는데, 통행본 《한창려집(韓昌黎集)》에 의거하여 수정하였다.

731 끊임없이 : 【攷證 卷2 澒洞】 당(唐)나라 두보(杜甫)의 〈서울에서 봉선현으로 부임하여 감회를 읊은 시 500자〔自京赴奉先縣詠懷五百字〕〉 시에 "근심스런 마음 종남산처럼 크니, 끊임없는 근심을 그칠 수 없네.〔憂端齊終南, 澒洞不可掇.〕"라고 하였다.

732 태양을 굴려 : 【攷證 卷2 輾大明】 전(輾)은 원(元)나라 웅충(熊忠)의 《고금운회거요(古今韻會擧要)》 권22에 "바퀴를 굴려 곡식을 찧는 것이다.〔轉輪治穀也〕"라고 하였다.

(詩-內卷2-216)

어두컴컴한 온 세상[733] 누가 맑게 해줄까	八表同昏誰與淸
오두막에 파리 모기 앵앵대는 소리 우레 같아라[734]	蠅蚊圭蓽殷雷聲
작은 서재에 다행히 마음 깨우는 곳 있으니	小齋賴有醒心處
푸른 대나무 붉은 접시꽃이 책상에 밝게 비치네	綠竹紅葵映案明

(詩-內卷2-217)

무겁고 탁한 것과 가볍고 맑은 것 누가 나눴나[735]	誰分重濁與輕淸

733 어두컴컴한 온 세상 : 【攷證 卷2 八表同昏】 진(晉)나라 도연명의 〈정운(停雲)〉 시에 나오는 말이다. 【校解】 도연명의 〈정운〉 시에 "팔방이 모두 어둑하고, 육지가 강이 되었네.〔八表同昏, 平陸成江.〕"라고 하였다.

734 오두막에……같아라 : 【譯注】 참소하는 말이 시끄럽게 들리는 것을 비유한 말이다. 【攷證 卷2 蠅蚊圭蓽殷雷聲】 《시경》의 주석에 "〈청승(靑蠅)〉 편은 참소하는 사람을 풍자한 것이다."라고 하였다. 한(漢)나라 중산정왕(中山靖王)의 〈문락대(聞樂對)〉에서 자신을 참소하는 말에 대해 해명하면서 "뭇사람의 입김에 산이 떠내려가고, 모기 소리가 모여 우레가 됩니다.〔衆煦漂山, 聚蟁成靁.〕"라고 하였다. 《예기》 〈유행(儒行)〉의 '필문규두(蓽門圭竇)'에 대한 당(唐)나라 공영달(孔穎達)의 소(疏)에 "담장 위에 창문을 뚫었는데 위는 뾰족하고 아래는 네모져서 홀〔圭〕 모양과 같다."라고 하였다. 송(宋)나라 소식(蘇軾)의 〈황노직이 부쳐 준 고풍에 차운하다〔次韻黃魯直見贈古風〕〉 시에 "그대는 보라, 오뉴월에 모기가 회랑에서 떼지어 앵앵거리는 것을.〔君看五六月, 飛蚊殷回廊.〕"이라고 하였다. 【校解】 《고증》에 '靑蠅'이 '蒼蠅'으로 되어 있는데, 《시경집전(詩經集傳)》에 의거하여 수정하였다. 《고증》에 소식 시의 '回廊'이 '雷聲'으로 되어 있는데, 통행본 《동파전집(東坡全集)》에 의거하여 수정하였다.

735 무겁고……나눴나 : 【譯注】 기(氣)의 경중청탁에 따라 천지가 나뉘었다는 의미이다. 《주자어류(朱子語類)》 권1 〈이기(理氣)〉에 다음과 같은 내용이 있다. "오직 하늘이 빠르게 돌기 때문에 중간에 수많은 찌꺼기가 굳어진다. 땅은 기의 찌꺼기이니, 이 때문에 '가볍고 맑은 것은 하늘이 되고, 무겁고 탁한 것이 땅이 된다.〔輕淸者爲天, 重濁者爲地.〕'라고 말한 것이다."

이 이치에 어찌 냄새와 소리가 있었던가[736] 此理何曾有臭聲

복희와 문왕의 천고의 뜻을 알고자 하면 欲識羲文千古意

운대의 스승께서 참으로 사람을 밝게 깨우쳤다네[737] 雲臺眞箇牖人明

-일찍이 조사경(趙士敬)과 《역학계몽(易學啓蒙)》을 논한 적이 있다.-

736 이……있었던가 : 【譯注】 형이상의 지극한 도를 의미한다. 《시경》 〈대아(大雅) 문왕(文王)〉에 "상천의 일은 소리도 없고 냄새도 없다.〔上天之載, 無聲無臭.〕"라고 하였는데, 송(宋)나라 주희(朱熹)가 '무극이태극(無極而太極)'의 의미를 풀이하면서 이 구절을 인용하여 "하늘의 일은 소리도 없고 냄새도 없지만 실제로는 조화의 중심축이고 만물의 뿌리이다. 그러므로 '무극이면서 태극이다.'라고 말했으니, 태극 밖에 다시 무극이 있는 것이 아니다."라고 하였다. 《晦庵集 卷36 答陸子靜》

737 운대의……깨우쳤다네 : 【譯注】 송나라 주희가 1185년에 운대관 사관(雲臺觀祠官)에 제수되었는데 이듬해에 《역학계몽(易學啓蒙)》이 완성되었으므로, 그 서문의 끝에 "운대진일(雲臺眞逸)은 직접 기록한다."라고 하였다. 《晦庵集 卷76 易學啓蒙序》

KNP0218(詩-內卷2-218)

이인중[738]에게 답하다 【무오년(1558, 명종13, 58세) 6월 9일경 추정. 예안(禮安)】

答李仁仲

그 언제나 골짜기에 쌓인 그늘 맑아져	何時洞壑積陰淸
나막신 굽 소리 내며 산에 찾아갈 수 있을거나[739]	可試尋山屐齒聲
빈방에 묵묵히 앉아 자연의 변화를 살펴보니	默坐虛堂看變化
밝자마자 도로 어두워져 어둠이 밝아지기 어렵구나	才明還晦晦難明

738 이인중 : 【譯注】 이명홍(李命弘, ?~1560)으로, 본관은 영천(永川), 자는 인중(仁仲), 호는 곤재(坤齋)이다. 이현보(李賢輔)의 종손(從孫)이며, 이황의 문인이다.

739 나막신……있을거나 : 【攷證 卷2 尋山屐齒】 살펴보건대, 남조 시대 송(宋)나라 사령운(謝靈運)이 산을 찾아 올라갈 때 반드시 깊숙하고 가파른 곳에 이르렀는데, 나막신〔木屐〕을 신고서 산에 오를 때는 앞굽〔前齒〕을 떼어내고 산을 내려올 때는 뒷굽〔後齒〕을 떼어냈다. 또한 납극(蠟屐)이라고도 한다. 《南史 謝靈運列傳》【要存錄 卷2】 이때 이인중과 조사경(趙士敬 조목(趙穆))이 월란대(月瀾臺)에 있었다.

KNP0219(詩-內卷2-219)

비가 몹시 내리기에 감회가 일다 【무오년(1558, 명종13, 58세) 7월(15일 이전) 추정. 예안(禮安)】

甚雨有感

이대성(李大成)[740]이 화답한 이대용(李大用)[741]의 시에 차운하다.

지난해는 여름엔 가물었으나 가을엔 풍년이었으니	去年夏旱秋大熟
베 한 필로 쌀 세 가마를 바꾸고도 남았지	穀斛贏三匹布換
그러므로 못이 말라야 벼 풍성해짐을 알았으니	故知渴澤禾乃盛
하늘의 공이 배요 사람이 한 일은 절반 뿐이로다	倍見天功人事半
올해 여름 장마 가을까지 넘어와	今年夏潦跨秋月
황하로 온갖 물 흘러들 듯[742] 오래도 내리네	長似黃河百川灌
다만 천표[743]가 멈추지 않고 쏟아질까 두려우니	直恐天瓢瀉不停

740 이대성 : 【譯注】 이문량(李文樑, 1498~1581)으로, 본관은 영천(永川), 자는 대성(大成), 호는 벽오(碧梧)이다. 이현보(李賢輔)의 둘째 아들이다.

741 이대용 : 【譯注】 이숙량(李叔樑, 1519~1592)으로, 본관은 영천(永川), 자는 대용(大用), 호는 매암(梅巖)이다. 이현보의 여섯째 아들이다.

742 온갖……듯 : 【攷證 卷2 百川灌】 《장자》 〈추수(秋水)〉에 "가을이 되자 물이 불어나 모든 물이 황하로 흘러든다.〔秋水時至, 百川灌河.〕"라고 하였다.

743 천표 : 【譯注】 당(唐)나라 이정(李靖)이 비를 내리는 데 썼다는 표주박을 가리킨다. 【攷證 卷2 天瓢】 송(宋)나라 소식(蘇軾)의 〈26일 5경에 떠나……〔二十六日五更起行……〕〉 시에 "어떻게 하면 꿈속에서 천둥 벼락의 수레를 타고, 말 위에서 천표를 기울여 내리쏟아 볼거나.〔安得夢隨霹靂駕, 馬上傾倒天瓢翻?〕"라고 하였는데, 송나라 조차공(趙次公)의 주석에 다음과 같이 말했다. "이정이 어느 날 밤 한 집에서 묵었는데 늙은 여인이 그를 맞이하였다. 한밤중에 어떤 사람이 문을 두드리자 늙은 여인이 말하기를, '하늘의 부신〔天符〕이 이르렀습니다.'라 하고, 이정에게 고하기를 '저는 늙은 용입니다. 지금 하늘이 비를 내리라 명했으니 한 번 발걸음해 주십시오.'라고 하였다. 이윽고 장대

달이 필성(畢星)에 걸리는 일[744]이 잦은 것 아니겠는가 無乃月畢離無算

땅은 곪아 터지고[745] 밭은 전부 잡초로 뒤덮이니 后土瘡痍田卒萊

농부들이 일손 놓고 서로 한숨만 쉬네 農夫輟手相吁嘆

수재가 한재보다 심하다고 다들 말하니 皆言水災甚旱災

남은 백성 없는 것이 〈운한〉[746] 같을 뿐만이 아니구나 靡孑非徒若雲漢

날이면 날마다 밤이면 밤마다 日復日兮夜復夜

사방 들판에 홍수가 가득한 것만 보이네 但見四野洪流漫

국가의 제사들을 잘 모시려면 서직이 있어야 하니 明禋百祀在黍稷

공납 바치지 못한다면 음식을 어찌 마련하리오 闕賦將何供執爨

성난 파도 부서져 구릉과 골짜기 변하고 怒潰波濤陵谷變

어룡이 놀라 구멍을 바꾸어 숨네 驚改窟穴魚龍竄

하나를 이정이 타게 하고, 표주박 하나를 주면서 '이것을 타고 가는 곳마다 버드나무 가지로 표주박의 물을 뿌리면 비가 내릴 것입니다.'라고 하였다."【校解】《고증》에 소식 시의 '傾'이 '顚'으로 되어 있는데, 통행본《동파전집(東坡全集)》에 의거하여 수정하였다.

744 달이……일 : 【譯注】 비가 내릴 조짐을 의미한다. 《시경》〈소아(小雅) 삼삼지석(漸漸之石)〉에 "달이 필성에 걸리니, 비가 주룩주룩 내리리.〔月離于畢, 俾滂沱矣.〕"라고 하였다.

745 땅은 곪아 터지고 : 【攷證 卷2 后土瘡痍】 당나라 백거이(白居易)의 〈정 시어의 「비가 많이 내려 봄이 헛되이 지나가다」 시 30운에 수창하다〔酬鄭侍御多雨春空過詩三十韻〕〉 시에 "주룩주룩 쏟아지니 하늘이 새는 듯하고, 질척질척하니 땅이 곪아 터진 듯하네.〔浸淫天似漏, 沮洳地成瘡.〕"라고 하였다.

746 운한 : 【譯注】 대란(大亂)을 겪은 뒤에 살아남은 백성이 없음을 읊은 시이다. 《시경》〈대아(大雅) 운한(雲漢)〉에 "주나라에 남아있는 백성들이 한 사람도 없다.〔周餘黎民, 靡有孑遺.〕"라고 하였다.

근래 듣자니 벼는 유독 무성하다고 하나	近聞秔稻獨峻茂
지력 마비됐으니[747] 또한 풍년이 들긴[748] 어렵겠구나	地痺嘉成亦難判
산골 늙은이는 하늘과 사람의 이치 알지 못하니	山翁未測天人理
《주역》과 〈홍범〉의 이치 뉘라서 조금이라도 알리오	易範誰能管窺玩
천재지변의 재앙에는 응당 까닭이 있을 것이니	日暘之咎應有由
용이 싸워 생긴 상처[749] 끊기지 않기 때문이리라	龍戰之傷坐不斷
본래 하늘의 경계는 밝고 밝으니	由來天戒本昭昭
크게 호령하여 무젖게 하는 것[750]이 어찌 어렵겠는가	大號何難施渙汗
음의 재앙이 바름을 가려[751] 양이 차츰 미약해지니	鼂陰薄正陽寖微
옛 성인은 간곡히 치란을 염려했네	古聖丁寧慮治亂
양이 이기고 음이 이기지 못하게 하려면	可令陽勝莫陰勝
이런 이치는 바로 이윤과 주공의 도움 필요하지	此理正待伊周贊

747 지력 마비됐으니 :【攷證 卷2 地痺】 살펴보건대, 지비(地痺)는 비가 많이 내려 지력(地力)이 마비되었음을 말한다.

748 풍년이 들긴 :【攷證 卷2 嘉成】《국어(國語)》〈초어 하(楚語下)〉에 "흙의 기운이 수축하고 맑은 천기(天氣)가 성하게 일어나며, 온갖 좋은 곡식이 집에 비축되고〔百嘉備舍〕, 여러 신들이 모두 출행합니다."라고 하였다.

749 용이……상처 :【譯注】 도(道)가 궁하여 세상이 혼란함을 의미한다. 《주역》〈곤괘(坤卦) 육오(六五)〉 효사(爻辭)에 "용이 들판에서 싸우니, 그 피가 검고 누렇다.〔龍戰于野, 其血玄黃.〕"라고 하였다.

750 크게……것 :【攷證 卷2 大號施渙汗】《주역》〈환괘(渙卦) 구오(九五)〉 효사(爻辭)에 " 환산(渙散)의 때에 큰 호령을 내되 땀이 나듯 한다.〔渙汗其大號〕"라고 하였는데, 송나라 정이(程頤)의 《역전(易傳)》에 "제왕의 명령이 민심에 무젖는 것이 사람의 몸에서 나는 땀이 사지에 홍건한 것과 같다."라고 하였다.

751 음의……가려 :【攷證 卷2 鼂陰薄正】《강록(江錄)》에 "그 당시의 월식을 가리키는 듯하다. 혹자는 장맛비를 가리킨다고도 한다."라고 하였다.

이 한 몸 야위어 온갖 병 얽혀 있으니　一身羸瘠百疾纏
문 닫고 굶주린 채 누워 눈썹만 찌푸리네　閉門飢臥愁眉攢
-찬(攢)은 거성이다. 《고금운회거요(古今韻會擧要)》에 보인다.-
이상 기후 만나면 조섭하기 더욱 어려우니　調息尤難値愆候
미약할 때 막든 성할 때 막든 그 이치는 하나라네　防微遏盛理一貫
두 분의 탄식하는 노래 훈지[752]와 비슷하니　兩君吟嘆類壎篪
화답하고 싶으나 시상이 말라 누차 팔짱만 끼노라[753]　欲和思乾屢搊腕
그럭저럭 애써 간담을 짜내어 시 지었으니[754]　雕鐫肝腎聊自强
부쳐 보내어 한 번 웃음 짓게 한들[755] 어떠리　寄處何妨發一粲

752 훈지 : 【譯注】 '훈(壎)'과 지(篪)'는 모두 악기 이름으로 주로 형제간에 화목하게 지내는 것을 비유하는 말로 쓰이는데, 여기서는 이숙량의 시와 이문량의 화운시가 조화를 이룬 것을 뜻한다.

753 팔짱만 끼노라 : 【攷證 卷2 搊腕】 원(元)나라 웅충(熊忠)의 《고금운회거요(古今韻會擧要)》 권25에 "'搊'은 독음이 극(戟)이니, 지닌다〔持〕는 뜻이다."라고 하였고, 《고금운회거요》 권21에 "완(腕)은 팔이다."라고 하였다.

754 간담을……지었으니 : 【攷證 卷2 雕鐫肝腎】 시를 짓는 것을 말한다. 당나라 한유(韓愈)의 〈평사 입지에게 주다〔贈崔立之評事〕〉 시에 "그대에게 권하노니, 숨어서 수양하며 임금의 부름을 기다릴 것이요, 글 다듬느라 간과 신장 근심스럽게 할 필요 없네.〔勸君韜養待徵招, 不用雕琢愁肝腎.〕"라고 하였다.

755 한……한들 : 【攷證 卷2 發一粲】 《춘추곡량전(春秋穀梁傳)》 소공(昭公) 3년에 "군인들이 환하게 모두 웃었다.〔軍人粲然皆笑〕"라고 하였는데, 진(晉)나라 범녕(范甯)의 주석에 "찬(粲)은 희다는 뜻이다. 군중이 모두 웃어 치아가 하얗게 드러난 것이다."라고 하였다.

KNP0220(詩-內卷2-220~221)

7월 16일에 오랜 비가 막 개어 자하봉에 올라 짓다. 2수

【무오년(1558, 명종13, 58세) 7월 16일. 예안(禮安)】

七月旣望 久雨新晴 登紫霞峯作 二首

(詩-內卷2-220)

들 드넓고 하늘 높으며 오랜 비 개니	野曠天高積雨晴
푸른 산이 에워싸 솔바람 소리[756] 나네	碧山環帶翠濤聲
그러므로 산수의 끝없는 흥취 알겠으니	故知山水無涯興
괜스레 번잡한 세상일에 얽히지 마세	莫使無端世累攖

(詩-內卷2-221)

푸른 들은 초가을 풍경이요	綠野新秋色
맑은 강엔 하늘 잠시 개었네	滄江乍霽天
높은 봉우리는 노을 밖에 아스라하고	高峯霞外逈
소사[757]는 벼랑에 매달려 있구나	蕭寺壁中懸

756 솔바람 소리 : 【攷證 卷2 翠濤聲】 살펴보건대, 《정본 퇴계전서》 권2 〈고향에 돌아온 뒤 이중구가 부쳐준 시에 차운하다〔歸山後次韻李仲久見寄〕〉 시에 "스스로 부끄럽구나, 모산의 은자도 아니면서 누워서 푸른 물결 이는 소나무 소리를 듣는 것이.〔自慙不是茅山隱, 臥聽松聲殷翠濤.〕"라고 하였으니, 이 또한 소나무 소리로 보아야 한다.

757 소사 : 【譯注】 암자를 말한다. 【攷證 卷2 蕭寺】 살펴보건대, 양 무제(梁武帝)가 불사(佛寺)를 만들고, 소자운(蕭子雲)으로 하여금 비백체(飛白體)로 '소사(蕭寺)' 두 글자를 크게 쓰도록 했는데, 지금까지 한 글자가 여전히 남아있다. 당(唐)나라 이약(李約)이 재산을 팔고 돌아와 작은 집 하나를 짓고 완미했는데, 이름을 '소사(蕭寺)'라고 하였다. 《山堂肆考 卷133 字學》 【要存錄 卷2】 월란암(月瀾庵)이 동쪽 기슭 벼랑에 있다.

분천[758]의 나무는 또렷하고	歷歷汾川樹
목곡[759]의 아지랑이는 어렴풋하네	依依牧谷烟
우연히 와서 홀로 즐기니	偶來成獨樂
속인에게는 전하지 말자꾸나	莫遣俗人傳

758 분천 : 【譯註】 농암(聾巖) 이현보(李賢輔)가 살던 예안현(禮安縣)의 시내 이름으로, 지금의 경상북도 안동시 도산면에 있다. 【攷證 卷2 汾川】《정본 퇴계전서》 권1 〈도산잡영(陶山雜詠)〉에 보인다.

759 목곡 : 【攷證 卷2 牧谷】 단사곡(丹砂曲) 위 백운지(白雲池) 아래에 있다.

KNP0221(詩-內卷2-222)

9월에 서울로 떠나 25일에 비로소 험로를 벗어나서 유신[760]에 당도하다[761] 【무오년(1558, 명종13, 58세) 9월 25일. 충주(忠州)】

九月如京 卄五日始出險 抵惟新

한 가닥 길 아스라이 서울[762]로 이어지는데	一路迢迢接玉京
산도 많고 강도 많아 너무도 가기 어렵구나	多山多水儘難行
타향 이르는 곳마다 교묘한 술수에 염증 나고	他鄉到處厭機巧
나그네 만날 때마다 물정을 알겠노라	逆客逢時知物情
서리 기운이 새벽녘 높은 산에 스며들어 싸늘하고	霜氣曉侵喬嶽冷
기러기 떼는 멀리 조각구름을 끼고 비껴가네	鴈行遙帶片雲橫
지난날 구학[763]에서 풍류를 즐겼던 일	向來丘壑風流事

760 유신 : 【攷證 卷2 惟新】 살펴보건대, 명종(明宗) 기유년(1549, 명종4)에 이홍남(李洪男)이 고변(告變)하여 그 아우 이홍윤(李洪胤)이 역모를 꾀한다고 알렸으니, 충주목(忠州牧)을 강등해 유신현(惟新縣)으로 삼았다. 자세한 내용은 《정본 퇴계전서》 권8 KNL1205 〈정자중에게 답하다〔答鄭子中〕〉에 보인다.

761 9월에……당도하다 : 【攷證 卷2 九月如京云云】 《퇴계선생연보》 권1에 다음과 같은 내용이 있다. "무오년(1558, 명종13). 9월에 소명(召命)에 나아가 서울에 들어갔다. 10월에 대사성에 임명되었다. 이보다 앞서 영의정 심연원(沈連源)이 경연 자리에서 선생을 경관직(京官職)에 제수하길 계청(啓請)했으므로, 감사(監司)로 하여금 공경히 전송하게 했다. 선생이 상소를 올려 치사(致仕)하자, 상께서 어찰로 답하기를 '윤허하지 않는다.'고 하셨다. 마침내 선생이 명을 받들어 서울로 갔다."

762 서울 : 【攷證 卷2 玉京】 당(唐)나라 이백(李白)의 〈난리를 겪은 후에 임금의 은덕으로 야랑에 유배되어……〔經亂離後天恩流夜郎……〕〉 시에 "천상의 백옥경에는 열두 누각 다섯 성이 있네.〔天上白玉京, 十二樓五城.〕"라고 하였다.

763 구학 : 【譯注】 '일구일학(一丘一壑)'의 준말로, 초야의 은거지를 뜻하는 말이다. 【攷證 卷2 丘壑】 《한서》 〈서전(敍傳)〉에 "한 언덕〔一丘〕에서 낚시질하니 만물이 그 뜻을

말없이 돌아보며 역정에 기대노라　　　　回首無言倚驛亭

-이때 서울에서 온 자들이 다들 세간의 여론을 전해주었다.-

침범할 수 없고, 한 골짜기〔一壑〕에 느긋이 거처하니 하늘이 그 즐거움을 바꾸지 못한다."
라고 하였다.

KNP0222(詩-內卷2-223)

비를 무릅쓰고 용안역[764]에 들어가다 【무오년(1558, 명종13, 58세) 9월 26일 추정. 충주(忠州)】

冒雨入用安驛

산속의 이 몸 미록 같은 성정[765] 지녔으니	山巖情性鹿麋同
근년 들어 천방옹[766] 신세 분수로 여기노라	自分年來天放翁
백발이라 홍진을 생각한 적 없으니	白髮紅塵曾不意
험한 길 여윈 말에 어떻게 마음을 추스를거나	畏途羸馬若爲衷
강호의 오랜 벗이 홀로 낚시질할까 근심되고	烟波舊伴愁孤釣
송죽의 새 거처 공역 끝나길 바라노라[767]	松竹新居望畢功
빗속 헤치고 진흙 길 걸어가 시골 객관에 묵으니	撥雨衝泥投野館
구름 돌아가는 저물녘에 상념이 하염없어라	歸雲落照思無窮

764 용안역 : 【攷證 卷2 用安驛】 역이 연원도(連原道)에 속해 있으니, 충주(忠州)에 있다.

765 미록 같은 성정 : 【譯注】 초야에서 자유롭게 지내고자 하는 성품을 가리킨다. 송(宋)나라 소식(蘇軾)의 〈추관 공문중이 보내온 시에 차운하다〔次韻孔文仲推官見贈〕〉 시에 "나는 본디 미록의 성품을 지녔고, 수레 끄는 말의 자질은 진실로 아니라네.〔我本麋鹿性, 諒非伏轅姿.〕"라고 하였다. 《蘇東坡詩集 卷8》

766 천방옹 : 【譯注】 자연 속에서 자유자재로 즐겁게 살아가는 것을 의미한다. 《장자》 〈마제(馬蹄)〉에 "순일하여 한쪽에 치우치지 않는 것을 일컬어 천방이라 한다.〔一而不黨, 命曰天放.〕"라고 하였다.

767 송죽의……바라노라 : 【攷證 卷2 松竹新居望畢功】 《강록(江錄)》에 "이때 도산정사(陶山精舍)가 아직 모양새를 갖추지 못했다."라고 하였다.

KNP0223(詩-內卷2-224~225)

막 도성에 들어서자 송강[768]이 송주를 보내 주고 절구 두 수로써 권하므로 차운하여 사례하다 【무오년(1558, 명종13, 58세) 10월 초순 추정. 서울】

初入城 松岡餉松酒 侑以二絶 次韻謝之

(詩-內卷2-224)

사슴이 산림에서 뛰어다닌 지[769] 오랜 세월 지났고　鹿走山林歲月深
물고기는 곤궁하여 작은 웅덩이[770]도 한탄할 줄 모르네　魚窮不解嘆蹄涔
어찌 알았으랴, 오늘 밤 고향을 그리는 꿈이　豈知今夜思鄕夢
장락궁 새벽 종소리[771]에 놀라서 깰 줄을　驚破晨鐘長樂音

---

768 송강 : 【譯注】 조사수(趙士秀, 1502~1558)로, 본관은 양주(楊州), 자는 계임(季任), 호는 송강(松岡), 시호는 문정(文貞)이다. 제주 목사(濟州牧使)·경상도 관찰사(慶尙道觀察使)·이조 판서·형조 판서·공조 판서 등 중앙과 지방의 관직을 두루 역임했다.

769 사슴이……지 : 【譯注】 속진을 떠나 산림에 은거하는 것을 뜻한다. 【攷證 卷2 鹿走山林】 《한시외전(韓詩外傳)》에 나오는 말이다. 【校解】 춘추 시대 제(齊)나라 최저(崔杼)가 장공(莊公)을 시해하고 사대부들을 모아 맹약할 때 안영(晏嬰)이 끝내 뜻을 굽히지 않자, 최저는 그 뜻을 굽히지 못하고 돌아가게 하였다. 안영이 돌아가는 길에 마부가 수레를 급히 몰자, 안영이 "미록이 산림에 살지만〔麋鹿在山林〕 그 목숨은 주방에 있고, 내 목숨은 다른 이에게 달려있는데 어찌 수레를 빨리 몰고 있단 말인가?"라고 하며 절도를 지키면서 떠나갔다. 《韓詩外傳 卷2》

770 작은 웅덩이 : 【攷證 卷2 蹄涔】 《회남자》 〈범론훈(氾論訓)〉에 "소의 발자국에 고인 물〔牛蹄之涔〕에는 잉어나 다랑어가 살 수 없다."라고 하였는데, 한(漢)나라 고유(高誘)의 주석에 "소의 발자국에 가득 차 있으니, 그 작음을 말한 것이다."라고 하였다. 【校解】 《고증》에 출전이 《회남자》를 《장자》라고 한 것은 오류이다.

771 장락궁 새벽 종소리 : 【譯注】 장락궁(長樂宮)은 한나라의 궁궐 이름인데, 여기서는

(詩-內卷2-225)

나는 술을 요구하는 거친 사내[772] 아닌데	我匪麤豪索酒郎
갑작스레 송주 받으니 병에 향기 가득하네	忽擎松酒滿甁香
세한의 풍미[773]에다 송강의 시까지 있으니	歲寒風味松岡韻
한 번 잔 들어 수십 잔인들 어찌 사양하리	一擧何辭累十觴

서울의 대궐을 가리킨다. 【攷證 卷2 晨鐘長樂音】 당(唐)나라 이백(李白)의 〈저녁에 날이 개자 두릉의 누대에 올라 위요에게 부치다〔夕霽杜陵登樓寄韋繇〕〉 시에 "기나긴 밤 임금을 그리워하다, 장락궁에서 드문드문 울리는 종소리 듣는다.〔思君達永夜, 長樂聞疎鐘.〕"라고 하였다.

772 술을……사내 : 【攷證 卷2 麤豪索酒郎】 당(唐)나라 두보(杜甫)의 〈소년행(少年行)〉 시에 "너무도 거칠고 호방하여 통성명도 하지 않고, 은병을 가리키며 술 요구해 마시누나.〔不通姓字麤豪甚, 指點銀缾索酒嘗.〕"라고 하였다. 【校解】《고증》에 '不通姓字麤豪甚'이 '上堂索酒麤豪甚'으로 되어 있는데, 통행본《두소릉시집(杜少陵詩集)》에 의거하여 수정하였다.

773 세한의 풍미 : 【譯注】 술맛을 의미한다. 술 이름이 송주(松酒)이므로, 《논어》〈자한(子罕)〉의 "날씨가 추워진 뒤에야 소나무와 잣나무가 뒤늦게 시듦을 알게 된다.〔歲寒, 然後知松柏之後彫也.〕"라는 구절을 차용하여 술맛을 이렇게 표현한 것이다. 【攷證 卷2 風味】《세설신어(世說新語)》에 "국생의 풍미는 참으로 맛볼 만하다.〔麯生風味, 眞可嘗.〕"라고 하였다. 【校解】《고증》에 《세설신어》에 나오는 말이라고 하였으나, 남조 시대 송(宋)나라 유의경(劉義慶)의 《세설신어》에는 비슷한 구절이 보이지 않는다.

KNP0224(詩-內卷2-226)

남시보[774]에게 부치다 【무오년(1558, 명종13, 58세) 10월(24일 이전) 추정. 서울】

寄南時甫

급한 비 거센 바람이 잠자리 뒤흔드니	急雨顚風撼夜牀
고향으로 돌아가는 꿈에서 깜짝 놀라 깨버렸네[775]	蘧然驚破夢還鄕
유관이 몸을 그르친다[776]고 평생 한탄하지 않았는데	平生不恨儒冠誤
세상일이 방해되는 줄을 만년에야 깊이 알았노라	末路深知世事妨
아득한 교산[777]으로 이별한 지 오래됐으니	漠漠橋山成久別
그윽한 절 가운데 어디서 지내기로 정했는가	蒼蒼蕭寺定何藏
아, 그대가 내 심사 알려거든	嗟君欲識余心事

774 남시보 : 【譯注】 남언경(南彦經, 1528~1594)으로, 본관은 의령(宜寧), 자는 시보(時甫), 호는 동강(東岡)·정재(靜齋)이다. 전주 부윤(全州府尹)·여주 목사(驪州牧使)·공조 참의 등을 지냈다.

775 꿈에서……깨버렸네 : 【攷證 卷2 蘧然夢】《장자》〈제물론(齊物論)〉"장주(莊周)가 꿈에서 거거(蘧蘧)히 나비가 되었다."라고 하였는데, 그 주석에 "'거거'는 자득(自得)한 모양이다."라고 하였다. 《古今韻會擧要 卷3》【校解】 당(唐)나라 성현영(成玄英)의 소(疏)에서는 "'거거'는 놀라 움직이는 모양〔驚動之貌〕이다."라고 하였는데, 여기서는 성현영이 풀이한 의미로 보아야 할 듯하다.

776 유관이 몸을 그르친다 : 【攷證 卷2 儒冠誤】 당나라 두보(杜甫)의 〈좌승 위 어른께 받들어 올리다〔奉贈韋左丞丈〕〉 시에 "비단 옷 입은 귀족은 굶어 죽지 않거늘, 유관 쓴 선비는 몸을 그르친 이 많다네.〔紈袴不餓死, 儒冠多誤身.〕"라고 하였다.

777 교산 : 【譯注】 임금의 능을 의미하는데, 여기서는 헌릉(獻陵)을 가리킨다. 【攷證 卷2 橋山】《사기》〈오제본기(五帝本記)〉에 "황제(黃帝)가 돌아가시자 교산에 장사지냈다."라고 하였는데, 당나라 장수절(張守節)의 주석에 《이아》를 인용하여 "산이 예리하면서 높은 것을 '교(橋)'라 한다. 상군(上郡) 동양현(同陽縣)에 있다."라고 하였다.

〈횡문〉 제1장[778]을 읽어보시게 請誦衡門第一章

-남시보(南時甫)가 헌릉(獻陵)[779] 참봉이 되어 산사(山寺)에서 책을 읽고자 하였다.-

778 횡문 제1장 : 【譯注】 산림에 은거하며 안빈낙도하는 생활을 노래한 시이다. 《시경》 〈진풍(陳風) 횡문(衡門)〉에 "사립문 아래에서 휴식할 만하고, 샘물이 넘쳐흘러 배고픔을 즐길 만하네.〔衡門之下, 可以棲遲, 泌之洋洋, 可以樂飢.〕"라고 하였다.

779 헌릉(獻陵) : 【攷證 卷2 獻陵】 헌릉은 태종대왕(太宗大王)의 능이니, 광주(廣州) 서쪽에 있다.

KNP0225(詩-內卷2-227)

조송강[780]에 대한 만장 【무오년(1558, 명종13, 58세) 10월(24일 이후) 추정. 서울】

趙松岡挽章

빼어난 의표 볼 수 없게 되니 사림이 슬퍼하고	望斷高標慘士林
쓸쓸한 송강에는 달만 부질없이 비추네	松岡蕭瑟月空臨
검루의 처는 비스듬히 덮어 남는 걸 원치 않았고[781]	黔妻不願餘斜被
양진의 객은 건넨 금이 거절당한 걸 부끄러워했지[782]	震客曾慚却餽金
천상에서 기문 짓는 일 어찌 사양할 수 있으랴[783]	天上豈容辭作記

780 조송강 : 【譯注】 조사수(趙士秀, 1502~1558)로, 본관은 양주(楊州), 자는 계임(季任), 호는 송강(松岡), 시호는 문정(文貞)이다.

781 검루의……않았고 : 【譯注】 조사수가 덕을 갖춘 채 청절(淸節)을 지키며 살다가 세상을 떠났다는 의미이다. 【攷證 卷2 黔妻不願餘斜被】《고사전(高士傳)》에 다음과 같은 내용이 있다. "검루 선생(黔婁先生)이 죽자 증서(曾西)가 와서 조문하였는데, 창 아래 시신이 베로 덮여 있는 것을 보니, 머리를 덮으면 발이 보이고 발을 덮으면 머리가 나왔다. 증서가 '비스듬히 덮으면 염(斂)할 수 있습니다.'라고 하자, 검루의 처가 '비스듬히 덮으면 여유가 있지만 똑바로 덮어 부족한 것만 못합니다. 선생이 살아 계실 적에 비스듬히 하지 않았으니, 죽은 뒤에 비스듬히 하는 것은 선생의 뜻이 아닙니다.'라고 하였다."《古今事文類聚 前集 卷51 喪事部》

782 양진의……부끄러워했지 : 【譯注】 조사수가 한(漢)나라 양진(楊震)처럼 청렴했다는 의미이다. 【攷證 卷2 震客曾慙却餽金】 한나라 양진이 천거한 형주(荊州)의 수재 왕밀(王密)이 금 10근을 보내며 말하기를, "깊은 밤이라 아는 이가 없습니다."라고 하니, 양진이 말하기를, "하늘이 알고 귀신이 알고 내가 알고 그대가 아는데, 어찌 아는 이가 없다고 하는가?"라고 하였다. 그러자 왕밀이 부끄러워하며 떠났다.《漢書 楊震傳》

783 천상에서……있으랴 : 【譯注】 조사수가 세상을 떠났다는 뜻이다. 【攷證 卷2 天上豈容辭作記】 살펴보건대, 당(唐)나라 이하(李賀)의 꿈에 어떤 이가 관을 가지고 와서 고하기를, "천제(天帝)의 백옥루(白玉樓)가 완성되었으니 그대에게 기문(記文)을 지어주길

인간 세상에서 다시 지음 만나기 어렵겠구나	人間難復遇知音
백발로 악수하고 그대로 영원히 헤어졌으니	白頭握手仍成訣
평소의 정 오래 생각나 눈물이 옷깃을 적시네	長憶平生淚滿襟

청합니다."라고 하자, 이하가 이윽고 죽었다.《李義山文集箋註 卷10 李賀小傳》

KNP0226(詩-內卷2-228~229)

정정이[784]가 박화숙[785]의 시에 화운한 시에 차운하다. 절구 2수 【무오년(1558, 명종13, 58세) 11월(12일 이전) 추정. 서울】

次韻鄭靜而所和朴和叔 二絶

(詩-內卷2-228)

은군자는 성시 속에서 책 읽으며 고요히 지내고 _정이 隱君城市圖書靜
재자는 늘 강호로 돌아가는 꿈을 꾸네 _화숙 才子江湖歸夢長
나는 강호에서 성시로 와서 我自江湖到城市
이 한 몸 언제나 병상에서 앓고 있노라 一身長伴病吟牀

(詩-內卷2-229)

가벼운 깃털이 쇠처럼 무거워질 순 없으니 不是羽金輕作重
오리의 짧은 다리를 어찌 학처럼 늘일 수 있으랴[786] 寧能鳧鶴短爲長

784 정정이 : 【攷證 卷2 鄭靜而】 정지운(鄭之雲, 1509~1561)으로, 본관은 경주(慶州), 자는 정이(靜而), 호는 추만(秋巒)이다. 정이에 대해서는 《정본 퇴계전서》 권15 〈추만거사정군묘갈명(秋巒居士鄭君墓碣銘)〉에 보인다.

785 박화숙 : 【攷證 卷2 朴和叔】 박순(朴淳, 1523~1589)으로, 본관은 충주(忠州), 자는 화숙(和叔), 호는 사암(思庵)이다. 명(明)나라 세종(世宗) 가정(嘉靖) 계미년(1523, 중종18)에 태어났다. 처음에 서화담(徐花潭 서경덕(徐敬德))에게 학문을 배웠다가 만년에 선생을 사사했다. 선생이 일찍이 "박 아무개는 서로 마주하면 심원하기가 마치 한 조각 맑은 얼음과 같아서 정신이 갑자기 상쾌해짐을 느낀다."라고 칭송하셨다. 관직은 영의정에 이르렀다. 시호는 문충(文忠)이다.

786 오리의……있으랴 : 【譯注】 만물이 각각 타고난 본성과 특징을 지니고 있다는 뜻이다. 【攷證 卷2 鳧鶴短長】 《장자》 〈산목(山木)〉에 "오리의 다리가 비록 짧지만 늘이면 우환이 되고, 학의 다리가 비록 길지만 자르면 슬픔이 된다.〔鳧脛雖短, 續之則憂. 鶴脛雖

눈 내리는 서울에 백발로 몸져누워 있자니 白頭臥病長安雪
당년에《주역》읽던 책상에 부끄럽노라 慙愧當年讀易牀

長, 斷之則悲.〕"라고 하였다.

KNP0227(詩-內卷2-230)

월천의 상사 조사경[787]에게 부치다 【무오년(1558, 명종13, 58세) 11월 12일. 서울】

寄月川趙上舍士敬

과거 급제한 것이 평생 이 몸을 얼마나 그르쳤던가	一第平生幾誤身
흰옷이 지금 다시 검은 먼지투성이 되었네[788]	素衣今復化緇塵
월천으로 돌아가 소요하는 객이여	月川歸去盤旋客
근래의 뼈에 사무치는 가난[789]을 한탄하지 마시게	莫恨年來到骨貧

787 조사경 : 【譯注】 조목(趙穆, 1524~1605)으로, 본관은 횡성(橫城), 자는 사경(士敬), 호는 월천(月川)·동고(東皐)이다. 이황의 문인으로, 공조참판을 지냈다.

788 흰옷이……되었네 : 【譯注】 벼슬 생활을 하여 세속의 때가 묻었음을 비유한 말이다. 남조 시대 제(齊)나라 사조(謝朓)의 〈왕진왕에게 수답하다. 1수〔酬王晉安一首〕〉 시에 "그 누가 경사에 오래 머물 수 있으랴, 검은 티끌이 흰옷을 물들이거늘.〔誰能久京洛? 緇塵染素衣.〕"라고 하였다.

789 뼈에 사무치는 가난 : 【攷證 卷2 到骨貧】 당(唐)나라 두보(杜甫)의 〈또 오랑에게 드리다〔又呈吳郞〕〉 시에 "이미 가렴주구 하소연하니 가난이 뼈에 사무쳤고, 전란을 생각하니 눈물이 수건에 가득하네.〔已訴徵求貧到骨, 正思戎馬淚盈巾.〕"라고 하였다. 【校解】 《고증》에 '貧到骨'이 '到骨貧'으로 되어 있는데, 통행본 《두소릉시집(杜少陵詩集)》에 의거하여 수정하였다.

KNP0228(詩-內卷2-231)

배 안에서 남시보[790]에게 보이다 기미년(1559, 명종14, 59세) 【3월 2일 추정. 양평(楊平)】

舟中 示南時甫 己未

봄에 동쪽으로 돌아갈 적에 남시보가 대탄[791]까지 따라와서 배를 함께 타고 갔다.

새벽안개 짙어 늦게까지 이어지니	曉靄濃仍晚
봄 산 아득하여 없어지려는 듯하구나[792]	春山遠欲無
강호에는 비단 같은 물결 일고	江湖生錦浪
임야에는 병풍 그림 같은 풍경 드러나네	林野著屛圖
사물의 이치가 어찌 숨었던 적 있으리오	物理何曾隱
사람의 마음이 본래 부합하지 못한 것이지	人情自未符
돌아가는 배에 병든 몸 깊숙이 실으니	歸舟深載病
밝은 해가 외로운 흉금 비추네	白日照襟孤

790 남시보 : 【譯注】 남언경(南彦經, 1528~1594)으로, 본관은 의령(宜寧), 자는 시보(時甫), 호는 동강(東岡)·정재(靜齋)이다. 전주 부윤(全州府尹)·여주 목사(驪州牧使)·공조 참의 등을 지냈다.

791 대탄 : 【攷證 卷2 大灘】 양근군(楊根郡) 남쪽에 있으니, 바로 여강(驪江)의 하류이다.

792 봄……듯하구나 : 【攷證 卷2 春山遠欲無】 송(宋)나라 승려 원오(圓悟)의 〈소립(小立)〉 시에 "들판의 강은 흘러가 합쳐지려 하고, 봄 산은 담박하여 없어질 듯하네.〔野水流將合, 春山淡欲無.〕"라고 하였다.

KNP0229(詩-內卷2-232)

삼월 삼짇날 【기미년(1559, 명종14, 59세) 3월 3일. 여주(驪州)】

三月三日

삼월 삼짇날 여강 가에 三月三日驪江上

복사꽃 오얏꽃 반쯤 지고 배꽃이 피었어라 桃李半落梨花開

봉래궁의 오색구름[793]을 누차 돌아보는데 蓬萊五雲屢回首

광활한 안개 낀 물결은 돌아가는 마음을 재촉하는구나 浩蕩烟波歸興催

793 봉래궁의 오색구름 : 【譯注】 봉래궁(蓬萊宮)은 당(唐)나라의 궁전 이름으로, 여기서는 서울의 궁궐을 가리킨다. 【攷證 卷2 蓬萊五雲屢回首】 당나라 두보(杜甫)의 〈선정전에서 조회하고 물러 나와 좌액문을 나서며〔宣正殿退朝晩出左掖〕〉 시에 "봉래궁에 가까운 구름은 항상 오색찬란하고, 지작관 눈은 또한 오래도록 남아 있네.〔雲近蓬萊常五色, 雪殘鳷鵲亦多時.〕"라고 하였다.

KNP0230(詩-內卷2-233)

가흥[794] 강가에서 남시보[795]와 이별하다 【기미년(1559, 명종14, 59세) 3월 4일경 추정. 충주(忠州)】

可興江上 別南時甫

지금 이후로 다시 만나려면 몇 해가 걸리려나　此後重逢知幾秋
오늘 배 안에서 이별로 시름하네　舟中今日別離愁
다시 삼천 길의 백발[796]로　還將白髮三千丈
홀로 강물 거슬러 올라가 도화원(桃花源)에 들어가노라[797]　去入仙源獨泝流

794 가흥 : 【攷證 卷2 可興】 충주 서쪽에 있다.

795 남시보 : 【譯注】 남언경(南彦經, 1528~1594)으로, 본관은 의령(宜寧), 자는 시보(時甫), 호는 동강(東岡)·정재(靜齋)이다. 전주 부윤(全州府尹)·여주 목사(驪州牧使)·공조 참의 등을 지냈다.

796 삼천 길의 백발 : 【攷證 卷2 白髮三千丈】 당(唐)나라 이백(李白)의 시의 고사를 썼다. 【校解】 시름겨운 모습을 비유한 말로, 당나라 이백의 〈추포음(秋浦吟)〉 시에 "백발이 삼천 길이나 된 것은, 시름 때문에 이렇게 긴 것이라네.〔白髮三千丈, 緣愁似箇長.〕"라고 하였다.

797 홀로……들어가노라 : 【譯注】 고향으로 돌아가는 것을 진(晉)나라 도연명(陶淵明)의 〈도화원기(桃花源記)〉에 나오는 무릉도원(武陵桃源) 고사에 빗댄 것이다.

KNP0231(詩-內卷2-234)

새벽에 북창[798]의 강을 출발하여 협곡에 들어가면서 남시보[799]에게 부치다 【기미년(1559, 명종14, 59세) 3월 5일경 추정. 충주(忠州)】

曉發北倉江入峽 寄時甫

새벽빛 어슴푸레하며 불어난 물 투명하고	曉日蒼凉積水空
벼랑 따라 핀 진달래는 붉은 놀이 피어오르는 듯[800]	緣崖躑躅爛蒸紅
도로 고깃배 따라 도화원으로 들어가니[801]	却隨漁棹桃源入
함께 신선 배 타고 절각건(折角巾) 쓰기 어렵구나[802]	難與仙舟巾角同
변새는 하늘 저편에 있으니 그대는 북쪽으로 가고[803]	關塞極天君向北

798 북창 : 【攷證 卷2 北倉】 충주 북쪽에 있다.

799 남시보 : 【譯注】 남언경(南彦經, 1528~1594)으로, 본관은 의령(宜寧), 자는 시보(時甫), 호는 동강(東岡)·정재(靜齋)이다. 전주 부윤(全州府尹)·여주 목사(驪州牧使)·공조 참의 등을 지냈다.

800 붉은……듯 : 【攷證 卷2 爛蒸紅】 당(唐)나라 한유(韓愈)의 〈도원도(桃園圖)〉 시에 "복숭아 심어 곳곳마다 꽃 피우니, 원근의 산천에 천원에 붉은 놀이 피어오르네.〔種桃處處惟開花, 川原遠近蒸紅霞.〕"라고 하였다.

801 고깃배……들어가니 : 【譯注】 협곡에 들어가는 것을 진(晉)나라 도연명(陶淵明)의 〈도화원기(桃花源記)〉에 나오는 무릉도원(武陵桃源) 고사에 빗댄 것이다.

802 절각건……어렵구나 : 【譯注】 남시보(南時甫)와 함께 가지 못한다는 의미이다. 【攷證 卷2 仙舟巾角同】 한나라 곽태가 고향으로 돌아갈 적에 이응(李膺)과 함께 배를 타고 건넜는데, 많은 객들이 바라보며 신선이라 여겼다.《後漢書 郭太列傳》 곽임종(郭林宗 곽태(郭太))이 일찍이 비를 만나 오건(烏巾)의 한쪽 모서리가 꺾이자, 당시 사람들이 일부러 오건의 한쪽 모서리를 꺾어 '임종건(林宗巾)'이라 하였다.《類苑叢寶 卷1 天道門 雨》

803 변새는……가고 : 【攷證 卷2 關塞極天君向北】 당(唐)나라 두보(杜甫)의 〈추흥(秋興)〉 시 8수 중 제7수에 "변새는 하늘에 닿아 오직 새 다니는 길뿐, 강호의 드넓은 땅에

고향이 눈에 들어오니 나는 동쪽으로 돌아가네　家山迎眼我歸東
잘 알겠어라, 이후로 두고두고 서로 그리워할 것을　定知此後長相憶
노력하여 한 삼태기의 공이 모자라게 하지 마세[804]　努力無虧一簣功

떠도는 어부 신세로다.〔關塞極天惟鳥道, 江湖滿地一漁翁.〕"라고 하였다.

804 노력하여……마세 : 【譯注】《논어》〈자한(子罕)〉에 나오는 공자의 말을 인용한 것으로, 학문을 함에 있어 중도에 그만두지 말고 마무리를 잘해야 한다는 의미이다.

譯註 退溪全書 1

2024년 7월 31일 초판 1쇄 펴냄

지은이 이황
펴낸이 김흥국
펴낸곳 보고사

등록 1990년 12월 13일 제6-0429호
주소 경기도 파주시 회동길 337-15
전화 031-955-9797
팩스 02-922-6990
메일 bogosabooks@naver.com
http://www.bogosabooks.co.kr

ISBN 979-11-6587-747-7 94150
979-11-6587-746-0 (세트)

정가 35,000원